主 编 简 介

李　明，法学博士，广州大学法学院教授、硕士生导师，广州大学法学院副院长，兼任广东省诉讼法学会副会长，广州大学检察理论研究中心副主任。出版专著《监听制度研究》，主持国家级、省部级等各级课题8项。在《中国法学》、《法学》、《政治与法律》等刊物共发表论文50篇。

高校法学"十二五"规划教材系列

总主编 杜承铭

总顾问 吴家清 齐树洁

证据法学

Evidence Law

主 编 李 明

副主编 郭天武 邓立军 蔡国芹

撰稿人（按撰写章节顺序）

李 明 肖 玲 张友好 蔡国芹

郭天武 孙末非 常廷彬 彭 勃

王杏飞 邓立军

厦门大学出版社
XIAMEN UNIVERSITY PRESS
国家一级出版社
全国百佳图书出版单位

"高校法学'十二五'规划教材系列"编委会

总 主 编：杜承铭

总 顾 问：吴家清　齐树洁

编委会成员（按姓氏拼音顺序排列）：

蔡国芹　蔡镇顺　陈俊成　陈亚平

崔卓兰　邓成明　邓世豹　房文翠

韩明德　蓝燕霞　栗克元　马占军

祁建平　施高翔　王继远　王晓先

吴国平　夏　蔚　熊金才　徐　波

徐继超　于风政　曾月英　张小平

秘　　书：甘世恒

总 序

2011 年 3 月,吴邦国委员长向世人宣布:中国社会主义法律体系已经形成。中国已步入了法治社会的健康发展轨道。作为改革开放排头兵的广东省,更是在法制建设的进程中敢于先行先试,为中国社会主义法律体系的完善贡献了自身的力量。与之相适应的是,广东省法学院校在法学教育和法学研究方面,也一直进行着积极的探索和改革。广东省开设法学专业的院校二十余所,以法学本科教育为主,多年来为广东、华南地区乃至全国的政法系统、党政部门、企事业单位培养和输送了数以万计的法律人才。随着我国市场经济的逐步发展完善,对法律人才的要求也进一步提升,既有的法学本科教学内容体系和教育模式在新的形势和新的要求面前难避僵化之虞。因此,以教学内容体系和教育模式为取向的法学本科教育改革,就成为广东各法学院系教育教学改革的重中之重。为了进一步推进广东法学院校法学教育教学改革特别是法学教材建设与改革,由厦门大学出版社策划,组织广东省二十余所院校法学专业教师联合编写的"高校法学'十二五'规划教材系列"便应运而生。

"高校法学'十二五'规划教材系列"是根据教育部公布的法学教学大纲编写的,符合国家"十二五"规划要求的法学创新教材。本教材系列具有如下特点:

第一,以几个较早成立的法学院系为依托,由广东二十余所院校的法学专业教师联合编写。本教材系列集合了广东省大部分开设法学专业课程的院校的教师,由具有丰富教学经验和科研能力的资深教授担任各册主编,并吸收了许多具有丰富一线教学经验的中青年任课老师作为作者参与编写。教材系列作者队伍阵容强大,同时又具有一定的权威性。

第二,紧密结合实际,力图打造具有广东特色的法学创新教材。广东省处于改革开放的前沿,经济的繁荣带来了思想的活跃。作为广东法学本科教学改革的一次尝试,教材系列力图突破传统的理论性较强的编写模式,将法学基本知识和具有地方创新特色的司法实务以及国家司法考试相结合,培养既具有法学基本知识,又能够了解司法实务的合格法律人才。为此,教材系列除对法律知识体系的整体阐述外,还吸收了部分具有广东特色的案例,精简为各章之前的"引例"部分,帮助学生进一步理解法学知识在法律实务中的应用。同时在各章之后增加"司法考试真题链接"部分,有助于学生将本章知识与国家司法考试要求相结合。

第三,吸收和采纳我国法学界的成熟观点和研究成果,精简教材内容,提高教学质量和效率。法学本科教育应为通识教育,即将学生培养成掌握法律基本知识,并能熟练运用法律的实用人才。目前国内大部分法学教材共同存在的问题是篇幅过大,理论争议过多,导致学生难以完全吸收掌握,从而在走上工作岗位后无法正确使用法学知识。因此,为了确保学生能掌握基本的法律知识并熟练运用,本教材系列要求各主编仅采用我国法学界公认的观点和理论,对于存有争议的部分暂时搁置,从而将教材的篇幅尽可能地压缩,减轻学生的学习压力,提高学习质量。

本教材系列是各院校教师共同努力的结晶,凝聚了许许多多一线教师的心血和智慧,是广东省各法学院校在法学本科教材上的一次共同探索和努力。当然,由于参编教师众多,加之水平有限,难免有所缺失和不足,敬请读者批评指正,以助日后不断完善。

杜承铭

2011 年 12 月

前　言

本书由李明教授主编，郭天武、邓立军、蔡国芹担任副主编。参加编写的作者有李明、郭天武、邓立军、蔡国芹、王杏飞、彭勃、肖玲、常廷彬、张友好、孙末非。本书最后由主编统稿、定稿。具体写作分工如下：

李明，法学博士，广州大学法学院教授、硕士生导师，广州大学法学院副院长，兼任广东省诉讼法学会副会长，广州大学检察理论研究中心副主任。专著《监听制度研究》，主持国家级、省部级等各级课题 8 项。在《中国法学》、《法学》、《政治与法律》等刊物共发表论文 50 篇。撰写第一章、第十三章。

郭天武，法学博士，中山大学法学院教授，博士生导师，广州地区第二届十大杰出中青年法学家。兼任广东省法学会诉讼法研究会秘书长。主持国家课题、省部级课题 10 余项，专著《保释制度研究》、《香港刑事诉讼专论》等 8 本，在学术期刊上发表论文 60 篇。合作撰写第六章。

邓立军，广东财经大学法学院教授，硕士研究生导师，四川大学法学院诉讼法专业博士研究生，主要从事刑事诉讼法学的教学与科研工作。主持"秘密侦查法治化与刑事诉讼法的再修改"等多项国家级、省部级课题，先后出版学术著作 20 余部，主要有：《全球视野与本土架构秘密侦查法治化与刑事诉讼法的再修改》、《外国秘密侦查制度》等，并在《现代法学》、《武汉大学学报》等刊物上发表学术论文 80 多篇。撰写第十一章。

蔡国芹，法学博士，嘉应学院教授，嘉应学院政法学院副院长，兼任广东省法学会诉讼法学研究会常务理事、犯罪学研究会常务理事、广东省"六五"普法高级讲师团成员、梅州市人民政府行政复议委员会非常任委员。专著《刑事调解制度研究》，主编《人民法院司法警察制度改革与发展研究》、《中国刑事诉讼模式转换中的民主化性格透视》(论文)、《民事审判方式改革中的程序非正当化倾向》。撰写第四章、第五章。

王杏飞，法学博士，中国社会科学院法学博士后，西南政法大学副教授，硕士生导师，兼任中国民事诉讼法学研究会理事，广东省知识产权维权援助专家。专著《司法规则制定权研究》入选中国社会科学博士后文库，获"优秀博士后学术成果"奖。主持国家社科基金、省部级课题 7 项。在《中国法学》、《现代法学》、《法学评论》等发表论文 50 余篇。撰写第十章。

彭勃，法学博士，深圳大学法学院教授，兼任广东省法学会诉讼法研究会副会长，广东省房地产研究会常务副会长，深圳市人民检察院人民监督员。代表著作为：《日本刑事诉讼法通论》、《英美法概论：法律传统与法律文化》等著作 5 部，论文 60 余篇。撰写第九章。

肖铃，法学博士，华南师范大学副教授、硕士生导师，2013 年 1 月至 2014 年 1 月斯坦福大学法学院访问学者，中国刑事诉讼法学会会员。主持 2009 年度教育部人文社会科学研究青年基金项目《国际刑事法院证据规则研究》。专著《国际刑事诉讼证据规则研究》，论文"国际刑事诉讼中证据自由原则的确立和发展"、"论共犯陈述的证据性质"。撰写第二章。

常廷彬，法学博士、博士后，广东外语外贸大学法学院教授，兼任中国民事诉讼法学研究会理事、广东省诉讼法学研究会常务理事、广东省法学教育研究会常务理事，广东省人大常委会立法咨询基地专家，著作《民事判决既判力主观范围研究》荣获"第三届全国中青年民事诉讼法学研究成果奖"著作类二等奖。撰写第八章、第十二章。

张友好，法学博士，华南理工大学法学院副教授、院长助理、法律系主任，兼任广东省地方立法研究评估与咨询服务基地副主任。在《政法论坛》、《法律科学》、《法商研究》等刊物上发表学术论文三十余篇，主持国家社科基金、教育部规划项目等省部级课题六项。并获首届全国诉讼法学中青年优秀科研成果三等奖、第三届陈光中诉讼法学奖和第三届钱端升法学奖暨"第三届中国法治论坛"优秀论文奖。撰写第三章、第七章。

孙末非，女，四川大学法学院博士研究生，主要研究方向为刑事证据法和刑事诉讼法。代表作：《论多元主体对非法证据的排除》，载《四川大学学报（哲学社会科学版）》2013年第2期；《非鉴定专家制度在我国刑事诉讼中的完善》，载《吉林大学社会科学学报》2014年第1期（合著）。合作撰写第六章。

法律文件全称简称对照表

序号	全　称	简　称
1	《中华人民共和国宪法》	《宪法》
2	《中华人民共和国民法通则》	《民法通则》
3	《中华人民共和国刑法》	《刑法》
4	《中华人民共和国刑事诉讼法》	《刑事诉讼法》
5	《中华人民共和国民事诉讼法》	《民事诉讼法》
6	《中华人民共和国行政诉讼法》	《行政诉讼法》
7	《中华人民共和国律师法》	《律师法》
8	《中华人民共和国警察法》	《警察法》
9	《中华人民共和国国家安全法》	《国家安全法》
10	最高人民法院、最高人民检察院、公安部、国家安全部、司法部、全国人大常委会法制工作委员会《关于〈中华人民共和国刑事诉讼法〉实施中若干问题的规定》	《刑诉法规定》
11	最高人民法院、最高人民检察院、公安部、国家安全部、司法部《关于办理死刑案件审查判断证据若干问题的规定》	《办理死刑案件证据规定》
12	最高人民法院、最高人民检察院、公安部、国家安全部、司法部《关于办理刑事案件排除非法证据若干问题的规定》	《非法证据排除规定》
13	最高人民法院《关于执行〈中华人民共和国刑事诉讼法〉实施中若干问题的解释》	《刑诉法解释》
14	最高人民法院《关于适用〈中华人民共和国民事诉讼法〉若干问题的意见》	《民诉意见》
15	最高人民法院《关于执行〈中华人民共和国行政诉讼法〉若干问题的解释》	《行诉解释》
16	最高人民法院《关于民事诉讼证据的若干规定》	《民诉证据规定》
17	最高人民法院《关于行政诉讼证据若干问题的规定》	《行诉证据规定》
18	最高人民检察院《人民检察院刑事诉讼规则（试行）》	《行诉解释》
19	公安部《公安机关办理刑事案件程序规定》	《办理刑事案件程序规定》
20	全国人大常委会《关于司法鉴定管理问题的决定》	《司法鉴定管理决定》

目　录

第一编　总论

第二编　证据论

第三编　证明论

第一编

总　论

第一章　证据法学概述

【引例一】2003 年 5 月 18 日晚,张高平和侄子张辉开着大货车从歙县前往上海。受人之托,他们让去杭州的女同乡王某搭上了顺风车。次日上午 10 时,在杭州西湖区留泗路边的水沟中,王某的尸体被发现。4 天后,在王某上车的地方,张高平、张辉落案。2004 年 2 月,杭州市中级人民法院一审判处张辉死刑、张高平无期徒刑。两名被告人都曾当庭翻供,指称刑讯逼供事实,法庭未予理睬。1998 年最高人民法院的司法解释已规定,刑讯逼供所取证据,不能作为定案的根据。2004 年 10 月 19 日,浙江省高级人民法院终审改判主犯张辉死缓、从犯张高平有期徒刑 15 年。2013 年 3 月 20 日上午,在全国押犯规模最大的监狱——浙江乔司监狱,一间教室被布置成临时法庭,浙江省高级人民法院在此再审张辉案。6 天后,当年作出重罪判决的浙江省高级人民法院宣判:张辉、张高平无罪。被以"强奸杀人"罪名关押近 10 年后,张高平、张辉叔侄终被无罪释放。

浙江省高级人民法院新闻发言人唐学兵公开表示:侦查机关违法利用同监犯袁某某,采用暴力、威胁等方法参与案件侦查,协助公安机关获取张辉有罪供述,"同时又以该同监犯的证言作为证据,直接导致了本起冤案"。

思考题:因刑讯逼供或其他非法手段取证而导致冤假错案时有发生,请用真理论和价值论相互关系的原理来分析这种现象。

【引例二】1998 年 1 月英国一年轻人因涉嫌盗窃罪被捕,因证据不足被法庭宣告无罪。依照相关法律规定,警方对在侦查中收集的 DNA 样本应当予以销毁,然而警方并没有这样做,而是将它与未破获案件数据库中的 DNA 样本进行比对。结果发现其与 1997 年的入室强奸案的犯罪嫌疑人留下的 DNA 样本特征吻合。

该青年第二次被捕,并被强制取样与入室强奸案件中 DNA 样本进行比对。结论是:二者同一的概率高达 1:1700 万,DNA 成为关键的定罪证据。一审法官认为该DNA 证据的取得违反了法律规定,不能采用,因此判其无罪。控方就证据裁定上诉,直到英国最高审判机关即上议院。2000 年 12 月,上议院作出裁定:在本案中,DNA 鉴定结论是至关重要的证据,而且确实可靠,因此法官应当采用,尽管那是违反法律规定取得的证据。仅仅因为取证不合法就让被告人逃避惩罚,这显然不符合司法正义的要求。

思考题:如何用价值论来分析本案对被告的判决?

第一节　证据法学的研究对象

证据法学,是研究关于证据的法律规范和在诉讼或非诉讼法律事务处理中运用证据证明和认定案件事实或其他法律事实的规律、方法和规则的学科,是现代法学体系中的一个重要组成部分。证据法学不仅是法学的一个分支学科,也可视为证据学的一个分支学科。证据学是关于证据与证明的系统性知识,它不仅研究案件事实所涉及的证据问题,也研究历史事实、科学事实等可能涉及的证据问题。"证据法学,是存在于法的空间中受法律规制的证据学;而一般意义上的证据学,即研究关于证据与证明的系统性知识,对于证据法学具有基础性意义。"①证据法学不仅研究诉讼证据,也研究在行政执法、公证、仲裁、监察等活动中所涉及的与证据相关的问题。

作为一门独立的法学学科,证据法学有特定的研究对象,使它与其他学科相区别。具体而言,证据法学主要研究以下几个方面的内容:

一、证据制度

证据法学作为一门应用性较强的法学学科,当前的证据制度是其研究的主要内容。它主要研究证据制度是否完善,有哪些地方需要进行修改,当前证据制度是否能很好地规范司法实践并服务于司法实践。因此,也可以说,证据制度是证据法学研究的出发点和落脚点。

目前,我国并没有一部完整的证据法典,证据法也未成为我国法律体系中一个单独的法律部门,有关证据的法律规范散见于其他法律法规中。我国先后制定的《刑事诉讼法》、《民事诉讼法》和《行政诉讼法》均以专门章节对诉讼中的证据及其运用进行了规定。在《人民法院组织法》、《人民检察院组织法》、《律师法》、《仲裁法》、《行政处罚法》和《治安管理处罚法》等法律法规中,也有关于证据内容的规定。全国人大常委会于 2005 年通过的《司法鉴定管理规定》,既对我国司法鉴定管理体制作出了规定,同时也对鉴定意见证据的运用问题进行了规定,特别有关鉴定的程序、鉴定人的权利义务和鉴定人的责任作出了规定。该法虽然主要是针对司法鉴定管理体制的立法,但同时也是全国人大常委会第一部也是目前唯一的一部对单个证据的形成、证据资格的有无等问题作出专门规定的法律,具有重要的制度意义。

此外,司法机关的司法解释,特别是最高人民法院出台的关于证据的专门规定,对司法实践中证据运用的规范起着重要作用。如最高人民法院于 2001 年 12 月和 2002 年 6 月出台的《最高人民法院关于民事诉讼证据的若干规定》(以下简称《民诉证据规定》)、《最高人民法院关于行政诉讼证据若干问题的规定》(以下简称《行诉证据规定》),比较全面地规定了民事诉讼、行政诉讼中证据的规范与运用。但遗憾的是,多年来,最高人民法院一直没有对刑事诉讼中证据的使用问题进行专门的司法解释,直到 2010 年 5 月 30 日,最高人民法院才与最高人民检察院、公安部、国家安全部和司法部联合发布了《关于办理死刑案件审查判断证据若干问题的规定》和《关于办理刑事案件排除非法证据若干问题的规定》,简称"证据两规定"。《非法证据排除规定》确立了我国非法证据排除规则的基本框架。在此规定中把非法

① 龙宗智:《证据法的理念、制度与方法》,法律出版社 2008 年版,第 2 页。

证据分成非法言词证据和非法实物证据两类,并分别确立了非法言词证据强制排除、非法实物证据裁量排除的后果,在非法实物证据问题上给予办案人员程序补正机会,这些规定基本上被2012年新修订的《刑事诉讼法》所吸收。《关于办理死刑案件审查判断证据若干问题的规定》虽然是专门针对死刑案件的证据规则,但最高人民法院要求各级法院在办理其他刑事案件时应当参照执行。该规定从"一般规定"、"证据分类审查与认定"以及"证据的综合审查和运用"等三个方面对刑事证据的运用进行了比较详细的规定。"证据两规定"的出台改善了刑事案件中证据缺乏基本规则的状况,也为新《刑事诉讼法》的修订与完善积累了立法与实践经验。

2012年新修订的《刑事诉讼法》、《民事诉讼法》以及相继出台的《人民检察院刑事诉讼规则(试行)》(以下简称《刑诉规则(试行)》)、《最高人民法院关于适用〈中华人民共和国刑事诉讼法〉的解释》(以下简称《刑诉法解释》)和公安部制定的《公安机关办理刑事案件程序规定》,都对有关证据制度作了相应的修改和完善。这些规定是对司法、执法活动的长期经验的总结,它们不仅全面规定了诉讼证据的基本原则和主要规范,明确界定了诉讼证据的表现形式,还具体制定了对各类证据的收集、审查判断和运用的规范,为司法实践中证据的运用提供了基本的法律依据。

证据法学作为主要研究诉讼证据的证据运用的专门学科,自然应当以上述法律法规及相关司法解释作为主要的研究对象,以准确理解立法精神,阐明其制度内涵,为司法实践提供参考。当然,目前我国关于证据立法的状况远远不能满足司法实践的需要,主要表现为证据规定比较零散不系统、证据内容过于原则粗疏缺乏可操作性,同时证据规定的内容也比较落后等等。随着我国把"人权保障"写进宪法,签署相关的国际人权公约,依法治国进程稳步推进,我们迫切需要制定新的证据法,以适应时代的需要。然而,制定一部什么样的证据法典,实务界和理论界都还有很大的争论,即使是对证据立法的形式也有不同的看法,我国当前是制定一部统一的证据法典好还是制定单独的刑事证据法、民事证据法和行政证据法好,也没有达成共识,这些都是目前我们证据法学迫切需要研究的问题。

二、证据实践

证据法学要研究证据实践,也就是要研究证据制度在司法实践中的适用情况,研究执法、司法部门以及案件事实的相关人如何收集、保全和审查判断证据,以及如何运用证据证明案件事实。

研究证据制度在司法实践中的运用情况就是要研究证据制度能否有效地运用于司法实践,在司法实践中会产生哪些问题,有哪些地方需要修改。证据制度不能自我发现问题,也不可能自我修复完善,只能在实践中发现问题并予以纠正。证据制度是否完善,只能通过实践加以检验。通过对证据制度适用的研究,就可以发现它在哪些地方过于原则,哪些地方难以在实践中把握而不具有可操作性,哪些规定落后于时代的要求,进而可以根据实践的需要,加以修改和完善。

同时,证据法学还要研究证据在实践中的形成、固定以及如何运用证据认定案件事实的过程。司法实践中证据的运用是生动具体的,是丰富多样的,它既受现有证据制度的规范,同时也可能会突破或丰富现行制度。一般认为,证据法主要包括两个方面的内容,即证据论与证明论。从证据论的角度来看,实践中的证据形式有多种多样的表现形式,它可能会突破既定的证据形式,各种证据规则可能会遭遇各种例外,而取证、举证、质证和认证等证据的动态运用过程往往会比人们预定的规则更为生动活泼。从证明论的角度来看,证明责任、证明标准以及证明方法在实践中也经常会遇到现行制度所无法解决的难题,如运用现行证明标准不能很好地解决司法实践中案件事实的认定、现行的证明责任制度并不总是能够在当事人之间公平合理地予以分配就是典型的例子。当然,实践的一些做法,有可能是合法的,也有可能是非法的;有些可能反映了实践的迫切需要,有些也可能只是一时的权宜之计。但无论如何,这些证据以及证据运用的实践,都为证据立法和证据理论研究提供了丰富的素材,同时,也对证据立法和证据理论研究提出了要求。只有不断研究证据运用的司法实践,才能不断地丰富证据法学,使这门学科更为科学、更为繁荣,更好地为实践服务。

三、古今中外的证据制度和证据理论

证据法学要研究古今中外的证据制度。除了要研究今天中国的证据制度之外,证据法学还要研究古代的证据制度和国外今天的证据制度。每一个历史阶段的证据制度,在它所处的时代都曾发生过巨大的历史作用,为社会的稳定和纠纷的解决作出了重要贡献,也凝聚了当时人们的智慧和心血。用今天的价值、理念、原则甚或立法技术为标准进行审视,古代的证据制度可能显得落后甚至荒谬。然而,研究证据制度的历史,依然对我们有重要的现实意义:一是古代的证据制度可以为今天的证据制度提供借鉴和养分。所谓古为今用,证据制度亦是如此,通过研究证据制度的历史,可以总结得失、经验和教训,从中汲取古代证据制度的合理成分,为今天的证据制度提供借鉴。二是研究古代证据制度可以了解证据制度发展的历史脉络,进而了解证据制度发展的历史走向。所谓"忘记过去,就意味着背叛",不了解历史,就有可能开历史的倒车,证据制度就可能倒退。了解证据制度的历史,就可以明确我们的起点,使今天的证据制度的发展与历史相衔接,同时明白证据制度的发展方向,在制度设计时不偏离正确的发展轨道。

证据法学要研究今天国外的证据制度。国外特别是西方一些法治国家的证据制度比较完备,有的国家制定了专门的证据法。如美国制定了《美国联邦证据规则》,澳大利亚制定了联邦《1995 年证据法》、《1994 年(新西兰)证据和程序法》、《1995 年(新西兰)证据和程序规则》等,加拿大于 1985 年颁布了《加拿大证据法》,英国也制定了专门的证据法。其他一些国家虽然没有制定专门的证据法典,但在其诉讼法中也都有专门的章节规定证据规范,如法国、德国、日本等国都在其诉讼法中比较详细地规定了证据规则。这些国家的证据规则,特别是一些国家制定的专门的证据法典,不仅内容详尽具体,而且可操作性强。我国制定证据法,就必须研究这些国家的证据制度,同时还要关注它们的发展趋势,对这些证据法律规范进行研究并加以吸收和借鉴是非常有必要的。

要研究古今中外的证据理论。所谓理论是指人们对自然、社会现象,按照已知的知识或者认知,经由一般化与演绎推理等方法,进行合乎逻辑的推论性总结。证据理论则是指对司法实践中证据的形成及其运用的经验、规律的提炼和总结,是关于证据的系统性知识,包括了证据的理念、价值、原理和原则等内容。证据理论来源于证据实践,是对证据实践的总结和概括,它为人们提供真理性的认识,但同时具有反过来指导证据实践的价值和意义。古今中外的证据法学者提出了诸多的证据法理论和学说,指导着证据制度和证据实践。从古代的神示证据制度,到欧洲中世纪的法定证据制度,到近代西方的自由心证证据制度,都是历

史上出现过的重要的证据理论。尽管今天看来有些证据理论不合时宜,有的甚至明显违反了司法实践的规律,但它们都曾在特定的历史阶段中对准确认定案件事实进而"定分止争",维护社会秩序的稳定起过良好的作用。对这些历史上曾经出现过的或西方国家正在盛行的证据理论进行研究,研究它们产生、发展的规律,研究它们的特点、内容,科学、客观评价其优劣,有利于帮助我们提出新的证据理论并用于指导我们的证据立法及证据实践。因此,这些理论应当成为我们证据法学研究的主要内容。

第二节　证据法学的体系

证据法学体系,是指针对证据法学研究对象之间的内在规律和相互关联进行研究和阐述的理论系统。简言之,证据法学体系就是研究对象之间的组织结构安排,它不仅要反映研究对象的整体结构,更要反映研究对象的内在逻辑关系。研究证据法学的体系应当区分学科体系和教材体系,学科体系是指本学科的基本内容构成及其内部关系,必须具有科学性、完整性、逻辑性和开放性,亦即研究对象之间要有严密的逻辑结构,内容要完整科学,同时能够容纳不断变化发展的新成果。教材体系则是根据教学实践的需要,对本学科的内容进行选择和编撰,根据适用对象的不同而灵活运用。显然学科体系与教材体系是有区别的,但教材体系往往能反映出该学科的主要内容和主要成果,同时,合理的教材体系也可以为学科体系奠定基础和提供经验。以下就以国外的证据法学教材和国内的教材的体系安排来展示证据法学的体系。

一、国外的证据法学体系

英美法系国家以美国著名证据法学家华尔兹教授撰写的《刑事证据大全》一书为例进行展开,该书在国内学界有比较高的知名度,是我国学者研究美国证据法的重要读物。全书的内容共分 19 章。

第一章是公开发表的法律渊源,包括法律渊源的内容、公布判决的方法、判例的检索、证据法的渊源等。第二章是审判程序和证据的种类,包括对抗式审判制度、审判法官的角色、律师的角色、法律问题和事实问题、有关证据的两个关键性问题、证据的可采性问题、证据的基本类型、证据的三种基本形式、证据的分量和刑事审判的结构等。第三章是审判记录,包括审判记录的功能、内容和制作,对证人的盘问,提出实物证据,文字材料,采用证据的异议和证明的提供等。第四章是再论相关性,包括证据的定义和检验、经常出现的相关性难题等。第五章是排除传闻的规则,包括传闻的定义和例外、有关心理状态的问题、非人证据和直接证据等。第六章是排除传闻规则的例外,包括已经记录的证言、临终陈述、承认和认可、有损自己利益的陈述、心理状态、激奋言词、感觉印象的陈述、承认和辨认、过去记录的回忆、业务档案、公共档案及其他例外。第七章是证人可靠性的质疑,包括质疑的层次和方法、交叉盘问中的质疑、使用外部证据的质疑、以前曾提供相同陈述的证明等。第八章是反对强迫性自我归罪的宪法特免权,包括《宪法第五修正案》的规定和有关判例法律。第九章是用不恰当方法获得之辨认证据的排除,包括该排除规则的背景和产生、几个有关的判例、审前不恰当辨认后当庭辨认的可采性和指定审前辨认规则的努力等。第十章是无理搜查和证据扣押以及隐私权的证据保护。第十一章是供述。第十二章是普通法和制定法的证言特免权。第十三章是证明责任和推定。第十四章是司法认知，包括判决事实的司法认知、立法事实的司法认知、法律的司法认知等。第十五章是证人能力，包括证人能力的含义、能力的一般标准、能力降低的影响和有关程序等。第十六章是文字材料，包括最佳证据规则、专家和专业知识等。第十七章是意见，专业知识和专家，包括意见规则、专家和专业知识等。第十八章是科学证据，包括精神病学和心理学证据，毒物学和化学证据，法医病理学证据，照片和录像，显微分析和中子活化分析，以及指纹、DNA、枪弹、声纹、可疑文书、测谎、车速检测等证据。第十九章是示意证据，包括历史背景和有关异议的根据等。

　　大陆法系国家一般没有专门的证据法典，其证据规范往往包括在诉讼法等法学体系之中，其证据法教材往往也包括在诉讼法教材中。法国 1999 年出版的让·拉尔给耶的《刑事诉讼法》就是如此安排的，其中第五编为"刑事诉讼的证据"，内容分为两大部分。

　　第一部分是基本原则，下设两章。第一章是证明责任的原则，作者首先在无罪推定的原则下阐述了刑事诉讼被告人的权利，如被判无罪的被告人可以要求法庭公开宣布其无罪判决的权利，可以在新闻媒体上就指控事实公开答辩的权利，以及可以对新闻媒体缺乏依据的报道提出起诉的权利等。然后阐述了两个衍生原则，即"谁主张，谁举证"的原则、"疑罪从无"的原则。第二章是法官权力的原则，包括法官应该积极参与案件调查和收集证据的原则，以及法官在判断证据的证明力时享有自由裁量权的原则。在第二项原则下，作者分别阐述了"内心确信"的基本含义，介绍了"内心确信"的例外，并论述了法官"内心确信"的三项限制，即法官在判决中必须写明判决的理由、法官采用的证据必须经合法手段获得、法官采用的证据必须经过双方的质证，即"对立审查原则"。

　　第二部分是各种证据手段，下设五章，分别阐述了被告人口供、证人证言、书面证据、专家证词、法律推定和司法推定等五类证据的含义、特点及其有关的规则。被告人口供是刑事诉讼中法定的证据形式，但是它已不再具有"证据之王"的效力，法官可以在没有口供的情况下判定被告人有罪，也可以在被告人承认有罪的情况下判定其无罪。关于证人资格的问题，法律规定证人应该是亲自感知案件事实的人，因而传闻证据应该排除；法律还规定，证人作证时必须年满 16 岁，证人不能有诈骗等犯罪前科，证人不能与本案有重要的利害关系等，不符合上述条件者提供的证言只能用作线索，不能在审判中采用。根据法律的规定，证人有出庭以口头方式作证和在陈述前宣誓的义务，誓词为："我宣誓所说全部属实，除事实外无他。"书面证据包括合同等文书，在民事诉讼中常见，在刑事诉讼中使用较少。根据法律的规定，诉讼双方一般都可以邀请自己的专家证人。在刑事诉讼中，法官也可以指定专家证人。专家证人不必在法庭上接受对方的质证，但是对方可以对专家的证词提出疑问，法官也没有在判决中必须采纳专家证词的义务。法律推定是依据法律规定可以从一个事实推出的结论，分为可以推翻的和不可以推翻的两种，前者如无刑事责任能力的推定，后者如无罪推定。司法推定指法官可以根据犯罪现场的痕迹物证推出结论。在司法推定中，法官往往要听取有关专家的意见。①

---

① 何家弘：《新编证据法》，法律出版社 1999 年版，第 10～12 页。

二、国内的证据法学体系

国内的教材体系大同小异，本书就以本教材的体系编排为例展示国内的证据法学体系。

本教材共分三编：第一编"总论"，第二编"证据论"，第三编"证明论"。本教材安排三编，与国内多数教材的编排相同。在章节总数上，本书要比一般的教材章节少，本书只有十三章，主要内容并没有减少，主要是把其他教材有些内容分章编写的，我们放在一章编写。如证据法的理论基础，多数教材作为单独的一章来编写，本教材只是作为一节放在第一章中；有些教材把证据的每一个种类都作为一章来写，本教材把法定的证据种类只作为一章来写。当然，也有部分内容考虑到其实用性，而没有纳入本教材的编写范围，如证据法学的学科性质，证据法学的研究方法等等。本书具体的体系安排如下：

第一编"总论"，共三章。第一章，证据法学概述。简要阐述证据法学的研究对象、体系和证据法的理论基础。理论基础主要是介绍证据制度的认识论基础和价值论基础。第二章，证据制度的历史沿革。简要介绍中外证据制度的历史沿革，重点介绍国外证据模式的历史演变。第三章，证据法的基本原则。分别介绍了证据法的证据裁判原则、直接言词原则和自由心证原则。

第二编"证据论"，共四章，即从第四章到第七章。第四章，证据的概述。主要介绍证据的概念、属性以及证据的价值。第五章，证据的种类。分别介绍了我国刑事、民事、行政诉讼法中规定的证据种类，即物证，书证，证人证言，当事人陈述，被害人陈述，犯罪嫌疑人、被告人的供述与辩解，鉴定结论，勘验、检查笔录和现场笔录，视听资料等，对其概念、特点和意义作了分析和介绍。第六章，证据的分类。主要介绍了证据分类的概念、分类的标准、意义以及几种常见的分类。第七章，证据的规则。主要是对国外的各类证据规则进行了简要的介绍，包括相关证据规则、非法证据排除规则、传闻证据排除规则、最佳证据规则、意见证据规则、特权规则、自白和补强证据规则。同时，本章结合我国的相关证据规定，分析了我国证据规则的现状，并提出了完善我国证据规则的建议。

第三编"证明论"，共六章。即从第八章到第十三章。第八章，证明的概述。主要介绍证明的概念与意义和几种常见的证明分类。第九章，证明对象。介绍证明对象的概念和特征、证明对象的范围，同时分别介绍刑事、民事和行政诉讼中的证明对象。第十章，证明责任。分别介绍刑事、民事、行政诉讼中证明责任在当事人中的分配，同时介绍一些特殊的证明责任分配，如举证责任倒置以及法官的裁量分配原则等。第十一章，证明标准。该章分别介绍刑事、民事、行政诉讼的证明标准，在对我国现行的证明标准进行介绍的同时也对其分析质疑。第十二章，证明方法。该章介绍几种主要的证明方法，如逻辑推理、经验方法等认定案件事实的方法，同时还介绍推定和认知等免证方法。第十三章，证据的运用。主要介绍证据运用的动态过程，包括取证、举证、质证、认证以及运用证据认定案件事实，包括每个环节证据运用的主体、方法、过程及合法性判断等内容。在该章中，以合法性判断为标准，对实践中的一些做法特别是取证方法作了一些有探索性的分析。

第三节　证据法的理论基础

证据法的理论基础是指对证据法制的构建与改革完善起指导作用的理论,是整个证据法的灵魂。用什么样的证据法理论来指导证据法决定着证据法的发展水平,然而,证据法的理论基础究竟是什么,近年来学界分歧较大。辩证唯物主义认识论曾经作为唯一的理论基础指导证据法学的研究,随着近年来证据法学研究的深入,证据法学的理论基础呈现出多元化的局面。目前主要有认识论与价值论说,认识论与程序正义说,形式理性与程序正义说,认识论、价值论与概率论说,认识论、价值论与方法论或目的论说等。我们选择目前学界认同较多的认识论和价值论作为证据法的理论基础加以介绍。

一、认识论基础

认识论也称知识论,是探讨人类认识的本质、结构,认识与客观实在的关系,认识的前提和基础,认识发生、发展的过程及其规律,认识的真理标准等问题的哲学学说。哲学史上关于认识论有多种流派和学说,有唯物主义的认识论和唯心主义的认识论,唯物主义认识论又分为机械唯物主义认识论和辩证唯物主义认识论。我国证据法应当坚持以辩证唯物主义认识论为指导,将认识论的基本原理与诉讼证据运用的特殊规律结合起来,形成诉讼认识论,作为证据法的基础理论。

（一）辩证唯物主义认识论

辩证唯物主义认识论包括了三个原理,即实践和认识辩证关系原理、真理的条件性和具体性原理、认识过程的反复性和无限性原理。这三个原理基本上包括了认识的产生、本质、结构及认识规律、认识的真理标准等认识论的主要内容,下面对这三个原理进行简单介绍。

1. 实践和认识辩证关系原理

辩证唯物主义认识论认为,认识是在实践基础上主体对客体的能动反映,且这个反映是在创造过程中实现的,也就是说主体的反映是一个能动的创造性过程,实践的观点是辩证唯物主义认识论首要的和基本的观点。实践决定认识,认识也反过来指导实践,认识与实践是辩证统一的。

一方面,实践决定认识。首先,实践是认识的来源,人不能脱离行动、脱离实践而从外界直接获得知识,即便因传承而获得的知识,其最终的来源依然是实践。其次,实践是认识发展的动力和最终目的。实践需要解决什么问题?人们就关注什么问题,这些问题也就成了认识的对象。人类的认识活动,总是为各个时代社会实践的特定需要服务的,科学研究的任务也是围绕着人类实践的需要这个中心来确定的。因此,实践产生了认识的需要也是认识的归宿,是全部认识的基础。人们的认识能力归根结底也是在实践基础上形成和发展的,社会实践水平越高,人类的认识能力就越强。因而,人们能够在新的实践水平上总结新经验、回答新课题、获得新认识,产生新科学,使人类的认识不断发展。再次,实践是检验认识真理性的唯一标准。认识正确与否,也要靠实践来检验,1845 年,马克思就提出了检验真理的标准问题:"人的思维是否具有客观的真理性,这不是一个理论的问题,而是一个实践的问题。人应该在实践中证明自己思维的真理性,即自己思维的现实性和力量,亦即自己思维的此岸性。关于离开实践的思维是否具有现实性的争论,是一个纯粹经院哲学的问题。"①这就非常清楚地告诉我们,一个认识是否正确反映了客观实际,是不是真理,只能靠社会实践来检验。这是马克思主义认识论的一个基本原理。

另一方面,认识反过来指导实践。实践是人能动地改造物质世界的活动,其本质特性决定它不能离开认识的指导。首先,人的实践活动不同于动物的本能活动,它是受意识支配的,实践的这种本质特性决定它不能离开认识的指导。其次,认识活动及其成果具有相对独立性,遵循其特有的活动方式和发展规律,一经形成,便能反作用于实践。再次,认识对实践的指导作用表现在许多方面:认识可以使主体了解、把握主体和客体及其相互作用的规律性,指导主体自觉地按照客观规律去从事改造世界的活动;认识可以使主体在实践活动之前,确定既符合自身需要、又符合客观实际的目标、方案、步骤和措施,对实践活动作出预测和规划;认识可以使主体根据变化了的情况及时调节自己的行动,指导主体选择实现目的的最佳行为方式;认识可以指导主体将局部经验上升为理论;认识还可以使主体实现对自身的认识,并自觉调整自己的活动,以适应改造客体的需要。由于实践的性质,认识对实践的指导作用有两种情况:一是在正确认识指导下实践顺利进行;二是错误的认识指导,对实践产生消极作用。认识来源于实践,又反过来为实践服务。实践、认识、再实践、再认识,循环反复,以至无穷,这就是人们正确地认识世界和能动地改造世界的无限发展的过程。

2. 真理的绝对性和相对性辩证关系原理

真理是个发展的过程,既是绝对的,又是相对的,这是真理问题上的辩证法。真理的绝对性,指任何真理都包含着客观内容,并体现出人类思维的至上性;真理的相对性,指真理的条件性、有限性,即人们在一定条件下对世界的正确认识都是具体的、近似的。绝对真理和相对真理的区分,既是确定的又是不确定的。它们在人类的认识过程中相互联结、相互转化。否认真理的相对性,会使思想僵化;否认真理的绝对性,会走向相对主义和不可知论。

真理的绝对性或绝对真理的主要含义:真理的内容是客观性的,任何真理都是对客观事物及其规律的正确认识,都包含着不依赖于人的客观内容;就人类认识的本性来说,完全可以正确认识无限发展的客观世界,每个真理的获得都是向无限发展着的物质世界的接近,承认世界的可知性,也就必然承认绝对真理;从真理的发展来说,无数相对真理的总和构成绝对真理,承认认识发展的无限性,也就必然承认绝对真理。

真理的相对性或相对真理是指人们在一定条件下的正确认识是有限度的,从广度上说,它只是客观世界的一定范围、方面的正确认识,有待于扩展;从深度上说,它只是对特定事物的一定程度、层次的近似正确的认识,有待于深化;从进程上说,它只是对事物的一定发展阶段的正确认识,有待于发展。

绝对真理和相对真理是同一客观真理的两重属性,任何客观真理都是绝对真理和相对真理的统一。绝对真理和相对真理是相互联结、相互包含的,绝对真理寓于相对真理之中,相对真理包含着绝对真理的成分和颗粒。相对真理和绝对真理又是辩证转化的,真理是由相对真理走向绝对真理的永无止境的过程,任何真理性的认识都是从相对真理向绝对真理转化过程中的一个环节。

3. 认识过程的反复性和无限性原理

---

① 《马克思恩格斯选集》(第1卷),人民出版社1995年版,第16页。

认识过程的反复性,指人类追求真理的过程由于受主客观条件的限制,对于一个复杂事物的认识往往要经过由感性认识到理性认识、再由理性认识到实践的多次反复才能完成。认识的发展过程包括两个发展阶段、两次飞跃。认识过程的第一次飞跃是从感性认识到理性认识的飞跃。感性认识是主体对客体表面现象的反映,是来自客体的各种刺激和主体的感知系统的相互作用的产物。感性认识包括感觉、知觉和表象三种形式,是认识的低级形式,具有直接性、具体性的特点。理性认识是在感性认识的基础上,主体运用人所特有的抽象思维能力对感性材料进行加工,形成对客体的本质和内在联系的认识。它包括概念、判断、推理三种形式,具有间接性、抽象性的特点,是认识的高级形式。感性认识有待于上升到理性认识,这是认识论的辩证法。因为认识世界的目的是为了改造世界,认识的真正任务是透过事物的现象掌握其本质和规律。认识的目的和任务决定了感性认识必须上升到理性认识,实现认识过程中从感性认识到理性认识的飞跃。认识过程的第二次飞跃是从理性认识到实践的飞跃。理性认识只有回到实践中去,才能发挥认识对实践的能动作用,指导人们的实践活动,转化为改造世界的物质力量,实现认识的目的;而且理性认识只有回到实践中去,才能使认识得到检验、完善、丰富和发展。因此,这次飞跃意义更为重大。对事物的认识仅仅依靠一次认识是无法完成的,它需要多次反复,因为人们的认识总要受到很多限制:其一,是受到客观事物发展程度的限制;其二,是受到生产发展水平和科学技术条件的限制;其三,人们的立场、观点、方法、性格特征等主体因素,也影响和限制着人们正确全面地认识事物。因此,人们要获得对事物的正确认识就要经历多次反复。

认识发展的无限性,指对于事物发展过程的推移来说,人类的认识是永无止境、无限发展的。认识具有无限性。首先,是认识对象的发展是无限的。认识对象是从低级到高级,从简单到复杂的无限变化着的物质世界,决定了认识的不断扩展和深化。其次,认识基础即社会实践的发展是无限的,实践的发展对认识提出新问题,推动认识的发展。再次,主体的认识能力在实践中产生并在实践中不断发展,其提高能力也是无限的,并且作为认识的主体的人类是世代延续的。因此,人类的认识具有无限性,追求真理是一个永无止境的过程。然而认识又具有有限性,它指在认识过程中,处于一定社会历史条件下的人,其认识能力是有限的;在一次实践中,人们认识事物的广度和深度也是有限的。因此,这种认识的无限性与有限性也是对立统一的。正如恩格斯在《反杜林论》中所指出的:"人的思维是至上的,同样又是不至上的。它的认识能力是无限的,同样又是有限的,按它的本性、使命、可能和历史的终极目的来说,是至上的和无限的;按它的个别实现和每次的实现来说,又是不至上的和有限的。"[①]

（二）诉讼认识论

辩证唯物主义认识论的一般原理在诉讼中的运用就形成了诉讼认识论,它与哲学上的认识论是特殊与一般的关系,它既符合一般认识论的原理,同时也有自身的特殊性。因为诉讼认识的本质是法律规范下的认识活动,需要遵循特殊的方法和要求。诉讼认识论的特殊性主要体现在以下几个方面:

第一,诉讼认识的主客体具有特定性。哲学意义上的认识主体是所有的社会生活中的人,而诉讼中认识主体是受法律限定的,除了公安、司法机关的办案人员以外,还有当事人及

[①] 恩格斯:《反杜林论》,载《马列著作选读·哲学》,人民出版社1988年版,第97页。

其法定代理人、辩护人和诉讼代理人以及其他的诉讼参与人,他们都可以一定的方式和途径参与诉讼认识活动,例如辩护人或诉讼代理人的调查取证、举证,鉴定人对专门性问题作出司法鉴定等,都属于诉讼认识主体的行为。由此可以看出,诉讼认识的主体范围是特定的,其范围远远小于哲学意义上的认识主体。

诉讼主体认识的客体是案件事实,也就是诉讼中需要查明的事实。与哲学意义上的其他事实相比,案件事实具有以下特性:(1)过去性。根据事实存在的时间维度的不同,事实可以分为过去发生的事实、正在发生的事实和将来要发生的事实之别。案件事实主要是指过去发生的事实,只有发生过的事实才能成为争议事实并进入公安司法人员的视野。如果公安司法人员是案件事实发生时的目击者,他也只能是证人、被害人,而非办案人员。当然,随着侦查手段的丰富,侦查人员可以监控正在发生的事实,并可在现场收集证据来证明正在发生的事实。如果我们把这种事实也理解为案件事实,那么就可以指正在发生的事实。由于这种事实只是发生在极少数案件的侦查中,而且它最终要进入事实裁决者的视野,一旦进入事实裁决者的视野中,它也就变成了过去事实。因此,基本上可以认为案件事实具有过去性的特征。(2)确定性。与不断变化发展的客观世界相比,案件事实具有确定性。因为案件事实一旦发生,它发生的时间、地点、人员和过程都是确定的,也是固定不变的。即便是犯罪嫌疑人或其他人对案件事实的隐藏、包庇或仿造,都不能改变案件事实本身,因此,作为认识对象的案件对象具有确定性。(3)法定性。不是实际发生的所有的与案件相关的事实都是案件事实,只有在诉讼中能够引起、变更或消灭法律关系的事实才属于案件事实。法律之所以规定部分发生的事实为案件事实,是因为这些事实在法律上具有一定的意义,对于双方当事人的权利和义务能够产生影响。案件事实的法定性,将过去发生的事实中那些不具有法律意义的事实排除在外,这就缩小了诉讼中需要办案人员认识的范围,也为诉讼中查明案件事实减轻了压力。

第二,诉讼认识的手段主要是证据。对案件事实的认定需要认识主体运用逻辑、经验等内在的证明方法,但证据是认定案件事实主要的外在手段。公安司法人员一般通过取证、举证、质证和认证等环节来认定案件事实。案件事实发生在过去,办案人员只能通过证据去再现客观发生的案件事实,查明案件事实真相。证据是联系认识主体与认识客体即办案人员与案件事实之间的纽带。目前,大多数国家在其诉讼中确定了证据裁判原则,就是对证据在诉讼认识中基础作用的认可。当然,这里的证据仅指来源于客观存在的一种事实材料,不包括主观臆测的、虚幻的证据,如历史上曾经出现过的以神灵的意思表示、占卜、预测或宣誓等作为判决依据的证据。同时,这里的证据要求是经过合法程序收集并经过严格的法庭调查质证的证据,对不具有可采性的证据不能成为诉讼认识的手段。

第三,诉讼认识的过程被严格法定化。诉讼认识除了要遵守一般认识要遵循的经验法则、逻辑规则以外,还要遵守法律的规定。首先,诉讼认识必须在有限的时间内完成。对此,各国在其法律中都专门规定了诉讼的各种期限,如采取强制措施的期限、起诉期限或审理期限等;有些国家则规定了诉讼及时原则、不间断审理原则等。其次,诉讼认识只能在特定的地域内完成。一般情况下,对于具体的案件都是在特定的区域内完成的,因此,各国规定了案件管辖制度,超越案件管辖范围所作出的事实认定往往会被规定为无效。再次,诉讼认识受到程序规则和证据规则的制约。在现代诉讼中,为了体现程序的公正、民主与文明,加强人权保障,对证据的收集、审查判断等都有严格的程序保障,并设置了一系列的证据规则,如非法证据排除规则、传闻证据排除规则等。如最高人民法院、最高人民检察院、公安部、司法部、国家安全部颁布的《办理死刑案件证据规定》中明确规定了"法定程序原则"、"证据裁判原则"。诉讼认识过程的法定化,既是为了实现实体公正,也是为了保证程序正义。

第四,诉讼认识的结果只能是法律事实。诉讼认识的结果即裁决者最后裁决时所依据的事实,这个事实只能是法律事实,不能认为它就是客观事实。因为这种事实是经过法定程序获取的法定的证据,并经过法定的证明过程所确定的法定范围内的事实,它始终受到法律规范、约束甚至裁剪,因此,最终认定的事实只能是有法律意义的事实,即法律事实。这种法律事实可能完全符合客观事实,可能部分符合客观事实,也可能完全不符合客观事实。但无论法律事实属于哪一种情况,司法人员都只能以证据所能证明的法律事实为依据而不能是其他什么事实作出裁决。当然,司法人员在办案中要尽可能地做到使法律事实与客观事实相一致,这也是对公安司法人员办案的基本要求和他们的努力方向。

二、价值论基础

价值是指客体对主体需要的满足。价值关系不仅发生在人与物之间,也发生在人与人之间以及其他一切可能的对象性关系中。[①] 依据所满足的需要在主体生存发展中的整体性质和地位,人们常将价值定位为"目的价值"和"工具价值"。这两者的关系是目的决定手段,而手段检验目的。近年来,随着对诉讼法研究的逐渐深入,诉讼价值也得到了越来越多的关注,作为诉讼制度重要组成部分的证据制度也有其蕴涵和应当体现的价值。

(一)证据制度的价值基础

根据主体与客体之间的关系来界定价值,证据制度的价值就是指证据制度的法律适用及证据实践对公民、社会和国家需要的满足程度。证据制度价值与诉讼制度具有相同的价值基础,即公正、人权、秩序和效率。不过,这些价值在证据制度中的体现与在诉讼制度中的体现还是有所区别的。

1. 公正

公正即公平正义,对什么是公平正义有多种定义和解释。《辞源》对于公正的解释是:"不偏私,正直"。这大体上体现了公正的核心内容即平等和合理。公正要求遍及社会生活的方方面面,既包括司法公正,也包括社会公正。司法公正既是社会公正的重要体现,也是社会公正的最后一道法律防线。司法公正指通过法律平等、合理地分配人们的权利义务。在诸项价值中,公正是诉讼法律制度的首要价值,其位阶要高于其他价值。司法公正包括实体公正和程序公正,证据法上公正也包括实体公正和程序公正。由于证据法主要是程序法规范,程序正义在证据法中体现得更为充分、明显。

证据法上的实体公正。实体公正,是指司法人员在执法的过程中严格按照行政、民事和刑事等实体法的规定处理各种类型的案件。它要求司法机关要查明案件事实,并根据法律合理分配当事双方的权利和义务。实体公正是通过制定科学、公平实体法并加以严格执行而体现出来的,因此,它有两个要求:一是法律要公正,一是结果要公正。具体到证据法上的实体公正,通过适用证据法的各种规定,可以有效地获得准确、客观和完整的证据,并可以根据取得的证据准确地查明案件事实。证据法上的一些制度、规则就体现了证据法实体公正

---

① 李德顺:《价值论》,中国人民大学出版社 2007 年第 2 版,第 27～28 页。

的要求,如传闻证据排除规则、最佳证据规则、意见证据规则以及公平合理的证明责任、科学的证明标准等。在证据实践中,要尽可能地追寻实体公正,也就是要求尽可能地做到每一个证据都要准确、客观,为司法公正打下坚实的基础。

证据法上的程序公正。程序公正也称为程序正义,相比较于结果公正,它是一种过程公正。程序除了它的工具价值之外,学界普遍认为它也有其自身独立的价值。即程序不仅要保障司法人员正确认识案件事实,同时也要求司法人员在保障人权的前提下,正当地、合法地认识案件事实。如何判断程序正义,学界提出了众多的标准。美国学者戈尔丁提出了9项内容:(1)与自身有关的人不应该是法官;(2)结果中不应含纠纷解决者个人利益;(3)纠纷解决者不应有支持或反对某一方的偏见;(4)对各方当事人的诉讼都应给予公平的注意;(5)纠纷解决者应听取双方的论据和证明;(6)纠纷解决者应只在另一方在场的情况下听取一方的意见;(7)各方当事人都应得到公平的机会来对另一方提出的论据和证据作出反应;(8)解决的诸条件应以理性推演为依据;(9)推理应论及所提出的论据和证据。我们认为程序正义至少要包括以下几个方面的内容:裁判中立、程序参与、程序平等、程序公开、救济原则、程序及时及终结原则等。

程序正义标准指导着证据法的程序公正,但与证据法上的程序公正在内容上或具体要求上又有所不同。我们认为,证据法上的程序公正,主要是指证据的收集、审查判断及认定都要经过正当的、法定的程序,使证据实践符合形式正义。它应该包括这样几项内容:(1)裁判中立,即裁判要在证据运用及证据法适用方面保持中立无偏私。(2)证据平等,即要求裁判人员在收集、调查证据和质证方面要平等地对待双方当事人。(3)证据法定,即在证据实践的各个环节都要遵守法定的程序,保障证据运用合法。同时,也要求证据的形式法定、条件法定。(4)证据公开,即证据的质证、认定包括证明都应当公开。(5)证据救济,要求证据实践中如有证据遗漏、错误等不规范行为,有证据规则予以救济。(6)证据及时并终结原则,该原则要求收集证据要及时,同时受法律时效性的约束,对举证或质证等证据运用有一定的时间限制,证据及时终结才能保证诉讼的及时终结。证据规则中的非法证据排除规则、自白任意性规则、公开质证规则、举证时效制度等等,都是证据法上的程序公正的要求和体现。

实体公正和程序公正是司法公正不可分割的两个方面。如果没有实体公正,即使程序上公正,司法公正也无从谈起;反之,如果没有程序公正,实体公正也就不能实现,司法公正同样无从谈起。实体公正和程序公正两者之间的关系是相辅相成的。我国一直比较重视实体公正,而对程序公正则重视不够,这种现象在证据法的适用上同样存在。尽管近20年来,程序正义观念逐渐增强,程序公正受到越来越多的重视,但在司法实践中,程序公正的地位还远不能与实体公正相提并论。针对当今我国的司法实践,强调和突出程序正义有更强的现实意义。

2. 人权

人权就是人作为人依其本性应当享有的权利,而不是任何外界的恩赐。每一个人固有的人格、尊严和价值不容侵犯和贬损,它包括每个人的生命不受任意剥夺,人身安全不受任意伤害,人身自由不受任意侵犯,思想自由不受任意禁锢,最低生活得以保障,追求幸福得以实现。人类社会各种组织和制度安排,各种政策和法律设计,都应当以保障公民的各种权益为依归。充分享有人权,是人类长期以来追求的理想。在古代,受当时的经济发展水平和社会制度的限制,人们所享有的权利极其有限。以自由、平等、人道为其重要内容的现代意义上的人权,是近代资本主义商品生产逐步发展和资产阶级民主革命取得成功以后才出现的。

现代人权的发展主要经历了三个时期。第一个时期,是从 17、18 世纪欧洲资本主义上升时期到 20 世纪 50 年代的民族解放运动。这一时期的人权主要内容是人身人格权利以及政治权利与自由,它的诞生与确立以美国的《独立宣言》和法国的《人权与公民权利宣言》为主要标志,这是第一代人权。这一代人权所倡导的权利是"消极权利",强调政府对公民的个人自由不进行干涉。第二个时期,是从上个世纪 50 年代的民族解放运动到上世纪末本世纪初的经济全球化的出现,随着民族解放运动的发展,这一时期的人权表现在突破传统的人权观,把个人的人权发展到集体人权,并注重经济、社会和文化方面的权利,增加民族自治权以及和平权等内容,扩大了人权观范畴,这是第二代人权。这一代权利要求政府做有利于个人权利的积极行为者,因此又被称为"积极的权利"。第三个时期,也就是现在经济全球化带来的发展权、环境权、人道主义援助权,人人享有发展的权利,这被称为第三代人权。第三代人权概念以国际人权文件所确认的发展权为核心。联合国大会通过了一系列决议,包括《自然资源永久主权》决议、1966 年《社会进步和发展宣言》、1974 年《建立新的国际经济秩序宣言》和《各国经济权利和义务宪章》等,承认发展中国家人民享有发展权。以这一代人权概念为中心的国家人权法被称为"发展权法"。

无论人权怎么变化发展,生命权、自由权和财产权始终是三项最基本的人权,而三大诉讼基本的任务也就是要保障公民这三项权利。三大诉讼法的基本任务各有不同的侧重点,但总体上是围绕这三项基本权利而展开的。刑事诉讼的基本任务是惩罚犯罪和保障人权,惩罚犯罪最终也是保障人权。民事诉讼解决的是平等主体之间的人身纠纷和财产纠纷,当事人将案件诉诸法院的目的是维护其合法的人身权和财产权。行政诉讼解决的是行政主体的具体行政行为是否合法的问题,法院通过对行政机关的具体行政行为的合法性进行审查,防止行政机关滥用权利,也是对公民人身权和财产权的保护。

证据法和诉讼法具有相同的人权保障任务,因此也有相同的人权价值追求。目前,虽然我国并没有统一的证据法典,但在已有的证据法规范中,已经确立了体现人权保障的规范,如刑事诉讼法严禁以刑讯逼供、威胁、引诱和欺骗的方法取证,确立非法证据排除规则,以及《民事诉讼法》禁止当事人以侵害他人合法权益的方式收集证据等等。当然,对人权予以充分保障的证据规范还不完善,在证据法的改革和完善过程中,强化对当事人的权利保障,特别是对犯罪嫌疑人、被告人权利保障的进一步加强很有必要。如要在证据法中明确规定无罪推定原则、自白任意性规则、任何人不得强迫自证其罪原则,并建立沉默权制度、讯问时全程录音录像制度以及律师在场制度等人权保障制度。

3. 秩序

秩序与混乱无序相对,指自然界和人类社会处于相对稳定、和谐、连续的状态。西方法理学家博登海默认为秩序"意指自然进程和社会进程中都存在着某种程度的一致性、连续性和确定性"①。秩序是法的基本价值之一,它是法律调整社会事务的出发点,是法的其他价值实现的基础,与法始终相伴随。在一个社会中,如果法律不能使社会处于有秩序的状态,那么就谈不上对人的自由、平等以及其他价值的维护。正如庞德所说:"当法律秩序已经认

---

① 〔美〕E.博登海默:《法理学:法律哲学与法律方法》,邓正来译,中国政法大学出版社 1999 年版,第 219 页。

定和规定了它自己要设法保障的某些利益,并授予或承认了某些权利、权力、自由和特权作为保障这些利益的手段以后,现在它就必须为使那些权利、权力、自由和特权得以生效而提供手段。"①所以法律其他所有的价值都需要以秩序价值作为基础,并建立在法律秩序价值的一定实现上。

秩序也是人类一切活动的基本前提和必要条件,它既构成人类理想的要素,也是人类社会活动的基本目标。人类历史的实践证明,犯罪猖獗,社会动荡不安,人们的生命财产就得不到保护,生活工作不能正常开展,生产力也会受到极大的破坏,社会就不能向前发展,人们也难以过上幸福生活。

证据法与其他诉讼法律制度一样,要接受法律秩序价值的指引,同时要通过证据法的适用来维护秩序,证据法所确立的一些规则也特别突出了对秩序价值的维护。如拒证特权规则的建立就是如此。所谓拒证特权就是指有特定身份、职业的人或与当事人有特殊关系的人有权拒绝出庭作证,如与当事人具有配偶关系、父子关系、母子关系的人,都可能享有拒证特权。允许他们享有拒绝作证的权利,显然不是为了查明案件事实真相,而更多的是考虑维护整个社会秩序的稳定。因为家庭是社会的细胞,也是社会稳定的基础,如果为了打击犯罪而强迫夫妻、父母与子女相互指证,既与人性相背,也会破坏家庭的团结,从而会从根本上破坏社会的稳定。

当然,任何犯罪本身就是对社会秩序一种破坏。近年来,各国由于犯罪形势日益严峻,特别是一些暴力犯罪、恐怖犯罪、跨国的有组织犯罪越来越多,严重危害社会,各国对证据规则也不断地进行修改、调整以适应新的形势,维护稳定的社会秩序。从刑事证据规则来看,主要表现在这样几个方面:(1)扩展取证手段。如为了打击严重的恐怖犯罪和严重的腐败犯罪,一些国家允许对这些犯罪的侦查使用秘密侦查手段,并扩大了侦查部门使用该手段的权力。同时,也允许这些通过秘密侦查手段获得的资料作为证据使用。如联合国《打击跨国犯罪公约》第 20 条第 1 款规定:"……在其(主管当局)认为适当的情况下使用其他特殊侦查手段,如电子或其他形式的监视和特工行动,以有效地打击有组织犯罪。"我国于 2010 年 5 月颁布的《关于办理死刑案件审查判断证据若干问题的规定》第 35 条明确规定:"侦查机关依照有关规定采用特殊侦查措施所收集的物证、书证及其他证据材料,经法庭查证属实,可以作为定案的根据。法庭依法不公开特殊侦查措施的过程及方法。"(2)强化对证人、被害人的保护力度。如英国司法改革白皮书《所有人的正义》,对于被害人的人权保障要求加强;我国在 1996 年修改《刑事诉讼法》时提高了被害人的诉讼地位,明确规定被害人为当事人。(3)证据规则适用由严格到松动。如美国一贯实施严格的非法证据排除规则,对毒树之果也加以严格排除。但在 2004 年,联邦最高法院以 5∶4 的表决结果作了裁决,某种情况下毒树之果是可以被采纳的,同时通过间接违反米兰达规则而获得的实物证据也将不被排除。"9·11"之后,美国《爱国者法》第 213 条就授予侦查人员有迟延告知并出示执行逮捕证的权限,即任何人只要受到警察怀疑进行了与恐怖主义有关的活动,在未被告知的情况下,其本人或其住处、办公地点都可能在没有逮捕证、搜查证的情况下被逮捕或随意搜查,其所获得的证据可以使用。英国《1994 年刑事审判与公共秩序法》第 34 条至第 37 条规定,对于特定情形,如果被告人保持沉默,法律允许法庭对被告人作出不利推断。在《2003 年刑事司法法》

① [美]庞德:《通过法律的社会控制·法律的任务》,沈宗灵等译,商务印书馆 1984 年版,第 114 页。

中又允许使用特定条件下的传闻证据,包括原始的证据来源有正当理由不能出庭陈述,或法官认为原始证据来源不出庭是适当的;并修改了品格证据规则,允许在一定条件下使用被告人犯有前科的证据,承认其相关性。(4)推定适用范围扩大。联合国《反腐败公约》第28条规定:"根据本公约确立的犯罪所需具备的明知、故意或者目的等要素,可以根据客观实际情况予以推定。"联合国《打击跨国犯罪公约》也有类似的规定。这些规定显然加重了被告方的举证责任,降低了证明标准。从刑事证据规则的这些变化可以看出,证据法也在适应秩序价值的需要。

4. 效益

效益是经济学上的术语,指以较少的投入能获得较大的收益,既包括时间上的快速,也指人力、物力资源上的投入产出比。诉讼上的效益是指通过诉讼程序解决法律纠纷要以较少的司法资源的投入获得较好的诉讼收益,诉讼及时原则的确立以及速决程序或简易程序的构建都是诉讼效益的体现。

为了尽可能提高诉讼效率,一些国家对诉讼期限作了严格的规定,没有规定诉讼期限的国家也会要求集中审理或不间断审理,以防止诉讼不必要的拖延。如《日本刑事诉讼法》第1条规定:"本规则的解释和适用,应当谋求宪法要求的裁判的迅速和公正。"《日本民事诉讼法》第2条规定:"法院应为民事诉讼公正并迅速地进行而努力。"《法国刑事诉讼法》第220条也规定刑事审查庭庭长应当做好各项工作,"努力防止诉讼受不合理的延误"。同时,各国还规定了相应的简易程序以提高诉讼效益,如《日本刑事诉讼法》规定了简易程序、略式程序快速处理案件;《意大利刑事诉讼法》规定的诉讼程序有普通程序和特别程序之分。特别程序又规定了5种程序:简易审判程序、依当事人的要求适用刑罚程序、快速审判程序、立即审判和处罚令程序。我国1996年《刑事诉讼法》修改后也规定了简易程序,后来司法解释应实践的需要规定了一定条件下的普通程序简化审程序,都是为了降低诉讼成本,节约司法资源,提高诉讼效率。

证据制度中同样也体现了对效益的追求。如《美国联邦证据规则》第102条规定:"本规则将用以保证公正施行,消除不合理的耗费和延误,促进证据法的发展壮大,以实现确定事实真相,公正处理诉讼。"涉及相关性证据时,该规则第403条规定:"证据虽有相关性,但其证明价值明显不及所含有的不公平的偏颇、导致争点混淆,或有误导陪审团的危险,或被认为是不当拖延、费时或不必要的重复举证时,也可以排除。"我国的相关证据制度中也有体现诉讼效率的相关规定,如举证时效制度、免证事实制度都蕴藏着对效益的追求。《最高人民法院关于民事诉讼证据的若干规定》(以下简称《民诉证据规定》)第43条规定:"当事人举证期限届满后提供的证据不是新的证据的,人民法院不予采纳。当事人经人民法院准许延期举证,但因客观原因未能在准许的期限内提供,且不审理该证据可能导致裁判明显不公的,其提供的证据可视为新的证据。"《最高人民法院关于行政诉讼证据若干问题的规定》(以下简称《行诉证据规定》)第68条规定:"下列事实法庭可以直接认定:众所周知的事实、自然规律及定理、按照法律规定推定的事实、已经依法证明的事实、根据日常生活经验法则推定的事实。"对一些事实直接免证,显然可以极大地提高诉讼效率。

当然,追求诉讼效率不是绝对的。公正和效率是今天司法活动追求的两个基本目标,但二者存在一定程度的紧张关系。只讲效率、不顾公正,会让司法丧失基本的信仰;但如果只讲公正、不顾效率,同样会使公正丧失价值,所谓"迟来的正义非正义"。在公正与效益的关系上,如果二者产生冲突,效率应当作出一定的牺牲,公正具有优先的地位。当然,这并不排除在个别情况下允许效率优先,兼顾公正。如在一些小额的民事诉讼中,可能短时间内难以查清案件事实,实体公正难以实现,为了提高诉讼效率,可以调解结案,也可以根据证据规则迅速裁决结案。但总体上,我们主张"公正优先,兼顾效率"。

（二）证据制度的价值冲突及平衡

从上述对价值基础的分析可以看出,证据制度追求多元价值,包括公正、人权、秩序和效益,而各种价值之间显然程度不同地存在着冲突。因为不同的主体针对不同的事物,其价值判断是不同的,这不仅缘于不同主体的观念上的区别、现实因素的差异,也缘于不同主体的利益取向及判断标准不同。公正与人权、公正与秩序、秩序与人权、公正与效益,甚至公正内部的实体公正与程序公正之间都存在冲突。如只是为了追求实体公正,可能会不择手段地查找证据以查明案件事实真相,这就可能与人权价值、程序正义相冲突;反复查找证据,不惜花费时间、人力物力,这就与效益价值相冲突。如果过度保障权利,则难以有效打击犯罪,社会稳定也就难以维护,这与秩序价值就可能相冲突,也与实体公正的追求相冲突。正如罗斯科·庞德所说:"价值问题虽然是一个困难的问题,它是法律科学所不能回避的。即使是最粗糙、最草率的或最反复无常的关系调整或行为安排,在其背后总有对各种互相冲突和互相重叠的利益进行评价的某种准则。"[①]在诉讼案件中,各种价值的冲突显然是客观存在的,重要的是如何平衡和协调这些相互冲突的价值。

对于案件的诉讼,最理想的状态是各种价值能得到满足或能平衡协调,现实中确实有相当数量的案件体现了多元价值的良好协调,但也有一些案件存在难以调解的冲突。在案件诉讼中,特别是刑事诉讼中,各种价值应当得到兼顾,力求达到平衡,这是最为重要的。美国学者卓尔萨马哈认为刑事诉讼应在以下几个方面达成平衡:(1)社会与个人;(2)目的与手段;(3)法律、社会与意识形态;(4)联邦、州和地方政府;(5)政府的行政、立法与司法部门;(6)正式的规则与自由裁量权。当然,他也认为保持这些关系的平衡是很困难的,他引述美国联邦最高法院首席大法官伦奎斯特的话说:"在我们国家,贯穿政治理论长期历史和宪法发展历程的,最难以裁决的案件是存在两种相互冲突的价值的案件,每一价值都能够得到应有的尊重,但它们却相遇在此消彼长的竞争当中。"[②]

对于各种价值冲突的平衡,大体上有两种途径:一是制度安排,二是法官自由裁量。首先,就制度的角度而言,各种诉讼制度、规则甚至包括政策都要精心设计,经常根据形势的需要进行调整,以努力地平衡这些价值冲突。人们评价一部法律是否符合正义标准（合法性）时,往往是立足于这部法律是否能将社会关系调整得令所有社会成员都满意,但事实上,能够满足每个社会成员需要的法律是不可能存在的,那些合乎正义的法律所调整的社会关系、社会秩序能达到的也只能是大多数社会成员的认可和满意。证据法作为诉讼制度的重要组成部分,同样涉及多元价值的冲突与协调,以非法证据排除规则为例可以予以充分说明。根据非法证据排除规则的有无、完善与否、是否严格执行就可以从一定程度上看出这个国家对某种价值取向的偏好。一般而言,非法证据排除规则比较完善并得以严格执行的国家,比较重视人权保障价值、程序正义价值;反之,则比较重视实体公正,重视秩序价值。同时,该规

---

① ［美］罗斯科·庞德:《通过法律的社会控制》,沈宗灵译,商务印书馆1984年版,第55页。

② 卞建林、谭世贵:《证据法学》,中国政法大学出版社2010年版,第67页。

则的变化,也可以反映对某种价值取向上的变化。如美国一度严格地实行非法证据排除规则,包括严格地排除"毒树之果",而近年来,为了打击日益严重的恐怖犯罪、暴力犯罪,其执行该规则的力度则有所削弱,建立了若干例外。其次,是法官的自由裁量。法律并不能完全解决各种价值冲突问题,而现实又是如此的丰富多彩,它经常会超出法律的预期。因此,法律总是会赋予法官一定的自由裁量权,让法官对各种现实因素予以考量,在多种价值冲突间裁量平衡。一国的诉讼价值多元冲突,基本上是利用这两种方法来加以平衡协调的。

我国的各种诉讼中,包括刑事、民事、行政诉讼,传统上强调实体公正、秩序价值和效益价值更多一些,对程序正义、人权价值关注不够。相关的证据制度也反映出这一倾向,如三大诉讼的证据制度不完善,没有一部统一的证据法典;突出保障人权价值的非法证据排除规则没有建立健全,已经有的规定也没有得到有效的执行;沉默权制度缺位;对被害人、证人权利保障不足等等。总体而言,我国的程序正义、人权价值的保障处于弱势,在证据立法及证据实践中,都应当进一步加强。

❦

【引例一】评析:张辉、张高平案是闻名全国的重大冤案,在该案中,侦查机关为了侦破案件,不惜运用非法手段获取口供而导致冤假错案。事实证明,以违反法定程序或非法手段获取证据,不仅牺牲了人类社会普遍承认的基本价值如人权、公正等,而且也不能获得事实真相。

【引例二】评析:同样的案件,在不同国家的处理结果可能完全不同,因为各国制度设计的价值取向是不同的。本案中存在实体正义和程序正义两种价值的冲突,英国上议院最终肯定了违法证据的可采性,在实体正义和程序正义两种价值的权衡中选择了实体正义。

❦

✸ 思考题

1. 一般认识论与诉讼认识论有什么区别?

2. 认识论和价值论如何指导证据法的构建与完善?

3. 中国证据法体系和国外证据法体系有哪些主要的区别?

第二章　证据制度的历史沿革

【引例一】 根据《加洛林纳法典》的规定,能够认定有罪并科处刑罚的只能是三种情况:
两名以上目击证人关于犯罪主要事实的一致证言,或者经过合法程序获得的被告自白,
或者现行犯在实行犯罪时被当场捕获并持有凶器或赃物。

试问:这一规定体现了哪种证据制度的特征?

　　证据制度是司法制度中不可分割的重要组成部分,是一个国家的法律中与证据有关的
规定和规则的总和。在人类社会的历史进程中,不同国家在不同历史时期曾经建立了不同
类型的证据制度。证据制度的类型可以从不同角度进行划分,如果以阶级性为依据,可以将
证据制度划分为奴隶制的、封建制的、资本主义的和社会主义的证据制度。然而,因为证据
制度的关键问题是如何审查判断证据,因此,证据法学理论上更多是将审查判断证据的原则
和方法作为证据制度的划分依据。一般认为,按此标准从世界范围来看,人类历史上曾经经
历过神示证据制度、法定证据制度和自由心证证据制度三个典型阶段。需要注意的是,证据
制度发展的三阶段并非是放之四海而皆准的规律,事实上,这主要是对大陆法系国家证据制
度的发展历程的简要概括,英美法系国家的证据制度有着不完全相同的发展轨迹,我国证据
制度的发展也不能简单地套用上述三个阶段,而是有着自己独特的发展历程。

第一节　外国证据制度的历史沿革

一、西方社会早期的神示证据制度

（一）神示证据制度的概念

　　神示证据制度也称神明裁判或神证。在人类社会早期,司法官员在面对当事人之间的
争执纠纷时,因为还没有掌握科学的证明方法,还不知如何收集证据并依靠证据查明案件事
实,而当时人们普遍信仰神的存在,于是通常会采用一定形式邀请神灵帮助裁断案情,并且
用一定的方式把神灵的旨意表现出来,据此来判断案情和是非曲直,这种做法我们现在称之
为神示证据制度。虽然不同民族和国家因信仰不同采取的显示神意的方法不同,但是它们
本质上都是相同的,都是依靠所谓的"神的旨意"来裁断案情。正如美国学者霍贝尔所说:
"从法律这一方面来说,一旦其手段不能收集到充分确凿的证据材料来解决案件的争议时,
它便总是转而求助于宗教。在初民的法律中,通过占卜、赌咒、立誓和神判等方式求助于超

自然来确定案件真实是非常普遍的。"①虽然神示证据制度普遍存在,但各国在相关制度的表现形式以及该制度的消失时间上都有所不同。

(二)神示证据制度的内容和方法

神示证据制度中显示神意的方法可区分为"神誓法"和"神判法"两类。

"神誓法"即争议双方陈述相互冲突时,通过当事人面对神灵宣誓来证明案件事实的方法。在诉讼中,当双方陈述的事实相互矛盾且难辨真假时,裁判者就要求一方或双方在庄严的宗教仪式下对神灵发誓,以证明其陈述的真实性。如果当事人不敢对神发誓,或者在发誓过程中精神恍惚、神态慌乱或显示出某种神灵报应的迹象,裁判者就可以认定其陈述是虚假的并判其败诉。如果没有出现上述情况,对神的宣誓就成为裁判者确认宣誓者对案情陈述真实性的依据。如公元5世纪西欧墨洛温王朝的《萨利克法典》规定,控告人和被告人都必须在法庭上严格地按照规定的形式和姿势对神宣誓并进行陈述。如果一方出现了宣誓形式或姿势的错误,或者在陈述过程中表现出口吃等"有罪迹象",法庭就可以判其败诉。② 在有些案件中,如果诉讼双方都信誓旦旦,事实真相难以据此查明,为了加强誓言的力量,神的旨意就不能仅仅通过当事人的宣誓来证明,还要有其他人的辅助宣誓,这些人被称为"旁证人"或"助誓人"。一般案件越严重,要求的"助誓人"也越多,"助誓人"可以由其亲友担任。如法兰克王国的《撒利法典》就规定可以由当事人亲属或友人对神宣誓来证明当事人陈述的可靠性,这被称为"辅助宣誓"或"保证宣誓"。古代许多国家的法律还明确规定了各种誓词的内容。如公元9世纪英国的"盎格鲁—撒克逊法律"规定,(1)索赔被窃财物的原告人誓词:"我在上帝面前宣誓指控他就是盗窃我财物的人。这既不是出于仇恨、妒忌或其他非法目的;也不是基于不实传言或信念。"(2)被告人的誓词:"我在上帝面前宣誓,对于他对我的指控,我在行为和意图上都是无罪的。"(3)"助誓人"的誓词:"我在上帝面前宣誓,他的誓词是清白的和真实的。"

"神判法"是指通过让当事人接受某种肉体折磨或考验来证明案件事实的方法,又称为"神明裁判法"或"折磨考验法"(trial by ordeal)。这种折磨或考验通常都在神职人员主持的弥撒或祈祷等宗教仪式下进行。从文献记载来看,人类历史上曾经采用过的神明裁判的方法可谓五花八门,比较典型的有水审、火审、决斗等。

1. 水审

水审是指通过一定的方式使当事人接受水的考验,显示神意,借以判定当事人对案情的陈述是否真实。水审又分为冷水审和热水审,冷水审是将被控告的人投入河水中来检验其是否有罪的方法,古代巴比伦人在审理案件时常采用这一方法。如《汉谟拉比法典》规定,如果某自由民的妻子被人告发有通奸行为,但是她自己不承认,那么法官就会命令人把该女子扔到河里去。如果那个女子沉到水里去,就证明她有罪;如果她没有沉下去,而是浮在水面上,就证明她无罪。有意思的是,同样是水审法,古代日耳曼人的检验标准刚好相反:将诉讼当事人在膝盖处绑起来,然后用一根绳子系在腰部,慢慢地放入水中,并根据其头发长度在绳子上打一个结,如果其身体沉入水中的深度足以使那个绳结没入水中,就证明其是清白的;否则就证明其是有罪的。这是因为古代日耳曼人认为河水是世界上最圣洁的东西,不能

---

① [美]E.霍贝尔:《初民的法律》,周勇译,中国社会科学出版社1993年版,第229页。

② See William Andrew Noye,*Evidence:Its History and Policies*,Sydney,Butterworths,1991,p. 3.

容纳有罪之人。当然在前一种情况出现时,当事人的亲友必须立即捞救,以免被神验明无罪者反遭溺死。热水审一般是以在沸水中放置物件令被控告人用手取出来以验证其是否有罪的方法。一般的检验标准是,被沸水烫伤后并经向神祷告或发咒语,在一定时间内如果烫伤痊愈或者有即将痊愈的迹象,则认定无罪;脓肿溃烂,则认定有罪。

2. 火审

火审是指通过一定的方式要求当事人接受火或者烧红的铁器的检验,并根据显示的神意判定当事人的陈述是否真实或被告人是否有罪。如公元 9 世纪时法兰克人的《麦玛威》法中规定:"凡犯盗窃罪,必须交付审判。如在审判中为火所灼伤,即认为不能经受火的考验,处以死刑;反之,如果不为火所灼伤,则可允许其主人代付罚金,免受死刑。"又如中世纪欧洲国家曾盛行的"热铁审":在刑事案件的审判中,担任法官的牧师给烧红的铁块上洒上一些"圣水",大声说道:"上帝保佑,圣父、圣子和圣灵,请降临到这块铁上,显示上帝的正确裁判吧。"然后,他让被告人手持那块热铁走过 9 英尺的距离。最后,被告人的手被密封包扎起来,3 天之后查验。如果有溃烂的脓血,则判其有罪;否则就证明其是清白无辜的。

3. 决斗

决斗是盛行于欧洲中世纪的一种习俗,根据决斗引起的原因,可以分为司法决斗、荣誉决斗、爱情决斗和政治决斗[①]。所谓荣誉决斗,是指以获取荣誉为目的而进行的决斗。爱情决斗就是决斗的双方或一方为了表达对自己心仪爱人的爱恋而进行的决斗。政治决斗是由于政见不同而引起的决斗。

司法决斗是由法庭命令或认可,依预定的法律规则和固定的仪式,以武力方式证明案件事实和诉讼请求并且带有一定的神明裁判性质的争端解决方法,它被用以确定当事人双方对案情陈述的真伪,以及谁是犯罪人。司法决斗一般在当事人双方对案情的陈述发生矛盾,而原告提出愿以生命证明自己的控告是真实的,被告一方又提不出证明自己无罪的证据时,法官便要求双方决斗。这种决斗得到法庭的命令或认可,有固定的仪式,以武力方式证明案件事实和诉讼请求。在基督教盛行的中世纪,人们相信上帝是万能的。在诬告成风而刑侦手段落后的情况下,纠纷无法解决时,法官只好宣布通过决斗来判决。人们都认为,万能的上帝会支持决斗中正义的一方,失败的一方得不到上帝庇护而有罪,因此,上帝成了双方的裁判官。在决斗中失败的一方不仅会受伤或死亡,而且在法庭上也输掉了。败诉的一方如果不服,可以与法官决斗,击败法官可以扭转法庭的判决,转败为胜。在决斗之前,主持者一般都要对神祈祷而且要求当事人向神宣誓,以便神灵在暗中帮助正义的一方在决斗中战胜对手,决斗的胜方就是诉讼的胜方。如果一方在宣誓时神情恍惚,读错了誓词,则被认为是神显示了旨意,不必进行决斗,法官就可以确定其陈述是虚假的或其是有罪的人。

司法决斗被认为是一件严肃的事情,往往有法定的规则和固定的仪式,观摩者也往往都是政界和宗教界的显赫人士。如在中世纪的西欧领主法庭上,原告指控被告有罪,而被告予

---

① 历史上许多名人都参加过决斗,如我们所熟悉的文学家大仲马、屠格涅夫、托尔斯泰等都曾参加过决斗,美国第七任总统安德鲁·杰克逊、法国第三共和国总理乔治斯·克列孟梭也是决斗的高手,号称"铁血宰相"冯·俾斯麦更是把决斗当成家常便饭——在大学期间他就与人决斗过 27 次! 连林肯总统都曾走上过决斗场。由于决斗是一种武力比拼,经常导致决斗一方死亡,如美国财政部长汉弥尔顿、俄罗斯诗人莱蒙托夫、普希金、意大利诗人菲利斯·卡罗·卡瓦洛蒂等都牺牲在决斗场上。

以否定时,法官则命令他们以决斗的方式来判决胜负,要求他们约定决斗的时间、地点和武器。决斗开始时,一方投下手套作为挑战的要约,对方拾起手套则表示接受决斗挑战。在刑事案件中,争议各方当事人必须出场,但在其他案件中,可委托选手代理决斗。某些教会和大领主为此专门豢养了一些职业决斗选手代其出场决斗。以今天的眼光来看,司法决斗似乎是一种迷信、野蛮、非理性、藐视文明和法制、依赖运气和偶然性,甚至荒谬怪诞和愚不可及的纠纷解决机制。因为决斗本身并不能真正发现事实真相,证明谁有罪谁无过错,却可能使杀人犯再次合法地杀人。尽管如此,这一制度却延续了 1000 多年,在中世纪欧洲的社会生活中发挥了化解纠纷、实现正义、维护荣誉、保障秩序的作用。而且西方人对决斗的热衷经久不衰,一直持续到了 19 世纪才慢慢消亡。法国的最后一次合法的决斗发生在 1547 年,而英国直到 1819 年才正式废除司法决斗。

除水审、火审、决斗之外,文献中记载的"神明裁判"的方法还有很多,如卜卦、十字形证明、天平测验、面包奶酪法等。卜卦是指双方当事人就争议事实向神祷告,然后进行占卜,法官根据卦象式签牌的内容判断谁胜诉的神判方式;十字形证明是当事人双方对面站立,手臂左右伸直,使身体呈十字形,保持这一姿势时间最久者胜诉,这主要是为信仰基督教的民族所采用。古印度的《那罗陀法典》第 102 条还明文规定了"神明裁判"的八种形式:(1)火审,让嫌疑犯手持烙铁步行并用舌头舔之,无伤则无罪;(2)水审,让嫌疑犯沉入水中一定时间,浮起者有罪,沉没者无罪;(3)秤审,用秤量嫌疑犯体重两次,第二次较前次轻者无罪;(4)毒审,让嫌疑犯服某种毒物,无特殊反应则无罪;(5)圣水审,让嫌疑犯饮用供神之水,无异状反应则无罪;(6)圣谷审,让嫌疑犯食用供神之米,无异状反应则无罪;(7)热油审,让嫌疑犯用手取出热油中的钱币,无伤则无罪;(8)抽签审,设正邪两球,让嫌疑犯摸取,摸到正球者无罪。

"神誓法"和"神判法"虽然都是神示证据制度中显示"神意"的方法,但两者对于接受审查的人意义殊为不同:"神誓法"往往更有利于接受审查的人,因为对宣誓人来说,对神宣誓以后,只要没有特殊情况出现,他就可以胜诉;而"神判法"往往更不利于接受考验的人,如热铁审中,一般情况下人的手都会被灼伤溃烂,能幸免的人非常罕见。事实上,司法官员决定采用哪种方法显示神意,往往在很大程度上决定了审判的结果。在司法实践中,选择何种显示神意的方法取决于司法官员,如果司法官员怀疑某人说谎,就会要求他接受肉体考验,而不是简单地要求其对神宣誓。现有的文献资料表明,相较于"神誓法","神判法"的适用更多,后者是神示证据制度的主要内容和代表形式。

(三)神示证据制度的消亡

随着社会的发展,以"神判法"为代表的神示证据制度逐渐退出了历史舞台。这一方面是由于国家权力的膨胀,统治阶级对这种结果难以预料的非理性的司法证明方法感到不满,要求司法官员在审判中行使更大的决定权。另一方面,神示证据制度消亡的真正原因还在于人类认识能力的提高。随着科技的进步和社会实践的发展,越来越多原先符合"神意"的案情认定事后被发现是错误的,人们越来越对"神明裁判"方法的合理性和可靠性产生了怀疑。

有意思的是,虽然"神明裁判"具有浓厚的宗教色彩,但是在欧洲首先公开反对这种司法证明方法的却是教会。1215 年,欧洲天主教拉特兰大教会明令禁止在其宗教法庭的审判中使用"神明裁判"。随后,欧洲许多国家也相继废除了"神明裁判"的方法,如法兰西王国在

1260年、罗马帝国和英国在1290年先后废除了"神明裁判"。13世纪末,"神明裁判"基本上退出了欧洲司法证明的历史舞台。与此不同,"神誓"制度却在许多国家以证人宣誓的形式保留下来直到今天,当然其形式和意义已完全不同。近现代的证人宣誓是证人出庭作证的一项法律程序,目的是以宗教信仰的力量来保证证人如实陈述。证人证言的真伪以及证明力则要由法官根据自由心证原则来判定,这和神示证据制度中的宣誓作为法官确认当事人陈述真实性的根据已截然不同。

(四)神示证据制度的历史评价

神示证据制度是非理性、非科学的证据制度,是当时历史条件的产物。它以宗教信仰为其思想基础,审查判断证据的权力不是由法官行使,而是由神秘莫测的超自然力量行使,因此,它所采用的各种证明方法都是唯心主义的。以今天人们的眼光来看,神示证据制度中采用的显示神意的方法是荒唐可笑的,既不科学也基本没有理性可言,但是在当时的社会条件下,这些方法被认为是神圣的不可置疑的。神示证据制度的出现和长久存在,是符合当时的历史条件的,是与人类当时的认识能力和科技水平相适应的,要求古人以合理的手段来寻找证据、查明案情,就人类当时的科技和认知水平来说,是对古人的一种苛求。

从另一个角度来看,神示证据制度有助于提高当时司法裁决的权威性,有助于维护当时社会秩序的稳定。人类的司法裁决需要具有权威性才能得到社会成员的接受和认可,进而起到维护社会秩序稳定的作用。然而,在人类社会早期,受制于人类的认识水平,当时的司法者还无法用判决本身的科学性和合理性确立其权威,并且国家机构的权威也还不够强大,而当时人们普遍信仰和崇拜的就是神,在这一背景下,司法者借助神灵的力量来提高司法裁判的权威性显然是最佳途径。对当时的社会而言,权威性的裁决也许比科学性、合理性的裁决更为重要,公平正义的观念和理解都要屈从于信仰和崇拜。

并且不可否认的是,神示证据制度在某些情况下也能够起到查明事实的作用。从概率论的角度来看,相当一部分显示"神意"的方式(如决斗、卜卦、十字形证明)具有得到50%的准确结论的可能性。又如对神宣誓的方式,在一个把神奉为最高主宰者的社会中,对神宣誓自己所言属实对于宣誓者的心理无疑具有极大的强制作用,往往可以迫使宣誓者为了不受神的惩罚而不敢不讲出实情。而一些有罪的人在宣誓时,受其有罪心理的影响,确有可能影响其宣誓的神态举止。而有些方法在今天看来也有一些道理,如"面包审",在法庭上,法官要求被告人在一定时间内吃下一盎司重的大麦面包和同样大小的干奶酪。如果他顺利吃下去就无罪,如果他吞咽困难甚至发生呕吐,就证明他有罪。这确有一定道理,因为有罪者在恐惧心理的压力下,会出现唾液分泌减少等生理现象,从而使吞咽困难。

二、大陆法系国家证据制度的历史沿革

公元11世纪以前,欧洲大陆国家和英吉利岛国的诉讼模式没有太大差异,都属于早期的弹劾式诉讼。然而,在"神明裁判"逐渐退出历史舞台的同时,二者的诉讼制度开始分道扬镳。前者逐渐实行了以司法职权为核心的纠问式诉讼制度;后者则形成了以陪审制为基础,以当事人为主导的抗辩式诉讼制度。这一分歧也直接导致了二者证据制度的分野。

(一)大陆法系国家早期的诉讼制度与证据制度的特点

公元12世纪以后,欧洲大陆国家的诉讼制度发生了很大的变化,即由早期的弹劾式诉讼转变为纠问式诉讼。在弹劾式诉讼中,双方当事人地位平等,司法官员奉行"不告不理"的

原则,不主动介入当事人双方的纠纷。然而,在纠问式诉讼制度下,司法官员一改消极被动立场,无论是否有被害人控告,司法机关都有权主动追究犯罪,法官集起诉权和审判权于一身。欧洲大陆最先正式采用纠问式诉讼的是教会法院。1215年,伴随着"神明裁判"的废除,天主教拉特兰大教会开始在其宗教法庭中推行纠问式诉讼制度。随后,法兰西、德意志和意大利等欧洲大陆国家的普通法院也都相继采用了这种新的诉讼制度。纠问式诉讼的代表性法典是1532年的《加洛林纳法典》。纠问式诉讼制度的主要特点有四个:(1)司法机关主动追究犯罪;(2)实行有罪推定;(3)刑讯逼供制度化、合法化;(4)书面审理成为庭审的主要方式。

以刑事案件为例,纠问式诉讼制度下的刑事案件可分为两个阶段:预审和审判。预审阶段司法官的主要工作内容是对被指控者进行秘密审讯并收集证据,他享有广泛且不受监督的调查权,经常采用刑讯的方法收集证据。在审判阶段,法官的工作是依据预审案卷材料对被告人进行最后的审讯,这种审讯往往只具有形式上的意义,因为法官通常在审判前就已经在了解预审案卷材料的基础上形成了判决意见。可见在这种诉讼制度中,预审是最重要的诉讼阶段,负责预审的司法官是案件起决定性作用的人,审判仅是宣布判决的一种形式而已。

与此相适应,欧洲大陆国家这一时期的证据制度相比较之前的神示证据制度,最大的进步在于用"人证"取代了"神证","人证"成为司法证明的主要手段,尤其是刑事诉讼中的被告人口供被视为最重要的证据。这相当于把人的命运从"神"的手中交回到了人的手中,相对神灵的不可捉摸性,人证的相对确定性也可以算是一种进步。不过,在预审阶段积极承担追诉职能的司法官员收集证据具有极强的目的性,多注重片面收集不利于被告人的证据,而被告人在诉讼过程中不论是预审还是审判阶段都没有举证的权利,相反经常成为刑讯的对象。在审查判断证据的问题上,欧洲大陆国家早期的证据制度还具有自由证明的特征。由于审判完全建立在预审案卷材料基础之上,法官在审判阶段不再询问证人,对被告人的讯问也只是一种形式,所以审判法官对预审官员收集的证据没有实质意义上的审查。同时,由于法律对法官收集证据和使用证据没有任何限制性规定,所以法官在审判中可以完全根据个人的知识、经验、兴趣、好恶来采信证据和认定案件事实。

(二)法定证据制度

1.法定证据制度的产生

欧洲进入封建君主专制时期之后,一种新的适应当时政治需要的证据制度,即法定证据制度(又称为形式证据制度)取代了早期的神示证据制度。在16世纪至18世纪之间,法定证据制度发展到了全盛时期,其影响一直延续到19世纪中叶。当时欧洲大陆法系各国的法典中普遍规定了这种证据制度,其中具有代表性的法典有罗马帝国1532年的《加洛林纳法典》和法兰西王国1670年的《刑事法令》,以及1853年的《奥地利刑事诉讼法》和1857年的《俄罗斯帝国法规全书》。同时期的英国,由于其法制传统的特殊性以及其所处位置的间隔性,其证据制度中虽然也具有许多形式主义的因素,但却没有形成严格意义上的法定证据制度。

法定证据制度的产生既是适应纠问式诉讼制度的需要,更是封建君主专制政治体制的产物。君主专制政治的特点就是要强化中央集权,强化国家权力对社会的控制。纠问式诉讼模式取代弹劾式诉讼模式,显然更有利于中央集权,而法定证据制度的产生显然更适应纠问式诉讼形式。其一,法定证据制度有利于统一规范法官的审判活动。法官统一按照君主专制下制定法的规定作出判断,显然有利于维护法律的权威,有利于维护中央集权。其二,严格的封建等级制度在法律上也有所反映,如其作证效力不同就是等级制度的反映,等级制度是法定证据制度产生的社会原因。其三,崇拜权威的思潮是其产生的文化原因。具言之,在以制定法为基本法律形式的欧洲大陆国家,崇尚权威,就是要由法律的明确规定代替司法官员的个人认识,就是要限制法官在运用证据问题上的自由裁量权,于是,司法证明的模式逐渐从自由证明转向法定证明。[①]

2.法定证据制度的概念和内容

所谓法定证据制度,是法律根据证据的不同形式,预先规定了各种证据的证明力和审查判断证据的规则,法官必须据此作出判决的一种证据制度。在这种证据制度中,法官无权按照自己的见解自由地判断证据,而只能机械地适用法律有关证据证明力和判断规则的规定,并据此认定案情。

法定证据制度的基本规则可以概括如下:(1)有了完整的证明就必须作出判决,没有完整的证明就不能作出判决。(2)最好的完整证明是两个可靠的证人,其证言内容的统一是认定被告人有罪或无罪的结论性证明。(3)无论多么可靠,一个证人证言只能构成1/2的证明,而且其本身永远不足以作为判决的依据。(4)如果除证人证言之外还有一个1/2的证明,那就足以作为判决的依据,其他可以构成1/2证明的证据包括通过刑讯获得的被告人供述、商人的财务记录、专门为一方当事人的诚实性或其主张之事实所做的誓言、能够证实前半个证明的传闻证据或名声证据。(5)与案件有利害关系或个人信誉有瑕疵的证人证言是1/4的证明,而受到对方有效质疑的证据的证明力减半。(6)任何2个1/2的证明相加都可以构成完整的证明;任何2个1/4的证明或者4个1/8的证明相加都可以构成半个证明。总之,只要法官把起诉方提交的证据加在一起可以构成一个完整的证明,他就必须作出有罪判决;如果不能构成完整的证明,他就必须作出无罪判决。无论是有罪还是无罪,判决都不受具体案件中法官内心对证据确信程度的影响。

3.法定证据制度的特点

其一,法律预先规定了各种证据的证明力和判断证据的规则。这是法定证据制度的最主要的特点,即各种证据是否具有证明资格以及在案件中的作用如何,并不是根据实际案情来确定,而是由法律事先规定好,法官根据法律的规定予以适用。如1857年《俄罗斯帝国法规全书》规定的完全证据包括:(1)被告人的口供是所有证据中最好的证据;(2)书面证据;(3)裁判者的亲自勘验;(4)具有专门知识的证明;(5)案外人的证明。不完全的证据有:(1)同案被告人之间的攀供;(2)被告人邻居提供的被告人的个人情况和表现;(3)实施犯罪行为的要件;(4)表白自己的誓言。根据其规定,一个完全的证据,就是确定案件事实、判断被告人有罪恶的充分依据。不完全的证据又分为不太完全的、多一半完全的和少一半完全的证据,几个不完全的证据凑在一起可以构成一个完全的证据。例如,两个善意证人在宣誓后提供的证言是完全证据,一个证人证言则是不完全证据。

其二,法律根据证据形式而不是证据的具体内容来规定证据证明力和判断证据规则。如当时所有的法典都认为被告的自白是最有价值和最完善的证据,而不管被告人自白的具

---

① 何家弘、刘品新:《证据法学》,法律出版社2008年版,第24页。

体内容。对于证人而言,如果证人是具有完全信用和良好品质,且两人对案件事实所作的陈述又一致,则应当认作完全和完善的证据,可以据此定案。只有一个可靠证人的证言,则只能算半个证据。当几个可靠证人证言相互矛盾时,则按多数证人证言来判断案情。书证则只有公文文书、原本等才具有较大的证明力。

其三,刑讯逼供是取得被告口供普遍的合法方式。由于被告人的自白被认为是最完善和最有证明力的证据,是"证据之王",侦查人员和法官就会千方百计、不择手段地获得被告人的口供。刑讯逼供成为执法人员的最佳选择,因此也普遍的制度化、合法化。"在诉讼中对犯人进行刑讯,由于为多数国家所采用,已经成为了一种合法的暴行。"①当时许多法典都明确允许在一定条件下对被告进行刑讯逼供。如《加洛林法典》第31条规定:"假如某人被怀疑对他人有损害行为,而嫌疑犯被发觉在被害人面前躲躲闪闪、形迹可疑,同时嫌疑犯又可能是犯这类罪的人时,那么这就是足以适用刑讯的证据。"而不完全的证据虽然不能据其定罪,但可以作为被告人有犯罪嫌疑、应受刑讯拷问的根据。法定证据一般要求对拷问的要件、程序、程度以及口供的记录方式等作出明确的规定。法国1670年王令规定的刑讯条件则更为严格一些,要求拷问必须满足:可判死刑的重罪案件、犯罪本身确实发生、至少存在半个证据等这三项要件时才能进行。如有违反,则发生两个方面的法律效果:一是口供失权,不能据之认定案情;二是拷讯者被追究相应的责任。

刑讯逼供在中世纪是世界各国普遍采用的获得口供的方法,通过暴力胁迫达到目的是人类直接传承自动物界的一种行为模式,有其固有的野蛮性和落后性。欧洲中世纪被认为是欧洲历史上的"黑暗时代",刑讯逼供的广泛存在是其"黑暗"的重要表现。刑讯逼供迫使被指控有罪的人承认罪状,顺服于法律或统治者的意志。被刑讯者除了要屈服于侦讯人员的意志认罪外,也有些刑讯是为了迫使受刑人改变宗教信仰,这主要是在欧洲地区,如古罗马对于基督徒的迫害、中世纪对于异端的迫害等。刑讯直接导致中世纪的欧洲冤狱遍地,大量的无辜者蒙冤受罚,司法以黑暗和专横著称,后来成为资产阶级革命在司法领域打击的对象。许多法学家也对此进行了猛烈的抨击,如法国资产阶级启蒙思想家孟德斯鸠将刑讯逼供与封建专制联系起来,认为"拷问可能适合专制国家,因为凡是能够引起恐怖的任何东西都是专制政体最好的动力"②。

其四,证据制度中也体现了当时社会上的等级特权。中世纪欧洲等级制度森严,高等级的社会群体享有较多的特权。在有关证人证言的证明力的规定中,等级制度体现得最为明显。在欧洲大陆国家,一般而言,贵族证言的效力高于平民的证言;僧侣证言的效力高于世俗证人的证言;基督徒证言的效力高于犹太人的证言;男子证人的证言的效力高于女子证人的证言。具体如1875年的《俄罗斯帝国法规全书》规定,当几个地位或性别不同的证人证言发生矛盾时,要依照下列原则处理:"(1)男人的证言优于妇女的证言;(2)学者的证言优于非学者的证言;(3)显贵者的证言优于普通人的证言;(4)僧侣的证言优于世俗人的证言。"

其五,法律对证据证明力和判断证据规则的规定是审查判断证据的唯一依据。法官在审查判断证据时,只能机械地依据法律的规定来计算证据的证明力,法官在证据证明力大小问题上不能发挥自己任何的主观能动性进行判断,这完全是一种形而上学的思维方式。这

---

① [意]贝卡利亚:《论犯罪与刑罚》,黄风译,中国法制出版社2005年版,第37页。
② [法]孟德斯鸠:《论法的精神(上)》,张雁深译,商务印书馆1961年版,第93页。

种形式主义不仅仅体现在一般证据证明力的规定上，而且体现在某类案件的证据运用上。如《俄罗斯帝国法规全书》第 312 条规定："审理强奸案件按照法律所定的刑罚量刑时，必须具备下列情况：(1)切实证明确有强暴行为；(2)证人证明被强奸人曾呼喊旁人救助；(3)她的身上或被告人身上或者两人身上，显出血迹、青斑或衣服被撕破，能够证明有过抗拒；(4)立刻或在当日报告。"

4. 对法定证据制度的评价

与神示证据制度相比，法定证据制度毕竟更多地体现了人类的理性与智慧，是人类社会进步的结果。这种进步性主要体现在：

其一，法定证据制度作为对神示证据制度的否定，是人类对客观世界认识能力发展提高的结果，是人们运用证据的经验在法律上的反映。法定证据制度的有些规定，如关于书证的原本、副本证明力的规定，在一定程度上反映了书证的某些特征和人类在实践中运用书证确定其证明力的经验。再如《俄罗斯帝国法规全书》规定构成坦白的要件是：(1)自动的坦白；(2)在审判机关里，在法官面前进行；(3)坦白与已经过去的行为完全符合；(4)所陈述的行为情况的可靠性和真实性不能使人有所怀疑。这实际上是在一定程度上对人的理性和经验的总结和肯定，反映了人们认识世界能力的提升。

其二，法定证据制度有利于提高司法裁决的统一性。相同案件进行相同裁判是司法公正的基本要求，法定证据制度要求法官必须按照法律对证据证明力、判断证据规则的预先规定来审理案件，有利于消除在运用证据中的混乱状态，有利于限制法官的司法专横，实现裁决的统一，从而提升司法裁决的规范性。

其三，法定证据制度有利于提高司法裁决的可预见性。法定证据制度对各种证据的证明力以及证据的运用作出了具体而明确的规定，民众可以从法律的规定中预知自己行为的法律后果，并据此约束自己的行为。

其四，法定证据制度有利于提高司法裁决的权威性。法定证据制度要求法官按照统一规范的证据规则认定案件事实并在此基础上作出判决，且该证据规则适用所有的人，比较容易获得社会公众的接受和认可，从而有利于提升判决的权威性。

但与此同时，法定证据制度有其固有的缺点：

首先，用有限的规则试图概括无限经验法则具有不可能性。法定证据制度对证据证明力的规定过于刻板，过分注重证据及证明活动的一般情形，而忽略了不同案件中千差万别的具体情形。案件是复杂多样的，证据也是复杂多样的，而试图以有限的规则来规范不同案件的各种证据是不可能的。

其次，用形式化的规则应对千差万别的案件具有不可靠性。法定证据制度将审理某些案件中运用证据的局部经验当作一切案件收集、判断证据的普遍规律，这种用普遍判断代替个别判断，用法律预先规定的僵死标准来判断证据是唯心主义、形而上学思想在证据制度中的典型表现。法定证据忽略个案证明中的特殊情形，法官仅仅根据法律预定的证据证明力和证据运用规则，机械地计算和评价各种证据，忽视法官在审查判断证据中的主观能动性，使他们难以从客观实际出发，揭露和查明案件的事实真相。法官在不同案件中都按照量化的规则评断证据的价值，无法综合案件全部证据材料来审查判断案情，这很容易在个案中导致错误或者不恰当的判决，其可靠性不足。事实上，在涉及证据和证人之可靠性问题上，很难制定出真正确定的规则。

再次,法定证据制度导致刑讯逼供的泛滥。在法定证据制度下,由于法律规定被告人口供是良好的 1/2 的证明,而且法律对司法官员获取口供的方法和途径没有限制,刑讯逼供自然就成为司法官员的常规取证手段。一些国家的法律甚至明确规定被告人供述是最有效的证据或"证据之王"。而最有资格对思想状态作出证明的莫过于被告人自己,能够保证被告人供认他的思想处于犯罪状态的有效方式又莫过于刑讯。于是,刑讯逼供就在欧洲大陆盛行起来,并成为法定证据制度的一个基本特征。

（三）自由心证证据制度

1. 自由心证证据制度的缘起

17 世纪以后,欧洲大陆的资产阶级革命和启蒙运动从政治和文化的层面上推动了司法制度的改革,改革摧毁了封建领主法院,建立了陪审法院,废除了封建的纠问式的诉讼制度,确立了混合式的诉讼制度。

同时,崇尚自由权利和个人认识能力的人道主义者和理性主义者对法定证据制度提出了挑战,对以刑讯逼供为特征的法定证据制度进行了猛烈的抨击,认为它毁灭了法官的理性,窒息了法官的良心。法国启蒙思想家孟德斯鸠认为,刑讯逼供适合封建专制国家,因为任何能引起恐怖的东西都是专制政体的最好动力。他们还认为按照法定证据制度来确认案情只能达到形式真实,意大利刑法学家贝卡利亚在《论犯罪与刑罚》中曾写道:"关于刑事案件,非学者的人们依照感觉所作出的判决比起法学者依照预先规则所作出的判决,通常是更正确的。"

在这一背景下,1790 年 12 月 26 日,法国国会议员杜波尔向宪法会议提出一项改革草案。他建议废除法定证据制度,并指出按照法定证据制度进行判决是荒谬的,对被告人和社会都是有危害的;只有给予法官自由判断证据的权力才能保证法官尽最大可能去查明案件事实,从而作出正确的判决。1791 年 1 月 18 日,法国宪法会议通过了杜波尔议案,并于同年 9 月 29 日颁布法令正式宣布:法官有把自己的内心确信作为裁决的唯一依据的义务,从而确立了自由心证证据制度。1808 年,法国颁布了世界上第一部专门的《刑事诉讼法典》,其第 342 条就是上述自由心证原则的进一步发展。随后,其他欧洲大陆国家也纷纷效仿法国的改革。例如,德国 1877 年的《刑事诉讼和法院组织法》规定:"法院应根据从全部法庭审理中所得出的内心确信,来确定调查证据的结果。"而意大利在法国模式基础上进行的诉讼制度改革是由 1865 年颁行的《刑法典》推广开来的。1892 年俄国颁布的《刑事诉讼条例》规定:"治安法官应根据建立在综合考虑法庭审理时所揭露的情况的基础上的内心确信,来裁定受审人有无罪过的问题。"1922 年颁布的《苏俄刑事诉讼法典》规定:法院不受任何形式证据的约束,对于案内的一切证据所作的判断,一律由审判员根据建立在综合考虑案件一切情况的基础上形成的内心确信来进行。1923 年颁布的《苏俄民事诉讼法典》也规定,证据由法院根据自由的内心确信进行判断。1961 年 1 月 1 日实施的《苏俄刑事诉讼法典》第 71 条也规定了自由心证制度的内容:"法院、检察长、侦查员和调查人员评定证据,应遵循法律和社会主义意识,依靠以全面、完整和客观审核案件全部情况为根据的自己的内心确信。任何证据对于法院、检察长、侦查员和调查人员,都没有预定的效力。"前苏联法律强调"社会主义法律意识",而不是西方国家自由心证证据制度中的"理性"和"良心"。现行《俄罗斯刑事诉讼法典》第 17 条规定:"1. 法官、陪审员以及检察长、侦查员、调查人员根据自己基于刑事案件已有全部证据的总和而形成的内心确信,同时遵循法律和良知对证据进行评价;2. 任何证据均不具有事先确定的效力。"日本现行《刑事诉讼法》第 318 条规定:"证据的证明力由审判官自由判断。"

2. 自由心证制度的概念和内容

自由心证证据制度是指证据的取舍和证明力的大小,以及案件事实的认定,均由法官根据自己的良心、理性自由判断,形成确信的一种证据制度。在这种证据制度中,证据的价值或证明力不再由法律事先作出具体明确的规定,法官和陪审员在审判中可以运用自己具有的"人类普遍认知能力"来自由评断具体案件中各种证据的证明力。从某种意义上讲,这是对法官自由裁量权的肯定。

1808 年《法国刑事诉讼法典》对于自由心证制度作出了具体而且生动的规定。它以陪审团审判为例,要求法官在陪审团评议案情之前作出如下告知:法律并不要求陪审团讲出他们获得确信的途径和方法;法律也不给他们预定的规则,要求他们必须按照这些规则决定证据是否完全和充分;法律所规定的是要求他们集中精神,在自己良心的深处探求对于控方提出的针对被告人的证据和被告人的辩护证据在自己的头脑中形成了什么印象。法律并不对他们说:"你们应当把多少证人所证明的每一个事实认定为真实的。"法律也不对他们说:"你们不要把那些未经某种口头证言、某种文件、某些证人或其他证据支持的证据视为充分的证明。"法律只是向他们提出一个能够包括他们全部义务的问题:"你们是内心确信了吗?"因此,以法国为代表的自由心证制度又称为"内心确信的证据制度"。

自由心证证据制度的主要内容有两点:一是法官的理性和良心,二是心证达到确信的程度。可见自由心证理论有两根支柱和一个中心。两根支柱是理性和良心,前者是判断证据的依据,后者是真诚地按照理性的启示判断证据的道德保障。一个中心则是"自由",即法官根据理性和良心自由地判断,在内心达到真诚确信的程度即可,不再像法定证据制度下那样受到法律预先设定的规则的限制。

由法官对证据进行自由心证,如果不加约束,容易造成司法专横和主观擅断。因此,许多国家在赋予法官自由判断证据证明力的同时,设置许多条件对自由心证进行限制,如:(1)内心确信必须是从本案情况中得出的结论;(2)必须基于一切情况的酌量和判断;(3)所考察的情况必须不是彼此孤立的,而是他们的全部总和;(4)必须是对每一证据"依据证据的固有性质和它与案件的关联"加以判断的结果;(5)法官的判决书公开并进行说理,其心证过程和理由得以受到当事人和社会的监督。如《德国刑事诉讼法典》第 267 条规定,对公诉被告人定罪判刑或宣布无罪都要说明判决理由。日本诉讼法理论也一直强调法官心证的形成不得违反伦理及经验法则。"自由心证主义当然不允许法官肆意判断。自由心证要求根据经验法则、逻辑法则进行合理的心证。自由心证主义必须是合理的心证主义。"[①]

3. 自由心证制度的评价

和呆板的法定证据制度相比较,自由心证制度具有较大的灵活性,可以更好地在个案中实现司法公正。因为案件的具体情况纷繁复杂,证据的内容和形式多种多样,由法律事先把一切都明文规定下来的做法在理论上是荒谬的,在实践中也是不可行的。为了保证具体案件中运用证据的合理性和准确性,司法人员必须在运用证据认定案件事实的问题上享有自由裁量权;以便根据案件的具体情况去自由地审查证据和运用证据。从这一角度看,自由心

---

① [日]田口守一:《刑事诉讼法》,刘迪等译,法律出版社 2000 年版,第 225 页。

证证据制度取代法定证据制度具有一定的历史进步性。自由心证制度的建立,使法官摆脱了法定证据制度那些繁琐规则的束缚,有可能按照自己的经验和良心对证据和证明力进行自由判断,从而为查明案情和正确处理案件提供了可能性,它推动了证据科学的发展和证据理论的进步。

但是自由心证证据制度和法定证据制度一样,存在着一定的局限性:它缺乏统一的认证标准或尺度,容易受司法者个人因素的影响,进而造成司法认证实践中的混乱。进行自由心证的主体是法官,心证的结果在很大程度上依赖于法官个人的专业素质和道德修养,然而法官是具体的人,是社会中的人而不是抽象的人,若对其执法行为不加约束,在一些情况下就会为法官的专断或恣意提供可乘之机。即使是正直的法官,也会因为个人素质或兴趣的不同而导致认证结果的差异,更不用说在把法官职位授予品质不佳之人的时候,就更无法保证社会正义的实现了。这也意味着从另外一个角度看,自由心证制度对法官个人的要求很高,而且要求有制约法官行为的有效配套机制,这也是为什么当今凡奉行自由心证证据制度的国家,其"自由"都不是无限的、不受任何约束的,而是相继出台了许多证据规则,以制约法官的"心证"。

三、英美法系国家证据制度的历史沿革

(一)英国早期知情陪审团制度与证据制度

在神示证据制度消亡的同时,英国的证据制度走上了和欧洲大陆国家不同的发展道路,可以说,英国的证据制度是抗辩式诉讼模式和陪审团审判模式的产物,尤其是后者对其具有突出的影响。早在公元10世纪,陪审制就在欧洲大陆出现了,当时诺曼底大公国的司法官在审理案件时经常传唤24名了解案情的人协助审判。这一做法后来被入侵英格兰的诺曼征服者带到了英国,并成为英国陪审制度的雏形。在英国,最早出现的是"知情陪审团"或者"邻里陪审团",由了解案件情况的12名当地居民组成。在知情陪审团审判方式下,由于陪审员既是证人又是裁判者,他们都是根据自己的"知识"来判案的,而不是根据他人提供的证据来判案的,所以不需要任何证据规则对其进行制约,法律也没有必要就证据问题作出规定,因此,当时还没有法律意义上的证明规则或证据规则。英国这一时期的证据制度属于"自由证明"的模式。[①]

(二)陪审制度的变化与证据制度的发展

随着人口的城市化和社会生活的复杂化,知情陪审团越来越难发挥作用。一方面,知情陪审员越来越难找;另一方面,陪审员的"知情"越来越不够用,出现了知识不足的情况,需要传唤其他证人作证,在审判中,需要证人向陪审团提供证言的情况越来越多。于是,陪审员必须了解案情的要求在实践中变得无关紧要了,越来越多的陪审员在参加审判时对案情几乎一无所知,完全根据证人在法庭上的证言进行判案。后来,为了保证陪审员在参加审判时没有任何事前的偏见,不了解案情又成为选任陪审员的基本要求。1352年,英国法律赋予被告人要求那些了解案情的陪审员回避的权利。于是,英国的陪审制度就完成了由"知情陪审团"向"不知情陪审团"的转变。而且陪审团和法官的职能也有了明确的分工:前者负责运用证据认定案件事实,后者负责主持审判和适用法律。

---

① 何家弘、刘品新:《证据法学》,法律出版社2008年版,第11页。

由于"不知情陪审团"的成员不了解案情,又是法律的外行,而他们却是案件事实的裁决者,为了防止陪审团在使用证据认定案件事实时出现混乱或偏差,规范司法证明的活动,法律必须作出明确的规定,于是,一系列的证据规则便应运而生了。实践中也通过这些证据规则来统一采纳证据的标准,减少证据运用上的混乱,保障司法公正的实现。主要的证据规则如关于证据关联性的规则、证明责任的规则、传闻证据的规则、证人能力的规则、强制作证规则、证言特免权规则等等。从英美国家的法律发展历史来看,虽然也有一些单行法律,但主要依靠习惯法和判例。因此,在封建时期,英美法系国家证据制度虽然受到法定证据制度的影响,但是并没有形成如大陆法系国家那样典型的法定证据制度。

根据英国证据学家特文宁的论述,英国早在 16 世纪以前就出现了关于当事人印章文书的证明效力的证据规则;同期出现的还有关于证人资格或能力的证据规则;17 世纪,反对自我归罪的特权规则确立;而传闻证据规则是在 16 世纪起源的。18 世纪,律师在法庭上对证人进行询问和交叉询问的规则逐渐形成。19 世纪是英国证据法迅速发展和不断改革的时代,各种证据规则不断增生。英国今天的法官在审判中引用的关于证据规则的许多判例都是在 19 世纪确立的。20 世纪以来,英国的立法机关颁布了数量众多的关于证据的法律法规,使英国的证据制度从单一的判例法系统逐渐转变为判例法和制定法相结合的系统。

17 世纪,英国移民把陪审制度及其相应的证据规则带进北美殖民地,并成为美国、加拿大等普通法系国家证据制度发展的基础。1791 年,以美国宪法修正案形式颁布的《权利法案》对刑事审判和民事审判中的陪审问题作出了明确的规定,从而使英国的陪审制度和诉讼模式在美国各地迅速推行。美国联邦及各州司法机关也都采用了这种诉讼模式及其相应的证据规则。由于该证据规则多以判例法为法源,美国的相关的判例不断充实到相关证据规则中,使美国的证据规则与英国的证据规则逐渐分离并有了自己的特点。从 19 世纪后期开始,美国国会开始大量立法,制定法越来越多也越来越重要,但证据立法是在 20 世纪中期以后才开始制定的。1967 年,加利福尼亚州颁布了《证据法典》;美国国会根据首席大法官伯格提交的草案进行讨论,国会通过广泛的讨论通过了《联邦证据规则》,并于 1975 年 2 月 1 日生效。这样,美国的证据规则既有制定法也有判例法作为其法律渊源,其证据规则也越来越复杂。

虽然英美法系的证据规则发展至今体系庞大、错综复杂,但是其主要集中在对证据可采性规则的规定上,法律对事实裁判者如何审查判断证据并无过多的限制,事实裁判者对此可"自由心证"。回顾英美法系证据制度的发展历程,可以发现,和大陆法系国家不同,英美法系的证据制度事实上是从神示证据制度直接过渡到了事实裁判者的自由心证的证据制度。[①]

"在法兰西革命前,采纠问制度之裁判,为防止裁判官之专断,乃以法律规定其证据之价值,具有一定证据者,不问裁判者之心证与否,均得为一定事实之认定,称之为形式的法定证据主义;英美法为利于当事人诉讼之进行,并适应陪审裁判之要求,就证据能力,即证据之许容性严加限制,以拘束当事人辩论之范围与方法,寻求合理之证据,或称之为实质的法定证据主义。"[②]

---

① 樊崇义:《证据法学》,法律出版社 2003 年第 3 版,第 18 页。
② 陈朴生:《刑事证据法》,台湾三民书局 1970 年版,第 66 页。

四、联合国司法准则中有关证据的规定

联合国是 1945 年在英、美、法、苏等二战战胜国的倡议下成立的,成立时通过了《联合国宪章》。鉴于法西斯主义侵犯人权的惨痛教训,《联合国宪章》第 1 条就明确规定了联合国的宗旨,要求各国应当保障并尊重人权,"促成国际合作,以解决国际间属于经济、社会、文化及人类福利性质之国际问题,且不分种族、性别、语言或宗教,增进并激励对于全体人类之人权及基本自由之尊重"。此后,联合国相继通过了一系列保障人权内容的宣言、公约,要求各加入国要遵循条约、履行义务,以保障公民个人的权利、自由和尊严。如 1948 年 12 月 10 日联合国大会通过的《世界人权宣言》;1966 年 12 月 16 日第 21 届联大通过的《国际人权公约》,包括三个子公约,《经济、社会和文化权利国际公约》、《公民权利和政治权利国际公约》以及《公民权利和政治权利国际公约任意议定书》。《公民权利和政治权利国际公约》于 1976 年 3 月 23 日生效,其中包括了多项证据规则。

1. 无罪推定原则。《公民权利和政治权利国际公约》第 14 条第 2 项规定:"凡受刑事控告者,在未依法证实有罪之前,应有权被视为无罪。"

2. 取证方法的禁止。《公民权利和政治权利国际公约》第 7 条规定:"任何人均不得加以酷刑或施以残忍的、不人道的或侮辱性待遇或刑罚。"所谓酷刑,是指"为了向某人或第三者取得情报或供状,为了他或第三者所作或涉嫌的行为对他加以处罚,或为了恐吓或威胁他或第三者,或为了基于任何一种歧视的任何理由,蓄意使某人在肉体或精神上遭受剧烈疼痛或痛苦的任何行为,而这种疼痛或痛苦是由公职人员或以官方身份行使职权的其他人所造成或在其唆使、同意或默许下造成的"。

3. 质证权。任何被告在法庭上都有对证人进行质证的权利。《公民权利和政治权利国际公约》第 14 条第 3 项规定:"亲自或通过他人讯问对他不利的证人,并使对他有利的证人在与对他不利的证人相同的条件下出庭和受讯问。"同时,还有获得译员援助权。同条规定:"如他不懂或不会说法庭上所用的语言,能免费获得译员的援助。"

4. 反对强迫自证其罪。《公民权利和政治权利国际公约》第 14 条第 3 项还规定:"不被强迫作不利于他自己的证言或强迫承认犯罪。"

在《世界人权宣言》通过之后,世界各地区根据此宣言相继签订了地区性的人权公约。如 1950 年通过的《欧洲人权公约》、1969 年通过的《美洲人权公约》、1981 年通过的《非洲人权和民族权宪章》。这些公约涉及的刑事司法准则及相关的证据规则的规定与《世界人权公约》大体相同。

《公民权利和政治权利国际公约》制定后,联合国大会及其所属组织还通过了一系列有关司法活动的单项法律文书,确定了某一方面的准则。

1. 关于预防和打击犯罪的有:1990 年通过的《预防和控制有组织犯罪准则》、《打击国际恐怖主义的措施》,规定了截获电信和使用电子监视的取证方法,也规定了证人保护方法等内容。2000 年 11 月 15 日通过了《打击跨国有组织犯罪公约》,该公约旨在建立一个全球法律框架,防止跨国有组织犯罪和加强这方面的合作。2003 年 10 月 31 日通过了《反腐败公约》,要求各国要采取必要的手段致力于解决腐败问题。其中都涉及相关证据规则的规定,如《联合国反腐败公约》第 50 条第 1 款规定:"为有效地打击腐败,各缔约国均应当在其本国法律制度基本原则许可的范围内并根据本国法律规定的条件在其力所能及的情况下采取必

要措施,允许其主管机关在其领域内酌情使用控制下交付和在其认为适当时使用诸如电子或者其他监视形式和特工行动等其他特殊侦查手段,并允许法庭采信由这些手段产生的证据。"同时,还规定了财产公布、举证责任倒置等方面的证据规则,以强化各国打击犯罪的力度。

2. 关于规范执法司法人员行为准则的有:1979 年 12 月 17 日联合国大会通过的《执法人员行为守则》,该守则要求执法人员在取证时应当尊重并保护人的尊严,不能使用不必要的武力,对执法过程中获得的资料应当保密。同时,也不允许施加、唆使或容许任何酷刑行为或其他残忍、不人道或有辱人格的待遇或处罚。1985 年第七届联合国预防犯罪和罪犯待遇大会通过的《关于司法机关独立的基本原则》,要求司法机关严格依照法律来裁决其所受理的案件,而不应有任何约束。各国也应保证司法机关的独立,不应对司法程序进行任何不适当或无根据的干涉。1990 年第八届联合国预防犯罪和罪犯待遇大会通过的《关于检察官作用的准则》,要求检察官客观公正地发挥职能作用,既要监督调查的合法性,又要保障当事人的合法权益,尊重和保护人的尊严,维护人权从而有助于确保法定诉讼程序和刑事司法系统的职能顺利进行。若一项不偏不倚的调查表明起诉缺乏根据,检察官不应提出或继续指控,而应竭力阻止诉讼程序。同年通过的《关于律师作用的基本准则》则要求各国保障被逮捕或拘留的人获得律师帮助的权利。并要求保障律师的会见权、阅卷权和言论豁免权等。如其第 8 条规定:"遭逮捕、拘留或监禁的所有的人应有充分机会、时间和便利条件,毫无迟延地在不被窃听、不经检查和完全保密的情况下接受律师来访和与律师联系协商。这种协商可在执法人员能看得见但听不见的范围进行。"第 20 条规定:"律师对于其书面或口头辩护时所发表的有关言论或作为职责任务出现于某一法院、法庭或其他法律或行政当局之前所发表的有关言论,应享有民事和刑事豁免权。"

3. 关于专门禁止酷刑的有:1975 年 12 月 9 日通过的《保护人人不受酷刑和其他残忍、不人道或有辱人格的待遇或处罚宣言》,1984 年 12 月 10 日通过的《禁止酷刑和其他残忍、不人道或有辱人格的待遇或处罚公约》,1982 年 12 月 18 日通过的《有关医务人员、特别是医生在保护被监禁和拘留的人不受酷刑和其他残忍、不人道或有辱人格的待遇或处罚方面的任务的医疗道德原则》。1990 年 8 月 9 日联合国人权高级专员办事处还颁布了《伊斯坦布尔议定书》,其中专门有"酷刑的法律调查和取证"的章节。这些法律文件宣布,任何国家不得容许或容忍酷刑和其他残忍、不人道或有辱人格的待遇或处罚。应确保在任何诉讼程序中,不得援引任何业经确定系以酷刑取得的口供为证据,但这类口供可用作指控施用酷刑者刑讯逼供的证据。同时,还规定了对酷刑进行调查的程序、方法,证据的收集规则,证人的保护等内容。

4. 关于保护未成年人的有:1959 年 11 月 20 日联合国大会通过的《儿童权利宣言》、1985 年 11 月 29 日通过的《联合国少年司法最低限度标准规则》(简称《北京规则》)、1989 年 11 月 20 日通过的《儿童权利公约》、1990 年 12 月 14 日通过的《联合国预防少年人犯罪准则》、1990 年 12 月 14 日通过的《联合国保护被剥夺自由少年规则》。这些法律文件规定,在诉讼各阶段都应当有保护儿童权利的程序及相关证据规则。如假定无罪、告知权利、保持沉默的权利、聘请律师的权利、父母或监护人会见审讯在场的权利、与证人对质和质询证人的权利等。

此外,2002 年 7 月 1 日生效的《国际刑事法院罗马规约》也制定了相应的刑事程序和证据规则。该规约第 51 条对"程序和证据规则"作出了一般性的规定。第五编"调查和起诉"、第六编"审判"中含有关于收集证据的规定,无罪推定原则以及不得强迫自证其罪的权利。第 69 条专门就证据作出了规定,包括证人宣誓制度、证人出庭及其例外规定、当事各方举证的权利和法院要求提交一切其认为必要的证据的权力、法院根据多个因素裁定证据的相关性或可采性的权力、本法院应尊重和遵守《程序和证据规则》规定的保密特权、司法认知、非法证据排除规则、沉默权、举证责任分配等。

【引例一】 评析:在本章的引例一中,因为该规定要求法官只能在这三种情况下认定有罪并科处刑罚,剥夺了法官针对具体案件自由判断证据和案情的权利,是一种以法律的事先呆板规定取代法官自由裁量权的做法,属于典型的法定证据制度的方法,体现了法定证据制度的特征。

第二节　我国证据制度的历史沿革

【引例二】 窦娥冤案——合法的刑讯逼供导致的冤案

窦娥自幼丧母,结婚后不久,丈夫病故,两代孀居,婆媳两人相依为命,生活十分贫苦。一天,蔡婆去找赛芦医索债,赛芦医谋财害命,蔡婆被当地恶棍张驴儿所救。从此,张驴儿仗着自己救了蔡婆一家人,持恩逼婚,要蔡家婆媳坐堂招婚。蔡家婆媳不肯,张驴儿便想毒死蔡婆,好霸占美貌弱小的窦娥。不料,他准备的毒药误被其父饮下身亡。蔡婆为了免除灾祸,给了张驴儿 10 两纹银,让他买棺葬父。张驴儿却以这 10 两纹银为证据,讹诈蔡婆害死了自己的父亲,他买通当地县令,对蔡婆横施酷刑。窦娥怕婆婆年老体弱,经不起折磨,只得含冤忍痛自己承担,被判处死刑。窦娥死后,应其誓言,血溅素练,三伏时节瑞雪纷飞,楚州地面干旱 3 年。6 年后,窦娥的父亲窦天章金榜题名,考取了状元,路过山阳。当日深夜,他正在审阅案卷,忽然见到女儿窦娥前来,求父亲代女儿申冤昭雪。第二天,窦天章开堂审案,终于使冤案大白。结果,张驴儿和县令被判处死刑,赛芦医被发配充军,窦娥的冤案终于得以昭雪。

一、我国古代证据法律制度

大约在四五千年以前,中华民族的祖先就在黄河流域繁衍生息。公元前 21 世纪,中国社会开始从原始社会过渡到奴隶社会。公元前 5 世纪,中国社会又开始从奴隶社会进化到封建社会,并一直延续到公元 19 世纪中期。在这 4000 年的历史时期内,虽然朝代经常更替并往往伴有战乱,但是社会制度一直保持相对稳定,因而包括证据制度在内的法律制度也保持着相对稳定。

（一）早期证据制度中的"神证"色彩

从文献中可以看出，在中国古代早期的证据制度中也曾有"神誓法"和"神判法"的痕迹。例如，在神权政治十分突出的商代，国王在对刑事被告人定罪量刑时也要用占卜的方式请求神的旨意，问神是否应该对被告人用刑。甲骨卜辞中便有这种记载："贞：王闻唯辟？""贞：王闻不唯辟？"即敬问神明，王命用刑，宜否？王命不用刑，宜否？这里，实际上就是卜者代表国王和司法官意旨所作的决断。另《周礼》中记载："有狱讼者，则使盟诅。"这说明当时打官司的人也要通过宣誓来证明自己陈述的真实性。

中国古代也有类似"神明裁判"的断案方法，如历史传说中所讲的"皋陶治狱用神羊"。皋陶是舜帝时负责司法的官员，他在审理疑难刑事案件时让人把"神羊"带上法庭，然后让被告人站到"神羊"面前。如果"神羊"用角去顶被告人，就证明被告人有罪；反之，就证明被告人无罪。所谓"神羊"，是一种传说中的动物，头上长有独角，能识别善恶，又称为"独角兽"。

有学者考证，即使在近代我国南方山地民族的传统法律文化中，也大量存在神灵意志介入人类行为与事件的是非辨别与纠纷处理中的现象，显示了人类早期的神示证据制度的特征。而且这种"神判法"，在种类、实施方式上亦呈现出多样性。如捞沸判。它是指在沸腾的开水或油锅内捞出某种物件的神判方法。又称捞油锅、捞汤锅、捞开水、捞稀饭、捞铁斧、捞神石、捞金环、捞热水、摸蛋、探汤等。这种神判方式在南方山地民族社会由来已久，广泛流行于过去的独龙、傈僳、景颇、壮、侗、苗等民族社会。云南佤族的做法是：在头人和老人们的见证下，烧一锅开水，锅内放石子或鸡蛋两枚，由当事人双方同时用手伸入开水中将其中一枚石子或鸡蛋捞出。见证人当即用布将双方的手擦干，手上起泡者为输，应按习惯规定受罚。如果双方的手都被烫伤起泡，则两者均属无过。铁火判则是指人们通过对炽铁的接触而鉴定真伪的神判办法。灵物判则指人们通过某些具有"灵性"的自然物的运动、变化及相互关系等来达到分清是非的目的。鸡卜判是指人们通过具有"灵性"的鸡或鸡的某种器官的运动或变化情况来裁决是非，主要形式有看鸡身、看鸡头、看鸡腿、看鸡舌、看鸡肝和看鸡骨等。能力判是指人们通过神灵对当事人所具有的某种技能、技巧、智力、耐力等的测试而进行的神判方法。其主要形式有潜水、泅水、踏火、拔火桩、火中取物、上刀梯、捏鸡蛋、踏鸡蛋、猎兽、徒手搏斗等，流行于景颇、傣、彝、苗、高山等民族中间。在景颇族中流行的闷水神判，做法是：双方各沿插在深水里的竹竿沉入水底。某一方若先露出水面，即可进行裁决。它一般用于偷窃事件。起誓判。它包括宣誓和诅咒等方面的内容，主要特点是企图用语言感动神灵，使其分清是非、惩治邪恶。其表现形式也很多，主要有砍鸡砍狗、撒血酒、喝清水、对天起誓、对雷起誓、告阴状、钻牛皮、吃枪尖肉等。[①]

从我国南方山地民族的多样化的神判力量与方式可以看出，神判是人们企图借助神灵的力量判断或裁决各种疑难案件所使用的一种手段。它与西方国家早期的神灵裁判并没有本质的区别，都是基于人们崇拜和信仰的某种超自然力量，并以其作为主持公道、分辨是非、惩恶扬善的裁判。因此，在人类社会早期，东西方的神证并无二致。正如有学者所说："神者，有超自然力，保护善良，罪邪恶；此种信念，凡低级文化人类，莫不有之。……通行于东西两洋之各民族，殆可谓为世界的现象。"[②]

---

① 张冠梓：《初民的审判——神判》，载《东南文化》2003 年第 9 期。

② 穗积陈重：《法律进化论》，中国政法大学出版社 1995 年版，第 18 页。

（二）我国古代证据制度的特点

我国古代的诉讼制度具有纠问式的特征，早在夏商时期，以国王为首的各级司法官员就在审判活动中扮演着积极主动的角色，因此证据制度也与大陆法系国家有许多类似之处。从现有的资料来看，我国古代主要的证据制度包括：（1）五听制度和兼听原则，即所谓"以五声听狱讼"，包括"辞听"、"色听"、"气听"、"耳听"、"目听"，要求问案人员注意观察被讯问人员的语言陈述、面色变化、呼吸频率、听力反应和目光神态，以判断其陈述的真伪。兼听则要求"明清于两辞"、"两造具备，师听五辞"。（2）亲亲相隐制度，指亲属之间有罪应当相互隐瞒，不告发和不作证的不论罪，反之要论罪。（3）刑讯制度，"刑讯者，讯问狱囚，在昔并不重视证据，而惟取于口供，于是法官对于狱囚，遂得以榜掠之，而为法之所许；尤其关乎盗命重案，为录口供，终得免罪，则又失其平矣。历代对此亦尝有改革，惜皆除恶未尽，过时复张，不可谓非中国法制史上之一污点也"[①]。（4）勘验制度。我国勘验制度历史悠久，《礼·月令》所谓"孟秋之月，命理瞻伤查创视拆审断"就是勘验。（5）疑罪从轻。我国古代对事实存疑案件主要有疑罪从赦、从轻、从赎几种规定。如《吕刑》规定："五刑之疑有赦，五罚之疑有赦。"这是疑罪从赦。《尚书大禹谟》记载："罪疑惟轻，功疑惟重，与其杀不辜，宁失不经。"此即疑罪从轻。《宋刑统》："诸疑狱，各依所犯，以赎论。"此即疑罪从赎。本质上，这几种处罚都是疑罪从有，这与现代刑事诉讼规则所要求的疑罪从无是不同的。

综观从夏朝建立到清朝没落这近四千年的历史，中国的证据制度主要有以下特点：

1. 以人证为主要证明手段。在数千年的中国古代社会中，司法证明的主要手段是人证，包括当事人陈述和证人证言等。总的来说，古代社会的司法者在运用人证查明案件时具有主观武断的特点，但是也积累了一些有益的经验。例如，中国古代的司法人员除了总结出"以五声听狱讼"的方法外，还总结出了"钩距问案"的方法。所谓"钩距问案"，是指司法者在讯问时采取侧面迂回和类比推论等策略，以查明案件事实。

2. 实行有罪推定。在中国的历史上，虽然夏朝时就有人提出了"与其杀不辜，宁失不经"的观点，但是在奴隶社会和封建社会中，这种观点不可能得到统治阶级的认可。部分封建统治者认为，与其有可能放过罪犯，倒不如从轻发落，如此会更有利于维护其统治。为了打击犯罪，维护阶级统治，司法活动的基本原则一直是有罪推定。虽然在某些历史时期，法律中也有"罪疑唯轻"和"疑罪从赎"等规定，但这些规定的本质还是有罪推定。一言以蔽之，被告人在面对犯罪指控时必须证明自己无罪。如果其不能证明自己的清白，司法者就可以判定其有罪。

3. "断罪必取输服供词"，定罪重视被告人的供述。在中国古代的刑事审判活动中，被告人的口供一直被视为最重要的证据。在当时的社会历史条件下，人类的司法认识能力还相当低下，司法者还不知道如何运用各种物证去查明案件事实，也不知道如何运用科学的方法去认定案件事实，很多时候只能根据当事人的陈述断案。在刑事审判中，被告人是案件的当事人，是最了解案件情况的人，因此，被告人承认自己有罪的口供当然是最有力的定罪证据。于是，"断罪必取输服供词"就成为封建法律中一条基本的审判原则，即通常都必须取得被告人的"服辩"（即认罪的供词），才能对其定罪处刑。而在司法实践中，司法者审理刑事案件时自然都格外"偏爱"甚至"偏信"口供，把被告人的认罪供述视为定罪的必备证据，遵从所谓

---

① 陈顾远：《中国法制史》，商务印书馆1935年版，第250页。

"无供不录案"的诉讼规则。对于"断罪必取输服供词"的理由,据《资治通鉴》解释为:封建统治者认为,狱因在受审时亲口供述的犯罪事实,都是真实可信的。因此,必须"罪从供定"。

4.刑讯合法化。在偏重被告人口供的法律制度和司法观念下,刑讯逼供的泛滥就是一种必然的结果。在中国,早在两千多年前的周朝,刑讯就已经广泛地运用于审判之中了。据《礼记》中的记载,"仲春之月……毋肆掠,止狱讼"。所谓"肆掠",就是严刑拷打。在春季,为了保证农业生产的正常进行,要限制对劳动力的刑讯,那么在其他季节显然是可以的。

刑讯作为获取被告人口供的法定手段,法律对刑讯的条件、方法、用具和程度往往有明确的规定。如按《汉律》规定,对犯重罪的被告人,如果有充分的证据足以证明,而他不服,进行狡辩的,即可拷打,但应把已予查证清楚和抵隐的情况在汇报材料中注明。宋朝的法律对于刑具和拷打的次数都有明确的规定,例如拷讯只能用荆条,一次拷打不能超过30下,总数不能超过200下。唐律对于刑讯的条件、方法、适用对象和拷讯违律者的责任,均有明确的规定,比如包括可以采用刑讯的方法和适用的条件;规定了用刑的限度;违制刑讯应负的责任;若刑讯逼不出供词,告发人就有诬告之嫌,同样应对其刑讯;明确了免拷的对象;妇女怀孕缓拷;证人也可拷打等。法律把刑讯制度化,是封建时代证据制度的重大特点。

法律明文规定尚且如此,司法实践中的刑讯逼供可想而知。法外刑讯不仅长期存在,而且手段更加残酷。且不说那些贪官酷吏常常草菅人命,就连包公等"青天大老爷"也把刑讯视为看家手段,声称"不用大刑,焉得实供"。在司法实践中,除了依法刑讯外,历史文献对法外刑讯的记载很多,而司法官吏因法外刑讯被追究责任、受到惩罚的却不多见。所以,禁止法外刑讯的规定,基本上是一纸空文。实际上,只要把供词作为定罪的必不可少的根据,刑讯制度就难以废除。

5.法官自由评价证据。在我国古代的审判活动中,对于各种证据的效力和是否可采用为认定事实的根据,主要由司法官吏根据案件的具体情况和个人经验自由裁断,基本上不受法律的限制。虽然有"据众证定罪"[1]和"断罪必取输服供词"等带有法定证明色彩的规定,但这只是极个别的要求,不占主流地位。总体上,司法官员在评断证据时仍有很大的自由裁量权。如果司法官吏对招供有怀疑,也可以不予采用,而再行调查。

6.物证技术发展较早,曾居世界领先水平。与同时期的世界各国相比,中国古代社会的生产力比较先进,文明也比较发达,证据制度更为进步,其表现之一就是物证在司法活动中的运用比较早。早在周朝,司法官员在审理土地、财货和债务纠纷时,就在听取当事人陈述和证人证言的同时,使用官府制作的地图和当事人之间签订的契约等书证作为断案的根据。秦朝时物证得到了司法官员的重视,成为认定案件事实的重要依据。汉唐以后,勘验制度得到重大发展,特别在宋代,勘验制度更趋完善。南宋孝宗发布《检验格目》,标志勘验制度的法规化,使检验的内容和程序更加规范。宋朝人宋慈是中国古代最伟大的法医学家,曾长期担任司法官吏,他编写的《洗冤集录》被公认为是世界上最早一部系统的法医学著作。该书的内容主要是关于法医学的知识,也有不少关于如何检验、取证和审查证据的意见以及与物证有关的检验技术。

---

① 唐律规定,对于某些官僚贵族和老幼废疾不得刑讯的人,可以依靠证人证言定案,规则为"据众证定罪"。所谓"众证",必须是三人以上明证其罪,始告定罪。如果三人证实,三人证虚,虚实之证等,只能视为疑案。明清也有类似的规定。

（三）我国古代证据的主要种类

1. 证人证言

在古代，证人证言是广泛使用的重要证据种类，古文献多有记载。如《睡虎地秦墓竹简·封诊式》"奸"条记载："爰书：某里士五甲诣男子乙、女子丙，告曰：'乙、丙相与奸，自昼见某所。'"指乙、丙犯了通奸罪，甲的证言就是证据。又如《周礼·地官·小司徒》记载："凡民讼，以地比正之。"疏谓："民讼六乡之民有争讼之事，是非难辨，故以地之比邻知其是非者，共正断其讼。"有时，为了查明案情，要"据众证定罪"，司法官员还广泛收集证言，不顾路途遥远，不考虑人数多少，甚至不惜刑讯拷掠。《汉书·杜周传》就很典型地反映了这种情形。杜周为西汉最高司法官时，案情重大者，"连逮证案数百，小者数十人；远者数千里，近者数百里，会狱。吏因责如章告劾，不服，以掠笞定之"。如属特别重大案件，"逮至六七万人"。由于杜周广逮证人，且行刑拷，于是人们"闻有逮证，皆亡匿"[1]。

古代对证人资格也有相关的规定。"亲亲得相首匿"即要求亲人间不得作证，除此外，还要求老幼废疾者不得作证。如《唐律·断狱》规定："年八十以上，十岁未满与笃疾者，皆不得令其为证，违者减罪人罪三等。"其理由是"不堪加刑"。《大明律》规定："年八十以上十岁以下，若笃疾，皆不得令其为证，违者笞五十。"《大清律·刑律·断狱》也有该规定。

古代对作伪证和翻译作伪证需要承担的法律责任也作了规定。《唐律》："诸不言实情，及译人诈伪，致罪有出入者，证人减二等，译人与同罪。"《明律》规定："若鞫囚而证佐之人不言实情，故行诬证，及化外人有罪，通事传译番语，不以实对，致罪有出入者，证佐人减罪人二等。通事与同罪。"

2. 当事人陈述。当事人陈述包括被害人陈述和被告人口供。如江陵汉简《奏谳书》案例二二记载一起抢劫案，司法官对受害人"女子婢"进行了几次讯问，受害人就每次讯问所作的陈述都是证据。被告人口供则是古代最为重视之证据，司法案件实行"罪从供定"，无供不定案，口供中心主义是我国古代证据制度的重要特征。

但在一些特殊情况下，古代也可以零口供定罪。如唐宋律规定的"众证定罪"，只适用于特殊身份的犯罪人，即享有法律规定的议、请、减特权的人和废疾之人，具体指八议者、应议者期亲以上及孙、七品以上官员等。还包括七十岁以上老人，十五岁以下幼童，以及一肢废、腰脊折、痴哑侏儒等废疾之人。他们犯罪后不需要犯者之供词，只按众证定罪的原则进行审判。其原因是统治阶级为了使高官显贵、皇亲国戚免受刑讯之苦，也出于宽恕仁慈，使老幼废疾之人免拷掠之痛。明清时期法律也沿袭此制，但在此基础上《明律·名例·刑律》又特别强调了"若犯罪事发而在逃者，众证明白，即同狱成，不须对问"[2]。

3. 书证、物证。在古代，书记也是诉讼中常用的证据。《周礼·地官·小司徒》云："地讼以图证之。"注："言地讼争疆界，图谓邦国本图。"疏："言地讼争疆界者，谓民于疆之上横相侵削者也。图谓邦国本图者，凡量地以制邑，初封量之时，即有地图在于密集，于后民有讼者，则以本图证之。"也就是说可以调取官署保存的地图为证据。《周礼·秋官·士师》云："凡以财狱讼者，正之以傅别约剂。"郑锷解释说："因争财而有狱讼，必以傅别约剂正之。小宰八成所听称责与买卖者是也。称责之财，则傅之以约束，别而为两，人人执其一；买卖之财，

---

① 李交发：《中国诉讼法史》，中国检察出版社 2002 年版，第 108 页。

② 李交发：《中国诉讼法史》，中国检察出版社 2002 年版，第 109 页。

则立为限,约而有剂券以身执,故以财致讼者,操此以为决。"这里规定的是以契约为证据。①
对于物证,唐宋两代还特别重视。如《折狱龟鉴·证慝》云:"按证以人,或容伪焉,故前后令
莫能决;证以物,必得实焉,故盗者,始服其罪。"明清时就更重视物证,对于盗窃、杀人等刑事
案件,只要有赃物、杀人工具等现场拿获物,就可以照例处刑。《临民宝镜》卷六规定:"今后
奉审强盗,必须审有赃证明确及系当时现获者,照例处决。"

4. 勘验笔录

勘验笔录也是我国古代社会诉讼中重要的证据。在西周时已有此制度,在秦代时勘验
制度已经普遍实行,对犯罪现场的勘验,秦简中多有记载。在唐律中则可以看到当时很重视
检验报告的作用,《唐律疏议·诈伪》云:"有诈病及死伤,受使检验不实者,各依所欺,减一
等。若实病,死及伤,不以实验者,以故入人罪论。"

在宋朝有完善的检验制度,其中对检验范围、检验程序、检验笔录、检验人员及其责任等
几个方面都进行了规定。如对于人身的检验,既包括对尸体的勘验也包括对活人身体的检
验。规定凡杀伤公事,以及非理死者、死前无近亲在旁两种非正常死亡的情况,必须差官检
验,以确定是否因犯罪而致死。对伤害罪、性犯罪则须对活人进行检验。检验必须经过报
检、初检和复检三个程序。一旦发生杀伤案件,地邻、保甲人有义务向州县官府报检。州县
官府接到报检后,召集当地的保正、副以及死者家属等干连人在场,进行初检。初检之后还
要复检,复检官必须是与初检人员无关的上级人员或相邻州县的人。宋代法律规定检验必
须制作笔录,这些笔录都可用作证据。检验笔录有验状、检验格目、检验正背人形图三种形
式。验状有官府规定的统一格式,即所谓的"四缝尸首",包括俯、仰、左、右四面各部位。检
验格目是南宋孝宗淳熙元年(1174 年)由浙西提刑郑兴裔创制并推广全国的。检验格目的
内容包括检验工作中的每一个环节,目的在于约束官员尽职事,防止拖延、推避及徇私舞弊。
检验正背人形图,是南宋颁布的我国最早的尸图,在内容上和验状类似,但是以图像标出身
体的部位,具有逼真和直观的特点。在检验时,令检验官"于损伤去处依样朱红书画横斜曲
直,仍仰检验之时唱喝伤痕,令众人同共观看所画图本。众无异词,然后著押,则吏奸难行、
愚民易晓。如或不同,许受屈人径经所属控告"②。

二、我国近代证据法律制度

(一)清末证据法

1840 年鸦片战争之后我国沦为半殖民地、半封建社会。一方面,我国封建社会中传统
的法律制度以及相应的稳定状态受到破坏;另一方面,西方国家的政治思潮和法律制度也开
始影响中国社会的发展。清朝在进入 20 世纪以后为收回治外法权,模仿西方资本主义国家
的法制开始了法制的近代化改革。1902 年清政府下诏宣布立法宗旨云:"参酌各国法例",
"务期中外通行","与各国无大悬绝"。在西方法律文化的影响下,中国开始对传统的法律制
度进行改革,和证据制度有关的改革主要有两个方面:其一,改革司法体制,推行司法独立;
其二,制定刑事诉讼法和民事诉讼法。但是由于清朝政权的衰亡,这些改革并没有实际的

---

① 徐朝阳:《中国诉讼法溯源》,商务印书馆 1931 年版,第 48 页。
② 《宋会要辑稿·刑法(六之七)》;张晋藩:《中国司法制度史》,人民法院出版社 2004 年版,第 232
页。

成效。

清政府派沈家本、伍廷芳为修律大臣负责修订法律,并制定了《大清刑事民事诉讼法草案》,仿行欧洲大陆国家的惯例,将证据法规定在诉讼法之中。沈家本、伍廷芳主持下起草的《大清刑事民事诉讼法草案》中,明令禁止跪供、刑讯,草案第 15 条规定:"凡审讯原告或被告及诉讼关系人,均准其站立陈述,不得逼令跪供。"第 17 条规定:"凡审讯一切案件,概不准用杖责、掌责及他项刑具或语言威吓、交逼,原告、被告及各证人偏袒供证,致令淆乱事实。"对证人调查,实行个别讯问制度。证人作证前实行宣誓制度,草案第 51 条规定:"无论刑事民事案件,原告及两造证人须矢誓后方可供证。不允矢誓者,清心据实供述亦可。如查有砌词诬告或供词故意虚伪等情,即处以一千元以下之罚金。民事案内之被告,亦同。"对人证调查还实行诘问制度,对证据的审查判断方法。"审案官应先将下列各项细心研究:一、两造各证人之名誉若何,所供是否可信;二、两造所呈之证据;三、每造前后各供有无自相桎梏之处;四、权衡两造供词之轻重;五、权衡两方情节之虚实;六、所呈证据是否足定被告之罪;七、证据已足,是否为法律所准。"在草案第四章"刑事民事通用规则"第三节"证人"中以 9 条规定了证人制度,包括证人作证资格、义务,对于职官命妇作为证人时的礼遇,以及传闻法则。

在 1911 年起草的《大清刑事诉讼律草案》中,规定了对被告人的讯问、检证、搜索、扣押及保管,证言等属于证据法范围的内容。草案规定,"讯问被告人禁用威吓及诈罔之言",必要时实行对质制度。草案规定了搜查、扣押制度,规定:"官吏、公吏或曾为官吏、公吏之人所管理或管有之物,如本人或该官厅署称为有关职务上秘密者,非经监督吏员承诺,不得实施扣押或保管。监督吏员除妨害国家安宁外,不得拒绝前项承诺。"(第 126 条)"僧道、医师、药剂师、药材商、产婆、律师、公证人或曾居此等地位之人,因受职业上委托所持有之物,如关职业上秘密者,非经本人承诺,不得实施扣押或保管。"(第 127 条)除了对上述不可扣押物的规定外,对搜索、扣押时间也作出了类似于西方的限定:"日出前或日没后因实施检证、搜索、扣押、保管而入人所居住或有人看管之宅第、建造物、矿坑、船舶者,应得户主、管理人或代理人之承诺。于日间实施前期处分者,得继续至夜。"(第 128 条)该草案还规定了免证特权制度、证人具结制度、鉴定人资格和鉴定制度、书证制度和各种证据调查制度等。从这些制度规定的内容来看,有些制度竟然比我们现行诉讼法中规定的证据制度还要先进和详细。

从法典继承的角度来看,该草案直接构成了 1921 年 3 月广州军政府颁布的《刑事诉讼律》、11 月北京政府颁布的《刑事诉讼条例》的基础底本,并透过 1928 年《刑事诉讼法》影响了随后的刑事诉讼立法。在民国初年,"大理院于判决中,往往将该草案采为'诉讼法理',酌加运用"。因此,在史学意义上,《1911 年刑事诉讼律(草案)》无疑是一把打开中国刑事诉讼现代化大门的钥匙。①

(二)民国时期证据法

1911 年 10 月 10 日,辛亥革命爆发,清政府被推翻,成立了孙中山领导的南京临时政府。1912 年南京临时政府颁布了《大总统令内务、司法两部通饬所属禁止刑讯文》及司法部发布《咨各省都督停止刑讯文》,废除了刑讯制度。并指出,随着世界文明的进步,刑法的目的也有所变更。"故其惩罚之程度,以足调剂个人之利益与社会之利益之均平为准,苟暴残

---

① 黄源盛:《近代刑事诉讼的生成与展开》,载《清华法学(第 8 辑)》,清华大学出版社 2006 年版。

酷，义无取焉。"①同时还规定："不论行政司法官署，及何种案件，一概不准刑讯，鞫狱当视证据之充实与否，不当偏重口供。""从前不法刑具，悉令焚毁。"②并不时派员巡视，如有不肖官司，日久故智复萌，重煽亡清遗毒者，除褫夺官职外，付所司治以应得之罪。

1912年，袁世凯就任民国大总统之职，因民国法律还没有制定颁布，于是下令暂行《新刑律》，并准许暂时援用清朝施行的法律。1912年4月7日，司法部呈准政府暂行援用《大清刑事诉讼律（草案）》。该草案中对证据的规定得以适用，主要包括证人资格、免证特权、作证前具结、亲亲相隐等证据制度。当时的刑法配合证据制度，还规定了湮灭证据罪、伪证罪，以确保证据制度得以有效实行。1922年，北洋政府制定了《民事诉讼条例》、《刑事诉讼条例》颁行全国，其第305条规定了证据裁判原则："犯罪事实，应依证据认定之。"第306条规定了自由心证原则："证据，由法院自由判断之。"还规定："法院认为被告之犯罪嫌疑不能证明……应谕知无罪的判决。"到了国民党执政时期，立法院1928年7月颁布了《中华民国刑事诉讼法》和《中华民国刑事诉讼法施行法》，1930年制定了《民事诉讼法》。这些法律都专门规定了证据制度。

总的来看，在中华民国时期，中国的证据制度在立法的层面上进一步向西方国家靠近，例如，当时的刑事诉讼法和民事诉讼法都吸取了西方国家证据法律中的一些先进经验，确立了无罪推定、自由心证、言词辩论、禁止刑讯逼供等原则，而且对证据种类和证明责任等问题作出了比较明确的规定。例如，关于自由心证原则，1945年修订施行的《刑事诉讼法》第268条规定："犯罪事实，应依证据认定之。"第269条规定："证据之证明力，由法院自由判断之。"同年修订施行的《民事诉讼法》第222条也规定："法院为判决时，应斟酌全辩论意旨及调查证据之结果，依自由心证，判断事实之真伪。"但是由于长期战乱和国民党政府实行的法西斯统治，中国近代立法上的证据制度与司法实践中的做法相去甚远。事实上，封建的法统没有什么变化，诸如无罪推定和禁止刑讯逼供等规定不过是一纸空文。

三、我国当代证据法律制度

中华人民共和国成立以后，人民政权在废除国民党旧法统和总结革命根据地司法工作经验的基础上建立了新的证据制度。20世纪50年代前期颁布的一系列法律法规确立了实事求是、重视调查研究、重证据不轻信口供、严禁刑讯逼供、明确举证责任和要求证据必须确实充分等司法证明活动的原则。

可惜自20世纪50年代后期到"文化大革命"结束，持续的政治运动和社会动乱使我国的证据制度基本上处于瘫痪状态。由于"左"的错误思潮的干扰，司法工作中已经确立的上述原则受到了极大的冲击。尤其在"十年动乱"期间，林彪、江青反革命集团疯狂破坏社会主义法制，公然鼓吹"办案要立足于有，着眼于是"，"先定性质后找材料"，"棍棒底下出材料"，"一人供听，二人供信，三人供定"，私设公堂，滥司刑讯，伪造证据，对于广大干部和群众搞封建法西斯专政，新中国的证据制度被粗暴践踏。

中共十一届三中全会以后，我国的证据制度又逐步得到恢复、发展和完善。但是由于历史传统和法律文化的影响，我国目前还没有统一的证据法典。证据规则的内容散见于《刑

---

① 张晋藩：《中国司法制度史》，人民法院出版社2004年版，第499页。

② 《辛亥革命资料》，中华书局1961年版，第215页。

法》、《民法通则》、《刑事诉讼法》、《民事诉讼法》、《行政诉讼法》等法律法规,以及最高人民法院、最高人民检察院颁布的有关证据的司法解释中。近年来,我国最高人民法院相继出台了《关于民事诉讼证据的若干规定》、《关于行政诉讼证据若干问题的规定》两部重要的司法解释,以及2010年最高人民法院、最高人民检察院、公安部、国家安全部和司法部联合颁布了《关于办理死刑案件审查判断证据若干问题的规定》和《关于办理刑事案件排除非法证据若干问题的规定》,它们虽然改善了我国诉讼证据规则不足的现状,但它们仍然存在立法效力偏低,基本条款粗疏等弊端。这种状况远远不能适应建立现代法治国家的需要,也在一定程度上造成了我国司法和执法实践中运用证据规则的混乱。

我国现行证据制度具有坚持无罪推定、严禁刑讯逼供、追求客观真实,重证据、重调查研究、不轻信口供等特点。就司法证明模式而言,我国现行的证据制度基本上属于自由证明的范畴,司法人员在运用证据认定案件事实时享有很大的自由裁量权。目前,我国的证据制度落后于司法实践的发展,落后于整个司法制度改革的步伐。因此,证据制度的改革与完善将是我国未来司法制度改革的一项紧要而艰巨的任务。

【引例二】 评析:在我国古代封建时期与同时期世界其他国家一样,在各种证据之中"口供为王",为获取被告口供,刑讯逼供成为合法的取证手段。虽然刑讯逼供有时能获得事实真相,但作为一种野蛮的违反人性的取证方法,也极易使被刑讯之人作出虚假陈述,从而导致冤假错案。同时,在我国古代,法官又是侦查官员,既负责收集证据,又负责审查判断证据的真伪,并据此定罪,是典型的纠问式诉讼制度。

❋ 思考题

1. 应如何评价神示证据制度?
2. 请描述大陆法系国家证据制度的发展脉络。
3. 英美法系国家证据制度的发展是如何受到陪审制和抗辩式诉讼模式的影响的?
4. 我国古代证据制度有哪些特点?

第三章 证据法的基本原则

【引例一】 徐某诉称自己被彭某撞到，请求赔偿各种损失十万元，并提交了证人李某的书面证言。彭某辩称徐某是不慎摔倒，自己帮忙扶起，并非其所撞。在审判中合议庭三位法官有三种观点：法官甲认为此案处于真伪不明状态，如就此按证明责任法判决徐某败诉，则可能会对其不公。因此建议采用抓阄方式来决定。法官乙认为李某的书面证言足以认定案件事实，建议判处彭某败诉。法官丙认为：书面证言不可采，但基于经验可以认定徐某被彭某撞到。理由是彭某如是做好事，把徐某扶起就罢了，不可能还送其去医院并垫付 200 元医药费。只有撞了人，才可能这样做。

问题：试运用证据法的基本原则分析三位法官的观点。

【引例二】 美的证人与丑的证人

美国一检察官有一个必须传唤出庭支持公诉的证人，其外表丑陋，神经质且吐字不清，一旦出庭会给陪审团留下很坏的印象。为处理该目击证人出庭作证的问题，检察官告诉丑证人："你到法院后不要去法庭附近的任何地方，要直接去地下室，在那里等候，不要让任何人看见你。"与此同时，检察官找了一个外貌好且善于表达的"美证人"，并让他去向"丑证人"了解其所知道的案情，然后再告诉陪审团。但是"美证人"对案件事实不直接知情，无法接受辩护律师的有效的交叉询问。法官裁定要么让地下室证人直接出庭，要么将该证人从控方证人名单中除去。[①]

问题：检察官的做法是否符合直接言词原则？

原则作为规则的基础或本源是一种综合性、稳定性的原理和准则，其特点是不预先设定任何确定的、具体的事实状态，没有规定具体的权利和义务，更没有确定的法律后果，可称为规则的规则，是进行法律推理的权威出发点。一般而言，基本原则具有两个方面的价值：一方面，以其自身的模糊形式负载法律的灵活、简短、安全价值；另一方面，通过它对其他法律结构成分运行的干预实现法律的正义价值，并实现其整合功能。[②]

证据法的基本原则，是指证据立法与证据运用过程中应该遵守的根本准则。它具有基础性地位，既体现着该部门法最基本的价值，又是整个证据运行机制的指导思想。

由于法律思维方式、法律思想、立法技术和风格的不同，各国证据法的基本原则在立法体例上存在着较大的差异。英美法系国家以判例法为传统，虽然在证据立法方面出现了成文化的趋势，但是其成文法缺乏大陆法系法典的完整性和逻辑性，一般没有关于证据法基本

---

① 何家弘、刘品新：《证据法学》，法律出版社 2008 年版，第 86 页。

② 陈卫东：《论刑事证据法的基本原则》，载《中外法学》2004 年第 4 期。

原则的专门规定。尽管如此,其具体的证据条文中仍然贯穿了证据法基本原则的精神。大陆法系国家虽然素有重视基本原则研究的理论传统,但是由于其证据制度规定在相应的诉讼法中,因此对证据法基本原则的规定不仅系统性、完整性不足,而且往往局限于与诉讼法相关的原则。

在我国,尽管越来越多的证据法学教科书涉及证据法的基本原则,但对于什么是证据法的基本原则,则众说纷纭。有学者认为证据法的基本原则包括真实发现原则、证据裁判原则和自由评价原则。[①] 有学者认为应包括:证据裁判原则和直接言词原则。[②] 有学者主张证据法的基本原则包括:遵守法制原则、实事求是原则、证据为本原则、直接言词原则、公平诚信原则、法定证明与自由证明相结合的原则。[③] 还有学者认为证据法的基本原则应包括证据裁判原则、程序法定原则、无罪推定原则和反对强迫自证其罪原则。

我们认为,作为证据法的基本原则主要应包括证据裁判原则、直接言词原则和自由心证原则。一方面,作为证据法的基本原则应为证据法所特有,从而区别于诉讼法乃至法的基本原则,因此实事求是、程序法定、人权保障、无罪推定和公平诚信等原则不宜作为证据法的基本原则。[④] 另一方面,证据裁判原则是我国学界公认的一项证据法首要原则。2010年《办理死刑案件证据规定》第 2 条还明文规定,认定案件事实,必须以证据为根据。这是我国首次在刑事诉讼相关立法中明确确认证据裁判原则。直接言词原则和自由心证原则则直接关涉证据的证据能力和证明力的审查判断问题。

第一节　证据裁判原则

证据裁判原则又称"证据裁判主义",是指在诉讼中,对于案件事实的认定必须依据证据的原则。这一原则有两个基本的含义:第一,诉讼中的事实应依据证据认定;第二,如果没有证据,不能对有关的事实予以认定。

证据裁判与神明裁判相对,是司法制度发展到一定历史阶段的产物。在古代奴隶社会和封建社会前期,由于生产力落后、人类处于愚昧状态,在司法证明上盛行"神明裁判"制度。在当时的诉讼中,如果双方当事人对案件事实的主张有争议,就根据神的旨意来判断,把神的旨意作为认定案件事实的唯一依据。因为当时人们相信只有神能明辨是非、知道案件事实真相。神判方式多式多样,通行的有水审、火审等。随着社会的发展,人类认识能力的提高,证据制度从神明裁判走向证据裁判。包括法定证据和自由心证两种形态。前者是法律根据证据的不同形式,预先规定了各种证据的证明力和判断证据的规则,法官必须据此作出判决的一种证据制度。后者法律不预先设定机械的规则来指示或约束法官,而由法官针对具体的案情,根据经验法则、逻辑规则和自己的理性良心来自由判断证据和认定事实。在诉讼证明史上,证据裁判的发展历程可以从三个侧面进行考察:第一,根据证据对于裁判的意

①　卞建林、谭世贵:《证据法学》,中国政法大学出版社 2010 年第 2 版,第 76～91 页。
②　张保生:《证据法学》,中国政法大学出版社 2009 年版,第 136～141 页。
③　何家弘、刘品新:《证据法学》,法律出版社 2008 年第 3 版,第 76～97 页。
④　张保生:《证据法学》,中国政法大学出版社 2009 年版,第 136～141 页。

义,经历了由证据非裁判所必须到没有证据不得进行裁判的转变;第二,根据裁判所依据证据的性质,经历了依据非理性证据进行裁判到以理性证据为依据的证据裁判;第三,根据证据的价值内涵,经历了片面强调证据的真实到真实性与合法性并重的证据裁判。①

一、证据裁判原则的立法例

在大陆法系国家,法律大都明文规定了证据裁判原则。《法国刑事诉讼法》第 427 条明确规定,在轻罪的审判中,"除法律另有规定外,罪行可通过各种证据予以确定,法官根据其内心确信判决案件。法官只能以提交审理并经双方辩论的证据为依据作出判决";第 536 条规定,对违警罪案件中证据的处理,同样适用第 427 条的规定;第 537 条规定,违警罪或由笔录或报告证明,或在无报告和笔录时由证人证明,或由其他事实证明。《德国刑事诉讼法》第 244 条第 2 款规定,为了查明事实真相,法院应当依照职权将证据调查延伸到对裁判有意义的所有事实和证据。第 261 条规定:"对证据调查的结果,由法庭根据在审理的全过程中建立起来的内心确信而决定。"《日本刑事诉讼法》第 317 条规定:"认定事实应当根据证据。"《日本刑事诉讼法》的该条规定,被认为是证据裁判原则在立法上的经典表述。可见,在实行职权主义的大陆法系国家,普遍奉行证据裁判原则。在强调法官依职权调查证据的同时,大陆法系国家一般都规定了严格的证据调查程序,强调对于法官裁判的约束,要求裁判必须依靠证据,以规范法官权力的行使,并最终达到发现事实真相的要求。

在英美法系国家,虽然在英美法系国家的法律和诉讼理论中没有直接明确证据裁判原则,但其刑事诉讼中大量存在的规范证据关联性、可采性的规则以及刑事程序中关于证据出示、认定等规定,都是证据裁判原则精神的具体体现。②

我国《刑事诉讼法》第 53 条规定:"对一切案件的判处都要重证据,重调查研究,不轻信口供。"第 195 条也规定合议庭应根据已经查明的事实、证据和有关的法律规定,作出判决。2010 年出台的《办理死刑案件证据规定》第 2 条和 2012 年最高人民法院制定的《刑诉法解释》第 61 条明确规定,"认定案件事实,必须以证据为根据"。这是现代刑事诉讼普遍奉行的证据裁判原则在我国法律规范性文件上的首次明文确认。这一原则强调了审理刑事案件,对被告人犯罪事实的认定,必须依据证据。作为认定被告人犯罪事实依据的证据,必须达到确实、充分。坚持证据裁判原则,必须做到认定案件事实应有相应的证据予以证明,一切都要靠证据说话,没有证据不得认定犯罪事实;坚持证据裁判原则,必须做到对存疑的证据不能采信,确保判决认定的事实证据确实、充分;坚持证据裁判原则,必须做到用合法的证据来证明案件事实,对于非法取得的证据应当排除,不能作为定案的根据。

我国《民事诉讼法》以及《行政诉讼法》虽然没有对证据裁判作出直接的规定,但最高人民法院的司法解释鲜明地体现了证据裁判原则的要求。最高人民法院《民诉证据规定》第

---

① 樊崇义、吴宏耀:《论证据裁判原则》,载《法律应用研究》2002 年第 6 辑。

② 值得注意的是,英美法系国家中大量存在的有罪答辩及辩诉交易的现象大大弱化了证据裁判原则作用的发挥,使得英美法系国家严格的诉讼程序所体现的证据裁判的精神只在少数经过正式庭审程序的案件中得以体现。不过,正是这种法律规定的正式审判的可能性以一种预见的结果制约着控辩双方辩诉交易的过程,加之辩诉交易的进行需要法官在审查有无事实根据的基础上予以认可,因此,可以说辩诉交易的进行,也有赖于证据裁判原则的保障。卞建林、谭世贵:《证据法学》,中国政法大学出版社 2010 年第 2 版,第 81 页。

63 条规定:"人民法院应当以证据能够证明的案件事实为依据依法作出裁判。"最高人民法院《行诉证据规定》第 53 条规定:"人民法院裁判行政案件,应当以证据证明的案件事实为依据。"

二、证据裁判原则的基本内容

诉讼中的事实应依据证据认定,这是证据裁判原则最基本的含义。基于这一原则的要求,证据裁判原则包括以下三个方面的内容。

其一,认定案件事实必须以证据为依据。一方面,认定事实的根据,除法律另有明文规定外,只能是证据。另一方面,禁止法官以非理性的方法判断事实,既不得以证据以外的其他客观现象认定事实,也不得仅凭法官个人的主观臆测和印象来认定事实。如果在无证据或者证据不足的情况下认定犯罪事实,就违反了这一要求。

其二,作为裁判依据的证据必须具有证据资格。在大陆法系国家,证据资格问题由关于证据能力的规范调整;在英美法系国家,则为证据的可采性规则所调整。在大陆法系国家,证据能力包括两个方面的要求:(1)证据材料不被法律禁止;(2)证据应当经过法定的调查程序。只有满足了上述两个方面的要求,才能作为证据由裁判者据以进行裁判。在英美法系国家,普通法上早已存在诸如传闻规则、品格证据规则、自白规则、意见规则、最佳证据规则等,以规范证据的可采性,所以,可以进入法庭调查程序而对法官(陪审团)形成心证发挥作用的证据,应当是不被证据规则禁止的材料。

其三,必须按照法律规定的方式进行证明。在大陆法系国家证据法理论中,将证明分为严格证明和自由证明。所谓严格证明,是指运用诉讼法中规定的法定证据方法,经过法律规定的证据调查程序进行的证明,即未经过法定的正式的证据调查程序审查或者未由当事人充分表达过意见的证据,不能作为认定案件事实的根据。这一要求旨在避免法院作出突袭判决,并且强调作为认定案件事实根据的证据应值得当事人信赖,以此赋予和增强判决的说服力和正当性;所谓自由证明,是指运用除此以外的证据方法,不受法律规定的约束而进行的证明。对于实体法事实,主要是与定罪量刑有关的事实,一般要求严格证明,此即证据裁判原则的范围,而对于程序法事实,包括某些辅助证明的事项,或者被告人否认其罪行的证明,可采用自由证明的方式。

值得注意的是,证据裁判原则也有例外,即并不是所有的案件事实均需要证据加以证明。《德国刑事诉讼法》第 244 条第 2 项规定,为了调查事实真相,法院应当依职权将证据调查延伸到所有的对于裁判具有意义的事实、证据上。因此,根据职权调查原则,所有对法院之裁判有重要影响的事实均需加以证明。根据日本学界的通说,作为证据裁判原则要求的事实,是需要运用证据加以证明的实体法事实,不包括众所周知的免证事实和诉讼法上的事实。一般而言,对于自认的事实、推定的事实、拟制的事实和司法认知的事实等不适用证据裁判原则。[①]

❦ ～～～～～～～～～～～～❦～～～～～～～～～～～～❦

【引例一】评析:在本章的引例中,法官甲采用了神明裁判方式,违反了证据裁判原则

---

① 张建伟:《证据法要义》,北京大学出版社 2009 年版,第 53 页。

（当然也违反了证明责任法）。法官乙采用了书面证言，违反了直接言词原则。法官丙采自由心证原则固然没有问题，但这里的"自由"要接受一般的社会经验、逻辑的检视，不能以单纯的个人经验代替社会的一般经验。

第二节　直接言词原则

直接言词原则作为大陆法系国家司法审判的重要原则，又被称为直接主义和口头主义。[①] 起源于德国 19 世纪的立法改革。直接言词原则的引入，是为了去除侦查的法官及审判的法官进行书面审理程序所带来的重大缺失，是为克服书面审理程序所带来的弊端而确立的。[②]

一、直接言词原则的基本内涵

直接言词原则实际上包含两项原则，是直接原则与言词原则的合称。直接原则又称为"直接审理原则"，其要旨在于对案件作出裁决的法官必须直接对证据进行审查，认定案件事实。按照德国学者的解释，直接原则（grundsatz der unmittelbarkeit）包括以下含义：其一，在场原则。即在法庭审判时，各诉讼主体必须亲自出席法庭，并且从精神和体力上自始至终参与案件的全部审判活动，这是直接审理原则的最基本要求。如《德国刑事诉讼法典》第230 条第 1 款规定，对未到庭的被告人不举行审判。《日本刑事诉讼法典》第 286 条也规定，除前两条规定的以外，被告人在公审期日不到场时，不得开庭。其二，形式的直接审理原则。即参与制作案件裁判的法官必须亲自参与案件的审理，未亲自参与案件审理的法官无权制作裁判，此即形式的直接审理原则。对此，有学者进一步解释道："作成判决的法官，其需自己审理案件；原则上其不得将证据之调查工作委由别人来完成，例如受命或受托法官。"[③]其三，实质的直接审理原则。一方面，法官需自己对原始事实加以调查，即不得假借证据的代用品替代之；另一方面，只有法官在直接审理过程中直接调查所得的证据才能作为定案的根据，未经法庭调查质证的证据不得作为认定案件事实的依据。如《意大利刑事诉讼法典》第526 条"在评议时可采用的证据"规定："法官在评议中不得采用不是依法在庭审中调取的证据。"对此我国台湾地区学者林山田认为："在审理中未由法官本人查证之证据，如行政机关的调查报告书，即非法院直接调查所得之证据资料，或如传闻证据等，均不得采作为判决之依据。原则上，对于证人之讯问，不可以宣读前所讯问而制成之笔录，或是以证人提出之书面声明代替之。"[④]

可以说，对直接原则关注的重点在于实质的直接审理，其目的，在于使法官形成正确的心证和发现实体真实。

①　[日]中田英郎：《新民事诉讼法讲义》，法律出版社 2001 年版，第 183 页。
②　[德]Claus Roxin：《德国刑事诉讼法》，吴丽琪译，台湾三民书局 1998 年版，第 491 页。
③　[德]Claus Roxin：《德国刑事诉讼法》，吴丽琪译，台湾三民书局 1998 年版，第 491 页。
④　林山田：《论刑事程序原则》，载《台大法学论丛》1999 年第 28 卷第 2 期。

言词原则又称口头原则、言词辩论原则或言词审理原则。按大陆法系学者的解释,言词原则包括以下两层含义。其一,法庭审理和判决活动必须采用言词陈述的形式进行,一切审判活动,包括法官对审判的指挥、对当事人和证人的询问或讯问、对证据的调查和对判决的宣告,检察官、自诉人及其代理人的攻击,被告人及其辩护人的防御,证人作证及鉴定人提供鉴定结论等都应当采用口头陈述的方式进行。如《法国刑事诉讼法典》第 452 条明确规定,证人应当口头作证。法国法律还规定,在法庭听取证人的证言与鉴定人的说明之前,庭长不得向陪审官与陪审员交阅文件与鉴定报告,也不得不经宣读而将任何其他文件提交陪审官与陪审员阅读,在这些材料尚未交被告人阅读之前,更是如此。我国台湾地区"刑事诉讼法"第 221 条也规定:"判决除有特别规定外,应经当事人之言词辩论为之。裁定因当庭之声明而为之者,应经诉讼关系人之言词陈述。"其二,法庭判决只能以诉讼主体在法庭上以言词陈述的形式提供的证据材料作为认定案件事实的根据,一切未在法庭审理中以言词的形式提出的事实和材料,都视为未曾发生或不存在,不得作为认定案件事实的根据。如德国法律明确规定:(1)未经法庭调查质证,侦查和起诉卷宗之内容原则上不得作为裁判之依据;提供证据的人应接受讯问或询问,只有在极为特殊的情况下,讯问或询问笔录及其他书面陈述的朗读才是合法的。(2)其他在审判程序外所获得的资料来源均不得作为判决之基础:①法官私下对犯罪行为所获知者只能由其以证人的身份接受询问引入诉讼程序,而不能直接作为判决的根据。②法官在其他诉讼程序中所获得的证据结果也不得直接作定案的根据。如果合议庭在评议时,请求一鉴定人说明其鉴定报告,进而获得一新的认识,或当法院由侦查法官处得知其于询问证人时所获得的个人印象,均不得用作定案的证据;即使是将评议的场所移至犯罪现场,以使得对以往所作的勘验造成生动的印象,也不能被许可,法官更不得将其私下对犯罪现象所作之勘察结果带入判决中。[①]

直接原则与言词原则具有密切的联系。直接原则与间接原则相对应,而言词原则与书面原则相对应。由于直接原则与言词原则在目的和内容上有许多相通之处,直接审理必然要求以口头辩论的方式调查证据,而口头辩论调查证据的目的需要通过直接审理来实现,故常将两者并列,称为直接、言词原则。但是,直接原则和言词原则又有所不同。直接原则强调的是法官的亲历性和证据的原始性,而言词原则强调的则是与书面相对的证据的提供形式。

概括说来,直接言词原则有以下要求:(1)卷宗的内容不得作为裁判的依据。在德国,审判长及制作裁判书的法官不得知悉卷宗文书的内容,非职业法官也不得知悉。对于证人、鉴定人或共同被告,原则上应当接受讯。(2)所有在审判程序外所获得的资料来源均不得作为判决的基础。例如,法官私下对于犯罪行为所获知的信息,以及法官在评议时请求一鉴定人说明其鉴定报告而获得的新的知识等,不得作为判决的基础。(3)书证的影印本只具有较少的证据价值。(4)法官必须时时能洞悉诉讼过程。如耳聋的法官,一段时间内心不在焉的法官的审判,都属于违反直接言词原则的情形。(5)形成法官心证的所有证据的调查,应当在法庭上以口头方式进行。(6)在审理过程中更换法官时,必须重新开始公审程序。[②]

---

① 陈永生:《论直接言词原则与公诉案卷的移送及庭前审查》,载《法律科学》2001 年第 3 期。
② 宋英辉、李哲:《直接言词原则与传闻证据规则之比较》,载《比较法研究》2003 年第 5 期。

二、直接言词原则与传闻证据规则[①]

直接言词原则适用于大陆法系，它与英美法系的传闻证据规则有异曲同工之处。甚至有学者指出："直接审理主义加当事人之反对询问权即变成传闻法则。"[②]日本刑事诉讼法由于吸收了英美法系刑事诉讼的因素，因而将直接原则与传闻证据规则联系起来，产生了在对真实的证明中尽可能依靠原始证据证明犯罪事实的观念，并根据这一要求，对传闻证据，原则上应当排除。其《刑事诉讼法》第320条规定："除第321条至第328条规定的以外，不得以有关书面材料当作证据代替公审期日被告人作出的供述，或者将以公审期日之外其他人的供述为内容所作的供述作为证据。"

直接言词原则与传闻证据规则虽具有共通性，但由于二者分别隶属于两大法系，因而两者在许多方面存在差异。概括起来，主要有以下方面：

其一，直接言词原则与传闻证据规则发挥作用的诉讼模式不同。大陆法系国家传统上注重发现案件实体真实，并为此强调法官在发现实体真实方面的职权作用。为了发现案件的实体真实，大陆法系国家的立法和证据理论特别强调证据材料对发现实体真实的作用和法官调查证据的亲历性及言词调查方式，而不是强调证据进入法庭调查的资格。与此不同，英美法系国家传统上注重程序的正当性，强调控辩双方在推动诉讼进行方面的作用和为双方提供公平的程序，并实行陪审团审判，即由非职业的陪审团来认定案件事实。为避免因提出某些证据材料给对方当事人带来不公正和不适当的证据材料误导陪审团对事实的裁断，英美法系国家形成了一系列限制证据资格的规则，传闻证据规则就是因此而形成的。正是由于直接、言词原则与传闻证据规则发挥作用的诉讼模式不同，导致了两者在其他方面的差异。

其二，二者作用的方式不同。传闻证据规则作为英美证据法的重要规则，禁止传闻证据进入法庭审理程序，但并不直接规范法官的具体审判行为。而直接、言词原则包含更为丰富的内涵，如对法官行为的规范和证据调查的程序要求等。直接、言词原则是直接、具体规范法官审判行为的原则，要求法官的审判行为必须符合直接、言词原则的要求，对证据的调查应由法官亲自在法庭上以言词的方式进行，而不能进行书面审理。

其三，二者规范的关系不同。直接、言词原则是职权主义之下的原则，着重于规范审判者与证据调查之间的关系。审判者进行法庭审判，必须遵循法律规定的程序，必须以直接、言词的方式调查证据。传闻证据规则所着重强调的，是传闻证据不能使当事人在审判庭上对原证人进行反询问，而非在于不能使审判者直接接触原证人之证言。传闻证据规则从证据的可采性角度出发，确保对方当事人对不利于自己的证人进行质证的权利的行使。

其四，二者作用的侧重点不同。直接、言词原则是作为对书面审理方式的批判而产生的，侧重于强调和规范在法庭审理时法官调查证据的方式。根据直接、言词原则，法官在庭审中必须自行调查证据，该证据应当由证人或者鉴定人口头说明，而非以书面的形式提供给法官。传闻证据规则则是对证据资格的要求，强调传闻不得进入法庭对事实的调查程序。传闻证据规则并未直接规范法官的行为，而是从证据的角度，强调除法定情况外，没有亲身

---

① 有关传闻证据，请参见本书第七章第三节。

② 黄东熊：《谈传闻法则》，载《军法专刊》1989年第35卷第1期。

感知案件情况的人不能作为证人,其提供的证据不得进入证据调查程序,以免误导裁断者的判断。

其五,二者对证据效力的影响不同。根据直接、言词原则,在法庭审理中,只要该证据被允许,且在法官面前以言词的形式提出并经过调查,即为有效。如前所述,直接、言词原则是对法官审判行为的规范,因而只要法官在审判过程中的行为遵循了该原则的要求,法庭调查的证据即具有证据资格,能够作为认定案件事实的根据。而根据传闻规则,只要该证据没有经过对方当事人的反询问或者同意,无论是否经过法官审查,都是无效的。传闻证据规则的出发点在于保障当事人对不利于自己的证人进行反询问的权利,因此,只要没有经过对方当事人同意或者反询问的证据,即为违反正当程序的证据,不具有可采性。[①]

三、直接言词原则在我国

我国有关诉讼法中没有直接规定直接、言词原则,也不实行传闻证据规则。考查相关制度,则体现出一种矛盾情节,以刑事诉讼法为例:

一方面,我国刑事诉讼法中有体现直接、言词原则精神的规定,并有逐渐强化的趋势。如我国《刑事诉讼法》规定,证人、鉴定人都应当出庭作证。第59条规定:证人证言必须在法庭上经过公诉人、被害人和被告人、辩护人双方质证并且查实以后,才能作为定案的根据。最高人民法院《刑诉法解释》第63条规定,证据未经当庭出示、辨认、质证等法庭调查程序查证属实,不得作为定案的根据,但法律和本解释另有规定的除外。《刑事诉讼法》第187条还专门对证人、人民警察及鉴定人应当出庭的情况作了规定:"公诉人、当事人或者辩护人、诉讼代理人对证人证言有异议,且该证人证言对案件定罪量刑有重大影响,人民法院认为证人有必要出庭作证的,证人应当出庭作证。人民警察就其执行职务时目击的犯罪情况作为证人出庭作证,适用前款规定。公诉人、当事人或者辩护人、诉讼代理人对鉴定意见有异议,人民法院认为鉴定人有必要出庭的,鉴定人应当出庭作证。经人民法院通知,鉴定人拒不出庭作证的,鉴定意见不得作为定案的根据。"《刑事诉讼法》修改后,对于不出庭作证的证人,还要受到相应的法律制裁,显然强化了直接言词原则。

但另一方面,还存在不审而判和书面证词进入法庭审理程序的规定。譬如,最高人民法院《刑诉法解释》第206条规定,证人具有下列情形之一,无法出庭作证的,人民法院可以准许其不出庭:(1)在庭审期间身患严重疾病或者行动极为不便的;(2)居所远离开庭地点且交通极为不便的;(3)身处国外短期无法回国的;(4)有其他客观原因,确实无法出庭的。具有前款规定情形的,可以通过视频等方式作证。《刑事诉讼法》第190条规定:公诉人、辩护人对未到庭的证人的证言笔录、鉴定人的鉴定结论、勘验笔录和其他作为证据的文书,应当当庭宣读。该规定即显示,对于未到庭的证人证言也是可以作为证据使用的。同时,现行规定还有违直接审理原则的内容。如我国审判委员会虽然没有直接审理案件,但可以决定一些案件的审判结果。《刑事诉讼法》第180条规定:合议庭开庭审理并且评议后,应当作出判决。对于疑难、复杂、重大的案件,合议庭认为难以作出决定的,由合议庭提请院长决定提交审判委员会讨论决定。审判委员会的决定,合议庭应当执行。司法解释则将审判委员会决定的案件作了更细致的规定。最高人民法院《刑诉法解释》第178条规定了审判委员会讨论

---

① 宋英辉、李哲:《直接言词原则与传闻证据规则之比较》,载《比较法研究》2003年第5期。

决定案件的五种情形：（1）拟判处死刑的案件、人民检察院抗诉的案件，合议庭应当提请院长决定提交审判委员会讨论决定。（2）对合议庭成员意见有重大分歧的案件、新类型案件、社会影响重大的案件以及其他疑难、复杂、重大的案件，合议庭认为难以作出决定的，可以提请院长决定提交审判委员会讨论决定。（3）人民陪审员可以要求合议庭将案件提请院长决定是否提交审判委员会讨论决定。（4）独任审判的案件，审判员认为有必要的，也可以提请院长决定提交审判委员会讨论决定。

由上述规定可以看出，我国虽然逐渐强化了直接言词原则的内容，但远没有在诉讼法中彻底贯彻该原则。为此，我们期待刑事诉讼观念的转变，也期待诉讼法的进一步完善，以保障程序正义的实现。

【引例二】评析：该案件中，证人不出庭直接面对陪审团和法官，属于传闻证据，违背了直接言词原则。

第三节　自由心证原则

一、自由心证原则的基本内涵

自由心证是在批判法定证据基础上发展起来的，是指证据的取舍及证明力的大小及其如何运用，法律不作预先规定，而由法官秉诸"良心"、"理性"自由判断，形成内心确信，从而对案件事实作出结论。自由心证要义有二：一是自由判断原则，即证据的证明力由法官自由判断，法律不作预先规定。法官判断证据证明力时，不受外部的任何影响或法律上关于证据证明力的约束。不仅一个个孤立的证据能够证明何种事实以及证明程度如何由法官自由判断，而且所有证据综合起来能否证明起诉的犯罪事实或其他有关事实以及证明程度如何，也由法官自由评价和判断。在相互矛盾的证据中确定何者更为可信，同样委诸法官自由判断。其二，内心确信，即法官须依据证据，在内心"真诚地确信"，形成心证，由此判定事实。①

与神明裁判下法官受神支配、法定证据制度下法官受立法者控制相比，自由心证是最能为法官独立提供保障的评价证据的制度。其逻辑基点就是信赖人的理性，尊重法官本着理性与良心所作的判断。由于案件情况纷繁复杂，证据内容与形式多种多样，为了保证具体案件中证据运用的合理性和正确性，法律必须赋予法官自由评判证据的权力，让他们根据案件的具体情况去评判证据，根据证据与案件事实的联系认定案情。因此，可以说，较之于神明裁判偶然性和法定证据的机械性，自由心证证据制度可以使法官根据证据的具体情况认定案情，符合人类认识的本性，因而更有利于发现真实。基于此，在某种程度上可以说，自由心证与证据裁判一起，构成了现代刑事证据法的基石。

---

① 徐静村：《刑事诉讼法（修订本）》，中国政法大学出版社 1999 年版，第 144 页。

二、自由心证原则的"自由"

自由心证赋予裁判者基于经验、良性和理性等作出自由判断,这种"自由"主要表现在以下几个方面:

其一,选择证据方法的自由。在自由心证原则下,法律一般不对证据方法作出限制,而证据方法是法官形成事实存在与否的心证而实施证据调查的对象。法官为了对待证事实心证,对证据方法(证据种类)的选择原则上是自由的。但不排除法律有一些例外的规定。

其二,认定证据能力的自由。作为法定证据主义的历史对立物,自由心证原则必然要求法律不对证据能力作出任何限制。换言之,只要某一证据与案件相关联,就可以作为定案的依据。实际上,在各国现行的证据制度中,并不仅仅以关联性作为衡量证据是否具有证据能力的唯一标准。立法机关基于一定的价值或政策考虑将某些证据材料纳入诉讼中来,同时又将另一些证据材料排除出去。在德国民事诉讼中,法庭不受任何形式证据规则的限制,但它可以在民事诉讼法典条款的结构范围内,从考察诉讼程序的整体出发评价证据。日本的判例与学说都认为,原则上法律对民事诉讼中的证据能力不作限制。

其三,运用经验法则进行证明力评价的自由。经验法则是法官证据评价的重要依据,证明力的评价,其实就是以生活经验法则为大前提,以具体案件中的证据为小前提,从而得出该证据具有多大证明力的逻辑三段论推理的过程。这要求司法裁判者对证据作证明力评价时,必须根源于生活经验,遵循经验法则。经验法则的最大特点就是,数量上的无限性与盖然性程度上的无限性,这也是自由心证取代法定证据原则的根本原因之一。基于此,多数国家的法律,都在证明力评价上实行极为彻底的自由心证原则,因此,相对于证据能力属于诉讼中的法律问题,可以说证明力的评价则属于事实问题。法律尽可能地将法定证据主义的影响排除在证明力的评价领域之外,正因为如此,证据力的评价被称为自由心证主义的核心。①

三、自由心证原则的"不自由"

与其他证据制度一样,自由心证也有其缺陷。这种缺陷源自自由心证可能带来的危险。在自由心证的情况下,危险可能来自以下方面:(1)证据材料。譬如,证据材料已经变化,证人作伪证等。(2)认识能力。由于当事人举证和法官认识的局限性,可能导致错误认定。(3)偏见和枉法。

因此,为保证裁判者自由心证的结果符合正义的要求,必须对这种自由进行适度的限制,归纳起来,主要表现在以下几个方面。

其一,经验法则的制约。经验法则在事实认定中的作用非同一般。"自由心证的真义,乃在于利用经验法则的科学方法,并依机能的原理,把非合理的要素完全排除在外,发现足以使一般人信服的真实。"②如果说法定证据制度是通过外在的明确化的证据规则对法官认定事实加以约束以免受法官恣意之害的话,自由心证制度则很大程度上是通过内在的约束

---

① 李祖军:《自由心证与法官依法独立判断》,载《现代法学》2004 年第 5 期。
② 曾华松:《经验法则在经界诉讼上之运用》,载《民事诉讼法之研讨(六)》,台湾三民书局 1997 年版,第 182 页。

达到这一目的,而这种内在约束的最重要方面非经验法则莫属。实际上,法定证据制度不过是将个别性经验法则固定化使之成为一般评价标准,但经验法则数量上的无限性、盖然性程度上的差别性使将其固定化、单一化的努力不可能成功,由法官根据实际情况选择经验法则无疑是人类理性发展的必然结果。但既然为经验法则,就不能是法官个人的私知,它必须具有某种普遍性,也就是说,它必须具有知识的公共性。因而,经验法则不能是个别人的个别性经验,它必须具有可重复性,可以为一定群体内的人们所重复并证明为有效。当然,群体的范围可能很大,也可能仅为少数专业人士所掌握,这要视经验法则的属性而论。这种反复为人们证明有效的规则作为判断根据可以有效保障心证的正确性,而经验法则的公共性也保证了心证的可接受性。[①]

其二,证明标准的制约。证明标准对心证合理性的保障作用就在于它提供了一种法官心证比较判断的基础。与心证本身形成不同,证明标准不是一个事实问题,而是一个法律问题。因而,证明标准本身不是自由心证的证明对象,它是由法律预设的要求法官作出有罪认定时应达到的标准。法官不能自行改变它,而只能根据预设的标准衡量和判断自己的心证是否达到了法律要求的高度。但一旦法律加以选择,它就是不可变动的,法官只能适用它,而不能改变它。第三人可根据经验法则、伦理法则对法官的心证是否达到了法律预设的标准进行评价。这样,证明标准也就成了心证形成的内在约束,没有达到法定证明要求的心证可能被撤销。

其三,补强证据规则的约束。补强证据规则是指为了防止法官对证据的评判发生错误,对于某些自身证明力较为薄弱或者经验证明运用该证据材料有较大危险的证据,要求有其他证据加以补强,才可以作为定案的根据。譬如,《日本刑事诉讼法》第 319 条规定:"不论是否被告人在公审庭上的自白,当该自白是对其本人不利的唯一证据时,不得认定被告人有罪。"补强规则作为自由心证原则的例外,理由有二:一是为了防止偏重供述的倾向,二是担保供述的真实性。我国《刑事诉讼法》第 53 条规定:只有被告人供述,没有其他证据的,不能认定被告人有罪和处以刑罚。此即为我国的供述补强规则。

其四,裁判者自身素养的制约。"法律的生命始终不是逻辑,而是经验。"为此,各国对于从业法官的经验和阅历都作了非常严格的要求,必须具有一定的司法工作经历,甚至有的国家还对不同层级法院的法官提出了不同的司法工作经历的年限要求。或许只有当法官经过一定的工作年限,有了足够的经历和阅历以后,其对"常理"或"经验法则"的把握才更为精准,从而不至于把单纯的个人经验当作社会的一般经验。

其五,审判组织的制约。为避免法官个人的经验代替社会的一般经验,除了提升裁判者本身的经验与素质外,一个重要的路径就是多人裁判。合议制的优点就在于集思广益,在听取多种意见的基础上形成合理的心证,避免独任制可能导致的恣意和独断。正因为如此,各国在平衡诉讼效率与公正之间,多规定了一些强制适用合议的范围。与此同时,由来自于不同阶级、阶层、种族和民族所组成的陪审团,也从程序上最大限度地保证了陪审团依据其经验所认定的事实,符合了社会的一般经验要求。

其六,心证公开的制约。判决书详尽展示法官心证的形成过程,对于约束法官评判证据时的自由裁量的作用是显而易见的。法官心证公开将使审判过程成为互涉的讨论说服过

---

① 秦宗文:《自由心证研究》,四川大学 2005 年博士论文。

程,它既是对法官的说服,促其形成合理的心证,也是对当事人的说服,使其接受法官最终的心证。一方面,法官在撰写详尽披露其心证过程的判决书时,可以促使法官对自己的判断进行再次审查和反省,查看判断过程中有无不符合逻辑法则及经验法则之处。另一方面,详尽披露法官裁量证据的心证,还可以使人们对法官所采信的证据及认定的事实一目了然。法官的心证最终会昭示天下,使其在裁量证据时,为避免受到非议,只能谨慎从事。

❋ 思考题

1. 作为基本原则的本质属性是什么? 如何确定证据法的基本原则?
2. 如何理解证据裁判原则?
3. 直接言词原则的基本内容是什么? 如何看待我国的审判委员会制度?
4. 如何理解自由心证的"自由"与"不自由"?

司法考试真题链接

1. 最高人民法院《关于人民法院合议庭工作的若干规定》规定,合议庭组成人员确定后,除因回避或者其他特殊情况不能继续参加案件审理外,不得在案件审理过程中更换。这一规定体现的是下列哪一项审判原则? (2007 年)

A. 公开审判原则　　　　　　　　　B. 言词审理原则
C. 集中审理原则　　　　　　　　　D. 辩论原则

2. 下列哪一选项体现直接言词原则的要求? (2009 年)

A. 法官亲自收集证据

B. 法官亲自在法庭上听取当事人、证人及其他诉讼参与人的口头陈述

C. 法庭审理尽可能不中断地进行

D. 法庭审理应当公开进行证据调查与辩论

3. 下列哪些选项体现了集中审理原则的要求? (2010 年)

A. 案件一旦开始审理即不得更换法官

B. 法庭审理应不中断地进行

C. 更换法官或者庭审中断时间较长的,应当重新进行审理

D. 法庭审理应当公开进行

第二编

证据论

第四章 证据的概述

───────────❦───────────

【引例一】由于不时听到丈夫带女人回家的传言,张女士怀疑自己的丈夫有了外遇,但又苦于没有掌握确凿的证据。经他人的指点,张女士悄悄地请人在自己家的卧室里安装了一套监控录像设备。秘密地将丈夫在某一天带女人回家发生性关系的情景全部记录下。随后,张女士以此录像内容作为丈夫出轨的重要证据起诉离婚,并主张丈夫对感情破裂有过错而要求予以精神损害赔偿。丈夫则认为妻子私下录像内容侵犯其个人隐私,属于非法证据而不应采纳。

请问:张女士提交的录像内容,法庭能否作为认定本案事实的根据?

【引例二】胡某故意将刘某秘密杀害后,为了藏尸匿迹,将刘某尸体肢解后装入废旧包装袋,并叫来出租车将之运往十几公里外的偏僻地区进行掩埋。案件告破后,警方根据胡某的供述找到了尸体掩埋地点和因不知情而运送尸体的出租车司机及其当时驾驶的出租车。

请问:出租车能否作为认定胡某犯罪事实的根据?

───────────────────────

第一节 证据的概念

一、证据的概念

证据是诉讼资料的重要组成部分,大部分诉讼活动主要是围绕着证据问题而展开的。离开了证据,诉讼程序将无法推进。就一般语义而言,证据就是证明的根据或凭据。或者说,证据是用以证明某种未知事实的具体根据。它是一个集合概念,是对一类事物的统称。其中,被证明的对象属于未知事实,称为证明对象或待证事实;起证明作用的根据,即为证据。

诉讼证据是证据的一种,是用以证明案件事实的证据。它既具有证据的一般特征,同时又受到法定诉讼程序的严格约束。诉讼证据是《证据法学》的重点研究对象。我国《民事诉讼法》和《行政诉讼法》没有对证据进行立法定义,但我国于2012年3月14日经十一届全国人大五次会议修订通过的《刑事诉讼法》则对证据的概念作了规定,其第48条规定:"可以用于证明案件事实的材料,都是证据。"不难看出,此规定是从证明的手段来定义证据的概念的,它是一个中性的概念,并不涉及该材料与案件事实的关联性、证明内容的客观性和程序要求的合法性。只要负有举证责任的主体用来证明其主张的案件事实的相关材料,不论其是否能达到证明的结果或者最终能否被司法机关所采信,对于举证主体一方来说,都属于证据材料。如果证据材料经过质证审查后被人民法院采信,证据材料即成为具体案件的定案根据。

在理论界,众多的学者对诉讼证据下过许许多多的定义,各自从不同的侧面揭示了诉讼证据的某些特征,但由于彼此的理解不同,迄今尚无统一的认识。对诉讼证据定义的方法主要有:一种是以最终的定案根据的标准来对诉讼证据进行定义,认为"证据是能够证明案件真实情况的一切事实"或者"以法定形式表现出来的能够证明案件真实情况的一切事实"①。另一种是把诉讼证据和证据材料区别开来。认为:诉讼证据是指能够证明案件真实情况的各种事实,也是法院认定有争议的案件事实的根据。证据材料则是指当事人向法院提供的或者法院依职权收集的用以证明案件事实的各种材料。其中,诉讼证据来源于证据材料,经过法庭的审核和认定,最后确定可以作为案件定案的证据材料即为诉讼证据。②

我们认为,给诉讼证据下定义应当与举证的义务主体联系起来。诉讼证据是诉讼中的争议双方对其提出的事实主张予以证明的各种事实材料,是该当事人请求司法机关(主要是法院)支持其事实主张的具体根据。不论最终能否被审理案件的法院所采信,对于提出事实主张的当事人来说,都是其用以证明己方事实主张的根据,而且这种根据是以具体的材料来支撑的。如,最高人民法院《民诉证据规定》第2条规定:"当事人对自己提出的诉讼请求所依据的事实或者反驳对方诉讼请求所依据的事实有责任提供证据加以证明。没有证据或者证据不足以证明当事人的事实主张的,由负有举证责任的当事人承担不利后果。"因此,只要能够进入法庭审查、质证和辩论的范围且旨在用于证明案件的某一事实主张是否成立的各种材料都属于诉讼证据。

考虑到诉讼证据的法定形式要求和收集证据的主体可以是诉讼争议双方或者人民法院,我们认为,诉讼证据的定义可以是:诉讼证据是以法定形式表现出来,由诉讼争议双方提供或者人民法院依职权调查收集,用以证明案件事实的各种材料。其中,经过法庭的审查、质证和辩论,最终被法庭采信认为能够起到证明案件事实的材料即为定案根据。不过,作为法院定案根据的材料,其范围只能等于或者小于诉讼双方提供以及人民法院调查收集的证据材料范围。凡是没有经过庭审质证的证据材料,均不能成为最终的定案根据,而严格的法庭审查则有可能将争议双方提出的某些证据材料排除在法庭的采信范围之外。在被法院最终采信之前,诉讼各方提供的证据有可能包括客观证据和虚假证据、合法证据和非法证据以及有内在关联证据和无内在关联证据。能否达到法院采信的基本要求,只能待审查、质证后才能确定。

二、关于证据定义的几种学说

在理论界,关于证据的定义有"事实说"、"根据说"、"材料说"、"方法或手段说"和"统一说"等几种影响较大的理论学说。

---

① 宋英辉:《刑事诉讼法学》,北京师范大学出版社2010年版,第180页;徐静村:《刑事诉讼法学》,法律出版社2010年第2版,第100页。
② 江伟:《民事诉讼法》,高等教育出版社、北京大学出版社2000年版,第128页;谭兵、李浩:《民事诉讼法学》,法律出版社2009年版,第161页。

（一）"事实说"

所谓"事实说"，就是把证据界定为一种用作证明的事实。例如，英国著名法学家边沁认为，证据是"在最广泛意义上，把证据假定为一种真实，成为相信另一事实存在或不存在的理由的当然事实"。美国证据法学者威格莫尔也认为，证据"是任何一件或一组可知的事实，而不是法律的或伦理的原理"。苏联法学家安·扬·维辛斯基对证据的定义也大体类似。他指出："的确，诉讼证据——这是通常的事实，是在生活中出现的同样现象，同样的事物，同样的人，人们的同样行为。只要它们归入诉讼程序的范围，成为一种判明法院或侦查机关所关切的情况，解决法院和侦查机关所关切的问题的手段，它们便是诉讼证据。"①

在我国，1997 年 3 月 17 日修订公布的《刑事诉讼法》对证据的定义采取的是"事实说"。《刑事诉讼法》第 42 条规定："证明案件真实情况的一切事实，都是证据。"《民事诉讼法》和《行政诉讼法》则没有在立法中对证据的概念直接下定义。在理论界，我国有不少学者把证据定义为一种具有证明作用的"事实"。代表性的定义有："刑事诉讼证据是依照法定程序取得、经查证属实，用以确定有关案件事实情况的一切事实"②；"刑事诉讼证据，是指以法律规定的形式表现出来的，能够证明案件真实情况的一切事实"③；"刑事诉讼中的证据，是指审判人员、检察人员、侦查人员依照法定程序收集和审查属实的，用以确定或者否定犯罪事实，证明犯罪嫌疑人、被告人是否有罪、罪责轻重的一切事实"④；"民事诉讼证据，就是指能够证明民事案件真实情况的事实"⑤，"证据是以法律规定的形式表现出来的能够证明案件真实情况的一切事实"⑥，等等。

（二）"根据说"

所谓"根据说"，就是把证据界定为证明案件事实的根据。部分台湾学者认为："证据者，足使法院认定当事人之主张为真实之凭据者，谓之。"⑦我国大陆地区也有不少学者采用"根据说"。如有学者认为，"证据是指能够证明民事案件真实情况的各种事实，也是法院认定有争议的案件事实的根据"⑧；"诉讼证据是审判人员、检察人员、侦查人员、当事人等依照法定的程序收集并审查核实，能够证明案件事实情况的根据"⑨。还有学者认为，"证据是指用来证明案件真实情况，正确处理案件的根据"⑩。根据有关司法解释的规定，证据经审查后被法院采信时，也被定性为根据。即"证据必须查证属实，才能作为认定事实的根据"。持这种观点的学者认为，证据与事实之间并不完全等同。证据可以证明事实，但证据本身并不等于事实。因为所有证据均必须查证属实后，才能作为认定案件事实的根据。一方面说证据都是事实，另一方面又说证据需要查证属实，二者显然互相矛盾。如果证据是举证义务主体所

---

① 何家弘、刘品新：《证据法学》，法律出版社 2004 年版，第 106 页。
② 龙宗智、杨建广：《刑事诉讼法》，高等教育出版社 2003 年版，第 126 页。
③ 陈光中：《刑事诉讼法》，北京大学出版社、高等教育出版社 2005 年第 2 版，第 149 页。
④ 程荣斌：《刑事诉讼法》，中国人民大学出版社 1999 年版，第 162 页。
⑤ 常怡：《民事诉讼法学》，中国政法大学出版社 1994 年第 3 版，第 177 页。
⑥ 李文杰、罗文禄、袁林等：《证据法学》，四川出版集团、四川人民出版社 2005 年版，第 103 页。
⑦ 陈世雄、林胜光、吴光陆：《民、刑事诉讼法大意》，台湾五南图书出版有限公司 1986 年版，第 96 页。
⑧ 江伟：《民事诉讼法》，高等教育出版社、北京大学出版社 2000 年版，第 128 页。
⑨ 樊崇义：《刑事诉讼法学》，法律出版社 2004 年版，第 205 页。
⑩ 杨荣新：《民事诉讼法教程》，中国政法大学出版社 1991 年版，第 210 页。

持有的一种证明根据,那只是举证者认为有把握的凭据,未必能成为法院采信的定案根据。

(三)"材料说"

所谓"材料说",就是把证据界定为证明案件事实的材料。如,英国法学者摩菲认为,证据是"能够说服法官认定某个案件事实为真实或者可能的任何材料"。美国《加利福尼亚州证据法典》第 140 条规定:"证据是指被提供用以证明某一事实存在或者不存在的证言、文书、物品或其他可感知物。"在我国,也有部分学者,特别是行政诉讼法学理论界的学者多采用"材料说"。如,认为行政诉讼证据是"一切用来证明案件事实情况的材料"①;"证据是用以证明案件事实情况的材料","只要是在诉讼中以证明案件为目的使用的材料就是证据,而不是以经过审查判断,被认定有证明力的材料才是证据"②;"证据是指一切用来证明案件事实情况的材料。行政诉讼证据就是在行政案件中用以证明案件事实存在的材料"③,等等。

在我国,2012 年 3 月 14 日第二次修订的《刑事诉讼法》采用的则是"材料说"。其中的第 48 条规定:"可以用于证明案件事实的材料,都是证据。"第 52 条第 2 款规定:"行政机关在行政执法和查办案件过程中收集的物证、书证、视听资料、电子数据等证据材料,在刑事诉讼中可以作为证据使用。"《公安机关办理刑事案件程序规定》对证据也采用了"材料说",其第 60 条规定:"公安机关接受或者依法调取的行政机关在行政执法和查办案件过程中收集的物证、书证、视听资料、电子数据、检验报告、鉴定意见、勘验笔录、检查笔录等证据材料,可以作为证据使用。"在民事和行政诉讼的司法实践中,证据有时也被称为"材料"。如,最高人民法院《民诉证据规定》第 1 条规定:"原告向人民法院起诉或者被告提出反诉,应当附有符合起诉条件的相应的证据材料。"《行诉证据规定》第 4 条第 1 款也规定:"公民、法人或者其他组织向人民法院起诉时,应当提供其符合起诉条件的相应的证据材料。"

之所以有人采用"材料说",其用意就是以中性词来回避证据的真实性、合法性和关联性问题。因为作为材料,就有可能真实,也可能虚假;既可能合法,也可能不合法;既可能与案件事实有关联,也可能与案件事实无关联;既可能被法院所采信,也可能被法院排除。举证责任主体提出后,至于最终将如何定性,唯有待依照法定程序进行审查判断后才有定论。

(四)"方法或手段说"

所谓"方法或手段说",就是把证据界定为证明案件事实的一种方法或手段。如,英国学者泰勒认为:"凡是一切之方法,除辩论外,用以证实或反驳司法调查中各项事实之真相者,谓之证据。"另一英国著名学者布莱克斯通指出:"为一方或另一方证实、澄清或查明确有争议的事实或争议之点的真相者,是证据。"④前苏联学者克林曼也认为:"证据不是别的东西,那是确定真实情况的一种手段。它是法院从其中获得对解决民事权利争议具有重要法律意义的法律事实所必需材料的源泉。证据是借以确认对某一案件有法律意义的事实存在或不存在的一种手段。"

持这种观点的学者,主要着眼于证据与待证的案件事实之间的证明关系。查明案件事实的真相是目的,证据则是达到此目的的手段或方法。

---

① 应松年:《中国行政诉讼法讲义》,中国政法大学出版社 1994 年版,第 136 页。
② 惠生武:《行政法与行政诉讼法教程》,中国政法大学出版社 1999 年版,第 335 页。
③ 张树义:《行政法与行政诉讼法学》,高等教育出版社 2002 年版,第 234 页。
④ 王以真:《外国刑事诉讼法学》,北京大学出版社 2001 年版,第 116 页。

（五）"统一说"

所谓的"统一说"，就是强调证据内容与证据形式的统一。从证据所反映的内容方面看，证据是客观存在的事实；从证明关系看，证据是证明案件事实的凭据，是用来认定案情的手段；从表现形式看，证据必须符合法律规定的表现形式。因此，有的学者认为，"证据是以法律规定的形式表现出来的能够证明案件真实情况的一切事实"[①]。可见，持这种观点的学者主要是强调诉讼证据的客观事实与表现形式的统一。

除以上代表学说外，还有"原因说"，即认为"证据是确信不疑某种待证事实存在或不存在的原因，也就是法官产生心证的原因"；"结果说"，认为"证据是使法官对待证事实的真伪获得确信所举证的结果。"正如日本学者冈村正义指出的，"证据者，举证和证据调查之结果也"；"信息说"，即认为证据既不能称之为存在，也不能称之为意识，而是一种关于案件情况的信息。

从诉讼举证的要求来看，我们认为，对证据的定义采用"材料说"更具合理性。即诉讼证据是以法定形式表现出来，由诉讼争议双方提供或者人民法院依职权调查收集，用以证明案件事实主张的各种材料。这种定义方式，并不是为了特意迎合 2012 年 3 月 14 日修订公布的《刑事诉讼法》对刑事诉讼证据的立法定义。更主要的原因在于"材料"是一个中性词，符合"证据必须经过查证属实，才能作为定案的根据"的证明要求。如此一来，证据作为"用于证明案件事实的材料"至少涵盖了以下几个方面的内容：

其一，它是举证义务主体的一种说服法官支持其事实主张的凭据，不具有当然的真实性和合法性；

其二，这种作为证明事实主张的材料应当是以某种形式表现出来，可以让人感知的信息材料；

其三，对于举证义务主体而言，其提供的证据材料是其达到证明目的的一种方法或者手段；

其四，不论是诉讼争议双方提供还是由人民法院调查收集的证据材料，均必须经过法定程序审查判断后才能作为认定案件事实存在与否的定案根据。

第二节　证据采信的基本要求

证据采信的基本要求是指法律对证据采纳标准的规定，亦即证据材料成为定案根据的前提条件。不论证据对待证事实的证明力之大小，只要是能够满足法定基本条件的证据材料，就可以用于证明案件的待证事实。反之，则被排除在证明手段之外。关于证据采信的基本要求，通常与该国的诉讼证明要求和法律传统有关。在两大法系，由于法律传统和证明要求的不同，证据采信的基本要求也有所差异。

一、大陆法系证据采信的基本要求

由于大陆法系国家注重强调对案件实体真实的发现，从人类的完美理性出发，应该利用

---

① 宋英辉：《刑事诉讼法学》，北京师范大学出版社 2010 年版，第 180 页。

一切可以利用的途径和手段来查明案件的事实真相。因此,基于对法官理性的信任,法律对证据采信的基本要求相对比较宽松,事先的限制条件较少。一般来说,如果有关证据材料具备关联性、证明性和合法性,即可以被法官采信。大陆法系的学者一般用"证据能力"和"证明力"来表述证据采信的基本要求。

(一)证据能力

证据能力,是指一定的事实材料作为诉讼证据在法律上的能力或者资格,又称"证据资格"、"证据的适格性"或"证据的许容性"。具备证据能力,是证据被采信的前提条件。当事人提供的材料只有具备了证据能力,才能被法官作为认定案件事实的依据。许多证据规则的制定,涉及的都是证据能力的问题。

大陆法系对证据能力一般不作积极的规定,而只是消极地对无证据能力或者限制证据能力的情形作出规定。不过在德国,证据禁止是一项极为重要的制度,包括"证据取得之禁止"和"证据使用之禁止"两种情形对证据能力加以限制。证据取得禁止是对收集和调查核实证据的程序加以限制,如违背搜查、扣押程序而取得的证物和违背勘验程序所形成的勘验笔录,有时不认为具有证据能力;证据使用禁止是对允许作为定案根据的证据材料的范围加以限制,如非出于任意性的自白,一般不认为具有证据能力。在德国,其证据禁止制度也不是适用于所有事实及程序的,只有在"严格证明"时,才适用证据禁止规则。在德国法中,其认定案件事实的方式有"严格证明"和"自由证明"之分。"严格证明"主要针对犯罪事实是否存在、刑罚的范围、行为过程以及量刑等实体法事实所采用的证明方式。对于严格证明所运用的证据有两个方面的限制:(1)法定证据方法的限制;(2)证据规则的限制。"自由证明"则没有法定证据方法和法定调查程序的限制,主要针对若干程序事实而进行的形式较为灵活的证明。"法院就调查证据的方法与程序,享有较为充分的选择自由,原则上可以使用所有的证据资料来证明,这也是称其为'自由'的道理。据此,法官甚至于可以查阅卷宗或电话询问的方法来探求证据资料并形成心证,不受直接、言词及公开审理原则及传闻法则之限制。"①由此可知,德国证据禁止规则主要适用于严格证明程序中。

总的来说,大陆法系为了发挥职权主义的功能,对于证据能力很少加以限制,这与大陆法系国家的职权主义诉讼模式紧密相关。大陆法系国家的案件审理,虽然也有陪审员参加,但不存在英美法系国家的那种二元制审理,法官审判权力被分享,即定罪与否与法律适用分别由陪审团和法官进行,而是由职业法官统一认定事实和适用法律,因而没有必要像英美法系国家那样设置许多排除规则。法律对证据能力很少加以限制,对进入诉讼的事实材料一般不预先加以排除,是否采信证据,由法官裁量判断。不过,在当代大陆法系国家的诉讼中,为了保障犯罪嫌疑人、被告人的合法权益,遏制侦查中的非法取证行为,也逐渐开始重视对非法证据的排除。

(二)证明力

证明力,是指证据证明案件事实的能力和作用,又称"证明价值"、"证明作用"或"证据力"。任何一个证据要转化为定案根据,都必须具有证明力,尽管每个证据的证明力大小可能不同,但只要证据具有客观性并与案件的待证事实具有相关性,就具有一定的证明力。具有证明力是对证据的基本要求,也可以认为是其固有属性。证据之间存在证明力的大小强

---

① 林钰雄:《刑事诉讼法(上册·总论编)》,中国人民大学出版社 2005 年版,第 348 页。

弱之分是客观存在的,如单个直接证据的证明力就强于单个间接证据,原始证据的证明力强于传来证据等等,因此,不同的证据对于待证事实往往具有不同的证明价值,发挥不同程度的证明作用。

按照大陆法中的"自由心证"或者"自由判断证明力"的原则,证据的证明力如何主要由法官按照自己的经验、理性和良心进行自由心证,法律不作限制性规定。证明力一般归为经验问题和逻辑问题,而非法律问题。一般认为,"自由心证"证据制度的出现是对中世纪欧洲大陆实行的"形式证据制度"或"法定证据制度"的取代,是一种巨大的进步。"法定证据制度"通过制定严格的证明力规则,法官必须遵守,以此约束法官,防止司法擅断。但这种机械的规定也窒息了法官对案件的理性判断,难以作出符合案件真实的公正的裁决。"自由心证"证据制度则将法官从非理性的证明力规则中解放出来,对证据证明力法律不作预先规定,允许法官自由判断证据证明力,它顺应了诉讼证据的复杂性,充分发挥了法官的理性、经验作用,成为现代世界各国普遍实施的证据制度。

二、英美法系证据采信的基本要求

在英美法系国家,基于程序正义的要求,法律对证据采信的要求有非常明确而且具体的规定,不仅有从正面规定的采信规则,而且有从反面规定的采纳规则,即证据排除规则。根据英美法系国家的证据法则,证据采信的基本要求一般包括两个方面,即"关联性"和"可采性"。

（一）证据的"关联性（relevance）"

所谓证据的"关联性"即证据的相关性。至于什么是证据的相关性,有许多不同的定义。如《布莱克法律词典》中对关联性的定义是:"关联性是指证据具有的可用来判断诉讼双方当事人所争议的事项的真伪的品质。关联性是指那种有助于证明有关假设的属性,这种假设一旦成立,将从逻辑上影响争议事项。有关联性的证据是指那些与争议事实或观点相关或者有直接联系,并且能够证明或者倾向于证明待证事实的证据,或者有助于证明案件中某一理论的证据。证据的关联性是指能够证实待证事项的证明价值。"[1]英国法学家斯蒂芬认为,关联性是"所应用的任何两项事实本身是如此互相关联着,即按照事物的通常进程,其中一项事实本身或与其他事实相联系,能大体证明另一事实在过去、现在或将来的存在或不存在"[2]。《美国联邦证据规则》第401条将"关联性"定义为:"指证据具有某种倾向,使决定某项在诉讼中待确认的争议的事实的存在比没有该项证据时更有可能或更无可能。"[3]《美国示范法典》则认为:"关联之证据,指证据之具有任何趋势,足以证明任何重要之事项者。"[4]从上述各种不同的定义中,可以看出它们都有一个共通点,即证据相关性主要指证据能倾向于证明或者反驳某一有争议的事实,有这种倾向性则有相关性,无倾向性则无相关性。

如何判断证据具有相关性,美国学者华尔兹认为,判断一项证据材料是否具有关联性,必须依次回答三个问题,即:(1)所提的问题是用来证明什么的,即问题是什么;(2)这是本案

---

① Henry Campbell Black, *Black's Law Dictionary*, 5th ed., West Publishing Co., p.1160.

② 周叶谦:《英美刑事诉讼法概论》,中国社会科学出版社1984年版,第269页。

③ 《美国联邦刑事诉讼规则和证据规则》,卞建林译,中国政法大学出版社1996年版,第105页。

④ 刁荣华:《比较刑事证据法各论》,台湾汉林出版社1986年版,第245页。

的实质性问题吗?(3)所提的证据材料对该问题有证明性吗? 也有的学者认为判断证据的相关性,要从相关性的自身特点来考察。认为关联性并非证据自身固有的特征,而是一个关系范畴,因此要从证据与事实的联系程度进行判断。"就像这个词本身表明的一样,相关性并不是任何一项证据本身具有的内在特点,而是一项证据和它试图证明的假设之间的一种联系。如果一项证据倾向于证明或者驳斥任何假定,它就和那个假定具有相关性。"[①]无论以哪种方法对关联性进行判断,其实都没有固定的标准。对一个证据而言,是否具有相关性,往往要根据具体案件予以确定。有的证据与待证事实的关联性简单明了,直接相关,有的则隐晦曲折,或者只具有有限的相关性;有的证据与待证事实表现为肯定关系,有的则表现为否定关系。无论哪种形式的联系,都符合关联性的要求。而具体关联性程度如何,只能由法官根据符合逻辑的经验和常识进行判断。

(二)证据的"可采性(admissibility of evidence)"

证据具的"可采性"是指诉讼当事人或其他有关人员提交的证据符合了法律规定的采纳标准,即可准许其进入诉讼程序,又称证据的容许性或许容性。英国学者菲普森认为:"所谓可采性,是指证据必须为法律所容许,可用以证明案件的待证事实。"我国台湾学者的理解则为:"证据之许容性,亦即于法律上,得提出于法庭作为证明之用之适格性。"[②]在陪审团审判中,即准许其作为证据让陪审团审查并作为认定案件事实的根据。证据具备"可采性"是英美法系国家对证据采信的最基本要求,也是英美证据法中的核心问题。

可采性有广义和狭义之分,广义的可采性包括关联性要求,即证据既要有关联性又不违反任何排除规则;狭义的可采性则指已具备相关性,仅仅指证据是否符合排除规则的情况。我们这里探讨的可采性主要是指狭义的可采性。与证据材料关联性的正面判断方式不同,英美法系国家对证据可采信性的判断主要是从反面方式进行的,也就是该证据材料是否具有排除规则的形式。只要不存在证据排除规则的情形,即具有可采性。在审查证据材料的可采性时,常见的证据排除规则主要包括非法证据排除规则、自白排除规则、传闻证据排除规则、意见证据排除规则等。此外,对于有时出于支持公共政策的目的,某些具有相关性的证据也可能被排除。这一类证据主要有:与是否已经购买责任保险有关的证据;损害发生后,被告采取了某些修补或者防护措施;为解决争议而进行的谈判;已经收回的与检方达成的有罪承认以及为求从轻处罚,与检方谈判的过程中,主动作出有罪承认;主动提出的愿意承担的医疗费用等。[③]除了上述通过证据排除规则确定证据的可采性之外,有些证据是否采纳可由法官自由裁量决定。这类裁量排除的情形主要有:对于书面证据、情况证据以及其他证据,如果可能导致不公正的偏见、混淆争议或误导陪审团的危险大于该证据可能具有的价值时;或者可能考虑到过分拖延、浪费时间;或无须出示重复证据时;或进行不公平的诉讼突袭时,等等情况。

对于英美法系可采性和大陆法系的证据能力两个概念,都是强调证据的准入资格,似乎具有相同的含义。一些学者认为,可采性就是证据能力,两者只是英美法和大陆法对证据资格的不同称呼而已。其实仔细考察这两个概念在不同诉讼模式中的运用及各自功能,这两

---

① 高忠智:《美国证据法新解——相关性证据规则及其排除规则》,法律出版社 2004 年版,第 35 页。

② 黄东熊:《刑事诉讼法论》,台湾三民书局 1985 年版,第 383 页。

③ 高忠智:《美国证据法新解——相关性证据规则及其排除规则》,法律出版社 2004 年版,第 49 页。

个概念还是有一些区别的,主要体现在两个方面:其一,英美法系的可采性规则主要在庭前准备程序中运用,以防止证据影响陪审团的决定。如果问题证据已经进入审理程序,法官会要求陪审团"遗忘"该证据。而大陆法系"证据能力"规则也要求问题证据不得进入法庭并不得作为定案根据,但大陆法系国家实行案卷移送制度,法官实际上在庭前已经接触过相关证据,证据能力的规则主要在法庭审理中适用。其二,可采性与证据能力在内涵方面也有一些区别。广义的可采性包括相关性的要求,而相关性与证明力相关,对证据相关性进行限制,就是限制证据的证明力。而证据能力则属于单纯的法律问题,与证明力是两个截然不同的概念。

三、我国证据采信的基本要求

在我国,立法并没有具体规定证据采信的基本要求。但根据司法实践经验总结,将诉讼各方或法院调取的证据材料采信为定案根据时,必须同时满足客观性、关联性和合法性的要求。在传统的法学教材中,编著者普遍把定案根据的客观性、关联性和合法性概括为诉讼证据的"基本特征",有的教材则把这三个"基本特征"称为"基本属性"。就其文义而言,特征是作为事物特点的征象和标志,而属性则是事物所具有的性质和特点,两者均是事物本身自然形成的外部表象和显性特质。在诉讼中,证据材料是案件争议双方提供或由法院调查收集而来的,受制于各种主客观条件的约束以及诉讼立场的影响,即便立法已有诉讼证明的具体要求,诉讼双方所提供的证据也未必能具备相同的特征或属性。因此,所谓的"特征"或"属性",实质上是指诉讼立法对法院经过审查判断后采信证据时的基本要求。如果所有证据材料都已经具备了人们常说的"基本特征"或者"基本属性",那么,法庭审理的质证和审查过程就没有进行的必要了。因此,我们认为,把客观性、关联性和合法性定义为证据采信的基本要求,更符合我国的司法实践状况和证明要求。也就是说,将诉讼各方或者法院依职权收集的证据材料采信为定案根据时,应当具备客观性、关联性和合法性三个基本要求。

(一)客观性

证据的客观性又称为真实性。证据是用来证明待证事实的事实根据,作为一种证明的手段或方法,证据自身或其所反映的信息必须是真实、可靠、可信的,是一种客观存在的事实,而不是任何人的猜测或主观臆造的产物,否则就无法得出符合案件真相的认识。证据的客观性要求作为定案根据的证据,必须是独立于当事人和办案人员的主观意志以外的客观存在。即使言词证据,也应当是作证主体对客观情况的如实描述。如证人不是陈述所见所闻而是提供"意见证据"的,就违背了证据的客观性要求。正是因为证据具有客观性,才能使不同的裁判者可以借助司法途径对同一案件事实的认识有大体相同的结论,公正地作出裁判。

对于证据的客观性,一般从这样几个方面理解:(1)证据都表现为客观存在的实体,无论证据的形式表现为人还是物,都是客观存在的物。(2)证据的内容是对与案件有关的事实的反映。与案件有关的事实都是客观存在的事实。尽管提出证据、调查证据可能会受到人的主观因素的影响,但是证据事实必须是客观存在的材料。因此,任何主观想象、假设、臆断、梦境或卜巫等非客观存在的东西,都因缺乏真实性而不能成为认定案件事实的根据。(3)作为证据内容的事实与案件的待证事实间的联系是客观的,没有客观联系,则该证据实际上无法履行揭示案件真实情况的功能,并可能歪曲案件事实,造成错误决定和裁判。因此,一个证据要发挥证明作用,首先就要求它具有客观性。

证据具有客观性,但不排斥证据同时也具有一定的主观性,或者说掺杂着主观因素。证据的主观性主要表现在证据的形成、收集以及证据的表现形式,都可能具有主观性。首先,在证据的收集中,收集者的主观因素包括细致与疏忽、谨慎与倦怠等,都可能对证据客观真实与否造成影响。如勘验检查笔录作为证据的一种,在勘验过程中,勘验对象、范围、方法,都不可避免地体现了勘验人员的主观判断。勘验检查也因为混入勘验人员的主观因素而可能形成或全面或不全面,或正确或遗漏甚至错误的勘验笔录。其次,在证据的形成过程中,掺杂主观因素。如证人证言的形成就会受制于人的主观因素,每个人的注意力不同,在感知、理解、记忆和表达案件事实时存在显著的个体差异。而证人的记忆也会掺杂主观判断和想象的内容,心理学研究表明,一个人在感知事物时深受该人的注意力和精神状态的影响,在记忆过程中还具有一种"想象的再创造"的过程,使感知的某些事物的片断被其想象联系在一起。在表达过程中,证人的叙述会将自己的主观判断整合进对事实的叙述中。再次,证据的内容就是主观意见的表达。如鉴定意见就是鉴定人的个人主观判断,是鉴定人对其鉴定的专门性问题表达的个人意见,具有很强的主观性。甚至有学者称这种证据为"主观性证据"[①]。

从上述分析可以看出,证据具有客观性,同时也有主观性,只是不同的证据掺杂主观因素的程度可能有所不同,因此,证据本质上是主、客观的统一体。正因为证据具有这种特征,我们才要求在审查判断证据时,尽量排除证据中主观因素的干扰,确定证据的客观内容。特别是在诉讼中,由于绝大部分证据是诉讼双方收集提供的,有关当事各方为了使自己的主张得到法院的支持,举出的证据往往真假难辨,可能有意歪曲证据原貌,甚至故意提供虚假证据的现象也不少见。因此,对诉讼双方提供的证据不能当然地认定其具有客观性,而是要经过双方质证并经法庭查证属实才能认定。这也是三大诉讼法及有关司法解释对证据的基本要求,如《民事诉讼法》第 63 条第 2 款以及 2012 年 3 月 14 日第二次修订的《刑事诉讼法》第 48 条第 3 款都规定,证据必须查证属实,才能作为认定事实的根据。同时,《行政诉讼法》第 31 条第 2 款也规定:"以上证据经法庭审查属实,才能作为定案的根据。"

(二)关联性

关联性又称为相关性,是指证据材料必须与待证的案件事实之间有一定的逻辑联系。这种联系必须是内在、固有且符合事物规律的联系。判断关联性的标准是该证据的使用对争议的案件事实是否有确实的帮助。缺乏关联性的事实材料,即使是客观存在的,也不能作为认定本案事实的证据,当然对本案不具有证明力。在现实生活中,客观存在的事物比比皆是,但未必与本案的事实有关联。对定案根据的证据关联性要求,是因为证据往往是案件事实一部分或者是案件事实衍生的事实。诉讼双方主张的事实可以分为肯定性的主张事实和否定性的主张事实。如主张侵权事实成立、债务人已经履行债务或者犯罪行为由被告人实施,就属于肯定性的主张事实;而主张被告人不在犯罪现场或者某种行为与损害结果之间不存在因果关系,则属于否定性的主张事实。其中的关联性,只要与需要证明的待证事实之间有联系即可。关联的表现可以是因果联系、条件上的联系、时间上的联系或空间上的联系、必然性的联系或偶然性的联系。关联的形式既可以是直接联系也可以是间接联系。如,

---

① 张建伟:《证据法学要义》,北京大学出版社 2009 年版,第 130 页。

在离婚诉讼中,合法、有效的结婚证书可以直接证明婚姻关系的存在;而在人身侵权诉讼中,原告为证明被告是侵权行为人,提出的原告被莫名的机动车撞倒在地,被告是原告受伤期间唯一经过此路段的驾车人员,而被告车辆又恰好在事故后的第二天做过一次维修等证据,可以认为被告可能是侵权人的间接证据。

证据的关联性并不等同于证据的证明力。证明力指证据材料对案件事实的证明作用或证明价值的程度。证据对案件事实有无证明力以及证明力的大小,取决于证据本身与待证的案件事实之间有无联系以及联系的紧密、强弱程度。一般来说,如果证据与案件事实之间的联系紧密,则该证据的证明力强,在诉讼中所起的作用也就较大。可见,证据的关联性是证据证明力的基础和根据,而证据的证明力则是证据关联性的外在表现。显然,证据的关联性与证明力是两个紧密相关但不能完全等同的概念。

证据的关联性属于客观存在的事物属性,确定某一证据与案件事实是否有关联性,可以借助于科技的手段。如,某个物证与行为人之间的联系,可以通过痕迹鉴定或物证检验的方式进行鉴别;两个人之间的血缘关系则可以通过DNA技术进行亲子关系鉴定。随着人们生活经验的日益丰富和科学发展水平的不断提高,人类认识事物关联性的能力也在逐渐增强。

证据只有具有关联性,才有证明力,才能作为定案的根据,因此,将证据的关联性作为采信证据的基本要求意义重大:首先,可以使相关主体在收集证据时,将注意力集中在与案件事实有关联的材料;其次,可以帮助法院排除无关联性的材料,限定和缩小调查和审核证据的范围。

(三)合法性

合法性即为证据材料进入诉讼程序的法律资格。只有符合法定要求的证据材料,才可以采信为定案根据。采信证据的合法性可以包括以下几个方面:

1. 证据的表现形式应当合法

它可分为实体法的形式要求和程序法的形式要求,其中,实体法要求某些法律行为必须采用法定形式的,作为证明这些法律行为的证据材料就应当具备这些法定形式。如,《合同法》规定,建设工程合同、技术开发合同必须采用书面形式,在涉讼时当事人要证明合同的有效存在,就应当使用书面合同来证明。又如,不动产抵押合同,必须履经主管部门的抵押登记手续,那么,其中的登记手续即为抵押合同生效的必备要件。程序法的要求则指证据不仅必须以程序法规定的类型表现出来,而且还应当具备相应的格式要件。在类型上,它要求证据必须是法定的证据种类之一。如果不属于法律明确规定类型的证据材料,则不能作为证据使用。尤其是在审判阶段,符合法定类型,是举证、质证的基本前提。

在具体形式上,诉讼各方提供的证据还必须具备符合该证据特点的格式要件。如,最高人民法院《民诉证据规定》第12条规定:"当事人向人民法院提供外文书证或者外文说明资料,应当附有中文译本。"又如,最高人民法院《行诉证据规定》第10条规定:"根据行政诉讼法第三十一条第一款第(一)项的规定,当事人向人民法院提供书证的,应当符合下列要求:(一)提供书证的原件,原本、正本和副本均属于书证的原件。提供原件确有困难的,可以提供与原件核对无误的复印件、照片、节录本。(二)提供由有关部门保管的书证原件的复制件、影印件或者抄录件的,应当注明出处,经该部门核对无异后加盖其印章。(三)提供报表、图纸、会计账册、专业技术资料、科技文献等书证的,应当附有说明材料。(四)被告提供的被诉具体行政行为所依据的询问、陈述、谈话类笔录,应当有行政执法人员、被询问人、陈述人、谈话人签名或者盖章。"第12条规定:"根据行政诉讼法第三十一条第一款第(三)项的规定,当事人向人民法院提供计算机数据或者录音、录像等视听资料的,应当符合下列要求:(一)提供有关资料的原始载体。提供原始载体确有困难的,可以提供复制件。(二)注明制作方法、制作时间、制作人和证明对象等。(三)声音资料应当附有该声音内容的文字记录。"第13条规定:"根据行政诉讼法第三十一条第一款第(四)项的规定,当事人向人民法院提供证人证言的,应当符合下列要求:(一)写明证人的姓名、年龄、性别、职业、住址等基本情况;(二)有证人的签名,不能签名的,应当以盖章等方式证明;(三)注明出具日期;(四)附有居民身份证复印件等证明证人身份的文件。"第17条规定:"当事人向人民法院提供外文书证或者外国语视听资料的,应当附有由具有翻译资质的机构翻译的或者其他翻译准确的中文译本,由翻译机构盖章或者翻译人员签名。"全国人民代表大会常务委员会《关于司法鉴定管理问题的决定》第10条规定:"司法鉴定实行鉴定人负责制度。鉴定人应当独立进行鉴定,对鉴定意见负责并在鉴定书上签名或者盖章。"另据司法实践要求,没有鉴定人签名和鉴定机构盖章的鉴定意见,也不符合证据的格式要求。

2. **收集证据的主体必须合法**

只有具备合法身份的主体,才具有收集证据的资格。在民事诉讼中,证据材料主要由双方当事人及其诉讼代理人收集、提供。因此,具有诉讼行为能力的当事人及其委托代理人都是收集证据的合法主体。如果当事人属于无诉讼行为能力,那么,收集证据就应当由其法定代理人代理完成。在审判过程中,审判人员根据当事人及其诉讼代理人的申请或者出于审查、核实证据的需要,可以在一定范围内补充收集相关证据。

在行政诉讼中,作为原告的当事人,其收集证据的主体要求与民事诉讼的情形相同。但被告收集时则具有严格的身份要求。即行政诉讼的被告所提供的证据必须是由具备行政执法资格的工作人员在行政执法过程中依法调查、收集的证据。如,《行政处罚法》第34条规定:"执法人员当场作出行政处罚决定的,应当向当事人出示执法身份证件,填写预定格式、编有号码的行政处罚决定书。行政处罚决定书应当当场交付当事人。"《道路交通安全法》第80条规定:"交通警察执行职务时,应当按照规定着装,佩带人民警察标志,持有人民警察证件,保持警容严整,举止端庄,指挥规范。"2011年6月30日颁布、自2012年1月1日起施行的《行政强制法》第17条第3款也规定:"行政强制措施应当由行政机关具备资格的行政执法人员实施,其他人员不得实施。"

在刑事诉讼中,公诉机关向法院提供的证据主要由侦查人员依法收集,检察人员在审查起诉过程中可以补充收集证据。因此,只有具备侦查员或检察员身份的人员才属于公诉机关合法的取证主体。如,《公安机关办理刑事案件程序规定》第188条第2款规定:"询问证人、被害人应当个别进行,并应当向证人、被害人出示公安机关的证明文件或者侦查人员的工作证件。"又如,《人民检察院刑事诉讼规则(试行)》(以下简称《刑诉规则(试行)》)第192条规定:"讯问犯罪嫌疑人,由检察人员负责进行。讯问的时候,检察人员不得少于二人。"第248条规定:"鉴定由检察长批准,由人民检察院技术部门有鉴定资格的人员进行。必要的时候,也可以聘请其他有鉴定资格的人员进行,但是应当征得鉴定人所在单位的同意。"另外,刑事被告人的辩护人、公诉案件中的被害人及其代理人、自诉人及其代理人、刑事附带民事诉讼的当事人及其代理人也有权依法收集证据。

3. **收集证据必须符合法定的程序**

它指的是具有合法身份的人员在调查、收集证据时必须采用法律允许的方法和手段进行。以侵害他人合法权益或者违反法律禁止性规定而收集的证据应当予以排除。其具体要求如下：

首先，违反法定程序收集的证据，不得作为定案根据。依法收集证据，是世界各国的立法通例。联合国《禁止酷刑和其他残忍、不人道或有辱人格的待遇或处罚公约》第15条规定："每一缔约国应确保在任何诉讼程序中不得援引任何确属酷刑逼供作出的陈述为证据。"《俄罗斯联邦刑事诉讼法典（新版）》第75条（不允许采信的证据）第1项规定："违反本法典的要求而获得的证据不允许采信。不允许采信的证据不具有法律效力，不得作为指控的根据，也不得用来证明本法典第73条规定的任何情况。"①

在我国，对收集证据的程序也有严格的法律要求。如，《刑事诉讼法》第50条规定："审判人员、检察人员、侦查人员必须依照法定程序，收集能够证实犯罪嫌疑人、被告人有罪或者无罪、犯罪情节轻重的各种证据。严禁刑讯逼供和以威胁、引诱、欺骗以及其他非法方法收集证据，不得强迫任何人证实自己有罪。"根据《刑事诉讼法》第41条第2款之规定，辩护律师向被害人或者其近亲属、被害人提供的证人收集与本案有关的材料时，应当经得人民检察院或者人民法院许可，并且经被害人或者其近亲属、被害人提供的证人同意。《刑事诉讼法》第122条第2款规定："询问证人应当个别进行。"最高人民法院《关于适用〈中华人民共和国民事诉讼法〉若干问题的意见》第70条规定："人民法院收集调查证据，应由两人以上共同进行。调查材料要由调查人、被调查人、记录人签名或盖章。"

如果证据被查证属实属于法定的非法证据，还将被依法排除。如《刑事诉讼法》第54条规定："采用刑讯逼供等非法方法收集的犯罪嫌疑人、被告人供述和采用暴力、威胁等非法方法收集的证人证言、被害人陈述，应当予以排除。收集物证、书证不符合法定程序，可能严重影响司法公正的，应当予以补正或者作出合理解释；不能补正或者作出合理解释的，对该证据应当予以排除。在侦查、审查起诉、审判时发现有应当排除的证据的，应当依法予以排除，不得作为起诉意见、起诉决定和判决的依据。"《民诉证据规定》第68条规定："以侵害他人合法权益或者违反法律禁止性规定的方法取得的证据，不能作为认定案件事实的依据。"《行政诉讼法》第33条规定："在诉讼过程中，被告不得自行向原告和证人收集证据。"根据《行诉证据规定》第57条规定，"严重违反法定程序收集的证据材料"，"以偷拍、偷录、窃听等手段获取侵害他人合法权益的证据材料"，"以利诱、欺诈、胁迫、暴力等不正当手段获取的证据材料"，不能作为定案依据。

从理论上说，诉讼中的侦查人员、检察人员或审判人员违反回避规定而调查取证的，所获取的证据也属于违法证据。鉴定人不具备相应的鉴定资质或未遵守回避规定而进行鉴定，则属于违法鉴定。但在我国，公安司法人员违反回避规定时所取得的证据有无效力，由所在机关根据具体情况来决定。《公安机关办理刑事案件程序规定》第37条规定："被决定回避的公安机关负责人、侦查人员、鉴定人、记录人和翻译人员，在回避决定作出以前所进行的诉讼活动是否有效，由作出决定的机关根据案件情况决定。"《人民检察院刑事诉讼规则（试行）》（以下简称《刑诉规则（试行）》）第31条也规定："因符合刑事诉讼法第二十八条或者第二十九条规定的情形之一而回避的检察人员，在回避决定作出以前所取得的证据和进行

---

① 《俄罗斯联邦刑事诉讼法典（新版）》，黄道秀译，中国人民公安大学出版社2006年版，第75页。

的诉讼行为是否有效,由检察委员会或者检察长根据案件具体情况决定。"

其次,有些证据必须经过特定的法律程序后才能被采用。如《民诉证据规定》第11条规定:"当事人向人民法院提供的证据系在中华人民共和国领域外形成的,该证据应当经所在国公证机关予以证明,并经中华人民共和国驻该国使领馆予以认证,或者履行中华人民共和国与该所在国订立的有关条约中规定的证明手续。当事人向人民法院提供的证据是在香港、澳门、台湾地区形成的,应当履行相关的证明手续。"《最高人民法院关于行政诉讼证据若干问题的规定》(以下简称《行诉证据规定》)第16条也规定:"当事人向人民法院提供的在中华人民共和国领域外形成的证据,应当说明来源,经所在国公证机关证明,并经中华人民共和国驻该国使领馆认证,或者履行中华人民共和国与证据所在国订立的有关条约中规定的证明手续。当事人提供的在中华人民共和国香港特别行政区、澳门特别行政区和台湾地区内形成的证据,应当具有按照有关规定办理的证明手续。"其第57条还进一步规定,"在中华人民共和国领域以外或者在中华人民共和国香港特别行政区、澳门特别行政区和台湾地区形成的未办理法定证明手续的证据材料",不能作为定案依据。

再次,诉讼双方提供的证据应当在法院指定的举证期限内提交,否则不予接纳。如《行诉证据规定》第7条规定:"原告或者第三人应当在开庭审理前或者人民法院指定的交换证据之日提供证据。因正当事由申请延期提供证据的,经人民法院准许,可以在法庭调查中提供。逾期提供证据的,视为放弃举证权利。原告或者第三人在第一审程序中无正当事由未提供而在第二审程序中提供的证据,人民法院不予接纳。"其第57条还规定,"当事人无正当事由超出举证期限提供的证据材料",不能作为定案依据。《民诉证据规定》第34条规定:"当事人应当在举证期限内向人民法院提交证据材料,当事人在举证期限内不提交的,视为放弃举证权利。对于当事人逾期提交的证据材料,人民法院审理时不组织质证。但对方当事人同意质证的除外。"

复次,证据材料应当经过法律规定的质证程序。以庭审方式组织诉讼双方对证据进行对质、辩论,是法院审查、判断证据的必经程序。未经质证程序,不论是当事人、公诉人提供的证据,还是法院依职权收集的证据,都不能作为认定案件事实的根据。《刑事诉讼法》第59条规定:"证人证言必须在法庭上经过公诉人、被害人和被告人、辩护人双方质证并且查实以后,才能作为定案的根据。"第187条第3款规定:"公诉人、当事人或者辩护人、诉讼代理人对鉴定意见有异议,人民法院认为鉴定人有必要出庭的,鉴定人应当出庭作证。经人民法院通知,鉴定人拒不出庭作证的,鉴定意见不得作为定案的根据。"《刑诉法解释》第63条规定:"证据未经当庭出示、辨认、质证等法庭调查程序查证属实,不得作为定案的根据,但法律和本解释另有规定的除外。"第65条规定:"行政机关在行政执法和查办案件过程中收集的物证、书证、视听资料、电子数据等证据材料,在刑事诉讼中可以作为证据使用;经法庭查证属实,且收集程序符合有关法律、行政法规规定的,可以作为定案的根据。"《民诉证据规定》第47条和《行诉证据规定》第35条也规定:"证据应当在法庭上出示,由当事人质证。未经质证的证据,不能作为认定案件事实的依据。"不过,诉讼双方在法院的主持下于开庭审理前进行过证据交换且对证据不存在异议的,正式庭审时的质证程序则相对简略。如最高人民法院《关于适用〈中华人民共和国刑事诉讼法〉的解释》第295条第1款第3项规定:"对控辩双方无异议的证据,可以仅就证据的名称及所证明的事项作出说明;对控辩双方有异议,或者法庭认为有必要调查核实的证据,应当出示,并进行质证。"

第三节 证据的意义

诉讼活动的中心任务是查明案件事实,正确适用有关法律,依法作出公正裁判。其中,查明案件事实是正确适用法律的前提条件。而查明案件事实的手段则是诉讼证据,因此,证据是整个诉讼活动的基础和核心。正确运用证据查明案件真实情况,对于依法制裁违法犯罪行为,保护当事人合法权益,维护法律秩序,具有十分重要的意义。

一、证据是实现司法公正的基础

司法公正包括程序公正和实体公正。所谓实体公正,又称为结果公正,是指案件实体的结局处理所体现的公正,即司法裁判应以客观存在的事实为依据,且适用法律、法规正确。现代诉讼实行"证据裁判原则"或者"证据裁判主义",裁判必须建立在诉讼证据的基础之上。它排斥以神灵启示、主观臆断等非理性的因素作为确认案件事实的根据,使裁判建立在客观实在、理性讨论的基础之上。诉讼的过程,其实质是运用证据查明案件事实的过程。证据是用以查明案件事实的基本手段,具有提示案件真实情况的作用,而发现案件真实情况又是对案件作出符合客观实际的正确裁判之基础。因此,没有证据,就难以实现实体公正。

二、证据是法院正确认定案件事实的基本条件

在具体的诉讼案件中,对案件的法律适用应以诉讼各方所主张的案件事实得到证明为前提,而案件事实是已经发生且无法直接再现的客观事件。当事双方之间的争执往往就是因对案件事实有不同的认识而发生分歧,法院要对当事人之间有争议的事实进行认定,并在此基础上作出正确的裁判,就必须借助于各种证据。没有确实、充分的证据,要正确认定案件事实是不可能的。所以,对于法院而言,证据是查明案件事实、作出正确裁判的基本条件。

三、证据是诉讼当事人维护合法权益的重要手段

当事人进行诉讼的目的是维护自己的合法权益。其中,主张并证明案件事实的存在,是当事人权利主张获得裁判支持的基础条件。根据举证责任的要求,提出事实主张的当事人必须提供相应的证据材料予以证明。不论当事人是主张有利于己方的事实还是反驳不利于己方的事实,都离不开证据的支持。可以说,证据是证明当事人权利受损、侵权人侵权事实或者被告人犯罪成立的根本手段。没有证据证明的事实主张,一般不可能得到法院的支持,以法律事实为基础的权利请求就只会落空。在民事诉讼中,《民事诉讼法》第64条规定:"当事人对自己提出的主张,有责任提供证据。"据此,以证据来论证自己的诉讼主张,是当事人获得胜诉结果的基本条件。《刑事诉讼法》第49条规定:"公诉案件中被告人有罪的举证责任由人民检察院承担,自诉案件中被告人有罪的举证责任由自诉人承担。"在刑事诉讼中,检察机关和自诉人是指控被告人犯罪的诉讼主体,对己方主张的案件事实,只有证明成立后才能被法院采信。否则,就可能获得"证据不足,推定被告人无罪"的诉讼结果。对于被告人而言,虽然不负有举证责任,但如果其主张无罪、罪轻或者减轻、免除刑事责任的事实时,也需要有相应的证据支持,才能达到反证的目的。由此可见,证据是举证责任主体论证己方诉讼

主张,维护合法权益的重要手段。

四、证据是进行法制宣传教育的生动材料

合法、有效的证据都能反映一定的案件事实。通过证据的出示,人们从中看到违法犯罪行为是怎样发生的,为什么会发生,该行为对受害人和社会造成了怎样的损害后果。其中,客观存在的损害事实可以促使违法犯罪行为人全面、清醒地认识自己的罪过或过错,通过积极悔改的方式来弥补或减少已经造成的各种损害。同时,证据事实及其法律后果,可以提高人们遵守法律的自觉性以及同违法犯罪行为做斗争的积极性,从而有利于预防犯罪,减少纠纷,维护正常的社会秩序。

【引例一】评析:张女士的秘密录像行为是在自己家卧室内进行,卧室属于其私人空间,既没有违反有关禁止性的法律规定,也没有损害社会公共利益。根据证据采信的合法性要求,可以作为认定案件事实的根据。

【引例二】评析:运送尸体的出租车是一种客观存在的物品,对犯罪行为人掩盖犯罪事实也起了一定作用,但出租车本身对证实胡某故意剥夺刘某生命的主要犯罪事实意义不大,因而属于缺乏关联性的物品,不宜作为认定本案事实的物证。

❋ 思考题

1. 关于证据的概念是否有必要区分为证据和证据材料?为什么?

2. 证据的关联性要求与证明力有何联系?

3. 强调证据采信的合法性有何意义?对于不具备合法性的证据材料应当如何处理?

案例讨论:

1. 有一起杀人案,被害人死于尼龙绳勒颈,被抛尸于人工湖中,尸体颈上缠绕的尼龙绳断掉一截,估计是凶手用力过猛所致。在对独居一室的犯罪嫌疑人的房间搜查时,在床下发现了一截折断的尼龙绳。侦查人员由于找不到被搜查人的家属和邻居,就直接把这截尼龙绳带回来并进行了对比和成分鉴定,并未制作搜查笔录,最终确认就是尸体颈上的尼龙绳断掉的那一截。请问:这截被搜获的尼龙绳能否作为物证在诉讼中采用,为什么?

2. 某县卫生防疫站,在一次检查时发现某个体餐馆卫生条件不合格,当即对其罚款600元,并限其立即改正,否则即令其停业。但该卫生防疫站没有出具决定书,也没有收集有关证据,只给了餐馆业主一罚款收据。该个体餐馆不服处罚,即向人民法院起诉。该卫生防疫站接到起诉书之后,未告知法院即找该个体餐馆要求其提供处罚当日的卫生不合格的有关证据。请问:该卫生防疫站收集证据的行为是否合法?为什么?

3. 2001年3月23日,冯某欲向某证券公司的张某借款20000元,因张对冯某不信任,而李某与冯某是表姐妹关系,所以,张某便提出将钱先借给李某,再由李某将钱借给冯某。借款前后,李某均未向冯某索取借条,可当李某事后向冯某索要借款时,冯某却拒不偿还。

李某迫于无奈,于 2002 年 3 月前后 3 次通过电话向冯某催款,并用电话录音录下了主要意思为"(李某问)你当初是从哪个手上借去 20000 元的?(冯答)我是从你手上借走从张某处借到的 20000 元的。"的录音。2002 年 4 月 9 日,李某以冯某为被告,向法院起诉,要求冯某还钱。请问:本案中的电话录音带能否作为证据使用? 为什么?

❀ 司法考试真题链接

一、单项选择题

1. 某市检察院张某在办理一起受贿案件时,发现犯罪嫌疑人之一系其堂妹,故申请回避并经检察长同意。下列关于张某在申请回避前所取得的证据和进行的诉讼行为效力问题的表述,哪一项是正确的?(2005 年)

A. 取得的证据和进行的诉讼行为均无效

B. 取得的证据和进行的诉讼行为均有效

C. 取得的证据有效,但进行的诉讼行为无效

D. 取得的证据和进行的诉讼行为是否有效,由检察委员会或检察长决定

二、多项选择题

1. 李某涉嫌故意杀人罪,法庭审理期间李声称侦查人员曾对其实施刑讯逼供,李妻也提出其证言出自侦查人员的威胁、引诱、欺骗。经法院查明,上述情况属实。下列证据材料哪些<u>不能</u>作为定案的根据?(2005 年)

A. 李某的有罪供述

B. 根据李某的有罪供述找到的杀人凶器

C. 李妻的证言

D. 根据李妻的证言找到的李某转移被害人尸体时使用的布口袋

2. 甲故意杀人案件中,公安机关在侦查过程中除了其他证据外,还收集到了下列材料,如果要认定甲犯有故意杀人罪,这些材料中哪些<u>不</u>具备证据的相关性特征?(2003 年)

A. 甲写给被害人的恐吓信

B. 甲在 10 年以前曾采用过与本案相同的手段实施过杀人行为(未遂,被判过刑)

C. 甲吃、喝、嫖、赌,道德品质败坏

D. 甲的情妇证明,在本案的作案时间中,甲曾与她一起在某电影院看电影,电影的名字是《泰坦尼克号》

3. 根据有关司法解释,经查证属实确属采用刑讯逼供或者威胁、引诱、欺骗等非法方法取得的证据,不能作为定案的根据。下列哪些证据属于此类?(2002 年)

A. 证人证言 　　　　　　　　　B. 被害人陈述

C. 视听资料 　　　　　　　　　D. 书证

第五章　证据的种类

【引例一】　某公司女职员钟某向法院提起民事诉讼,称其上司即钟某所在部门的经理谢某多次用手机向其发送内容露骨的"黄段子",构成了性骚扰。钟某起诉的证据就是保存在其手机中署名为谢某的几则手机短信。请问:钟某手机上的"黄段子"属于什么证据种类?

【引例二】　2002年10月,原告张某与被告崔某开始时有购销玉米的业务往来。同年11月,张某送货时,崔某未给货款,打下2万元的欠条1份。张某后索款无着,于2003年1月诉至法院。崔某辩称已分4次付清了,但由于自己无法举证,申请法院对两人作测谎试验。法院在征得张某的同意后,委托有关机构对4次付款情况分别对原、被告进行了心理测试。测试结论认为,张某说谎。请问:本案中的测谎结论属于什么证据种类?测谎结论能否推翻欠条效力?

【引例三】　一天,丈夫张某无意间打开妻子周某的QQ聊天记录,竟看到妻子与几个网友挑逗暧昧的内容。张某找人将妻子的聊天软件密码破解,修复了聊天记录数据包,并将4个月来妻子与他人的聊天记录全部打印出来。随后,张某以QQ聊天记录作为妻子"出轨"的证据,正式向周某提出离婚,并主张妻子背叛婚姻、有过错而要求赔偿。但周某拒不承认自己有婚外恋行为,也不同意离婚。请问:QQ聊天记录属于什么证据种类?

证据的种类又称为证据的法定表现形式,它是立法对证据的类型划分。在不同的国家,因划分的标准不同,证据的种类也彼此存在差异。许多国家的法律并不列举证据种类,在学术研究中也只是对证据进行粗略划分。如英国学者认为:"司法证据主要包括法庭能够接受为争议事实之证据的证言、传闻、文件、物品和事实。"[1]美国学者认为:"证据通常表现为证人的证言或者诸如书面材料和音像记录等物证。"[2]在法国和德国等大陆法系国家,刑事诉讼的证据种类主要分为人的证据方法和物的证据方法两大类,具体则包括:物证、书证、证人证言、被告人供述和辩解、鉴定结论和检查笔录。《日本刑事诉讼法典》规定的证据种类有物证、书证、证人证言、被害人陈述、被告人供述和辩解、鉴定结论。我国香港特别行政区的证据种类主要包括人的证据、实物证据、书面证据、推定和司法认知。在我国台湾地区的"刑事

---

[1]　Rupert Cross & Nancy Wilkins, *An Outline of the Law of Evidence*, Butterworth, 1964, pp. 17～20.

[2]　[美]彼得·G. 伦斯特洛姆:《美国法律辞典》,贺卫方等译,中国政法大学出版社1998年版,第162页。

诉讼法"则规定有人的证据方法、物的证据方法和证据书类。其中,人的证据方法包括被告、共犯、证人、被害人、鉴定人、自诉人的陈述等。

我国三大诉讼法对证据的种类作了明确的规定,但由于诉讼的性质不同,对证据种类的形式划分也不完全相同。我国《民事诉讼法》第 63 条第 1 款规定证据有 8 种:当事人的陈述;书证;物证;视听资料;电子数据;证人证言;鉴定意见;勘验笔录。新修订的《刑事诉讼法》第 48 条第 2 款也规定了 8 种证据类型,依次为:物证;书证;证人证言;被害人陈述;犯罪嫌疑人、被告人供述和辩解;鉴定意见;勘验、检查、辨认、侦查实验等笔录;视听资料、电子数据。《行政诉讼法》第 31 条则规定了 7 种证据:(1)书证;(2)物证;(3)视听资料;(4)证人证言;(5)当事人的陈述;(6)鉴定结论;(7)勘验笔录、现场笔录。我国法律中规定的证据种类,是效仿苏联法律的结果。苏联法律对于证据的种类或证据的来源有严格的规定,如前苏联学者所说:"这个证据来源种类的清单是详尽无遗的,不能根据侦查机关、检察长和法院的裁夺加以扩大。对案件有意义的事实材料,如果不是从法定证据来源中取得的,它就不符合证据相关性的要求,从而也就不能取得证据上的意义。从每一种证据来源中取得事实材料,都要遵守法律规定的发现它的形式,这有助于收集到确实的证据,并有助于在案卷中对它加以保存。在许多情况下,法律都指明为了取得对案件有意义的材料,必须利用哪一种证据来源。"①

在法律上对证据种类进行严格的规定,有时也会出现一些问题,即有的证据材料具有实质性的证明意义,但因为在法定证据种类中难以归类,能否使用该证据就成为具有争议的问题。如视听资料、辨认笔录和侦查实验笔录,在法律没有规定之前,就不属于法定的证据种类,严格来讲就不能作为证据使用。但在实践中它们又确实对案件事实具有较强的证明作用,这就给法律适用和司法实践需要之间带来了冲突。在这些证据没有成为独立的证据种类之前,它们往往被勉强地归入书证、物证之中使用。此外,各种证据种类越来越多,划分标准也越来越难以统一,如电子证据和视听资料、视听资料与书证之间,就有一些交叉。本书结合三大诉讼法的有关规定,对证据的立法种类进行分析。

第一节 物证

一、物证的概念

物证是以其存在的外部特征、存在状况、质量或规格等物质属性来证明待证事实的物品或者痕迹。它是我国三大诉讼法规定的共同的证据种类之一。物证包括物体和痕迹。作为物证的物体既可以以实体性粒子的形式存在,也可以以电子、光子和场等形式存在。因此,它包括有形物质和无形物质;无生命的物质和有生命的物质。痕迹则是指一个物体在一定力的作用下在另一个物体的表面留下的自身反映形象。相对于言词证据而言,物证是无须通过人的主观感知而独立存在的一种客观物质。也就是说,不论人类是否发现,都不影响其独立存在。

---

① [苏联]蒂里切夫:《苏维埃刑事诉讼》,张仲麟等译,法律出版社 1984 年版,第 157 页。

物证的概念有广义和狭义之分。广义上的物证指的是实物证据,包括书证、视听资料等一切以实物形式表现出来的证据。狭义上的物证则不包括书证和视听资料。作为我国法定证据形式之一的物证属于狭义的物证。

物证的表现形式丰富多样。在民事诉讼中,被侵权行为造成损害的财物及其痕迹,侵权人所用的侵权工具,双方当事人争议的标的物、当事人实施民事行为时留下的签名、笔迹或使用的墨水等都是物证。在刑事诉讼中,常见的物证有:犯罪的工具,如杀人、伤人所用的凶器,盗窃用的钥匙、螺丝刀,实施爆炸的炸药,纵火用的引火物,走私用的运输工具等;实施犯罪行为时产生的痕迹,如指纹、足迹、鞋印、血迹、精斑等;犯罪产生的非法物品或非法所得,如非法制造的枪支弹药、非法印刷的出版物、仿造的货币、犯罪所得的赃款、赃物等;犯罪行为侵犯的对象,如被害人的伤口或疤痕、被害人尸体、被破坏的机器和设备、被毁的物件等;犯罪人在预备犯罪、实施犯罪的各种场所遗留的物品或痕迹,如犯罪分子在现场遗留下来的衣物、纽扣、烟头、纸屑、毛发、吐液等;能够表明犯罪嫌疑人、被告人无罪的各种物品或痕迹等。在行政诉讼中,行政机关认定的非法建筑物、查扣的违禁物品、伪劣商品或违法所得,行政机关在事件现场收集的痕迹,行政机关在实施行政行为时损害的相对人的财物等,也是物证。

二、物证的特征

与其他种类的证据相比,物证具有以下特点:

1. 物证的表现形式是实物或者痕迹

物证是以实物或痕迹表现出来的证据,这是物证与当事人陈述、犯罪嫌疑人、被告人供述和辩解、证人证言和鉴定意见的区别之一。当事人陈述、犯罪嫌疑人、被告人供述和辩解、证人证言和鉴定意见是通过人的陈述而表现出来的证据,属于言词证据的范畴。物证则是以特定的实物或痕迹表现出来的客观物质,属于实物证据的范畴。虽然物证是人的行为结果,但其存在却可以独立于人的主观意志而存在。物证的外在表现形式可以是其结构、形状、大小、颜色、轻重、空间位置,也可以是该物质的内部元素构成等属性。如气体的毒性、物品的放射性等。

2. 物证以其特征、属性或者存在状况起证明作用

书证、现场笔录和勘验、检查笔录也是一种客观存在的实物,但它们是以其中所记载或者表达的思想内容来证明待证事实。而物证则是以其特征、属性或者存在状况起证明作用,本身不要求具有思想内容。这是二者的区别所在。在特定的情况下,有的实物证据因起证明作用的因素不同,既可以用作书证,也可以作为物证使用。如,合同书和信件中的签名,以签名的字迹来证明待证事实时,该签名就属于物证;以其签名的内容来证明时,则属于书证。

3. 物证具有较强的客观性和稳定性

如果不是伪造,物证受主观因素的影响较少,能够较可靠地证明待证事实,因而相对客观。同时,除那些易腐、易变质的物品外,物证一旦形成并被收集和固定后,就具有较强的稳定性,不易灭失或改变。而言词证据则易受人的主观因素如表达能力、记忆能力、情绪、意识,个人道德品质、专业素质或者外界干扰因素的影响。如,被害人出于对犯罪行为的仇恨,有可能夸大其受害程度;证人受到他人的指使、贿买或威胁,可能改变证言;鉴定结论可能因鉴定人的专业知识限制而作出不准确的判断等。

4. 物证具有时空的特定性

物证是在特定的时间、特定的地点而形成并与案件事实有关联的特定物品。它具有不可替代性，不允许以同样形状的同类物代替。如，民事诉讼法中双方当事人争议的标的物、侵权造成的具体损坏物品、犯罪人实施犯罪时使用的工具、现场遗留下的痕迹、血迹等，都是在特定的时间、特定的地点所形成的物证，不能在找不到原物时以其种类物替代。

5. 物证的证明作用具有间接性

物证所能直接证明的只能是案件事实的某些片段或者某个方面的情况。它只有与其他证据结合起来，才能证明案件的主要事实。而物证与其他证据之间的关联性，有时还需要辅之以必要的检验、检查笔录或者鉴定结论。因此，仅有物证本身还不足以查明案件的主要事实。另外，由于物证属于一种无意识的"哑巴证人"，既不能自明其义，也不能主动地表达对待证事实的证明作用。只有经过人的能动作用去发现、识别、挖掘它与案件的客观联系，才能明确其证据意义，从而发挥证明作用。

三、物证的分类

按照不同的标准，可以对物证作如下分类：

1. 实体物证和痕迹物证

以其存在状态为标准，物证可以分为实体物证和痕迹物证。凡是以实物形态存在的物证，即为实体物证。如赃款、赃物、被损坏的物件、合同标的物等。凡是以某种作用力的印迹作为证据的，即为痕迹物证。如撬痕、指纹、鞋印、轮胎印等。实体物证可以直接提取原物或者复制、拍照、录像提取，且可以进行辨认。痕迹物证的提取需要相应的技术手段和设备，只能通过鉴定而辨别，无法直接辨认。

2. 特征物证、属性物证与状况物证

以其发挥证明作用的因素为标准，物证可以分为特征物证、属性物证与状况物证。特征物证是指通过其外部特征发挥证明作用的物证，如手印、足迹、人体创伤、犯罪工具、赃款赃物、争议物品、损坏的物品等。属性物证是指以其自身的内部结构特征发挥证明作用的物证，如毒物、爆炸物、分泌物、体液、气味、声音、光线、放射性等。状况物证是指以其本身的存在状况发挥证明作用的物证，如作案现场、赃物存放地点、争议标的物的存在或者所处位置等。

3. 固体物证、液体物证、气体物证和等离子态物证

以其外观形态为标准，物证可以分为固体物证、液体物证、气体物证和无形物证。固体物证是指具有固定体积和形态的固化物证。液体物证是指没有确定的形状和体积，受容器影响的液化物证。气体物证是指无形状、无体积的可变形、可流动的气化物证。等离子态物证是指物质原子内的电子在高温下脱离原子核的吸引，使物质呈为正负带电粒子状态存在的物证。如极光、核能量等。

4. 巨型物证、常态物证和微量物证

以其体积的大小为标准，物证可以分为巨型物证、常态物证和微量物证。巨型物证是体积庞大、不便于随卷提取和搬运的物证。如飞机、轮船、列车车厢、房屋等。常态物证是指大小适宜，便于随卷提取的物证。如小件犯罪工具、赃物等。微量物证是指不能被人的感官发现，必须借助于科学的仪器才能发现、提取的体积微小的物证。如微量物质粉末、微量痕迹、物质的放射性、磁性等。

5. 视觉物证、触觉物证、嗅觉物证和听觉物证

以发现物证的感官为标准,物证可以分为视觉物证、触觉物证、嗅觉物证和听觉物证。视觉物证是通过人体视觉器官可以发现的物证。触觉物证是通过人体触觉可以发现的物证。嗅觉物证是指通过人的嗅觉可以发现的物证。听觉物证是指通过人的听觉可以发现的物证。

6. 原始物证与派生物证

以其收集、提取方式为标准,物证可以分为原始物证与派生物证。原始物证是指直接将物品原件提取而用作证据的物证。如,直接在法庭上出示的衣物、棍棒、钱款、纸张、手表等。派生物证是在原始物证基础上形成的物证复制品。如犯罪工具、赃款赃物、伤痕、被侵权行为损坏的物品的照片、录像或者模型等复制件。在司法实践中,能够提取物证原件的,应当尽量收集、提取原件。大型物证、易燃易爆物品、易腐烂的物品或者痕迹等无法出示原件的,也可以提供照片或录像资料。如最高人民法院《民诉证据规定》第 21 条规定:"调查人员调查收集的物证应当是原物。被调查人提供原物确有困难的,可以提供复制品或者照片。提供复制品或者照片的,应当在调查笔录中说明取证情况。"最高人民法院《行诉证据规定》第40 条规定:"对书证、物证和视听资料进行质证时,当事人应当出示证据的原件或者原物。但有下列情况之一的除外:(一)出示原件或者原物确有困难并经法庭准许可以出示复制件或者复制品;(二)原件或者原物已不存在,可以出示证明复制件、复制品与原件、原物一致的其他证据。"《刑事诉讼法》第 234 条第 2 款规定:"对作为证据使用的实物应当随案移送,对不宜移送的,应当将其清单、照片或者其他证明文件随案移送。"

四、物证与书证的区别

物证与书证都是实物证据,但两者具有明显的区别:

1. 书证是以其表达的思想内容来证明待证事实的,而物证(包括作为物证的书面文件)则以它的存在、外形、属性或存在状况等来证明待证事实。

2. 法律对书证的规定,有的要求必须具备一定的形式才能够产生某种法律后果;法律对物证则没有特定的要求。

3. 书证一般是行为人的意思表示的书面形式,而物证一般是客观物体,不包含人的主观意思内容。

4. 审查物证时,一般应当对物证的物理属性或化学属性进行鉴定或检验,而书证一般是进行鉴定而确定其真伪。

尽管物证和书证有显著的区别,但它们之间也有密切的联系。某些情况下,根据与案件的联系和所证明的案件事实,同一物品可以同时具备书证与物证的特征,既可以作为书证,又可以作为物证。如,登载有侮辱、诽谤他人人格文章的报纸或期刊,其中的内容是书证,报纸或期刊本身同时又是物证。

第二节 书 证

一、书证的概念

书证是以文字、数字、符号、字母或图形等所表达的思想内容来证明待证事实的书面文件或其他物体。它表现为文字或者其他能表达人的思想或者意思的有形物。使用中国或者外国文字，或者能为他人所了解的符号代码如电报号码、电脑字码作成的书面文件，都可以成为书证。书证是我国三大诉讼法中共同规定的证据种类之一。

在刑事诉讼中，常见的书证主要有：合同诈骗案中的合同文本，贪污案件中伪造或涂改的账册单据，偷税漏税的会计报表，间谍案中窃取的情报文件，玩忽职守案中的批文，敲诈勒索案中的恐吓信件，诬告陷害他人的书面材料，犯罪嫌疑人、被告人的身份证明，犯罪行为日记等。民事诉讼中常见的书证有借据、收据、书面遗嘱、合同文本、产权证件、结婚证书、学历证书、收费单据、银行票据、货物提单、病历本、产品检验报告、银行对账单等。行政诉讼中的常见书证有：行政处罚决定书、营业执照、执业资格证书、经营许可证、缴费凭据、账单账册、出货单据、销售记录等。

二、书证的特征

与其他证据相比，书证具有以下几个特征：

1. 书证是用文字、数字、符号或图形等记载并表达一定思想内容的实物证据。书证必须以一定的物质材料作为其信息载体，并且可以被人认知和了解，也属于实物证据。其中，物质载体可以是纸张、金属、石块、竹木、布帛等物质材料；记载思想内容的方式可以是文字、符号、图形、数字、字母等；制作的方式，可以写、刻、雕或者印刷。

2. 书证的证明作用在于其所表达的人的思想内容。其中，人的思想内容应在案件发生时或诉讼开始之前就已经形成，且与案件事实有一定的关联。在诉讼实践中，因收集调查证据而作成的文书，如询问证人、鉴定人所作的笔录等，虽然也是用文字表达人的思想内容，但它是以人的陈述形式表达出来的，并要接受法庭调查中的询问和讯问，因而不是书证。不过，在另一诉讼中所作成的这种文书却可以转化为本案的书证。

3. 书证具有直接证明性。由于书证具有明确的思想内容，所以在通常情况下，能够依据其内容直接判明其与待证事实之间的联系，而不需要借助于其他媒介或中间环节来加以判断和分析。所以，书证通常是一种直接证据。

4. 书证具有较强的稳定性。书证是以其具体化、形象化的文字、符号、图形等将人的思想内容固定在一定的物质材料上，不像言词证据那样，容易因为有关人员主观意识的改变而改变，也不存在因时间久远造成记忆模糊而影响其证明力的现象。书证一旦被收集固定，就具有较强的客观性。不过，也要防止书证被伪造或丢失。

三、书证的分类

书证有多种表现形式，根据不同的标准，可以对书证进行以下分类：

1. 公文书证与私文书证

按照书证的制作主体或制作者的身份的不同，可以把书证分为公文书证与私文书证。公文书证指国家机关、事业单位、社会团体或公职人员在法定职权范围内依照法定的方式所制作的文书，并以此文书作为证明待证事实的证据时的书证。如民政部门颁发的结婚证书、离婚证书；行政机关颁发的营业执照、经营许可证、生产许可证、职业资格证；行政机关下发的正式文件、奖惩决定书、作出的处罚决定书；学校根据法律授权而颁发的学历证书、学位证书；法院制作的判决书、裁定书、调解书或者决定书；检察机关制作的决定书；工会、共青团、妇联组织所制作的正式文件等等,都属于公文书证。虽然是国家机关、事业单位、社会团体或公职人员,但是如果不是基于法定职权而制作的文书,则不属于公文书证的范围。如国家机关与其他单位、个人之间签订的民事合同、劳动合同、收款收据等,则不具有公文书证的效力。只要公文书所载的内容是公法上的法律关系,也无论所载内容是否全面、完整,都不影响公文书的性质。

私文书证是指私人制作或者国家机关、事业单位、社会团体不是基于法定职权所制作的书证即为私文书证。如国家机关、事业单位、人民团体、企业单位之间的民、商事合同、个人信件等,都是私文书证。私文书证即使经公法人证明或者认证,仍然是私文书。如,经过公证机关公证的个人遗嘱、民事合同,经过行政机关批准的投资协议书、中外合资经营合同书等。

将书证分为公文书证与私文书证,是由于制作文书的主体是否行使法定的职权以及制作程序上存在明显差别。其中,公文书证一般都有严格的制作程序,有的还有具体的格式要求。而私文书证则在制作程序和形式上没那么严格,有的还具有一定的随意性。在证明力方面,在一般情况下,公文书证要比私文书证的证明力更强。根据最高人民法院《民诉证据规定》第 77 条的规定,国家机关、社会团体依职权制作的公文书证的证明力一般大于其他书证。最高人民法院《行诉证据规定》第 63 条也规定,证明同一事实的数个证据,在判断其证明效力时,国家机关以及其他职能部门依职权制作的公文文书优于其他书证。

2. 处分性书证与报道性书证

书证依其内容性质的不同,可以分为处分性书证与报道性书证。所谓处分性书证,是所记载或表述的内容,以发生某种法律效果为目的的意思表示的书证。此指的法律效果是以发生、变更或消灭一定的法律关系为目的的意思表示。如,民政部门制作的结婚证书、离婚证书,工商行政管理机关颁发的营业执照,有关行政机关颁发的经营许可证、生产许可证,法院制作的已经生效的判决书、调解书,公民个人之间签订的合同书,公民个人所立的遗嘱文书、借据、收条等,即为处分性书证。凡是书证中所记载或表述的内容,不是以产生一定的法律后果为目的,只是反映制作人的见闻、感想、体会或者报道已发生的或者了解的某种事实,则称为报道性书证。如会议记录、会计或商业账簿、个人日记、医疗病历、新闻信息等,就是报道性书证。

报道性书证与处分性书证的区别在于:处分性书证所记载或表述的内容与特定的法律后果相联系。这种书证的制作和启用将会引起一定法律关系的发生、变更或消灭,也就是在当事人之间发生、变更或消灭一定的权利和义务关系。因此,处分性书证的制作本身就是一种法律行为。报道性书证表明文书制作人只观察待证事实并记载其结果,并不以产生一定的法律后果为直接目的。处分性书证往往具有较强的证明力,可以成为直接证据。报道性书证对认定当事人之间的权利与义务关系通常起到间接证明的作用,但它可以作为发现处分性书证的先导和印证处分性书证的证据。

3. 一般书证与特别书证

以是否要具备一定的形式或履行特定的程序为标准,书证可以分为一般书证与特别书证。一般书证即普通书证,就是法律不要求必须具备一定形式或履行特定的程序,只要有明确的意思表示即可成立的书证。例如,一般的民事合同书、协议书,只要双方协商一致并经当事人签名、填写好日期,即可成立。特别书证,是指法律规定某种法律行为必须具备一定的形式或履经一定的法律程序才能够成立的书证。如,买卖房屋,就必须订立书面合同并经房管部门登记,才能发生法律效力;代书遗嘱必须有两个以上的具有民事行为能力的人见证才具有法律效力。《中外合资经营企业法》第3条规定:"合营各方签订的合营协议、合同、章程,应报国家对外经济贸易主管部门审查批准。"《专利法》第10条第3款规定:"转让专利申请权或者专利权的,当事人应当订立书面合同,并向国务院专利行政部门登记,由国务院专利行政部门予以公告。专利申请权或者专利权的转让自登记之日起生效。"另外,根据《民事诉讼法》第59条第3款的规定,侨居在外国的中国公民,委托代理人授权委托书,必须经我国驻该国的使、领馆证明,才发生效力。这种授权委托书,也属于特别书证。最高人民法院《民诉证据规定》第11条规定:"当事人向人民法院提供的证据系在中华人民共和国领域外形成的,该证据应当经所在国公证机关予以证明,并经中华人民共和国驻该国使领馆予以认证,或者履行中华人民共和国与该所在国订立的有关条约中规定的证明手续。当事人向人民法院提供的证据是在香港、澳门、台湾地区形成的,应当履行相关的证明手续。"

一般书证与特别书证的主要区别在于,特别书证在制作时如果不符合法定形式或者没有履经法定程序,有关行为就不能生效或者不发生权利转移效果。一般书证则没有此项要求。

4. 文字书证、符号书证和图形书证

以其内容的表现形式为标准,书证可以分为文字书证、符号书证和图形书证。文字书证是指以文字(含外文)记载的内容来证明有关事实的书证。如传单、信件、图书、遗嘱、账册、票据等。符号书证是指以符号作为内容来证明待证事实的书证。如路标、标记、记号等。图形书证是指以形象的图画所表现的内容来证明待证事实的书证。如淫秽画册、地图、作案示意图等。一般而言,文字书证所表达的内容或反映的思想比较清楚、明确,图形书证表现的内容则比较直观、形象,符号书证所表达的内容则通常不易被人们所认识和理解,往往需要结合其他证据来破译符号所代表的真正含义。

5. 原本、正本、副本、节录本、影印本和译本

以制作方式为标准,书证可以分为原本、正本、副本、节录本、影印本和译本。原本又称为原件或底本,是指文书制作人将有关内容加以记载而制作成的原始文本。如合同当事人签字盖章的书面合同,贷款人亲笔书写的表达借款意愿的借据,审判员制作、并经其本人签名的判决书等。正本就是照原本的内容而全文抄录、印制,对外具有与原本同等法律效力的文本。除了制作方式外,正本与原本的另一个主要区别是,原本一般由制作人收存或存档备查,而正本则发给主受件人保存或使用。副本是依照原本全文抄录、印制,但不具有正本效力的文本。副本通常是发给主受件人以外的其他有必要了解原本内容的单位或个人。副本与正本的区别主要在于收存主体和发给对象的不同。内容不一致时,则以正本内容为准。节录本是指从原本或正本文书中抄录其部分内容而形成的文本。由于其内容是原本内容的摘要或节录,故其证明力要弱于原本或正本。影印本是指采用影印技术,将原本或正本通过摄影或复制而形成的文本。翻译本是指采用原本或正本语言文字以外的语言文字,将原本或正本的全部内容进行翻译后而形成的文本。

这种划分方法的意义在于各种文本的证明效力等级不同。其中,原本具有最高的证明效力等级。正本与副本的效力相同,但却要以正本的内容为准。节录本的效力则比正本或副本的效力明显要弱。影印本则是当其与原件核对一致时,才具有证明力。翻译本则要求

应当具有相应翻译资质的主体进行翻译后才能采用,其内容的准确性也应当以原本或正本的内容为准。在我国的民事和行政诉讼中,原则上要求提供或收集书证的原件即原本。在特定情况下,副本或影印本即复制件也可以采纳。《关于适用〈中华人民共和国民事诉讼法〉若干问题的意见》第78条规定:"证据材料为复制件,提供人拒不提供原件或原件线索,没有其他材料可以印证,对方当事人又不予承认的,在诉讼中不得作为认定事实的根据。"《民诉证据规定》第20条规定:"调查人员调查收集的书证可以是原件,也可以是经核对无误的副本或者复制件。是副本或者复制件的,应当在调查笔录中说明来源和取证情况。"第31条规定:"摘录有关单位制作的与案件事实相关的文件、材料,应当注明出处,并加盖制作单位或者保管单位的印章,摘录人和其他调查人员应当在摘录件上签名或者盖章。摘录文件、材料应当保持内容相应的完整性,不得断章取义。"另根据其第70条的规定,一方当事人提出的书证原件或者与书证原件核对无误的复印件、照片、副本、节录本,对方当事人提出异议但没有足以反驳的相反证据的,人民法院应当确认其证明力。《行诉证据规定》第10条规定:"根据行政诉讼法第三十一条第一款第(一)项的规定,当事人向人民法院提供书证的,应当符合下列要求:(一)提供书证的原件,原本、正本和副本均属于书证的原件。提供原件确有困难的,可以提供与原件核对无误的复印件、照片、节录本;(二)提供由有关部门保管的书证原件的复制件、影印件或者抄录件的,应当注明出处,经该部门核对无异后加盖其印章;(三)提供报表、图纸、会计账册、专业技术资料、科技文献等书证的,应当附有说明材料;(四)被告提供的被诉具体行政行为所依据的询问、陈述、谈话类笔录,应当有行政执法人员、被询问人、陈述人、谈话人签名或者盖章。"另外,最高人民法院制定的《刑诉法解释》第71条也规定:"据以定案的书证应当是原件。取得原件确有困难的,可以使用副本、复制件。书证有更改或者更改迹象不能作出合理解释,或者书证的副本、复制件不能反映原件及其内容的,不得作为定案的根据。书证的副本、复制件,经与原件核对无误、经鉴定为真实或者以其他方式确认为真实的,可以作为定案的根据。"

第三节　证人证言

一、证人证言的概念及其特点

(一)证人证言的概念

证人是指除案件当事人以外的第三人了解案件情况,应诉讼双方要求和法院传唤,到法庭陈述作证的自然人。证人证言是指除案件当事人以外的案外人以口头或书面形式,就其所了解的案件情况向法院所作的陈述。证人证言是我国三大诉讼法规定的证据种类之一。诉讼过程中,审判人员对案件事实并没有亲身经历和感知,要靠证据才能认定案件事实的真相。证人证言是证人对争议事实的重述,在诉讼中起着重要作用。它不但可以用于认定案件事实,还可以用来鉴别其他证据的真伪和确定其证明力的大小。在英美法系国家,证人的范围较广,除无利害关系的知情人以外,案件当事人、鉴定人也属于证人范围。其中,鉴定人被称为专家证人,其作出的鉴定结论称为专家证言。在刑事诉讼中,没有被追究刑事责任的共同犯罪人,也可以作证人,并被称为"污点证人"。

（二）证人证言的特点

与其他证据种类相比,证人证言具有以下几个特点:

1. 证人证言是案外人就案件情况所作的陈述

证人必须是案件当事人以外的其他自然人,他既了解案件的某些情况,又与该案的审理结果没有法律上的利害关系。这是证人证言与当事人陈述、被害人陈述和犯罪嫌疑人、被告人的供述与辩解的主要区别。不过,在刑事诉讼中,案件的侦查人员可以就其目击的情况出庭作证。《刑事诉讼法》第57条第2款规定:"现有证据材料不能证明证据收集的合法性的,人民检察院可以提请人民法院通知有关侦查人员或者其他人员出庭说明情况;人民法院可以通知有关侦查人员或者其他人员出庭说明情况。有关侦查人员或者其他人员也可以要求出庭说明情况。经人民法院通知,有关人员应当出庭。"此时侦查人员的证言主要用以证明证据收集的合法性,它与案外人的证言仍有一定的差别。

2. 证人证言是证人就其所见所闻的情况而进行的直观描述

证人应当根据自己耳闻目睹的方式所了解的事实状况进行客观陈述,不能就案件情况作主观评价,作证时不得使用猜测、推断、想象或者评论性的语言,也不能对案件的法律问题发表自己的意见性判断。这是证人与鉴定作证的重要区别所在。《民诉证据规定》第57条规定:"出庭作证的证人应当客观陈述其亲身感知的事实。证人为聋哑人的,可以其他表达方式作证。证人作证时,不得使用猜测、推断或者评论性的语言。"《行诉证据规定》第46条也规定:"证人应当陈述其亲历的具体事实。证人根据其经历所作的判断、推测或者评论,不能作为定案的依据。"最高人民法院《刑诉法解释》第75条第2款规定:"证人的猜测性、评论性、推断性的证言,不得作为证据使用,但根据一般生活经验判断符合事实的除外。"

当然,证人对案情的了解,既可以是直接的亲身感受,也可以是转述其听到他人陈述的与案件情况的有关事实,但必须说明来源。不能说明来源的传闻,不能作为证人证言使用。在英美法系国家,证人不是陈述亲身感受,而是转述他人陈述的,属于传闻证据,原则上予以排除。在我国,证人转述的内容其证明力较弱,需要有其他证据的印证。但有时也可以用作发现其他证据的线索。

3. 证人证言是证人以言词形式提供的言词证据

证人证言是证人对所感知的事实情况进行的陈述。有关情况是经过了证人的大脑处理后的一种言语表达,是人的主观知觉对客观事物的反映。这是证人证言与物证和书证等实物证据的主要区别。出庭口头陈述作证,是证人的法律义务。2012年3月14日第二次修订的《刑事诉讼法》第60条和《民事诉讼法》第70条第1款都规定:"凡是知道案件情况的人,都有作证的义务。生理上、精神上有缺陷或者年幼,不能辨别是非、不能正确表达意思的人,不能作证人。"《民诉证据规定》第55条规定:"证人应当出庭作证,接受当事人的质询。证人在人民法院组织双方当事人交换证据时出席陈述证言的,可视为出庭作证。"《行诉证据规定》第41条也规定:"凡是知道案件事实的人,都有出庭作证的义务。"《刑事诉讼法》第59条规定:"证人证言必须在法庭上经过公诉人、被害人和被告人、辩护人双方质证并且查实以后,才能作为定案的根据。"在诉讼实践中,证人向侦查人员、检察人员、审判人员、代理人或辩护陈述有关情况后所作的笔录或者亲笔书写的书面证词,是固定证人证言的一种方式。如果不具有可以不出庭的法定情形,仍应当出庭陈述并接受诉讼双方的询问和对质。

4. 证人证言容易受到人的主观因素影响

一般而言,由于证人与案件无利害关系,故其证言比其他言词证据如当事人陈述、被害人陈述和犯罪嫌疑人、被告人的供述与辩解等更具有客观性。同时,由于是人的陈述,它比物证和书证等实物证据也更为具体、形象。不过,证人在感知、记忆和陈述事实的过程中,除受到外在客观因素的制约外,还容易受到人的主要因素的影响。其中,当时的光线、距离、角度、音量等会影响证人对事实的感知程度。而证人的智力状况、精神健康、听力、记忆力、情绪、语言表达能力、知识经验等,则会影响到证人对事实信息的接收、存储和表达。另外,利诱、胁迫、与当事人之间的关系、作证的态度、品德等,也可能影响证人证言的客观性和准确性。《民诉证据规定》第78条规定:"人民法院认定证人证言,可以通过对证人的智力状况、品德、知识、经验、法律意识和专业技能等的综合分析作出判断。"另根据其第69条的规定,未成年人所作的与其年龄和智力状况不相当的证言;与一方当事人或者其代理人有利害关系的证人出具的证言,不能单独作为认定案件事实的依据。根据《行诉证据规定》第71条规定,未成年人所作的与其年龄和智力状况不相适应的证言;与一方当事人有亲属关系或者其他密切关系的证人所作的对该当事人有利的证言,或者与一方当事人有不利关系的证人所作的对该当事人不利的证言,不能单独作为定案依据。

二、证人的资格

证人的资格,又称证人的能力或证人的适格性,是指哪些人可以和应当作为证人,哪些人可能作为证人。《刑事诉讼法》第60条规定:"凡是知道案件情况的人,都有作证的义务。生理上、精神上有缺陷或者年幼,不能辨别是非、不能正确表达的人,不能作证人。"根据《刑诉法解释》第75条第1款的规定,处于明显醉酒、中毒或者麻醉等状态,不能正常感知或者正确表达的证人,也不具有证人的作证资格。

《民事诉讼法》第72条规定:凡是知道案件情况的单位和个人,都有义务出庭作证。有关单位的负责人应当支持证人作证。不能正确表达意思的人,不能作证。《行诉证据规定》第41条规定:"凡是知道案件事实的人,都有出庭作证的义务。"其第42条第1款进一步规定:"不能正确表达意志的人不能作证。"《民诉证据规定》第53条也规定:"不能正确表达意志的人,不能作证。"根据以上规定,我国证人的资格条件可以概括为:

1. 知道案件事实且与案件无利害关系

证人知道案件事实情况的时间应当是在案发时或者案发后、诉讼开始前。通过诉讼的进行才了解案情的,不能作为证人。同时,证人还应当与案件没有利害关系,否则,即为本案的当事人。与当事人有近亲属关系的,不能认为是与案件有利害关系,但近亲属所作的有利于当事人的证言之证明力相对较弱。

2. 能够辨别是非、正确表达意志

能够辨别是非,是证人认识、了解案件有关情况的前提。由于他具有出庭陈述的义务,因而还应当能够将其所感知的内容予以正确表达。所以,证人自身必须具备三个基本要素:即认知能力、记忆能力和表达能力。《民诉证据规定》第53条第2款规定,待证事实与其年龄、智力状况或者精神健康状况相适应的无民事行为能力人和限制民事行为能力人,可以作为证人。生理上、精神上虽然有缺陷,但其缺陷不影响本人辨别是非且能正确表达的,也可以作证人。其中,聋哑人的作证方式可以是手语或书写方式,而盲人的作证则可以通过书写盲文或语言方式进行。未成年人的作证资格则取决于其智力发展状况和感知对象的复杂程度。

3. 属于自然人

证人了解案情、出庭陈述和回答询问、质证，都离不开人的意志作用，因而，他应当是具有感知、认知能力和表达能力的自然人。虽然我国《民事诉讼法》第 72 条"凡是知道案件情况的单位和个人，都有义务出庭作证"的规定中含有"单位"，但我们认为，单位是个组织，并无自然人所具有的感知和表达能力。如果由单位负责人或其工作人员代表单位出庭陈述和回答询问，则与证人的不可替代性特征相冲突。因此，作为一个组织的有关单位不宜成为证人。有关单位出具的"证明书"或"书面证词"，其性质属于书证。

根据我国三大诉讼法的有关司法解释的规定，下列人员不具有证人的资格：

1. 不能辨别是非，不能正确表达意志的人，不能作为证人

证人必须以能够辨别是非并能正确表达为条件。不能辨别是非，固然无法感知案情。若不能正确表达意志，即使感知了也无法向他人陈述内容。实践中，不能正确表达意志的人主要包括那些生理上、精神上有缺陷或者年幼，不能辨别是非且不能正确表达意志的人。

2. 办理本案的公诉人、审判人员、书记员、鉴定人、勘验人员、翻译人员，不能同时是本案的证人

以上人员是通过履行职务或参加诉讼而了解案情，并且在诉讼中担任特定程序角色的，如果同时为证人，则与其诉讼职能相冲突。不过，在刑事诉讼中，需要对控方证据收集的合法性展开法庭调查时，人民检察院可以提请人民法院通知有关侦查人员或者其他人员出庭说明情况。《刑事诉讼法》第 57 条规定："在对证据收集的合法性进行法庭调查的过程中，人民检察院应当对证据收集的合法性加以证明。现有证据材料不能证明证据收集的合法性的，人民检察院可以提请人民法院通知有关侦查人员或者其他人员出庭说明情况；人民法院可以通知有关侦查人员或者其他人员出庭说明情况。有关侦查人员或者其他人员也可以要求出庭说明情况。经人民法院通知，有关人员应当出庭。"《关于办理刑事案件排除非法证据若干问题的规定》第 7 条也有类似的规定，即：经审查，法庭对被告人审判前供述取得的合法性有疑问的，公诉人应当向法庭提供讯问笔录、原始的讯问过程录音录像或者其他证据，提请法庭通知讯问时其他在场人员或者其他证人出庭作证，仍不能排除刑讯逼供嫌疑的，提请法庭通知讯问人员出庭作证，对该供述取得的合法性予以证明。另外，在行政诉讼中，《行诉证据规定》第 44 条规定："有下列情形之一，原告或者第三人可以要求相关行政执法人员作为证人出庭作证：（一）对现场笔录的合法性或者真实性有异议的；（二）对扣押财产的品种或者数量有异议的；（三）对检验的物品取样或者保管有异议的；（四）对行政执法人员的身份的合法性有异议的；（五）需要出庭作证的其他情形。"刑事诉讼的侦查人员或行政诉讼中的行政执法人员，出庭作证是为了证明证据收集程序的合法性，其与普通证人的身份还是有所区别的。

3. 辩护人、诉讼代理人在同一案件中不得同时兼任证人

《刑事诉讼法》第 35 条规定："辩护人的责任是根据事实和法律，提出证明犯罪嫌疑人、被告人无罪、罪轻或者减轻、免除其刑事责任的材料和意见，维护犯罪嫌疑人、被告人的合法权益。"诉讼代理人则是以当事人名义参加诉讼，维护当事人合法权益的诉讼参与人。二者的职责均与证人如实陈述案情的义务有差别，因而不能同时兼顾。能否成为证人，是由客观

案情所决定的。若符合证人条件而需要出庭作证的,就不宜再担任本案的辩护人或诉讼代理人。

三、证人的诉讼权利和诉讼义务

证人是诉讼法律关系主体之一,在诉讼中依法享有一定的诉讼权利,并承担相应的诉讼义务。

(一)证人的诉讼权利

1. 使用本民族语言文字提供证言的权利

《刑事诉讼法》第 9 条第 1 款规定:"各民族公民都有用本民族语言文字进行诉讼的权利。人民法院、人民检察院和公安机关对于不通晓当地通用的语言文字的诉讼参与人,应当为他们翻译。"《民事诉讼法》第 11 条和《行政诉讼法》第 8 条都规定:"各民族公民都有用本民族语言、文字进行民事诉讼的权利。在少数民族聚居或者多民族共同居住的地区,人民法院应当用当地民族通用的语言、文字进行审理和发布法律文书。人民法院应当对不通晓当地民族通用的语言、文字的诉讼参与人提供翻译。"对于聋哑证人,他们可以用哑语、书面文字或手势陈述作证。

2. 本人及近亲属的人身、财产受到法律保护的权利

《刑事诉讼法》第 61 条规定:"人民法院、人民检察院和公安机关应当保障证人及其近亲属的安全。对证人及其近亲属进行威胁、侮辱、殴打或者打击报复,构成犯罪的,依法追究刑事责任;尚不够刑事处罚的,依法给予治安管理处罚。"《刑诉规则(试行)》第 76 条第 3 款规定:"对证人及其近亲属进行威胁、侮辱、殴打或者打击报复,构成犯罪或者应当给予治安管理处罚的,人民检察院应当移送公安机关处理;情节轻微的,予以批评教育、训诫。"《民诉证据规定》第 80 条第 1 款规定:"对证人、鉴定人、勘验人的合法权益依法予以保护。"根据《民事诉讼法》第 111 条的规定,诉讼参与人或者其他人对证人进行侮辱、诽谤、诬陷、殴打或者打击报复的,人民法院可以根据情节轻重予以罚款、拘留;构成犯罪的,依法追究刑事责任。《行诉证据规定》第 74 条第 1 款也明确规定:"证人、鉴定人及其近亲属的人身和财产安全受法律保护。"

需要指出的是,在刑事诉讼过程中对证人本人及其近亲属的人身、财产进行法律保护显得尤为重要。特别是那些恐怖活动犯罪、黑社会性质的组织犯罪、毒品犯罪等案件,对证人实施报复的几率往往较大。因此,在刑事诉讼中给予了特别保护。《刑事诉讼法》第 62 条规定:"对于危害国家安全的犯罪、恐怖活动犯罪、黑社会性质的组织犯罪、毒品犯罪等案件,证人、鉴定人、被害人因在诉讼中作证,本人或者其近亲属的人身安全面临危险的,人民法院、人民检察院和公安机关应当采取以下一项或者多项保护措施:(一)不公开真实姓名、住址和工作单位等个人信息;(二)采取不暴露外貌、真实声音等出庭作证措施;(三)禁止特定的人员接触证人、鉴定人、被害人及其近亲属;(四)对人身和住宅采取专门性保护措施;(五)其他必要的保护措施。证人、鉴定人、被害人认为因在诉讼中作证,本人或者其近亲属的人身安全面临危险的,可以向人民法院、人民检察院、公安机关请求予以保护。人民法院、人民检察院、公安机关依法采取保护措施,有关单位和个人应当配合。"《人民检察院刑事规则(试行)》第 76 条还规定:"人民检察院依法决定不公开证人、鉴定人、被害人的真实姓名、住址和工作单位等个人信息的,可以在起诉书、询问笔录等法律文书、证据材料中使用化名代替证人、鉴

定人、被害人的个人信息。但是应当另行书面说明使用化名的情况并标明密级。人民检察院依法采取保护措施,可以要求有关单位和个人予以配合。"

在民事诉讼、行政诉讼过程中,证人提出保护其本人及近亲属的人身、财产要求的,人民法院可以视具体情况采取保护措施。当诉讼终结后,证人及其近亲属受到打击报复的,一般由公安机关视行为情节的轻重,分别给予治安处罚或依法追究其刑事责任。

3. 个人情况保密的权利

《刑事诉讼法》第109条第3款规定:"公安机关、人民检察院或者人民法院应当保障报案人、控告人、举报人及其近亲属的安全。报案人、控告人、举报人如果不愿公开自己的姓名和报案、控告、举报的行为,应当为他保守秘密。"第52条第3款规定:"对涉及国家秘密、商业秘密、个人隐私的证据,应当保密。"《刑诉规则(试行)》第162条规定:"控告检察部门或者举报中心对于不愿公开姓名和举报行为的举报人,应当为其保密。"第203条第2款还规定:"人民检察院应当保证一切与案件有关或者了解案情的公民,有客观充分地提供证据的条件,并为他们保守秘密。除特殊情况外,人民检察院可以吸收证人协助调查。"据此,在刑事立案和侦查阶段,侦查机关有义务为证人个人情况予以保密。《行诉证据规定》第74条第2款也规定:"人民法院应当对证人、鉴定人的住址和联系方式予以保密。"不过,民事诉讼中的证人不享有此项权利。

4. 对司法人员侵犯其诉讼权利和侮辱其人身的行为进行控告的权利

《刑事诉讼法》第14条第2款规定:"诉讼参与人对于审判人员、检察人员和侦查人员侵犯公民诉讼权利和人身侮辱的行为,有权提出控告。"另外,根据《刑法》第247条的规定,司法人员使用暴力逼取证人证言的,处3年以下有期徒刑或者拘役。致人伤残、死亡的,依照本法第234条、第232条的规定定罪(即故意伤害罪、故意杀人罪)从重处罚。

5. 对在诉讼中的权利、义务的知情权

《刑事诉讼法》第123条规定:"询问证人,应当告知他应当如实地提供证据、证言和有意作伪证或者隐匿罪证要负的法律责任。"第189条规定:"证人作证,审判人员应当告知他要如实地提供证言和有意作伪证或者隐匿罪证要负的法律责任。"最高人民法院《关于适用〈中华人民共和国刑事诉讼法〉的解释》第211条规定,证人到庭后,审判人员应当核实其身份、与当事人以及本案的关系,并告知其有关作证的权利义务和法律责任。证人作证前,应当保证向法庭如实提供证言,并在保证书上签名。最高人民法院《第一审经济纠纷案件适用普通程序开庭审理的若干规定》第25条规定,证人出庭作证,法庭应查明证人身份,告知证人作证的义务以及作伪证应负的法律责任。《民诉证据规定》第54条第2款规定:"人民法院对当事人的申请予以准许的,应当在开庭审理前通知证人出庭作证,并告知其应当如实作证及作伪证的法律后果。"《行诉证据规定》第45条也规定:"证人出庭作证时,应当出示证明其身份的证件。法庭应当告知其诚实作证的法律义务和作伪证的法律责任。"

6. 因出庭作证而获得适当经济补偿的权利

证人因到案或出庭作证,需要花费一定时间而影响正常收入,并可能有交通费用等合理支出。《刑事诉讼法》第63条规定:"证人因履行作证义务而支出的交通、住宿、就餐等费用,应当给予补助。证人作证的补助列入司法机关业务经费,由同级政府财政予以保障。有工作单位的证人作证,所在单位不得克扣或者变相克扣其工资、奖金及其他福利待遇。"《民事诉讼法》第74条规定:"证人因履行出庭作证义务而支出的交通、住宿、就餐等必要费用以及误工损失,由败诉一方当事人负担。当事人申请证人作证的,由该当事人先行垫付;当事人没有申请,人民法院通知证人作证的,由人民法院先行垫付。"《民诉证据规定》第54条第3款规定:"证人因出庭作证而支出的合理费用,由提供证人的一方当事人先行支付,由败诉一方当事人承担。"《行诉证据规定》第75条:"证人、鉴定人因出庭作证或者接受询问而支出的合理费用,由提供证人、鉴定人的一方当事人先行支付,由败诉一方当事人承担。"

7. 刑事被告人的配偶、父母、子女不被强制出庭作证权

在不少国家,证人在法定情形下享有拒绝作证的特权。这种特权是指具有特定身份、职业的证人所享有的拒绝向法庭提供证据的权利。在英美法系国家,通常被称为特权、拒证特权或保密特权;在大陆法系国家,通常被称为拒绝证言权。主要包括:(1)身份关系拒证特权,即与当事人具有夫妻、直系亲属、姻亲关系的证人,可以拒绝作证;(2)业务、职业关系拒证特权,如律师对于客户,医生对于患者,神职人员对于忏悔信徒,企业核心技术、商业秘密掌握人员对于企业,可以拒绝作证;(3)反对强迫自我归罪的拒证特权,如有关证言,可能使证人或者与证人有密切关系的人受刑事追诉、有罪判决的,可以拒绝作证;(4)特定公务秘密作证特免,如事关国家安全及其他涉及国家的事项,警察侦查犯罪信息,陪审员裁决案件、法官审判案件等信息时,可以拒绝作证。在我国,民事诉讼和行政诉讼中的证人,不享有任何拒绝作证的特权。但《刑事诉讼法》第188条第1款规定:"经人民法院通知,证人没有正当理由不出庭作证的,人民法院可以强制其到庭,但是被告人的配偶、父母、子女除外。"根据此规定,被告人的配偶、父母、子女在刑事诉讼中享有不被强制出庭作证的权利。

值得注意的是,我国刑事诉讼法中规定的被告人不被强制出庭作证的权利与西方国家的拒绝作证权有所不同。如在美国的《证据法》中,认为拒绝作证权作为一种免证特权,是指"允许人们在诉讼程序中拒绝透露和制止他人透露某种秘密信息"的权利。[①] 这种权利免除了特权人的作证义务,并能制止他人就知悉自己的事项作证。[②] 我国《刑事诉讼法》中规定的被告人的配偶、父母、子女不被强制出庭作证并没有免除他们的作证义务,更没有赋予他们制止他人透露信息的权利。因此,不能把二者等同起来。

(二)证人的诉讼义务

1. 依通知按时到场或出庭作证

在刑事诉讼中,证人除了出庭作证外,还需要按照侦查机关、检察机关的通知,到指定的场所提供证言。虽然新修改的《刑事诉讼法》对证人作证的地点作了比较灵活的规定,但证人在必要时仍有到指定地点提供证言的义务。《刑事诉讼法》第122条规定:"侦查人员询问证人,可以在现场进行,也可以到证人所在单位、住处或者证人提出的地点进行,在必要的时候,可以通知证人到人民检察院或者公安机关提供证言。在现场询问证人,应当出示工作证件,到证人所在单位、住处或者证人提出的地点询问证人,应当出示人民检察院或者公安机

---

① [美]乔恩·R.华尔兹:《刑事证据大全》,何家弘等译,中国人民公安大学出版社2004年版,第356页。

② 弗雷德·斯蒂兹枪杀了他的妻子艾琳,并且马上给他的律师打电话。在斯蒂兹不知道的情况下,一个电话接线员偷听了电话。电话员的窃听并没有破坏斯蒂兹打电话的保密性,"律师——当事人"特免权可以适用。[美]乔恩·R.华尔兹:《刑事证据大全》,何家弘等译,中国人民公安大学出版社2004年版,第360~361页。

关的证明文件。"需要说明的是,证人向侦查机关或检察机关提供证言后,当人民法院开庭审判时,证人仍然应当按照法院的通知出庭作证,如不出庭作证还要受到相应的惩戒。《刑事诉讼法》第188条规定:"经人民法院通知,证人没有正当理由不出庭作证的,人民法院可以强制其到庭,但是被告人的配偶、父母、子女除外。证人没有正当理由拒绝出庭或者出庭后拒绝作证的,予以训诫,情节严重的,经院长批准,处以十日以下的拘留。"

在民事、行政诉讼中,证人作证主要是指出庭陈述作证。《民诉证据规定》第55条规定:"证人应当出庭作证,接受当事人的质询。证人在人民法院组织双方当事人交换证据时出席陈述证言的,可视为出庭作证。"《行诉证据规定》第41条规定:"凡是知道案件事实的人,都有出庭作证的义务。"

不出庭作证的例外。证人如果确有困难,不能出庭的,经人民法院许可,可以提交书面证言、通过视频作证或不出庭作证。在民事诉讼中,经人民法院许可,证人可以提交视听资料或者通过双向视听传输技术手段作证。根据《民诉证据规定》第56条规定,"证人确有困难不能出庭",是指有下列情形:(1)年迈体弱或者行动不便或无法出庭的;(2)特殊岗位确实无法离开的;(3)路途特别遥远,交通不便难以出庭的;(4)因自然灾害等不可抗力的原因无法出庭的;(5)其他无法出庭的特殊情况。在行政诉讼中,根据《行诉证据规定》第41条的规定,有下列情形之一的,经人民法院准许,当事人可以提交书面证言:(1)当事人在行政程序或者庭前证据交换中对证人证言无异议的;(2)证人因年迈体弱或者行动不便无法出庭的;(3)证人因路途遥远、交通不便无法出庭的;(4)证人因自然灾害等不可抗力或者其他意外事件无法出庭的;(5)证人因其他特殊原因确实无法出庭的。在刑事诉讼中,《刑诉法解释》第206条规定:"证人具有下列情形之一,无法出庭作证的,人民法院可以准许其不出庭:(1)在庭审期间身患严重疾病或者行动极为不便的;(2)居所远离开庭地点且交通极为不便的;(3)身处国外短期无法回国的;(4)有其他客观原因,确实无法出庭的。具有前款规定情形的,可以通过视频等方式作证。"

2. 如实陈述作证

证人如实陈述作证,是准确查明案件事实,确保司法公正的基本要求。因此,证人应当将自己所了解的有关情况,客观地表达出来,并且应当实事求是地回答侦查人员、检察人员、审判人员、当事人、辩护人、诉讼代理人提出的问题。《民诉证据规定》第57条规定:"出庭作证的证人应当客观陈述其亲身感知的事实。"《行诉证据规定》第46条规定:"证人应当陈述其亲历的具体事实。证人根据其经历所作的判断、推测或者评论,不能作为定案的依据。"人民法院认为有必要的,可以让证人进行对质。

如果证人在被告知证人的权利义务以及有意作伪证的法律责任后,仍故意作虚假陈述的,情节较轻者,可以训诫、罚款或拘留;情节严重者,可以追究刑事责任。根据《民事诉讼法》第102条的规定,诉讼参与人伪造、毁灭重要证据,妨碍人民法院审理案件的,人民法院可以根据情节轻重予以罚款、拘留;构成犯罪的,依法追究刑事责任。《行政诉讼法》第49条也规定,诉讼参与人伪造、隐藏、毁灭证据的,人民法院可以根据情节轻重,予以训诫、责令具结悔过或者处1000元以下的罚款、15日以下的拘留;构成犯罪的,依法追究刑事责任。《行诉证据规定》第76条规定,证人作伪证的,依照《行政诉讼法》第49条第1款第(2)项的规定追究其法律责任。《刑事诉讼法》第52条规定,人民法院、人民检察院和公安机关有权向有关单位和个人收集、调取证据。有关单位和个人应当如实提供证据。凡是伪造证据、隐匿证据或者毁灭证据的,无论属于何方,必须受法律追究。根据《刑法》第 305 条之规定,在刑事诉讼中,证人对与案件有重要关系的情节,故意作虚假证明,意图陷害他人或者隐匿罪证的,构成妨害司法罪,处 3 年以下有期徒刑或者拘役;情节严重的,处 3 年以上 7 年以下有期徒刑。

3. 遵守程序规定或法庭秩序

如果证人是由侦查机关或公诉机关通知陈述作证的,证人就应当遵守有关诉讼程序的要求或者对案件保密的纪律规定。根据《民诉证据规定》第 45 条和《行诉证据规定》第 58 条的规定,出庭作证的证人不得旁听案件的审理。法庭询问证人时,其他证人不得在场,但组织证人对质的除外。

如果是被人民法院通知出庭作证,则应当自觉服从法庭指挥,遵守法庭纪律,维护法庭秩序。《刑事诉讼法》第 194 条规定,在法庭审判过程中,如果诉讼参与人或者旁听人员违反法庭秩序,审判长应当警告制止。对不听制止的,可以强行带出法庭;情节严重的,处以 1000 元以下的罚款或者 15 日以下的拘留。对聚众哄闹、冲击法庭或者侮辱、诽谤、威胁、殴打司法工作人员或者诉讼参与人,严重扰乱法庭秩序,构成犯罪的,依法追究刑事责任。《民事诉讼法》第 110 条规定:"诉讼参与人和其他人应当遵守法庭规则。人民法院对违反法庭规则的人,可以予以训诫,责令退出法庭或者予以罚款、拘留。人民法院对哄闹、冲击法庭,侮辱、诽谤、威胁、殴打审判人员,严重扰乱法庭秩序的人,依法追究刑事责任;情节较轻的,予以罚款、拘留。"《行政诉讼法》第 49 条也有类似的规定。

第四节　当事人陈述

一、当事人陈述的概念

当事人陈述,是指民事诉讼或行政诉讼中的双方当事人就争议的民事或行政法律关系产生、变更或者消灭的事实或发生争议的事实向法院所作的叙述和承认。如果案件中有第三人参加诉讼,该第三人就案件事实情况所作的陈述,也属于当事人陈述。当事人陈述是民事诉讼和行政诉讼共有的证据种类之一。《民事诉讼法》第 63 条和《行政诉讼法》第 31 条都明确规定,"当事人的陈述"属于法定的证据种类之一。在民事诉讼和行政诉讼中,当事人向法院陈述的内容较多,但并不是所有的陈述都属于证据法意义上的当事人陈述。当事人在法庭上的陈述通常包括诉讼请求的提出和说明、对案件事实情况的陈述、对证据材料的分析说明和判断以及争议事实性质的法律评判和适用法律的意见。其中,只有对案件事实情况的陈述才具有诉讼证据的意义。

当事人就案件有关的事实向人民法院所作的陈述,可以分为四种情况:

一是对当事人己方有利的案件事实的陈述。在一般情况,为了避免陷于诉讼的被动局面,当事人往往只会陈述对己方有利的案件事实,并尽量回避对自己不利事实的陈述。

二是对己方不利或者有利于对方当事人的事实陈述。一般而言,民事、行政诉讼当事人主动、诚实地叙述与己不利、反而有助对方当事人的事实之情况较为少见。但由于当事人对事实的性质把握不准或者在没有特别注意的情况下,也有可能陈述一些与己不利的事实。

如,在陈述自以为是正当防卫事实的同时,也陈述了自己实施了侵权行为的事实。

三是对对方当事人陈述的、与己不利的事实的反驳。为了防止败诉,民事或行政诉讼的当事人通常会对对方当事人陈述的、与己不利的事实进行反驳。反驳的方式既可以是提出相反或不同的事实根据进行驳斥,也可以是对对方陈述的事实进行漏洞分析和揭示,以使其主张不成立。如果当事人对陈述的事实进行分析后,提出一些处理意见以及如实适用法律,以希望法院作出对自己有利的判决,则是诉讼上的声明,不属于"当事人陈述"的范畴。

四是对对方当事人所作的与己不利的案件事实的承认。也就是对对方当事人陈述的与己不利的事实明确予以肯定和认可。

在以上四种情况中,第二种和第三种情况的陈述,可以概括为当事人的事实承认。可见,当事人的事实承认就是指当事人对与己不利事实的主动陈述和对对方当事人所作的与己不利的案件事实的认可。在诉讼实践中,一方当事人有时也会对对方的诉讼请求予以承认,但这种承认的性质有别于对案件事实的承认。对诉讼请求的承认,实质上是对对方当事人的权利请求的承认,其性质属于诉讼上的认诺,并不具有证明效力。除诉讼调解外,当事人是否依法享有权利或应否承担义务,属于法院判断的法律事项范畴,并不取决于对方当事人承认与否。

在法律性质上,当事人陈述可以是当事人实施的一种诉讼行为。其陈述中所包含的关于案件事实的内容,则是证据的种类之一。对于主张权利的当事人而言,陈述是其一项诉讼义务,因为只有其首先提出事实主张,法院才有审查的事实对象。对于不主张权利的一方当事人来说,陈述则是其一项进行防御的诉讼权利。该当事人拒绝陈述的,不影响人民法院根据证据认定案件事实。因此,当事人积极陈述的,不一定能够胜诉;当事人不作陈述的,也未必就当然败诉。

二、当事人陈述的分类

根据不同的标准,可以对当事人陈述进行不同的分类:

1. 书面陈述与口头陈述

以当事人陈述的形式为标准,可以分为书面陈述与口头陈述。书面陈述是指当事人以文字或书面的方式向法院叙述有关案件的事实情况。如起诉状、答辩状中有关案件事实的叙述,关于案件事实的特别书面说明等,即为书面陈述。口头陈述是指当事人通过口头言词方式向法院所作的关于案件事实的叙述和承认。如当事人对审判人员询问案件事实的回答、庭审中关于案件事实的叙述或回答,都是口头陈述。其中,当事人的书面陈述具有稳定性,如果其内容是与己不利或者承认对方当事人事实主张的,可以被引证为证据使用。口头陈述如果记录法庭笔录并经当事人签字确认后,涉及事实承认的内容也具有证据效力。当书面陈述提交法院后,如果当事人拟以口头陈述来改变书面陈述中与己不利的事实内容的,应当有相应的证据来证明。

2. 本人陈述和代理人陈述

以陈述的主体为标准,可以分为本人陈述和代理人陈述。由当事人本人对案件事实所作的叙述和承认,是本人陈述。当事人本人向法庭所作的口头陈述或承认以及由当事人亲笔签名的起诉状、答辩状、书面声明等,是当事人本人陈述。由当事人的诉讼代理人所作的关于案件事实的陈述和承认,即为代理人陈述。由诉讼代理人在法庭上代当事人所作关于案件事实的叙述、对案件事实问题的回答或作出的承认,属于代理人陈述。《民诉证据规定》第8条第3款规定:"当事人委托代理人参加诉讼的,代理人的承认视为当事人的承认。但未经特别授权的代理人对事实的承认直接导致承认对方诉讼请求的除外;当事人在场但对其代理人的承认不作否认表示的,视为当事人的承认。"由此可见,在委托诉讼代理中,只有代理人参加诉讼的,只具有一般代理权限的代理人之陈述不会直接导致承认对方当事人的诉讼请求,该代理人对诉讼请求的陈述不能视为当事人本人陈述;如果是具有特别授权的代理人,该代理人的所有陈述可以视为当事人本人陈述。当事人在场参加诉讼的,如果当事人对代理人的陈述不予否定,不论是一般授权还是特别授权,代理人的陈述均视为当事人本人陈述。在法定诉讼代理中,法定诉讼代理人的所有陈述,均视为当事人本人陈述。

3. 主张性陈述、否定性陈述和承认性陈述

以当事人陈述内容的性质为标准,可以分为主张性陈述、否定性陈述和承认性陈述。主张性陈述是指提出诉讼请求的当事人,为支持其诉讼请求而主动作出的关于案件事实情况的肯定性叙述。如合同纠纷中的原告所作的关于被告如何违约并导致其经济损失的事实叙述,即为主张性陈述。否定性陈述是指当事人针对对方当事人所作的事实主张予以否定和反驳的事实陈述。如被告针对原告关于借款的事实主张而作的已经还款或者时效已过的事实根据,即为否定性陈述。承认性陈述是指一方当事人对对方当事人所提出的事实明确予以认可的陈述。如行政诉讼的被告对原告主张的违法行为,承认是其实施的具体行政行为,即为承认性陈述。在诉讼中,主张性陈述、否定性陈述通常需要有证据支持才能成立,而承认性陈述则可以免除对方当事人的举证责任。《民诉证据规定》第8条第1条规定:"诉讼过程中,一方当事人对另一方当事人陈述的案件事实明确表示承认的,另一方当事人无须举证。但涉及身份关系的案件除外。"《行诉证据规定》第65条规定:"在庭审中一方当事人或者其代理人在代理权限范围内对另一方当事人陈述的案件事实明确表示认可的,人民法院可以对该事实予以认定。但有相反证据足以推翻的除外。"

4. 庭审外陈述和庭审中陈述

以陈述的时间、场所为标准,可以分为庭审外陈述和庭审中陈述。庭审外陈述是指当事人在开庭审理以外其他时间、其他地点就案件事实所作的叙述或承认。庭审中陈述是指当事人在正式开庭审理时在法庭上就案件事实所作的叙述或承认。当事人在庭审外陈述的有关案件事实,如果形成书面记录,可以在开庭时作为书证使用。当事人在庭审中陈述的案件事实,如果是与己不利的事实或者是对对当事人陈述的事实明确表示承认的,具有自认的效力。

5. 利己陈述和利他陈述

以陈述内容的证明作用为标准,可以分为利己陈述和利他陈述。利己陈述是当事人就案件事实所作的有利于己方的叙述和说明。一般来说,当事人所作的主张性陈述和否认性陈述多为利己陈述,利他陈述是指当事人就案件事实所作的有利于对方当事人的叙述或认可。承认性陈述即为利他陈述。当事人所作的利己陈述,如果不被对方当事人承认,还需要其他证据材料予以证实。《民诉证据规定》第71条第1款规定:"人民法院对当事人的陈述,应当结合本案的其他证据,审查确定能否作为认定事实的根据。"如果是利他陈述,除涉及身份关系的案件外,一般具有自认效力。《民诉证据规定》第8条第1条规定:"诉讼过程中,一方当事人对另一方当事人陈述的案件事实明确表示承认的,另一方当事人无须举证。但涉

及身份关系的案件除外。"《行诉证据规定》第 65 条规定:"在庭审中一方当事人或者其代理人在代理权限范围内对另一方当事人陈述的案件事实明确表示认可的,人民法院可以对该事实予以认定。但有相反证据足以推翻的除外。"

三、当事人陈述的特点

由于当事人是案件的直接利害关系人,直接承担诉讼后果。因此,其陈述具有以下特点:

1. 内容的真实性与虚假性并存

一方面,当事人争议的法律关系的发生、变更或消灭的事实以及发生争议的事实,比其他人知道得更为清楚、全面,这有可能为法院提供案件事实的全面情况;但是由于当事人同审判结果有直接的利害关系,彼此之间的利益有对立性,所以对利己的事实可能夸大,而对与己不利的事实则可能尽量掩盖、缩小,甚至可能歪曲事实,虚构事实情节。因此,当事人陈述往往会真假交织、虚实并存。即使是当事人的承认,也有可能出于虚假诉讼的合谋而进行虚假叙述和认可。当法院采信当事人陈述作为定案根据时,应当结合其他证据进行综合分析、判断。

2. 内容的直观性与易变性同在

由于当事人对案件的亲身经历,如果能据实陈述,可以对案件事实具体细节作出全面、生动、直观的叙述和说明,这就为法院认定事实提供了直观、形象的事实基础。不过,出于诉讼形势的变化和胜诉的主观愿望,当事人在陈述案情时也有可能在不同场合和不同的时间叙述不完全一致的内容。甚至会自我否定先前的陈述内容。因此,法院在审理案件时应当把当事人在庭审时陈述的内容,特别是当事人的承认,以笔录的方式予以固定,以防止其自我推翻。

四、当事人陈述的效力

虽然当事人陈述是证据种类之一,但其效力会因场所不同和内容不同而有所区别。

1. 当事人以起诉状、答辩状或书面声明的形式所作的与己不利的事实陈述,可以免除对方当事人的举证责任。但当事人反悔并有相反证据足以推翻的除外。《民诉证据规定》第 74 条规定:"诉讼过程中,当事人在起诉状、答辩状、陈述及其委托代理人的代理词中承认的对己方不利的事实和认可的证据,人民法院应当予以确认,但当事人反悔并有相反证据足以推翻的除外。"

2. 诉讼过程中,一方当事人对另一方当事人陈述的案件事实明确表示承认的,另一方当事人无须举证。但涉及身份关系的案件除外。

3. 在法庭审理过程中,对一方当事人陈述的事实,另一方当事人既未表示承认也未否认,经审判人员充分说明并询问后,其仍不明确表示肯定或者否定的,视为对该项事实的承认。另一方当事人无须举证。

4. 当事人在庭审之前,接受其他单位或组织的事实调查时,对与己不利的案件事实作出承认,如果形成了书面记录的,可以作为书证使用;如果是制作为录音、录像资料,则可以成为视听资料。

5. 当事人所作的关于案件事实的陈述不具有当事人承认性质的,应当结合本案的其他证据审查确定后,才能作为认定事实的根据。《民诉证据规定》第 76 条规定:"当事人对自己的主张,只有本人陈述而不能提出其他相关证据的,其主张不予支持。但对方当事人认可的除外。"

五、当事人的自认

（一）自认的概念

自认是指在民事、行政诉讼中,一方当事人主动陈述与己不利的事实以及对他方当事人所提出的不利事实陈述表示认可或者不加争执,又称为当事人的承认。自认是当事人陈述中的重要内容。自认的方式包括口头自认和书面自认。它既可以由当事人本人作出,也可以由当事人的诉讼代理人作出。但未经特别授权的诉讼代理人对事实的承认直接导致承认对方诉讼请求的除外。如果没有相反证据足以推翻,一方当事人的自认可以免除对方当事人的举证责任。

（二）自认的构成要素

作为诉讼证据,自认一经作出就具有法律效力。因此,它应当具备以下构成要素才能成立:

1. 必须是在诉讼开始后、法庭辩论终结前作出的承认。如果诉讼没有开始,利害关系人还不具有诉讼当事人的法律地位,所谓的承认自然不具有当事人陈述的法律性质。如果在法庭辩论终结后才承认的,由于没有经过质证程序而失去了证据意义。

2. 必须是向审理该案的合议庭或独任审判员作出的承认。直接向对方当事人或其他单位、个人所作的承认,未经庭审质证、辨认,不能被法庭直接采信。

3. 必须是对与己不利案件事实的主动陈述或者对对方当事人陈述的与己不利事实的认可或默认。如果是对对方当事人诉讼请求的承认,属于当事人的认诺。如果是对利己事实的陈述,则属于主张性陈述。二者都不具有自认的性质。

4. 必须是基于当事人真实自愿的承认。自愿的承认可以体现为明示自认或默示自认。明示自认是指当事人主动陈述与己不利的事实和对另一方所主张的不利事实,以言语方式主动、明确地表示认同。默示自认是指一方当事人对另一方当事人所主张的不利事实,既未明确表示肯定,也未予以否认。《民诉证据规定》第 8 条第 2 款规定:"对一方当事人陈述的事实,另一方当事人既未表示承认也未否认,经审判人员充分说明并询问后,其仍不明确表示肯定或者否定的,视为对该项事实的承认。"以强迫、威胁、利诱或者其他误导性方式使对方当事人认可的,不构成自认。

（三）自认的理论分类

依据不同的标准,自认可以作以下理论分类:

1. 完全自认和部分自认

以自认的事实范围或数量为划分标准,可以分为完全自认和部分自认。完全自认是指当事人全面陈述与己不利的事实和对对方当事人主张的所有不利事实予以承认。部分自认是指当事人有限地陈述与己不利的事实和对对方当事人主张的不利事实作出部分承认。

2. 口头自认和书面自认

以自认的方式为划分标准,可以分为口头自认和书面自认。口头自认是指当事人以言词方式叙述与己不利的事实和对对方当事人主张的不利事实所作的承认。书面自认是指当事人通过书状方式陈述不利事实和对对方当事人主张的不利事实所作的承认。

3. 当事人自认和代理人自认

以自认的主体为划分标准,可以分为当事人自认和代理人自认。当事人自认是指当事人本人主动陈述与己不利的事实和对对方当事人主张的不利事实所作的承认。代理人自认是指代理人代表当事人主动陈述不利的事实和对对方当事人主张的不利事实所作的承认。代理人自认只有符合相应的条件,才能对当事人产生约束力。《民诉证据规定》第 8 条第 3 款规定:"当事人委托代理人参加诉讼的,代理人的承认视为当事人的承认。但未经特别授权的代理人对事实的承认直接导致承认对方诉讼请求的除外;当事人在场但对其代理人的承认不作否认表示的,视为当事人的承认。"《行诉证据规定》第 65 条规定:"在庭审中一方当事人或者其代理人在代理权限范围内对另一方当事人陈述的案件事实明确表示认可的,人民法院可以对该事实予以认定。但有相反证据足以推翻的除外。"

4. 诉讼中自认和诉讼外自认

以作出自认的时间和场所为划分标准,可以分为诉讼中自认和诉讼外自认。诉讼中自认是指当事人在诉讼过程中主动陈述与己不利的事实和对另一方当事人所陈述的不利事实的承认。包括庭审时的自认、书状中的自认等。诉讼外自认是指当事人在诉讼程序之外主动陈述与己不利的事实和对另一方当事人所陈述的不利事实的承认。如在往来书信中或谈话中对与己不利事实的承认等。只有诉讼中的自认才具有免除对方当事人的举证责任。

(四)自认的效力及其范围

自认一经成立,即可产生法律上的效力。具体体现在三个方面:其一,自认对当事人产生的拘束力。当事人作出自认后,不得随意撤回,也不得在同一诉讼中再次就自认的事实进行争执或者主张与自认事实相反的事实。其二,免除对方当事人对自认事实部分的举证责任。自认作出后,意味着双方当事人对此事实没有争议。无争议的事实,即视为真实。其三,对法院产生拘束力。法院应当视自认事实为真实,并以其作为裁判的依据。在没有相反证据的情况下,法院不得作出与自认事实相反的事实认定。

不过,自认的效力范围是有限的。根据立法与司法实践,在以下几种情形,自认不发生效力:

1. 民事诉讼中涉及身份关系的案件。身份关系案件不仅涉及双方当事人的私人利益,而且还会影响到社会秩序和第三方的利益。如在亲子关系案件中,则可能影响到未成年子女的合法权益保护。

2. 民事诉讼中涉及国家利益、社会公共利益或者他人合法权益的事实。《民诉证据规定》第 13 条规定:"对双方当事人无争议但涉及国家利益、社会公共利益或者他人合法权益的事实,人民法院可以责令当事人提供有关证据。"《行诉证据规定》第 9 条第 2 款也规定:"对当事人无争议,但涉及国家利益、公共利益或者他人合法权益的事实,人民法院可以责令当事人提供或者补充有关证据。"

3. 民事诉讼调解或和解中的自认。《民诉证据规定》第 67 条规定:"在诉讼中,当事人为达成调解协议或者和解的目的作出妥协所涉及的对案件事实的认可,不得在其后的诉讼中作为对其不利的证据。"《行诉证据规定》第 66 条也规定:"在行政赔偿诉讼中,人民法院主持调解时当事人为达成调解协议而对案件事实的认可,不得在其后的诉讼中作为对其不利的证据。"之所以排除调解和和解中的自认效力,主要原因有:其一,当事人为达成调解协议或和解协议而作的让步表示,虽然形式上符合自认的构成要件,但却不具备自认的实质条件;其二,赋予调解或和解中的自认以证据效力,有违诚信原则,破坏当事人之间的依赖关系,不利于达成调解或和解协议。

4. 民事、行政诉讼中属于法院依职权调查的事实。依职权调查的事实,如涉及依职权追加当事人、中止诉讼、终结诉讼、回避等与实体争议无关的程序事项。由于这些事实无须当事人举证,因而没有自认的适用空间。对于法律、法规以及法律的解释问题,不得进行自认,因为这属于法院职权范围内的事项,不能以当事人自认拘束法院的裁决权。

（五）自认的撤回

一般而言,已经成立的自认,当事人不得随意撤回。这既是禁反言原则的要求,也是自认的效力体现。但是,公正的裁判必须是建立在客观真实的事实基础之上的,如果当事人的自认确实有违意思真实,也不符合司法正义的要求。因此,在特定条件下,允许当事人撤回其自认。

《民诉证据规定》第 8 条第 4 款规定:"当事人在法庭辩论终结前撤回承认并经对方当事人同意,或者有充分证据证明其承认行为是在受胁迫或者重大误解情况下作出且与事实不符的,不能免除对方当事人的举证责任。"第 74 条规定:"诉讼过程中,当事人在起诉状、答辩状、陈述及其委托代理人的代理词中承认的对己方不利的事实和认可的证据,人民法院应当予以确认,但当事人反悔并有相反证据足以推翻的除外。"《行诉证据规定》第 65 条也规定:"在庭审中一方当事人或者其代理人在代理权限范围内对另一方当事人陈述的案件事实明确表示认可的,人民法院可以对该事实予以认定。但有相反证据足以推翻的除外。"由此看来,如果符合以下条件,当事人可以撤回其自认:(1)撤回自认的时间是在法庭辩论终结前;(2)经对方当事人同意的,或者当事人有充分证据证明其承认行为是在受胁迫或重大误解情况下作出且与事实不符的。根据《行诉证据规定》,在行政诉讼中撤回自认仅限于当事人有相反证据足以推翻原自认的情形。但我们认为,参照民事诉讼的法理,扩展当事人撤回自认的理由,实属必要。

第五节　被害人陈述

一、被害人陈述的概念

被害人陈述是指在刑事案件中自己的人身或财产遭受犯罪行为直接侵害的人,就其被侵害的事实和有关犯罪分子的情况向公安司法机关所作的陈述。被害人陈述是我国刑事诉讼中特有的证据种类,属于言词证据。在其他国家,被害人属于证人,其陈述被视为证人证言。在我国刑事诉讼中,被害人是具有独立诉讼地位的当事人之一,被害人陈述是一种独立的诉讼证据。

被害人陈述的内容一般包括以下几个方面:一是对犯罪行为人的揭发和控告,包括对犯罪行为人的个人情况描述、与犯罪行为人的关系等;二是对犯罪发生前后有关情况的陈述,包括犯罪行为的起因、犯罪侵害的过程、因犯罪行为所遭受的损害等。在司法实践中,被害人陈述的内容可能超出前述范围,如对犯罪行为或犯罪分子的谴责、要求严惩犯罪分子的请求、附带民事诉讼的赔偿请求等。但这些不属于案件事实的范畴,故不具有诉讼证据的意义。

在我国刑事诉讼中,被害人包括自然人被害人和单位被害人。其中,对单位被害人的陈述,学界较少论及。我们认为,被害单位的法定代表人或负责人以单位名义就犯罪行为和犯罪损害所作的事实叙述,也属于被害人陈述。如果是以其个人名义或者由单位的其他工作人员进行陈述,则应视为证人证言。

二、被害人陈述的特点

作为一种言词证据,被害人陈述具有以下几个特点:

1. 被害人陈述具有不可替代性

被害人是刑事诉讼中特定诉讼主体之一,它是由犯罪行为所决定的,具有不可替代性。只有犯罪行为直接侵害的对象,才属于被害人。也只有被害人本人的陈述,才能成为诉讼证据。已死亡被害人的近亲属、未成年被害人的法定代理人或者间接受到犯罪行为损害的人所作的陈述,都不属于被害人陈述。

2. 被害人陈述内容真实性与虚假性并存

被害人是犯罪行为的直接作用对象,他对犯罪人特征、作案的时间、地点、方法、过程、结果等,往往比较了解,如果能客观陈述,可以深刻揭露犯罪的事实真相。与此同时,被害人出于对犯罪行为憎恨和报复心理,情绪容易偏激,可能会夸大事实情节而导致虚假陈述。同时,被害人精神高度紧张、观察不细、记忆模糊、受到年龄或智力限制,也可能导致陈述不清或者与实际情况有出入。出于个人利益、名誉、家庭关系和前途考虑,或者受到金钱贿买、暴力恐吓及权力干预等外力干扰时,被害人也可能作出虚假陈述。另外,出于私利、受人指使或其他不可告人目的而故意诬告陷害他人的情况,也时有发生。

3. 被害人陈述往往具有直接证明性

如果被害人能够据实陈述,其内容不仅针对案件的主要事实,而且比较、生动、形象、完整。多数案件中,被害人还与犯罪人有直接接触,能明确指认犯罪分子。因此,一旦查证属实,它即具有直接证据的证明力。

三、被害人陈述的证明价值

作为独立的一种证据种类,被害人陈述的证明价值主要表现在以下几个方面:

1. 成为立案侦查的先导。在有被害人的案件中,被害人的控告或报案往往是刑事立案并展开侦查的主要信息来源之一。有些案件中,由于被害人介入了案件的整个过程,往往能够提供丰富的有价值的破案信息,为案件的侦破起到至关重要的作用。

2. 确认犯罪嫌疑人身份,证实犯罪情节。有些被害人与犯罪行为人有过正面接触,对犯罪行为人的个人特征比较了解,其陈述内容能够直接指证、确认犯罪嫌疑人身份。被害人对犯罪事实的细节陈述,则可能成为证实犯罪的直接证据。

3. 证实犯罪危害后果。作为犯罪行为的直接侵害的对象,被害人对自己所遭受的犯罪损害感知深刻,生动、形象的陈述对证实犯罪危害后果具有重要意义。

4. 核实案情,排除伪证。一般来说,被害人与犯罪人一样了解案件事实经过,特别是前因后果以及一些鲜为人知的细节,被害人的陈述往往比较具体、全面。因此,若以之与其他证据进行比对分析,有利于发现各种证据之间的矛盾,从而排除伪证。

第六节　犯罪嫌疑人、被告人的供述与辩解

一、犯罪嫌疑人、被告人的供述和辩解的概念

犯罪嫌疑人、被告人的供述和辩解是指犯罪嫌疑人、被告人在刑事诉讼过程中,就与案件有关的事实情况向公安司法机关所作的叙述和说明,通常简称为"口供"。它是我国刑事诉讼中特有的证据种类,属于言词证据。

犯罪嫌疑人、被告人是刑事诉讼的中心主体,是刑事责任的追究对象。犯罪嫌疑人、被告人供述和辩解的内容可以包括三个方面:(1)供述,即对犯罪行为和犯罪具体过程、情节等事实的承认。它包括自首、坦白和供认三种表现形式。(2)辩解,即说明自己无罪、罪轻或者减轻的事实申辩和解释。它包括否认、申辩、反驳和提供反证等情形。(3)攀供,即检举、揭发同案其他犯罪嫌疑人、被告人实施共同犯罪的事实陈述。揭发、检举的内容与该犯罪嫌疑人、被告人自己的犯罪行为有一定的联系,可以在本案当中当做证据使用,故而属于犯罪嫌疑人、被告人的供述和辩解的一种。犯罪人攀供的动机多种多样,或为"立功",或为悔罪,或为推卸责任。为推卸自己的罪责或者报复陷害他人,故意虚构他人有犯罪行为而进行陈述称为"攀诬"。

犯罪嫌疑人、被告人供述和辩解一般是口头陈述,通常以笔录方式加以固定。经犯罪嫌疑人、被告人请求或侦查办案人员要求,也可以由犯罪嫌疑人、被告人亲笔书写供词。《刑事诉讼法》第120条规定:"讯问笔录应当交犯罪嫌疑人核对,对于没有阅读能力的,应当向他宣读。如果记载有遗漏或者差错,犯罪嫌疑人可以提出补充或者改正。犯罪嫌疑人承认笔录没有错误后,应当签名或者盖章。侦查人员也应当在笔录上签名。犯罪嫌疑人请求自行书写供述的,应当准许。必要的时候,侦查人员也可以要犯罪嫌疑人亲笔书写供词。"

除了文字记录犯罪嫌疑人、被告人供述和辩解以外,对讯问过程进行录音或者录像也有相应的法律要求。《刑事诉讼法》第121条规定:"侦查人员在讯问犯罪嫌疑人的时候,可以对讯问过程进行录音或者录像;对于可能判处无期徒刑、死刑的案件或者其他重大犯罪案件,应当对讯问过程进行录音或者录像。录音或者录像应当全程进行,保持完整性。"《刑诉规则(试行)》第197条第3款规定:"讯问犯罪嫌疑人时,应当告知犯罪嫌疑人将对讯问进行全程同步录音、录像,告知情况应当在录音、录像中予以反映,并记明笔录。"另外公安部《办理刑事案件程序规定》第203条规定:"讯问犯罪嫌疑人,在文字记录的同时,可以对讯问过程进行录音或者录像。对于可能判处无期徒刑、死刑的案件或者其他重大犯罪案件,应当对讯问过程进行录音或者录像。"《人民检察院讯问职务犯罪嫌疑人实行全程同步录音录像的规定(试行)》第2条规定:"人民检察院讯问职务犯罪嫌疑人实行全程同步录音、录像,是指人民检察院办理直接受理侦查的职务犯罪案件,每次讯问犯罪嫌疑人时,应当对讯问全过程实施不间断的录音、录像。"由此可见,关于讯问犯罪嫌疑人的同步录音、录像也是记录犯罪嫌疑人、被告人供述和辩解的一种重要辅助形式。经核对无误的录音、录像与讯问笔录具有

同等效力,但不得因录音、录像而省略讯问笔录。

根据我国《刑事诉讼法》的规定,单位也可以成为犯罪嫌疑人、被告人。作为单位犯罪嫌疑人、被告人的供述和辩解是指犯罪单位的法定代表人或主要负责人代表单位就犯罪事实的陈述或者无罪、罪轻和减轻的辩解。法定代表人或主要负责人同时被追究刑事责任的,则由该单位的其他主要负责人代表单位进行陈述。犯罪单位的其他直接责任人或相关工作人员对单位犯罪情况的叙述或说明,则应当视为证人证言。最高人民法院《刑诉法解释》第279条规定:"被告单位的诉讼代表人,应当是法定代表人或者主要负责人;法定代表人或者主要负责人被指控为单位犯罪直接负责的主管人员或者因客观原因无法出庭的,应当由被告单位委托其他负责人或者职工作为诉讼代表人。但是,有关人员被指控为单位犯罪的其他直接责任人员或者知道案件情况、负有作证义务的除外。"其第281条还规定:"被告单位的诉讼代表人享有刑事诉讼法规定的有关被告人的诉讼权利。开庭时,诉讼代表人席位置于审判台前左侧,与辩护人席并列。"

二、犯罪嫌疑人、被告人供述和辩解的特点

犯罪嫌疑人、被告人是刑事指控的对象,是与案件事实和诉讼结果有直接利害关系的关键当事人。犯罪嫌疑人、被告人的供述和辩解具有以下几个特点:

1. 具有证明案件事实的直接性。作为犯罪行为主体的犯罪嫌疑人、被告人对自己是否实施犯罪、犯罪的具体过程和情节、犯罪前后的主观心态,最为清楚。其所作的有罪供述,可以直观全面地反映其犯罪的动机、目的、时间、地点、原因、手段和后果等具体事实情况。他所作的无罪或轻罪的辩解所依据的事实根据和理由则有助于司法人员了解案件事实的全貌。犯罪嫌疑人、被告人对同案犯的检举、揭发,则可以帮助核实其他共犯的犯罪事实。因此,犯罪嫌疑人、被告人供述和辩解一经查实,就可以成为认定案件事实的直接证据。

2. 内容的真实性与虚假性并存。如果犯罪嫌疑人、被告人是犯罪行为的具体实施人,因政策攻势的压力或者自我悔罪的心理作用,有可能如实招供,对案件事实作出全面、客观的陈述。但是,出于逃避罪责的本能,在被讯问时狡辩、抵赖,避重就轻,真假混杂,甚至故意隐瞒犯罪事实的可能性也不能排除。与此同时,由于逼供、指供、诱供、为他人顶罪等原因,也极有可能作出虚假陈述。倘若发案时间久远,记忆力衰退,表达能力减损,其陈述内容变得模糊不清的概率也会较高。因此,犯罪嫌疑人、被告人的供述和辩解必须结合其他证据查证属实后,才可以作为定案的根据。《刑事诉讼法》第53条第1款规定:"对一切案件的判处都要重证据,重调查研究,不轻信口供。只有被告人供述,没有其他证据的,不能认定被告人有罪和处以刑罚;没有被告人供述,证据充分确实的,可以认定被告人有罪和处以刑罚。"其第54条还规定,采用刑讯逼供等非法方法收集的犯罪嫌疑人、被告人供述和采用暴力、威胁等非法方法收集的证人证言、被害人陈述,应当予以排除。在侦查、审查起诉、审判时发现有应当排除的证据的,应当依法予以排除,不得作为起诉意见、起诉决定和判决的依据。最高人民法院《刑诉法解释》第83条第1款规定:"审查被告人供述和辩解,应当结合控辩双方提供的所有证据以及被告人的全部供述和辩解进行。"

3. 具有不稳定性和反复性。当受到外来各种因素的干扰时,犯罪嫌疑人、被告人的思想容易起伏波动,并导致随时翻供。如果在侦查讯问时遭受过刑讯逼供的,当其进入审判阶

段后,在辩护人的支持下,翻供的可能性也比较大。一开始如实招供,当其畏惧刑事责任的承担时,也有可能推翻自己原先的供述。如果先前隐瞒了有关事实,因政策感召或者书证、物证的出示,犯罪嫌疑人、被告人重新回到如实陈述的轨道上也有可能。针对犯罪嫌疑人、被告人的翻供,应当理性地分析其中的原因,并结合其他证据来判断何时的供述属于真实供述。最高人民法院《刑诉法解释》第83条第2款、第3款规定:"被告人庭审中翻供,但不能合理说明翻供原因或者其辩解与全案证据矛盾,而其庭前供述与其他证据相互印证的,可以采信其庭前供述。被告人庭前供述和辩解存在反复,但庭审中供认,且与其他证据相互印证的,可以采信其庭审供述;被告人庭前供述和辩解存在反复,庭审中不供认,且无其他证据与庭前供述印证的,不得采信其庭前供述。"

三、犯罪嫌疑人、被告人供述和辩解的证明价值

古今中外,在任何时期的刑事诉讼中,犯罪嫌疑人、被告人的供述和辩解对案件事实的认定都扮演着十分重要的角色。犯罪嫌疑人、被告人的供述和辩解,对于全面分析研究案情、正确认定案件事实,公正、准确地处理案件,确保不枉不纵,合理配置司法资源,提高诉讼效率都有积极的意义。因此,尽管犯罪嫌疑人、被告人的供述和辩解真假混杂,不可轻信,但其在刑事诉讼中的证明价值却不容小视。具体表现有:

1. 犯罪嫌疑人、被告人的供述有助于司法人员迅速全面地查明案情,正确定性案件。犯罪嫌疑人、被告人可能是实施了受到指控的犯罪的具体行为人,也可能是没有实施被指控犯罪的无辜者。属于前者的,犯罪嫌疑人、被告人对自己实施的犯罪行为比其他任何人都更为清楚。若能如实供述,可以全面反映其犯罪的目的、动机、手段和过程。共同犯罪人的供述,还可以从各个侧面反映案情的全貌。犯罪嫌疑人、被告人承认有犯罪行为,但作出罪轻或者免予刑事处罚的辩解的,也可以帮助办案人员准确认定其刑事责任。因此,犯罪嫌疑人、被告人的有罪供述和关于罪行轻重的辩解,一旦查证属实,即可以成为认定案件事实的直接证据。属于后者的,犯罪嫌疑人、被告人如实的无罪辩解,可以避免无罪的人受到错误的刑事追究,减少冤假错案的发生,并促使办案人员进一步收集证据,查获真正的犯罪分子。

2. 犯罪嫌疑人、被告人的供述和辩解有利于发现其他犯罪嫌疑人或犯罪线索。如果犯罪嫌疑人、被告人的供述和辩解含有对同案犯或其他公民犯罪的检举、揭发,其内容可以为司法人员发现同案的其他犯罪嫌疑人或者其他公民的犯罪提供有价值的线索或证据。这对于全面、准确惩罚犯罪,防止犯罪人逃避刑事责任具有十分重要的意义。

3. 犯罪嫌疑人、被告人的供述和辩解有利于审查核实本案中的其他证据材料。犯罪嫌疑人、被告人的供述和辩解是刑事证据的一种,其如实的供述和辩解可以与其他证据相互比较、印证,为核实、判断其他证据的真伪提供审查判断的依据,发现和排除证据材料之间的矛盾,从而使案件最终得到正确处理。

4. 犯罪嫌疑人、被告人的供述和辩解可以反映其认罪、悔罪的态度。犯罪嫌疑人、被告人的供述和辩解是其本人对案件事实的主要反映,除了事实陈述的内容外,还包含有其主观心态的真实反映。其事后是否具有如实认罪和真诚悔罪的主观态度,可以从供述的内容中得到具体反映。犯罪嫌疑人、被告人认罪、悔罪的态度,既有助于公安、司法机关决定何种强制措施的适用,还有助于人民法院正确适用法律,进行适当量刑。

四、关于犯罪嫌疑人、被告人的供述和辩解需要注意的几个问题

（一）不得强迫自证其罪与如实回答讯问的关系问题

《刑事诉讼法》第50条规定了"不得强迫任何人证实自己有罪"，这是对司法机关收集口供的原则性要求，是指不得以任何强迫手段迫使任何人认罪和提供证明自己有罪的证据。不得强迫自证其罪是刑事司法的一项基本原则，在具体的制度设计方面又包括以下几个方面的内容：被追诉人有权拒绝回答归罪性提问、不得采用强迫性讯问手段、强迫供述下的非法证据排除规则、禁止作出不利评价或推论以及获得律师帮助的权利。《刑事诉讼法》规定了不得强迫任何人证实自己有罪，但将其放在了证据章节中，限制了其原则性作用的发挥，不利于其精神在整个刑事诉讼法中的贯彻。尽管如此，该规定依然具有重要意义：（1）这是具有刑事诉讼法的原则性质的规定，这一规定具有重要的法律引领和引导作用，体现了我国刑事诉讼制度对程序公正的重视，体现了现代诉讼理念；（2）从原则和理念上进一步强化对于刑讯逼供的严格禁止；（3）与国际公约的有关规定相衔接。我国参加了《公民权利和政治权利国际公约》，该规定与公约规定的精神是一致的。

《刑事诉讼法》第50条规定了"不得强迫任何人证实自己有罪"，但同时第118条又规定，犯罪嫌疑人对侦查人员的提问，应当如实回答。对于"不得强迫任何人证实自己有罪"和"应当如实回答"，有学者认为二者是矛盾的。在我国不得强迫自证其罪条款的设立实则是对沉默权的认可。因为对于归罪性提问，犯罪嫌疑人、被告人可以拒绝回答，而拒绝回答的形式就包括缄口不言、保持沉默。赋予任何人不得强迫自证其罪的特权必然允许在个人成为被政府追究的对象时有权保持沉默，这是一种内在关系的逻辑推演。可以说，不得强迫自证其罪是一个总体原则，而沉默权是实现这个原则的具体路径和方法之一。[①] 因此，《刑事诉讼法》规定了不得强迫任何人自证其罪其实就是在我国确立了沉默权。如果一方面允许其沉默，但另一方面又要求犯罪嫌疑人如实回答，二者显然直接冲突。我们认为，二者并不矛盾。

首先，"不得强迫任何人证实自己有罪"与沉默权有所不同。应当说不得强迫自证其罪与沉默权确实有着紧密的联系，不得强迫自证其罪的主要目的在于防止政府以强制手段获得个人的陈述，然后又以此为证据对陈述人进行刑事追究。沉默权也是防止政府强迫犯罪嫌疑人自证其罪，在这一点上是相通的。但二者还是有一些差别的。其一，两者的权利范围不相同。沉默权是以否定一切陈述义务为前提的，它意味着犯罪嫌疑人、被告人等有权拒绝回答一切提问，还可以决定不为自己作证或辩解，而且无须说明理由。而不得强迫自证其罪的权利是以有部分陈述或作证义务为前提的，一些国家对此还明确予以规定。如《葡萄牙刑事诉讼法》第342条就规定：关于嫌疑人个人身份的事项和犯罪记录方面的提问，嫌疑人必须如实回答，否则可能受到刑事追究。[②] 大陆法系国家也大多都规定被告人对自己的姓名、地址不能沉默不言。[③] 只是对于可能使自己受到刑事追究的问题才有权拒绝回答，因而必

---

① 杨宇冠：《论不强迫自证其罪原则》，载《中国法学》2003年第1期。

② Christine Van Den Wyngaert et al. ed., *Criminal Procedure System in the European Community*, Butterworths, 1993, p. 331.

③ 孙长永：《沉默权制度的基本内容研究》，载陈光中、江伟：《诉讼法论丛（第4卷）》，法律出版社2000年版，第41页。

须针对具体问题分别主张权利,并且要附具理由予以释明。其二,两者的作用对象和立法初衷也不尽相同。不得强迫自证其罪强调抵制和消除司法专横,遏制刑讯逼供等强迫性取证手段,规范取证方式的合法化与合理性,这不仅体现了国家对被追诉人"自由"权益的尊重,更是一种"控权"思想的表现。而沉默权则从被讯问人角度出发,指出其有保持缄默的权利,面对追诉机关有拒绝回答提问,它通过对个人的"赋权"来增加诉讼对抗色彩。

其次,"不得强迫任何人证实自己有罪"的目的是防止刑讯逼供,而非赋予犯罪嫌疑人不陈述的权利。从我国《刑事诉讼法》修改的背景来看,"不得强迫任何人证实自己有罪"的规定主要是出于禁止刑讯逼供和以威胁、引诱、欺骗以及其他非法方法等,来迫使犯罪嫌疑人、被告人作出有罪供述的现实需要,它并不意味着犯罪嫌疑人、被告人可以在保持沉默和回答讯问之间可以作出自由选择。

再次,"应当如实回答"只是具有宣示意义的规定,而非法定义务。因为不如实供述,讯问人员也不能施加任何的压力,从法律上看,犯罪嫌疑人也不会因为在讯问过程中未如实供述承担任何不利后果抑或责任。作为一种倡导,法律鼓励如实供述,并在法律中明确规定:"侦查人员在讯问犯罪嫌疑人的时候,应当告知犯罪嫌疑人如实供述自己罪行可以从宽处理的法律规定。"

综上述可知,《刑事诉讼法》规定了不得强迫任何人证实自己有罪,又规定了犯罪嫌疑人对侦查人员的讯问应当如实回答,可以理解为法律不强迫犯罪嫌疑人自证其罪,但也没有赋予其沉默权。犯罪嫌疑人可以作出有罪供述,也可以不作出供述,法律不采取强迫措施。但犯罪嫌疑人一旦选择自愿作出供述,就应当如实供述,法律鼓励如实供述。这样既保证了犯罪嫌疑人享有不被强迫自证其罪的权利,同时又可以兼顾我国刑事司法实践的需要。

(二)关于共犯口供的问题

《刑事诉讼法》第53条规定:"只有被告人供述,没有其他证据的,不能认定被告人有罪和处以刑罚;没有被告人供述,证据确实、充分的,可以认定被告人有罪和处以刑罚。"由于现实中存在的各种原因,被告人作出虚假供述的可能性比较大,如果仅仅凭被告人供述认定被告人有罪,很可能冤枉无辜,而且被告一旦翻供,司法机关也会十分被动。因此,法律作出这样的规定有其现实合理性。

然而,在执行上述规定时,遇到共犯口供性质的理解问题,在实践中常常存在争议。在共同犯罪的案件中,两个以上的犯罪嫌疑人、被告人在分别讯问时形成各自的供述和辩解笔录,称之为共犯口供。对于该口供究竟应该属于"被告人供述",还是互为"证人证言"。如果共同犯罪的数人在同一案件中受到追诉,各自的供述和辩解,不论数量有多少,均只能认为是"只有口供",根据《刑事诉讼法》第53条的规定,那就不能仅凭共犯口供定罪。如果将共犯口供视为"证人证言",只要能相互印证,则可以依据共犯口供定罪。我们认为,共犯口供应理解为"被告人供述",而非"证人证言"。对于共犯口供,尽管彼此之间可以作为相互审查和印证的参照,但仍然属于"被告人供述"范畴。在共同犯罪中,犯罪人的主观故意和客观行为都具有共同性,供述具有牵连性,共犯口供不具有独立的相互证明性,不能用一个被告人的供述来审查另一个被告人供述的真实性。因此,它不具有独立的证据价值。我们认为,只要是事实上的共同犯罪行为人,即便没有受到刑事追究或者作另案处理,其供述仍然属于口供,而不能成为本案的证人证言。如果被告人供述一致,也要进一步收集其他证据进行证明,否则,不能仅仅据此定罪。

当然,如果被告人供述的内容是揭露共犯的其他犯罪,与其自身参与的犯罪无关,则其口供可作为证人证言使用。

(三)关于讯问犯罪嫌疑人的录音录像问题

根据《刑事诉讼法》第 121 条的规定,对侦查讯问犯罪嫌疑人的过程进行录音或者录像分为两种情况:一是应当录音或者录像的情形,即对于可能判处无期徒刑、死刑的案件或者其他重大犯罪案件,应当对讯问过程进行录音或者录像;二是可以录音或者录像的情形,对于除第一种情形以外的其他犯罪案件,侦查机关可以根据需要对讯问过程进行录音或者录像。对讯问过程进行录音或者录像有以下积极意义:

1. 录音或者录像的内容可以全面记录讯问过程的真实情况。必要时,可用以佐证讯问行为的合法性或者反映不当提问及刑讯逼供等违法讯问的情形。

2. 录音或者录像的内容可以固定犯罪嫌疑人对讯问的具体回答。当犯罪嫌疑人在日后的审判中翻供时,录音或者录像的回答可用以审查、辨别口供内容的真伪。如果文字记录与录音或者录像的内容不一致的,应当以录音或者录像记录的内容为准。

3. 以录像方式记录的讯问过程,可以反映讯问当时的环境条件。必要时,可用以鉴别犯罪嫌疑人合法权益的受保护或侵害情况。

由于录音或者录像是侦查机关单方实施的行为,为保证录音或者录像内容的客观性、真实性,实施录音或者录像时应当注意以下几点:

1. 确保被讯问人员的知情权。《人民检察院刑事诉讼规则(试行)》(以下简称《刑诉规则(试行)》)第 197 条第 3 款规定:"讯问犯罪嫌疑人时,应当告知犯罪嫌疑人将对讯问进行全程同步录音、录像,告知情况应当在录音、录像中予以反映,并记明笔录。"公安机关的侦查对此未作告知要求,但值得借鉴。

2. 要确保录音或者录像的完整性。录音或者录像应有起始和结束的时间记录,且中间不得停顿或进行信号转换。为避免在录音或者录像前发生违规行为,我们认为,有必要从犯罪嫌疑人被带入侦查办案区域时或从看守所羁押号房提出之时即应开始启动录像信号。正式讯问时,则应当同步录音录像。本次讯问结束时,由实施操作的技术人员、侦查被讯问人员和犯罪嫌疑人同时在录音录像媒介的封条上签字确认,并记明封存的日期、时刻。

3. 确保录音录像环境信息的全面性。录像记录的内容至少应当清晰地显示讯问的日期、星期、时刻(精确到秒)、讯问室的温度、湿度以及被讯问人员的座椅及其周边的环境状况,以确保讯问行为的规范性。

第七节　鉴定意见

一、鉴定意见的概念及特点

鉴定是指专业技术人员运用自己的专门知识和技能以及必要的技术手段,对案件中有争议的专门性问题进行检测、分析和鉴别的活动。运用专门知识对涉及案件事实的技术问题进行鉴定活动的技术人员,称为鉴定人。当某一案件事实中需要以专业知识、技能或者手段进行分析研究后才能鉴别或判明的专门性问题,是鉴定的对象或者鉴定的客体。经过鉴定活动,鉴定人对鉴定对象所形成的判断性意见即为鉴定意见。因此,鉴定意见是指公安司法机关指派或委托的专业技术人员运用自己的专门知识和技能以及必要的技术手段,对案件事实中的专门性问题进行检测、分析和鉴别后作出的具有明确结论的判断性意见。鉴定意见是我国三大诉讼法规定的证据种类之一,属于言词证据。在其他一些国家,鉴定人属于专家证人,其鉴定意见则称为专家证言。

在较长的一段时间内,我国的三大诉讼立法和诉讼理论通常把"鉴定意见"称为"鉴定结论"。"结论"就意味着具有不可争议性。但事实上,鉴定人就专门的事实问题所作出的判断性意见只是证据类型之一,并不具有当然的证明效力,经过质证、辩论后,它既可能被采信,也可能被排除在定案根据的范围之外。因此,近年来理论界及立法中普遍采用开始"鉴定意见"的表述。如 2005 年全国人大颁布的《关于司法鉴定管理问题的决定》、2005 年司法部发布的《司法鉴定人登记管理办法》、2012 年修订的《刑事诉讼法》以及《民事诉讼法》也都分别采用了"鉴定意见"的术语。《关于司法鉴定管理问题的决定》第 1 条规定:"司法鉴定是指在诉讼活动中鉴定人运用科学技术或者专门知识对诉讼涉及的专门性问题进行鉴别和判断并提供鉴定意见的活动。"《司法鉴定人登记管理办法》第 3 条规定:"本办法所称的司法鉴定人是指运用科学技术或者专门知识对诉讼涉及的专门性问题进行鉴别和判断并提出鉴定意见的人员。"

在三大诉讼中都可能涉及鉴定问题,因此三大诉讼法都对鉴定作了相应的规定。《刑事诉讼法》第 144 条规定:"为了查明案情,需要解决案件中某些专门性问题的时候,应当指派、聘请有专门知识的人进行鉴定。"第 145 条规定:"鉴定人进行鉴定后,应当写出鉴定意见,并且签名。"《民事诉讼法》第 76 条规定:"当事人可以就查明事实的专门性问题向人民法院申请鉴定。当事人申请鉴定的,由双方当事人协商确定具备资格的鉴定人;协商不成的,由人民法院指定。当事人未申请鉴定,人民法院对专门性问题认为需要鉴定的,应当委托具备资格的鉴定人进行鉴定。"《行政诉讼法》第 35 条也规定:"在诉讼过程中,人民法院认为对专门性问题需要鉴定的,应当交由法定鉴定部门鉴定;没有法定鉴定部门的,由人民法院指定的鉴定部门鉴定。"在诉讼中,审理案件的法官不可能通晓所有专业领域的知识,对于一些专业性强的专门问题只能借助技术人员来作出正确的判断。

与其他证据种类相比,鉴定意见具有以下特点:

1. 鉴定意见是专家的判断性意见。鉴定意见不是对案件事实的客观记录或描述,而是鉴定人在观察、检验、分析等科学技术活动的基础上得出的主观性认识。鉴定意见虽然具有较强的专业性,但毕竟是人思考、分析后作出的意见,因而带有一定的主观烙印,这是其与只能陈述客观事实的证言证人的显著区别。

2. 鉴定意见只能针对案件事实所涉及的专门性问题提供意见。这里的专门性问题是指鉴定对象的有关事实,鉴定人作出的鉴定意见是就该事实发表检测与判断的意见,不能就案件涉及的法律问题提供评价性意见。超越鉴定范围和权限,发表关于法律问题的意见应属无效。对法律问题的判断应属于司法机关的职责,司法机关也不得要求鉴定人回答案件中所涉及的法律问题。

3. 鉴定意见必须以书面形式即《鉴定意见书》的形式提出。鉴定意见通常包含有特定含义的专业术语和有关检测数据,出于审查和复核的诉讼需要,以书面意见的形式可以避免误解。其中,鉴定意见具有相应的形式要求,语义明确的结论性判断是其必备内容之一。当然,书面鉴定意见的提出,并不免除鉴定人出庭作证的义务。鉴定人仍应当出庭以口头方式将鉴定结论的内容解释清楚,并且回答法庭的提问和诉讼双方的质询。

二、鉴定的法律程序

（一）刑事诉讼鉴定程序

刑事诉讼中的鉴定程序,可以分为初次鉴定和重新鉴定或补充鉴定两种情形:

1. 初次鉴定

初次鉴定包括侦查机关依职权主动将有关问题交付鉴定和依当事人申请进行鉴定。在刑事侦查中,鉴定是一项侦查行为。当案件涉及专门性问题时,侦查机关首先要聘请、指派专业人员进行鉴定,一般都是初次鉴定。因而,侦查机关依职权主动将有关问题交付鉴定的情形最为常见。根据《刑事诉讼法》及相关司法解释,公安机关、检察院和法院都有权启动鉴定程序。《刑事诉讼法》第 144 条和公安部《办理刑事案件程序规定》第 239 条都规定:"为了查明案情,需要解决案件中某些专门性问题的时候,应当指派、聘请有专门知识的人进行鉴定。"《刑诉规则(试行)》第 248 条规定:"鉴定由检察长批准,由人民检察院技术部门有鉴定资格的人员进行。必要的时候,也可以聘请其他有鉴定资格的人员进行,但是应当征得鉴定人所在单位的同意。"《刑事诉讼法》第 191 条规定:"法庭审理过程中,合议庭对证据有疑问的,可以宣布休庭,对证据进行调查核实。人民法院调查核实证据,可以进行勘验、检查、查封、扣押、鉴定和查询、冻结。"除了主动交付鉴定以外,也可以根据当事人的申请而启动鉴定程序。《刑诉规则(试行)》第 253 条第 3 项规定:"犯罪嫌疑人的辩护人或者近亲属以犯罪嫌疑人有患精神病可能而申请对犯罪嫌疑人进行鉴定的,鉴定费用由请求方承担。"

2. 补充鉴定或重新鉴定

补充鉴定或重新鉴定可分为公安司法机关依职权补充鉴定或重新鉴定和当事人及其法定代理人、辩护人等申请补充鉴定或重新鉴定两种情形。补充鉴定或重新鉴定只是在必要时才会发生。根据《刑事诉讼法》和有关司法解释的规定,初次鉴定作出鉴定意见后,公安司法机关应当主动对鉴定内容进行审查,发现鉴定程序违法或者鉴定意见不符合科学依据的,可以决定进行补充鉴定或者重新鉴定。《刑诉规则(试行)》第 252 条规定:"对于鉴定意见,检察人员应当进行审查,必要的时候,可以提出补充鉴定或者重新鉴定的意见,报检察长批准后进行补充鉴定或者重新鉴定。检察长也可以直接决定进行补充鉴定或者重新鉴定。"公安部《办理刑事案件程序规定》第 245 条规定:"经审查,发现有下列情形之一的,经县级以上公安机关负责人批准,应当补充鉴定:(1)鉴定内容有明显遗漏的;(2)发现新的有鉴定意义的证物的;(3)对鉴定证物有新的鉴定要求的;(4)鉴定意见不完整,委托事项无法确定的;(5)其他需要补充鉴定的情形。"第 246 条规定:"经审查,发现有下列情形之一的,经县级以上公安机关负责人批准,应当重新鉴定:(1)鉴定程序违法或者违反相关专业技术要求的;(2)鉴定机构、鉴定人不具备鉴定资质和条件的;(3)鉴定人故意作虚假鉴定或者违反回避规定的;(4)鉴定意见依据明显不足的;(5)检材虚假或者被损坏的;(6)其他应当重新鉴定的情形。重新鉴定,应当另行指派或者聘请鉴定人。"

如果当事人及其法定代理人、辩护人等对侦查机关出具的鉴定意见有异议的,也可以申请补充鉴定或重新鉴定。《刑事诉讼法》第 146 条规定:"侦查机关应当将用作证据的鉴定意见告知犯罪嫌疑人、被害人。如果犯罪嫌疑人、被害人提出申请,可以补充鉴定或者重新鉴定。"第 192 条规定:"法庭审理过程中,当事人和辩护人、诉讼代理人有权申请通知新的证人到庭,调取新的物证,申请重新鉴定或者勘验。"《刑诉规则(试行)》第 205 条规定:"用作证据的鉴定结论,人民检察院办案部门应当告知犯罪嫌疑人、被害人;被害人死亡或者没有诉讼行为能力的,应当告知其法定代理人、近亲属或诉讼代理人。如果犯罪嫌疑人、被害人或被害人的法定代理人、近亲属、诉讼代理人提出申请,经检察长批准,可以补充鉴定或者重新鉴定,但应由请求方承担鉴定费用。"

刑事诉讼中的补充鉴定和重新鉴定,既可以发生在侦查、审查起诉阶段,也可以发生在刑事审判阶段。补充鉴定是在原鉴定的基础上,针对原鉴定中的个别问题,由原鉴定人进行再次修正和补充,以完善原鉴定意见的鉴定。它只是对初次鉴定的补救手段。重新鉴定是全面否定原有的鉴定意见,重新作出新的鉴定意见。重新鉴定时,应当另行指派或聘请鉴定人进行鉴定。

(二)民事诉讼中的鉴定程序

根据《民事诉讼法》及《民诉证据规定》的有关规定,民事诉讼中的鉴定程序分为两种情形:

1. 初次鉴定

民事诉讼中的初次鉴定以当事人申请鉴定为主,人民法院依职权委托鉴定为辅。在民事诉讼中,需要对某一特定事项进行鉴定的,通常由当事人申请而进行。《民事诉讼法》第 76 条规定:"当事人可以就查明事实的专门性问题向人民法院申请鉴定。当事人申请鉴定的,由双方当事人协商确定具备资格的鉴定人;协商不成的,由人民法院指定。当事人未申请鉴定,人民法院对专门性问题认为需要鉴定的,应当委托具备资格的鉴定人进行鉴定。"《民诉证据规定》第 25 条规定:"当事人申请鉴定,应当在举证期限内提出。符合本规定第 27 条规定的情形,当事人申请重新鉴定的除外。对需要鉴定的事项负有举证责任的当事人,在人民法院指定的期限内无正当理由不提出鉴定申请或者不预交鉴定费用或者拒不提供相关材料,致使对案件争议的事实无法通过鉴定结论予以认定的,应当对该事实承担举证不能的法律后果。"当事人提出鉴定申请后,确定鉴定机构和鉴定人员的方式又可分为两种情况:其一,经法院同意后,由双方当事人协商确定有鉴定资格的鉴定机构和鉴定人员进行鉴定;其二,由法院指定鉴定机构和鉴定人员进行鉴定,这种方式是在双方协商不成的情况下使用。

2. 补充鉴定或重新鉴定

补充鉴定或重新鉴定是在人民法院对鉴定意见进行审查后,对其可采信度存有疑虑或者鉴定事项有所遗漏,要求原鉴定人补充鉴定或者另行委托新的鉴定人进行的鉴定。其中,补充鉴定是对原鉴定意见的补充和完善。重新鉴定则是启动新的鉴定程序展开鉴定。重新鉴定时,应当附送历次鉴定所需的鉴定资料,新的鉴定人应当独立进行鉴定,不受以前鉴定意见的影响。《民诉证据规定》第 27 条规定:"当事人对人民法院委托的鉴定部门作出的鉴定意见有异议申请重新鉴定,提出证据证明存在下列情形之一的,人民法院应予准许:鉴定机构或者鉴定人员不具备相关的鉴定资格的;鉴定程序严重违法的;鉴定意见明显依据不足的;经过质证认定不能作为证据使用的其他情形。对有缺陷的鉴定意见,可以通过补充鉴定、重新质证或者补充质证等方法解决的,不予重新鉴定。"其第 28 条规定:"一方当事人自行委托有关部门作出的鉴定结论,另一方当事人有证据足以反驳并申请重新鉴定的,人民法院应予准许。"此外,如果存在鉴定人应当回避没有回避,而对其鉴定结论有持不同意见的;鉴定结论与其他证据有矛盾的;鉴定材料有虚假,或者原鉴定方法有缺陷的;有证据证明存在影响鉴定人准确鉴定因素等情形的,也可以申请重新鉴定。

（三）行政诉讼中的鉴定程序

行政诉讼中的鉴定,分为三种情形:

1. 由作为被告的行政机关在实施具体行政行为时委托鉴定。按照"谁裁决、谁举证"行政程序原则,行政机关应当在具有相应的事实根据基础上才能作出具体的行政行为。为了查明事实,对于专门性问题,行政机关可以委托有资质的鉴定机构进行鉴定。发生行政诉讼时,则直接提交鉴定意见。《行诉证据规定》第14条规定:"根据行政诉讼法第31条第1款第(6)项的规定,被告向人民法院提供的在行政程序中采用的鉴定结论,应当载明委托人和委托鉴定的事项、向鉴定部门提交的相关材料、鉴定的依据和使用的科学技术手段、鉴定部门和鉴定人鉴定资格的说明,并应有鉴定人的签名和鉴定部门的盖章。通过分析获得的鉴定结论,应当说明分析过程。"

2. 由人民法院依职权委托鉴定。《行政诉讼法》第35条规定:"在诉讼过程中,人民法院认为对专门性问题需要鉴定的,应当交由法定鉴定部门鉴定;没有法定鉴定部门的,由人民法院指定的鉴定部门鉴定。"

3. 当事人申请人民法院重新委托鉴定。《行诉证据规定》第30条规定:"当事人对人民法院委托的鉴定部门作出的鉴定结论有异议申请重新鉴定,提出证据证明存在下列情形之一的,人民法院应予准许:鉴定部门或者鉴定人不具有相应的鉴定资格的;鉴定程序严重违法的;鉴定结论明显依据不足的;经过质证不能作为证据使用的其他情形。对有缺陷的鉴定结论,可以通过补充鉴定、重新质证或者补充质证等方式解决。"

三、鉴定的类型

在司法实践中,常见的鉴定意见主要有:

（一）法医类鉴定

法医类鉴定是依据法医学的专门知识和技术手段,用以检验死亡的时间、原因、伤害程度、造成损伤的部位和致伤的部位和致伤的凶器种类,鉴别血型、遗传基因是否同一,鉴定医疗事故的原因、损害程度以及当事人劳动能力等专门性问题,从而为公安司法机关处理刑事案件、民事案件、行政诉讼案件提供科学的依据。具体包括以下几类:

1. 法医病理鉴定。即运用法医病理学的理论和技术,通过尸体外表检查、尸体解剖检验、组织切片观察、毒物分析和书证审查等,对涉及与法律有关的医学问题进行鉴定或推断。其主要内容包括:死亡原因鉴定、死亡方式鉴定、死亡时间推断、致伤(死)物认定、生前伤与死后伤鉴别、死后个体识别等。

2. 法医临床鉴定。即运用法医临床学的理论和技术,对涉及与法律有关的医学问题进行鉴定和评定。其主要内容包括:人身损伤程度鉴定、损伤与疾病关系评定、道路交通事故受伤人员伤残程度评定、职工工伤与职业病致残程度评定、劳动能力评定、活体年龄鉴定、性功能鉴定、医疗纠纷鉴定、诈病(伤)及造作病(伤)鉴定、致伤物和致伤方式推断等。

3. 法医精神病鉴定。即运用司法精神病学的理论和方法,对涉及与法律有关的精神状态、法定能力(如刑事责任能力、受审能力、服刑能力、民事行为能力、监护能力、被害人自我防卫能力、作证能力等)、精神损伤程度、智能障碍等问题进行鉴定。

4. 法医物证鉴定。即运用免疫学、生物学、生物化学、分子生物学等的理论和方法,利用遗传学标记系统的多态性对生物学检材的种类、种属及个体来源进行鉴定。其主要内容包括:个体识别、亲子鉴定、性别鉴定、种族和种属鉴定等。

5. 法医毒物鉴定。即运用法医毒物学的理论和方法,结合现代仪器分析技术,对体内外未知毒(药)物、毒品及代谢物进行定性、定量分析,并通过对毒物毒性、中毒机理、代谢功能的分析,结合中毒表现、尸检所见,综合作出毒(物)中毒的鉴定。

(二)物证类鉴定

物证类鉴定包括文书鉴定、痕迹鉴定和微量鉴定:

文书司法鉴定,即运用文件检验学的原理和技术,对文书的笔迹、印章、印文、文书的制作及工具、文书形成时间等问题进行鉴定。该鉴定是对与案件有关的各种文件进行比对、分析、推断,以判明文件内容的真实程度,或文件所用的图章的真伪,或确定文件的书写人和文件制作方法,或将某些掩盖、压痕文字加以显现。

痕迹鉴定,即运用痕迹学的原理和技术,对有关人体、物体形成痕迹的同一性及分离痕迹与原整体相关性等问题进行鉴定。如运用枪械学、弹药学、弹道学的理论和技术,对枪弹及射击后残留物、残留物形成的痕迹、自制枪支和弹药及杀伤力进行的鉴定。常见的痕迹鉴定有:指纹鉴定、掌纹鉴定、足迹鉴定、工具痕迹鉴定、枪弹痕迹鉴定、牙齿痕迹鉴定、车轮痕迹鉴定、动物蹄迹鉴定、整体分离痕迹鉴定等。

微量物证鉴定。即运用物理学、化学和仪器分析等方法,通过对有关物质材料的成分及其结构进行定性、定量分析,对检材的种类、检材和嫌疑样本的同类性和同一性进行鉴定。在司法实践中,微量物证鉴定不仅有利于侦破案件,而且在民事诉讼中,如产品质量纠纷中对于明确当事人的责任,正确解决民事纠纷有重大作用。

(三)声像资料鉴定

声像资料鉴定即运用物理学和计算机的原理和技术,对录音带、录像带、磁盘、光盘、图片等载体上记录的声音、图像信息的真实性、完整性及其所反映的情况过程进行鉴定,并对记录的声音、图像中的语言、人体、物体作出种类或同一认定。

(四)其他应当进行登记管理的鉴定

1. 司法会计鉴定。即运用司法会计学的原理和方法,通过检查、计算、验证和鉴证对会计凭证、会计账簿、会计报表和其他会计资料等财务状况进行鉴定。

2. 计算机司法鉴定。即运用计算机理论和技术,对通过非法手段使计算机系统内数据的安全性、完整性或系统正常运行造成的危害行为及其程度等进行鉴定。

3. 建筑工程司法鉴定。即运用建筑学理论和技术,对与建筑工程相关的问题进行鉴定。其主要内容包括:建筑工程质量评定、工程质量事故鉴定、工程造价鉴定等。

4. 知识产权司法鉴定。即根据技术专家对本领域公知技术及相关专业技术的了解,并运用必要的检测、化验、分析手段,对被侵权的技术和相关技术的特征是否相同或者等同进行认定;对技术转让合同标的是否成熟、实用,是否符合合同约定标准进行认定;对技术开发合同履行失败是否属于风险责任进行认定;对技术咨询、技术服务以及其他各种技术合同履行结果是否符合合同约定,或者有关法定标准进行认定;对技术秘密是否构成法定技术条件进行认定;对其他知识产权诉讼中的技术争议进行鉴定。

5. 产品质量鉴定。即指依法取得有关产品质量司法鉴定资格的鉴定机构和鉴定人受司法机关或当事人委托,依据产品质量法律法规和有关国家、部门、行业标准以及相关科学技术知识对某一特定产品的产品的设计、品质、性能、规格进行检验、鉴别和判断并提供鉴定意见的活动。

6. 价格鉴定。即对争议物品或涉案物品的价值、价格作出评估和判定。如,对毁损物品的残值评估;对争议文物的价值判断;对赃物市价的评估等。

7. 一般司法鉴定。对诉讼案件、仲裁活动及其他民事纠纷中涉及工业、农业、交通运输业等方面的专门性问题所进行的鉴定。通过这种鉴定,可以确定事故发生的原因和造成的后果等。

四、鉴定意见的形式要求

《刑事诉讼法》第 145 条规定:"鉴定人进行鉴定后,应当写出鉴定意见,并且签名。"鉴定意见应当采取书面形式,鉴定人应当在鉴定书上签名,同时加盖鉴定人所在单位的公章。鉴定书的内容包括绪论、鉴定过程、结论等几个部分。绪论写明委托或者聘请鉴定的单位、鉴定资料的情况、鉴定的目的和要求等。检验部分写明鉴定采用的方法和步骤、对观察所见现象和特征的分析判断。结论是针对鉴定要求所作出的结论性意见。必要时,鉴定书还可以附上说明有关情况的照片、图表等。最后是由鉴定人签名、盖章。

《民诉证据规定》第 29 条规定:"审判人员对鉴定人出具的鉴定书,应当审查是否具有下列内容:委托人姓名或者名称、委托鉴定的内容;委托鉴定的材料;鉴定的依据及使用的科学技术手段;对鉴定过程的说明;明确的鉴定结论;对鉴定人鉴定资格的说明;鉴定人员及鉴定机构签名盖章。"《行诉证据规定》第 14 条也规定:"根据行政诉讼法第三十一条第一款第(六)项的规定,被告向人民法院提供的在行政程序中采用的鉴定结论,应当载明委托人和委托鉴定的事项、向鉴定部门提交的相关材料、鉴定的依据和使用的科学技术手段、鉴定部门和鉴定人鉴定资格的说明,并应有鉴定人的签名和鉴定部门的盖章。通过分析获得的鉴定结论,应当说明分析过程。"公安部《办理刑事案件程序规定》第 238 条规定:"鉴定人应当按照鉴定规则,运用科学方法进行鉴定。鉴定后,应当出具鉴定结论,由两名以上具有鉴定资格的鉴定人签名或者盖章。"《刑诉规则》第 202 条规定:"鉴定人进行鉴定后,应当出具鉴定结论、检验报告,并且签名或者盖章。几个鉴定人意见有分歧的,应当在鉴定结论上写明分歧的内容和理由,并且分别签名或者盖章。"

五、鉴定人的资格条件

为了确保鉴定意见的科学性,鉴定人应当具备相应的资格条件。

1. 具有鉴定所需的专业知识。由于鉴定是针对案件事实中的专门性问题,其具有很强的专业性,因而要求鉴定人必须具备相应的专业知识或技能。

2. 具备鉴定的执业资质。全国人民代表大会常务委员会《关于司法鉴定管理问题的决定》就鉴定人的执业资质作了明确的规定。其第 4 条规定:"具备下列条件之一的人员,可以申请登记从事司法鉴定业务:(1)具有与所申请从事的司法鉴定业务相关的高级专业技术职称;(2)具有与所申请从事的司法鉴定业务相关的专业执业资格或者高等院校相关专业本科以上学历,从事相关工作五年以上;(3)具有与所申请从事的司法鉴定业务相关工作十年以上经历,具有较强的专业技能。因故意犯罪或者职务过失犯罪受过刑事处罚的,受过开除公职处分的,以及被撤销鉴定人登记的人员,不得从事司法鉴定业务。"司法部制定的《司法鉴定人登记管理办法》第 12 条规定:"个人申请从事司法鉴定业务,应当具备下列条件:拥护中华人民共和国宪法,遵守法律、法规和社会公德,品行良好的公民;具有相关的高级专业技术职称;或者具有相关的行业执业资格或者高等院校相关专业本科以上学历,从事相关工作 5 年以上;申请从事经验鉴定型或者技能鉴定型司法鉴定业务的,应当具备相关专业工作 10 年以上经历和较强的专业技能;所申请从事的司法鉴定业务,行业有特殊规定的,应当符合行业规定;拟执业机构已经取得或者正在申请《司法鉴定许可证》;身体健康,能够适应司法鉴定工作需要。"其第 13 条规定:"有下列情形之一的,不得申请从事司法鉴定业务:因故意犯罪或者职务过失犯罪受过刑事处罚的;受过开除公职处分的;被司法行政机关撤销司法鉴定人登记的;所在的司法鉴定机构受到停业处罚,处罚期未满的;无民事行为能力或者限制行为能力的;法律、法规和规章规定的其他情形。"

3. 与鉴定的案件之间无应当回避的法定情形。由于鉴定意见对案件事实的认定具有重大影响,有时甚至直接决定案件的性质,如涉及人身伤害程度的鉴定、交通事故的责任认定等,是决定有关行为是否构成犯罪的主要依据,因此,为确保鉴定意见的公正性,鉴定人应当符合程序公正的基本要求。《民事诉讼法》第 45 条、《刑事诉讼法》第 28 条、《行政诉讼法》第 47 条都明确规定,如果鉴定人与本案有利害关系或者有其他关系可能影响公正审判的,应当实行回避。当事人及其诉讼代理人,认为鉴定人具有回避情形的,有权申请回避。《人民检察院刑事诉讼法规则》第 31 条规定:"本规则关于回避的规定,适用于书记员、司法警察和人民检察院聘请或者指派的翻译人员、鉴定人。书记员、司法警察和人民检察院聘请或者指派的翻译人员、鉴定人的回避由检察长决定。"公安部制定的《办理刑事案件程序规定》第 32 条也规定:"在侦查过程中,鉴定人、记录人和翻译人员需要回避的,由县级以上公安机关负责人决定。鉴定人、记录人和翻译人员的回避适用本章的规定。"

4. 不属于本案的侦查人员、公诉人、审判人员、书记员、证人、翻译人员或勘验人员。鉴定人是具有独立诉讼地位的诉讼参与人,其职能是判断事实涉及的专门性问题,不能由侦查人员、公诉人、审判人员或者书记员、证人、翻译人员、勘验人员同时兼任。否则,将影响鉴定意见的中立性。

六、鉴定人的权利与义务

对于鉴定人的权利和义务,不同的规范性文件有不完全一致的规定。如最高人民法院 2001 年 11 月 16 日发布的《关于人民法院司法鉴定工作的暂行规定》第 7 条、第 8 条,2002 年 3 月 27 日发布的《人民法院对外委托司法鉴定管理规定》第 14 条;最高人民法院、最高人民检察院、公安部、司法部和卫生部于 1989 年 7 月 11 日联合发布的《精神疾病司法鉴定暂行规定》第 14 条、第 15 条;司法部于 2000 年 8 月 14 日发布的《司法鉴定人管理办法》第 28 条、第 29 条等,都有关于鉴定人的权利和义务的规定。另外,《民诉证据规定》第 59 条、第 60 条,《行诉证据规定》第 47 条、第 74 条规定之内容,也分别涉及鉴定人的权利或义务。综合归纳如下:

(一)鉴定人的主要权利

1. 了解案件的有关情况。由于鉴定意见是一种事实性的科学分析,为避免信息误导,准确作出判断,鉴定人有权了解案件情况。具体包括:可以查阅与鉴定有关的案卷材料,有权询问与鉴定事项有关的当事人、证人;或者应邀参与、协助委托人勘验、检查和模拟实验等。

2. 要求提供鉴定所需的事实材料。当送鉴的材料不足,难以鉴定时,鉴定人有权要求委托人补充鉴定所需的材料。必要时,可申请公安司法机关依据职权采集鉴定材料,决定鉴定方法和处理检材。

3. 在特定情况下拒绝鉴定。如果委托鉴定的事项违反法律规定,或者委托人提供虚假情况或拒不提供鉴定所需材料的,鉴定人有权拒绝鉴定。另外,鉴定人因自身健康原因、专业知识限制或技术条件欠缺而无法进行鉴定的,也可以辞去鉴定委托。

4. 独立陈述自己的判断意见。鉴定人根据自己的专业知识进行鉴定后,发表鉴定意见时不受他人意志的干涉,有权自主阐述鉴定观点。在多人共同鉴定某一专门性问题时,如果与其他司法鉴定人意见不一致的,有权保留意见,可以不在鉴定文书上署名。

5. 拒绝解决、回答与鉴定无关的问题。鉴定人出庭陈述鉴定意见时,应当接受法庭、公诉人、辩护人、当事人及其代理人针对鉴定方法、科学依据等事项的询问,并作出书面回答。如果所提问题与鉴定无关,则有权拒绝回答。

6. 人身、财产权利及其近亲属受到法律保护的权利。因鉴定受到侮辱、诽谤、诬陷、殴打或者其他方法打击报复时,鉴定人有权请求法律保护,侦查机关、检察机关或审判机关应当提供适当的保护措施。《刑事诉讼法》第 62 条规定:"对于危害国家安全犯罪、恐怖活动犯罪、黑社会性质的组织犯罪、毒品犯罪等案件,证人、鉴定人、被害人因在诉讼中作证,本人或者其近亲属的人身安全面临危险的,人民法院、人民检察院和公安机关应当采取以下一项或者多项保护措施:(1)不公开真实姓名、住址和工作单位等个人信息;(2)采取不暴露外貌、真实声音等出庭作证措施;(3)禁止特定的人员接触证人、鉴定人、被害人及其近亲属;(4)对人身和住宅采取专门性保护措施;(5)其他必要的保护措施。证人、鉴定人、被害人认为因在诉讼中作证,本人或者其近亲属的人身安全面临危险的,可以向人民法院、人民检察院、公安机关请求予以保护。人民法院、人民检察院、公安机关依法采取保护措施,有关单位和个人应当配合。"最高人民法院《关于民事诉讼证据问题的若干规定》第 80 条规定:"对证人、鉴定人、勘验人的合法权益依法予以保护。当事人或者其他诉讼参与人伪造、毁灭证据,提供假证据,阻止证人作证,指使、贿买、胁迫他人作伪证,或者对证人、鉴定人、勘验人打击报复的,依照《民事诉讼法》第一百零二条的规定处理。"最高人民法院制定的《行诉证据规定》第 74 条也规定:"证人、鉴定人及其近亲属的人身和财产安全受法律保护。人民法院应当对证人、鉴定人的住址和联系方式予以保密。"

7. 获得相应报酬和费用补偿。除侦查机关内设鉴定机构的鉴定人执行本单位的工作任务外,鉴定人的工作通常是有偿服务。鉴定人在完成鉴定任务后,有权请求委托人给付规定或约定的鉴定费、差旅费和其他必须费用。

(二)鉴定人的主要义务

1. 及时、公正鉴定并出具鉴定意见书。鉴定人应当尊重科学,遵守职业道德和执业纪律,自觉遵守有关回避的法律规定,正确、及时地出具鉴定意见,不得徇私受贿或弄虚作假,故意作虚假鉴定。故意作虚假鉴定的,鉴定人应当承担相应的法律责任。《刑事诉讼法》第 145 条第 2 款规定:"鉴定人故意作虚假鉴定的,应当承担法律责任。"《行诉证据规定》第 76

条规定:"证人、鉴定人作伪证的,依照行政诉讼法第四十九条第一款第(二)项的规定追究其法律责任。"

2. 保守相关秘密。鉴定人应当保守因鉴定活动而知悉的国家秘密、商业秘密、个人隐私和案件秘密。违反保密规定而造成不当损失的,鉴定人应当承担相应的法律责任。

3. 出庭陈述,接受询问,遵守法庭秩序。《刑事诉讼法》第 187 条第 3 款规定:"公诉人、当事人或者辩护人、诉讼代理人对鉴定意见有异议,人民法院认为鉴定人有必要出庭的,鉴定人应当出庭作证。经人民法院通知,鉴定人拒不出庭作证的,鉴定意见不得作为定案的根据。"可见,按照法庭的通知,出庭宣读鉴定意见,回答法庭、公诉人、辩护人、当事人及其诉讼代理人关于鉴定意见的提问,并接受诉讼双方的质询,是鉴定人的基本义务之一。《刑诉法解释》第 86 条规定:"经人民法院通知,鉴定人拒不出庭作证的,鉴定意见不得作为定案的根据。鉴定人由于不能抗拒的原因或者有其他正当理由无法出庭的,人民法院可以根据情况决定延期审理或者重新鉴定。"出庭期间,鉴定人应当遵守法庭秩序,不得旁听案件的法庭审理。

此外,《刑事诉讼法》第 192 条第 2 款还规定:"公诉人、当事人和辩护人、诉讼代理人可以申请法庭通知有专门知识的人出庭,就鉴定人作出的鉴定意见提出意见。"因此,鉴定人出庭还可能要接受有专门知识的人的询问,甚至可能就鉴定问题进行辩论。

4. 妥善保管鉴定材质。鉴定人对于委托人送鉴的物品和材料,不得截留、挪用、丢失或损坏。鉴定完成后,鉴定人应当及时将有关物品归还于委托人。造成鉴定材质损坏的,鉴定人应当承担相应的法律责任。

鉴定人和鉴定机构从事司法鉴定业务,应当遵守法律、法规,遵守职业道德和职业纪律,尊重科学,遵守技术操作规范。鉴定人或者鉴定机构有违反法律规定行为的,由省级人民政府司法行政部门予以警告,责令改正。鉴定人或者鉴定机构有下列情形之一的,由省级人民政府司法行政部门给予停止从事司法鉴定业务 3 个月以上 1 年以下的处罚;情节严重的,撤销登记:(1)因严重不负责任给当事人合法权益造成重大损失的;(2)提供虚假证明文件或者采取其他欺诈手段,骗取登记的;(3)经人民法院依法通知,拒绝出庭作证的;(4)法律、行政法规规定的其他情形。鉴定人故意作虚假鉴定,构成犯罪的,依法追究刑事责任;尚不构成犯罪的,依照前述规定处罚。

七、鉴定意见与证人证言的区别

证人和鉴定人都是通过言词方式作证,其陈述的内容都属于言词证据。但二者却有以下明显区别:

1. 在资格条件上,鉴定人有严格的资格要求,必须具备相关的专门知识和技能;而证人的资格要求只是具备辨别是非和正确表达意思的能力,即使证人有生理缺陷和精神缺陷或者年幼,若不影响其认知和表达,也可以出庭作证。

2. 在可否替代上,证人是由案件事实本身所决定的,具有不可替代性,既不能由公安司法机关指派或聘任,也不能由当事人选择;而鉴定人并非由案件事实所决定,其从事鉴定活动是受公安司法机关指派或聘请,可以替换和选择。

3. 在能否回避上,证人不得以任何理由被申请回避,而鉴定人如果具有回避事由,则应当执行回避的规定。

4. 在询问规则上,对证人的询问应遵循个别和隔离的原则,证人不能了解案情;而鉴定人可以了解案情,对疑难复杂情况,可以由多个鉴定人相互商量后形成最终的鉴定意见。

5. 在作证的内容上,证人只能就其所知悉的案件事实作客观陈述。除根据一般生活经验判断符合事实外,证人不能以猜测性、评论性、推断性的意见陈述作证;鉴定人则可以结合自己的专业知识作出分析、判断后,发表自己的意见。

6. 在形成的时间上,证人证言大多形成于案发过程中;鉴定意见则是形成于案发以后。

第八节 勘验笔录和现场笔录

一、勘验笔录和现场笔录的概念

(一)勘验笔录

勘验笔录是指办案人员依其职权和法定程序对与案件有关的场所、物品或者尸体进行查验、拍照、测量后制作的实况记录。它不仅包括勘验过程中发现的与案件有关的一切事实情况的文字记录,而且包括绘图、照片、录像、模型等。勘验笔录是我国三大诉讼法规定的共同的证据种类,诉讼的性质不同,勘验的主体和对象也有所区别。

刑事诉讼中的勘验笔录是指侦查、检察或审判人员对与犯罪有关的场所、物品、痕迹、尸体等进行勘查、检验后制作的客观情况记录。刑事勘验的对象主要是犯罪现场、有关物品和尸体。勘验笔录常见的类型包括:现场勘查笔录、物证检验笔录、尸体检验笔录等。现场勘查是对案件发生的现场进行勘察、检验的专门活动;物证检验是对收集到的物品和痕迹进行检查和验证,以确定该物证的外在特征、存在状态和物质属性以及与有关案件事实存在的关系的专门活动;尸体检验是对尸体进行尸表检验或尸体解剖的专门活动,目的在于确定死因和死亡时间、致死工具、固定和提取有关证据。

在不同的刑事诉讼阶段,勘验由不同的主体进行:在侦查阶段,由侦查人员进行;在审查起诉阶段,检察机关对侦查机关的勘验如有疑问,可以要求侦查机关进行复验、复查,并且可以派检察人员参加;在审判阶段,人民法院为了调查、核实证据,也可以进行勘验。不论在哪个阶段进行勘验,若有必要,都可以指派或聘请具有专业知识的人员在办案人员的主持下进行。

民事和行政诉讼中的勘验是指审判人员为了调查、核实诉讼双方争议的事实或争议的标的物、有关场所进行勘测、检验后所作的情况记录。其勘验对象主要是争议标的物、相关物品或场所。勘验的主体是审判人员,它既可以依当事人申请而进行勘验,也可以由人民法院依职权主动展开勘验活动。必要时,可以邀请有关专业技术人员在审判人员的主持下进行。

(二)现场笔录

现场笔录是行政诉讼中特有的证据种类。它指行政机关及其工作人员在实施具体行政行为时,对有关事项的当场情况所作的书面记录。主要包括:行政执法检查时询问笔录、检查中所发现问题的情况记录、实施强制扣押行为的情况记录等。现场笔录通常是行政机关实施具体行为时的重要事实依据之一。进入行政诉讼后,现场笔录即成为一种诉讼证据。

《行政处罚法》第 37 条规定："行政机关在调查或者进行检查时,执法人员不得少于两人,并应当向当事人或者有关人员出示证件。当事人或者有关人员应当如实回答询问,并协助调查或者检查,不得阻挠。询问或者检查应当制作笔录。"2012 年 1 月 1 日起实施的《行政强制法》第 18 条规定,行政机关实施行政强制措施应当制作现场笔录。现场笔录由当事人和行政执法人员签名或者盖章,当事人拒绝的,在笔录中予以注明。当事人不到场的,邀请见证人到场,由见证人和行政执法人员在现场笔录上签名或者盖章。

二、勘验笔录和现场笔录的特点

作为一种诉讼证据,勘验笔录和现场笔录具有以下特点:

1. 它是办案人员通过感觉器官(有时也会借助于一定的仪器设备)对特定时空状态的一种直接反映活动。勘验笔录和现场笔录虽然是以书面记录的方式体现,但它并不是书证,而是办案人员亲临现场进行察看、测量、检验后,对案件发生情况所得出的直观认识。

2. 它是办案人员对有关案发现场、物品、尸体等情况进行勘查、检验后所作的一种客观情况记录。虽然它是由人作出的情况记载,其中难免会掺杂人的主观局限性,但它只能是对有关事实情况和表面现象的客观描述,不允许记录办案人员对案件的主观评价。

3. 它以文字记载为主要形式,同时允许辅之以录像、录音、拍照、绘图等方式。随着现代科学技术的发展,凡是有助于客观记录现场情况的勘查、检验情况的记载方式,将会越来越广泛地被采用。

4. 它的证明作用具有综合性和间接性。勘验笔录或现场笔录所反映的并不是证明对象的单方面特征,而是综合地反映多方面的事实内容。与此同时,勘验笔录和现场笔录本身不能直接证明案件的主要事实,只有与其他证据,如物证、当事人陈述、犯罪嫌疑人、被告人供述和辩解、鉴定意见等,结合起来才能起到证明作用。所以,勘验笔录和现场笔录与其他证据的关系是互相印证。

三、勘验笔录和现场笔录的制作

为确保勘验笔录和现场笔录内容的客观性,相关法律对其制作程序和格式作了明确规定。诉讼性质的不同,勘验笔录和现场笔录的制作要求也略有区别。

(一)刑事勘验笔录的制作

根据《刑事诉讼法》、《刑诉规则(试行)》和公安部《公安机关办理刑事案件程序规定》的有关规定,刑事勘验笔录的制作要求如下:

1. 勘验笔录必须由专门机关的办案人员制作,不得少于两人在场。《刑事诉讼法》第128 条规定："侦查人员执行勘验、检查,必须持有人民检察院或者公安机关的证明文件。"在侦查阶段,勘验由侦查人员进行。在必要的时候,可以指派或者聘请具有专门知识的人,在侦查人员的主持下进行勘验、检查。在审查起诉阶段,检察机关要求侦查机关重新进行勘验的,检察机关可以派员参加。公安部《公安机关办理刑事案件程序规定》第 208 条规定:"侦查人员对于与犯罪有关的场所、物品、人身、尸体应当进行勘验或者检查,及时提取、采集与案件有关的痕迹、物证、生物样本等。在必要的时候,可以指派或者聘请具有专门知识的人,在侦查人员的主持下进行勘验、检查。"第 210 条规定:"公安机关对案件现场进行勘查不得少于两人。勘查现场时,应当邀请与案件无关的公民作为见证人。"《刑诉规则(试行)》第

209 条规定："检察人员对于与犯罪有关的场所、物品、人身、尸体应当进行勘验或者检查。在必要的时候，可以指派检察技术人员或者聘请其他具有专门知识的人，在检察人员的主持下进行勘验、检查。"第 210 条第 1 款规定："进行勘验、检查，应当持有检察长签发的勘查证。"第 211 条规定："勘验时，人民检察院应当邀请两名与案件无关的见证人在场。"

《刑事诉讼法》第 132 条规定："人民检察院审查案件的时候，对公安机关的勘验、检查，认为需要复验、复查时，可以要求公安机关复验、复查，并且可以派检察人员参加。"在审判阶段，当事人对勘验结论有异议的，可以申请法院重新进行勘验。《刑事诉讼法》第 192 条规定："法庭审理过程中，当事人和辩护人、诉讼代理人有权申请通知新的证人到庭，调取新的物证，申请重新鉴定或者勘验。"

2. 勘验笔录应当记载勘验的时间和地点、勘验经过和结果，并由参加勘查的人和见证人签名。必要的时候，可以对勘验过程进行录像。《刑事诉讼法》第 131 条规定："勘验、检查的情况应当写成笔录，由参加勘验、检查的人和见证人签名或者盖章。"公安部《办理刑事案件程序规定》第 211 条规定："勘查现场，应当拍摄现场照片、绘制现场图，制作笔录，由参加勘查的人和见证人签名。对重大案件的现场，应当录像。"《刑诉规则(试行)》第 210 条第 2 款规定："勘查现场，应当拍摄现场照片，勘查的情况应当写明笔录并制作现场图，由参加勘查的人和见证人签名。对重大案件的现场，应当录像。"

（二）民事、行政勘验笔录的制作

《民诉证据规定》第 30 条规定："人民法院勘验物证或者现场，应当制作笔录，记录勘验的时间、地点、勘验人、在场人、勘验的经过、结果，由勘验人、在场人签名或者盖章。对于绘制的现场图应当注明绘制的时间、方位、测绘人姓名、身份等内容。"《行诉证据规定》第 34 条规定："审判人员应当制作勘验笔录，记载勘验的时间、地点、勘验人、在场人、勘验的经过和结果，由勘验人、当事人、在场人签名。勘验现场时绘制的现场图，应当注明绘制的时间、方位、绘制人姓名和身份等内容。"由此可见，民事、行政勘验笔录的制作要求是：

1. 勘验笔录必须由审判人员制作。勘验既可以根据当事人的申请进行，也可以由人民法院依职权进行。勘验人员进行勘验应出示证件，证明其履行勘验职责，勘验时应邀请当地基层组织或者当事人所在单位派人参加。同时，勘验时应当邀请当事人或者他的成年家属到场；拒不到场的，不影响勘验工作的进行。

2. 勘验笔录应当记载勘验的时间、地点、勘验人、在场人、勘验的经过和结果。其中，勘验结果中至少应当包括：现场的位置和周围环境；双方当事人争执标的物的品种、数量、形状和大小；现场搜集到各种证据(现场拍照、测量、绘图的种类、数量和内容)。勘验现场时绘制的现场图，应当注明绘制的时间、方位、绘制人姓名和身份等内容。

3. 勘验笔录应当由勘验人、当事人和其他在场人员签名。当事人拒绝到场或者拒绝签名的，由办案人员将该情况记录在案。

（三）行政执法现场笔录的制作

《行诉证据规定》第 15 条规定："根据行政诉讼法第三十一条第一款第(七)项的规定，被告向人民法院提供的现场笔录，应当载明时间、地点和事件等内容，并由执法人员和当事人签名。当事人拒绝签名或者不能签名的，应当注明原因。有其他人在现场的，可由其他人签名。法律、法规和规章对现场笔录的制作形式另有规定的，从其规定。"

四、勘验笔录和现场笔录的作用

在司法实践中,勘验笔录和现场笔录是一种具有综合证明作用的证据,对案件事实的认定具有重要意义。其作用主要有:

1. 勘验笔录和现场笔录是确定侦查、调查方向和范围,还原事实经过,判明案件事实的重要依据。在刑事诉讼中,犯罪现场本身、遗留在犯罪现场的物品、痕迹、被害人的尸体或受伤的特征等往往与犯罪行为有着某种客观的联系,并且常存有可据了解案件真实情况的各种信息,因而科学、全面、准确的勘查、检验笔录,能为侦查人员、审判人员研究、分析犯罪的时间、地点、方法、手段、过程等提供依据,从而有助于确定调查方向、范围和案件性质的确定。在民事、行政诉讼中,勘验笔录和现场笔录,则可以帮助审判人员查清纠纷的原因、经过,判明损害程度、后果,便于分清是非,划分责任,从而确定当事人的权利与义务。

2. 勘验笔录和现场笔录是固定和保全证据的重要方法。通过现场勘验和现场检查,办案人员可以在案发现场中收集、固定与案件有关的物品、痕迹等物证,用以证明案件事实。对有关尸体状况的检验,则是固定受伤害事实、查明死亡原因的重要方法。

3. 勘验笔录和现场笔录是审查、核实其他证据的重要手段。通过勘验笔录和现场笔录,可以核实、比对其他证据的证明价值和可靠程度,彼此相互矛盾的,则可以及时排除不真实的物证或陈述。如果有关物证,或者当事人的陈述、犯罪嫌疑人的供述能与现场勘验所记录的情况相吻合,则能使诸个证据之间形成互相印证的效果,从而增强证据体系的整体证明力。

五、勘验笔录和现场笔录与其他证据的区别

(一)勘验笔录和现场笔录与书证

勘验笔录和现场笔录以文字、图表等记载的内容来说明一定案件事实,形式上与书证有某种相似性,但它并非书证。它与书证的主要区别是:

其一,勘验笔录和现场笔录既是一种独立的证据形式,同时又是收集、固定和保全证据的一种方法。书证只是一种证据类型,本身并不具有保全证据的功能。

其二,书证是制作人主观意志的反映,而勘验笔录和现场笔录的文字与图片记载的内容,是对现场和物品的客观描绘,不反映制作人的主观意志。

其三,书证有公文书和私文书等形式,并不一定是诉讼文书,而勘验、检查笔录和现场笔录则是由具有执法资格的勘验人员依法制作的诉讼文书。

其四,书证一般在案件发生前或者发生过程中制作,在诉讼中不得涂改或者重新制作,而勘验、检查笔录和现场笔录则是案件发生后在诉讼中制作的,若记载有漏误,可以重新勘验。

(二)勘验笔录和现场笔录与物证

勘验笔录和现场笔录只是客观地记录与案件有关的现场、物品、人身、尸体等物证资料及其状态、位置、相互关系等情况,并且经常附加绘图、照片等,使物证情况得以固定。因此,勘验笔录和现场笔录只是固定和保全物证的一种方法,但不是物证本身。它不能替代物证。

(三)勘验笔录和现场笔录与鉴定意见

勘验笔录和现场笔录必须由公安、司法人员或行政执法人员制作,鉴定意见是由具有专

门知识的人员制作。鉴定人可以由办案机关指派或聘请,也可以由双方当事人协商确定。勘验笔录和现场笔录是对所见情况的客观记载,不具有分析、判断的因素,而鉴定意见的内容则是科学的分析判断意见;勘验笔录和现场笔录大多解决一般性问题,鉴定意见则是解决专门性问题。

第九节　检查笔录、辨认笔录和侦查实验笔录

一、检查笔录、辨认笔录和侦查实验笔录的概念

检查笔录、辨认笔录和侦查实验笔录是我国刑事诉讼中特有的证据种类。其中,辨认笔录和侦查实验笔录是 2012 年 3 月 14 日修订公布《刑事诉讼法》时才规定的独立证据类型。

（一）检查笔录

检查笔录是刑事诉讼中的办案人员(主要是侦查人员)对犯罪嫌疑人、被告人或被害人的某些特征、伤害情况或生理状态进行观察和检查后制作的情况记录,又称人身检查笔录。检查笔录是针对有生命的人体检查后的情况记录,其内容可以包括人身特征(如身高、体重、有无生理缺陷等)、伤害情况和生理状态。《刑事诉讼法》第 130 条规定:"为了确定被害人、犯罪嫌疑人的某些特征、伤害情况或者生理状态,可以对人身进行检查,可以提取指纹信息,采集血液、尿液等生物样本。"公安部《办理刑事案件程序规定》第 212 条规定:"为了确定被害人、犯罪嫌疑人的某些特征、伤害情况或者生理状态,可以对人身进行检查,提取指纹信息,采集血液、尿液等生物样本。被害人死亡的,应当通过被害人近亲属辨认、提取生物样本鉴定等方式确定被害人身份。犯罪嫌疑人如果拒绝检查、提取、采集的,侦查人员认为必要的时候,经办案部门负责人批准,可以强制检查、提取、采集。"《刑诉规则》第 213 条作了类似的规定。必要时,可以指派、聘请法医或者医师进行人身检查。采集血液等生物样本应当由医师进行。在刑事诉讼中,人身检查的目的在于了解犯罪手段、情节、危害情况,鉴别案件的真伪和性质,判断犯罪工具的类别,确认犯罪嫌疑人的身份,核对案件证据,以便更有力地揭露证实犯罪。

在刑事诉讼中,检查笔录与勘验笔录的区别在于二者的对象不同。前者的检查对象是"活体",即案件中的被害人、犯罪嫌疑人;后者的检查对象是与案件有关的场所、物品或尸体等。

在民事、行政诉讼中,检查笔录没有列为独立的证据种类。涉及人身伤害或生理状态的,一般以法医鉴定意见或者医院的诊断书、体检结论为证据,人民法院不直接对有关人员的身体进行检查。其中,办理收养关系中的体检结论、行政许可中对有关人员的体检合格证明等,则具有书证的证明作用。

在司法实践中,检查笔录是保全证据的手段,可以将物体的特征和现象全面准确地记录下来,起到保全和固定证据的作用。其内容除能直接真实地反映事件发生时现场的有关事实,可以直接为判明案件事实提供依据外,还可以根据其对有关情况进行的详细记载,为进一步分析案件情况,发现调查线索,确定调查方法,恢复现场原状提供依据。同时,检查笔录记载的内容还可以用于审查、鉴别其他证据的真实性,特别是犯罪嫌疑人、被告人供述、被害

人陈述或证人证言的真实性。

（二）辨认笔录

辨认是指在刑事诉讼中，侦查机关为了查明案情，在必要时让被害人、证人以及犯罪嫌疑人对与犯罪有关的物品、文件、尸体、场所或者犯罪嫌疑人进行辨认的一种侦查行为。公安部《办理刑事案件程序规定》第249条规定："为了查明案情，在必要的时候，侦查人员可以让被害人、犯罪嫌疑人或者证人对与犯罪有关的物品、文件、尸体、场所或者犯罪嫌疑人进行辨认。"《刑诉规则（试行）》第257条规定："为了查明案情，在必要的时候，检察人员可以让被害人、证人和犯罪嫌疑人对与犯罪有关的物品、文件、尸体或场所进行辨认；也可以让被害人、证人对犯罪嫌疑人进行辨认，或者让犯罪嫌疑人对其他犯罪嫌疑人进行辨认。对犯罪嫌疑人进行辨认，应当经检察长批准。"

所谓辨认笔录是指侦查人员为识别、确定犯罪嫌疑人和可疑物证，对组织犯罪嫌疑人、被害人、证人进行的辨别、指认活动而依法制作的记载、固定辨别指认过程和结果的文字记录，又称为"侦查辨认笔录"。作为记录侦查辨认过程及结论的载体，辨认笔录是刑事诉讼案卷中重要的诉讼材料之一。辨认笔录的内容是辨认人对有关案件事实的一种回忆和认识，是对物证、证人证言、犯罪嫌疑人、被告人供述或者被害人陈述的一种补强证明。辨认的主体既可以是犯罪嫌疑人，也可以是被害人或者证人。

（三）侦查实验笔录

侦查实验是侦查机关在侦查办案过程中，采用模拟和重演的方法，以证实在某种条件下案件实施能否发生和怎样发生，以及发生何种结果的一项侦查措施。所谓侦查实验笔录是指由侦查机关制作、记载实验过程和结论的一种文字记录，它属于广义上的勘验笔录。《刑事诉讼法》第133条规定："为了查明案情，在必要的时候，经公安机关负责人批准，可以进行侦查实验。"公安部《办理刑事案件程序规定》第216条规定："为了查明案情，在必要的时候，经县级以上公安机关负责人批准，可以进行侦查实验。对侦查实验的经过和结果，应当制作侦查实验笔录，由参加实验的人签名。必要时，应当对侦查实验过程进行录音或者录像。进行侦查实验，禁止一切足以造成危险、侮辱人格或者有伤风化的行为。"检察机关在自侦案件中为了查明案情，在必要的时候，经检察长批准，也可以进行侦查实验。

侦查实验既可以独立进行，也可以与现场勘查同时进行。通常在下列情况下，可以进行侦查实验：（1）为了确定在一定条件下能否听到或看到某种声音或某种现象；（2）为了确定在一定时间内，能否完成某一行为；（3）为了确定在什么条件下能够发生某种现象；（4）为了确定在某种条件下某种行为和某种痕迹是否吻合；（5）为了确定在某种条件下使用某种工具是否可能留下或不留下某种痕迹；（6）为了确定某种事件是怎样发生的；（7）为了确定某种痕迹，在什么条件下会发生变化。

侦查实验笔录可以作为分析判断案情的依据。根据侦查实验的结果，确定在某种情况和某种条件下，能否发生或出现某种行为、现象、事件和痕迹，以甄别犯罪嫌疑人供述和辩解的真伪，或用以印证其他证据的内容。在性质上，侦查实验笔录是一种补强证据。

二、检查笔录、辨认笔录和侦查实验笔录的特点

虽然检查笔录、辨认笔录和侦查实验笔录都是由侦查人员依照法定程序制作的文字记录，但是由于其内容和制作要求不尽相同，因此其特点也各异。

（一）检查笔录的特点

1.检查笔录不是在实体事实发生过程中形成的,而是在实体事实发生以后对发现的情况进行客观的记载。

2.检查笔录反映的不是单一事实,而是反映各种证据资料之间存在或形成的具体环境条件和相互关系,体现了一种具有综合证明能力的证据形式和来源。

3.检查笔录由侦查人员或者由侦查机关聘请的专业人员制作,其内容通常会受到制作人员主观因素如业务能力、观察能力、工作经验、主观情绪、精神状态等影响。

（二）辨认笔录的特点

1.辨认的主体可以是具有辨认能力的被害人、犯罪嫌疑人或者证人。

2.辨认笔录的内容是辨认人对既往的感知回忆以及在回忆基础上进行判断后得出的主观性认识。辨认过程是在有参照物的情况下进行的再认识,是辨认人对辨认对象外部特征的重新确认。

3.辨认笔录以其记载的辨认对象的形式来证明案件事实。辨认是让辨认人对可疑人员、物品或场所的外部特征进行感知和判断,一般不涉及辨认对象的本质。

4.辨认笔录易受到辨认主体的记忆能力、观察能力等主观因素的影响。

（三）侦查实验笔录的特点

1.侦查实验是为确定对查明案情有意义的某一事实或现象是否存在,或者在某种条件下能否发生或怎样发生,而参照案件原有条件将该事实或现象加以重新演示的一种侦查方法,因此,侦查实验笔录不是对案件原始情况观察的记录,而是对模拟情况的主观记载。

2.侦查实验笔录是一种起参照作用的补强证据,应当与其他证据综合起来发挥证明作用。

3.侦查实验笔录由侦查人员制作,其内容易受到实验条件或环境、侦查人员的工作能力、态度等因素的影响。

三、检查笔录、辨认笔录和侦查实验笔录的制作

检查笔录、辨认笔录和侦查实验笔录既一种证据类型,同时也是一种侦查诉讼文书,因而其制作具有严格的法定程序要求。

（一）检查笔录的制作

1.检查必须由侦查人员进行。在必要的时候,可以指派或者聘请具有专门知识的人,在侦查人员的主持下进行检查。犯罪嫌疑人如果拒绝检查,侦查人员认为必要的时候,可以强制检查。对被害人的检查,则不宜强制进行。同时,检查妇女的身体,应当由女侦查人员或者医师进行。

2.检查笔录应当由参加检查的侦查人员、检查人员和见证人签名或者盖章。被检查人员拒绝签名的,侦查人员应当在笔录中注明。

3.检查人员如有回避情形,应当遵守回避的有关规定。

4.检查笔录应当制作书面《检查笔录》,并详细记录检查的经过和结果。必要时可以附上照片或者录像。

（二）辨认笔录的制作程序

1.辨认应当在侦查人员或检察人员的主持下进行。公安部《办理刑事案件程序规定》

和《刑诉规则(试行)》均要求,主持辨认的侦查人员或检察人员不得少于两人。

2. 组织辨认前,应当向辨认人详细询问辨认对象的具体特征,避免辨认人在辨认前夕见到辨认对象,并应当告知辨认人有意作虚假辨认应负的法律责任。

3. 几名辨认人对同一被辨认人或者同一物品进行辨认时,应当个别进行。必要的时候,可以有见证人在场。

4. 辨认时,应当将辨认对象混杂在其他对象中,不得给辨认人任何暗示。

5. 辨认标本的数量必须达到法定要求。公安部《办理刑事案件程序规定》第 251 条要求,辨认犯罪嫌疑人时,被辨认的人数不得少于 7 人;对犯罪嫌疑人照片进行辨认的,不得少于 10 人的照片。辨认物品时,混杂的同类物品不得少于 5 件。对场所、尸体等特定辨认对象进行辨认,或者辨认人能够准确描述物品独有特征的,陪衬物不受数量的限制。《刑诉规则(试行)》第 260 条则规定,辨认犯罪嫌疑人、被害人时,被辨认的人数为 5 到 10 人,照片 5 到 10 张。辨认物品时,同类物品不得少于 5 件,照片不得少于 5 张。对犯罪嫌疑人的辨认,辨认人不愿公开进行时,可以在不暴露辨认人的情况下进行,并应当为其保守秘密。

6. 辨认经过和结果,应当制作书面《辨认笔录》,同时附上有关现场、人物、物品、尸体或文件的照片,并由侦查人员签名,辨认人、见证人签字或者盖章。必要时,可以对辨认的过程进行录像记载。

7. 组织辨认的侦查人员如有应回避的情形,应当遵守回避的有关规定。

(三)侦查实验笔录的制作

1. 侦查实验必须得到县级以上公安机关负责人或人民检察院检察长的批准。实验开始时,应当邀请两名见证人参加。如果侦查实验的目的是为了证实犯罪嫌疑人、被害人或证人的陈述是否真实,可以允许其参加侦查实验。

2. 侦查实验不应造成人身伤害或损坏他人财产,不得侮辱人格或违反社会公序良俗。

3. 侦查实验笔录应当详细记载实验的条件、环境、经过和结果,制作书面《侦查实验笔录》,并由主持实验的侦查人员、在场的见证人签字或盖章。必要时,可以对实验过程进行录像记录。

4. 为得到确切的结论,对同一情况可以反复进行实验。

5. 主持侦查实验的侦查人员如有应回避的情形,应当遵守回避的有关规定。

四、检查笔录、辨认笔录和侦查实验笔录与其他证据的区别

检查笔录、辨认笔录和侦查实验笔录主要以书面文字记录的内容来证明案件事实的有关情况,与书证有一定的相似之处,但它们与书证又有明显的区别。

1. 检查笔录、辨认笔录和侦查实验笔录形成于侦查过程中;书证则形成于案发之前或案件之中。

2. 检查笔录、辨认笔录和侦查实验笔录应当由侦查人员或检察人员依照法定程序制作且相应的格式应规范,如应由检查人员、辨认或实验主持人、见证人签字或盖章;书证的制作主体范围则不受限制,也没有固定的格式要求。

3. 如果检查笔录、辨认笔录和侦查实验笔录的制作过程不符合法定要求的,可以重新进行检查、辨认和侦查实验;证则必须提供原件,不能提供原件的书证,当事人又不予认可的,一般不具有证明效力。

4. 制作检查笔录、辨认笔录和侦查实验笔录的侦查人员,若有应回避的情形,应当予以回避;书证的制作主体则不存在回避情形。

5. 检查笔录、辨认笔录和侦查实验笔录的证明作用具有综合性,应当结合其他证据来起证明作用,被认为是一种补强证据;书证则具有独立的证明作用,通常是直接证据。

第十节 视听资料和电子数据

一、视听资料

（一）视听资料的概念

视听资料是指以录音磁带、录像带、电影胶片或者其他电子设备存储的声音、图像或二者之结合等信息资料来证明待证事实的证据。由于视听资料是以其记载的声音、图像或二者的结合作为证明手段的证据,故在理论上又可称为"声像资料"。

视听资料是上世纪随着科学技术发展而出现的证据形式,现已被世界各国广泛采用。但是其他国家一般不通过立法规定视听资料这种独立的证据形式。在外国的诉讼实践和理论中,一般都把它划归为传统的书证形式。把视听资料作为一种独立的诉讼证据,最早见于我国 1982 年颁布的《民事诉讼法（试行）》,1991 年修改的《民事诉讼法》对此加以肯定。1989 年的《行政诉讼法》也将它列为证据种类之一。我国 1979 年的《刑事诉讼法》没有规定视听资料为证据,但 1996 年修改后的《刑事诉讼法》则增加了视听资料这一证据形式。在司法实践中,视听资料实际上已经成为重要的证据材料。由于其能以声像俱备的形式动态、连续地反映事实经过,具有更强的证明力,为法院查明案情,提高审判质量,正确处理民事、行政纠纷或者有效惩罚犯罪发挥着日益重要的证明作用。

（二）视听资料的分类

从当前的科技水平和司法实践的运用情况来看,视听资料可以包括以下几种类型:

1. 录音资料。所谓录音资料是指运用声学、电学、化学、机械学等方面的科学原理,把正在发生的谈话、唱歌、呼叫、爆炸、机械摩擦、自然声响、电话对讲等声音如实地记录下来,然后再现原始声迹,以证明待证事实的证据,如唱片、录音带等。录音资料主要以其语音、语调、音质、音色等声纹特征以及声音发生的环境来起证明作用,通常被称为"会说话的证据",也有人称之为"听觉资料"。常见的录音资料有电话通话录音、谈话现场录音、事件现场录音等。

2. 录像资料。所谓录像资料是指运用光电效应和电磁转换原理将事物发生、发展、运动、变化的客观情况原形原貌地记录下来,然后经播放,重新显示原始形象,以证明待证事实的证据。它又包括两种类型:一是无声视觉资料,也称无声录像资料,包括无声录像带、无声影片、无声机读件等;二是声像资料,也称音像资料或音形资料,即既有动态图像又有现场声音伴随的一种影像资料,包括声像俱备的电影片、电视片、录像片、声像光盘等。录像资料具有生动形象的内容,且有连续运动的背景,故称为"会运动的证据"。常见的录像资料主要有监控设备对有关现场情况的录像、侦查人员秘密侦查时所拍摄到的犯罪事实过程等。

3. 图像资料。所谓的图像资料是指以静态的照片形式来固定事实状态的视觉资料。

它包括摄影照片、幻灯片、投影片等。纯粹的图像资料只能固定某一瞬间的动作或事物表征,既不能展现其发展、变化过程的细微情节,也不能描述当时的音响状况。最常见的静态图像主要是照片或者录像截图等。

需要说明的是,在刑事诉讼中,记录讯问犯罪嫌疑人、被告人的录音、录像,记录证人谈话的录音或录像资料以及三大诉讼中侦查人员或审判人员勘验、检查现场或者进行侦查实验时所制作的录像资料,仍然是讯问笔录、证人证言或者是勘验、检查笔录或侦查实验笔录,而不属于视听资料的范围。作为独立的证据种类,视听资料是指在案发时或案发后、诉讼前形成的音像资料。

(三)视听资料的特点

视听资料是借助于现代电子科技设备固定、存储和读取的信息资料,与其他的证据相比,主要有以下几个特点:

1. 具有较强的科学性。视听资料的制作和形成,必须依赖于科学技术设备和手段。同时,人们感知、认识其中的内容也必须通过科技的手段和专门的设备。同样,对视听资料的审查和鉴别也需要依赖科学技术设备和手段。

2. 具有较强的直观性和可靠性。视听资料是通过科技手段固定的信息资料,只要是原始记录,其内容通常比较稳定和完整。特别是具有动态过程的视听资料,不仅可以反映事实的发生、发展和变化过程,更为重要的是,其中人的声音或图像中人的表情可以直观地再现案件当事人的意思表示、思想感情。只要查证属实,视听资料对证明待证事实往往具有直接证据的效力。

3. 体积小、信息量大。视听资料可以通过体积较小的载体来记录丰富的信息内容。其中,录音带、录像带或电影胶片,不仅体积小,而且容易携带。

4. 容易被复制、裁剪、合成或伪造。视听资料是通过科技手段制作而成的,也容易通过科技手段被复制、裁剪、合成或伪造。因此,遇有疑点时,需要通过技术鉴定的方式确定其是否被复制、裁剪、合成或者伪造。《民诉证据规定》第 22 条规定:"调查人员调查收集计算机数据或者录音、录像等视听资料的,应当要求被调查人提供有关资料的原始载体。提供原始载体确有困难的,可以提供复制件。提供复制件的,调查人员应当在调查笔录中说明其来源和制作经过。"

(四)视听资料与书证、物证的区别

书证是以书面文件记载的思想内容来证明案件事实的,而视听资料的声音、图像、数据、信息等,其中也包括有文字、图形、符号等形式,但它并不单纯以文字和符号表达思想内容,而是独立地反映了案件的一部分或全部的真实情况和法律事实,不仅静态地反映了待证事实,而且动态地说明了待证事实的真实情景。

物证是以自己的外部特征、属性或存在状况等客观实在来证明案件事实的。视听资料是以音色、图像、贮存资料的内容来证明案件事实的,虽然其外在表现形式也是录音带、录像带、电影胶片等有形式物质,但它是以记录的声音、图像或者二者的结合之信息内容等来证明待证事实的,两者显然不同。另外,物证反映的内容是静态的,而视听资料的内容既可以是静态的,但更多的是动态的。不过,记录有音像资料的物品以其外部特征、属性或存在状况等对案件起证明作用的,如盗版光盘、淫秽录像带、有文件信息的计算机存储器等,则属于物证的范畴。

二、电子数据

（一）电子数据的概念

在我国，电子数据是 2012 年 3 月 14 日修订公布的《刑事诉讼法》和 2012 年 8 月 31 日再次修订的《民事诉讼法》所确立的一种新的证据类型。所谓的电子数据是指基于计算机应用、通信或其他电子化技术手段，以数字化的信息编码形式而存储、传输并读取的包括文字、图形符号、数字、字母等的信息资料。作为电子数据的证据只能以电讯代码的形式存贮在计算机或者计算机技术化设备等各种存储介质中，其中的数据信息不可能凭人的视觉或听觉直接读取，只能依靠专门的电子仪器、设备和特定的程序才能进行。

在我国诉讼立法确立电子数据形式之前，学界中有的学者将计算机存储信息、计算机互联网信息等归类为视听资料，也有的学者将之命名为"电子证据"，并且将凡是需要借助于电子技术设备进行存储和读取的信息资料都划入电子数据的类别，其中就包含了视听资料。我们认为，电子证据的概念确有一定的合理性。但立法分别采用"视听资料"和"电子数据"两种类型，则把传统的、以模拟信号为技术特征的音像资料与以计算机语言编码而形成的数字化信息区别开来。在司法实践中，比较常见的电子数据主要有计算机网页信息、电子邮件、电子数据交换信息、网上聊天记录、博客、微博客、手机短信、电子签名、互联网域名等。

需要说明的是，除了电子数据外，有时还会出现电子数据派生物。所谓电子数据派生物是指由电子数据材料转化而来的附属材料，如将计算机内部文件打印在纸面或胶片上而得来的计算机打印输出材料等，当其证明待证事实取决于能否同计算机系统内部的证据鉴证一致时，应当将其与传统的纸质书证区别开来。作为电子数据的派生物，它仍然属于电子数据，只不过是传来证据而已。

（二）电子数据的分类

根据不同的标准，电子数据可以划分为不同的类型。

1. 内容信息电子数据和附属信息电子数据

若以其内容为标准，电子数据可以划分为内容信息电子数据和附属信息电子数据。其中，内容信息电子数据是记载一定社会活动内容的电子数据，如电子邮件的正文、网络实时聊天记录等。附属信息电子数据是指记录内容信息电子数据的形成、处理、存储、传输、输出等与内容信息电子数据相关的环境和适用条件等附属信息的证据。如 Word 文档的文件大小、文件位置、修改时间，电子邮件的发送、传输路径、邮件的 ID 号、电子邮件的发送者、日期等电子邮件的信息等。其中，内容信息电子数据可以用作证明案件的主要事实，而附属信息电子数据则可以成为证据事实。

2. 静态电子证据和动态电子证据

若以其存在状态为标准，电子数据则可以分为静态电子证据和动态电子证据。其中，静态电子证据是指计算机处理、存储、输出设备中存储、处理、输出的证据，例如计算机信息系统中存储的计算机文档、计算机音频、视频文件等。动态电子证据是指计算机网络中传输的电子证据，如网络中的电子邮件、网络视频、音频文件、正在浏览的网页、正在下载的文件等。

3. 电子计算机存储数据信息、计算机互联网数据信息、电子通讯数据信息和以其他专门的技术设备获取的数据信息若以其应用技术为标准,电子数据又可以分为电子计算机存储数据信息、计算机互联网数据信息、电子通讯数据信息和以其他专门的技术设备获取的数据信息。其中,电子计算机存储数据信息是指运用电子计算机存储的图像、数据、符号或其他信息来证明待证事实的证据。它主要是磁化在存储器(包括硬盘、软盘、光盘、移动硬盘等)内的信息材料。使用时只需操纵输出设备,发出指令,计算机就会自动检索并在终端显示器上显示出文字、图像或数据,人们可以直观地进行感知,也可以复制或输出打印其中的信息内容。一般说来,通过人工操作,存储在计算机及其外接设备上的文档或程序资料,都可以是计算机存储信息,如计算机文档、计算机软件程序等。计算机互联网数据信息是指存储在计算机服务系统中,并与计算机互联网相连接,由终端显示器来读取的信息资料。它与电子计算机存储的数据信息的不同之处在于,计算机互联网数据信息的内容是已经上传至互联互通的计算机网络上主动显示,并可以自由读取的信息资料。它是一种单向地向不特定公众传输的可视化信息。常见的计算机互联网数据信息主要有电子邮件、网页资料、网络实时通信内容、网络视频或音频资料等。电子通讯数据信息是指通过手机、卫星通信设备、卫星遥感装置等传输、显示的数字化通信内容。它主要是指手机短信或通过卫星通信设备、卫星遥感装置等获取的文字或图片等数据信息。以其他专门的技术设备获取的数据信息是指通过激光技术、空间技术、红外线技术、X射线、遥感技术等高科技设备,经过其自身运转所获取并显示出来的数据信息。

(三)电子数据的特点

与传统的证据形式相比,电子数据具有以下几个特点:

1. 在存在方式上,电子数据是通过信息中的某些特征值来记载电子信息内容的。数字化电子数据表现为0和1两个二进制数字,展现给我们看到的其他形式的"数据",是因为计算机语言、编辑手段及编程方式等演绎的结果。

2. 在保存方式上,电子数据需要借助一定的电子介质。电子数据是以电子形式存储在各种电子介质上的,与传统的证据有很大的不同。例如,传统的书证的主要载体是纸张、布帛及其他可写物质,传统的证人证言主要借助于记忆等等。

3. 在感知方式上,电子数据必须借助于电子技术设备,否则其内容就无法展示。

4. 在传播方式上,电子数据可以快速广泛地传播。数据化的电子信息,通过互联网技术,可以迅速地传播到世界各地的电子显示终端设备上进行阅读、复制或下载。

5. 在安全性能上,电子数据自身具有数字化的特点,其生成、储存、传输的信息是以电磁或光信号等物理形式存在于各种存贮介质上的。这种高度的技术含量,使得电子数据的再现、复制都显示出高度的精确性,从而对于发现与认定案件事实具有较大的使用价值以及极强的证明力。同时,电子数据又是一把双刃剑。只要存贮介质上的电磁或光信号等物理形式发生变化,电子数据便会随之发生质变。原件与复制件、真实品还是伪造品之间的区分度愈发微不足道,无法识辨。因此,电子数据的可信性也随之大受影响。

【引例一】 评析:引例一的手机短信内容,是借助于手机这个电子设备形成、存储和读取,并通过通信网络设备进行传输的信息化数据,属于电子数据。

【引例二】 评析:引例二中的测谎结论只能看作是审查证据的一种手段,法官以此来增强心证的砝码,不具有单独的证明效力,在理论上属于补强证据,因而不能归类为鉴定结论。原告张某提供的欠条属于原始书证,具有较强的证明力。因此,测谎结论不能推翻欠条的效力。

【引例三】评析:引例三中的QQ聊天记录,是存储于计算机中的数据化信息,其形成、存储和读取同样必须依赖于电子设备,因而也是电子数据。将聊天记录的内容打印成书面材料,则是电子数据的派生物。

❋ 思考题

1. 我国的法定证据种类是否有必要增加?为什么?
2. 物证与书证有何区别和联系?
3. 民事诉讼的自认在什么情况下具有法律效力?
4. 如何看待和正确运用犯罪嫌疑人、被告人的供述和辩解?
5. 证人出庭作证的意义何在?
6. 视听资料与电子证据有何不同?

案例讨论:

1. 在一起交通肇事案件中,驾驶员将行人撞死后驾车逃逸,当时没有成年的目击者,只有一个4岁半的小女孩在现场附近玩耍。根据小女孩的描述,肇事车辆为电视广告中经常出现的某某型号货车,小女孩还具体说出了汽车是什么颜色的。经进一步调查,发现肇事现场附近一建筑工地当天来过一辆这样的车送建筑材料。公安人员到这辆车所属的运输公司找到了这辆车,尽管驾驶员对车辆进行了清洗,但最终还是在轮胎上发现了肇事后留下的血迹,经专家鉴定,该血迹血型与死者的血型一致。据此,公安部门逮捕了驾驶员,驾驶员对自己肇事后逃逸的罪行供认不讳。请问:(1)本案在侦破方面主要依据的是什么证据?(2)小女孩能否作为本案的证人?

2. 甲、乙、丙三人于1997年1月5日共同盗窃塑料薄膜,价值5000元。案发后乙、丙两人逃跑,甲归案并如实陈述了三人共同盗窃的犯罪事实。乙的妻子和丙的姐姐分别向公安机关陈述了甲、乙、丙三人于1月5日晚到乙、丙两家窝藏赃物的经过和赃物的外部特征。根据乙妻、丙姐的陈述,公安机关查获了赃物,所获赃物同失主的陈述和被告甲的供述相互印证。问题:请指出本案证据分别属于哪些法定的证据种类?

3. 张某由某地购进了属国家一级保护的珍稀动物的皮革250张,打算转卖给王某,双方用手机约定于10月10日在王某的家中交货。按事先约定的时间和地点,由张某乘坐马某的出租面包车将货物运到王某家中,但并未告知马某所运为何物。当张某叫马某从车上卸货时,马某才发现此货物属于国家一级保护动物的皮革,于是表明自己不参与此事的立场。在张某刚将货物搬下车时,公安人员突然出现在现场,并将张某、王某和马某三个一起抓获,同时扣押了面包车和张某的手机。经讯问,张某和王某分别供述了贩卖珍稀动物皮革的事实,马某也将本人运送货物的情况作了陈述。请问:本案中,公安人员调查收集到了哪些种类的法定证据？理由何在？

4."电缆钢绞线绝缘保护套及电缆挂钩"是一种电话电缆的保护装置,是原告嘉兴市中联通信器材有限公司法定代表人周建华拥有的实用新型专利。1999年2月8日,这家公司与周建华签订协议,由本企业依法独占使用该专利权。李壤江是个体工商户,私人开办了永康市石柱精益工艺厂。今年3月,原告发现李生产、销售的"三线交叉保护管"所有技术特征与本企业的专利产品相同,侵犯了其专利权,故诉诸法院请求保护自己的合法权益。李壤江在答辩状中称他是在不知情的情况下,将社会上供销员拿回来的原告方专利产品进行试销,也只生产过少量的专利产品,确实侵犯了原告的专利,深表歉意。李在答辩状上签名盖章,并由其代理律师提交法庭。然而在庭审中,李又推翻了以上"自认"行为,辩称此答辩状系员工所写,与事实不符,自己没有生产原告的专利产品,但没有举证证明"答辩状系员工所写,与事实不符"。请问:本案中李某的自认是否发生法律效力？为什么？

司法考试真题链接

一、单项选择题

1. 法院审理一起受贿案时,被告人石某称因侦查人员刑讯不得已承认犯罪事实,并讲述受到刑讯的具体时间。检察机关为证明侦查讯问程序合法,当庭播放了有关讯问的录音录像,并提交了书面说明。关于该录音录像的证据种类,下列哪一选项是正确的？(2010年)

A. 犯罪嫌疑人供述和辩解   B. 视听资料

C. 书证   D. 物证

2. 张某、李某共同抢劫被抓获。张某下列哪一陈述属于证人证言？(2009年)

A. 我确实参加了抢劫银行

B. 李某逼我去抢的

C. 李某策划了整个抢劫,抢的钱他拿走了一大半

D. 李某在这次抢劫前还杀了赵某

3. 某银行被盗,侦查机关将沈某确定为犯罪嫌疑人。在进行警犬辨认时,一"功勋警犬"在发案银行四处闻了闻后,猛地扑向沈某。随后,侦查人员又对沈某进行心理测试,测试结论显示,只要犯罪嫌疑人说没偷,测谎仪就显示其撒谎。关于可否作为认定案件事实的根据,下列哪一选项是正确的？(2008年)

A. 警犬辨认和心理测试结论均可以

B. 警犬辨认可以,心理测试结论不可以

C. 警犬辨认不可以,心理测试结论可以

D. 警犬辨认和心理测试结论均不可以

4. 关于自认的说法,下列哪一选项是错误的？(2009年)

A. 自认的事实允许用相反的证据加以推翻

B. 身份关系诉讼中不涉及身份关系的案件事实可以适用自认

C. 调解中的让步不构成诉讼上的自认

D. 当事人一般授权的委托代理人一律不得进行自认

5. 关于辨认程序不符合有关规定,经补正或者作出合理解释后,辨认笔录可以作为证据使用的情形,下列哪一选项是正确的?(2012 年)

A. 辨认前使辨认人见到辨认对象的

B. 供辨认的对象数量不符合规定的

C. 案卷中只有辨认笔录,没有被辨认对象的照片、录像等资料,无法获悉辨认的真实情况的

D. 辨认活动没有个别进行的

二、多项选择题

1. 下列哪些选项属于实物证据?(2007 年)

A. 杀人案中现场勘验笔录

B. 贪污案中证明贪污数额的账册

C. 强奸案中证明被害人精神状态的鉴定结论(鉴定意见)

D. 伤害案中证明伤害发生过程情况的监控录像

2. 为确定强奸案被害人甲受到暴力伤害的情况,侦查人员拟对她进行人身检查。下列哪些选项是正确的?(2006 年)

A. 如果甲拒绝检查,可以对她进行强制检查

B. 如果甲拒绝检查,不得对她进行强制检查

C. 如果甲同意检查,可以由医师进行检查

D. 如果甲同意检查,可以由女工作人员进行检查

3. 下列哪些证据属于书证?(2005 年)

A. 某强奸案,在犯罪嫌疑人住处收集的笔记本,其中记载着其作案经过及对被害人的描述

B. 某贪污案,为查明账册涂改人而进行鉴定的笔迹

C. 某故意伤害案,证人书写的书面证词

D. 某走私淫秽物品案,犯罪嫌疑人非法携带的淫秽书刊

第六章 证据的分类

第一节 证据分类概述

【引例一】2008 年 6 月 3 日,孙某向李某借款 4500 元,当日孙某向李某出具数额为 4500 元的借据一份,但双方未约定还款期限。2009 年 8 月 7 日,孙某的手机上出现李某发送的短信,内容为:"4500 元借款已经还清,欠条现在找不到了,但我保证不会再向你要钱了。"2010 年 3 月 2 日,李某将孙某告上法庭,要求孙某立即偿还借款 4500 元并承担本案的诉讼费用,同时提供当时孙某出具的借条一份作为证据。

问:手机短信能否作为证据使用,如果可以,属于言词证据还是实物证据,原始证据还是传来证据,直接证据还是间接证据,在认定过程中,需要符合哪些要求?

一、证据分类的概念

证据的分类,是指为方便研究的需要,从不同的角度,依据不同的标准,从学理上将证据划分为不同的类别。从人类认识事物的规律来说,将事物进行科学的分类,是从逻辑思维方面更深入全面地了解和认识事物的重要方式。因此,研究证据的分类,也是为了研究运用证据的客观规律,以便提高运用证据处理案件的能力。

证据的分类有别于证据的种类。证据的分类是一个学术概念,将证据进行分类的直接目的,是满足更好地认识证据的理论需要。而证据的种类是证据的法定种类的简称,是由一国法律所规定的,具有法律效力的证据形式。

具体而言,证据的分类具有以下基本特征:首先,证据的分类对象是法定证据,也就是符合法定条件,可以在诉讼中使用的证据。如果说,证据的种类是实践部门为准确判断控辩双方提供的材料是否可以作为证据使用而进行的归类,着眼于厘定法定证据的范围;那么,证据的分类则是在法定证据的范围之内,所作出的进一步划分,着眼于通过对不同标准下证据分类的了解,认识和剖析证据不同侧面的特征。其次,证据的分类在性质上属于学理划分,尽管证据的分类,特别是在一国学术界具有统摄地位的证据分类,会在一定程度上影响实务部门的取证、举证、质证和认证等司法活动,但是,证据的分类本身并不具有任何的法定效力,不产生任何的法律效果。再次,证据的分类依据不同的角度和标准,可以有多种划分形式,具有很大的灵活性,在不同国家、不同地区、不同的学者,完全可以根据研究证据的实际需要,将证据划分为若干不同的类别,以从不同的方面对证据进行更为全面和深刻的认识。

复次,由于分类角度和方式的不同,某一种证据可以在分类上具有多重性,比如,一把属于作案工具的匕首,在证据的分类上,既是实物证据,也是原始证据,同时又是间接证据等。当然,在同一种划分标准下,某一种证据不可能具有交叉性,例如,以证据与案件主要事实的关系进行分类,某证人证言如果属于直接证据,就不可能再属于间接证据。

二、证据分类的价值

为什么要对证据进行分类,是我们认识和了解"证据的分类"过程中,一个值得思考的基础性问题。只有明确了证据分类的价值,我们才有足够的兴趣和动力对证据分类问题进行更深入的探讨,才有清楚的思路和依据判断某种分类标准的科学性和实用性。

证据具有丰富性和多元性的特征,一方面,诉讼中可能出现的证据具有形式的多样性。比如,我国刑事诉讼法就是从形式上对证据进行规定,划分出九种证据形式:物证;书证;证人证言;被害人陈述;犯罪嫌疑人、被告人供述和辩解;鉴定意见;勘验、检查、辨认、侦查实验等笔录;视听资料;电子数据。随着科技的发展特别是侦查技术的进步,证据的种类还有进一步扩充的趋势。另一方面,证据具有内容的复杂性。社会的发展导致案情日趋复杂,不同的证据又不同程度地反映案情的不同侧面。此外,证据的收集和运用,也是一个复杂的过程,受到大量法律规范和逻辑经验的约束。以上情况导致了研究证据分类的必要性和迫切性。证据分类的价值主要体现在两大方面:一是理论价值,二是实践价值。

在理论上,对一个证据是否与案情具有相关性,能否并在多大程度上证明案件事实,全部涉案证据能否形成闭合的证据链条,充分证明案情等等问题的判断,有待于根据需要,将证据进行不同的分类,使实践中复杂多元的证据,在理论上系统化、条理化,全面细致地揭示证据各个方面的特征和运用的规律,为健全和完善我国的证据制度提供科学的理论依据。同时,分类也是一种普遍适用的研究方法,科学的分类有利于人们认识和研究客观事物,有利于深入揭示各种事物的共同点和差异,从而深化对事物的认识。对证据划分为不同类别进行研究,探讨其共有的特征与性质,分析不同类别之间的差异和相似之处,对深入研究证据法学也是大有裨益的。

在实践中,虽然证据的分类没有直接的法律效力,但是证据分类本身能够使人们更全面深刻地掌握证据的特点和运用规则,能够为司法实践提供科学的理论指导,使公安司法人员和案件当事人正确地收集、固定、运用、审查、判断证据,增强判断案件事实的准确性。

三、证据分类的基本情况

古今中外的很多法学家,都对证据分类做过研究。西方国家的知名法学专家中,最早对证据分类提出较为成熟观点的,是18世纪英国法学家边沁(J. Bemtlem),他在其著作《司法证据理论》中,依据不同的分类标准,将证据分为若干类别:实物证据和人的证据,自愿证据和强制证据,言词证据、宣誓证据和书证,直接证据和情况证据,原始证据和传来证据等。这些分类方法被后来的很多研究者所借鉴和沿用。[①]

在英美法系国家的司法实务界,判例在司法体系中占有举足轻重的地位。虽然随着对立法的重视和司法界对证据运用规范化的需求,美国联邦和很多州立法会都制定了证据规

---

① 刘金友:《证据法学》,中国政法大学出版社2001年版,第197页。

则,但对于证据的分类问题,一般不在法律中进行明文规定,这样一来,英美法系判例中谈及证据类型问题时,往往以理论的分类为论述起点。也就是说,英美法系国家的证据种类和证据分类并不像我国这样泾渭分明,而往往是混杂在一起。即使在英美理论界,对证据的分类方式也不尽相同,美国证据法学家华尔兹在其著作《刑法证据大全》中,论述了两种分类方式:一是分为直接证据与间接证据,二是分为言词证据、实物证据和司法认知。① 英国东南巡回审判区高级律师罗纳德·沃克(Ronald Walker)在《英国法律制度》一书中,罗列了证据的四个类别:直接证据与情况证据,原来证据与传闻证据,最佳证据与次要证据,口头证据、书证与实物证据。此外,还有一些较常见的分类方式如:直接证据、情况证据、补强证据和补助证据;物证、书证、确证、科学证据、传闻证据、品格证据、习惯证据和类似事实证据等。

在大陆法系国家,成文法占据统领地位,立法技术较为发达,法典内容系统全面。但是依据司法传统,证据法的内容一般隶属于三大诉讼法,所以证据内容通常融合于诉讼程序特别是侦查或预审程序当中,在体例上未必完备。比如法国的《刑事诉讼法典》,就没有对证据的相关内容进行专章规定,而主要规定于第三章第三编"预审法庭"中。② 但这并不妨碍在理论上研究证据的分类。法国的学者通常将证据分为事前制定的证据和事后制定的证据。其中,事前制定的证据是在发生纠纷前预先制定的,旨在解决有可能发生的纠纷,如当事人签订的合同等,后一类证据是在诉讼中产生的,包括书证、证人证言、勘验、推定、自认和宣誓等。在德国,学者一般将证据分为证人、鉴定人和实物证据。日本的学者一般将证据分为直接证据和间接证据,供述证据与非供述证据,实质证据和辅助证据等。我国台湾地区诉讼制度以德国等大陆法系国家的制度为基础,自20世纪末开始,又借鉴了英美法系特别是美国的部分诉讼制度。在证据法的分类方面,呈现出综合两大法系分类方式的特点。其中,证据法学家陈朴生的分类有一定的代表性,他把证据分为:本证和反证,原始证据和传闻证据,通常证据与补助证据,情况证据与供述证据,主证据与补强证据等。③

综上,各个国家的司法传统和现状不同,研究者的视角和侧重点不同,对证据的分类也会有一定的区别,根据我国法学界的既有研究成果,结合我国立法和司法实践的发展,本书将证据分为:言词证据和实物证据,原始证据和传来证据,本证和反证,直接证据和间接证据,实质证据和辅助证据,合法证据与非法证据。

第二节　言词证据和实物证据

一、言词证据和实物证据的概念和范围

根据证据表现形式的不同,可以将证据分为言词证据和实物证据两大类。言词证据和

---

① [美]乔恩·R.华尔兹:《刑事证据大全》,何家弘等译,中国人民公安大学出版社1993年版,第11~15页。
② 《法国刑事诉讼法典》,罗结珍译,中国法制出版社2006年版,第81~118页。
③ 陈朴生:《刑事证据法》,台湾三民书局1995年版,第82~93页。

实物证据的分类具有直观性、普遍性的特点,是最悠久也最为通用的证据分类方法之一。

所谓言词证据,是指以人的陈述为表现形式的证据。在我国法律规定的证据种类中,证人证言、被告人供述和辩解,被害人陈述,当事人陈述,鉴定意见等,均属于言词证据。言词证据既可以表现为口头陈述,也可以表现为书面陈述。根据我国法律的规定,鉴定意见必须采用书面形式,其他言词证据可以采取口头形式。

所谓实物证据,是指以实物形态为表现形式的证据。在我国,物证,书证,勘验、检查、辨认、侦查实验笔录,现场笔录,视听资料,电子数据等均属于实物证据。

在这里,有必要对以下问题进行进一步的说明:

首先,关于鉴定意见的性质。鉴定意见是依据法律规定,接受司法机关的指派或聘请或当事人及其法定代理人的聘请的鉴定人,对案件中的专门性问题进行鉴定后所作的书面结论。鉴定意见虽然是与案件无关的专家出具的包含专业性和科学性的结论,内容不同于典型的言词证据——了解案件事实的人的直接感知,但鉴定意见是鉴定人的个人意见或看法,具有较强主动性和主观性,在性质上仍属于一种陈述,鉴定人亦应当出庭阐述鉴定过程和作出结论的依据,接受辩诉双方的质询,因此,鉴定意见属于言词证据的一种。

其次,关于笔录类证据的性质。虽然笔录类证据由司法或行政机关工作人员根据案件情况作出,且大部分在事后制作,但在内容上是对案情所进行的客观记载,在通常情况下不会涉及司法人员和行政人员的个人感受、意见和判断,具有实物证据的客观性特征。比如,勘验、检查笔录是公安司法机关对于与案件有关的场所、物品、尸体、人身进行勘查、检验时所制作的实况记录。现场笔录是指国家行政机关及其工作人员对违反行政法律规范的行为人当场作出处理而制作的、供行政诉讼使用的文字记载材料。所以,笔录类证据原则上可以纳入实物证据的范畴。但是,笔录类证据毕竟具有一定的主观因素,会受到制作人员的技术水平和心理状态等因素的影响,因此在审查此类证据真实性的时候,应予以注意。

再次,要区分证据的表现形式与证据的证明方式之间的区别。证据的表现形式重点在于证据在来源处的形态,而证明方式关注的是证据在提交司法机关时的承载方式。以证人证言为例,从证据来源处的形态来看,它来自于了解案件的人对案情的见闻和感受,属于言词证据。但证人证言的证明方式可以是多种的,除口头陈述外,证人还可以提交书面证言,提供录音、录像等等,证明方式的多样性并不能改变证人证言作为言词证据的本质属性。

二、言词证据和实物证据的特点

言词证据和实物证据是从证据形式的角度对证据进行的分类方式,通过对不同形式证据各自特点的揭示,有助于理论和实务界更好地把握不同形式证据的收集、审查和判断规律,更准确地运用证据。

(一)言词证据的特点

首先,言词证据能够全面、直接、具体地证明案件事实。言词证据是当事人和证人对自己直接或间接感受的案件事实进行的陈述,一般来说,能够比较全面详细、具体生动地反映案件的整个过程,包括案件发生的原因、过程、结果等具体的细节,且通常能够直接证明案件的主要事实,具有很强的关联性,一旦言词证据的真实性得到确认,往往意味着案件的主要事实得到查明。以刑事诉讼为例,诉讼中的被告人、被害人或亲历案件全程的证人,其陈述不仅能勾勒出案件的全貌,甚至能描述出案件过程中一些重要的细节问题乃至作案的动机等心理活动,为司法机关判断案情和定罪量刑提供重要的参考依据。

其次,证据来源不宜灭失。言词证据是人的陈述,储存于人的记忆当中,一般而言,记忆的内容往往能保持较长的时间,因此,当事人和证人即使经过一段时间后才向司法机关作出陈述,仍然能较为完整和清晰,有利于收集工作的开展。当然,根据人的记忆规律,随着时间的推移,人的记忆会逐渐淡忘,甚至发生一些偏差,且随着案件关注度的提高,部分当事人和证人可能基于个人原因或外界影响,客观性不断受到影响。因此,该特点是相对实物证据而言,并不是绝对的。当案件发生后,侦查人员或其他司法机关工作人员应及时收集言词证据,以保证记忆的准确性。

再次,言词证据容易受到各种主客观因素的影响而出现失实的情况。应该说,容易失真这是言词证据的一项突出的弱点。言词证据的制作,要经过人对外部信息的接收、大脑对外部信息的判断处理、人的陈述等多个步骤,而任何一个步骤,都有可能因为主客观原因而出现偏差。一方面,言词证据可能受到人的感知、经验、记忆、表达能力等个人客观能力素质的影响;另一方面,还可能受到个人品德、利害关系等主观方面的左右,特别是对于当事人和其他与案件有关的利害关系人,其陈述更有可能出于对自身利益的考量而有失客观。另外,鉴定意见还要受到人的知识程度、技术水平等因素的制约。

(二)实物证据的特点

首先,实物证据具有较强的客观性。实物证据所反映的案件事实通常固定于一定的实物形态之中,不依赖于人的意识而独立存在,也不依赖于人的主观意愿而改变,因此不易受到主观因素的影响,具有较强的客观稳定性。当然,实物证据的客观性不是绝对的,在证据的形成和提取过程中,同样离不开人的参与,但与言词证据相比较,实物证据的载体具有更高的独立性和稳定性。

其次,实物证据的证明具有间接性。实物证据作为"哑巴证据",无法自己证明与案件事实的联系,通常不能直接证明案件的主要事实,它与案件的关联性必须通过相应的逻辑推理或其他证据去揭示。且一般来说,实物证据只能说明案件事实中的某个片段或者某个情节,不能反映案件的全貌。所以,实物证据通常要与其他证据共同使用,才能发挥出证明作用。

再次,实物证据具有明显的被动性,且容易灭失。实物证据在诉讼中,通常处于被动的、被发现的地位,因此,实物证据的证明价值往往依赖于专门人员运用一定的专业技术手段加以收集和固定,人员的专业性和仪器的先进性对实物证据的发现和提取具有重要的影响。另外,实物证据作为客观存在物,其存续往往需要一定的外界条件,当外界环境发生变化,实物证据就面临变质甚至灭失的可能。因此,实物证据的收集应当尽可能迅速、及时,以防止环境的变化或人为的毁弃而导致证据的灭失。

三、划分言词证据和实物证据的价值

从上文的分析可以看出,言词证据和实物证据各有特点。划分言词证据和实物证据,并不是说两者之间在证明力上有优劣之分,其价值在于通过揭示两种证据的不同特点,可以为司法和行政机关以及当事人对两者有针对性地加以发掘收集和审查判断,通过对两种证据的科学运用,准确判断案件的真实情况。比如,言词证据通常对案情具有直接的证明作用,意思明确,逻辑关联性强,便于公安司法人员掌握,但容易受到主客观因素的影响,所以对言词证据的收集和审查,要特别注意言词证据提供者作证的动机和环境,防止言词证据虚假情况的出现。而实物证据具有较强的客观性,但在收集方面需要一定的专业技术和客观条件的支持,在证明方面不能自动对案件事实作出说明,这就要求公安司法部门注意提高实物证据的发现和收集能力,发挥逻辑分析能力寻找和确认实物证据的相关性和证明力。

四、言词证据和实物证据的运用规则

言词证据和实物证据的划分,重在指导司法实践的证据收集和审查判断,因此,本书对言词证据和实物证据的运用规则,拟从证据的收集、保全、法庭调查、审查等方面进行分析。

在证据的收集方面,言词证据的收集方法主要是讯问和询问。讯问和询问必须依照法律规定的程序进行。由于言词证据容易受到主客观因素的影响,讯问和询问的方式应当受到特别的重视,只有确保证据收集过程的合法性,才能保证陈述人有条件进行如实陈述。我国刑事诉讼法及相关司法解释,强调言词证据的收集不得采用刑讯逼供和威胁、引诱、欺骗及其他非法方法。特别是 2010 年 5 月颁布的《关于办理刑事案件排除非法证据若干问题的规定》,强调了言词证据收集方面的合法性要求,并对言词证据合法性判断的证明责任、证明标准等问题作了进一步规定。实物证据的收集,主要通过勘验、检查、搜查、扣押、查封、冻结或要求持有人提供等方法进行。收集实物证据应遵循及时性的原则,并充分运用现代科学技术手段,以防止由于自然或人为因素造成实物证据的灭失、损毁。同时,及时收集证据也有利于防止伪造、变造证据。根据法律的相关规定,对收集的实物证据要开列清单或开具收据。实物证据的收集也应当遵循合法性的原则,但长期以来,我国对实物证据在收集过程中存在违法情况的处理态度并不明确,根据《关于办理刑事案件排除非法证据若干问题的规定》的规定,"物证、书证的取得明显违反法律规定,可能影响公正审判的,应当予以补正或者作出合理解释,否则,该物证、书证不能作为定案的根据"。新《刑事诉讼法》第 54 条也作出了类似的规定。该规定允许对违法取得的证据予以补正和合理解释,实质上是对违法获取物证、书证在一定程度上予以容忍。

在证据的保全方面,言词证据一般以笔录的方式加以固定,或通过录音录像的方式加以记录。对于笔录,既可以由询问人记录,然后由被询问人签字确认,也可以由证人、当事人亲笔书写证言或供词。笔录需按照规范化的要求制作,制作过程中出现轻微违法行为的证据属于瑕疵证据,必须经过补正才具有证据效力。实物证据的保全,以不损毁、不变形、不丢失为原则,对于不能长时间保存的实物证据,一般采用拍照、制作模型、绘图等方法进行保全和固定,并注明证据的种类,制作的时间、地点、案别等。

在证据的法庭调查问题上,言词证据需要通过询问、讯问或宣读等方式提出,并要接受双方的质证。按照法律的规定,只有经过双方当事人质证并经过法庭查证属实后的证据才能作为定案的依据。实物证据由一方当事人向法庭和对方当事人出示或播放,并说明实物证据的基本情况和与案件的关联性,与言词证据一样,实物证据同样需要经过双方质证并经过法庭查证属实后才能作为定案的依据。

在证据的审查方面,审查言词证据的重点在于有无影响证据真实性的主客观因素,陈述人是否进行了如实陈述。对实物证据的审查,重在查明实物证据与案件的关联性,同时应注意实物证据是否发生了变形、损坏或灭失,有无被伪造和变造。同时还应注意实物证据收集人员的业务素质及使用技术设备的质量等情况。

五、国外关于言词证据与实物证据的理论与立法

在英美法上,如果以证据表现形式进行分类,有不同的分类方法。如英国根据证据事实形成的方法、表现形式、存在状况、提供方式的不同,把证据分为言词证据、书面证据和实物证据。它把书面证据从实物证据中剥离出来了,英国法中规定的书面证据是指以文字或者数字作成之书面字据,其内容与审判中之系争点有关而为重要之证据。① 美国证据法中则根据证据形式的不同,把证据分成言词证据、实物证据和司法认知三种形式,书面证据则放在实物证据之中。

言词证据是指以口头或书面语言所表达的内容来证明案件事实的证据。它包括证人证言(testimonial evidence)和书面证据(documentary evidence),一般是证人在法庭的证人席上经宣誓或郑重保证后提供的口头证言,或者偶尔是审判前经宣誓提供的书面证言。由于证人规则在美国证据法中的重要地位,因而证人证言在各种证据中是最常见、最重要的一种。而对于证人证言,往往又有普通证人证言和专家证言之分。

"实物证据"一词系英国著名法学家边沁提出,贝斯特(Best)予以承继,但这一术语并未在日常的司法实践中运用。英国证据法学者罗伯特·克罗斯认为,实物证据大致包括以下五类:(1)物体,如致使原告工人在工厂受伤的机器、伤人的刀子。(2)身体特征,如某人身高1.75米,左撇子,头发乌黑发亮,身体强壮等,这些特征可能与受害人报案所述的情况类似,从而可以起到证明的作用。身体特征一般由法官指令进行检查或实际观察。(3)证人举止。证人在出庭作证、接受交叉询问或在其他场合的特殊举止,可能证明其证言的可信性,蔑视法庭行为亦可作为判其蔑视法庭罪的实物证据。(4)勘察,包括法官对事故现场的勘察、观看事故录像或者事故的重现。法院可强制当事人提供重现现场的设施。(5)自动化记录,包括视听资料、电子证据,但也有学者认为应将这种证据归为书证,而非实物证据。一般地说,实物证据若没有证人证言等言词证据予以配合,是无法证明案件事实的。②

在美国,实物证据(real evidence),又称为物证(physical evidence),是指在法庭上当庭展示的有体物。它包括两种:(1)实在证据,比如枪支、头发等以实在的物体形式存在的证据;(2)示意证据,比如图示、模拟物等。这不是真实的原物,而是提供给事实认定者的一种辅助性视觉材料,有时是视听资料,如犯罪现场的模型或模拟物、图示或解剖模型。③

第三节　原始证据和传来证据

一、原始证据和传来证据的概念和范围

以证据的来源为标准,可以把证据划分为原始证据和传来证据。

---

① 齐树洁:《英国证据》,厦门大学出版社 2002 年版,第 93~94 页。
② 程春华:《民事证据法专论》,厦门大学出版社 2002 年版,第 582~583 页。
③ [美]乔恩·R. 华尔兹:《刑事证据大全》,何家弘等译,中国人民公安大学出版社 2004 年版,第 17 页。

原始证据是指直接来源于案件事实的证据,也称"第一手证据"。在诉讼中,当事人(包括刑事案件的犯罪嫌疑人和被告人、自诉人、被害人、民事和行政案件的原告、被告、第三人)和证人关于案件事实的亲身经历、亲身感受的陈述,物证的原物、书证、视听资料、电子数据、鉴定意见、笔录类证据的原件等,均属于原始证据。

凡不是直接来源于案件事实的证据,称为传来证据,也有的称为"派生证据"、"衍生证据"。通常传来证据是经过转述、转抄或者复制的第二手或第二手以上的证据。当事人对非直接感知的事实所作的陈述、证人转述他人感知事实的证言,物证、视听资料、电子数据的复制品,书证的副本、复印本等,属于传来证据。

对于原始证据和传来证据的区分有以下问题需要注意:

第一,在证据为不能搬动或存在即时灭失可能的痕迹、物品时,公安司法机关工作人员采取专业方法进行收集的证据,属于原始证据还是传来证据,学界一直存在很大的争议,到目前为止仍然没有形成通说。由于原始证据和传来证据的分类对证据证明力大小的判断有着重要的参考作用,因此,对该问题争论的结果直接关系到公安司法人员通过显影、摄影等方式采集的证据是否具有与原物同等的证明力。将此类证据列为传来证据的学者认为,经过显影、摄影、摄像等方法获得证据,本质上经过了人为的复制和处理,若严格遵循原始证据和传来证据的各自含义,此类证据显然属于传来证据的范畴。而认为此类证据为原始证据的学者则主张,如果机械地套用划分标准,认为只有原来的痕迹和物品才是原始的,则所有的指纹等痕迹物品和体积庞大的物品都没有原始证据可言。苏联的学者也认为,原始证据与传来证据的划分,是根据侦察员与法院从最初的来源还是从"第二手"来源中取得材料。[①]即侦查员获得的一手材料也属于原始证据。本书认为,将该类证据纳入传来证据的观点更为合理,除上文已述的理由外,这种观点也有利于引导实务部门在运用该类证据时采取更为谨慎的态度,进一步敦促公安司法人员提高收集技能,遵循法定程序,并尽可能使其拍照、复制的证据与原物相合,以达到原物证据同等的证明效果。

第二,传来证据与西方国家的传闻证据存在一定的区别。英美证据法上,传闻证据被界定为一种"陈述"。这种"陈述"是指:(1)口头或书面的主张;或(2)个人非言词的行为,行为人意图以此来表达一个主张。[②] 我国有学者认为传闻证据主要指以下三种证据:"一是证明人在审判期日以外对直接感知的案件事实亲笔所写的陈述或由他人制作并经本人认可的陈述笔录,二是证明人在审判期日就他人所感知的事实向法庭所作的转述,三是没有直接感知案件事实的人在审判期日以外就他人所感知的事实亲笔所写的转述或由他人制作并经本人认可的陈述笔录。"[③]可见,传闻证据和传来证据的最主要区别有三个:一是传闻证据属于言词证据的范畴,它包括证人证言笔录、书面证言甚至非语言行为,但不包括实物证据。而传来证据的范围涵盖了实物证据和言词证据。二是传闻证据的立足点是直接言词原则,除证明人转述他人感知的事实属于传闻证据外,只要是在审判外提出的证据,没有经过宣誓和交叉询问,无论是否亲自感知,均属于传闻证据。而传来证据仅考察陈述人是否是对案件事实

---

① [苏联]蒂里切夫:《苏维埃刑事诉讼》,张仲麟译,法律出版社1884年版,第143页。

② 美国《联邦证据规则》第801条第(a)项,载《美国联邦刑事诉讼规则和证据规则》,卞建林译,中国政法大学出版社1998年版,第119页。

③ 龙宗智、杨建广:《刑事诉讼法》,高等教育出版社2010年版,第148页。

直接感知,而不论证据在何时作出。三是传闻证据受传闻证据规则调整,除法定例外情形外,都应当予以排除,不得作为证据使用。我国关于传来证据的分类,目的在于揭示此类证据的特点,并不是为了排除此类证据。

第三,在大陆法系国家,由于采用职权主义的诉讼模式,因而一般规定传闻证据也可以在诉讼中使用。但为了保证传闻证据的可靠性,其法律规定了比较严格的证据调查程序。对于卷宗之笔录或其他文书等传闻证据,必须经过法庭直接调查,并赋予当事人以辩解的机会,在此基础上,法官只要能够形成正确的心证,也可以作为证据采用;即使证言来自他人的陈述,但确实是有根据的,亦可以作为证据。"法官可以认定被提供的任何证据。证据是来自直接的观察还是第二手材料这个问题,只是在评估证据的价值时所应当考虑的问题。"①

在苏联的立法与理论上,对传来证据的可采性亦加以肯定。他们对英美法"传闻法则"中的形式主义因素采取批判的立场,主张有分析地、实事求是地对待传来证据。如有学者指出:"力求尽可能使用原始证据,并不意味着从传来证据中就不能得出真实的结论,也不意味着传来证据就是'第二等'证据。在许多情况下,如果不可能从最初的来源中取得证据(目击者死亡、文件的原本被烧毁等等),绝对要求只能使用原始证据,就会使法院失去从'第二手'材料中取得需要的证据。"②

二、原始证据和传来证据的特点

原始证据和传来证据的特点是相对的,需要通过对两者进行比较得出。原始证据的证明力一般高于传来证据。原始证据和传来证据的区别在于证据是否直接源于案件事实,是否属于第一手资料。从人们的日常生活经验和长期的司法实践情况来看,证据经过两次或者多次的转述、转抄、复制之后,常常会出现偏差,证据的可靠性或证明力与证据来源和案件事实的距离成反比。也就是说,原始证据更能反映案件的全貌,其真实性和可靠性一般更强,更值得信赖。反之,传来证据的真实性和可靠性相对较弱。所以,通常情况下,原始证据的证明价值大于传来证据。

当然,原始证据和传来证据的这种特点不是绝对的。由于自然环境和人为因素的影响,原始证据的证明价值可能随着时间的推移而减弱。比如,某些原始的物证和书证,可能逐渐变质和损毁,这时,经过科学方法制作和保存的传来证据就可能具有更高的证明力。

此外,必须明确的一点是,虽然传来证据的证明力相对较低,但其作用也不容忽视。首先,传来证据往往是发现原始证据的先导。在很多案件中,侦查人员都是先找到传来证据,再通过传来证据提供的线索,引导发现和收集到原始证据。只有重视传来证据的获取,才能更好地发现和使用原始证据。其次,传来证据可以审查原始证据的真实性。在我国的司法实践中,证明案件通常遵循"印证模式",在认定某个事实要件时,强调共同证明该要件的不同证据之间的相互印证。这种模式使传来证据的作用进一步得到彰显。再次,在某些特殊情况下,原始证据根本无法获得,经过查证属实的传来证据完全可能具有较强的证明力并成为定案依据。比如,某刑事案件中的被害人、目击证人已经死亡或因其他原因无法出庭作证,这时,由听到被害人或目击证人陈述的人进行转述,就有可能作为定案的依据。

---

① 《牛津法律大辞典》,光明日报出版社 1988 年版,第 411 页。
② [苏联]蒂里切夫:《苏维埃刑事诉讼》,张仲麟译,法律出版社 1984 年版,第 142 页。

三、划分原始证据和传来证据的价值

把证据划分为原始证据和传来证据,可以明确在一般情况下,原始证据在可靠性和证明力方面有优势地位,这就为实践中收集证据提供了明确的方向,为衡量证据的可靠性提供了相对明确的尺度。

首先,这种划分有利于公安司法人员在侦查案件的过程中,尽可能地收集原始证据,如果收集原始证据确有困难,应尽量获取最接近案件事实的传来证据,且应当提供不能收集原始证据的充分理由。因为原始证据是犯罪行为、民事行为或违反行政法的行为直接造成的证据材料,与所证明的案件事实之间没有任何中间环节,因此它能够比较客观地反映案件事实的本来面貌。

其次,有利于公安司法人员正确理解传来证据的价值,有效收集和运用传来证据。明确传来证据的特点和作用,公安司法人员会更加注重传来证据来源的合法性,同时注意通过对传来证据的收集和分析,进一步收集和审查原始证据。善于运用传来证据,将为正确查明案件事实提供可靠保障。在无法取得原始证据或取得原始证据有困难的情况下,可以使用传来证据替代。如我国《民事诉讼法》第 68 条第 1 款规定:"书证应当提交原件。物证应当提交原物。提交原件或原物确有困难的,可以提交复制品、照片、副本、节录本。"

再次,有利于法庭正确审查判断证据的证明力,结合全案证据情况对案件事实作出认定。一方面,明确一般情况下,原始证据具有优先证明力,统一了裁判者的适用规则;另一方面,这种优先证明力并非绝对,同时赋予裁判者必要的裁量空间。不论是原始证据还是传来证据,都应当按照法律规定加以查证核实,通过证据间的相互印证,排除证据间的合理矛盾,对全部涉案证据进行综合判断。

四、原始证据和传来证据的运用规则

（一）原始证据的运用规则

第一,原始证据优先原则。与传来证据相比,原始证据具有更好的证明力,因此,在案件中,公安司法机关和当事人应尽量寻找、发现、收集和使用原始证据。西方国家很早就制定了"最佳证据规则",在书证中明确了尽可能收集原始证据的要求。在言词证据和其他物证方面,也应当贯彻原始证据优先的原则,尽可能寻根溯源,收集原始证据,只有在原始证据收集确有困难的情况下,才能用传来证据代替。当然,这种优先效力不是绝对的,应根据涉案证据的具体情况进行审查。

第二,原始证据中,有原始证人的应尽量贯彻出庭作证原则。原始证据直接源于案情,这是其优越于传来证据的根本原因,但原始证据并非都是真实可靠的,仍然应当进行严格的审查。所以,存在原始证人时,应当亲自出庭作证并接受双方当事人质询,进一步发挥原始证据的优越性,保证证据的真实性。

第三,除言词证据以外,原始的实物证据,包括物证、书证、视听资料、电子数据等,也应当按照法律规定的方式进行审查,经双方当事人、证人等质证并查证属实后,才能予以确认,作为定案的依据使用。

（二）传来证据的运用规则

第一,应当尽可能选择传播环节少,传播过程对证据真实性影响较弱的传来证据。一般

来说,传来证据的证明价值随着中间环节的增加而减弱,证据的证明价值与其距离信息的距离成反比。另外,传播的方式和途径对证据的真实性的影响也不一样。比如,同样的一份书证,通常来说,复印的方法要比手抄的方式更为可靠。

第二,审查传来证据的重点是查明其来源和出处。对于传来证据而言,查明来源是判断其是否真实的首要条件。没有查明来源或来源不明的传来证据,不能判明其是否真实、可靠的,如道听途说、街巷传闻、匿名信件等,不能作为定案依据。

第三,传来证据必须与其他证据互相印证。在运用传来证据认定案件事实时,不仅要求它与案件事实确有联系,有确定的来源和出处,而且还必须与其他证据互相印证,没有矛盾或矛盾已得到合理排除,才能作为定案根据。

❧

【引例一】评析:在该案中,手机短信属于言词证据、传来证据、直接证据。要认定该证据需要遵循证据认定的合法性、真实性和相关性的要求。

第四节　本证与反证

❧

【引例二】刘刚向李阳借款5万元。该款到期后,刘刚没有依约按时还款,李阳诉至法院,要求被告刘刚偿还借款5万元,并提供当初刘刚出具的借据为证。被告刘刚则出示还款收据证明借款已还。问:本案中的借据和还款收据,何为本证?

【引例三】某工商局认为张某非法经营,并对其进行了处罚。张某向法院提起诉讼,认为工商局违法处罚,并提供了营业执照证明自己合法经营。工商局则提供了处罚所依据的现场笔录。问:本案中,营业执照和现场笔录,何为本证?

一、本证和反证的概念和范围

根据证据对诉讼双方事实主张的证明作用,可以将证据划分为本证和反证。本证和反证是从举证责任出发,为配合完善我国的举证制度,而对证据进行的分类。在学理上,本证和反证适用的诉讼类别一直存在争议。有学者认为,本证和反证可以适用于三大诉讼法中,这种观点有利于在研究中获得一种适用于各种诉讼证据的统一的分类方法,与我国司法制度改革中增强对抗性的趋势相适应。另一些学者则坚持,本证和反证仅适用于民事诉讼和行政诉讼领域,不适用于刑事诉讼。本书认为,出于三大诉讼法相比较的需要,本证和反证的分类可以延伸到刑事诉讼领域,但应从举证责任出发,作出严谨的分析。

所谓本证,是指负有举证责任的当事人提出的,用以证明他所主张的事实存在的证据。凡是负有举证责任的一方当事人,无论是原告还是被告,只要是依据举证责任提出的证据,均为本证。所谓反证,是指不负有举证责任的当事人提出的,用以证明对方当事人所主张的事实不存在或不真实的证据。可见,本证和反证视举证责任的分配而定,而不是由哪一方提出的为标准,无论是本证还是反证都既可以由原告提出,也可以由被告提出。在刑事诉讼中,凡是能够证明犯罪嫌疑人、被告人实施了犯罪行为的证据,包括具有从重、加重或者从轻、减轻或免除处罚情节的证据,都属于本证。犯罪嫌疑人、被告人及其辩护人所提出的反驳控诉,证明犯罪嫌疑人无罪或罪轻的证据,属于反证。对于罪轻证据,有部分学者将其只归入反证中。本书认为,罪轻证据既可以是本证,也可以是反证。根据我国的司法传统观和刑事诉讼法的相关规定,控诉方具有客观义务,既需要收集对被告不利的证据,也需要收集对被告有利的证据。因此,对于被追诉人的罪轻证据,控诉方同样具有收集和举证的义务。当控诉方提出罪轻证据用于证明被告人存在罪轻事实时,此时罪轻证据属于本证;如果控诉方没有提出罪轻事实,而被追诉人及其辩护人提出了罪轻证据,此时,罪轻证据属于反证。

在民事诉讼中,根据"谁主张,谁举证"的基本原则,双方当事人均可提出支持各自主张的本证,也可以提出驳斥对方事实主张的反证。如借贷纠纷案件中,原告应对借款关系的成立承担证明责任,其提出的证据为本证。如果被告试图证明借款关系不成立,其提出的证据为反证。如果被告承认借款关系,但主张已还款,对方权利消灭,其应对这一主张承担证明责任,其提出的证据则为本证。如果原告否定被告这一主张而提出的证据又为反证。特别要强调的是,在民事诉讼中,不同事实要件的举证责任很可能由不同的当事人承担,也就是说,在同一案件中,本证和反证并不固定于某一方当事人,原、被告很可能既需要提出本证,也需要提出反证。我国《民事诉讼法》第69条规定:"经过法定程序公证证明的法律事实和文书,人民法院应当作为认定事实的根据,但有相反证据足以推翻公证证明的除外。"这里所指的"相反证据"即是反证。

在行政诉讼中,实行举证责任倒置的原则。通常情况下,由行政机关提出的证明具体行政行为合法的证据为本证,证明具体行政行为违法的证据为反证,但也有部分事项的举证责任由原告承担。根据我国《最高人民法院关于执行〈中华人民共和国行政诉讼法〉若干问题的解释》(以下简称《行诉解释》)第27条的规定:"原告对下列事项承担举证责任:(一)证明起诉符合法定条件,但被告认为原告起诉超过起诉期限的除外;(二)在起诉被告不作为的案件中,证明其提出申请的事实;(三)在一并提起的行政赔偿诉讼中,证明因受被诉行为侵害而造成损失的事实;(四)其他应当由原告承担举证责任的事项。"

一般来说,在诉讼过程中,如果负有举证责任的一方希望胜诉,则本证是必须提出的,否则无从证明双方当事人的基本主张。而反证的目的是使本证的证明力产生动摇,所以反证并不需要在每个诉讼中提出,只有本证使待证事实基本成立时,反证才有必要提出。

此外,应当明确反证和反驳、抗辩的区别。反驳和抗辩不需提出新的事实或证据,而只是指出本证在证据能力或证明力上存在的问题,以达到动摇对方诉讼主张或证明对方诉讼主张不存在的目的。而反证必须提出与本证相反的新事实或证据。

二、划分本证和反证的价值

本证和反证是配合举证责任而进行的证据分类,它有利于人们清晰地认识证据在支持或反驳双方当事人中的不同作用,有利于举证和认证工作的顺利进行:

第一,这种划分有利于落实举证责任和证明标准,帮助司法人员作出准确的判断。根据相关的证明理论,负有举证义务的当事人必须提出相关本证来证明自己的主张,如果没能提出本证或提出的本证没能达到法律规定的证明标准,则需要承担败诉的风险。而对于不需要承担举证责任的对方当事人而言,所提出的反证,只要能够动摇本证的真实性至证明标准之下,就达到了的反证本身的目的。

第二,有利于增强诉讼的抗辩性。无论是刑事诉讼还是民事、行政诉讼,增强诉讼的对抗性、竞技性特征,提高诉辩双方举证的积极性,是我国庭审改革的总体趋势。划分本证和反证,并明确各自的目的和适用规则,有利于明确双方举证的分工,强化双方提供证据的意识,拓宽证据的来源,使案件事实在翔实的证据材料和充分的法庭调查中逐渐明朗,增加事实认定的客观性和可接受性。

第三,有利于法院迅速了解当事人争议的焦点,形成对案件事实的正确认识。在双方当事人本证和反证的争论中,审判人员根据双方当事人陈述的事实和提供的各种本证和反证,可以迅速了解案件的争点,并将审理的重心放在当事人有争议的问题上。这显然有利于迅速审结案件,提高诉讼效率,同时可以保证法官兼听双方意见,帮助法官正确认定案件事实。

三、本证与反证的运用规则

第一,除司法认知、自认等特殊情况,双方当事人要说服法庭采纳己方主张,必须提供相应的本证和反证。负有举证义务的一方不提供或不能提供合乎要求的本证的,将承担败诉风险,不负有举证义务的一方当事人在对方当事人提供的本证已达到"表面真实"的程度后,如果不积极地提供反证,则可能导致诉讼失利。

第二,通常情况下,反证应当在本证提出后再进行举证。我国台湾学者认为,本证和反证的证据分类与防御证据和攻击证据的分类是相对应的。也就是说,本证的目的是建构基本案件事实,就像建构起一个牢固的防御工事。而反证的目的则是攻击这一防御工事,以达到降低法官的内心确信,使法官支持己方主张的目的。所以,反证应当在本证提出后再行提出,以达到有的放矢的效果。当然,如果对于某一要件事实,只有反证而没有本证,提供反证方可以直接举证。

第三,无论是本证还是反证,司法机关都应当进行认真的审查判断。即使在某些案件中,对于某一事实要件,只存在本证或只存在反证,或本证和反证中有一个已经确定为虚假,法庭也应当对本证或反证进行认真审查。特别对于本证而言,即使某案件不存在反证,也并不意味着本证必然成立,还需要综合全案证据,考察本证是否达到法定证明标准。

四、国外关于本证与反证的立法和理论

日本证据理论认为,所谓本证系指负有举证责任的当事人的证据及立证活动。从证明责任关系的角度考察,为产生能使法官造成确信的证明,就必须在此程度上进行充分的立证。如果未能进行这种程度上的立证,就属未能履行举证责任,可以因真伪不明而造成与举证责任有关的败诉。所谓反证系指无举证责任的当事人的证据及立证活动。从无证明责任的关系考察,只需进行可能造成法官对证明的确信产生动摇的立证。如果法官的确信被动摇,那么对方便败于本证,从而可以因为真伪不明而获得与举证责任有关的胜诉。[①]

---

① [日]石井一正:《日本实用刑事证据法》,陈浩然译,台湾五南图书出版有限公司 2000 年版,第 21 页。

我国台湾地区有学者认为,本证和反证的证据分类与攻击证据和防御证据、无罪证据和有罪证据的证据分类是相对应的,分别存在于当事人主义诉讼和职权主义诉讼中:"在采彻底的当事人主义之立法例,认当事人负举证责任。因认负举证责任之当事人所提出之证据,为本证;他造当事人所提出之证据,为反证。故本证,乃积极地使裁判官确信其存在;反证,则系妨害裁判官依其本证得有确信,使事实限于真伪不明之状态。在采职权主义之立法例并不认当事人有举证责任,因认本证系指犯罪事实存在之证据。此项证据,多属被告不利,故有称之为攻击证据,或曰有罪证据;反证,则指证明犯罪事实不存在之证据。此项证据,多属被告有利,故有称之防御证据,或曰无罪证据。本证与反证并存时,固应由裁判官本其自由心证,判断何者较为优越、确实、可信;如本证并不存在或不真实,虽无反证,仍不得为不利于被告之裁判。"①

【引例二】 评析:李阳起诉刘刚需要承担其主张的借贷事实成立,故借据是本证。同时,刘刚提出已经偿还的抗辩事实,对此,其需要承担举证责任,因此,其出示的还款收据也属于本证。

【引例三】 评析:行政诉讼中原告无须承担证明工商局违法处罚的举证责任,故营业执照不是本证。被告负责证明其处罚行为合法的举证责任,因此其提供的现场笔录等证据是本证。

第五节　直接证据和间接证据

一、直接证据和间接证据的概念和范围

以证据与案件主要事实的证明关系为标准,可以把证据分为直接证据与间接证据。所谓案件的主要事实,是指能证明案件是否存在以及相关人员权利义务关系的关键性事实。在刑事诉讼中,案件的主要事实包括犯罪行为是否发生以及是否由被追诉人实施两方面;在民事诉讼中,案件主要事实是指诉讼当事人发生争议的民事法律关系发生、变更或消灭的事实;在行政诉讼中,主要事实是指行政机关的具体行政行为是否合法的事实。

直接证据是指能单独直接证明案件主要事实的证据。在刑事诉讼中,能够成为直接证据有以下几种:(1)犯罪嫌疑人、被告人的供述和辩解。(2)能够复述案情并指出犯罪嫌疑人的证人证言、被害人陈述。(3)能直接证明是何人实施犯罪行为的书证、视听资料和电子数据,如亲自书写有真实姓名的侮辱性标语,可以成为侮辱罪的直接证据;银行监控录像记录了作案全过程的视听资料,可以成为抢劫罪的直接证据等。(4)在特定情况下,能直接证明被追诉人实施了犯罪行为的物证。一般来说,物证需要与其他证据相结合,并借助逻辑推理才能证明案件的主要事实,属于间接证据范畴,但在特殊情况下,可以成为直接证据,比如,

---

① 陈朴生:《刑事证据法》,台湾三民书局 1979 年版,第 129 页。

某人随身携带枪支、毒品等违禁品,可以成为持有型犯罪的直接证据。

在民事诉讼中,可以成为直接证据的证据主要有以下几种:(1)民事当事人对主要案件事实的陈述;(2)能够单独直接证明案件主要事实的证人证言;(3)能够证明民事法律关系发生、变更或消灭的部分书证,如合同、借条、收据和往来信函等;(4)在特定情况下,能直接证明民事法律关系发生、变更或消灭的部分物证。

在行政诉讼中,能成为直接证据的证据主要包括:(1)行政案件当事人对主要案件事实的陈述;(2)行政机关实施具体行政行为的工作人员、委托人或其他在场人员的对案件主要事实的证言;(3)能够证明行政机关具体行政行为合法性的书证,包括行政机关出具的文件、公函、证明等。

间接证据是指不能单独直接证明案件主要事实,需要与其他证据相结合才能证明案件主要事实的证据。间接证据的情况复杂,种类繁多,可以说,不属于以上罗列的直接证据的证据,均属于间接证据,在此不再一一列举。一般而言,反映动机、时间、工具、手段、结果以及仅能证明犯罪嫌疑人是否在现场或犯罪事实是否发生等单一事实要素和情节的证据,均属于间接证据。

二、直接证据和间接证据的特点

(一)直接证据的特点

首先,直接证据与案件主要事实的证明关系具有单独性和直接性,无须再借助其他证据和复杂的逻辑推理过程,就可以直截了当地证明案件的主要事实。因此,使用直接证据进行证明具有方便快捷的特点。一旦直接证据查证属实,便可作为认定案件主要事实的依据,证明过程简单容易,可以使案件得到及时的处理。

其次,直接证据数量较少,获取难度大。在某些案件中,甚至基本无法获得直接证据。比如在某些刑事案件中,没有目击证人或特定的被害人,如果犯罪嫌疑人或被告人拒不供述,就无法获得直接证据。

再次,直接证据一般表现为言语证据,因此其主观性较强,容易受到主客观因素的影响而出现失实的情况。言词证据容易受到提供者在感知、记忆、表达能力等方面的影响而出现偏差,也可能因为提供者与案件判决结果存在利害关系而失实。

(二)间接证据的特点

与直接证据相比,间接证据具有以下的特点:

第一,间接证据与案件主要事实的证明关系具有间接性。间接证据不能单独、直接证明案件的主要事实,只能单独证明案件的次要事实或主要事实中的某个情节或片段。所以,当某个案件既有直接证据又有间接证据时,间接证据通常起佐证的作用。如果要运用间接证据证明案件的主要事实,则证明过程具有很强的依赖性和推断性。间接证据要证明案件的主要事实,必须将多个间接证据相互联系,形成闭合的证据链条,并通过综合的分析和逻辑推理,使其环环相扣,互相印证,排除其他一切可能。因此,间接证据证明案件事实的方法相对繁杂,难度较大。

第二,间接证据数量较多,种类庞杂,形式多样。凡是与案件事实相关的材料,都可能进入庭审范围,成为证据。因此,间接证据包括背景证据、感情证据、品格证据、情况证据、环境证据等等。在表现形式上,各种实物证据和部分言词证据,都可能成为间接证据。在一个诉讼案件中,间接证据的数量通常比较多,也比较容易收集和获取,在司法实践中,直接证据往往是通过对间接证据的收集和分析才发现的。

第三,间接证据具有较强的客观性。间接证据一般表现为实物证据,独立于人的主观意识而存在,因此客观性较强,并具有静态性和稳定性。因此,间接证据往往是验证直接证据真伪的重要手段。

三、划分直接证据和间接证据的价值

直接证据和间接证据的划分标准直接揭示了证据在证明案件事实中的地位,有利于公安司法人员和当事人收集、运用和判断证据证明案件事实的认识规律,在司法实践中具有重要的指导作用。

1. 有利于公安司法人员充分全面地收集证据。直接证据和间接证据各有特点,在收集和运用方面各有利弊,因此,在刑事案件中,侦查人员有必要根据直接证据和间接证据在收集和证明方面的难度,更加全面地加以收集各种证据。在充分重视调查和获取直接证据的同时,也要重视收集间接证据,并通过间接证据,寻找获得直接证据的线索,检验直接证据的真实性。

2. 该划分标准有利于司法人员正确审查和运用证据确定案件事实。对直接证据特点的把握,可以使司法人员在使用该类证据时注重获取途径的合法性审查,防止通过暴力、威胁、引诱、欺骗等非法方式获取口供或其他证言。对间接证据特点的理解,可以使司法人员更加重视运用间接证据加以佐证,或通过其他证据和严谨的逻辑推理,将各间接证据拼接成完整的证据体系,对案件的主要事实加以证明,从而使涉案的整体证据更为确实充分。

3. 有利于加强人权保障。司法人员应认识到,凭间接证据也能查清案件事实,不能只看重直接证据,避免过分热衷于收集直接证据并不惜采用暴力、威胁、引诱和欺骗等非法手段获取直接证据。因此,司法人员一开始接触案件就要既重视直接证据,也重视间接证据的收集,以避免无端侵犯取证对象的权益。

四、直接证据和间接证据的运用规则

(一)直接证据的运用规则

第一,不得以暴力、威胁、引诱、欺骗以及其他非法方法收集直接证据。由于直接证据以言词证据为主,而言词证据容易受到主客观因素的影响,尤其容易受到收集过程中环境的影响,因此,无论是西方主要国家的证据法典,还是我国刑事诉讼法修正案以及"两个证据规定",都将直接证据收集过程的合法性放在至关重要的位置上,严禁以刑讯逼供等违法手段获取直接证据。

第二,只有被告人供述,没有其他证据的,不能认定被告人有罪和处以刑罚。这就是"补强证据规则"。为防止公安司法人员过分依赖直接证据特别是被告人供述,避免在刑事案件中出现因被告人翻供而导致案件认定失去依据的局面,我国刑事诉讼法明确规定,只有被告人供述而没有其他证据相印证的,不能据以认定被告人有罪。这对保障被告人人权,防止用暴力等非法手段获取口供起到了重要的作用。

第三,对于重要案件事实的直接证据,应有其他证据加以印证。我国的司法实践对证据的适用,特别是关系到重要事实要件的证据的适用,采取较为审慎的态度,特别对于由利害

关系人提供的供述或证言等直接证据,既不能不信,也不能轻信,一般来说,需要有其他的直接或间接证据加以印证,以确保陈述的真实性,方能认定。

第四,直接证据应当在法庭出示,在接受诉辩双方的询问、质证,并经法庭查证属实后,方能作为定案的依据。一般而言,直接证据的提供者应当出庭接受质询。目前,针对我国司法实践中存在证人出庭率较低的问题,学者们积极献策,提出了很多有益的建议,从证据的证明力角度出发,降低未出庭者所提供的直接证据的证据价值,是未来证据法需要完善的一项重要内容。

(二)间接证据的运用规则

当某个案件无法获得直接证据,或直接证据真假难辨时,需要运用多个间接证据认定案件事实,这时,应严格遵循以下规则:

第一,用于定案的每一个间接证据都必须查证属实。间接证据之间往往环环相扣,相互依存,其中的某一个或某几个证据如果存在不真实的可能,就难以保证案件的真实性,因此,最终据以定案的每一个间接证据都应当达到真实可靠的程度。

第二,间接证据必须与案件存在客观联系,对证明案件事实具有实质意义。间接证据虽然不像直接证据那样,可以单独地直接证明案件的主要事实,但必须与案件具有客观联系和实质证明作用,否则就失去了作为证据的基本属性。

第三,间接证据之间需要协同一致,不存在矛盾或矛盾得以排除。间接证据之间只有保证矛盾的排除,才能从全局上确保各间接证据的真实性。需要强调的是,此处的矛盾应当是可能影响案件真实性的问题,如果仅在细节问题上存在少量出入,属于可以忽略的误差范畴,则可以认为不存在矛盾。

第四,间接证据必须形成完整的证据体系。由于间接证据只能证明案件的某个事实元素或情节,只有当一个完整的事实所需要的全部主要事实要素和情节均成立时,案件事实才能成立。所以,间接证据必须经过符合逻辑和经验法则的排列之后,形成一个完整的、闭合的证据链条,才能据以定案。

第五,运用间接证据组成的证据体系所得出的结论必须具有唯一性。如果该证据体系所指向的结论不是排他的,存在多种可能,则意味着案件事实不能确定。所以,必须保证该证据体系仅能得出唯一合理的结论,才能保证案件事实的准确性。

五、国外关于直接证据与间接证据的理论与立法

在英美法系国家,一种比较流行的观点是,以证据对系争事实的证明作用是否需要推断和假设作为划分直接证据与间接证据的标准。其中,不需要推断和假设即可证明系争事实的证据,称为直接证据;必须经过推断或假设才能证明系争事实的证据,称为间接证据。虽然有人提出了这样的观点,但是在直接证据和间接证据这两个概念的使用上,仍然比较混乱。英美学者对直接证据的用词只有一个,即 direct evidence,但却有多种含义,与其相对的词则有两个:一是 indirect evidence;二是 circumstantial evidence。前者我国通常译成"间接证据",后者有译成"情况证据"的,也有译成"间接证据"的,实际上英美学者在使用这两个词时,有时指不同的含义,有时却互相通用。还有一些学者,将直接证据和间接证据的划分同原始证据和传来证据的划分相混淆。如理查德·梅认为,直接证据包含证人就其亲自感知的事实提供的证言,被害人受犯罪人侵犯的情况的陈述,目击者对犯罪人的辨认,证人对自

己身体或者精神状态的陈述。如果证人陈述的事实是从他人处听到的,则为间接证据。①

第六节 主要证据与补强证据

一、主要证据与补强证据的概念和特点

主要证据与补强证据是以证据能否对案件主要事实起证明作用以及一方对另一方是否具有提供依赖关系为标准所作的分类。主要证据,又称主证据或实质证据(substantive evidence),是指需要其他证据增强或者担保其证明力以证明案件主要事实的证据。补强证据(corroborative evidence),是指增强或担保主要证据证明力的证据。这原是刑事案件中特有的一种证据分类,但随着证据理论与实践的发展,民事诉讼和行政诉讼也开始出现了这种证据分类。但对这种分类,目前还有不同的看法,如有学者认为,"主证据乃足以证明主要事实存否之证据,或称之为独立证据。"按照这一定义,主要证据就是前面所述的直接证据,只是在这里相对于补强证据而言,故称之为"主证据"。②

主要证据,虽然具有证明案件主要事实的作用,但由于刑事案件涉及公民人身自由等基本权利,性质特殊,事关重大,为防止主要证据虚假,以期发现案件实体真实,避免冤假错案,保障犯罪嫌疑人、被告人法律上之安全,尚需补强证据,以增强或担保主要证据的证明力。例如,被告人之认罪供述,不得作为有罪判决的唯一证据,便是主要证据与补强证据划分的一个例证。主要证据,通常表现为犯罪嫌疑人、被告人供述,被害人陈述,现场目击证人的证言等。补强证据,既可以表现为物证、书证、视听资料等,也可以表现为被害人陈述、证人证言、鉴定结论。在一个案件中,如果证明主要事实的证据只有一个,则该证据尚不能作为定案的根据,而必须要有其他证据(即补强证据)予以证实,才可以作为定案的根据。

在证据理论研究中,与此分类相接近的有将证据分为"主证与旁证",或者"实质证据与辅助证据"。大多数证据学者认为,所谓"旁证",就是通常所说的"间接证据"。也有人提出不同意见,认为主证即主要证据,是指直接或间接证明案件主要事实的证据,而"旁证",是指从旁印证案件情况的证据,也可称之为"侧面证据"。③ 关于辅助证据,我国台湾地区著名诉讼法学家蔡墩铭教授认为:"不证明主要事实,仅证明证据之信用性(真实性)、有关事实(辅助事实)之证据,称为辅助证据。"我国有学者认为,实质证据是与辅助证据相对应的,所谓实质证据,是在证明时被认为属于待证事实的存在或发生而形成的证据;辅助证据,是在证明时被认为属于相对独立于待证事实之外的其他事实的存在或发生而形成的证据。④ 这里的实质证据与辅助证据显然与主要证据和补强证据的分类标准不同。

二、我国诉讼法关于主要证据与补强证据的规定和运用

我国三大诉讼法对主要证据与补强证据都有相关的规定:

---

① 崔敏、张文清:《刑事证据理论与实践》,中国人民公安大学出版社 1992 年版,第 325 页。
② 陈朴生:《刑事证据法》,台湾三民书局 1979 年版,第 146 页。
③ 崔敏:《刑事证据理论研究综述》,中国人民公安大学出版社 1990 年版,第 199 页。
④ 周洪波:《实质证据与辅助证据》,载《法学研究》2011 年第 3 期。

1.《刑事诉讼法》第53条规定:"只有被告人供述,没有其他证据的,不能认定被告人有罪和处以刑罚;没有被告人供述,证据确实、充分的,可以认定被告人有罪和处以刑罚。"这里的"被告人供述"显然是主要证据,而"其他证据"则是补强证据。这一规定实际上就是要求对口供进行补强,口供必须有补强证据才能据以定案,亦即在一个刑事案件中,如果证明被告人实施了指控的犯罪行为的唯一证据是本人的供述,则不能认定该被告人有罪和处以刑罚。需要注意的是,这一规定要求的是除了口供以外,还要有证明指控的犯罪行为是其所为的其他证据,而不是说只要有证明本案案件事实确已发生的其他证据即可。例如,某市发生一起入室抢劫杀人案,已收集到的证据有:死者尸体的勘验笔录、死因鉴定、现场勘验笔录、被害人的家属发现尸体的陈述、被告人承认本案是自己所为的供述。这时能否认定被告人犯有抢劫罪呢? 显然不能,因为以上证据中,除了被告人的供述以外,其他证据都只能证明这起抢劫杀人案确实已发生,但这一抢劫杀人的行为是何人所为,则只有被告人一个人的供述。只有收集到这起案件确实是被告人所为的补强证据,如被告人留在现场的指纹,被告人被被害人扯下的纽扣、衣服碎片、头发,证人在案发时曾看到被告人出入被害人家中等,才能够认定被告人犯有被指控的罪行。应当指出的是,补强证据不能与口供出于相同的来源。例如,侦查人员的讯问笔录、被告人对其他人讲述的对犯罪的承认,都不能作为口供的补强证据;补强证据只有达到能够独立地证明指控的犯罪行为是被告人所实施的程度,才能认定被告人有罪和处以刑罚。[①]

2. 我国民事诉讼法和有关司法解释也对主要证据与补强证据作了规定。《民事诉讼法》第71条规定:"人民法院对视听资料,应当辨别真伪,并结合本案的其他证据,审查确定能否作为认定事实的根据。"第75条规定:"人民法院对事人的陈述,应当结合本案的其他证据,审查确定能否作为认定事实的根据。"这两条规定强调了上述证据没有完全的证明力,需要结合其他证据予以补强。最高人民法院《关于民事经济审判方式改革的若干规定》第28条规定:"下列证据,不能单独作为认定案件事实的依据:(1)未成年人所作的与其年龄和智力状况不相当的证言;(2)与一方当事人有亲属关系的证人出具的对该当事人有利的证言;(3)没有其他证据印证并有疑点的视听资料;(4)无法与原件、原物核对的复印件、复制品。"《民诉证据规定》第69条规定:"下列证据不能单独作为认定案件事实的依据:……无正当理由未出庭作证的证人证言。"上述证据均具有证据的能力或品格,但是由于这些证据本身存在固有的缺陷或瑕疵,进而影响了对其在证明效力上的价值评估,因而立法对主要证据与补强证据区分与关联所采取的态度就是对与案件的待证事实有关的全部证据进行综合审查判断,如最高人民法院《民诉证据规定》第66条关于"审判人员对案件的全部证据,应当从各证据与案件事实的关联程度、各证据之间的联系等方面进行综合审查判断"的规定。

3. 在行政诉讼中,也存在主要证据与补强证据的划分。行政诉讼上的主要证据是指关系到被诉具体行政行为的合法性,关系到原告行政诉讼上的诉讼请求能否成立的证据。由于行政诉讼原则上只对具体行政行为的合法性进行审查,被诉具体行政行为的合法性既是行政诉讼双方当事人争议的焦点,又是人民法院裁判的对象,因此,判断一个证据是主要证据还是补强证据应当以被诉具体行政行为的合法性为参照和标准,如果能够证明行政机关

---

① 刘善春等:《刑事证据规则研究》,中国法制出版社2000年版,第328页。

作出具体行政行为所依据的基本事实则此证据就是主要证据,否则,即为补强证据。《行政诉讼法》第 54 条规定:"人民法院经过审理,根据不同情况,分别作出以下判决:……(二)具体行政行为有下列情形之一的,判决撤销或者部分撤销,并可以判决被告重新作出具体行政行为:(1)主要证据不足的;……"这说明,主要证据以法律形式在行政诉讼中加以确认,使得对主要证据与补强证据的区分显得更为重要。

三、划分主要证据与补强证据的价值

划分主要证据与补强证据,在司法实践中具有积极的意义:

1. 有利于司法人员关注主要证据,迅速了解案件的主要事实。主要证据能够证明案件的主要事实,即犯罪行为是否发生以及是否由犯罪嫌疑人、被告人实施,因此通过主要证据,司法人员可以迅速了解案件的主要事实,把握案件的性质和关键问题,从而为全面查明案件事实、正确处理案件打下基础。

2. 有利于司法人员做到定案证据确实充分。在刑事案件中,只有被告人供述、被害人陈述或现场目击者证言一个主要证据,尚不符合证据充分确实的要求,还要同时收集或提出补强证据,增强或担保主要证据的真实性,才能保证认定案件事实准确无误。在民事、行政案件中,不能仅仅根据主要证据认定案件事实,需要注意补强证据的作用。

3. 有利于防止司法人员偏重口供。口供需要补强是刑事诉讼中的基本规则,口供由于受到各种主客观因素的影响,失实甚至虚假的可能性较大,因而不能作为定案的唯一根据。这就要求司法人员重调查研究,不轻信口供,注意收集和运用其他证据包括补强证据,保证定案证据的客观全面。同时,也可以有效防止司法人员为了片面追求口供而采用刑讯逼供或者其他非法方法收集证据,进而有利于刑事诉讼活动的顺利进行,并实现保障人权的目的。

四、主要证据和补强证据的运用规则

根据诉讼法的规定、有关司法解释和司法实践经验,司法人员收集、审查判断和运用主要证据与补强证据,应遵循以下几项规则:

1. 在刑事诉讼中,既要重视收集主要证据,又要注意收集补强证据,以使定案证据确实充分。只有被告人供述,没有其他证据的,不能认定被告人有罪并处以刑罚;没有被告人供述,其他证据,包括其他主要证据和补强证据,如果确实充分的,可以认定被告人有罪和判处刑罚。在民事、行政诉讼中,虽然可以根据证明责任的分配作出判断,不要求一定要查明案件事实,但对用以认定案件事实的主要证据,如果法律规定要求补强的,则必须收集补强证据。

2. 运用补强证据增强和担保主要证据的证明力,补强证据本身必须符合证据的基本要求。补强证据本身必须具有客观性、关联性和合法性,否则不能作为证据采用。在刑事诉讼中,应当注意收集和运用补强证据来增强或者担保主要证据的真实性。

3. 最高人民法院《民诉证据规定》第 69 条规定:"下列证据不能单独作为认定案件事实的依据:(1)未成年人所作的与其年龄和智力状况不相当的证言;(2)与一方当事人或者其代理人有利害关系的证人出具的证言;(3)存有疑点的视听资料;(4)无法与原件、原物核对的复印件、复制品;(5)无正当理由未能出庭作证的证人证言。"我们认为,刑事诉讼法也应作出

类似的规定。以上五种证据都是证明力较弱的证据,仅凭其中一种证据认定案件事实,发生错误的可能性极大,而且刑事诉讼对证据的要求比民事诉讼更为严格。因此,在民事诉讼中需要补强的证据,在刑事诉讼中更应当作这样的要求。

五、国外关于主要证据与补强证据的立法与理论

补强证据规则广泛存在于世界上多数国家,英美法系国家以及日本等国都有补强证据规则,要求特定的证据必须有相应的证据予以补强,才能作为定案的根据。大陆法系国家也在一定范围内存在补强证据规则,如德国刑事诉讼中口供也需要补强。德国教授约阿希姆·赫尔曼说:"对德国法官来讲,查明实体法事实真相的刑事诉讼法原则,是标准性的指导原则。所以,只要无其他的证据可供审查供认的真伪性,德国法官对供认的处理,在结果上与中国法官一样,不会因此而判决有罪。"①英美法规定供述证据须有其他证据予以补强,其法理上的根据有两点:(1)基于偏重自白的政策的理由;(2)为了担保其真实性。在英美法中,补强证据规则要求补强的证据针对的是供述证据,包括证人证言(含专家证言)、被害人陈述、被告人自白等。由此可见,英美法中的补强证据规则不仅适用于自白,也适用于其他证言,限制特定证据的证明力,要求特定供述必须有补强证据。供述证据又分为两类:(1)对被告人的自白要求补强;(2)对自白以外的供述证据,即特定的证人证言、被害人陈述要求补强。②

在英美法中,如果被告人作有罪答辩,则法庭对案件便没有必要进行审理,可以直接作出有罪判决。但由于口供是被刑事追诉者所作的陈述,其虚假的可能性较大,同时为了防止侦查人员将精力放在口供的获取上,许多英美法系国家都规定了对口供要有补强证据才能作为定案的根据。具体包括两种情况:(1)被告人在法庭审判外的自白,经他人提出并于法庭作证者,须有补强证据,才能作为可以考虑的证据;(2)共犯的证言或一般陈述没有充分的证明力,因为被指控为共犯的,都是品格可疑的人,在作证时,对其他共犯作不利的陈述,目的往往是嫁祸他人,作为自己推脱罪责的方法,甚至挟嫌诬攀。依英国判例,被告在法庭外所作的自白,对于被诉为共犯的人,不能单独作为证据,而需要参考补强证据。这里所说的补强证据必须与共犯的证言在来源上是不同的,如果被诉的共犯有多名,其中一名共犯的证言不能作为另一名共犯的证言的补强证据。③

英美法的证据规则虽然很少对证据的证明力予以规定,但为了保障被告人的利益,对特殊重大的案件以及某些证明力显然薄弱的证据,仍然要求必须有法定证据或补强证据。除了上述对被告人在法庭外的自白和共犯的证言要求补强以外,对其他言词证据要求必须有补强证据的情况还包括以下几种:④

1. 关于叛国案件,须有法定证据,例如《美国宪法》第 3 条第 3 项规定叛国罪的成立需要有两名证人证实其叛国行为,或者经过被告在公开的法庭上自白所犯的罪行。

2. 关于伪证案件,仅凭一名证人的指证,不足以定案,因为如果这样做就是认为一个人

---

① 《德国刑事诉讼法典》,李昌珂译,中国政法大学出版社 1995 年版,第 18 页。
② 刘善春等:《诉讼证据规则研究》,中国法制出版社 2000 年版,第 321 页。
③ 刘善春等:《诉讼证据规则研究》,中国法制出版社 2000 年版,第 430~431 页。
④ 刁荣华:《比较刑事证据各论》,台湾汉林出版社 1984 年版,第 74~76 页。

的宣誓证言可以推翻另一个人的宣誓证言。

3. 对妇女儿童犯风化罪（如强奸罪），仅凭一名证人的证言不足以定罪，因为这样的指证只是出于被害人之口，没有其他佐证，不能增强其证明力。而且，被害人除了在法庭上作出陈述外，以前曾在他处向他人陈述同一事实的证据也不足以做补强证据，因为这种情形只能证明其在法庭上的陈述与以前的陈述一致，而不是来源不同的有利佐证。

4. 幼年人作为证人时，其证言的可信性也有限制，例如英国1933年的《青少年法》虽然允许不了解宣誓意义的幼年人作证，但其证言需要另有补强证据才值得考虑，因为儿童虽然天真、聪明、记忆力好，但其观察事物难免会有误解，所以必须有补强证据。

在日本，对于公审庭上的自白，法律要求用其他证据补强。《日本宪法》第38条第3款规定："任何人如对其不利的唯一证据为本人口供时，不得定罪或科以刑罚。"《日本刑事诉讼法》第319条第2款亦规定："不论是否被告人在公审庭上的自白，当该自白是对其本人不利的唯一证据时，不得认定被告人有罪。"而对于补强证据，因为它是用来认定犯罪事实的证据，所以要求必须具有严格证明的资格，并与自白独立，如果只是重复被告人自白的第三人的陈述，就不能认为是补强证据。一般认为，自白与补强证据相结合能够证明犯罪事实的，就足以满足补强程度，亦即与自白分开，补强证据能够达到大体上证明犯罪事实存在的程度即可。

与英美法不同的是，在日本，补强性的法理在于防止偏重自白的危险，因此，补强规则仅适用于自白这一种供述证据，而不适用于一般证言真实性的担保。其理由是，一般证言可以通过交叉询问担保其具有某种程度的真实性；自白采为证据，对自白的虚伪或真假，并没有设立交叉询问的制度，所以需要用补强证据来担保其真实性。[①]

❋ 思考题

1. 论述两大法系在证据分类问题上的基本情况。
2. 试述传来证据和传闻证据的区别。
3. 本证和反证的概念。划分本证和反证有哪些价值？
4. 间接证据的运用规则有哪些？

司法考试真题链接

1. 下列哪一种证据属于直接证据？（2005年）
A. 韩某杀人案，证明被告人到过案发现场的证人证言
B. 马某盗窃案，被害人陈某关于犯罪给自己造成物质损害的陈述
C. 高某放火案，表明大火系因电器短路引起的录像
D. 吴某投毒案，证明被告人指纹与现场提取的指纹同一的鉴定结论

---

① 陈朴生：《刑事证据法》，台湾三民书局1979年版，第534～535页。

2. 公安机关勘验杀人现场时,提取了插在被害人胸部上的一把匕首。从证据分类的角度看,该匕首属于下列哪种分类?(2007 年)

A. 原始证据、直接证据   B. 传来证据、间接证据

C. 实物证据、直接证据   D. 原始证据、间接证据

3. 下列哪一选项既属于原始证据,又属于间接证据?(2010 年)

A. 被告人丁某承认伤害被害人的供述

B. 证人王某陈述看到被告人丁某在案发现场擦拭手上血迹的证言

C. 证人李某陈述被害人向他讲过被告人丁某伤害她的经过

D. 被告人丁某精神病鉴定结论的抄本

4. 张某伪造、变造国家机关公文、证件、印章案的下列哪一证据既属于言词证据,又属于间接证据?(2011 年)

A. 用于伪造、变造国家机关公文、证件、印章的设备、工具

B. 伪造、变造的国家机关公文、证件、印章

C. 张某关于实施伪造、变造行为的供述

D. 判别国家机关公文、证件、印章真伪的鉴定意见

第七章　证据的规则

【引例一】 刘涌故意杀人一案,控方证据有:(1)刘涌的杀人口供,并根据口供的线索,搜查到的作案工具菜刀一把;(2)证人张三转述的李四看到的杀人经过;(3)证人佀女王五的证言:"是刘涌杀的",她亲眼看到被害人徐某胸口冒着鲜血躺在地上,刘涌一只脚踏在其身上,手里还提着滴血的菜刀;(4)证人赵六证明刘涌从小就爱打打杀杀,且是杀猪屠户出生,因此杀人的可能性较大;(5)杀人现场监控录像的复制件,原始录像丢失。辩方辩称:(1)口供是侦查人员采用威胁利诱的方式获取的;(2)证人证言不符合证据规则的基本要求;(3)监控录像系伪造。因而均应予以排除。

　　请问:上述证据是否符合证据规则的要求?

　　基于证据裁判主义和自由心证原则的要求,在取证、举证、质证和认证等过程中,为保障发现案件事实、国家公权力和当事人私权利等多重价值的有效衡平,需要制定相应的规则来对这些行为进行调整和规范。因此,从广义上讲,证据规则(rules of evidence)就是规范证据的收集、审查和评价等诉讼证明活动的准则。

　　在英美法系国家,证据规则是证据法的核心,甚至可以说英美证据法实际上就是一部证据规则法。现代意义上的证据规则起源于英国。大约自13世纪末以来,随着以陪审团为核心的"对抗式"诉讼制度的形成,以及各种证据在审判中日益频繁地使用,一系列规则便在英国产生和发展起来。基于此,有学者甚至认为证据规则是原型审判法庭、集中型诉讼程序和对抗式诉讼制度的产物。①

　　根据证据规则规范的对象不同,可分为规范证据能力的规则和规范证明力的规则或是可采性规则和相关性规则。前者是规范"这个证据能否被采纳"的规则,主要包括关联性规则、传闻证据规则、最佳证据规则、意见证据规则、非法证据排除规则等;后者是规范"这个证据有多大证明力"的规则,主要包括仅凭口供不能定案的规则、原始证据优先规则、补强证据规则、书证优先规则等。

　　根据证据规则的价值取向不同,可分为保障实体真实的规则和维护正当程序的规则。前者是以发现案件真实,避免错案发生为价值取向的,主要包括关联性规则、传闻证据规则、最佳证据规则、意见证据规则、自白补强规则等;后者是以保障当事人诉讼权利,制约公权力恣意行使等为价值取向的,主要包括非法证据排除规则、自白任意性规则等。

---

① 相关论证可参见〔美〕达玛斯卡:《漂移的证据法》,中国政法大学出版社2003年版。

第一节　相关性规则

·-·-·-·-·-·-·❈·-·-·-·-·-·-·

【引例二】P在服用了D药厂生产的避孕药后,导致终生不育。P因此起诉D。庭审中,P出示证据证明,也有其他人在服用同一厂家生产的同一种药物后导致终生不育。[1]

请问:根据本节内容,P出示的证据是否具有相关性,能否被采用?

【引例三】因为十字路口的路面损坏,P开车撞到路边的电线杆上。P因此起诉D市。D市出示证据说,P曾经三次在相似场合撞在电线杆上或者其他路边的建筑物上。

请问:根据本节内容,D市出示的证据是否具有相关性,能否被采纳?

·-·-·-·-·-·-·❈·-·-·-·-·-·-·

一、相关性规则概述

(一)相关性规则的概念

相关性规则,又称关联性规则,是英美法系的一项基础性证据规则。证据的相关性就是指所提供的证据"倾向于证明或者驳斥某一有争议的事实"。因此,"就像这个词本身表明的一样,相关性并不是任何一项证据本身具有的内在特点,而是一项证据和它试图证明的假设之间的一种联系。如果一项证据倾向于证明或者驳斥任何假定,它就和那个假定具有相关性"[2]。《美国联邦证据规则》也对证据的关联性作了一个界定,其第401条规定,关联性证据是指证据具有任何这样一种倾向,有这项证据要比没有这项证据,使对于审理案件有意义的任何事实的存在更可能或者更不可能。根据该定义,构成相关性证据必须满足两个条件:(1)这项证据对于它所要证明的假定具有证明价值;并且(2)所要证明的假定对于案件的审理必须具有意义。

在英美证据法中,相关性规则被视为规范证据可采性的"黄金规则"(the golden rule)。对此,有学者Lily认为:"证据的相关性,是融贯于证据规则中带有根本性和一贯性的原则……所有具备可采性的证据必须先与要证事实具有相关性,至少当对方举证就证据的相关性质疑时,必须首先证实其具有相关性。"[3]塞耶也认为相关性规则具有两个方面的内容:(1)消极原则,即除非具有关联性,否则证据不可采纳;(2)积极原则,即一切有关联性的证据都可采,除非按照可采性规则被排除。[4]不难看出,可采性以相关性为前提,凡是具可采性

---

[1] "引例二"和"引例三"均引自高忠智:《美国证据法新解——相关性证据及其排除规则》,法律出版社2004年版,第41页。

[2] 高忠智:《美国证据法新解——相关性证据及其排除规则》,法律出版社2004年版,第35页。

[3] Graham. C. Lily, *An Introduction to the Law of Evidence*, West Publishing Co., 1978, p. 17.

[4] WiLliam Twining and Alex. Stein, *Evidence and Proof: Basic Concepts of the Law of Evidence*, New York University Press, 1992, p. 552.

的证据,首先必须具有相关性,但是具有相关性的证据不一定都具有可采性,而仍有可能被其他特殊规则所排除。

值得注意的是,我们探讨相关性概念时,不是探讨证据相关性的内在特征,而是探讨其作为证据与待证事实之间的关系,这种关系实质上是指证据对待证事实的证明价值。

(二)如何判断证据的相关性

美国法律对于如何判断没有给出具体的标准,学者倾向于认为相关性是一个事实判断,并无须借助技术性手段,仅仅根据人们的一般经验和常识就可以判断。有学者认为:"相关性的核心问题是,一个证据性事实能否与事实认定者先前的知识和经验联系起来,从而允许该事实认定者理性地处理并理解该证据。如果一个正常人在处理该证据之后考虑该案要素性事实时受到了这个证据的影响,该证据就是相关的,否则就是不相关的。"[①]

在美国的司法实践中,一般认为在判断一项证据是否具有相关性时,应当依次考察以下三个问题:(1)所提出的证据是用来证明什么的(问题是什么)?(2)这是本案中的实质性问题么(在刑事案件中,实质问题的范围取决于刑事实体法的规定,在民事案件中则取决于原告的具体主张内容)?(3)所提出的证据对该问题有证明性吗(它能帮助确认该实质性问题么)? 如果答案全部是肯定的,该证据就具有相关性。换句话说,判断一项证据是否具有相关性取决于两个方面,即证据针对的待证事实是否具有实质性,以及证据对于待证事实是否具有证明性。

所谓的实质性,是在诉讼认识的始点,它关系到证据的证据能力,是指准备运用证据予以证明的待证事实属于法律要求的具有特定法律意义的问题。实质性并非对证据本身的要求,而是对待证事实的要求。判断证据是否具有实质性的关键在于证据是否指向本案的争点问题。如果某一项证据并非指向本案的争点问题,那么,该证据在本案中即不具有实质性,属于不具相关性的证据。例如,如果原告主张被告违背了 2009 年达成的买卖合同约定的义务,那么,原被告 2002 年达成的另一项买卖合同在本案中就可能不具有实质性。如果 2009 年的买卖合同是 2002 年合同的延伸,提出 2002 年的买卖合同有助于明确 2009 年合同的各项规定,那么,2002 年合同在本案中即具有实质性。

所谓证明性,是在诉讼认识的终点,它关系到证据的证明力,是指提出的证据依据事物间的逻辑或经验关系具有使实质性问题可能更为真实或不真实的能力。对于证明性应当明确两点:首先,从证明性的意义上说,相关性必须涉及证据肯定或否定某实质性问题的能力。相关性必须涉及某种情况下的盖然性。如果我们说关联性必须涉及证据使事实问题可能更真实或更不真实的趋向,而且是与没有该特定证据的情况相对而言的,那我们就是在谈论盖然性了。所提出的证据会使某个主张(实质性事实问题)的存在成为可能或不可能吗? 如果会,他就有证明力,并因此具有相关性。其次,证明性是一个法律以外的问题,是由事物与事物之间的逻辑证明关系所决定的,"即按照事物的正常进程,其中一项事实本身与事实相联系,能大体证明另一事实在过去、现在或将来的存在或不存在"[②]。

美国证据法还有所谓逻辑上的相关性证据和法律上的相关性证据之分。所谓逻辑上的相关性证据是指,只要证据有任何程度上的证明价值,它就是相关性证据。一般而言,只要

---

① [美]罗纳德·J.艾伦:《证据的相关性和可采性》,张保生、强卉译,载《证据科学》2010 年第 3 期。

② 宋英辉、吴宏耀:《相关性规则——外国证据规则系列之二》,载《人民检察》2001 年第 4 期。

证据倾向证明或者驳斥有争议的事实,这一证据就具有逻辑上的相关性。所谓法律上的相关性证据是指一项证据除了具有逻辑上的相关性以外,还必须具有更多的价值。这种更多的价值是指相关性证据应不应当在法律上被采纳。亦即法律上的相关性要求证据不能违反其他证据规则。[①] 一般认为《联邦证据规则》第 401 条的定义是从立法层面认可了逻辑上的相关性。

二、相关性规则的主要内容

相关性规则的主要内容是凡证据被采纳,证据必须与案件的时间、事件或者人物有关,如果证据与案件事实无关则不能被采纳。这是相关性规则的一般性原则,同时它还存在两种例外:一是证据有相关性也可能被排除,亦即并不是有相关性的证据都会被采纳;二是有的证据与争议案件的时间、事件或者人物没有直接关系,也可以作为证据被采纳。

(一)有相关性的证据可能被排除

在英美证据法中,虽然证据具有相关性是证据被采纳的前提,但并不是只要具有相关性的证据就一定会被采纳。根据《美国联邦证据规则》的规定,相关性证据可以依据法律在多种情况下被排除。

1. 相关性证据可以依据法律规定被排除。根据美国宪法、联邦条例、《联邦证据规则》规定的证据排除规则或者根据最高法院制定的规则,如联邦民事程序规则或者联邦刑事程序规则等,可以排除相关性证据。具体如违反被告人宪法第四、第五、第六修正案权利获得的证据不得在庭审中被采纳。同时,所有通过使用违法证据获得的证据即"毒树之果"也必须被排除。

2. 法官可以行使自由裁量权排除相关性证据。根据《美国联邦证据规则》第 403 条的规定,如果相关性证据可能给庭审造成潜在的损害大大超过它的证明价值,那么法官可以行使自由裁量权,排除相关性证据。主要情形有:歧视、对所争议的问题产生混淆、误导陪审团、不合理地延误诉讼、浪费时间或者不必要的出示性质重复的证据等。

3. 因为公共政策原因而被排除的相关性证据。有时出于支持某种公共政策的目的,某些相关性的证据也可能被排除。属于这一类被排除的证据主要有:与是否已经购买责任保险有关的证据;损害发生后,被告采取了某些修补或者防护措施;为解决争议而进行的谈判;已经收回的与检方达成的有罪承认以及为求从轻处罚,在与检方谈判的过程中,主动作出有罪承认;主动提出的愿意承担的医疗费用等。

(二)无直接关系的证据可能被采纳

为防止那些不相关的证据被不适当地适用,美国联邦证据法对下述证据的相关性作了规定:

1. 品格证据。在多数案件中,品格不是争议事实,与争议事实也没有证据上的关联性,因此作为一般规则,有关某人品格或品格特征的证据,不能用以证明该人在特定场合的行为与其品格或品格特征相一致,即不具有关联性。"一次做贼,永远是贼"的说法在法律上并不成立。品格作为证据使用需要理解其一般前提:(1)出示品格证据的证明目的。在具体案件中,当事人可能会基于品格本身就是案件争议事实,或品格作为间接证据用来证明一个人在

---

① 高忠智:《美国证据法新解——相关性证据及其排除规则》,法律出版社 2004 年版,第 39～40 页。

特定情况下所实施的行为和他的性格相一致,或使用品格证据弹劾或者支持证人的可信性,或使用品格证据证明动机、目的以及其他相似情况。(2)可以以什么样的方法证明一个人的品格。根据美国《联邦证据规则》第405条的规定,可以采用三种方法证明品格:名誉或者名声、意见以及以前发生的某一特定行为。(3)明白品格证据在哪一种案件中使用。因为在刑事案件或民事案件中使用,要遵循不同的规则。(4)出示品格证据要证明哪一种性格特点。所要证明的性格特点必须非常具体,所出示的品格证据与所要证明的品格特征有直接的关系。

在刑事诉讼中,品格证据主要在两个方面具有关联性:(1)可能与争议事实,即被告人是否实施了犯罪有关;(2)与被告人或证人的诚信度(可信性)有关。当提交品格证据的目的是为了证明被告人或者其他证人的可信性时,其可采性规则表现为"采纳为原则,排除为例外",而当提交品格证据的目的是为了证明被告人犯有所指控的罪名时,其可采性原则表现为"排除为原则,采纳为例外"。即如果被告首先提出了关于其品格或被害人品格的证据,那么,控诉方提出的反驳被告的品格证据,具有可采性。例如,在刑事案件中,如果被告提出其品格端正来说明其不可能实施指控的罪行,那么起诉方亦可以提出有关被告品行不良的事实,作为证据反驳被告。

在民事案件中,无论原告还是被告都不能出示与一个人的性格有关的证据证明这个人在某种特定场合会根据某种特定性格实施某一行为。作为例外,如果一方当事人的性格本身是民事案件争议的重要事实时,如诉讼主张或者抗辩理由的构成要件等,品格证据可以作为直接证据被采纳。在司法实践中,品格成为案件直接争议的事实的情况主要有:损害名誉权的案件、有过失的委托、错误致死和决定对儿童的监护权的案件。

2. 类似事实证据。类似事实证据是指一方当事人为反对另一方当事人而提出的,表明另一方当事人犯有其他不法行为或者具有某种不良嗜好或兴趣的证据。[①] 之所以采用这种表述,是因为当某一犯罪是以某种特殊的方式实施时,或者当被告人以前的行为表明了一种从事相同行为的倾向时,通常会产生这一事实与待证事实是否相关的问题,并进而涉及是否可采的问题。

按照一般规则,类似事实证据将因与证明争执中的事实无关联性而被排除。但也存在以下一些例外:(1)当先前的不端行为与当前指控的犯罪具有显著的相似性或独特性时,可能采纳类似事实证据;(2)当两个或者两个以上的事件单独看起来可能是无辜或偶然的,但是作为一个整体来看却只能解释为一系列的故意犯罪时,可以使用类似事实证据来证明这些事件之间存在联系或者相似性,以此反驳被告人的辩解;(3)与任何阴谋计划都无关的以前特定犯罪行为的证据可以用来揭示该现行犯罪行为的动机、机会和预备;(4)类似事实证据的另一功能是为那些存有疑问的证词提供佐证或者支持;(5)控方可以通过表明该被告人的相似行为来证明其当前受审的行为不是意外或者非故意的。[②]

3. 特定行为。包括特定诉讼行为和特定事实行为,一般而言这些行为与待证事实不具有相关性。例如下列诉讼行为在民事和刑事诉讼中一般不得作为不利于被告的证据采纳:(1)曾作有罪答辩,后来又撤回;(2)作不愿辩解又不承认有罪的答辩;(3)在根据《联邦刑事

---

① *Evidence in Criminal Proceedings*:*Previous Misconduct of a Defendant*,Law Com. N0. 141,1996,pp. 162～193.

② 卞建林、谭世贵:《证据法学》,中国政法大学出版社2010年第2版,第99页。

诉讼规则》第11条或类似的州程序进行的诉讼中作出以上答辩的陈述;(4)在答辩讨论中对代表控诉方的律师所作的陈述,该答辩讨论并未产生被告作有罪答辩的结果,或者被告有罪答辩后又撤回。但是,作为例外,上述行为用于证明被告作伪证时,或者与其同时产生的其他陈述已被提交法庭时,可以采纳为证据。

后者是指事件发生后某人实施补救措施的事实,如关于支付、表示或允诺支付因伤害而引起的医疗、住院或类似费用的事实,关于某人曾经或者没有进行责任保险的事实,和解或要求和解而实施的特定行为,一般情况下不得作为行为人对该事实负有责任的证据加以采用。但符合法定例外情形的除外。①

三、我国的相关性规则

我国的《刑事诉讼法》没有对证据的相关性规则作出明确的规定,但在分散的法条里体现了相关性的一些基本理念。如第48条第1款规定:"可以用于证明案件事实的材料,都是证据。"其中所谓的"可以用于证明案件事实"类似于英美法系国家所讲的实质性,所谓的"证明"则相当于英美法系国家的证明性。第118条规定:"犯罪嫌疑人对侦查人员的提问,应当如实回答。但是对与本案无关的问题,有拒绝回答的权利。"本条从犯罪嫌疑人权利的角度确立了犯罪嫌疑人陈述的相关性,同时也要求侦查人员只能讯问与本案有关的问题。② 第139条规定:"在侦查活动中发现的可用以证明犯罪嫌疑人有罪或者无罪的各种财物、文件,应当查封、扣押;与案件无关的财物、文件,不得查封、扣押。"《刑诉法解释》第203条规定:"控辩双方申请证人出庭作证,出示证据,应当说明证据的名称、来源和拟证明的事实。法庭认为有必要的,应当准许;对方提出异议,认为有关证据与案件无关或者明显重复、不必要,法庭经审查异议成立的,可以不予准许。"即要求控辩双方要求提出的证据必须具有关联性法庭才会允许进行调查,没有相关性的证据,法庭是不能采纳的。第214条规定:"控辩双方的讯问、发问方式不当或者内容与本案无关的,对方可以提出异议,申请审判长制止,审判长应当判明情况予以支持或者驳回;对方未提出异议的,审判长也可以根据情况予以制止。"这些规定就是要求控辩双方提出的证据必须具有关联性法庭才会允许进行法庭调查,没有相关性的证据,法庭是不能采纳的。

在民事、行政诉讼中,同样要求证据应当具有相关性。《民诉证据规定》第65条规定,审判人员对单一证据的审核认定要求注意证据与本案事实是否相关。第66条规定:"审判人员对案件的全部证据,应当从各证据与案件事实的关联程度、各证据之间的联系等方面进行综合审查判断。"《行诉证据规定》第39条规定:"当事人应当围绕证据的关联性、合法性和真实性,针对证据有无证明效力以及证明效力大小,进行质证。"

此外,对品格证据也有所涉及,如2000年最高人民法院《关于审理未成年人刑事案件的若干规定》第21条规定,在开庭审理前,控辩双方可以分别就未成年被告人性格等进行调查,并制作书面材料提交合议庭。这些证据材料也多是关于未成年人的品格方面的证据。目前存在的更为重要的问题是未明确规定相关性规则的例外情形。

在一定程度上可以说,我国立法及相关的司法解释中已初步确立了相关性规则,不具有

---

① 宋英辉、吴宏耀:《相关性规则——外国证据规则系列之二》,载《人民检察》2001年第4期。
② 当然该条规定在实践中的可操作性也不无问题,在此不再赘述。

相关性的证据是没有可采性的。然而,与其他国家的有关制度相比,我国的上述规定仍有明显的不足,主要体现在以下两个方面:第一,对于相关性规则没有作出明确的规定,没有具体规定哪些证据是没有相关性的并因而不可采。第二,对于相关性规则的例外情形则基本上没有涉及。虽然我国法律中并没有明确规定完整的相关性规则,但在理论和实践上都基本认可和运用了这些规则。

【引例二】 评析:P 出示的证据与本案没有直接关系。但由于 P 出示的证据对所争议案件事实即事实发生的因果关系具有重要的证明作用,因此,可以作为证据被采纳。

【引例三】 评析:D 市出示的证据具有较少的证明价值,并且有可能误导陪审团,因此法庭不应当采纳这些证据。

第二节 非法证据排除规则

非法证据排除规则(the exclusionary rule)通常指执法人员及其授权的人员通过非法方法所收集的证据不得在审判中采纳。这个规则 20 世纪初产生于美国,后来逐渐为其他国家和联合国公约所采纳。由于不同的国家和国际机构规定的非法证据排除规则的范围和条件不一致,各国对这个规则的表述也可能不一致。

一、何谓非法证据排除规则

非法证据排除规则,简言之就是法庭不得采纳非法证据。何谓非法证据,我国诉讼法学界并没有明确的界定。《牛津法律词典》关于"非法获得证据"的词目,其释义为"通过某些非法手段而获得的证据",我国《诉讼法大辞典》列有"非法证据"词目,释义为"不符合法定来源和形式的或者违反诉讼程序取得的证据"。有学者基于非法证据排除主要是为遏制警察在侦查取证过程中的非法行为,认为非法证据是指有关国家官员违反法律规定的权限或程序,或以违法方法取得的证据材料。[1] 也有学者认为,非法证据是指不符合法律规定的证据内容、证据形式、收集或提供证据的人员及程序、方法的证据材料。据此,可归纳为四种情形:证据内容不合法,证据表现形式不合法,收集或提供证据的人员不合法,收集、提供证据的程序、方法、手段不合法。[2] 我们赞成最后一种观点,只要获得的证据不符合法律规定的都属于非法证据。

从证据形式上看,非法获得的证据可以分为两种类型:一类是非法言词证据;一类是非法方法获得的实物证据。美国的非法证据排除规则在确立之初主要是指违反有关搜查、扣押规定所取得的证据规则,因此,狭义的非法证据排除规则也就专指非法搜查、扣押证据排除规则。但从世界各国确立的非法证据排除规则来看,对非法言词证据的排除也比较普遍,

---

[1] 宋英辉:《论非法证据运用中的价值冲突与选择》,载《中国法学》1993 年第 3 期。

[2] 李学宽:《论刑事诉讼中的非法证据》,载《政法论坛》1995 年第 2 期。

在提到非法证据排除规则时也包含了非法言词证据的排除。尽管有的国家排除非法言词证据时适用的是非法自白排除规则,但它都可以包含在广义的非法证据排除规则之内。本教材是从广义的角度上使用非法证据排除规则的。

正确理解非法证据排除规则须注意两点:一是非法证据的取证主体在刑事诉讼中仅限于国家机关及其工作人员,不包括个人的取证行为;二是非法中的法,在各国所指有所不同。如美国其原始含义仅限于违背宪法修正案,而后又有所扩展。我国的非法证据不仅指违反宪法,更是指违反诉讼法或相关的司法解释等规范性法律文件,这些都属于非法证据中的"法"。

刑事诉讼涉及控制犯罪与保障人权、实体公正与程序公正、真实发现与程序正当等不同利益的冲突与平衡。在非法证据排除方面,价值选择的不同,体现在不同的排除标准和重点指向上。基于不同的利益衡量对非法证据的排除,大体有以下标准:一是以是否影响证据真实性为标准,影响证据真实性的,予以排除,否则可以采纳;二是以违法程度和侵犯公民权益的性质为标准,严重违法取得的证据予以排除,以轻微违法、非侵犯公民基本权利的方式取得的证据则可以采纳。由于刑事诉讼涉及利益的多元性及在具体案件处理中利益衡量的复杂性,为了实现非法证据排除的价值最大化,许多国家都采取了混合标准。

我国法律和司法解释也确立了非法证据排除的混合标准。《刑事诉讼法》明文规定"严禁刑讯逼供和以威胁、引诱、欺骗以及其他非法的方法收集证据";最高人民法院、最高人民检察院司法解释中也明确规定,对采用刑讯逼供或威胁、引诱、欺骗等非法方法取得的证人证言、被害人陈述和犯罪嫌疑人、被告人供述,应当予以排除。新出台的《办理死刑案件证据规定》和《非法证据排除规定》进一步将非法证据排除的混合标准予以明确,细化了排除非法证据的范围,较好地平衡了控制犯罪与保障人权、实体公正与程序公正、真实发现与程序正当等不同利益。首先,非法言词证据,应当予以排除,不能作为定案的根据。其次,物证、书证的取得明显违反法律规定,可能影响公正审判的,应当予以补正或者作出合理解释,否则,该物证、书证,不能作为定案的根据。最后,违反有关规定收集的证据,内容存在虚假可能、难以保证其客观性、真实性的证据,不能作为定案的根据。[①]

二、非法证据排除规则的理论基础

从国外非法证据排除理论的产生和发展来看,虽然各国的非法证据排除理论不尽相同,但都有自己的排除理论。概括起来,国外建立非法证据排除规则的理论基础有虚伪排除说、人权保障说和违法控制说等几种常说。

1. 虚伪排除说。该说认为,出于强暴、威胁利诱等不当或不合法的方法所取得的证据,因虚伪成分多,阻碍真实发现的危险性大,因而应当予以排除。该说是一些国家排除非法自白证据的基础,因为在刑事诉讼过程中,如果犯罪嫌疑人的自白是通过违法行为获得的,这种非法自白存在很大的虚伪性,不具有可信性,因而应当予以排除。例如,日本许多学者认为,非任意性自白通常会有许多虚伪成分介入其中,显然有碍真实的发现,故应对其证据能力加以否定。在英国,关于被告人非法自白的排除,也以虚伪排除为其理论基础,例如,1984年英国《警察与刑事证据法》第76条第2款规定:根据被告人作出自白时的条件和环境,他

---

① 宋英辉、王贞会:《我国非法证据排除规则及其适用》,载《法学杂志》2010年第7期。

所说的或所做的可能被认为是不可信赖的,该自白证据也应加以排除。可见,非法自白证据的不可信赖性,即自白证据在如此条件和环境下,可能造成自白的不真实,是排除该非法自白的根据。英国许多法官认为,侦查人员采用性质严重的威胁、引诱等非法方法获取的犯罪嫌疑人的自白,是确定其自白虚伪的重要因素。因为自白的真实可靠性必须以自愿性为前提,而采取非法的方法背离了这一精神。在美国和德国,排除非法自白特别是采取刑讯逼供和其他非法强制手段取得的犯罪嫌疑人的供述是不可靠和不值得信任的。

2. 人权保障说。该说认为,采取非法的手段所收集的证据,由于其侵犯了犯罪嫌疑人的诉讼权利或实体权利,为了保障人权,应当予以排除。以人权保障作为确立非法证据排除规则的理论基础是许多国家的共识。例如在美国,非法证据排除规则起源于美国《联邦宪法修正案》第 5 条的规定,即"不得强迫任何人在刑事案件中为不利于己之供述"。其言下之意就是非任意性之自白有悖于人权保障,故无论其自白是否与事实相符,均无证据能力,应当予以排除。在德国,排除非法搜查和扣押证据的理论基础是保护人权,并将人权保护的范围分了层次。例如,在扣押私人日记问题上,德国联邦宪法法院在其判决中将个人隐私权分为三个层次:社交范围、纯私人领域、核心隐私领域。如果所得的非法证据属于核心领域的范围,则不应进行利益权衡,要绝对排除。如果属于纯私人领域的非法证据,法官可在国家追究犯罪和保护公民隐私权之间进行权衡,以决定是否排除。如果属于社交范围的非法证据,法官可以不予排除。世界刑法学协会第十五届大会《关于刑事诉讼法中人权问题的决定》第 10 条也规定:"任何侵犯基本权利的行为取得的证据,包括派生出来的简介证据,均属无效。"因为侦查机关通过非法的手段收集证据,是对个人权利的严重侵犯,如果不对这种行为的结果予以否定,就会出现无序状态,所有社会成员的人权都可能遭到侵犯,整个社会将是一个人人自危的社会。只有对非法证据予以排除,才能保护犯罪嫌疑人或被告人的人权,最终达到对社会每个成员合法权利的保护,因而人权保障就自然成为非法证据排除的理论基础。

3. 违法控制说。该说认为,排除非法证据不是为了排除虚伪,也不是为了保障当事人的人权,而是为了保障在证据收集过程中贯彻正当的法律程序。也就是说,非法证据排除规则的设置是为了抑制违法取证行为,以保证司法活动的纯洁性。该理论为许多国家所坚持,因为警察通过非法手段获得证据,在本质上是一种违法行为,若法院在审判中使用侦查机关非法获得的证据,不仅是默认并且助长了警察违法侦查和违法收集证据,甚至是间接鼓励了这种非法行为。如果把警察的非法取证行为视为盗窃行为,那么非法证据就是"赃物",法院采纳非法证据实际上就是一种"收购赃物",从而成为违法警察的"共犯"。作为"社会正义最后一道防线"的法院不但要洁身自好,而且应审查警察行为的合法性,对非法取证行为实施程序性制裁。从权力运行的角度来看,违法控制理论具有一定的合理性,其科学根据来源于现代的权力制约理论。在现代国家,虽然国家权力是保障公民权利和自由必不可少的力量,但是,要切实保障公民权利和自由,就必须对国家权力进行必要的限制,这是建设法治国家的必然要求。而有效限制国家权力的方法是法律制度,因为法律制度可以迫使拥有权力的人按照法定的行为方式行事,避免出现国家权力滥用的现象。具体到刑事诉讼中,要有效防止刑事侦查中公共权力对个人权利的威胁与侵害,就必须否定非法行为所产生的后果,排除非法证据,使违法收集的证据不具有可采性。可见,排除规则的确立和适用,可以防止掌握着国家侦查权的司法警察通过非法取证行为获得不当利益,以阻止侦查权的扩张和滥用。

因此,在现代法治理念下,出于对国家权力的恐惧,为了有效防止国家权力的滥用,就必然将违法控制理论作为建立非法证据排除规则的理论基础。[①]

三、非法证据排除的程序规制

在证据法理论上,非法证据的排除大体上可分为两类:一是"强制性排除",也就是法院一经将某一控方证据确认为"非法证据",即可将其自动排除于法庭之外,而不拥有排除或者不排除的自由裁量权;二是"裁量性排除",亦即法院在即便将某一证据确认为"非法证据"时,也不一定否定其证据能力,而是要考虑非法取证行为的严重性、损害的法益、采纳该非法证据对司法公正的影响等若干因素,并对诸多方面的利益进行一定的权衡,然后再作出是否排除非法证据的裁决。

对于那些严重的违法侦查行为,唯有确立最严厉的程序性制裁,也就是无条件地宣告无效的方式,才能体现程序性违法与程序性制裁相适应的原则,从而达到有效地抑制程序性违法行为的效果。相反,对于那些违法情节不严重、侵害的利益不很重大、造成后果不是特别严重的违法侦查行为,尤其是那些违法情节轻微的"程序瑕疵",法院可以采取区别对待的原则。法院综合考虑若干项有关因素,通过对若干项利益的权衡,本着"两害相权取其轻"的原则,对于那种采纳该证据所获得的利益超过排除该证据所带来的收益的,就可以不作出排除证据的决定。与此同时,在对此类"非法证据"进行审查时,法院还可以考虑有关的程序瑕疵可否得到适当的"补正"。[②] 基于此,各国基于不同的价值取向和刑事政策,在非法证据的排除程序上会存有差异。

1. 提出排除非法证据的条件。美国法院要求被告人在提出排除证据的动议时,必须详细说明要求排除哪些证据以及排除这些证据的法律基础。这意味着被告人必须说明排除证据的法律原理,比如:警察在没有令状的情况下实施了扣押。同时,绝大多数法院都要求被告人提供事实依据,这些事实不仅应该是真实的,而且还应该可以支持排除证据的要求。上述证明材料可以以宣誓陈述书的形式提交。在提出排除证据动议时提交的所有证明材料必须是确实的而非经推测产生的,这样法官才能决定是否听取该项动议。至于提出的方式,如果是在起诉书副本送达被告人后到开庭审判前的一段时间内提出被告人审判前供述是非法取得的,应当向法院提交书面意见。被告人书写确有困难的,可以口头告诉,由法院工作人员或者辩护律师作出笔录,并由被告人签名或者捺指印。如果是在庭审过程中提出被告人审判前供述是非法取得的,可以以口头的形式。[③]

2. 提出排除非法证据的时间。当被告人认为政府向法院提交的证据系非法获取时,他可以提出排除证据动议。在联邦法院中,这种动议必须在审前提出,如果被告人在无特殊理由的情况下没有在审前提出动议,那么法院将认为其放弃了该项权利。这保证了审判程序的焦点集中在定罪问题上,还因为证据展示制度的存在,可以让诉讼双方充分了解何种证据可以在审判中使用可以鼓励其达成认罪协议。

如果被告人不认罪,并提出排除非法证据的动议,则法庭应当在对事实的审判之前先行

---

① 邓思清:《论非法证据排除规则的理论基础》,载《法律科学》2006 年第 3 期。
② 陈瑞华:《非法证据排除规则的中国模式》,载《中国法学》2010 年第 6 期。
③ 宋英辉、王贞会:《我国非法证据排除规则及其适用》,载《法学杂志》2010 年第 7 期。

举行非法证据排除的听审。如果在审判过程中被告人提出了排除证据的动议,联邦法院的法官有自由裁量权决定是否接受该项动议。如果法官拒绝接受该项动议,被告人可以在上诉程序中质疑法官的决定,但是必须证明法官滥用了自由裁量权并且对被告人造成了实质损害。

3. 排除非法证据的证明责任。在证据法理论上,有关非法证据的证明责任的分配问题并没有形成一个公认的观点。大陆法国家对实体性裁判和程序性裁判都确立了职权主义的诉讼构造,强调法官在调查侦查人员非法取证行为方面的主导作用。控辩双方在非法证据的证明方面起到辅助或从属的作用。提出排除申请的一方最多承担形式上的证明责任,而实质的证明责任则由法官承担。例如在德国,对于侦查人员采取刑事诉讼法典所明文禁止的非法取证行为的,法官不得将非法取得的被告人供述采用为证据。即便被告人本人没有提出异议,甚至表示同意法院采纳该项证据,法院也应将其强制排除。在意大利,侦查人员通过违反法律禁令所获得的证据不得使用,包括被告人在内的利害关系人可以向法院提出排除非法证据的申请,法院也可以依据职权主动排除某一非法证据。[①]

英美证据法则建立了较为系统的证明责任分配规则。基于证明能力的强弱和规范警察取证行为的需要,在辩方对于控方证据的合法性提出异议时,各国立法多采用由控方就其提出证据的合法性承当证明责任。在美国,虽然被告方在主张自己患有精神病、存在合法授权、正当理由、激于义愤、出于自卫等特殊辩护理由时必须负举证责任,但对于证据是否合法的争议,举证责任则由控方承担。辩方只要提出控方的证据系以非法手段获得的,控方就必须证明本方的证据是以合法手段取得,并达到排除合理怀疑的程度,否则法官就会作出排除该证据的裁定。在刑事诉讼中,控方的举证能力远远大于辩方,追诉犯罪的证据又是由控方获取和收集的,因此,美国联邦和各州判例一直坚持,控方举证时负有证明其证据来源合法的义务。

我国台湾地区对被告人口供的证据能力的举证责任的规定非常详尽。规定自白之任意性及其举证责任通常由检察官负担,但并非任何自白只有在检察官就其任意性进行证明后才能作为证据使用。通常,法官只有在以下两种情况下才需要就自白的任意性进行调查:其一是被告人主张自白是在违背其意志的情况下所作的,其二是法院有客观的事实或证据认为被告人的自白是因外界环境因素或者内在心理压迫下所作的。但是,如果被告方在第一审时没有主张其自白非出于自由意志所作,而到第二审时才提出这种主张,那么对于自由的任意性问题就需要由被告方负举证责任。法律还规定,在法院调查自白的任意性时,如果负举证责任的一方未能履行举证责任,当举证责任在控诉一方时,就推定该自白并非出于自由意志,当举证责任在被告一方时,就推定该自白是在自由状态下作出的。[②]

4. 排除非法证据的证明标准。非法证据排除的证明标准比较复杂。总体而言,对于非法证据的指控,控方只需要达到"优势证据"的证明标准就可以反驳被告提出的排除有关证据的请求。例如在证明自白的自愿性、"米兰达警告"权利的放弃、被告自愿接受搜查以及提出"必然发现的例外"情形时。虽然这种证明标准符合宪法的要求,但是各州仍然可以规定更高的证明标准。在被告人承担举证责任的案件中,例如对警方有搜查证的搜查行为进行

---

① 陈瑞华:《非法证据排除规则的中国模式》,载《中国法学》2010 年第 6 期。

② 陈永生:《非法证据排除规则的举证责任》,载《现代法学》2001 年第 6 期。

质疑和提出排除存在偏见的辨认结果时,通常只要达到"优势证据"的证明标准就可以证明确实存在被指控的情况。如果被告方认为警察在申请搜查证的过程中作出了故意虚假的陈述或者根本不顾及其陈述的真实性,也需要满足这个标准。①

四、非法证据排除规则的例外

基于各种价值的平衡和不同时期的刑事政策,在严格适用非法证据排除时,在实践中也形成了若干例外规定。

1. 善意的例外(good faith exception)。这个概念最初是在 1976 年提出的。当时美国最高法院法官怀特(Justice White)在斯通诉鲍威尔案中表达了自己的不同意见:第 4 修正案的排除规则应当作实质性的修改,以防止适用于那些警察在善意相信他们的行为符合现存法律并且他们的这种相信是有合理根据的情况下取得的证据,也就是说警察是善意地、不是故意地违法,则不应当适用非法证据排除规则。善意例外的概念虽然被提出来了,但因怀特法官在这个案件中是少数派,按照美国最高法院审理案件时少数服从多数的原则,怀特法官的意见不代表美国最高法院的意见,所以,当时并没有确立善意例外的规则。

善意的例外是非法证据排除规则的一项重要限制,以便控方能够使用在这种情况下收集到的证据。这是美国最高法院多次考虑不同目的之间的平衡的结果。一方面,是阻止警察的不良行为,消除侦查人员滥用权力;另一方面,是建立一种程序使被告人有罪和无罪问题根据真实证据定案。善意例外作为非法证据排除规则的例外,正式确立是在 1984 年,是由美国最高法院审理美国诉利昂案所确立的。在后来的听审中,被告方提出法官当初签署搜查证的理由不足,从而提出应当排除这次搜查所取得的证据。控诉方提出,警察根据搜查证执行任务是善意地执行公务,不应当视为非法搜查,从而不适用排除规则。审理法院拒绝了控诉方的意见。②

善意的例外从其确立之日起发展至今已有三种情形,主要是由于第三方的错误所致:①法官命令错误导致的例外;②立法者错误导致的例外;③计算机信息错误导致的例外。这种情形的"例外"可以表述为,尽管法官由于疏忽或错误不合理的签发了搜查证,但只要警察是出于善意的相信此搜查证合法有效,并依此证进行搜查扣押所获得的证据,并不因此搜查证后来被确定为无效而被排除。这样的证据不适用排除规则,仍可作为合法有效的证据使用。当然,为了妥善适用善意例外法则,使认定标准更加具体明确,防止执法人员利用例外法则违法执法,"善意例外"在实行中也进行了细化:当警察故意提供虚假信息据以申请搜查证或法官不负责任的签发令证时,善意例外不予适用。

2. "毒树之果"的例外(fruit of the poisonous tree exception)。最初创设非法证据排除规则只是针对非法取得的直接证据,后发展为对"派生证据"应否予以排除的讨论。在西尔弗索恩·伦巴公司诉合众国案中,最高法院对非法的派生证据予以了排除。法院认为:"规定禁止以某种特定的方法获得证据的真实含义是,这种获得的证据不仅被禁止在法院审判中使用,而且这种证据根本就不应该使用。"

(1)污染中断例外(purged taint exception)。是指原先的不法行为与最后发现的证据

---

① 杨宇冠:《非法证据排除规则及其在中国确立问题研究》,载《比较法研究》2010 年第 3 期。

② 杨宇冠:《非法证据排除规则的例外》,载《比较法研究》2003 年第 3 期。

之间介入了其他独立因素,足以使原来不法的瑕疵治愈,不致破坏排除规则的遏止目的与公正目的时,则该证据可以例外地被允许使用。"王申(Wong Sun)诉合众国案"确立了这一例外。在一赃毒品案件中,警察对涉嫌贩毒的王申进行了非法的逮捕。其后王申办理了保释手续。几天后,王申到警局应讯,在进行"米兰达警告"后,王申主动供述了其贩卖毒品的行为。虽然王申被非法逮捕,但他的供述是在被保释后主动作出的,其后续行为已经切断了非法逮捕与供述的联系,中断了"毒树"的污染,故最高法院认为王申的口供不是"毒树之果",不应被作为非法证据予以排除。

本案中王申的主动供述行为成了切断"毒树"与"毒果"的独立因素。还有哪些情形可以成为切断"毒树"与"毒果"的"独立因素"呢?实务中的解释方法不一而足,有的注重警察主观上是否善意,有的看不法行为是否仅属于技术层面,还有看侵害的权利是否是实质权利等作为能否切断"毒树"污染的"独立因素"标准。现今实务当中对"独立因素"的标准的确立显得随意与不够规范,易于导致变相架空"毒树之果"原则。但这也许正是英美法中法官自由裁量权的体现,是符合其法律文化背景的。

(2)污点稀释例外(attenuation of the taint exception)。"污点稀释例外"是个"多次派生证据"的问题,即指"毒果"与"毒树"之间因存在多个取证行为,使"毒果"的"毒素"被稀释,因此可以使用的情况。例如一个非法取得的被告口供,根据供述抓到了其共犯(派生证据),再根据该共犯的任意自白合法搜查获得了账本(再次派生证据),根据该账本找出了赃物(三次派生证据)。这类树生果,果又生树,树又生果的情形,放射效力应予限制,不及再次派生证据。"毒树"的"毒素"毕竟有限,如果仅因先前的一个非法行为就导致其之后所有的证据都被排除,这个代价显然过于高昂,也会使刑事诉讼工作严重受挫。因此对再次派生证据作为例外不予排除,不仅保持了保障人权与打击犯罪的平衡,而且也不至于对遏制警察非法造成障碍。只是"毒素"被稀释到什么程度的"毒果"才可用,最高法院没有对此作出明确的解释,只是说如果代价太大的话,"毒树之果"原则就要受到限制了。最高法院将具体问题留给了法官去自由裁量。

(3)独立来源例外(independent source exception)。该例外是指如果证据的获得有两个以上的独立来源,而仅仅其中一个来源为非法行为,以这种非法方法获得的事实固然应当禁止使用,但如果同一事实可以并通过其他合法途径独立取得,则不应再适用"毒树之果"理论对该证据予以排除。这项例外是在前述"西尔弗索恩·伦巴公司诉合众国"一案确立"毒树之果"理论的同时予以确认的。例如在一个非法搜查中发现了作案工具,但当时没有对其实行扣押,而是在根据其他合法理由申请到搜查证,并进行合法搜查中扣押了该工具。这被扣押的工具就是"独立来源"的证据。

最高法院指出,"独立来源"理论适用于那些虽然是在最初的非法搜查中最先发现,但却是在后来的未受最初非法行为"污染"的行动中能独立获得的证据。支持这种观点的理论依据为:政府不能从非法行为中获益的同时,也不应被置于一个比未发生违法行为时本应处于的境地更差的境地。也就是说,虽然警察违法了,并在该违法行为中首先发现了该证据,但也不能因为他的这个违法行为而把其后据以获得该证据的另一独立的合法行为予以株连,只要该证据是确实能够通过其后的合法行为独立来获得的,那这个证据就应予采信。否则,有代价过大之嫌。

(4)必然发现的例外(inevitable discovery exception)。必然发现的例外是指如果由非法行为所派生的证据能够被证明通过其他合法的途径也必然会被发现,就不适用"毒树之果"理论。"尼克斯诉威廉斯案"确立了这个例外。杀人嫌疑犯威廉斯在逮捕遣返的路上被问到被害人尸体在哪时,被告带着警方找到了尸体。而此时搜尸队离尸体只有 2.5 英里了,且该位置正在搜寻范围内。由于警方讯问嫌犯威廉斯时没有进行"米兰达告知",被告辩护律师提出"毒树之果"理论抗辩。最终最高法院否决了被告的抗辩,认定证据可采,理由是即使警方没有非法获得被告供述,根据事实显示,尸体最终仍会被发现。

"必然发现例外"的理论与"独立来源例外"的理论依据如出一辙,也是认为应当将警察置于未发生非法行为时同等的而不是比那更差的境地。因为没有这个非法行为,警察照样可以拿到那些证据。

由于相同理论的支撑,使二者关系密切,易于混淆。二者最主要的区别在于:"独立来源例外"中的证据是已经通过独立于违法行为的合法行为所获得,证据虽然被非法行为干扰,但最终是以合法手段获得的;"必然发现例外"中的证据是能被证明通过独立于违法行为的合法行为也将必然会获得,但其终究还是以非法手段获得的。

3. 弹劾的例外(the impeachment exception)。"弹劾的例外"是指非法获得的被告人供述或实物证据等虽不能作为认定案件事实的依据使用,但却可以作为质疑被告人可信度的证据予以使用。具体来说,就是利用被告人前后陈述的矛盾,或实物证据与被告人陈述的矛盾说明被告人的可信度值得怀疑,使法庭不信任他。

"弹劾的例外"包括三个方面的内容:一是用非法搜查扣押所取得的证据弹劾被告人供述;二是用违反"米兰达规则"而获得的被告口供来弹劾被告的供述;三是用违反律师帮助权而取得的被告口供来弹劾被告的供述。这些非法证据被使用的唯一目的是用来质疑被告的可信度,而不是用来证明任何案件事实。

确立该例外的理由为"政府方不能使用非法取得的证据,但是也不能说被告人可以利用证据排除规则来为自相矛盾的、不真实的陈述作掩护"。这些证据尽管违反了收集程序,但其真实性是可靠的,正因如此,它才能对被告人的可信度起到有效质疑的效果。如果是强迫的供述则不能作为弹劾被告的证据使用。

4. 被告首先引用之例外。该例外是指如果"被告方出于辩护的需要,自己首先引用了非法证据,此时,被告人就不能再提出对该证据的排除请求,从而为非法证据的使用打开大门"。如警方非法搜查所得赃物,属非法证据应予排除,而被告此时如主动提出该赃物不是他的,这时控诉方就可以使用该赃物作为证据。

该例外的产生,是为了保护被告人的利益。排除规则设置的主要目的是为了维护被告人的利益不被警方的非法行为所侵犯,如果被告人在辩护中主动使用该非法证据为自己辩护,那说明这个证据是有利于保护被告人的,如果这时法官还是坚持要把这些对被告有利的非法证据予以排除的话,那被告人的利益无疑就会遭到又一次的侵害,这显然违背了排除规则的初衷。

五、非法证据排除在我国

1. 我国法律对非法证据排除规则的确立

首先,我国宪法对保障人权、禁止非法取证行为作了原则性的规定。《宪法》第 33 条指出:"国家尊重和保障人权。"第 13 条规定:"公民的合法的私有财产不受侵犯。"第 37 条规定："中华人民共和国公民的人身自由不受侵犯。任何公民,非经人民检察院批准或者决定或者人民法院决定,并由公安机关执行,不受逮捕。禁止非法拘禁和以其他方法非法剥夺或者限制公民的人身自由,禁止非法搜查公民的身体。"第39条规定:"中华人民共和国公民的住宅不受侵犯。禁止非法搜查或者非法侵入公民的住宅。"第40条规定:"中华人民共和国公民的通信自由和通信秘密受法律的保护。除因国家安全或者追查刑事犯罪的需要,由公安机关或者检察机关依照法律规定的程序对通信进行检查外,任何组织或个人不得以任何理由侵犯公民的通信自由和通信秘密。"

其次,与宪法相适应,我国刑事诉讼法对逮捕、拘留、搜查、扣押等程序作了具体的规定,特别是我国《刑事诉讼法》第50条明确规定:"严禁刑讯逼供和以威胁、引诱、欺骗以及其他非法方法收集证据,不得强迫任何人证实自己有罪。"对于违法取证行为构成犯罪的,我国刑法规定了相应的刑罚。对于非法取得的证据如何处理,我国采用区别对待原则,即对于非法方法收集的言词证据采绝对排除,对于非法方法收集的实物证据,则采裁量排除原则。对此,《刑事诉讼法》第54条规定:"采用刑讯逼供等非法方法收集的犯罪嫌疑人、被告人供述和采用暴力、威胁等非法方法收集的证人证言、被害人陈述,应当予以排除。收集物证、书证不符合法定程序,可能严重影响司法公正的,应当予以补正或者作出合理解释;不能补正或者作出合理解释的,对该证据应当予以排除。"

最后,我国相关的司法解释也对非法证据的排除加以了规范。最高人民法院在《关于执行〈刑事诉讼法〉若干问题的解释》第61条中规定:"严禁以非法的方法收集证据。凡经查证确实属于采用刑讯逼供或者威胁、引诱、欺骗等非法的方法取得的证人证言、被害人陈述、被告人口供,不能作为定案的根据。"此外,《人民检察院刑事诉讼规则》第265条规定:"严禁以非法的方法收集证据。以刑讯逼供、威胁、引诱、欺骗等非法的方法收集的犯罪嫌疑人供述、被害人陈述、证人证言,不能作为指控犯罪的根据。"在民事诉讼中,《民诉证据规定》规定:"以侵害他人合法权益或者违反法律禁止性规定的方法取得的证据,不能作为认定案件事实的依据。"这是民事诉讼中有关排除非法证据的规定。在行政诉讼中,我国《行政诉讼法》第33条规定:"在诉讼过程中,被告不得自行向原告和证人收集证据。"《行诉证据规定》规定,以违反法律禁止性规定或者侵犯他人合法权益的方法取得的证据,不能作为认定案件事实的依据。这些规定相当于行政诉讼中的非法证据排除规则。

2.非法证据排除的相关问题

从上述我国法律规定可以看出,我国虽然在一定程度上确立了非法证据排除规则,但也存在以下两个方面的不足:一方面,这些规定的内容较为原则,且未规定相应的操作程序,很难在司法实践中发挥应有的功能;另一方面,这些规定多针对以刑讯等特定的违法方法收集的言词证据,对于非法实物证据的排除力度不足。在三种诉讼中,目前法律及有关司法解释对刑事诉讼中的非法证据排除建立了比较完善的程序,根据2012年《刑事诉讼法》及相关解释的规定,我国刑事非法证据排除规则,主要体现在以下几个方面:

(1)明确了非法证据排除的范围。①对言词证据的排除。以严重违法方法获得的言词证据,适用绝对排除规则。主要是指"采用刑讯逼供等非法方法收集的犯罪嫌疑人、被告人供述和采用暴力、威胁等非法方法收集的证人证言、被害人陈述。""刑讯逼供等非法方法"按最高院解释第95条第1款的规定是指"使用肉刑或者变相肉刑,或者采用其他使被告人在肉体上或者精神上遭受剧烈疼痛或者痛苦的方法,迫使被告人违背意愿供述的方法"。②对实物证据的排除。根据新《刑事诉讼法》第54条,《刑诉法解释》第95条第2款以及《刑诉规则(试行)》第66条的规定可知,满足三个条件即可排除:①收集物证、书证不符合法定程序。②可能严重影响司法公正,即收集物证、书证不符合法定程序的行为明显违法或者情节严重,对司法机关办理案件的公正性造成严重损害,应当综合考虑收集物证、书证违反法定程序以及所造成后果的严重程度等情况对其进行认定。③不能补正或者作出合理解释,即不能对取证程序上的非实质性瑕疵进行补救或者作出符合常理及逻辑的解释。能作出补正和合理解释的,该证据不被排除。如涉及违法情节不严重、侵权性不强的技术性、细节性要求的相应降低了门槛,进行弥补可使其具备证据能力。可见我国采用的是非法实物证据自由裁量排除、瑕疵证据补正规则相结合的非法实物证据排除规则。

(2)确定了非法证据排除的阶段。新《刑事诉讼法》第54条第2款规定:"在侦查、审查起诉、审判时发现有应当排除的证据的,应当依法予以排除,不得作为起诉意见、起诉决定和判决的依据。"可见,非法证据排除贯穿于整个诉讼活动中,人民法院、人民检察院和公安机关都有排除非法证据的义务,每个阶段都可对已发现的非法证据予以排除,逐层过滤、把关,对减少非法证据存在有重大意义。

(3)明确了非法证据的排除程序。①程序的启动。根据新《刑事诉讼法》第56条的规定,程序的启动有两种方式:一是职权启动。法庭审理过程中,审判人员认为可能存在以非法方法收集证据情形的,应当主动对证据收集的合法性进行法庭调查。二是申请启动。当事人及其辩护人、诉讼代理人有权申请人民法院对以非法方法收集的证据依法予以排除。申请排除以非法方法收集的证据的,应当提供相关线索或者材料。②法庭审查。法庭对非法证据的审查分两阶段:一是开庭审理前,当事人及其辩护人、诉讼代理人申请排除非法证据,人民法院经审查,对证据收集的合法性有疑问的,召开庭前会议,就非法证据排除等问题向控辩双方了解情况,听取意见。二是法庭审理过程中,当事人及其辩护人、诉讼代理人申请排除非法证据的,法庭应当进行审查。对证据收集的合法性有疑问的,应当进行调查;对证据收集的合法性没有疑问的,应当当庭说明情况和理由,继续法庭审理。③双方进行质证和辩论。公诉人举证后,控辩双方可以就被告人审判前供述取得的合法性问题进行质证和辩论。④法庭处理。被告人及其辩护人未提供非法取证的相关线索或者证据的;或者提供了相关线索、证据,但是法庭仍然对被告人审判前供述取得的合法性没有疑问的;又或者公诉人提供的证据确实充分,能够排除非法取证的这三种情况下,被告人审判前供述可以当庭宣读、质证。反之,则加以排除。

(4)明确了非法证据的证明责任和证明标准。《刑事诉讼法》明确规定,在法庭初步审查阶段,申请排除非法证据的当事人及其辩护人、诉讼代理人即被告方承担初步的举证责任,即应当提供涉嫌非法取证的人员、时间、地点、方式、内容等相关线索或者材料,且只需达到"存在合理怀疑"的证明标准即可。法庭据此决定是否受理有关排除非法证据的申请,是否启动排除程序。同时,刑事诉讼法明确规定,由人民检察院即控诉方承担证据收集合法性的证明责任,实行举证责任倒置。人民检察院可以通过出示、宣读讯问笔录或者其他证据,有针对性地播放讯问过程的录音录像;提请人民法院通知有关侦查人员或者其他人员出庭说明情况等方式证明。同时,法律还对证据合法性规定了较高的证明标准。《刑事诉讼法》第58条规定对于经过法庭审理,确认或者不能排除存在《刑事诉讼法》第54条规定的以非法方法收集证据情形的,对有关证据应当予以排除,这实际上是遵循了"疑错从有"的原则。反之,就是要求证明证据的合法性应当达到证据确实、充分,排除合理怀疑的标准。

第三节 传闻证据规则

【引例四】 警察 P 收到一张便条。根据该便条,被告人 D 最近要和一个犯罪团伙交易两支半自动武器。警察对其监控并在其交易过程中将其逮捕。庭审时,D 的律师反对将告密的纸条作为证据,理由是这张纸条是传闻证据。①

请问:该证据是否是传闻证据?

一、传闻证据规则的概念

传闻(hearsay)的原意是道听途说的信息或二手信息。证据法上的"传闻"是指由陈述人在审判或听证程序以外作出的、作为证据证明主张事实真实性的陈述,行为人提供它旨在用作证据来证明所主张事实的真实性。② 据此,构成证据法中的传闻,必须同时满足以下条件:第一,传闻的内容是原陈述人关于某项案件事实的陈述;第二,原陈述发生的地点是在审理法庭或听证程序之外;第三,传闻的表达方式可以是口头、书面的,也可以是非语言行为,只要意在表达某项意思;第四,传闻证据是由原陈述人以外的人在法庭上提出的;第五,提出传闻证据的目的是证明原陈述人的有关陈述内容为真。③

传闻证据有广、狭二义,"从狭义言,系专指言词而言,即证人并非陈述自己亲身经历之事实,而仅就他人在审判外所为之陈述(原供述),代为提出以作自己之供述者而言,从广义言,则除上述言词外,书面之陈述亦包括之"④美国学者华尔兹认为,最为广义的普通法(与成文法不同的判例法)中,传闻证据的定义是:在审判或讯问时作证以外的人所表达或作出的,被作为证据提出以证实其所包括的事实是否是真实的,一种口头或书面的意思表示或有意无意地带有某种意思表示的非语言行为。⑤

基于传闻证据的广、狭义之分,传闻证据可以分为以下两类:第一类是当庭作证之证人对庭外直接感受案件事实之人所作陈述的转述,即以人为载体的传闻——传闻证人——狭义上的传闻证据。第二类是指"向法庭提出的书证之中所包含的主张,包括亲身感受了案件事实的证人在庭审期日以外所作的书面证人证言以及警检人员所作的(证人)询问笔录,即

---

① 高忠智:《美国证据法新解——相关性证据及其排除规则》,法律出版社 2004 年版,第 161 页。

② 美国《联邦证据规则》第 801 条第(C)项.陈界融译著:《〈美国联邦证据规则〉译析》,中国人民大学出版社 2005 年版,第 225 页。

③ 樊崇义、李静:《传闻证据规则的基本问题及其在我国的适用》,载《证据科学》2008 年第 3 期。

④ 刁荣华:《比较刑事证据法各论》,台湾汉林出版社 1984 年版,第 218 页。

⑤ [美]乔恩·R.华尔兹:《刑事证据大全》,何家弘译,中国人民公安大学出版社 1993 年版,第 81 页。

以书面记录为载体的传闻——书面陈述"①。显然,第一类传闻证据和第二类传闻证据共同构成了广义上的传闻证据。据此而言,《美国联邦证据规则》中所界定的传闻证据实乃是指广义上的传闻证据。

二、排除传闻证据的理由

传闻证据规则是英美证据法中最重要的排除法则之一。最早确立传闻证据规则的国家是英国,这与英国的陪审制度密切相关。在 17 世纪后期,英国正式形成了传闻证据规则,而这一规则自然也为具有英国普通法传统的美国所继受。日本现行诉讼结构主要体现为以当事人主义为主,以职权主义为辅,吸收了大量英美法系的相关制度,在其《刑事诉讼法典》中就明确确立了传闻证据规则,其第 320 条明确规定排除传闻证据的原则。我国台湾地区也在"刑事诉讼法典"中确立了传闻证据规则,其"刑事诉讼法"第 159 条规定:被告以外之人于审判外之言词或书面陈述,除法律有规定者外,不得作为证据。

根据传闻证据规则,传闻证据一般不具有可采性,不得提交法庭进行调查质证;已经在法庭出示的,不得提交陪审团作为评议的依据。在"泰普诉 R 女士"(Teper v. R.)案件中,诺曼(Normand)勋爵概括了排除传闻的主要理由如下:第一,传闻证据不是证明事实的最佳证据;第二,传闻证据几乎都是未经宣誓而作出的;第三,陈述者如果不作为证人出庭作证,那么陈述者将无法接受交叉询问,因而法庭也无法证实该陈述的真实性;第四,法官和陪审团将没有机会观察陈述者在进行陈述时的举止。② 这常常被视为英美法系国家确立传闻证据规则的经典理由。基于此,排除传闻主要基于以下几种价值考量。

1. 传闻证据缺少当事人的交叉询问。显然,在法庭审判过程中,如果一方当事人使用传闻证据来证明自己的诉讼主张,那么由于证人没有亲自出庭作证而导致证人的法庭陈述失去交叉询问这一保障措施。因为,在原始证人不在场的情况下,控辩双方根本没有办法有效利用上述技巧对传闻证据进行交叉询问。联邦最高法院首席大法官肯特在科尔曼诉索斯维克案件中很好地说明了这一点:"传闻证据缺少这种保障所造成的缺憾不同于伴随他的其他的任何疑问和困难,因为这种缺憾是不能消除的。提供传闻证据的证人不能提供任何详细的情况、回答任何问题、解决任何问题、调解任何矛盾、说明任何不清楚的地方、消除任何模棱两可的问题,他仅能把别人告知的事项作一简单描述,而把责任完全留给已死去或不在场的原话的陈述者。"③在英美法系国家,正是由于使用传闻证据时,对原陈述者无法实施交叉询问,缺少发现原陈述者庭外陈述中存在的潜在缺陷的保障,因此传闻证据一般不具备可采性。这也是英美法系国家设立传闻证据规则的一个最重要的理由。

2. 传闻证据未经法庭宣誓。对于法庭陈述来说,由于没有经过法庭宣誓,因此陈述者很有可能因为没有受到宣誓的心理约束和威慑,而有意无意地提供虚假的陈述,或者不负责任地随意提供一些证言。因此,为了避免出现这种情况,英美法系否定了未经宣誓的传闻证据的可采性。例如,1811 年曼斯菲尔德勋爵(Lord Masfield)在判决中就曾经宣布:"按照一

---

① 宋英辉、吴宏耀:《传闻证据排除规则》,载《人民检察》2001 年第 6 期。

② Andrew, *Hearsay and Confrontation in Criminal Trials*, Clarendon Press, Oxford, 1996, p. 11.

③ [美]约翰·W. 斯特龙:《麦考密克论证据》,汤维建等译,中国政法大学出版社 2004 年版,第 482 页。

般原则,任何人所说的话必须是在双方诉讼当事人面前以宣誓说出的,才能作为证据。"①基于此,陈述者在法庭外的陈述,不是经过宣誓如实陈述后作出的,因此不具有宣誓所承载的功能,既不能确保陈述的真实可靠,也不能产生法律上的后果,所以为传闻证据规则所排斥。

3. 传闻证据失真的可能性较大。传闻证据是由非亲身感受案件事实的人所作的陈述,因此对案件事实根本没有直接的认识,在法庭上作为证据的陈述仅仅是他人陈述的重复。由于人的认识能力、理解能力、表达能力、知识水平的不同,从而面临感知错误的危险、记忆瑕疵的危险、虚伪陈述的危险以及不诚实的危险等。听到相同的陈述,可能作出不同的转述,并可能会加进主观判断而背离案件事实。转述的中间环节越多,传来证据的可靠性越差,证明价值也就越低。而且在庭外或他人背后作轻率的,不假思索的陈述比在庭上或当他人之面更为容易。英国学者贝克尔(Baker)在1950年出版的《反传闻规则》一书中也明确指出,大家知道故事形成的轻易性与快速性。故事从一人的嘴里传到另一人的嘴里时,总是加上一些实事和少量色彩以提高故事的趣味。故事每一次经过传播就进一步脱离真情。记忆错误,叙述错误使故事愈来愈不准确、不可靠。② 换句话说,信息传递的环节越多,出现错误的可能性就越大。因此,为了避免或者减少传闻证据的上述风险,尽量确保证人证言的真实性和可靠性,英美法系传统上主张传闻证据不具备可采性。

在书面证言的情况下,虽然根据原供述人签名、盖章确认了笔录的正确性,而少有传闻供述中误传的可能,但由于仍存在原供述人对记录人虚伪供述的可能性,所以,此情形下,仍有必要透过对原供述人的反讯问,核实原供述的真实性。原供述人亲自记载供述的供述书,也是如此。总之,由于传闻证据的情形下不能对原供述人反讯问,其信用性低,故此有予以排除的必要。③

4. 传闻证据导致裁判者无法观察证人的言行。在证人出庭的情况下,裁判者能够直接通过"辞听、色听、气听、耳听、目听"等多种信息,来判断证人证言的真伪。因此,要求陈述者出席法庭,在法官和陪审团面前作出陈述,使得事实的裁判者有机会直接观察到陈述者作出该陈述时的行为举止,就具有特别的意义。"五听断狱"说的就是这个道理。然而,在证人不亲自出庭作证的情况下,不仅直接导致陪审团或者法官或者一方当事人失去了观察证人作证的机会,使他们无法获取证人作证时的举止、言词、神态等"肢体语言"所传递出来的与查明案件事实真相相关的有用信息,从而对证人证言的真实程度作出更加准确的判断。这也是排除传闻的一个重要理论基础。

5. 剥夺了相对人的对质权。无论是大陆法系国家还是英美法系国家,都赋予了控辩双方的对质权,满足相对人的对质权的重要保障在于证人亲自出庭作证。如果证人不出庭作证,根本谈不上相对人与证人对质的问题。对此,有学者指出,对质权要求将证人带到公开的法院之上并须宣誓,这样也就被置于伪证罪的威胁之下。他们的证词连同他们的举止、态度都要当庭受到审查。对质权允许被告人向对其不利的证据挑战,以便在可能的范围内作出最有利的辩护。然而,在控方仅仅向法庭提交传闻证据而不传唤证人出庭作证的情况下,被告人的对质权显然受到侵犯,这不仅违反了一系列国际人权公约,而且有损于审判公正,

---

① 沈达明:《英美证据法》,中信出版社1996年版,第99页。

② 沈达明:《英美证据法》,中信出版社1996年版,第101～102页。

③ [日]田口守一:《刑事诉讼法》,刘迪等译,法律出版社2000年版,第261页。

不利于法庭发现案件事实真相并作出客观公正的裁判。正因为如此,英美法系国家确立排除了传闻证据规则,要求控方必须直接传唤证人出庭作证。①

三、传闻证据排除规则的例外

根据传闻规则,除法定的例外情况,传闻证据通常不具有可采性。排除传闻通常适用于以下三种情形:(1)口头陈述,即转述他人告知的事项不能作为证据;(2)书面陈述,即诉讼中的任何一方如果依靠文书所表述的事实内容,则必须传唤文书的制作者;(3)行为表明的暗示,即在诉讼中重复、模仿的知情者的行为也不得作为证据。但是只有当举出该证据的目的是证明所称事实的真实性时,传闻规则才排除这项证据。

传闻证据规则旨在排除那些不可靠的传闻,倡导证人亲自出庭作证,赋予当事人实质性的质证权利,因此,立法或判例关于排除传闻例外的理由主要有三个方面:

1. 传闻具有可靠性(reliability),原ං述人到庭没有必要。即从产生背景等多种情况来看,传闻证据具有较高的可信性,即使不经过当事人的交叉询问,其虚假的危险性也比较小,也不至于损害对方当事人的利益。如美国《联邦证据规则》第803条规定,陈述者可以作证的例外包括:(1)表达感觉印象;(2)刺激的发泄;(3)当时存在的精神、感情或身体状态;(4)出于医疗诊断或治疗目的的陈述;(5)被记录的回忆;(6)关于日常行为活动的记录;(7)在第(6)项规定的记录中缺乏记载;(8)公共记录或报告;(9)重要统计资料;(10)缺乏公共记录或没有记载;(11)宗教组织的记录;(12)婚礼、洗礼和类似证明;(13)家庭记录;(14)反映财产利益的文件记录;(15)文件中反映财产利益的陈述;(16)在陈年文件中的陈述;(17)市场报告,商业出版物;(18)学术论文;(19)关于个人或家庭历史的名声;(20)关于边界和一般历史的名声;(21)性格方面的名声;(22)先前定罪的判决;(23)关于个人、家庭,或一般历史,或边界的判决;(24)转化为规则第807条。

2. 传闻具备必要性(necessity),即在客观上确实存在无法对原始证人进行交叉询问的特殊情形,同时也无法找到具有同等证明价值的其他证据来代替,因而不得不允许当事人使用传闻证据。如《美国联邦证据规则》第804条规定,陈述者不能到庭作证的例外包括:(1)先前证词;(2)临终陈述;(3)对己不利的陈述;(4)关于个人或家史的陈述;(5)转化为规则第807条;(6)不正当行为之失权。

3. 被告人的实质对质权已经被考虑到。欧洲人权法院的判例认为,被告方在先前程序中有充分机会面对证人并提问的,被告的实质对质权和证言的可靠性已经被考虑到,使用这种庭外笔录并不与对质权构成冲突。《美国联邦证据规则》第807条也体现了这层因素。该条规定了不具体属于规则第803条或第804条的各种例外,但具有同等的间接真实性保证的陈述,若符合下列条件则不得适用传闻规则予以排除。其条件为,法庭裁定:(1)该陈述是作为一项重要的事实证据而提供的;(2)该陈述在所证明的问题上,比建议者通过合理努力能获得的证据具有更强的证明力;并且(3)如果将该陈述作为证据采纳,则本证据规则规定的宗旨和司法公正将得到最佳效果。但是,除非建议者为了向对方当事人提供一个公平的机会准备面对诉讼陈述,而在审理或听证前足够早的时间内通知对方当事人知悉,通知的内容是指提供陈述的意图、陈述的细节,且包括陈述者的姓名与地址在内;否则,不得根据这一

---

① 朱立恒:《传闻证据规则研究》,中国政法大学2006年博士论文。

例外规则采纳该陈述。

澳大利亚《1995 年证据法》规定,排除传闻有以下例外:(1)为非传闻目的相关的证据(第 60 条)。如并非因证明所宣称事实的存在,而为其他目的采纳先前陈述之证据,则不适用传闻规则。(2)第一手传闻:分为民事诉讼第一手传闻和刑事诉讼第一手传闻。(3)商业记录(第 69 条)。商业记录不适用于传闻规则,但商业记录如属为进行、拟进行有关诉讼程序中准备或获取的陈述,有关或导致某一刑事诉讼的调查中所作陈述除外。(4)标牌、标签(第 70 条)。在商业过程中,如果可合理推断,为描述或陈述物件之识别、性质、所有权、目的地、原产地、重量或者成分而在某一物件上粘贴或放置标牌、标签和文书的,则传闻规则不适用于标牌、标签或文书。(5)通信(第 71 条)。通过电子邮件、传真、电报、书信电报或者用户直通电报传输信息的记录文书所包含的陈述,如涉及信息发送人的身份、信息发送的日期和时间、信息的目的地或信息接收人的身份的陈述,不适用传闻规则。(6)关于他人健康、感情、感觉、意向、认识或者精神状态等的陈述不适用于传闻规则(第 72 条)。(7)婚姻、家史或者家庭关系(第 73 条)。传闻规则不适用以下名誉证据:在某一特定时间或任何时间,该人是否已婚;在某一特定时间共同生活的某男或某女当时是否结婚;他人的年龄;他人的家史或家庭关系。在刑事诉讼中,如被告提出的证据旨在抗辩法院已采纳的有关名誉证据,或被告以书面形式向任何其他方当事人就其提出证据的意向给予合理通知的,则上述规定不予适用。(8)传闻规则不适用于有关公共权利或者普通权利的存在、性质或者范围的名誉证据(第 74 条)。(9)中间诉讼程序证据的运用(第 75 条)。在中间诉讼程序中,如提出证据的当事人亦提出了该证据来源之证据,则不适用传闻规则。(10)自认(第 81 条)。传闻规则和意见证据规则皆不适用于自认,亦不适用于先前陈述之证据,所谓先前陈述,指进行自认时或者自认前后不久,有关自认所作之陈述,以及为理解自认而合理必要的陈述。(11)有关职业或者权力的陈述(第 87 条第 2 款)。传闻法则不适用于旨在证明如下事项的先前陈述:陈述人有权代表他人就有关事项进行陈述;陈述人是他人之雇员或者有权代理他人;或者陈述人在职业范围内或授权范围内进行陈述。(12)判决和定罪判决证据(第 92 条第 3 款)。(13)品格证据(第 110 条和第 111 条)。(14)其他例外。

《德国刑事诉讼法》第 251 条也规定了下列传闻具有可采性:(1)有下述情形之一时,允许以宣读以前的法官询问笔录代替询问证人、鉴定人或者共同被指控人:①证人、鉴定人或者共同被指控人已经死亡、发生精神病或者居所不能查明;②因患病、虚弱或者其他不能排除的障碍,证人、鉴定人或者共同被指控人在较长时间或不定时间内不能参加法庭审判;③因路途十分遥远,考虑到其证词意义,认为不能要求证人、鉴定人到庭;④检察官、辩护人和被告人同意宣读。(2)被告人有辩护人的时候,如果检察官、辩护人和被告人对此同意,可以以宣读另一次讯(询)问的情况中,才准许宣读。(3)如果不直接与作出判决有关,而是为了其他目的,特别是为了对是否传唤、询问某人的裁定作准备的时候,也允许宣读讯(询)问笔录、证书及其他作为证据的文书。(4)在第一款、第二款情形中,由法庭决定是否命令宣读。对宣读理由要宣布。宣读法官讯(询)问笔录时,要确定是否曾要求被讯(询)问人宣誓。法院认为有宣誓必要,并可以实施的时候,可以补行宣誓。第 252 条(不准许的笔录宣读)规定:证人在审判前接受过询问,在审判中才行使他的拒绝作证权的时候,对他的证言不准宣读。第 253 条(宣读笔录帮助回忆)规定:①证人、鉴定人如果表示对某事实再也不能够回忆时,可以宣读过去对他的询问笔录中对此有关的部分,帮助他回忆。②前款规定,同样可以适用于询问中出现与过去陈述矛盾的证言,不能以其他不中断审判的方式予以确定、澄清的情况。达马斯卡指出,通说认为,这些以前的陈述不但可以用于决定证人的可信性,还可以用于与审判结果相关的其他事实。第254条(宣读自白、出现矛盾时宣读)规定:①为了查证自白,可以宣读法官笔录中记载的被告人陈述。②前款规定,同样可以适用于询问中出现与过去陈述矛盾的证言,不能以其他不中断审判的方式予以确定、澄清的情况。

四、传闻证据规则在我国

虽然传闻证据规则在我国立法中没有明确的规定,但一些相关的规定体现了传闻证据规则的基本精神。一方面,我国法律赋予了当事人在法庭上的询问和质证权。如《刑事诉讼法》第59条规定:"证人证言必须在法庭上经过公诉人、被害人和被告人、辩护人双方质证并且查实以后,才能作为定案的根据。"该法第186条、第189条又进一步规定,公诉人、当事人和辩护人、诉讼代理人经审判长许可,可以对证人、鉴定人发问。《刑诉法解释》第58条、第78条规定:"证据未经当庭出示、辨认、质证等法庭调查程序查证属实,不得作为定案的根据。""证人当庭作出的证言,经控辩双方质证、法庭查证属实的,应当作为定案的根据。"上述规定虽然没有确立类似于英美法系的交叉询问程序,但同样认可了当事人质证、询问的权利。

另一方面,我国法律对证人科以了出庭作证的义务。如《刑事诉讼法》第60条规定:"除了生理上精神上有缺陷或者年幼,而不能辨别是非、不能正常表达之外,凡是知道案件情况的人,都有作证的义务。"第61条规定:"人民法院、人民检察院和公安机关应当保障证人及其近亲属的安全。对证人及其近亲属进行威胁、侮辱、殴打或者打击报复,构成犯罪的,依法追究刑事责任;尚不够刑事处罚的,依法给予治安管理处罚。"第63条规定:"证人因履行作证义务而支出的交通、住宿、就餐等费用,应当给予补助。证人作证的补助列入司法机关业务经费,由同级政府财政予以保障。有工作单位的证人作证,所在单位不得克扣或者变相克扣其工资、奖金及其他福利待遇。"这三条将证人作证规定为义务,并对其加以保障。《刑诉法解释》第206条规定了证人应当出庭作证以及证人可以不出庭的四种情形。因此,从上述法条的规定来看,在我国,证人出庭作证是原则,不出庭则是例外。

上述两个方面是相互关联的:如果证人不出庭,当事人的询问、质证权则会落空;当事人缺乏询问、质证权,证人出庭的意义也将大打折扣。我国法律和有关司法解释在赋予当事人询问、质证权的同时,也要求证人原则上应当出庭作证,这种旨在保证诉讼进程公正性的途径与英美法系传闻证据规则并无二致。但是,由于缺乏对该规则的进一步明确、详尽的规定,以至于上述规定在司法实践中落空,引起了立法与实务的冲突。

其一,证人出庭作证率低,当事人的质证、询问权难以实现。尽管我国法律规定了证人原则上应当出庭作证,但是实践中证人出庭率极低。检察机关以各种书面证据代替证人、被害人、鉴定人、勘验人员、检查人员等出庭作证,这不仅给案件审理带来了极大的困难,而且造成被告人的质证权、询问权无法实现。当辩护方无法对控方证据进行充分有效的质证时,控方证据亦如铁证一般,使辩护方有口难言,辩护职能无法充分发挥。

其二,大量书面材料的运用导致了审判中的笔录中心主义。由于证人基本上不出庭,侦查人员制作的询问笔录常常被作为证据在审判过程中出现,与传闻证据规则的要求背道而驰。实践中,大量书面材料的运用,不仅使直接言词原则难以贯彻落实,而且也为合议庭庭后阅卷提供了便利,从而使庭审的实质化难以实现,法庭审判容易架空。实现庭审实质化是我国 1996 年《刑事诉讼法》修改的一个重要目标和内容。为解决法院先定后审导致审判流于形式的问题,修改后的《刑事诉讼法》改变了庭前公诉审查的范围和内容,只允许公诉机关起诉时向法院提交起诉书、证据目录、证人名单和主要证据的复印件和照片,庭前审查从以往的实质性审查为主改为程序性审查为主。但这一改革举措并没有彻底解决庭审流于形式的问题,因为修改后的《刑事诉讼法》依然保留了定期宣判制度,同时根据最高人民法院、最高人民检察院等六机关出台的《关于刑事诉讼法实施中若干问题的规定》第 42 条的要求,检察机关在庭后应当将全部案卷材料移送法院供合议庭查阅。这就使合议庭从庭前阅卷转变为庭后阅卷,虽然在一定程度上解决了“先定后审”问题,但仍没有达到实现庭审实质化的目标,因为在证人不出庭的情况下,检察机关在法庭上宣读的证人证言笔录在庭后全部移交给合议庭,从而导致合议庭的判决在很大程度上取决于庭后对这些笔录等书面材料的审查,而非取决于法庭上控辩双方对证人的询问、质证过程。在这种以笔录为中心的裁判方式之下,必然导致庭审过程形式化、虚设化。① 或许也基于此,新修订的《刑事诉讼法》又恢复了卷宗全部移送制度。

【引例四】评析:本案中,由于纸条本身用于证明警察调查 D 的原因,而不是用于证明纸条包含内容的真实性,因此纸条自身就与案件事实具有相关性,从而不构成传闻证据。

第四节　最佳证据规则

【引例五】在一起故意伤害引起的纠纷中,甲向法庭声称乙先动手,具有过错。甲声称乙先动手的证据是乙曾经向丙写了一封信。

　　请问:甲应当申请丙出庭作证,还是出示这封信作为证据?

一、最佳证据概述

　　最佳证据规则(the best rule)是指为证明书面文件、录音录像或照片等文书中的内容时,当事人应当提供文件内容的原始证据的一种诉讼证明规则。该规则包括以下几层含义:(1)提供原始文书的内容的目的是为了证明案件事实;(2)当事人应当提供原始文书证明自己的诉讼主张;(3)原始文书应优先于复制件提出,但不否定复制件的提供与证明;(4)载体形式不仅限于书面文件,还包括录像、相片等其他呈现文字符号的载体形式;(5)法官应当采

---

① 史立梅、范琳:《传闻证据规则与我国刑事诉讼》,载《证据科学》2008 年第 3 期。

纳原始文书内容作为认定案件事实的依据,法定情形下也可采用非原始文书证据形式。

至于什么是"最佳",学界作了两种理解:一是"优先说"。该说认为,应当以提供原件为原则,当出现法定的情形时,允许提供证据的复制件来证明案件事实。即原件应当优先于复制件提出,但不排斥复制件的证据证明力。对此,麦考密克认为,最佳证据就是,当文书中的术语非常关键时,为证明文书中的术语,必须提供原始文书,除非能够证明由于建议提出文书者的重大过失之外的其他某种原因,文件原件无法获得。二是"排他说"。该说认为,最佳证据规则的要求就是只能提供原件或原本,复制件不可采。例如,塞耶(Thayer)给最佳证据规则下的定义是:为证明文书的内容,文书的原件是第一位证据,除非不能提供原件的原因得到合理解释,否则,非第一位证据不可采纳。丹宁勋爵认为,如果当事人有原始证据就必须向法庭提交,而不能以副本形式提供次层证据。该说强调凡证明对象为文书内容时,唯有原始的文件才适格。这是由于在当时的历史条件下,原始证据的载体形式主要或基本上是以书面文件为主,很少有其他形式的记录载体形式。且人们出于对口头言词的极大不信任,和当时人们对事物的机械、形而上学的认识方式,主张凡文件证据只信赖原件,故而完全排斥复制件。[①]

最佳证据规则是从原始证据规则(primary evidence rule)发展而来的,原始证据规则是由原本或原件演化而来的。何为原本或原件?"所谓文书或记录的'原本',就是指文书或记录本身,或任何其复制品,其主张者或提出者,主张以复制品与文书或记录本身具有相同的法律效力,相片原本包括了相片底片或任何由底片衍生的复制品。如果是储存于电脑或类似的设备中的资料之中,任何以可视形式或准确显示该资料本身的产品形式,即为原本"。与原本或原件相对应的是复制件,根据联邦证据规则第1001条第(4)项的规定,复制件是指:"通过与原件同样印刷,或者以同一字模或通过照相手段制作的副本,包括放大或缩小制品,或者通过机械电子的再录,或通过化学的重制,或通过其他相应手段准确复制原件的副本。"

英美证据法中传统的最佳证据规则,其适用范围限于文书。不过值得注意的是,最佳证据规则与书证优先规则却是两个不同的概念。书证优先规则的基本含义是书证优于人证,即只要作成了书证,就排斥了对同一案件事实以证人加以证明的任何可能性。书证优先规则是法国所特有的证据规则,其1804年的《法国民法典》第1341条明确规定:"凡是超过法令确定的数额或价值的物体,即使是自愿的寄托,均应在公证人前作成书证,或者经各方签名作成私文书。"显然,与最佳证据规则相比,书证优先规则并不是一项规范证据能力的证据规则,而是一项规范证据证明力的证据规则。[②]

二、最佳证据规则的国外立法例

最佳证据规则,"历史上曾被称为证据法的一个灵魂"。《美国联邦证据规则》中的第1002条规定:"除本证据规则或国会立法另有规定外,为证明文书、录音或者照片的内容,应要求提供文书、录音或者照片的原件。"《美国联邦证据规则》的这些规定实际上对传统的最佳证据规则进行了发展,最佳证据规则原本限于"文书",而录音或照相等严格地讲并不属于

---

① 李明:《最佳证据规则探索》,载《研究生法学》2009年第1期。

② 陈学权:《最佳证据规则研究》,载《上海公安高等专科学校学报》2007年第5期。

传统的"文书"范畴。此外,《美国联邦证据规则》开创性地规定将计算机的打印物或输出物视为原件。美国《加州证据法典》第 1500 条规定:"除非制定法有其他规定,不得采纳文书原件之外的其他证据证明文书的内容。"美国《法学会模范法典》第 602 条规定:"关于文书内容之证据,最佳证据法则,为证明文书之内容,除公务记录外,非有下列情形,不得容许文书本身以外之其他证据:(一)所提出之证据,足以充分支持一种认定,即文书曾经存在而非提出于审判中之文书,且如假定该文书曾经存在而非提出于审判中者,经法官认为:(1)现有若干理由无可使用,而非由于可归责于举证人之过失或不法,或(2)如命举证人提出文书,将为不公平或不适当,或(二)文书系经制定法授权于国内法或州内之公务机关予以记录,而提供之证据即系该文书公务记录之内容而为可予容许之证据者。"

英国的最佳证据规则与美国的基本相同,但也有些细微的差别,其中最显著之处体现在两个方面:第一,最佳证据规则的范围仍限于书证,而未被扩展至录音、录像等影像资料。第二,关于计算机资料的原件问题,英国法院是根据最佳证据规则的例外规定使其具有可采性,即凡是当事人能够证明其确实无法取得正本时,可以使用抄本证明原件的内容;对计算机输出文件而言,只需证明这些文件的正本在正常的业务活动中已经销毁,或者系直接输入,无须证明基础正本从未存在。这与美国《联邦证据规则》扩大对"原件"的解释而使其具有可采性的做法不太一样。

大陆法系国家对最佳证据规则在刑事诉讼中的运用基本没有作出规定,在民事诉讼中虽然有一些规定,但重视程度显然不如英美法系国家。如《德国民事诉讼法》第 435 条规定:"公文书,可以提出原本或提出经认证的缮本,但缮本在认证后须具备公文书的要件;法院也可以命令举证人提出原本,或命其说明不能提出原本的原因并释明之。举证人不服从命令时,法院依自由心证对该认证缮本具有如何的证明力,作出判断。"据此,《德国民事诉讼法》尽管原则上要求当事人提交文书的原件,但是在当事人提交复制件的情况下,法院并不是简单地以该复制件没有证据能力而不予采纳,而是由法院对其证明力自由裁量,这在很大程度上是由大陆法系国家注重实质真实的司法传统所决定的。

三、最佳证据规则的例外

设置最佳证据规则的理由,按照美国证据法学者摩根的说法,"盖文字或其他符号,如差之毫厘,其意义则可能失之千里;观察时之错误危险甚大,尤以当其在实质上对于视觉有所近似时为然。因此之故,除提出文书之原本以供检阅外,于证明文书之内容时,诈伪及类似错误之机会自必甚多"①。基于此,从最佳证据规则的目的来看,只要能够保证文书副本的准确性,副本也应具有可采性,特别当文书原本已经无法取得时,副本实际上就是可以获得的最佳证据。如《美国联邦证据规则》在第 1003 条中规定,除非(1)对原件的真实性产生了真正的疑问或(2)在有关情况下采纳复制件代替原件将会导致不公平之时,复制件与原件有同样的可采性。并在第 1004 条具体罗列了例外性规定:"在以下情况下,并不要求原件,有关书写文件、复制品或影像内容的证据具有可采性:(1)原件已经丢失或被损毁。所有的原件都已经丢失或被损毁,除非证据提出者恶意丢弃或损毁了它们。或(2)不能得到原件。通过可资利用的法院传票或司法程序得不到任何原件。或(3)原件为对方所持有。当原件处

① Edmund·M.摩根:《证据法之基本问题》,李学灯译,台湾地区"教育部"1982 年版,第 385 页。

于提供该原件所要反对的当事人的控制之下时,该当事人已通过诉状或其他方式得到通知,即该原件的内容在听审过程中将是证明对象,而该当事人在听审中不提供该原件。或(4)附属事项。书写文件、录制品或影像与关键问题没有密切联系。"结合英美法判例,最佳证据规则主要存在以下几种例外情况。

1. 对方当事人拒绝提供原始文书。若文书为对方当事人所控制,经合理通知其在审判中提出原本而未提出的,则关于文书内容的二手证据可予以采纳。

2. 第三人的合法拒绝。凡文书正本为第三人所占有,而该第三人有理由拒绝出示时,法庭可以采纳副本。第三人拒绝出示文书正本的正当理由包括:他享有保存该正本的特权,或者他不在法庭的司法管辖区内。但是,如果第三人的拒绝是不合法的,则副本不可采,因为出示正本的要求是必须执行的。在这种情况下第三人可能因藐视法庭罪或者承担由此造成的任何损失而承担责任。

3. 文书正本毁损或者丢失。当原始文书丢失或者毁损时,允许采纳二手证据来证明文书的内容。这种二手证据极有可能不如原件的证明力那么强,在某些情况下使用代替品对被告人可能被视为不那么公平,但是一般均承认在这种情况下可以免于提交文书正本。但是在适用该例外之前,举证者必须证明他已经进行了仔细的寻找,法庭必须合理地相信举证者已经尽了应有的注意。

4. 不可能出示正本。当出示正本不具有现实的可能性,例如当文书是铭刻在墓碑或墙上的铭文,或者由国外的法院保管的文件,或者法定必须永久固定于某处的告示,此时允许采纳二手证据。又如,由于文书的数量过大,或是由于与公共利益有关的业务的连续作业而循序进行,否则将产生不当的妨碍,在这些情况下出示文书正本也是不可能的,因此可以通过出示二手证据的方式来证明有关文书的内容。

5. 公共记录。当举证人所要出示的是公共记录时,可以用经证明或者盖有印签的副本来证明文书的内容。实际上,现在大多数公共文书的证明均由制定法调整,在许多情况下,出示经证明或者盖有印签的副本就符合条件。

当然,基于二手证据存在"失真"的可能性,必须对其进行必要的限制:(1)证明原件在某个时候确实曾经存在。(2)证明原件是真实的。(3)提出不能提供原件的理由,也就是证明属于原始文书规则的例外情形。(4)副本是对原本的真实复制。《美国联邦证据规则》第1003条规定,复制品可与原件在同等程度上采纳,但下列情况除外:一是对复制品是否忠实于原件产生疑问,二是以复制品替代原件采纳将导致不公正。(5)接受传闻排除规则的检验。但是,一旦二手证据具有可采性,则其可以以任何方式提交,不论是通过副本,副本的副本,还是通过对原始文书内容的口头陈述或者其他方式。通常认为,"二手证据不存在程度的问题",只要不是原始证据,不论中间经过多少次复制,其可采性不受影响。[①]

四、最佳证据规则在我国

在我国现行的三大诉讼法中,只有民事诉讼法对最佳证据规则有所涉及。该法第70条规定:"书证应当提交原件。物证应当提交原物。提交原件或者原物确有困难的,可以提交复制品、照片、副本、节录本。"不过有关的司法解释则较多地体现了最佳证据规则的一些精神。

---

① 卞建林:《证据法学》,中国政法大学出版社 2010 年版,第 124～125 页。

在民事诉讼方面,最高人民法院《关于适用〈中华人民共和国民事诉讼法〉若干问题的意见》(以下简称《民诉意见》)第78条规定:"证据材料为复制件,提供人拒不提供原件或原件线索,没有其他材料可以印证,对方当事人又不予承认的,在诉讼中不得作为认定事实的根据。"《民诉证据规定》第10条规定:"当事人向人民法院提供证据,应当提供原件或者原物。如需自己保存原件、原物或者提供原件、原物确有困难,可以提供经人民法院核对无异的复制件或者复制品。"第20条规定:"调查人员调查收集的书证,可以是原件也可以是经核对无误的副本或者复制件。是副本或者复制件的,应当在调查笔录中说明来源和取证情况。"第21条规定:"调查人员收集的物证应当是原物。被调查人员提供原物确有困难的,可以提供复制品或者照片。提供复制品或者照片的,应当在调查笔录中说明取证情况。"第22条规定:"调查人员调查收集计算机数据或者录音、录像等视听资料的,应当要求被调查人提供有关资料的原始载体。提供原始载体确有困难的,可以提供复制件。提供复制件的,调查人员应当在调查笔录中说明其来源和制作经过。"第49条规定:"对书证、物证视听资料进行质证时,当事人有权要求出示证据的原件或者原物。但有下列情况之一的除外:(一)出示原件或者原物确有困难并经人民法院准许出示复制件或者复制品的;(二)原件或者原物已不存在,但有证据证明复制件、复制品与原件或原物一致的。"第69条规定,无法与原件、原物核对的复印件、复制品,不能单独作为认定案件事实的依据。此外,最高人民法院《行诉证据规定》第11条、第12条、第40条和第71条等也作了类似的规定。

在有关刑事诉讼法律的司法解释方面也体现了最佳证据规则精神,如《刑诉法解释》第70条规定:"据以定案的物证应当是原物。原物不便搬运,不易保存,依法应当由有关部门保管、处理,或者依法应当返还的,可以拍摄、制作足以反映原物外形和特征的照片、录像、复制品。物证的照片、录像、复制品,不能反映原物的外形和特征的,不得作为定案的根据。物证的照片、录像、复制品,经与原物核对无误、经鉴定为真实或者以其他方式确认为真实的,可以作为定案的根据。"第71条规定:"据以定案的书证应当是原件。取得原件确有困难的,可以使用副本、复制件。书证有更改或者更改迹象不能作出合理解释,或者书证的副本、复制件不能反映原件及其内容的,不得作为定案的根据。书证的副本、复制件,经与原件核对无误、经鉴定为真实或者以其他方式确认为真实的,可以作为定案的根据。"《办理死刑案件证据规定》第6条、第8条也作了类似的规定。

不难看出,目前我国的相关立法主要存在以下几个问题:第一,对于最佳证据规则相关内容的规定不明确,且立法位阶过低,大多集中出现在最高人民法院的司法解释中,而在三部诉讼法中几乎没有体现;第二,最佳证据规则的范围限于书证,而我国现行规定并没有区分书证和物证,混淆了书证和物证的区别;第三,最佳证据规则相关内容在民事和行政诉讼中有较多的规定,而在刑事诉讼中的规定非常少;第四,对复制件的证明力的规定过于保守。我国的司法解释机械地规定,凡无法与原件、原物核对的复制件、复制品,均不能单独地作为认定案件事实的根据。这实际上就意味着在原件或原物丢失的情况下,即使能证明复制件或复制品的真实性,复制件或复制品的证明力也非常有限。

【引例五】 评析:在本案中,必须遵守最佳证据规则,出示这封信作为证据。

第五节　意见证据规则

一、意见证据规则的概念

意见证据(opinion evidence)是英美法系国家证据制度中的特有概念。英美法系国家将证人区分为普通证人(lay witness)与专家证人(expert witness)。并规定证人作证的一般规则是普通证人必须以口头方式出庭作证,而且必须陈述自己亲身经历的事实。即普通证人只能陈述他们所知道的第一手资料并且只能就事实提供证言,他们不可以提供意见、推论或者结论。这就是英美法上规范证人证言可采性的重要规则之一——意见证据规则(opinion evidence rule)。其基本内容是,证人有关事实的意见、信念或据此进行的推论,为证明所信事实或推论事实为真,一般不具有可采性。例如,某甲进门后,看见某乙一边擦流着血的鼻子,一边怒视某丙。那么,某甲只能如实地表述其所感知的事实,而不得就上述事实推论说:"某丙打了某乙。"——尽管事实上极有可能确实如此。对此,学者麦克威(Mckelcey)认为,证人基于直接呈现于其感官上之事实,推论系争事实存在与否,法律上称之为意见,证人本于上述推论所作的陈述,称之为意见证据。威格摩尔(Wigmore)则认为,意见在证据法上的意义,是从观察到的事实所作的推论。[①]

二、排除意见证据的理论基础

普通证人的意见证据原则上不具有可采性,其理论基础主要有以下三个方面:

其一,侵犯事实裁判者的职权。在诉讼中,从事实出发进行推理判断是承担事实审理职能的法官或陪审团的职权,如果允许普通证人提供意见证据,就相当于允许普通证人代替事实审理者在诉讼中进行推理判断,这就会侵犯事实审理者的职权,造成诉讼中的混乱。英美证据法理论将证人视为一种证据方法,其职责在于将其亲身体验的事实如实地向法庭陈述,而依据事实作出推论则是裁判者的职权,应当由陪审团或法官负责。因此,证人不能代事实裁判者行事,否则不仅会侵犯裁判者的职权,而且对后者会形成误导。台湾学者陈朴生对此进行过详细的论述,他指出:"由事实而生推测与意见之判断作用,属于事实之认定作用。此项认定作用,应由裁判官行之。证人,系依其证一言,而提供可为裁判官认定资料之客观事实,仅具有提供机能。是认定作用,并不属于证人证言机能之范围。如许证人为意见之供述,则超过证人之本来机能,进而具裁判官之机能,无异许证人代行裁判官之职权。"[②]

其二,容易产生预断或偏见。意见并非证人亲身体验,如果允许证人提供意见,其陈述的事实中往往会混杂有个人见解,则存有误导事实裁判者的危险或易使裁判者形成预断,从而影响案件的公正审判。正如台湾学者陈朴生所言:"意见,并非证人所体验者。故证人之意见与推测,在证据上并无用途,且有影响于公正事实之认定。如许证人提供意见,不特使其供述之客观的事实中混入与提供证据资料上毫无关系之物,且致立法混乱,提供意见或预

---

① 刁荣华:《比较刑事证据法各论》,台湾汉林出版社 1984 年版,第 278 页。
② 陈朴生:《刑事证据法》,台湾三民书局 1979 年版,第 297 页。

测资料之危险,有碍于真实之发现。"①

其三,就待证事实言,意见证据不具有相关性。如果待证事实属于需要专业知识的事实,普通证人的意见显然没有任何证明价值;如果待证事实属于不需要专业知识的事实,证人的意见则不具有相关性。因为假如证人所陈述的事实并不需要专业的知识即可进行推理得出结论,则案件裁判者完全可以依据其自身的经验和逻辑能力进行推理得出结论,而无须证人越俎代庖;倘若证人所陈述的事实需要专业知识,则应由专业人士(专家证人)提出意见,普通证人的意见并不具有证明价值。而且,证人作为案件事实的耳闻目睹者,身陷其中,其推理判断难以保障准确性,所谓"当局者迷",其推理判断的可信性值得怀疑。

三、意见证据排除的例外

和大多数证据规则一样,意见证据规则也存有例外情形,主要表现在以下两个方面。

1. 专家证人意见的例外。专家意见可以采纳是意见规则最重要的例外。该项例外的合理基础在于:借助其专业知识,专家有能力就特定事项表达意见,且该意见被合理地期待着可能是一种准确的认识。而且通过运用其知识和技能,该专家能够提供一定的帮助以供事实裁判者在对事实问题作出裁断时使用,缺少这些帮助,事实裁断者将无法对此作出裁断,因为根据其他相关证据对特定事项作出判断已经超出了事实裁断者的技术能力。

但这并不是说对专家意见证据没有任何限制。首先,在英美法系国家,法庭接受专家意见是以事实裁判者缺乏进行某些推论所需专业知识为前提条件的。如果没有专家意见的帮助,陪审团同样有能力予以解决,那么,即使该项问题具有一定的专业性,也可以不接受专家意见。至于是否需要专家意见,普遍认为属于法律问题,由法官负责裁断。其次,专家证言虽具可采性,但对裁判者并无强制力。证据是否具有可采性与证据是否最终被案件裁判者所采纳是两回事。由于陪审团或法官是案件事实的最后裁判者,他们完全可以根据自己的理智判断专家证人意见的证明价值,可以放弃采用专家意见,专家意见只是"仅供参考"。此外,由于一些国家的陪审团在刑事案件中有"不顾法律和事实而作无罪裁判的权利",因此即使专家意见言之凿凿,确切有理,陪审团也可以完全不顾该意见而宣告被告人无罪。再次,专家意见的提出也需要经过庭审中的交叉询问。专家证人虽然在某一领域具有专门知识或经验,但并不表示他不会犯错或者不会舞弊。而交叉询问无疑是揭露这种可能存在的错误或舞弊的最好的手段,对方当事人及其律师有权利对专家意见提出质疑,在案件裁判者面前全面审视专家意见的理由是否达到合理的确定性的要求。在交叉询问之后,法官或陪审团可以根据交叉询问的结果接受或不接受该专家意见。最后,专家必须在其特定的专业领域作证,不得对其他专业问题作证。例如兽医学方面的专家不能对人体医学方面的问题作专家意见。

2. 普通证人意见的例外。普通证人是相对专家证人而言的,亦即"非专家证人"、"外行证人"。尽管此类证人的意见证据原则上适用意见证据规则而不具有可采性,但也存在例外。其理论基础在于证人的意见和证人感验的事实之间很难截然分开。事实与意见的区别是意见证据规则的核心。在此,"事实"实际上是"对事实陈述"(statement of facts)的简称,同理,"意见"也是"对意见的陈述"的简称。虽然事实与意见之间确实存在鲜明的界限,但对

---

① 陈朴生:《刑事证据法》,台湾三民书局 1979 年版,第 297 页。

事实的陈述与对意见的陈述之间往往没有确定的界限。

之所以会出现这种现象,是因为人的感知并不仅仅是客观的接受,它还包含感知者的主观作用,在这种主观因素的作用下,感知者对由感官所得的材料进行了加工和解释。如果意见是指从事实中所得的推论,那么很难找到不包含任何意见因素的"事实"。《美国联邦证据规则》第701条规定:"如果证人不属于专家,则他以意见或者推理形式作出证词仅限于以下情况:(1)合理建立在证人的感觉之上;和(2)对清楚理解该证人的证词或确定争议中的事实有益。"根据咨询委员会的注释,该条第1款提出了一项熟悉的要求,即证言应以第一手知情或观察为基础。第2款要求普通证人的意见陈述应有助于解决争议。

归纳起来,英美法主要有以下几种例外情形:

(1)同时察觉事实(facts simultaneously perceived)。即从外观、情况、人或动物的身体状况及其他同时呈现于感觉上的不同事实,一经观察,就产生的结论而言。这样的事实,可以视为对事实的感知,所以允许作为证据。据此,像"喝醉了"、"气愤"、"沮丧"之类的描述,都可以采纳。

(2)连续察觉事实(facts successively perceived)。即对于人或事的状态所得的结合而产生的心理印象,这种心理印象,是从一连串的物理现象而来,可以视为事实的陈述,所以可以采纳。例如证人驾车距火车有20米的距离,对火车速度观察所得印象的意见陈述,被法院准许采为证据。

(3)总括陈述。有时证人在陈述各项待证事实后,如果不作一综合的结论,对陪审团认定事实仍没有帮助时,法院为使陪审团了解证言的真实意思,对其总括式的结论,也予以采纳。例如证人陈述各项事实后陈述:"公路确系安全或路旁石堆确能惊骇马匹。"且只要意见证言是适当的,证人可以就其受询问的事实,对其可能性,或然性或精确性表示其意见,这种陈述并非侵犯裁判者的职权,即使涉及裁判者决定的主要事实也是如此。

(4)印象陈述(impression)。证人对其记忆已经模糊时,法院可以允许就其记忆所涉及的印象而作陈述,但证人不得以非基于其本人观察事实的结果所得的印象,或本于其他事实所作的推测而进行陈述。

(5)外形描述。如果该意见是关于外行证人一贯能够对之形成合理可靠的意见的事物的描述,则此意见一般说来可以采纳。例如,关于汽车速度的意见,关于人的外形和重量的意见,关于颜色、声音、气味、距离的意见等。

(6)身份辨认。个人身份一般总是通过意见证言来确认的。证人可以作证他辨认出某人的面貌或声音,或者他可以根据某人的外形特征或记号或脚步声来辨认出某人。如果证人先前曾与某人交谈,或在电话中听过某人说话,他就可以作证说他认得此人的声音。在实践中,即使证人不熟悉甚至不认识说话者,也不妨碍他就曾经听到的声音和随后听到的声音进行对比、辨别。

(7)自身状况。证人可以就自己的身体或心理状况作证。例如证人可以说,"我喝了七杯啤酒,但我没有醉"或者"我一直都感觉很好,后来被告人给我吃了食物,我就病了"。证人可以就自己的感觉作证。例如在一起抢劫案中,证人可能会说他把货物交给被告人是因为他害怕如果不交的话他会遭到伤害。

四、意见证据规则在我国

意见证据规则是英美法的一项重要证据规则,在大陆法系,许多国家都没有限制证人提出意见的规定,这主要是因为大陆法系传统上一直都是主要由职业法官进行审判,而不像英美法系传统原则上应由非职业的陪审团进行审判,职业法官受证人意见影响的可能性要比陪审团小得多。随着两大法系的相互融合和借鉴,以及对抗制审判制度在全球范围的扩张,意见证据规则也越来越受到传统的大陆法系国家的重视,例如日本就在其《刑事诉讼法》中对意见证据的可采性问题进行了明确的规定,我国台湾地区的法律甚至对意见证据采取了一概排除的态度。

我国传统上采用大陆法系式的审判模式,对于意见证据规则规定较少。目前我国有关意见证据规则的规定散见于有关司法解释中,在诉讼法中则没有规定。在《办理死刑案件证据规定》第12条中规定:"证人的猜测性、评论性、推断性的证言,不能作为证据使用,但根据一般生活经验判断符合事实的除外。"《民诉证据规定》第57条规定:"证人作证时,不得使用猜测、推断或者评论性的语言。"《行诉证据规定》第46条规定:"证人应当陈述其亲历的具体事实。证人根据其经历所作的判断、推测或者评论,不能作为定案的依据。"由于我国的司法改革明显地借鉴了大量英美法系对抗制诉讼的内容,因此有必要吸收意见证据规则的合理的因素,完善我国证人作证制度。

第六节　拒证特权规则

一、拒证特权概述

所谓的"特权",顾名思义是"特殊的权利",尤指政治上、经济上在法律和制度之外的权利。而拒证特权是法律术语,又称免证特权或保密特权,是指在诉讼过程中,具有作证义务的公民在法定的情形下享有的拒绝充当证人或拒绝提供证言的权利。除非他们自动或被批准放弃这一权利,否则不能被强迫作证。其核心是证人基于其特定的身份,依法享有拒绝作证的权利或者免除其作证的权利。

通常而言,拒证特权具有以下特征:(1)证人必须具有法律上作为证人的资格。证人的资格要求必须年满一定年龄,能够辨别是非,正确表达。这是享有拒证特权的首要条件。(2)证人必须具有特定的身份或者与被告人有某种特殊的关系。例如夫妻关系、职业关系等,这是拒证特权的身份要求。只有具有这种身份关系,证人才享有拒证特权,否则,证人便具有作证的义务,拒绝作证要受到法律的制裁。(3)拒证特权制度必须由法律明确规定。对于享有此类权利的证人范围以及作证内容均采法定主义,法定范围之外的有作证能力的证人均有作证的义务。(4)拒证特权的行使并不是任意的。各国通常都规定行为人在行使该权利时应当明释其拒证理由,是否准许由法官裁定。如,英国有关法律明确规定,证人向法庭提出拒证理由后,应由法庭根据案情内容来决定是否允许证人拒绝作证。[①]

---

① 王天林:《法律与伦理的契合与冲突——以拒证特权制度为视角》,载《政法论坛》2010年第3期。

二、拒证特权规则的理论基础

多数证据规则的存在都是为了更有利于查明案件事实,如意见证据规则、传闻证据规则、最佳证据规则等,都是为了排除不可信、具有误导性的证据,从而更好地发现事实真相。但拒证特权的设立却并非为了促进事实的发现,相反,还有可能阻碍发现真相。因为拒证特权允许证人不作证会导致与案件事实有相关性和可信性的证据无法进入诉讼程序,从而影响事实的发现。正如美国学者所说:"它们排除相关证据是为了促进与准确的事实发现无关的外部政策。它们的主要目标是保护某些法庭之外的关系和利益。这些关系和利益被认为非常重要,即使使司法程序失去有用的证据也在所不惜。"①拒证特权之所以存在,是因为其存在某一特定的社会关系——比如说夫妻间的信任关系——这种关系比起单纯的查明案件事实更为重要,"两害相权取其轻"。法律需要对这种关系予以优先保护。

1. 家庭伦理。之所以赋予具有一定亲属关系的人拒证特权,"系基于信赖之关系,此种信赖之关系,应为法律所鼓励。对于此种信赖关系之损害,可能大于司法上调查真实之利益。"②"它的存在将促进现行婚姻关系的和谐,如果没有该特免权,一方配偶就可能被要求在诉讼中作证来反对另一方,从而给婚姻带来不和谐。"③否则,"不仅有害亲属间的和谐,而且如为不利亲属之证言,终为人情所不忍,强使为之,自有违反善良风俗及陈述不实之弊害"④。美国法学家萨尔斯堡在谈到证人拒证特权时也直言:美国人很珍视特权,因为我们除了审判外,还有生活中的其他价值。我们不是为了作证而是为了生活来到美国的。我们保护有特权的社会关系,是因为它们对于社会生活至关重要。因此,在法律上规定被告人不得被强迫自证其罪、特定的人享有拒绝作证权等证据规则,在某种程度上是与客观真实的要求存在矛盾,但应当视为属于客观真实的例外,是对其他社会价值进行有效保护的需要。

2. 职业道德。就律师享有的拒绝作证权而言,这种拒绝权以维护律师与其委托人信任关系为目的。律师为了当事人的利益,可以对抗国家权力、社会的压力和来自一切与当事人利益相对立的力量的侵扰。这是律师职业伦理的核心,因为一旦失去忠诚,律师与委托人之间的信赖利益就会遭到破坏,人们也就会对律师失去信任,而不愿向律师讲述事实,甚至最终导致不愿聘请律师为自己辩护,不仅被告人有权获得辩护这一宪法原则无从实现,使律师制度和辩护制度形同虚设,而且最终也不利于事实真相的发现。因此,维系这种宏观的信赖利益比单纯追求发现真实更为重要。如美国法学家乔恩·R. 华尔兹所说:"社会期望通过保守秘密来促进某种关系。社会极度重视某些关系,为捍卫保守秘密的本性,甚至不惜失去与案件结局关系重大的信息。"同样,医生——病人、神职人员——信徒之间等职业关系,也是基于疾病治疗和内心自省的需要,需要二者进行充分的交流,而有效充分的交流是建立在彼此信任的关系基础之上的,赋予其拒证特权,就是为防止对这种交流构成妨碍,从而不利

---

① Ronald J. Allen, "Richard B. Kuhns and Eleanor Swift, Evidence: Text", *Cases and Problems*, 2nd ed., 1997, p. 989.

② 李学灯:《拒绝证言权》,载《证据法论文选萃》,2004 年。

③ [美]罗纳德·J. 艾伦等:《证据法:文本、问题和案例》,张保生等译,高等教育出版社 2006 年第 3 版,第 981 页。

④ [日]松岗义正:《民事证据论》,张知本译,中国政法大学出版社 2004 年版,第 158~159 页。

于病人的治疗和信徒的自省,并进而影响到整个医疗制度和宗教制度。

3. 公共利益。赋予公务人员免证特权,是因为特定公职人员基于公务身份,所获知的信息,基于公共利益的需要,尚不便为公众所知悉。其目的不在于维护国家官员的尊严和体面,而是为了保护国家秘密不被泄露。因此,公职人员,如国家公务员、军人、外交人员、司法人员等,由于职务的原因所知悉的国家秘密或案件情况,应负有保密义务,未经其所在机关的批准,不得作证,以防止国家利益、政府利益受到损害。这项特权既是公务人员的权利,也是其应负的伦理义务。

三、拒证特权的基本类型

拒证特权有多种分类方法,按照特权的法律渊源,可以将其分为宪法特权、普通法特权和制定法特权。宪法特权如美国的反对强迫自我归罪特权具有宪法依据;普通法特权即法官通过判决形式所创设的特权,如律师——委托人特权、婚姻特权等;制定法特权是通过立法制定成文法创设的特权,如医生——患者特权,神职人员——忏悔者特权等。但最常见的分类方法是按照证人特权所保护的内容所作的分类,下面将这几种类型分别予以介绍。

1. 不被强迫自证其罪特权。作为英国证据法中的一项传统的证据规则,基于避免自证其罪而产生的拒证权的依据是一条著名的法律格言:任何人无义务控告自己(nemo tenebatur produceseipsum)。不被被迫自证其罪,是证人维护自己的人权、免受刑事追诉的危险的有力武器。在主体范围上,该原则不仅适用于被告,同样适用于证人,美国联邦最高法院1924年判决指出该修正案规定的不得自证其罪的拒证权同样适用于证人。当然,该原则只适用于自然人,不适用于法人或团体。在客体范围上,该原则仅仅保护言词证据以及具有和言词同等性质的行为,而不保护非言词性的实物证据。在该原则适用的案件范围上,既适用于审判程序也适用于审判前的证据开示程序,既适用于刑事诉讼,也适用于民事诉讼。法官如果要同意证人的拒证权主张,就必须考虑以下两个要素:一是证人的回答真的会使其遭受刑事指控等不利后果吗? 二是证人所宣称的危险是否是真实和实在的?

目前,很多国家和地区确立了不被强迫自证其罪的特权规则。《意大利刑事诉讼法》第198条规定:"证人无义务就他可能因之承担刑事责任的事实作证。"德国《刑事诉讼法》第55条规定:"每个证人均可以对如果回答后有可能给自己给第53条第1款所列亲属成员中的一员造成因为犯罪行为、违反秩序行为而受到追诉危险的那些问题,拒绝予以回答。"日本《宪法》第38条规定:"任何人都不受强迫作不利于自己的供述。"《日本刑事诉讼法》第146条规定:"任何人可以拒绝提供使自己受到刑事追诉或者受到有罪判决的证言。"联合国大会1966年通过的《公民权利和政治权利国际公约》第14条第3款亦规定:"不被强迫作不利于他自己的证言或强迫承认犯罪。"

2. 基于身份关系的拒证特权。在大陆法系的德国,婚姻关系拒证权进一步扩大至近亲属。根据《德国民事诉讼法》第383条第1款的规定,凡证人遇有以下婚姻关系或亲属关系,有权拒绝作证:其一,是当事人一方的未婚配偶的;其二,是当事人一方的配偶,包括婚姻关系已不存在的;其三,现在是或过去是当事人一方的直系血亲或直系姻亲,或三等亲以内的旁系血亲,或二等亲以内的旁系姻亲。《德国刑事诉讼法》第52条规定以下人员有权拒绝作证:被指控人的订婚人;被指控人的配偶,即使婚姻关系已不存在;被指控人现在或者曾经是直系亲属或者直系姻亲,现在或者曾经在旁系二等亲内有血缘关系或者在二等亲内有姻亲关系的人员。《日本民事诉讼法》第 280 条规定:当证人作证,其后果会造成对证人的配偶、四等亲内的血亲或二等亲内的姻亲或与证人曾有此等亲属关系的人,以及证人的监护人或受证人监护的人带来不利益时,有权拒绝作证。《日本刑事诉讼法》第 147 条规定:"任何人,都可以拒绝提供有可能使下列的人受到刑事追诉或者有罪判决的证言:(1)自己的配偶、二代以内的血亲或两代以内的姻亲,或者曾与自己有此等亲属关系的人;(2)自己的监护人、监护监督人或者保佐人;(3)由自己作为监护人、监护监督人或者保佐人的人。"《法国民事诉讼法》第 206 条规定:"一方当事人的直系血亲或姻亲或者配偶,即使已经离婚,得拒绝到庭作证。"

在亲属拒证方面,英美法系国家相对于大陆法系国家而言范围要小,主要包括配偶,而父母、子女则多不在其中。很多国家都规定了配偶拒证的婚姻特权(Marital Privilege)。一般来说,婚姻特权包括两个方面的内容:即婚内交流特权和婚姻证言特权。前者是基于防止配偶其中一方,将婚姻关系存续期间所作的交流内容拿出来作证据使用的考虑,而作出的保护性权利。后者也被称为不利婚姻事实之特权,其设立是为了保障配偶之间不被强迫作出不利于对方的证言,以避免双方处于对立的局面,从而维护婚姻关系的和谐。1999 年美国的《统一证据规则》第 5 条规定:"配偶之间的秘密交谈和婚内交谈可以不披露,有拒绝作证并阻止配偶作证的特免权。在刑事诉讼中,配偶一方有权拒绝作对对方不利的证言。"其第 504 条规定:"在刑事诉讼中,被告人的配偶享有拒绝为对被指控配偶不利的证言的特权。"另外,美国《加州证据法典》第 971 条规定:"除了成文法有其他规定,一个其配偶是参加诉讼一方的已婚人士有权不被反对方作为证人传唤,如果没有其拥有特免权的配偶的提前同意的话。除非传唤方式因不了解其婚姻状况而进行了善意传唤。"对此,法律委员会注释道:"一个已婚人士不被传唤充当不利于其配偶的证人,这个特免权有点类似于刑事案件中的被告不被传唤为证人的特免权。该特免权对于避免有害后果必不可少。"

3. 基于职业关系的拒证特权。从事某种职业的人,对因其业务而得知的他人秘密,有权拒绝作证。如《德国刑事诉讼法》规定,牧师、律师、医师及他们的辅助人员和定期刊发的新闻杂志等报道机构的发行人、编辑、印刷人等,均可对其职业秘密拒绝作证。美国联邦法院已经认可普通法和制定法规定律师对于当事人、医生及心理治疗人员对于病人、神职人员对于忏悔者、记者对于信息来源等因其业务得知的他人秘密,有拒绝作证的权利。

(1)医生——病人。医生与病人特权指病人有权拒绝透露或阻止他人透露他为治疗心理或生理疾病而与医生进行的谈话内容。按职业道德的要求,医生对自己的病人有保密的义务。这一类的职业秘密是指医生以及相类似的职业人员基于医护的需要而了解到的病人健康资料及其相关的资料。由于这些资料通常为医生的诊断和治疗所必需,所以一些国家和地区的法律赋予这些资料免于被提供为证据的权利。如《日本民事诉讼法》第 197 条规定:现任医师、药剂师、助产士或曾经任此等职务的人因在职务上所获知的应当守密的事实免受到讯问时,可拒绝提供证言。《日本刑事诉讼法》第 110 条也作了类似的规定:医师、牙科医师、助产士、护士、律师、代办人、公证人、宗教职业者或者曾经担任以上职务的人,由于受业务上的委托而得知的有关他人秘密的事实,可以拒绝提供证言。

(2)律师——当事人。该项拒证权是基于保护委托人享受专业法律服务的权利而设的。其目的是为了鼓励委托人不仅要诉说对自己有利的事实,更要诉说对自己不利的事实,只有这样律师才可为委托人提供全面的法律服务。只有当事人对律师有了信任,才可能向其倾吐案件的实情和自己的主观动因以及有关情况。根据美国《模范证据法典》的规定,律师与委托人间基于依赖关系所得知的消息,享有拒证权,并就各种术语的定义、依赖关系、多数委托人间的关系、律师为侵权行为之禁止,以及权利之限制及终止等作出了详细规定。此外,联合国大会1990年批准的《关于律师作用的基本原则》第22条也作了如下类似的规定:"各国政府应确认和尊重律师及其委托人之间在其专业关系内所有联系和磋商均属保密性的。"

(3)神职人员——教徒等。在大陆法系的成文法典中,享有特权的职业秘密的范围比较宽,除前述两种类型外,还包括其他类型的职业秘密。如《日本民事诉讼法》第197条规定,辩护人、公证人、处于或曾处于宗教、祈祷或祭司职位者获知的事实接受询问的情形,可以拒绝作证。《德国刑事诉讼法》第53条规定:神职人员对于在作为心灵感化人时,对被信赖告知或者所知悉的事项,有拒绝作证的权利。《日本刑事诉讼法》第149条和我国台湾地区"刑事诉讼法"第182条,均有类似的规定。

4. 基于公务秘密的拒证特权。基于公务秘密所产生的拒证权是现代诉讼法所广泛确认的一项权利。它是指如果公职人员所知晓的案件情况或所掌管的案件资料属于公务秘密,泄露这一秘密会招致公共利益的损害,则该公职人员享有拒绝作证的权利。包括两个方面:一是指司法裁决和仲裁裁决的由评议和法官仲裁员准备的文件,禁止作为证据,但已公布的裁决理由可以运用或采纳为证据;二是指如果保护涉及国家事项的信息文件隐私或机密的公共利益高于采纳其作为证据之利益,法院可依申请或职权责令排除有关证据。

所谓公务秘密,一般指公开后有损于国家或地区的经济、军事、文化、科技、外交、司法等方面的利益的秘密或情报,法官、陪审团对案件的评议也属公务秘密。例如,美国《模范证据法典》规定,所谓国家的秘密,系旨关于国家军事组织或计划,或有关国际之关系而言,除非法官认为非属于国家的秘密,虽证人及当事人均愿泄露,法官亦应以制止。作为公务上的消息,系指关于联邦或州内之事务,为公务员职务上的所知悉,或由公务员基于职务而从其他公务员处知悉的。此种消息,如法官认为有国会的法案,或州的制定法禁止泄露,或认为在诉讼中显露,即有害于政府的利益时,该公务员即得拒绝证言。设立该权利的目的在于维护特定的公共利益。

如日本《刑事诉讼法》第144条、第145条规定:"对公务员或者曾任公务员的人得知的事实,本人或者该公务机关声明是有关职务秘密的事项的人,非经该院承诺,内阁总理大臣或其他国务大臣或担任过此职务的人,非经内阁承诺,不得作为证人询问。但该监督官厅、众议院、参议院和内阁,除有妨碍国家重大利益的情形以外,不得拒绝承诺。"《意大利刑事诉讼法》第202条规定:"公务员、公职人员和受委托从事公共服务的人员有义务不就属于国家秘密的事实作证。"

四、特权规则在我国

拒证权的法律规定并非西方法律传统所专有,早在我国西周时期,就有"亲亲相隐"制度。它禁止亲属之间互相告诉或者作证,以保护传统的家庭伦理秩序。我国历史上对拒证特权的规定多限于亲属之间的"容隐制度"。我国对于拒证特权的系统规定,初见于1910年《大清刑事诉讼律草案》。该法效仿《日本刑事诉讼法》,第一次在我国设立了拒证权制度,到民国时期已相当完备。如1935年《中华民国刑事诉讼法》第167条规定:"证人有左列情形之一者,得拒绝证言:(1)现为或曾为被告或自诉人之配偶、五亲等内之血亲、二亲等内之姻亲或家长家属者;(2)与被告或自诉人订有婚约者;(3)与现为或曾为被告或自诉人之法定代理人,或现由或会由被告或自诉人为其法定代理人者。"第 168 条规定:"证人恐因陈述致自己或与其有前条第一项关系之人受刑事追诉或处罚者,得拒绝证言。"第 169 条规定:"证人为医师、药师、药商、助产士、宗教师、律师辩护人、公证人、会计师或其业务上佐理人,或曾任此等职务之人,就其因业务所知悉有关他人秘密之事项受询问者,除经本人允许外得拒绝证言。"

基于我国对实事求是、发现案件事实的诉讼价值目标的追求,长期以来,我国一直未规定拒证特权。在立法层面,三大诉讼法均规定证人负有无条件的作证义务,司法机关有权向有关单位和个人收集、调取证据,有关单位应当如实提供证据。如我国《刑事诉讼法》第 48 条规定:"凡是知道案件情况的人,都有作证的义务。生理上、精神上有缺陷或者年幼,不能辨别是非,不能正确表达的人,不能作证人。"第 45 条第 1 款规定:"人民法院、人民检察院和公安机关有权向有关单位和个人收集、调取证据。有关单位和个人应当如实提供证据。"第 98 条第 1 款规定:"询问证人,应当告知他应当如实地提供证据、证言和有意作伪证或者隐匿罪证要负的法律责任。"《民事诉讼法》第 70 条规定:"凡是知道案件情况的单位和个人,都有义务出庭作证,有关单位和个人不得拒绝。"可见,在我国,证人作证是证人对国家应负担的公法上的义务,凡是知道案件情况,无论该证人与当事人之间有何种亲属、职业等特殊的社会关系,均不得以此为理由而拒绝。直到 2012 年《刑事诉讼法》的修订,才规定了有限亲属拒证特权。其第 188 条规定:"经人民法院通知,证人没有正当理由不出庭作证的,人民法院可以强制其到庭,但是被告人的配偶、父母、子女除外。"从该规定可以看出,法律并没有赋予被告人的配偶、父母、子女拒绝作证特权,只是他们不被强制出庭作证,这与拒绝作证特权显然是有区别的。

在司法层面,当事人可以使用一切能揭示案件真实情况的证明方式,而人民法院对当事人出示的证据,只要符合证据的三性便予以采纳。1998 年 6 月 19 日最高人民法院发布的《最高人民法院关于民事经济审判方式改革问题的若干规定》第 28 条第 2 款规定:"与一方当事人有亲属关系的证人出具的对该当事人有利的证言不能单独作为认定案件事实的根据。"此规定也可以理解为,如果该证据不利于该当事人则可以作为定案的根据,这与夫妻间保密特权的宗旨恰好相反,亦即夫妻之间不具有拒证特权。这在 2002 年《诉讼证据规定》第 69 条、第 77 条中得到了较好的体现。第 69 条规定:"与一方当事人有亲属关系的证人出具的对该当事人有利的证言,不能单独作为认定案件事实的根据。"第 77 条规定:"证人提供的对其有亲属关系或者其他密切关系的一方当事人有利的证言,其证明力低于其他证人证言。"

第七节　补强证据规则

一、补强证据规则的概念

补强证据(corroboration)在英文中的意思是"确证、证实、进一步的证据",也就是用来肯定、支持待证证据的另一证据,亦称"佐证",与待证证据相对应,是用于增强和确认待证证据证明力的证据,起到加强待证证据证明力和担保其真实性的作用。《布莱克法律词典》是这样解释的:"补强是指通过其他证据证实或加强。""补强证据是指以具有独立来源的其他证据加强或证实某一证据的证明力(尤其在该证据需要支持时)。"[①]《元照英美法词典》的解释为:"以其他的证据确认、支持或加强某一证据的效力,或者对主要证据起支持作用的独立证据。"[②]对于补强证据规则的内涵,国内学者主要从以下几个角度加以界定:

其一,将补强证据规则界定为一种实质上的数量规则。如有学者认为:"补强规则,为数量规则之一。数量规则乃某种证据存有弱点,须与其他证据合并提出之规则,某种供述证据,须依其他证据补强之,如主要之待证事实,须有二人以上之证人或借以担保其真实性之价值。"[③]持这种观点的学者认为,设置补强证据规则的立法意图在于对那些本身在质量上缺乏应有证明价值的证据,需对其从数量上加以补强,即从数量化的角度来强化该种证据在质量上的证明价值,以此保障这类证据证明案件事实的真实可靠性。

其二,将补强证据规则作为增强、加强主要证据证明力的一种证据规则。如有学者认为:"所谓补强证据,是指用以增强另一证据证明力的证据。……开始收集到的对案情有重要意义的证据,称为'主证据',用以印证该证据真实性的其他证据,就称为'补强证据'。"[④]

其三,将补强证据规则限定为对言词证据进行补强的一种方法。例如,"所谓补强规则是指,对于那些司法经验表明虚假可能性较大的言词证据,为了防止误认或发生其他危险性,而在运用这些证明力明显薄弱的言词证据认定案情时,必须存在其他证据补强、支持其证明力的证据运用规则"[⑤]。

其四,将补强证据规则视为刑事诉讼证据规则中的一种,即把补强证据规则仅限于刑事诉讼中加以解释。例如,"补强证据规则是以直接保障口供之证明力为目的的规则。它要求仅有被告人口供不能认定其有罪,还必须附加其他证据佐证"[⑥]。

一般情况下,在对案件进行审查判断的基础上,法官在内心形成确信,并据此作出判决,这就是自由心证的基本要求。但是任何事情都有例外情况,证据补强规则就是自由心证的例外。基于保证最终被运用的供述在内容上的可靠性或是为了维护犯罪嫌疑人、被告人等的基本人权等诸多目的的考虑。法律规定在运用一些证据作为定案的唯一根据时,必须有其他证据担保其真实性以增强该证据的证明力,从而共同证明案件主要事实的目的,这样的证据就是证据补强。它通常有以下三个要素:(1)不受主证据的支配;(2)证明的事实与案件有关;(3)不是来源于待佐证的证人。[⑦]

设定证据补强规则最直接的目的,在于确保证据能以充分的证明力正确认定案件事实以惩罚犯罪、保障人权,从这一点上讲,英美法上对证据补强规则的适用对象所作的宽泛性规定是更为合理的,能够充分发挥证据补强规则的作用。证据补强规则不应仅仅限于自白

---

① *Henny Campbell Black*, *Black's Law Dictionary*, 8th ed., West Publishing Co., 2004, pp. 370～371, p. 596.

② 潘汉典、薛波:《元照英美法词典》,法律出版社 2003 年版,第 347 页。

③ 陈朴生:《刑事证据法》,台湾三民书局 1979 年版,第 534 页。

④ 崔敏:《刑事诉讼法教程》,中国人民公安大学出版社 2002 年版,第 408～409 页。

⑤ 樊崇义等:《刑事证据法原理与适用》,中国人民公安大学出版社 2001 年版,第 148 页。

⑥ 汪建成、孙远:《刑事诉讼中口供规则体系论纲》,载《北京大学学报》2002 年第 2 期。

⑦ 曾庆敏:《刑事诉讼法学词典》,上海辞书出版社 1992 年版,第 427 页。

的补强,还应该将一些证明力不足的证据纳入补强对象中来。基于此,可将补强证据规则划分为口供补强规则(或自白补强规则)、其他言词证据补强规则、非言词证据的补强规则三种类型。

二、补强证据规则的理论基础

补强证据与主证据一样,都是证明案件主要事实的证据。补强证据的作用是为了增强或担保主证据的证明力,以克服主证据自身缺陷,以确保主证据证明案件主要事实的真实性。

1. 防止误判说。该说认为,自白补强规则是在获取自白的程序合法即自白因不适用非法证据排除规则和自白任意性法则而具有证据能力基础上解决自白的实质真实性问题。因为即使被告人作出的具有任意性的自白,也可能由于被告人的不同心理动机而虚假,而审判人员一般又倾向于相信自白,所以,如果单凭自白即可作出有罪判决,将很有可能因为虚假的自白而导致误判。陈朴生教授亦认为:"补强法则,系防止偏重自白而生误判之危险之政策的立场,对于自白之证据价值加以限制,禁止自白为有罪判决的唯一根据。"[①]美国联邦最高法院也认为,自白补强规则是为了防止仅仅基于不真实的自白而错误地认定被告人有罪。

2. 违法排除说。该说认为,证据补强规则之所以需要是因为如果仅据被告自白加以定案,会导致各种各样违反程序法来取得被告自白的情形发生。因此,要求补强可以间接地促进侦查人员减少违法收集证据的可能性。例如,据美国法律规定,逮捕犯罪嫌疑人后应将其立即移送至法官面前,但往往侦查机关更愿意将其囚禁讯问而取得供述。诸如此类的违法取得被告自白事件的发生必然会导致对法律程序的蔑视和践踏。

3. 人权保障说。该说认为,被告有沉默权这一基本的人权,如果仅仅依据被告自白就认定被告有罪,势必导致在司法实践中侦查机关会想方设法地获得被告的自白,如各种强迫自白、诱骗自白的现象屡禁不止,结果必然会有大量侵犯被告的基本人权的事情发生。该说的理论立足点在于保障人权,认为如果法律明文规定对诸如被告自白这样明显证据力薄弱的证据规定要有其他证据对之补强,则侵犯人权的现象也会大量减少。

需要指出的是,在刑事诉讼中,证据补强规则和自白任意性规则之间的关系。我们知道,自白任意性规则是关于证据资格的证据规则,它直接有助于保障被告的人权。而证据补强规则是针对合法取得的被告自白而言的,所以,似乎证据补强规则只与证据的证明力有关,并不涉及人权保障的问题。可是,在司法实践中,控辩双方对刑讯取得的"自白"面临的最现实的问题是举证困难,某种程度上似乎是不太可能的。如此一来,唯有证据补强规则这一"形式主义"要求针对只有被告"自白"时必须有证据加以补强,从而实实在在地充当了被告的护身符。事实上,正是因为这一证据规则的存在,使得侦查机关在没有其他证据的前提下也不会一味以刑讯突破被告口供,最大限度地保障了被告的人权。

三、域外补强证据规则的立法例

证据补强规则发端于英国法律,在成文法与普通法中都有较多的体现。英国成文法对证据补强规则的规定散见于几部单行法律对几种罪行的规定之中,它要求在这几类犯罪中

---

① 陈朴生:《刑事证据法》,台湾三民书局 1979 年版,第 336 页。

的证人证言必须要有补强证据才能定罪,否则被告人应该被宣判无罪。具体规定的罪名有:(1)伪证罪。1911 年的《伪证罪法》第 13 条规定:被告人不得仅依一个证人的证词而被判作伪证或是教唆作伪证。这条规定存在的历史原因是最初伪证罪是由皇室法院审判,它常常要求在审判中有两个以上的证人。(2)超速行驶罪。1984 年的《道路交通管理法》第 89 条规定:如果只有一个证人作证被告超速行驶,则被告人不得被认定有罪。但是如果警察出示速度记录仪的数据显示被告超速行驶的话,则被告将会被判有罪。在这种情况下,速度记录仪的数据是物质性的一种数据,而非言词证据,即使速度记录仪不准确,也不要求有补强证据。(3)引诱卖淫罪。1956 年的《性犯罪法》第 2 条至第 4 条、第 22 条,第 23 条规定:除非不利于被告人的证人证言经过其他证据补强,否则被告人不得依此证人的证言被判引诱妇女卖淫罪。(4)假冒他人罪。1949 年的《公民法》第 146 条规定:判决被告人假冒他人必须要有两人以上的证词。(5)未成年人未经宣誓的证词。关于未成年人未经宣誓的证词的补强规则规定于 1933 年的《未成年人法》第 38 条第 1 款中。法律允许当未成年人有足够的智力来理解讲真话的责任时,未成年人可以不经宣誓而作证,但是这个证据不足以用作判定被告人有罪,除非它经过其他实质性的证据所补强。

英国判例法对证据补强规则的规定主要体现在对几类证人证词的补强要求上,即共犯的证词、性犯罪中受害方的证词和未成年人的证词在作为对被告人不利的唯一证据时,必须要有补强证据予以补强。

美国的证据补强规则深受英国法律的影响,但是较之简要和严格。概括起来,美国法律大致包括以下三个方面的内容:(1)对于特殊犯罪行为如叛逆罪、伪证罪、性犯罪、共同犯罪等的证明,除主要证据外必须依靠其他补强证据。(2)只有被告人的自白而没有其他补强证据,不能仅凭此而对被告人定罪,此处被告人自白是指庭外的自白,从法律规定上看,法庭审理过程中的自白并不需要其他证据的补强。(3)补强证据必须具有关联性,通常包括两种含义:"第一是实质性关联,即补强证据与主体证据必须作用于相同的对象,两者之间在证明力上,保持着加强和被加强的关联性;第二是形式性关联,即补强证据本身应当具有独立的证据价值,补强证据并不形成于被补强的证据,并且能够在证据力上对主体证据产生补充或增强的作用,两者之间形成证据力上的相互联系。"[1]

在大陆法系国家,德国法律并没有直接规定证据补强规则,但司法实践中也不会仅凭自白定罪。在日本,由于刑事诉讼制度在二战后深受美国法的影响,在证据法领域吸收了英美法的许多做法,在法律上直接规定了单凭自白不能认定被告人有罪,将补强规则纳入证据规则体系中。如日本《宪法》第 38 条第 3 款规定:"任何人在对自己不利的唯一证据是其本人的自白之情形下,不得被认定有罪,或被科以刑罚。"[2]《日本刑事诉讼法》第 319 条第 2 款有进一步的明确要求:"不论是否被告人在公审庭上的自白,当该自白是对其本人不利的唯一证据时,不得认定被告人有罪。"第 3 款也规定:"被告人自认有罪时,与第 2 款同理。"明确规定了被告人自白补强规则。《日本刑事诉讼法》规定:"补强规则仅仅适用于被告人自白这一种供述证据,而未规定被告人自白之外的其他言词证据需要补强证据对其真实性进行担保。其立法理由是,一般证言可以通过交叉询问担保其具有某种程度的真实性。而自白采为证

---

① 陈浩然:《证据法原理》,华东理工大学出版社 2002 年版,第 331 页。

② [日]芦部信喜:《宪法》,林来梵等译,北京大学出版社 2006 年版,第 220 页。

据,对自白的虚伪或真假,并没有设立交叉询问的制度,所以用补强证据来担保其真实性。"①我国台湾地区"刑事诉讼法"第156条也规定:"被告之自白,不得作为有罪判决之唯一证据,乃应调查其他必要之证据,以察其是否与事实相符。"此条规定了仅凭被告人自白不能单独定案的口供补强证据规则。

四、补强证据规则在我国

我国《刑事诉讼法》第53条规定:"对一切案件的判处都要重证据,重调查研究,不轻信口供。只有被告人供述,没有其他证据的,不能认定被告人有罪和处以刑罚;没有被告人供述,证据确实、充分的,可以认定被告人有罪和处以刑罚。"这一规定虽然还不太完备,许多细节性的东西还未规定在其中,但实质上即是要求当被告人的供述为其唯一之有罪证据时,必须要有其他的证据予以补强,否则不能据此定罪判刑。这实际上在我国刑事诉讼中确立了被告人供述的补强规则。我国《民事诉讼法》第75条规定:"人民法院对当事人的陈述,应当结合本案的其他证据,审查确定能否作为认定事实的根据。当事人拒绝陈述的,不影响人民法院根据证据认定案件事实。"此条款虽然没有明确规定补强证据规则,但是包含仅凭当事人陈述不能认定案件事实的内容。学术界普遍认为此条是民事诉讼法中的补强证据规则。

除了《刑事诉讼法》与《民事诉讼法》的上述规定外,最高人民法院颁布的相关司法解释中,也规定了补强证据规则:《最高人民法院关于民事经济审判方式改革问题的若干规定》第28条规定:"下列证据,不能单独作为认定案件事实的依据:(1)未成年人所作的与其年龄和智力状况不相当的证言;(2)与一方当事人有亲属关系的证人出具的对该当事人有利的证言;(3)没有其他证据印证并有疑点的视听资料;(4)无法与原件、原物核对的复印件、复制品。"《行诉证据规定》第71条规定:"下列证据不能单独作为定案依据:(1)未成年人所作的与其年龄和智力状况不相适应的证言;(2)与一方当事人有亲属关系或者其他密切关系的证人所作的对该当事人有利的证言,或者与一方当事人有不利关系的证人所作的对该当事人不利的证言;(3)应当出庭作证而无正当理由不出庭作证的证人证言;(4)难以识别是否经过修改的视听资料;(5)无法与原件、原物核对的复制件或者复制品;(6)经一方当事人或者他人改动,对方当事人不予认可的证据材料;(7)其他不能单独作为定案依据的证据材料。"《民诉证据规定》第69条规定:"下列证据不能单独作为认定案件事实的依据:(1)未成年人所作的与其年龄和智力状况不相当的证言;(2)与一方当事人或者其代理人有利害关系的证人出具的证言;(3)存有疑点的视听资料;(4)无法与原件、原物核对的复印件、复制品;(5)无正当理由未出庭作证的证人证言。"鉴于刑事证据比民事证据的要求更高,同时考虑到上述几种证据都是证明力比较薄弱的证据,仅凭这种证据认定案件事实,其误认的危险性相当大。因此,在刑事诉讼中,如果仅有上述几种证据之一时,也是不能单独作为定案根据的。

以上司法解释尽管对于补强证据作了较为详细的规定,但囿于司法解释本身的局限性,不可避免地存在以下几个方面的问题:(1)证据补强规则的对象明确只针对被告人供述,其效力范围不涉及其他证明力较弱的言词证据或非言词证据。(2)哪些证据可以作为补强证据没有明确,补强证据的界定太过宽泛,难以把握。(3)证据补强规则是仅仅针对法庭内的被告人供述还是同时适用法庭外的被告人供述?(4)证据补强规则保障程序欠缺,证据补强

---

① 陈朴生:《刑事证据法》,台湾三民书局1979年版,第534~535页。

规则保障程序欠缺容易导致证据补强规则实际适用的缺位和适用过程中发生扭曲,使得制度的效果与设计的目的发生背离。

【引例一】 评析:在本章的引例一中:(1)对于口供,原则上应由控方来证明所提出的证据具合法性。如果不能证明或是违反了自白任意性规则,则应予以排除。当然,如果只有口供,没有其他证据,基于口供补强规则,也不可据此认定刘涌故意杀人罪名成立。至于作案工具,基于它是"毒树之果",且是物证,目前我国主流观点认为不应排除。(2)证人张三的转述属于传闻证据,应予排除。(3)证人王五的证言属于意见证据,应予排除,且基于特权规则,王五应被赋予作证豁免权。(4)证人赵六的证言属于品格证据,因不具相关性,应予排除。(5)监控录像复制件非最佳证据,原则上应予排除。但如果原件丢失无过错,且复制件真实性有保障,也可作为最佳证据的例外。

❋ 思考题

1. 证据规则在证据法中的意义是什么?它与基本原则之间有何关系?

2. 如何理解证据的相关性规则?它与证据的可采性规则之间有何关系?

3. 非法证据排除规则中的"非法证据"如何界定?其在排除过程中证明责任如何分配?

4. 传闻证据规则在我国是否有其适用的空间?为什么?

5. 最佳证据规则的内容是什么?如何完善我国的最佳证据规则?

6. 意见证据为何要排除?如何完善我国的意见证据规则?

7. 我国是否需要建立拒证特权规则?为什么?

8. 补强证据规则与自由心证原则之间的关系是什么?如何理解补强证据的适用范围和证明标准?

❋ 司法考试真题链接

1. 某公司被盗手提电脑一台,侦查人员怀疑是王某所为,王某一开始不承认,但后来经过刑讯承认了盗窃事实,并供述已将电脑卖给刘某,同时还说他之所以拿公司的电脑是因为公司拖欠了他6个月的工资。侦查人员找到刘某后,刘某说电脑又倒卖给了秦某。秦某起初不承认,侦查人员威胁他:"如果不承认就按共同盗窃论罪!"秦某害怕,承认了购买电脑一事,并交出了电脑。此案中下列哪些证据不能作为定案的根据?(2003年)

A. 王某承认盗窃事实的供述 B. 王某有关公司拖欠他工资的辩解

C. 秦某的证言 D. 手提电脑

2. 在杨某被控故意杀人案的审理中,公诉人出示了死者女儿高某(小学生,9岁)的证言。高某证称,杨某系其表哥,案发当晚,她看到杨某举刀杀害其父。下列哪一选项是正确

的？（2007 年）

A. 因高某年幼，其证言不能作为证据出示

B. 因高某对所证事实具有辨别能力，其证言可以作为证据出示

C. 高某必须到庭作证，否则其证言不能作为证据出示

D. 高某与案件有利害关系，其证言不可以作为定案的根据

3. 关于补强证据，下列哪一说法是正确的？（2012 年）

A. 应当具有证据能力　　　　　　B. 可以和被补强证据来源相同

C. 对整个待证事实有证明作用　　D. 应当是物证或者书证

4. 法庭审理一起盗窃案。辩护律师出示、宣读了一份其本人在审查起诉阶段向证人王某调查的谈话笔录，证明盗窃案件发生时，被告人与证人王某在一起看电视，没有作案时间。公诉人对谈话笔录提出了质证意见。下列缺乏法律依据的质证意见是：（2004 年）

A. 此谈话笔录仅由辩护人与证人两人谈话形成，不合法

B. 此谈话笔录只有证人王某签字而没有按手印，无效

C. 此谈话笔录在王某家中形成，不合法

D. 辩护人找王某调查未经办案机关批准，不合法

第三编

证明论

第八章 证明的概述

【引例一】 山东烟台,一个车队队长张三和司机李四是一对好朋友,因借款起纠纷。张三到法院起诉李四,要求其归还借款人民币 3000 万元。在法庭上,张三出示李四出具的借款 3000 万的借条一张,李四承认是自己写的,但写错了,实际上只借了 3000 元。

请问:对此案件中的借款事实应当进行严格证明还是自由证明?

第一节 证明的概念

一、证明的概念

在日常生活中,"证明"主要有两种含义:一是作为名词使用,如证明书或证明信。"证明"实际上就是"证据",即特殊的书面证据。换言之,特殊的书面证据有时也称为"证明"。二是作为动词使用,是指"用可靠的材料来表明或断定人或事物的真实性",重在论证的过程。证明作为"名词"使用,在诉讼法中也比较常见,如《刑事诉讼法》第 128 条规定:"侦查人员执行勘验、检查,必须持有人民检察院或者公安机关的证明文件。"第 161 条规定:"在侦查过程中,发现不应对犯罪嫌疑人追究刑事责任的,应当撤销案件;犯罪嫌疑人已被逮捕的,应当立即释放,发给释放证明,并且通知原批准逮捕的人民检察院。"这里的证明都是指的一种证明文件,而非证明过程。证明在诉讼法或证据法中作为动词使用时,有其特定的含义。诉讼意义上的证明,是指诉讼主体在诉讼过程中,按照法定的程序和标准,查明案件事实,论证自己诉讼主张的过程。

在诉讼中,证明究竟存在于哪个阶段还有一些争议。一般认为,在行政和民事诉讼中,证明只存在于审判阶段。在刑事诉讼中,有的观点认为也只存在于审判阶段,有的观点则认为立案、侦查、起诉和审判等整个诉讼过程中都应当存在证明。在英美法系国家,证据理论通常认为证明仅限于审判阶段,证明就是双方当事人在法庭上运用证据说服法官确认己方主张的过程。有的国家则有不同的观点,如《俄罗斯联邦刑事诉讼法典》第 85 条规定:"证明是指为确认本法典第 73 条所列的情况而收集、审查和评定证据",从而认为整个刑事诉讼过程中诉讼主体实施的证据收集、审查和判断活动均应纳入证明的范畴。

在我国,有学者认为,《刑事诉讼法》第 50 条规定:"审判人员、检察人员、侦查人员必须依照法定程序,收集能够证实犯罪嫌疑人、被告人有罪或者无罪、犯罪情节轻重的各种证据。"《刑事诉讼法》第 114 条规定:"公安机关经过侦查,对有证据证明有犯罪事实的案件,应当进行预审,对收集、调取的证据材料予以核实。"第79条规定:"对有证据证明有犯罪事实,可能判处徒刑以上刑罚的犯罪嫌疑人、被告人,采取取保候审尚不足以防止发生下列社会危险性的,应当予以逮捕。"根据这些规定认为,我国刑事诉讼法的各个阶段都存在证明,而且证明在司法实践中也广泛使用于诉讼各个阶段。我们认为,具有法律意义的证明应当是包括各种证明要素的一种证明,它包括举证、质证和认证的环节,包括特定的证明主体、证明对象,有明确的证明责任的分配,有证明标准的要求,因此,只有在审判阶段,才具备这些证明要素。而立案、侦查和审查起诉则只是对法律规定条件的一种判断适用,我们不认为这是严格法律意义上的证明。

与日常生活中的"证明"相比,法律意义上的"证明"不指任何形式的证据。证明和证据是两个有联系但含义完全不同的概念,两者不可混用。比如说,一个人在法庭上拿出一个书证,他不能说"这是我的证明",而只能说"这是我的证据"。法律意义上的"证明"是指司法人员或司法活动参与者运用证据证实或明确争议案件事实的活动。

二、证明的特征

与一般的证明相比,法律意义上的证明(以下简称证明)具有以下特征:

1. 证明的主体是法定的,即法律规定在诉讼中承担证明责任的诉讼主体才是证明主体。英美法系一般认为,只有承担证明责任的双方当事人才是证明主体;而大陆法系国家基于其职权主义传统,往往授权法官调查、收集证据的责任。但这种责任与证明责任是有区别的,最多只是一种行为责任,不会承担如当事人那样败诉的结果责任。因此,严格说来,法官不是证明主体。我国有些学者认为侦查机关、检察机关和人民法院都是证明主体,因为它们在刑事诉讼中都是按法律规定的职责,在各自的职权范围内进行调查收集证据的。[①] 我们认为,不承担证明责任的诉讼参与人不是证明主体。公安机关虽然承担调查取证的责任,但由于其不承担证明被告人有罪的证明责任,所以,公安机关不属于证明主体。人民法院的职责是审查、核实证据,进而作出公平、公正的裁决,其不承担证明被告人有罪的责任,因此,人民法院也不属于证明主体。我们认为证明主体应当是在诉讼中承担一定证明责任、与案件有直接的利害关系并需要用证据来证明自己诉讼主张的诉讼主体。因此,参与诉讼的鉴定人、证人、翻译人员、辩护人和诉讼代理人都不是证明主体。

2. 证明的对象是在诉讼中需要由证明主体运用证据证明的案件事实,又称待证事实。这种待证事实主要是涉及案件的由实体法律规定的构成要件事实以及诉讼中的程序性事实和证据事实。需要明确的是,待证事实是法院在审理过程必须查明并作出认定的事实,它与客观事实是有差异的,即使待证事实被法院认定也可能与客观事实不同。证明对象基本上是由法律明确规定的,法律不仅规定了必须要用证据加以证明的事实,同时也规定了一些免证事实,如众所周知的事实、自然规律及定理等。

3. 证明所运用的证据是法定的证据。法律一般都明确规定了证据的种类、证据资格以及证明力等。比如我国《民事诉讼法》第63条、《行政诉讼法》第31条和《刑事诉讼法》第48条就证据种类作出了明确的规定。就证据资格而言,相关司法解释也作了规定,如《最高人民法院关于民事诉讼证据的若干规定》(以下简称《民诉证据规定》)第68条规定:"以侵害他

---

① 陈光中:《证据法学》,法律出版社2011年版,第283页。

人合法权益或者违反法律禁止性规定的方法取得的证据,不能作为认定案件事实的依据。"《最高人民法院关于行政诉讼证据若干问题的规定》(以下简称《行诉证据规定》)第58条规定:"以违反法律禁止性规定或者侵犯他人合法权益的方法取得的证据,不能作为认定案件事实的依据。"最高人民法院关于适用《中华人民共和国刑事诉讼法》的解释第102条规定:"经审理,确认或者不能排除存在刑事诉讼法第五十四条规定的以非法方法收集证据情形的,对有关证据应当排除。"《最高人民法院关于民事诉讼证据的若干规定》(以下简称《民诉证据规定》)第77条、《最高人民法院关于行政诉讼证据若干问题的规定》(以下简称《行诉证据规定》)第63条等,则就有关证据的证明力作出了明确的规定。

4. 证明必须遵守法定的程序。我国三大诉讼法及有关司法解释均要求诉讼证明必须遵循有关证据的收集、提供、展示和审查判断等程序的具体规定和要求。如果不遵守法定程序就可能受到程序性制裁,如我国相关法律规定以违反法定程序或者法律禁止性规定或者侵犯他人合法权益的方法取得的证据,不能作为认定案件事实的依据。我国《民事诉讼法》第64条规定,人民法院应当按照法定程序,全面地、客观地审查核实证据。我国《刑事诉讼法》第50条规定,审判人员、检察人员、侦查人员必须依照法定程序,收集能够证实犯罪嫌疑人、被告人有罪或者无罪、犯罪情节轻重的各种证据。《最高人民法院关于民事诉讼证据的若干规定》(以下简称《民诉证据规定》)第64条规定,审判人员应当依照法定程序,全面、客观地审核证据,依据法律的规定,遵循法官职业道德,运用逻辑推理和日常生活经验,对证据有无证明力和证明力的大小独立进行判断,并公开判断的理由和结果。

5. 法律对证明设定一定的标准。我国现行三大诉讼要求证明标准是"案件事实清楚,证据确实、充分"。但是,由于三大诉讼的功能不同,各自的证明标准也有不同。根据《最高人民法院关于民事诉讼证据的若干规定》(以下简称《民诉证据规定》)第73条的规定,民事诉讼采取的是"优势证据"的证明标准。根据《刑事诉讼法》第53条的规定,刑事诉讼的证明标准应是"排除合理怀疑"。而行政诉讼的证明标准高于民事诉讼高度盖然性证明标准,而低于刑事诉讼排除合理怀疑标准,是清楚而有说服力的标准。

第二节 证明的意义

证明在三大诉讼活动中占有重要地位,是整个诉讼活动的灵魂和主轴。诉讼活动的全部过程包括事实认定和法律适用两个部分,而事实认定是前提和基础。证明是查明案件事实的基本手段和方法,因此,证明对诉讼活动的顺利具有重要意义。

1. 证明是发现案件真实情况的基本方法

证明的含义之一则是用证据来表明或断定人或事物的真实性,这对事先的不认知或不了解案件事实的法官而言,证明活动则是其发现事实真相的基本方法。法官查明案件事实主要依靠当事人(控辩)双方的活动,没有当事人的证明活动,仅靠法官直接收集证据,不仅会影响程序的公正性,而且有可能偏离案件事实的方向,造成案件事实的认定出现偏差。司法证明既非科学上的证明,也不是随意证明,而是按照法定程序、方法、程度、标准以及对象进行的证明以获得事实真相的活动。因此,证明是证据对案件事实发挥作用的基本渠道,也是法院发现事实真相最为可靠的方法。

2. 证明是利用证据判明案件事实的主要途径

证明是整个诉讼活动的中心环节,也是查明案件事实的前提条件。诉讼制度之所以采用证明这种手段来查明案件事实,是因为它具有通过诉讼程序查明案件事实真相的功能。查明案件的主要途径也就是证明。同时,证据是静态的,它需要靠动态的证明来推动。动态的证明又是依靠调动当事人(控辩)双方积极主动地提供证据来进行的,证明具有使静态的证据活起来的作用。因此,法院利用证据来判明案件事实必然依赖证明来完成,证明也就成为证据裁判的主要途径。

3. 证明是消解双方当事人矛盾并提升司法权威的过程

双方当事人进入诉讼程序,无论是刑事程序还是民事、行政程序,都是双方当事人的冲突到了一定程度难以私下解决或不能私下解决才作出的选择。在诉讼中,证明主体通过在法庭上提交证据证明自己的主张,并接受对方的质证,可以清楚地知道自己的主张被接受的可能性及接受程度。证明过程就是明确争点并说服对方同时也是说服自己的过程,双方可能在各自的证明过程中消解存在的矛盾。即使不能在证明过程完全消除矛盾,只要法律充分保障了双方当事人在证明过程中平等的权利,提供公平的举证机会,即使一方因不能及时地提供证据履行自己的证明责任而导致败诉,也会服从法院的判决,从而提升司法的权威。

4. 证明是体现诉讼价值的重要方式

诉讼价值包括公正、效益、平等及人权等多方面的价值。诉讼历史表明,要在诉讼中获得公正必然要实行证据裁判主义,即在诉讼中根据证据对案件事实进行证明,同时还要履行严格的法定程序。否则,不仅不能获得公正,更可能制造冤假错案。证明过程的合理公平才能达到查明案件客观真实、满足公正审判的现实需要。证明也能满足人们对效益价值的需要,从证据制度本身来看,通过完善证据制度,可以防止重复举证、拖延诉讼,还可以限制对证据的自由取舍,避免使用证据的随意性和盲目性。而在各种达到真相的方式中,如占卦、猜测以及诉讼证明等多种方式,诉讼证明是付出成本最小、最容易达致真相的一种方式。同时,证明也能体现平等,诉讼证明要求双方当事人地位平等,平等举证、质证,并承担同样的法律责任。证明也是保障人权的需要。尊重人权是一项重要的国际准则,是社会向前发展的必然趋势,也是现代诉讼的重要特征。现代诉讼证明否定非法取证、违反法定程序收集证据、审查判断证据,保障证据的真实性和合法性,并以此遏制诉讼中侵犯人权的非法行为,使诉讼参与人的合法权益获得保障。

第三节　证明的分类

一、刑事诉讼证明、民事诉讼证明和行政诉讼证明

这是依据诉讼证明所在诉讼程序的不同而作出的分类。这是我国证据法学中的惯常分类。民事诉讼证明、行政诉讼证明和刑事诉讼证明均属于诉讼证明,因而三者都有一些共同的问题需要探讨。例如诉讼证明的目的、证据的种类、证据的资格和证明力、证明对象、证明标准、证明责任、证明诉讼等问题。同时,三种诉讼也存在一些相同的证据规则,如相关证据规则、非法证据排除规则、意见证据规则等证据规则。

但是,由于民事诉讼、行政诉讼和刑事诉讼解决的案件或纠纷在性质上不同,因此,三种诉讼在具体的制度及规则上又有所不同,主要体现在证据种类、证明责任、证明对象、证明手段及方法和证明程序上:

第一,法律规定的证据种类有所不同。在我国三大诉讼法中,书证、物证、视听资料、证人证言、鉴定意见和勘验笔录为三大诉讼共同的证据种类。不同的是,行政诉讼中规定了"现场笔录",民事和刑事诉讼法则没有规定。因为行政机关在现场执法时,需要做现场笔录,这种证据有助于查明其执法行为的合法性。而刑事侦查机关的现场执法笔录则被其他证据所取代,如勘验、检查笔录、搜查扣押笔录等。民事纠纷中则不存在一方当事人执法的问题,因而也没有现场笔录。此外,在刑事诉讼法中,将民事诉讼法和行政诉讼法中的"当事人陈述"分解为"被害人陈述"和"犯罪嫌疑人、被告人供述和辩解",也规定了"辨认、侦查实验等笔录"。另外,新《刑事诉讼法》、《民事诉讼法》把"电子数据"作为一种证据,而《行政诉讼法》目前暂时未能将"电子数据"作为一类证据种类。

第二,证明对象不同。所谓证明对象,是指需要依据证据来证明的案件事实。总的来看,三种诉讼的证明对象都包括实体法事实、程序法事实和证据法事实。但具体来看,三种诉讼所要证明的实体法事实和程序法事实又有所不同。如以实体法事实为例,民事诉讼的证明对象,主要包括能够引起民事法律关系产生、变更或消灭的事实。行政诉讼的证明对象,主要是与被诉具体行政行为合法性有关的案件事实。刑事诉讼的证明对象,主要是刑法规范中有关犯罪行为构成要件事实以及与量刑情节有关的事实。同时,有关免证事实也有所不同,如当事人自认的事实,在民事诉讼、行政诉讼和刑事诉讼中能否成为免证事实,就存在着区别。

第三,证明标准不同。目前,我国三大诉讼法所规定的证明标准均为"案件事实清楚,证据确实、充分",但这一标准近年来在学界受到了广泛的批评。相关的司法解释对证明标准作了一定的调整。如《办理死刑案件证据规定》对死刑案件的证明标准进行了进一步细化。《民诉证据规定》第73条则规定:"双方当事人对同一事实分别举出相反的证据,但都没有足够的依据否定对方证据的,人民法院应当结合案件情况,判断一方提供证据的证明力是否明显大于另一方提供证据的证明力,并对证明力较大的证据予以确认。"这显然是在民事诉讼中确定了"优势证据"标准,它比刑事诉讼中的"案件事实清楚,证据确实充分"即排除合理怀疑的证明标准要低。理论上一般认为,三种诉讼证明标准中,刑事诉讼中的"构成犯罪"的证明标准应当最高,要求达到确定无疑,得出的结论应当具有唯一性,以免错误认定案件事实,导致冤假错案,给被告人的人身、财产权利带来无可挽回的损失。而民事诉讼主要是在平等主体之间发生的争议,其结果虽然也涉及诉讼主体的人身权和财产权,但民事诉讼涉及当事人的相关损失相对而言不如刑事诉讼对当事人权利影响那么巨大,因而,其证明标准也无须如刑事诉讼那么严格,它的证明标准要低于刑事证明标准。行政诉讼主要涉及执法机关的执法行为的合法性,一般认为其证明标准介于刑事证明标准与民事证明标准之间。

第四,证明责任的承担主体不同。在民事诉讼中,一般情况下,证明责任由提出诉讼主张的当事人承担,特殊情况下是由对方当事人承担,如法律明确规定的举证责任倒置的情况下由被告承担证明责任。在行政诉讼中,证明责任由作为被告的行政机关或法律明确授权的组织承担,原告一般不承担证明责任。刑事诉讼中,公诉案件中被告人有罪的证明责任由人民检察院承担,自诉案件中被告人有罪的证明责任由自诉人承担。只有在特定情况下,被告人才承担证明责任。如巨额财产来源不明罪或非法持有国家绝密、机密文件、资料、物品罪,都要求涉案被告人承担一定的证明责任。

第五,证明的程序不同。证明程序是诉讼程序的一个有机组成部分,与诉讼程序具有一致性。三种诉讼程序在一般性的证明程序上是相同的,如都要进行举证、质证和认证程序。但在一些具体的证明程序上仍有较大的区别,如民事诉讼程序中要求有举证时效以及相应的证据交换程序,在证明程序中应当遵循处分原则。行政诉讼特有的证明程序则是被告在诉讼过程中不得自行向原告和证人等调查收集证据。而刑事诉讼法明确规定了证据的合法性调查程序。《刑事诉讼法》第 56 条规定:"法庭审理过程中,审判人员认为可能存在本法第五十四条规定的以非法方法收集证据情形的,应当对证据收集的合法性进行法庭调查。"第57 条规定:"在对证据收集的合法性进行法庭调查的过程中,人民检察院应当对证据收集的合法性加以证明。现有证据材料不能证明证据收集的合法性的,人民检察院可以提请人民法院通知有关侦查人员或者其他人员出庭说明情况;人民法院可以通知有关侦查人员或者其他人员出庭说明情况。有关侦查人员或者其他人员也可以要求出庭说明情况。经人民法院通知,有关人员应当出庭。"

二、严格证明和自由证明

在外国证据法学中,以是否利用法定的证据方法并且是否经过法定的正式的证据调查程序为标准,将诉讼证明分为严格证明和自由证明。这两个概念原本是德国刑事诉讼法学中的一对范畴,后由学者引入日本以及我国台湾地区。所谓严格证明,是指运用法定的证据种类并且经过正式证据调查程序所作出的证明。所谓自由证明,是指无须运用法定的证据种类并且无须通过正式的证据调查程序作出的证明。只有在法律有明文规定时,才适用自由证明;如果法律没有关于适用自由证明的明文规定,则推定适用严格证明。

必须严格证明的事项主要是符合实体法规范的构成要件的案件事实。比如,刑事诉讼中,必须严格证明的事项主要是以被告人的罪责为基础的实体法上的事实,即犯罪事实和不存在违法阻却事由、责任阻却事由的事实。通说认为,量刑情节只需要自由证明即可,但对于加重被告人刑罚情节事由则倾向于严格证明。

可以自由证明的事项主要是诉讼法上的事实亦即诉讼程序事项。依德国通说,法官依职权调查的事实、无须言词辩论的程序事实、官署报告书等均得为自由证明。诉讼法上的事实包括:(1)作为诉讼条件的事实;(2)作为诉讼行为要件的事实;(3)证据能力和证明力的事实;(4)其他诉讼法上的事实。但是,我们认为,具有实体法内容的程序事项如当事人适格、诉的利益等也应作为严格证明的事项。自由证明的证据是否在法庭出示,出示以后用什么方式调查,由法院裁量。

三、证明和释明、疏明

在外国证据法学中,以是否需要使法官心证达到确信为标准,将诉讼证明分为证明和疏明或释明。证明和疏明都是证实行为,但影响法官心证形成的程度有所不同。所谓证明,是指让法官确信待证事实为真的诉讼证明。让法官对待证事实达到确信状态时,即该事实已被证明。这种确信状态,即符合证明标准的证明状态。一般来说,民事诉讼和行政诉讼为优势盖然性,刑事诉讼则是排除合理怀疑或内心确信,在我国则是"案件事实清楚,证据确实充分"。所谓疏明,是指法官根据有限的证据可以大致推断要证事实为真的状态,就是说当事人或公诉人对自己所主张事实虽然没有达到证明的程度,但提出足以使法官推测大体上确实程度的证据就可以了。日本学者松冈义正认为:"释明者,即使审判官依据即时能行之证据调查,对于某事实之真否,具有低度确信之证据也。故释明乃为内部的不完全之证据,其目的不在惹起审判官完全之确信,而在惹起低度之或然(大半为应然)。原来裁判在某种特定之场合,本有仅以释明为已足者,若在释明已足时,必欲再为证明,即与诉讼经济之原则相违背,此其所以承认释明之制度,而法律上特将可为释明之情形而明白规定也。"[①]

虽然"严格证明和自由证明"与"证明和疏明"的分类标准不同,但是一般来说,与"严格证明"基本一致的"证明",是对实体法规范的构成要件事实在证明标准上的要求;与"自由证明"基本一致的"疏明",主要是对诉讼法上的事实或者说诉讼程序事项在证明标准上的要求。法律承认疏明的目的是迅速处理问题,保证诉讼迅速进行,避免诉讼延误。正因为疏明所要求达到的心证程度或者证明标准不高,所以能够作为疏明对象的事项只能是程序性或诉讼中附带性的事实,例如申请回避的原因、要求阅览法庭记录的第三者与案件有利害关系的要件、证人拒绝作证的理由等,并且疏明这一低标准的适用只限于法律有明文规定的场合。同时,疏明时所使用的证据方法也只限于能够立即进行调查的证据方法。例如,申请正在庭上的人作为证人、提出现在所持有的文书等。有时遇到疏明反而比证明还缺乏证据时,法院根据情况允许当事人以寄存保证金或宣誓替代疏明。在这种情况下,以后发现所主张的事实是虚伪的,就没收保证金或处以罚款。

四、自向证明与他向证明

以证明指向的对象为标准,可以将其分为他向证明和自向证明两种基本形式。自向证明就是向自己证明。一般来说,证明者先提出一个假设的结论,然后去寻找证据,并按照一定规则运用证据去证明该结论是正确的或者是可以成立的。他向证明是向他人证明。证明者在证明时已经知道或者认为自己已经知道了证明的结论,但是他人不知道或不相信,所以要用证据向他人证明。

在诉讼活动中,自向证明和他向证明都是存在的,但是二者的主体有所不同。自向证明的主体一般是就事实问题作出某种认定或裁断的人,如侦查员、检察官、法官。他向证明的主体一般是提出某种事实主张的人,如诉讼中的当事人及其律师。不过,自向证明和他向证明的主体在诉讼过程中也是可以转化的。在侦查阶段,侦查人员是自向证明的主体。但是在审查起诉阶段,侦查人员则成了他向证明的主体

在诉讼活动中,自向证明一般都属于主体的职权行为,目的是满足自己行使某种职权的需要,例如,法官的自向证明就是其行使司法裁判权的需要;他向证明一般属于主体的义务行为,目的是满足他人的某种认知需要,例如,案件当事人的他向证明就是满足法官认定案件事实的需要。虽然当事人的他向证明最终是为自己的诉讼目的或主张服务的,但是就审判活动而言,他向证明表现为一定的义务,即作为诉讼主体必须履行的责任。因此,他向证明的主体要在诉讼中承担相应的证明责任,而自向证明的主体虽有证明职权,却不承担证明责任。

---

① ［日］松冈义正:《民事证明论》,张知本译,洪冬英勘校,中国政法大学出版社 2004 年版,第 14 页。

由此可见,自向证明是以司法职权为中心的,他向证明是以诉讼当事人的活动为中心的。因而在不同的诉讼制度下,这两种证明的地位和作用也有所不同。在纠问式或职权主义的诉讼模式下,当事人的他向证明虽然不可缺少,但是司法官员的自向证明显然也发挥着重要的作用。在抗辩式或当事人主义的诉讼制度下,自向证明虽然依然存在,但相当弱化,他向证明则成了整个诉讼证明的基本内容。

【引例一】 评析:对该案中的借款事实应当进行严格的证明,因为它是本案的实体法事实,直接关系着双方的实体性权利分配。因此,应当经过严格的法庭调查程序对案件事实予以查明。

❉ **思考题**

1. 什么是诉讼证明?证明在诉讼中处于什么地位?
2. 证明有哪些分类?

第九章 证明对象

〰️•〰️•〰️•〰️•〰️•❀•〰️•〰️•〰️•〰️•〰️

【引例一】 被告人张某在 2002 年 1 月至 2005 年 2 月 3 年多的时间里,利用担任单位会计兼出纳的职务便利,趁办公室无人之际,先后盗用同事保管的印章盖在自己保管的转账支票上,然后私开转账支票,将公款人民币 20 万元转入自己开办的公司账户上,用于个人使用及自己的公司经营。

请问:在本案中,证明对象是什么?

【引例二】 2010 年 12 月 10 日,黄某唆使其朋友陈某将周某骗到陈某住处,当周某进入房间后,黄某、李某、王某 3 人用绳将周某捆绑,抢得人民币 5000 元,手机 1 部。2011 年 1 月 15 日,公安机关将 3 人抓获,并对 4 名犯罪嫌疑人采取强制措施。经法院审理查明,黄某是主犯,李某揭发他人犯罪并查证属实,有立功表现。

请问:在本案中,实体法事实是什么? 程序法事实是什么?

〰️•〰️•〰️•〰️•〰️•❀•〰️•〰️•〰️•〰️•〰️

第一节 证明对象的概述

一、证明对象的概念

(一)证明对象的概念

证明对象,是指证明主体进行证明活动所指向的对象。在程序法上,证明对象是指需要司法人员、诉讼当事人及其辩护人在诉讼中必须用证据加以证明的各种案件事实。又称待证事实、要证事实、证明客体或证明标的。证明对象有两种含义:狭义的证明对象是指诉讼中的实体性要件事实;广义的证明对象除包括实体性要件事实外,还包括诉讼中的程序性要件事实以及非诉讼中的要件事实。证明对象是证明活动的重要组成部分。一般来说,证明活动起始于证明对象,围绕证明对象而展开,也是以证明对象为归结的。因此,可以认为证明对象是贯穿证明活动的主轴,证明对象范围的确定也是影响诉讼活动成败的重要因素。

根据所属诉讼的性质不同,证明对象可分为刑事诉讼证明对象、民事诉讼证明对象、行政诉讼证明对象、行政程序证明对象、仲裁证明对象与公证证明对象等。这种分类的意义在于揭示三大诉讼证明对象的不同之处。由于刑事诉讼处理的是犯罪案件,民事诉讼处理的是有关民事权利义务关系的民事纠纷,而行政诉讼处理的是有关具体行政行为合法性的行政争议,诉讼客体不同决定了证明对象特别是实体要件事实的内容不同。在刑事案件中,实体法事实包括犯罪嫌疑人、被告人有罪或无罪的事实,罪重或罪轻的事实,以及应否承担刑事责任的事实;在民事案件中,实体法事实包括民事法律关系的产生、变更和消灭的事实;在行政案件中,实体法事实主要包括有关被诉具体行政行为合法性、合理性的事实。一般来说,三大诉讼证明对象的区别表现在实体法事实方面,而在程序法事实方面基本上是一致的。需要指出的是,仲裁与公证的证明对象与民事诉讼的证明对象基本一致,行政诉讼与行政程序的证明对象基本一致。

证明对象是证据法学理论中的重要内容,它与证明责任、证明标准及证明方法等共同构成了诉讼证明的理论体系。证明对象的确定与司法实践紧密相关,诉讼中,首先要确定证明对象的范围。如果证明对象的范围过窄,遗漏了重要事实的证明,会妨碍全面查清案件事实,可能会导致错案;如果证明对象的范围过宽,会浪费不必要的人力、物力,并影响案件及时处理。因此,合理界定证明对象范围具有重要的理论意义和实践意义。

二、证明对象的特征

在诉讼活动中,不是所有与案件有关的社会生活事实都属于证明对象。诉讼中的证明对象要符合以下条件:

1. 证明对象是法律规范所确定的要件事实。法律要件事实是会引起某种法律权利、义务关系的发生、变更和消灭的事实,也是指判决、裁定或决定依法成立所必备条件的事实。要件事实包括实体法要件事实与程序法要件事实,但以实体法要件事实为主。因为诉讼主体的事实主张都是依据实体法律的规定提出的,所以实体法律规定的具体案件事实的构成要件往往就是证明对象的主要内容。如刑事诉讼中,实体法要件事实主要包括刑法规定的有关犯罪构成要件的事实以及有关法定、酌定量刑情节的事实;而程序法要件事实主要是涉及诉讼行为合法性的事实。

2. 证明对象是当事人主张和争议的事实。并不是所有的待决案件事实都需要证据证明,只有当事人主张和争议的事实才能成为证明的对象。当事人不主张和没有争议的事实,无须证明。证明对象往往根据当事人主张和辩论的范围而确定。当事人主张和争议的事实在审判中具有基础性地位。这种基础性地位体现在三个方面:第一,它是公诉机关(原告)主张的理由和诉讼请求的事实根据;第二,它是被告人承认或反驳公诉机关(原告)主张的事实的对象;第三,它是法院认定法律事实的逻辑起点。

3. 证明对象必须是需要运用证据加以证明的事实。在案件事实中,有些事实需要用证据加以证明,有些事实则不需要证据加以证明,如司法认知的事实。不需要证据加以证明的事实是谓免证事实,如众所周知的事实、公证的事实、自然规律和科学定律等事实,不属于证明对象,只有需要证据加以证明的事实即待证事实才属于证明对象。

4. 证明对象与证明责任、证明标准密切相关。凡是证明对象,都要有相应的证明责任,亦即都是要求证明主体提供证据加以证明的事实,证明主体承担相应的责任。所有的证明责任,都是针对一定证明对象而言的,不同的证明对象,证明责任的分配可能不同。同时,对证明对象的证明,也必须达到一定的证明程度,否则不被法官所认可,该证明主体可能承担证明不能的后果。不同的证明对象,证明责任分配不同,证明标准也不相同。如在刑事诉讼中,实体法事实的证明责任一般由控方承担,证明标准要达到"排除合理怀疑"的程度;而程序法事实的部分证明责任可能由被告方承担,证明标准一般只需要达到优势证明标准即可。

三、研究证明对象的意义

由于证明活动是围绕证明对象展开的,证明对象勾勒出证明的范围,所以确定诉讼案件的证明对象具有以下几个方面的意义:

1. 可以明确公诉机关、当事人及其代理人收集证据的范围,促使其集中精力围绕证明对象进行证据准备。证据收集的主体在面对众多证据材料时,需要准确地收集具有法律意义的证据,确定证明对象就可以有效地确定证据收集范围,达到准确收集证据的目的。

2. 有利于证明主体明确自己的证明责任,针对性地开展证明活动。明确证明对象范围,可以确定公诉机关或当事人开展举证、申请法院调查证据以及进行质证的范围。当事人举证、查证和质证都是围绕证明对象而展开的,有利于当事人明确自己的证明责任,并按照证明责任承担举证义务,避免走弯路,从而更好地利用证据,更加有目标、有针对性地进行诉讼证明活动,从而有效地提高诉讼效率,节约诉讼成本。

3. 有利于明确诉讼证明方向。在诉讼案件中,由于案件事实往往非常纷繁复杂,当事人争执的焦点很多,裁判者要在证明活动中保持清醒的头脑,不受惑于枝节问题,抓住问题的核心,就必须梳理并明确证明对象。证明对象范围的确定,可以有效指引司法裁判主体明确争点,在整个诉讼过程中,有目的、有重点地调查收集证据和审查核实证据,及时查明案件事实。既不遗漏重要案件事实,也不浪费无谓精力在证明对象之外的事实之上,从而有利于司法机关准确处理案件。

4. 研究证明对象能丰富证据法学的内涵。证明对象在证据法学中具有重要地位,它是全部诉讼证明活动的起点和归宿,也具有实体法和程序法的双重规定性。因此,对证明对象的研究,可以拓展证据法学研究范围,丰富证据法学内涵,正确认识证据法与实体法和程序法的关系。

四、证明对象的范围

证明对象的确定受归责要件、证明主体和诉讼模式等因素的影响。第一,证明对象主要由实体法上的归责要件决定。诉讼一方提出诉讼主张要求对方承担法律责任,另一方予以抗辩,都必须以实体法上的归责要件为依归。如刑法中的犯罪构成要件、合同法中的违约构成要件、侵权法中的侵权责任要件等,都有可能成为证明客体,成为待证事实。第二,证明主体不同,证明对象也不一样。民事诉讼中原告和被告的证明对象不同,刑事诉讼中的控方与行政诉讼中的行政机关其证明对象也有着根本的差异。第三,证明对象范围还与不同的诉讼模式相关。当事人主义模式下,证明对象多由当事人的主张和诉求确定;职权主义模式下,证明对象不仅受当事人的影响,还要受法院、检察院职权的影响。如日本学者松冈义正云:"证据之目的物有三:一、系当事人之主张;二、系法院可依职权调查之事实;三、系法则及实验之法则。"[①]这里的证据之目的物与证明对象乃相似之概念。

证明对象的范围主要包括争议案件的实体法事实、程序法事实和证据法事实。目前学界对实体法事实作为证明对象并无争议,但对程序法事实和证据法事实成为证明对象却有不同的意见。

---

① ［日］松冈义正:《民事证据论》,张知本译,洪冬英勘校,中国政法大学出版社 2004 年版,第 17 页。

（一）实体法事实

实体法及实体法规定的行为构成要件事实，是证明对象中最主要的内容，是司法机关进行判决的依据和前提。在刑事诉讼中，实体法事实是被指控犯罪行为构成要件的事实以及与犯罪构成密切相关的各种量刑情节事实，排除行为的违法性、可罚性和行为人刑事责任的事实，这些事实，是根据刑法的规定确定的。在民事诉讼中，实体法事实是与民事法律关系构成要素有关的事实，包括民事主体的事实、民事行为及其效果的事实等。民事实体法事实，各种民事法律有具体规定。在行政诉讼中，实体法事实主要是指与被诉讼的行为合法性有关的事实以及行政赔偿构成要件的事实。各种诉讼中的实体法事实，将在后面各节中详细论述。

（二）程序法事实

所谓程序法事实，是指引起诉讼法律关系发生、变更和消灭的事实，也称诉讼法律事实。程序法事实是与案件本身没有关系但是对解决某些诉讼程序性问题具有法律意义的事实，如关于回避的事实、关于延误诉讼期限的事实、不应采用刑事强制措施的事实、违反法定诉讼程序的事实、变更执行依据的事实等。程序法事实包括诉讼行为和诉讼事件两类，诉讼行为是指诉讼主体和其他诉讼参与人实施的具有相应诉讼法律后果的行为，如申请回避、变更执行等行为；诉讼事件是指不以人们意志为转移的、能够发生一定诉讼法律后果的客观情况，如不可抗力、当事人死亡或者丧失诉讼行为能力等。

对于程序法事实是不是证明对象，学术界存在争议。

1."肯定说"。即认为程序法事实是证明对象，其理由是：(1)诉讼过程既是实体法的适用过程也是程序法的适用过程。实体法上的要件事实决定着对被告的责任认定，而程序法上的事实则对准确认定责任影响巨大。(2)程序法是实体法的实施法，对有关程序法事实的查证活动，有利于司法机关依照法定程序正确、公正地办理案件。(3)程序法事实可能构成系争事实，亦即当事人可能对程序法事实产生争议。当程序法事实成为系争事实时，法院不能回避这个问题，而应当首先对此作出认定，并以决定或裁定的方式解决。① 有些程序法事实和与之有关的事实倘若不加以证明，法院则无法作出处理，诉讼就难以继续进行。因此，这种影响诉讼进行的程序法事实必须被列为证明对象。

2."否定说"。即否认程序法事实是证明对象，其理由是：(1)证明对象离不开证明制度的目的性、诉辩请求的基础性、实体规范的要件性等实质环节。正确确定证明对象，就是使整个收集、调查证据的活动过程具有明确的方向。因而，作为诉讼中的证明对象，自然仅指具有实体法意义的事实。如果把程序法事实列为证明对象，可能导致办案人员注意力分散，影响办案效率。办案人员应当将注意力集中到会对案件产生决定性影响的实体性事实上。(2)从程序立法的目的和任务来看，是为了保证实体法准确、及时地实施。在案件的处理上，它始终处于从属地位。从程序法事实对案件本身的影响来看，案件涉及的程序法事实对确定被告人罪与非罪、罪轻罪重以及最后量刑的问题虽有一定影响，但不起决定作用。(3)从程序法事实的证明主体来看，不一定是司法人员，有时可能是被告人。因为有些程序事实，只有被告人才能证明清楚。如果把程序法事实作为证明对象，那么在刑事诉讼中，可能造成把举证责任转嫁给被告人承担的后果。(4)由于程序法事实特别是一些据以作出决定、裁定

---

① 肖胜喜：《刑事诉讼证明论》，中国政法大学出版社1994年版，第137页。

的事实,其证明标准低于盖然性优势的标准,这种证明不是严格意义上的证明,而仅仅是"释明",这与证明对象的要求不能同日而语。因为程序法上的许多事实属于不查自明,或者司法机关即可认知的事实。同时,程序法上的事实并非每个案件都会遇到,如果没有发生某些程序问题,就不需要对有关的事实加以证明。因此,严格的证明对象,应当是具有实体法意义上的事实。[①]

3."有限肯定说"。即对于程序法事实能否成为证明对象问题,应作具体分析,不能一概而论。即在肯定程序法事实属于证明对象的基础上对其范围再作一定的限制。这些限制主要包括:(1)能够成为证明对象的程序法事实必须是案件系争的主要事实;(2)必须是当事人能够以诉的方式加以主张的事实;(3)必须是法院非依职权调查的事实。[②]

对此,我们持以下观点:程序法事实应属于证明对象的范畴。因为:(1)我国现行的诉讼法都规定了程序违法是撤销一审判决并发回重审的理由,这就明确地将程序法事实纳入第二审法院必须查明的对象即证明对象的范围。因此,只要当事人针对程序性问题提出主张,该程序性事实就应当成为证明对象。(2)程序性事实作为证明对象,有利于保障诉讼参与人获得公正审判紧密相关。程序法事实显然关系到诉讼双方的重要权利,特别是关系到诉讼双方获得公正审判的权利。因此,凡是牵涉诉讼参与人重要诉讼权利的争议事项都应当加以证明。如程序法中的回避制度、审判公开制度、禁止非法取证制度以及其他禁止违反法定程序的规定都是对当事人获得公正审判的保障。(3)有些程序法事实可能不需要加以证明就可以查明,或根本没有争议,即使证明也只需要进行"释明"或"稀明",也只能说明它证明标准低,这并不影响程序法事实作为证明对象。如《德国刑事诉讼法》规定对于回避事实,当事人应当提供证据,使之具有可信性。此外,程序法事实在定罪量刑中处于从属地位或对程序法事实证明责任的分配,都不应当成为否定程序法事实作为证明对象的理由。(4)程序法事实作为证明对象,有利于提高程序法的地位,正确认识程序法与实体法之间的关系。程序法本身的作用和意义不仅仅是实体法实施的工具,程序法具有独立的价值和地位。不过,值得注意的是,我们肯定程序法事实作为证明对象,并不否定实体法事实是首要的证明对象,是整个诉讼活动的中心环节,在诉讼中应当主要围绕实体法事实加以证明。

一些国外的立法也把程序法事实列为证明对象。如德国、日本等国有严格证明与自由证明之说。这种理论是1926年由迪茨恩首先提出的,后经小野清一郎结合构成要件论有所发展。这种分类是根据需要用何种方法和程序进行划分的,现已形成共识。自由证明是指根据证明力和证明调查的要件不完全充足的证据而得出的证明。严格证明是指对案件事实的证明要根据诉讼法规定所要求的证据,并在审判中经过合法的证明调查的证据而形成的证明。在刑事诉讼中,一般认为公诉犯罪事实符合构成要件事实,需要用严格证明。对上述情况以外的事实可采用自由证明,即根据某种证据或某种程序进行即可。日本刑事诉讼法学界把程序法上的事实作为法定的证明对象,但对程序法事实究竟采用严格证明还是采用自由证明则存在分歧和争议。通说认为,关于诉讼上的事实,并不需要严格证明,即使对于判断证明力有重大影响的事实,也只需采取自由证明即可。但是对于可能影响供述自愿性

---

① 陈一云:《证据学》,中国人民大学出版社1991年版,第137页;江伟:《证据法学》,法律出版社1999年版,第63页。

② 卞建林、谭世贵:《证据法学》,中国政法大学出版社2010年版,第395～396页。

的事实,为赋予当事人辩解的机会而必须适用严格证明。与之相对的观点是:审判中认定的事实,即以构成证据力为前提的事实和证明力的事实,需要严格证明,除此之外的其他事实,可以采用自由证明。虽然程序法上的事实只是自由证明的对象,但它依然属于证明对象。

我国台湾学者陈朴生也认为程序法事实是证明对象,亦称自由证明的对象。他认为需要严格证明的事实包括:犯罪事实、刑罚事实、已受处罚的事实、间接事实、自由任意性之基础事实、特别经验法则。需要自由证明的事实是指程序法上的事实。包括形式裁制上的事实和诉讼程序事实在内。主要内容有:免诉事由之有无,诉讼应否受理,管辖之有无,辅助事实,其他诉讼程序上的事实,回避事实等。[1]

(三)证据法事实

证据是用来证明案件事实的材料。证据能证明案件事实,是因为证据本身记载和反映着一定的事实,这些事实就是证据事实。这些证据事实是证明案件事实的手段,对于作为手段的证据事实是否为证明对象,学界同样存在不同的观点。

第一种观点是"肯定说",即认为证据事实是证明对象。理由是:"侦查、检察、审判人员收集的各种证据材料,有真有假,不经查实不能用以证明刑事案件的实体事实和程序事实。因此,需要查实的证据材料,也是刑事诉讼中的待证对象。"[2]任何证据事实,其本身不能证明自身的真实性,必须通过与其他证据的对照、比较才能确认某一证据是否真实可靠。查实证据的过程,也是一个相互印证的过程,在相互印证的过程中,需要印证的事实当然就是证明的对象。证明对象与证明手段都是相对的,证据事实处在由证明对象与证明手段组成的多个因果链条之中,需要其他证据事实来印证、强化或证明,是证明对象和证明手段的统一。[3] 因此,证据既是证明的手段,同时也应当是需要证明的对象。

第二种观点是"否定说",即认为证据事实不是证明对象。首先,从证据事实与案件事实的关系来看,两者作为证明对象,有些是重合的。直接证据事实与案件主要事实有重合的情况,间接证据事实与案件事实也有重合的情况。既已重合就没有必要再把它列为证明对象。其次,证明对象与证明手段是目的与手段的关系,不能将手段与目的混同。[4] 从证据事实的作用看,证据事实归根结底只是证明实体法和程序法事实的手段。从证明的过程看,它虽然属于第一步需要查明的事实,但就证明的最终目的而言,它只是一个中间环节,是证明手段,而不是证明对象。两者的界限十分清楚,如果把证据事实也说成证明对象,则必然会模糊这种界限,使证明理论变得混乱。并且"证明手段一旦成为证明客体,则该证明手段需要由其他证明手段来证明,其他证明手段又需要别的证明手段来证明,循环往复,将永无终期。"[5]再次,证据需要查证属实,但查证属实只是证据作为证明手段的资格条件,而不是其作为证明对象的充分条件。证明对象之所以成为证明对象,是因为包含着诸多确定的标准,需要查明只是其中之一。虽然现行诉讼法规定,证据需要查证属实才能作为定案的根据,这并不意味着处在查证属实之中或者之前的证据是证明对象,而是说明只有经过查证属实的证据才

① 陈朴生:《刑事证据法》,台湾三民书局 1995 年版,第 155 页。
② 裴仓龄:《证据法学新论》,法律出版社 1989 年版,第 160 页。
③ 陈一云:《证据学》,中国人民大学出版社 1991 年版,第 140 页。
④ 陈一云:《证据学》,中国人民大学出版社 1991 年版,第 140 页。
⑤ 张建伟:《证据法要义》,北京大学出版社 2009 年版,第 355 页。

能作为定案的根据。因此,查证属实没有超出证据事实作为证明手段的范围。① 复次,证据是证明案件事实的根据,如果说证据事实也是证明对象,那么证据就不仅是证明案件事实的根据,也是证明证据事实的根据。这会导致自我循环定义,如证据是证明证据的根据;证明对象是由证明对象证明的对象。② 此外,证据事实是可以取舍的,如内容重复的证据事实可以放弃,而证明对象则不应取舍。

第三种观点是"有限肯定说"。此说主张部分证据可以成为证明对象。该说又有三种观点,其一是认为直接证据不是证明对象,间接证据是证明对象。证据事实包括直接证据事实和间接证据事实,直接证据事实能直接证明案件的主要事实,与要件事实重合,故它虽是证明对象,但不必单独列出;间接证据事实不能直接证明案件主要事实,必须与其他证据事实相联系,才能证明案件主要事实,因此应当成为证明对象。其二是认为物证不是证明对象,人证的事实首先是证明对象,这个事实得到证实后才能成为证据。因为物证是客观存在的物品和痕迹,不需要再去证明。反之,人证的事实是过去曾经发生过的事实,已不是现实的存在,已经转化为不证不明的待证事实,因此必须首先对其进行证明,得到证实以后才能将其作为证据,如果不能证实,则该事实不能作为证据使用。③ 其三是认为只有当证据事实成为案件的系争点时,才可成为证明对象,没有争议的证据不能成为证明对象。④

我们赞成"有限肯定说"。即有争议的证据才能成为证明对象,没有争议的证据不是证明对象。理由如下:

1. 现行诉讼法明确规定证据应当查证属实,不查证属实还须承担相应的法律后果。《民事诉讼法》第 63 条规定:"证据必须查证属实,才能作为认定事实的根据。"《刑事诉讼法》第 48 条、《行政诉讼法》第 31 条第 2 款也有相应的规定。与此同时,《刑事诉讼法》第 242 条第 2 款还规定,"据以定罪量刑的证据不确实、不充分、依法应当予以排除,或者证明案件事实的主要证据之间存在矛盾的",人民法院应当重新审判。查证属实的过程就是证明的过程,无论是审查判断,还是用另外的证据加以证明,只是证明方法不同,不能因此否定查证过程就是证明过程。更为重要的是,新《刑事诉讼法》明确要求对证据的合法性加以证明,如无法证明则将被排除。对此,《刑事诉讼法》第 58 条予以了明确规定:"对于经过法庭审理,确认或者不能排除存在本法第五十四条规定的以非法方法收集证据情形的,对有关证据应当予以排除。"同时,《刑事诉讼法》还就需要排除的言词证据合法性的证明规定了证明主体、证明责任和证明标准,证据作为证明对象的要素齐备。因此,这里的证据属于证明对象是确定无疑的。

2. 证明的目的与手段没有绝对的界限,证明的手段可以成为证明对象。在一个案件事实中,证明案件事实的证据是具有多个层次的证据体系。每一个有争议的证据后面都要有相应的证据予以证明或通过相互印证予以证明,否则不能采信。在证据体系中,证据如果直接用来证明案件事实就是证明手段,如果需要其他证据加以证明,它就成为证明对象。如法庭要采纳一份可能因刑讯逼供而获得的被告人陈述,就需要多重证明。如果控方提供讯问

---

① 樊崇义:《证据法学》,法律出版社 2003 年版,第 266 页。
② 何家弘、刘品新:《证据法学》,法律出版社 2006 年版,第 202 页。
③ 裴仓龄:《证据法学新论》,法律出版社 1989 年版,第 161 页。
④ 刘金友:《证据理论与实务》,法律出版社 1992 年版,第 147 页。

时的录音录像作为证据证明被告人没有受到刑讯逼供,此录音录像的完整性和真实性显然也需要证明。在此,被告人供述对于案件事实而言是证明手段,对于录音录像而言则是证明对象。录音录像对于被告人供述的合法性而言是证明手段,对于对录音录像的鉴定意见而言则是证明对象。由此可以看出,证据在一个案件事实的证据链条中,完全可以既是证明手段又是证明对象,把证明对象与证明手段进行绝对化的区分,既不科学也不符合司法证明现实。

3. 证据作为证明对象不会无限扩大证明对象的范围。有学者担心,证据成为证明对象之后,每一个证据都需要其他证据予以证明,其他证据又需要证据证明,永无止境,从而会无限扩大证明对象的范围。其实这种担心是不必要的,也是无根据的。首先,证据能否成为证明对象,是以有无争议为标准,没有争议的证据不需要其他证据证明,这就限制了证据成为证明对象的范围。其次,作为证明对象的证据并不一定需要其他证据证明,通过对已经获得的各种证据进行审查,审查各种证据之间有无矛盾、能否相互印证,也是一种证明方法。如果能够通过对已经获得证据的相互印证而获得确信,就不需要另外的证据予以证明。再次,即使需要另外的证据对那些作为证明对象的证据进行证明,这样的证据也不会无限扩大。如前述证明被告人供述的录音录像,如果鉴定人出庭作证并接受双方的质证,该录音录像是否具有完整性和真实性就可以获得确信,而无须其他证据继续予以证明。

4. 部分证据作为证明对象。需要注意的几个方面:其一,没有争议的证据无须成为证明对象,这类似于民事诉讼中当事人自认的事实或程序法中无争议的事实一样,无须作为证明对象予以证明。其二,证据法事实包括证据的客观性、合法性和相关性事实,如果只对某一方面的事实有争议,则具有争议的事实成为证明对象,其他方面则不是证明对象。其三,无论是人证还是物证,直接证据还是间接证据,只要存在争议,都应当是证明对象。直接证据虽然蕴含的案件信息与案件主要事实重合,也只是其客观性的事实方面的重合,如果在合法性事实方面有争议,依然可以成为证明对象。因此,不能认为直接证据不是证明对象。

5. 证据作为证明对象也为其他国家证据法理论所认可。如《德国刑事诉讼法》认为对案件审理具有重要意义的一切事实都需要证明。包括三类事实:直接重要的事实;间接事实即有助于推断直接重要事实的情况;证明辅助事实即有助于推断证据本身是否正确的事实,如证人是否诚实,记忆是否健全等。[①] 英国在立法上虽然很难找到关于证明对象的规定,但司法实践中诉讼一方可以证实所有与争议事实有关的情况。"与争议事实有关的情况",不仅包括主要争议事实本身的各个部分,而且也包括为辨明或解释主要争议事实所需要的辅助事实。如在一个刑事案件中,证明对象包括被告人客观上实施犯罪行为以及主观上的罪过,也包括被告人犯罪的机会、动机、随后的行为以及他在审判中提出的证人的可靠程度。[②] 这里,证据是否诚实的证明或证人的可靠程度,实际上是对作为证据的证人证言的证明,显然在这里把证据当作了证明对象。

---

① [美]塞西尔·特纳:《肯尼刑法原理》,王国庆等译,华夏出版社 1989 年版,第 340 页。
② [美]塞西尔·特纳:《肯尼刑法原理》,王国庆等译,华夏出版社 1989 年版,第 516 页。

第二节 刑事诉讼的证明对象

一、刑事实体法事实

实体法事实,是指对解决案件的实体问题具有法律意义的事实。在刑事诉讼中,实体法事实主要是指与定罪量刑有关的事实。实体法事实的证明是定罪量刑的基础和前提,这是由刑事诉讼任务所决定的。刑事诉讼的基本任务就是查清案件事实,确定犯罪嫌疑人、被告人的刑事责任,即确定犯罪嫌疑人、被告人的行为是否构成犯罪、构成何种罪名的犯罪、应否给予刑罚处罚、应当给予何种刑罚处罚以及处罚的幅度等。

我国《刑事诉讼法》及相关的司法解释对刑事诉讼的证明对象作了比较明确的规定。《刑事诉讼法》第 50 条规定:"审判人员、检察人员、侦查人员必须依照法定程序,收集能够证实犯罪嫌疑人、被告人有罪或无罪,犯罪情节轻重的各种证据。"根据这条规定,上述所列的事实,都属于刑事诉讼的证明对象。在此基础上,《最高人民法院关于适用〈中华人民共和国刑事诉讼法〉的解释》(以下简称《刑诉法解释》)对实体法证明对象作了进一步的细化,其第 64 条规定应当运用证据证明的实体法事实包括:(1)被告人、被害人的身份;(2)被指控的犯罪是否存在;(3)被指控的犯罪是否为被告人所实施;(4)被告人有无刑事责任能力,有无罪过,实施犯罪的动机、目的;(5)实施犯罪的时间、地点、手段、后果以及案件起因等;(6)被告人在共同犯罪中的地位、作用;(7)被告人有无从重、从轻、减轻、免除处罚情节;(8)与定罪量刑有关的其他事实。最高人民法院、最高人民检察院、公安部、国家安全部、司法部联合发布的《关于办理死刑案件审查判断证据若干问题的规定》第 5 条规定:"办理死刑案件,对于以下事实的证明必须达到证据确实、充分:(一)被指控的犯罪事实的发生;(二)被告人实施了犯罪行为与被告人实施犯罪行为的时间、地点、手段、后果以及其他情节;(三)影响被告人定罪的身份情况;(四)被告人有刑事责任能力;(五)被告人的罪过;(六)是否共同犯罪及被告人在共同犯罪中的地位、作用;(七)对被告人从重处罚的事实。"第 36 条还规定:"在对被告人作出有罪认定后,人民法院认定被告人的量刑事实,除审查法定情节外,还应审查以下影响量刑的情节:(一)案件起因;(二)被害人有无过错及过错程度,是否对矛盾激化负有责任及责任大小;(三)被告人的近亲属是否协助抓获被告人;(四)被告人平时表现及有无悔罪态度;(五)被害人附带民事诉讼赔偿情况,被告人是否取得被害人或者被害人近亲属谅解;(六)其他影响量刑的情节。"

根据上述立法与司法解释的规定,我国刑事诉讼中证明对象所包括的实体法事实主要有以下几个方面:

（一）被指控犯罪行为构成要件的事实

刑法规定的各种犯罪之所以成立并且相互有别,是因为它们各自的构成要件不同。每一种犯罪行为都有自己的构成要件,使犯罪得以确认,被指控的犯罪不同,其证明对象所包含的要件也就不同。刑法学理论认为,犯罪行为的构成要件一般有四个方面:

一是犯罪客体。即刑法所保护的、犯罪行为所侵害的具体的社会关系、政治关系、经济关系。据此,刑事诉讼中的证明主体应当证明犯罪行为侵犯了何种关系。二是犯罪的客观方面。即犯罪嫌疑人、被告人所实施的危害社会的犯罪行为,以及与此有关的各项客观事实。主要包括犯罪行为是否发生、实施犯罪行为的时间、地点、方法、工具、过程、条件和社会危害后果等。三是犯罪主体。即实施危害社会的行为,依法应当负刑事责任的自然人和单位。在这部分事实中,首先是确定犯罪实施者是谁,这是最重要又最难确定的问题。同时还要确定犯罪实施者的责任年龄、精神状况以及违法犯罪经历等问题,因为这关系到犯罪实施者是否需要承担刑事责任的问题。四是犯罪的主观方面。即犯罪主体对自己的危害行为及其危害结果所持的心理态度,亦即被告的罪过情况。包括犯罪嫌疑人、被告人主观上是故意或过失以及犯罪的目的、动机。只有在查明被告人存在罪过的情况下,才能承担证明责任。而其动机和目的会关系到确定犯罪性质和社会危害性的大小。

(二)与犯罪行为轻重有关的各种量刑情节的事实

在刑事诉讼中,量刑是法院对犯罪分子依法裁量刑罚的一种审判活动。量刑是在定罪的基础上进行的。其所要解决的问题主要在于:犯罪分子应否量刑,应判处何种刑罚,并当如何确定刑期。

根据我国《刑法》的有关规定,影响量刑的事实为情节事实,可分为法定情节事实和酌定情节事实。法定情节事实具体包括:

1. 从重处罚的事实。如组织领导犯罪集团或者在共同犯罪中起主要作用的、教唆不满18岁的人犯罪的、累犯、犯罪主体为国家机关工作人员、掌握国家秘密的国家工作人员犯叛逃罪的、武装掩护走私的等。这些从重的情节如能加以证明,人民法院即可在法定刑的幅度内判处较重的刑罚。

2. 从轻、减轻处罚的事实。如犯罪中止、犯罪未遂、未成年人犯罪、在共同犯罪中起次要或者辅助作用的从犯;犯罪分子有揭发他人犯罪行为,查证属实的,或者提供重要线索,从而得以侦破其他案件等立功表现的,可以从轻或者减轻处罚;有重大立功表现的,可以减轻或者免除处罚。犯罪后自首又有重大立功表现的,应当减轻或者免除处罚。

3. 可以和应当免除处罚的事实。如在国外犯罪,已在外国受过刑罚处罚的;没有造成损害的中止犯;犯罪较轻且自首的;非法种植毒品原植物在收获前自动铲除的等等。

除上述法定量刑情节外,酌定情节事实也需要加以证明。这不是法律明文规定的,主要是根据司法实践总结出来的,酌定情节一般是指犯罪动机、手段、环境、条件、侵害对象及犯罪分子一贯表现及犯罪后的态度等事实。具体来看,酌定情节事实包括从轻和从重的事实。酌定从轻的事实如偶犯、初犯;残疾人犯罪;基于义愤实施犯罪;法律上或事实上有认识错误的;危害行为持续短的;犯罪人与被害人有特殊关系的;被害人有过错。酌定从重的事实如社会影响大、危害行为时间长的、多次实施同种危害行为尚未构成更加严重罪行的;犯罪方法、手段特殊;挑拨防卫,等等。

(三)排除行为的违法性、可罚性和行为人刑事责任的事实

证明排除行为的违法性、可罚性和行为人刑事责任的事实,是为了在惩罚犯罪的同时,依法保障无罪的人不受刑事追究,防止冤假错案的发生。按照《刑法》的规定,此类事实主要包括:

1. 排除行为的违法性的事实。即指某些行为根据实体法的规定,以表面上违法,实际上合法的形式出现,从而排除了行为的违法性以及行为人的刑事责任的行为,如正当防卫、紧急避险以及行使职权的行为。

2. 排除行为的可罚性的事实。即指某些行为本来应当受到法律的否定性评价,但由于一定事实存在,排除了这类行为的受刑事处罚的可能。主要指《刑事诉讼法》第 15 条的规定,有下列情形之一的,不追究刑事责任,已经追究的,应当撤销案件,或者不起诉,或者终止审理,或者宣告无罪:情节显著轻微、危害不大,不认为是犯罪的;犯罪已过追诉时效期限的;经特赦令免除刑罚的;依照刑法告诉才处理的犯罪,没有告诉或者撤回告诉的;犯罪嫌疑人、被告人死亡的;其他法律规定免予追究刑事责任的。

3. 排除或减轻刑事责任的事实,即指如该事实并非其所为或情节显著轻微,危害不大,不认为是犯罪的;该事实行为人未达到刑事责任年龄;该事实行为人因精神状态处在不能辨认、控制自己的行为而依法不负刑事责任的。

二、刑事程序法事实

涉及诉讼程序的有关事实,只有在对刑事诉讼事实有争议的时候,才能成为事实上的证明对象。根据《刑事诉讼法》及有关司法解释的规定,我国刑事诉讼的程序性事实作为证明对象主要包括以下内容:

1. 有关管辖的事实

管辖是专门机关依法在受理刑事案件方面的职权范围上的分工,分为立案管辖和审判管辖两个部分,审判管辖又分为级别管辖和地域管辖。我国刑事诉讼法明确规定了公安司法机关管辖的具体案件种类或情形。我国《刑事诉讼法》第 24 条规定:"刑事案件由犯罪地的人民法院管辖。如果由被告人居住地的人民法院审判更为适宜的,可以由被告人居住地的人民法院管辖。"第 25 条规定:"几个同级人民法院都有权管辖的案件,由最初受理的人民法院审判。在必要的时候,可以移送主要犯罪地的人民法院审判。"公安司法机关在侦查、起诉和审判前都应当首先查明自己是否具有管辖权。

2. 有关回避的事实

《刑事诉讼法》第 28 条规定审判人员、检察人员、侦查人员有下列情形之一的,应当自行回避,当事人及其法定代理人也有权要求他们回避:是本案的当事人或者是当事人的近亲属的;本人或者他的近亲属和本案有利害关系的;担任过本案的证人、鉴定人、辩护人、诉讼代理人的;与本案当事人有其他关系,可能影响公正处理案件的。《刑事诉讼法》第 29 条规定:审判人员、检察人员、侦查人员不得接受当事人及其委托的人的请客送礼,不得违反规定会见当事人及其委托的人。审判人员、检察人员、侦查人员违反前款规定的,应当依法追究法律责任。当事人及其法定代理人有权要求他们回避。关于这些回避的情形,都要收集证据加以证明。

3. 有关对犯罪嫌疑人、被告人采取强制措施的事实

对犯罪嫌疑人、被告人采取强制措施都需要具备一定的条件,只有具备这些法定条件才能干预公民权利。《刑事诉讼法》第 65 条规定:"人民法院、人民检察院和公安机关对有下列情形之一的犯罪嫌疑人、被告人,可以取保候审:(一)可能判处管制、拘役或者独立适用附加刑的;(二)可能判处有期徒刑以上刑罚,采取取保候审不致发生社会危险性的;(三)患有严重疾病、生活不能自理,怀孕或者正在哺乳自己婴儿的妇女,采取取保候审不致发生社会危险性的;(四)羁押期限届满,案件尚未办结,需要采取取保候审的。"取保候审的对象是否符合上述条件,就需要查明,只有查明这些情况之后才能决定是否对其采取取保候审或者其他

强制措施。

4. 违反法定的诉讼程序的事实

我国《刑事诉讼法》第227条规定:"第二审人民法院发现第一审人民法院的审理有下列违反法律规定的诉讼程序的情形之一的,应当裁定撤销原判,发回原审人民法院重新审判:(一)违反本法有关公开审判的规定的;(二)违反回避制度的;(三)剥夺或者限制了当事人的法定诉讼权利,可能影响公正审判的;(四)审判组织的组成不合法的;(五)其他违反法律规定的诉讼程序,可能影响公正审判的。"该条规定了刑事诉讼证明对象中的程序性要件事实。《最高人民法院关于适用〈中华人民共和国刑事诉讼法〉的解释》(以下简称《刑诉法解释》)第64条也规定,有关附带民事诉讼、涉案财物处理的事实和有关管辖、回避、延期审理等程序事实应当作为证明对象。

5. 有关诉讼程序的进行是否符合法定期限的事实

各种诉讼期限是否符合法律规定,需要查证属实,以确定其合法性,保障诉讼顺利进行。而这些诉讼期间自然就成为证明对象。如我国《刑事诉讼法》第89条规定:"公安机关对被拘留的人,认为需要逮捕的,应当在拘留后的三日以内,提请人民检察院审查批准。在特殊情况下,提请审查批准的时间可以延长一日至四日。对于流窜作案、多次作案、结伙作案的重大嫌疑分子,提请审查批准的时间可以延长至三十日。"第104条规定:"当事人由于不能抗拒的原因或者有其他正当理由而耽误期限的,在障碍消除后五日以内,可以申请继续进行应当在期满以前完成的诉讼活动。"

6. 执行中的有关事实

如我国《刑事诉讼法》第251条规定:"下级人民法院接到最高人民法院执行死刑的命令后,应当在七日以内交付执行。但是发现有下列情形之一的,应当停止执行,并且立即报告最高人民法院,由最高人民法院作出裁定:(一)在执行前发现判决可能有错误的;(二)在执行前罪犯揭发重大犯罪事实或者有其他重大立功表现,可能需要改判的;(三)罪犯正在怀孕。前款第一项、第二项停止执行的原因消失后,必须报请最高人民法院院长再签发执行死刑的命令才能执行;由于前款第三项原因停止执行的,应当报请最高人民法院依法改判。"如果在死刑执行中发现上述事实并需要改判,就需要加以证明。

7. 当事人申诉理由的事实

我国《刑事诉讼法》第242条规定:"当事人及其法定代理人、近亲属的申诉符合下列情形之一的,人民法院应当重新审判:(一)有新的证据证明原判决、裁定认定的事实确有错误,可能影响定罪量刑的;(二)据以定罪量刑的证据不确实、不充分、依法应当予以排除,或者证明案件事实的主要证据之间存在矛盾的;(三)原判决、裁定适用法律确有错误的;(四)违反法律规定的诉讼程序,可能影响公正审判的;(五)审判人员在审理该案件的时候,有贪污受贿,徇私舞弊,枉法裁判行为的。"法院如果要受理该申诉案件就需要对这些申请理由予以调查,当事人只有提供相应证据证明申诉理由成立,法院才能决定受理。

三、证据法事实

证据法事实是指证据作为定案根据所蕴含的证据信息。证据要作为定案根据,不同法系的国家对证据的要求有所不同。英美法系国家主要从证据的可采性和相关性对证据进行审查判断,大陆法系国家主要从证据能力和证明力两个方面进行把握,我国则要求证据必须具备"三性"即客观性、合法性和相关性。当考察作为证明对象的证据法事实时,有的学者把证据法事实用证据事实来代替,认为其包括三种事实:直接证据提供的事实、间接证据提供的事实和对判断证据真伪有意义的事实。[①] 我们则从证据的合法性事实、客观性事实以及相关性事实这三个方面来进行分析。

1. 合法性事实

合法性事实指证据形成或取证主体、取证方法、取证程序、证据形式都应当符合法律规定,其是否符合法律规定应当作为证明对象予以证明,其合法性不能证明则可能被排除。对此,我国相关立法及司法解释已有明确的规定。如《刑事诉讼法》第50条规定,审判人员、检察人员、侦查人员必须依照法定程序,收集能够证实犯罪嫌疑人、被告人有罪或者无罪、犯罪情节轻重的各种证据。严禁刑讯逼供和以威胁、引诱、欺骗以及其他非法方法收集证据,不得强迫任何人证实自己有罪。同时,《刑事诉讼法》第54条进一步规定,采用刑讯逼供等非法方法收集的犯罪嫌疑人、被告人供述和采用暴力、威胁等非法方法收集的证人证言、被害人陈述,应当予以排除。收集物证、书证不符合法定程序,可能严重影响司法公正的,应当予以补正或者作出合理解释;不能补正或者作出合理解释的,对该证据应当予以排除。根据此规定,如果要排除非法证据,言词证据的取得是否采用了非法方法,物证、书证的取得是否符合法定程序,是否严重影响司法公正都属于证明对象。

《关于办理死刑案件审查判断证据若干问题的规定》第20条规定,讯问笔录没有经被告人核对确认并签名(盖章)、捺指印的,不能作为定案的根据。第24条规定,鉴定机构不具备法定的资格和条件,或者鉴定事项超出本鉴定机构项目范围或者鉴定能力的;鉴定人不具备法定的资格和条件、鉴定人不具有相关专业技术或者职称、鉴定人违反回避规定的;鉴定文书缺少签名、盖章的,都不能作为定案的根据。可见证据形成的主体不合法,证据形式不合法都可能会被排除,因此取证主体、证据形式的合法性也属于证明对象。

刑事诉讼法不仅规定了非法证据排除的条件、范围,还规定了排除非法证据的程序、证明责任、证明标准。根据《刑事诉讼法》的规定,当事人及其辩护人、诉讼代理人有权申请排除以非法方法收集的证据,但同时应当提供相关线索或者材料。在对证据收集的合法性进行法庭调查的过程中,由人民检察院对证据收集的合法性加以证明。对于经过法庭审理,确认或者不能排除存在本法第54条规定的以非法方法收集证据情形的,对有关证据应当予以排除。

2. 客观性事实

客观性事实是指证据所蕴含的证据信息应当具有客观性,也可以称之为真实性、可信性或可靠性。这些证据信息的客观性应当作为证明对象予以证明,我国《刑事诉讼法》及相关司法解释都有相应的规定。如《刑事诉讼法》第53条明确规定,没有被告人供述,证据确实、充分的,可以认定被告人有罪和处以刑罚。证据确实、充分,应当符合以下条件:(1)定罪量刑的事实都有证据证明;(2)据以定案的证据均经法定程序查证属实。2010年颁布的《关于办理死刑案件审查判断证据若干问题的规定》第5条也规定:"办理死刑案件,对被告人犯罪事实的认定,必须达到证据确实、充分。证据确实、充分也要求定罪量刑的事实都有证据证明,每一个定案的证据均已经法定程序查证属实。"可见,在我国《刑事诉讼法》及有关司法解释中,对案件的定罪量刑要达到证据的确实、充分的证明标准,而该标准要求每一个据以定

---

① 陈光中:《证据法学》,法律出版社2011年版,第303页。

案的证据都要查证属实。可见证据的真实性作为证明对象已是刑事诉讼法的基本要求。

《关于办理死刑案件审查判断证据若干问题的规定》对各种证据的真实性保障都提出了要求,如果无法达到相关的真实性要求,则证据不能作为定案的根据。如关于书面证言,第15条规定,对未出庭作证证人的书面证言,应当听取出庭检察人员、被告人及其辩护人的意见,并结合其他证据综合判断。未出庭作证证人的书面证言出现矛盾,不能排除矛盾且无证据印证的,不能作为定案的根据。关于被告人供述,第20条规定:讯问聋哑人、不通晓当地通用语言、文字的人员时,应当提供通晓聋、哑手势的人员或者翻译人员而未提供的,不能作为定案的根据。关于鉴定意见,第24条规定:鉴定程序、方法有错误的;鉴定对象与送检材料、样本不一致的;送检材料、样本来源不明或者确实被污染且不具备鉴定条件的,都不能作为定案的根据。关于辨认,第30条规定:辨认不是在侦查人员主持下进行的;辨认前使辨认人见到辨认对象的;辨认人的辨认活动没有个别进行的,等等,不能确定其真实性的,辨认结果不能作为定案的根据。可见,对每种证据,其真实性保障有不同的要求,要保障其作为定案根据予以采用,证据的真实性就必须作为证明对象加以证明。

3. 相关性事实

相关性事实是指证据信息与案件事实具有某方面的联系,相关性又称为关联性。英美证据法对证据的相关性比较重视,如《美国联邦证据规则》对于什么是相关证据,何种证据有相关性,何种证据没有相关性,都有相关的规定。《美国联邦证据规则》第401条规定:"相关证据是指证据具有某种倾向,使决定某项在诉讼中待确认的争议事实的存在比没有该项证据时更有可能,或者更没有可能。"同时,该规则还对特定证据是否具有关联性作了明确的规定,如第406条规定了类似行为具有相关性:"有关某人的习惯或某机构的例行事务的证据,不论是否有佐证或有无目击证人在场,在证明该人或该机构在特定场合下所为的与其习惯或例行事务相一致的行为时,具有关联性。"第407条则规定了事后补救措施不具有相关性:"某一事件导致的人身伤害或事务损害发生后所采取的措施,如果该措施在事件发生前为之,伤害或损害似乎不可能发生,则有关该事件发生后所采取的措施的证据不能用来证明过失、有责行为、产品(质量)瑕疵、产品设计缺陷或必要警示义务的(欠缺)。"尽管如此,英美证据法主要是围绕证据的可采性建立起来的,双方就证据的争议主要是围绕证据的可采性而展开的,证据的相关性问题一般由法官自由心证。在大陆法系国家的证据理论与证据实践中,证据的证明力的大小强弱也是由裁判者根据自己的理性、经验和良心,进行自由判断,法律不作任何限制性规定。

我国刑事证据法对证据相关性只作了一些原则性规定,也没有作出任何明确的限制性规则。如《关于办理死刑案件审查判断证据若干问题的规定》强调对各种证据都要审查证据"与案件待证事实有无关联",或者"与案件事实有无关联性"。根据我国的证据法理论,证据有无相关性,或相关性强弱,主要由法官根据经验法则和逻辑法则进行自由判断,不需要双方提交证据予以证明。即使控辩双方对证据是否具有相关性有争议,也是由法官自由裁断,而非双方另行提交证据证明自己的主张。由此可知,证据的相关性无论是在英美法系国家、大陆法系国家或我国刑事诉讼中都不属于证明对象。

【引例一】 评析:本案中证明对象,是被告人张某出于何种动机和目的,在何时、何地、用

何种方式实施了犯罪,产生了何种危害后果。

【引例二】评析:本案中,作为证明对象的实体法事实是 4 名犯罪嫌疑人共同实施抢劫行为的事实,包括主体、客体、犯罪的主观方面和客观方面等情况。同时,对影响量刑情节的事实也应予以证明,如主犯的认定、立功事实等。作为证明对象的程序法事实,主要是对 4 名犯罪嫌疑人实施强制措施的事实。

第三节　民事诉讼的证明对象

【引例三】原告张某,系某中学学生,深夜从学校宿舍上铺下床时,不慎摔倒在地,造成脑震荡,住院花费医疗费 1 万元,原告要求学校承担一定责任。

问:本案的证明对象包括哪些?

一、民事诉讼中证明对象的范围

根据民事诉讼法的一般理论,证明对象应当具备三个条件才能成为民事诉讼中的证明对象:

第一,双方当事人存在争议的事实。民事诉讼贯彻辩论主义原则,该原则的宗旨在于,将法院裁决的基础建立在当事人事实主张的范围内,凡是当事人没有主张的事实,法院不得作出认定。同时,凡是当事人没有争议的事实或自认的事实都应当作为判决的基础。因此,没有争议的事实无须作为证明对象进行证明。

第二,该事实的证明对于法官正确审理民事案件具有法律上的意义。诉讼证明的最终目的在于帮助法官认定案件事实,解决当事人之间的纠纷。案件事实多由具体的事实片断组成,不是所有的事实组成部分都必须由当事人进行证明。如果某一事实的证明对案件的处理没有法律意义就不属于证明对象范围。

第三,该事实不属于法律明确规定的无须当事人证明的事实。基于提高诉讼效率的考虑,许多国家在法律中都明确规定,某些事实法院可以直接认定,不需要证明。如众所周知的事实,自然规律或定理等事实就不属于证明的范围。

关于民事诉讼证明对象的构成,学理上存在着一定的分歧。第一种观点是根据诉讼理由即原告提起诉讼所根据的事实和理由,将证明对象分为引起当事人之间法律关系发生、变更或消灭的事实和民事权益受到侵害或者权利义务关系发生争议的事实。第二种观点是根据所要证明的事实与案件主要事实之间的联系程度,确定民事诉讼证明对象的构成。具体包括四种事实:系争事实、伴随系争事实发生的情况事实、背景事实和用来确定标准的事实。第三种观点是以实体法律规范的性质为标准,将民事诉讼证明对象分为权利发生的事实、权利妨害事实、权利消灭的事实和权利受制的事实。

在民事诉讼中,需要当事人用证据加以证明的事实主要有以下几个方面:

（一）实体法事实

实体法事实是民事诉讼中最主要的证明对象,因为它涉及当事人双方的实体权益的争议,这种有争议的实体法事实就成为证明对象。这种实体法事实又分为两个部分:一是民事法律关系发生、变更和消灭的事实。即与民事法律关系构成要素有关的事实,具体包括民事主体的事实、民事行为及其效果的事实、民事权利义务的成立、变更和消灭的事实等。二是民事争议发生过程的事实,即当事人之间因民事权利义务的享有、履行发生纠纷,解决纠纷最后诉诸人民法院的事实。

这些要件事实在不同类型的诉讼中有不同的证明对象。(1)在侵权诉讼中,一般侵权诉讼的四个要件均是证明对象,包括:损害事实客观存在;侵权行为与损害事实存在因果关系;行为具有违法性;行为人有过错。(2)合同诉讼中则可能涉及合同的订立、合同的效力、合同的履行、合同的变更、合同的转让、合同的终止、违约责任等许多问题,只要这些问题成为争议事实,则都属于证明对象。(3)继承诉讼中的证明对象一般包括因继承权发生争执时的证明对象,因遗嘱发生争执时的证明对象和遗产分割发生争执时的证明对象。而这些证明对象又各不相同。如因继承权争执的证明对象则可能具体包括:有法定继承权的事实,与被继承人存在收养关系、扶养关系的事实,法定丧失继承权的事实,放弃继承权的事实,丧偶儿媳或女婿对公、婆、岳父、岳母尽了主要赡养义务的事实等。(4)离婚诉讼中的证明对象。离婚诉讼属于变更之诉,在离婚诉讼中,原告提出的变更请求通常会涉及三种法律关系,即夫妻关系、子女抚养关系和财产共有关系。不同的法律关系,其证明对象也有所区别。(5)其他民事诉讼中的证明对象。如财产所有权诉讼中的证明对象,不当得利、无因管理诉讼中的证明对象。

（二）程序法事实

民事诉讼中的程序性事实是指能引起民事诉讼法律关系发生、变更或消灭的事实。程序性事实并不涉及当事人之间实体权益的分配,但是却关系到民事诉讼程序的开始、进行和终止,因此对当事人和法院都有重要的意义。

在民事诉讼中,程序性事实也可以分为两类:一是必须由当事人主张法院才能予以认定的事实,比如,当事人资格的事实,是否应当先予执行的问题等,此类事实由于必须由当事人首先提出主张并加以证明,法院不能依职权主动认定。主张该事实存在的当事人负有举证责任,应当以证据证明该事实,这种情况下的程序性事实自然成为证明对象。二是无须当事人主张法院应当主动查明的程序性事实。如法院是否具有案件管辖权的事实,是否需要采取强制措施的事实等。此类事实是由法院依职权查明的,虽然也需要用证据证明,但是法院在民事诉讼中不是承担举证责任的主体,因此,此类事实不属于证明对象。

（三）域外法律和地方性法规

在民事诉讼中有时需要援用外国法,对于外国法其性质属于事实还是法律,存在不同的见解。第一种主张认为依本国冲突规范而适用的外国法相对于本国而言,只是单纯的事实。英美法系国家多采用此说。第二种主张认为需要查明的外国法是法律,由于内外国法律是完全平等的,因此本国法官适用外国法同适用内国法一样,没有区别。这是意大利和法国的学者主张的理论。第三种主张是折中观点,认为外国法既非单纯的事实,亦非绝对的法律,而是一种特殊的事实。所以,证明外国法必须采取有别于确定事实的程序,但又不同于确定法律的程序。德国、日本和东欧国家采取这种观点。

我国没有在法律上明文规定外国法的查明方法,只是在《最高人民法院关于贯彻执行〈民法通则〉若干问题的意见》第 193 条规定,如应当适用的外国法律,可通过下列途径查明:(1)由当事人提供;(2)由与我国订立司法协助协定的缔约对方的中央机关提供;(3)由我国驻该国使领馆提供;(4)由该国驻我国使馆提供;(5)由中外法律专家提供。通过以上途径仍不能查明的,适用中华人民共和国法律。

此外,由于我国地域宽广,经济发展状况和历史文化传统等存在差异,因而地方性法规较多,审判人员难以全部加以了解。所以,当诉讼中涉及地方性法规时,必要时也会成为诉讼证明对象。

二、民事诉讼中免证的事实

在民事诉讼中并非所有的争议事实都需要当事人提出证据予以证明,对一些特殊情况,为了提高诉讼效率,一些国家规定某些事实当事人不需要提出证据而由法官直接认定,这类事实就是免证事实。

根据最高人民法院《民诉意见》第 75 条的规定,以及《民诉证据规定》中第 8 条和第 9 条的规定,下列事实无须证明:

（一）众所周知的事实

众所周知的事实指在一定时间和地域范围内为受理案件的法官和一般社会成员所共知的事实。众所周知的事实免于证明是各国的立法通例,如《日本民事诉讼法》第 55 条规定:"显著的事实,不需证明。"规定众所周知的事实为免证事实有利于提高诉讼效率,减轻当事人的举证负担。所谓众所周知并不要求在某地域范围内所有的人都知晓该事实,只要多数人知道即可。如 2008 年 5 月四川汶川大地震,众所周知,无须证明。

对于众所周知的事实是可以反驳的,如果一方当事人提出相反证据证明众所周知的事实不存在或与实际情况不符,并且该证明能够成立,则提出众所周知事实来证明其诉讼请求的一方当事人仍需要承担证明责任。

（二）自然规律及定理

自然规律是对事物的性质或其发展规律的反映,具有科学性。如太阳从东方升起西方落下,万有地心引力等。由于这些自然规律和定理都是经过了实践的反复验证并已为科学所证明,其客观性和真实性有坚实的保障,因此无须证明。

（三）推定的事实

推定的事实是指根据法律规定或已知的基础事实,能够推断出的另一事实。推定可以分为事实推定和法律推定。事实推定是法官根据已经知道的事实推论出另一事实,该事实具有高度盖然性,因此主张该事实的当事人不承担举证责任,但如果对方当事人提出了充分的证据证明推定事实不存在,该推定无效。依据法律上的规定运用逻辑推理视为成立的事实为法律推定的事实,如原告未经许可中途退庭的,按撤诉处理。

（四）已为人民法院生效裁判所确认的事实

按照我国民事诉讼的一般理论,人民法院的生效判决和裁定具有既判力,对于当事人之间的权利义务关系及法律事实的确认具有终局的效力,后续法院不得就已经确定的裁判的既判事项作出相矛盾的判决,因此,对于已生效判决中记载的事实,无须当事人证明。

法院生效裁判包括民事裁判、刑事裁判和行政裁判。由于民事裁判中"高度盖然性"的证明标准低于刑事诉讼中要求"排除合理怀疑"的证明标准,据此,在刑事中判无罪的当事人可能会在民事审判中败诉。如果以刑事案件中的无罪判决所确定的事实约束民事诉讼中的双方当事人,则显然对无罪判决中的被告人一方有利,对提起的诉讼被害人一方不公平。因此,刑事生效判决对民事案件的预决效力应当限于刑事有罪判决范围内,无罪判决不具有预决力。

（五）已为仲裁机构的生效裁决所确认的事实

仲裁机构依法作出的仲裁裁决,与确定的判决一样具有既判力,因此其确定的事实也具有预决的效力。其他仲裁机构或法院必须尊重其仲裁结果,不得作出与生效仲裁裁决书确认的事实相矛盾的认定。

（六）已为有效的公证文书证明的事实

公证机关是国家的法律机关,公证文书是公证机关依据法定的程序对有关法律行为、法律事实加以证明的法律文书,具有很强的证据效力。依据我国《民事诉讼法》第69条的规定:"经过法定程序公证证明的法律事实和文书,人民法院应当作为认定事实的根据,但有相反证据足以推翻公证证明的除外。"因此,有效公证文书具有证据效力,无须当事人举证证明。

（七）当事人自认的事实

在民事诉讼中,基于处分原则,当事人自认的事实被视为真实并具有拘束力。《民事证据规定》第8条规定,在诉讼过程中,一方当事人对另一方当事人陈述的案件事实明确表示承认的,另一方当事人无须举证。但涉及身份关系的案件除外。

【引例三】 评析:本案原告需要证明本是学校学生,且受伤是因从上铺摔到地面而造成,证明自己的伤情及遭受的实际损失。

第四节　行政诉讼的证明对象

我国确定行政诉讼证明对象的实体法规定比较复杂,这是由行政管理的广泛性和多样性决定的。行政管理划分为公安、卫生、税务、规划、财政等多个行政管理部门,行政法律法规也相应地存在着部门和行业的划分。每一个行业的行政案件具有不同的证明对象。同时,作为行政诉讼客体的被诉具体行政行为也存在着行政处罚、行政许可、行政收费、行政合同等多种多样的形态,每一种具体行政行为的证明对象也存在着一定的差异。

在行政诉讼中,除行政处罚显失公正案件外,行政诉讼中人民法院仅对具体行政行为的合法性进行审查,不能审查合理性问题。《行政诉讼法》第5条规定,人民法院审理行政案件,对具体行政行为是否合法进行审查。第32条规定,被告对作出的具体行政行为负有举证责任,应当提供作出该具体行政行为的证据和所依据的规范性文件。因此,行政诉讼争议的焦点,主要是被诉具体行政行为的合法性,行政诉讼中的证明对象应围绕这个中心进行确定。根据我国《行政诉讼法》及最高人民法院《关于行政诉讼证据若干问题的规定》,行政诉讼的证明对象可以分为与被诉行政行为合法性和合理性有关的事实、与行政赔偿构成要件有关的事实和行政诉讼程序启动、进行和终结的程序法事实以及不作为违法案件的不作为事实、规范性文件等。行政诉讼中证明对象具体包括以下几个方面:

一、被诉行政行为违法和不合理的案件的证明对象

行政行为是指行政机关行使行政职权,依法作出的具有法律效力的行为,包括具体行政行为和抽象行政行为。被诉具体行政行为又可分为违法具体行政行为和不合理的具体行政行为。下面对三种情况分别讨论:

（一）具体行政行为违法案件的证明对象

具体行政行为是指行政机关行使职权,对特定的公民、法人或者其他组织和特定的事件单方面作出的直接产生法律效力的行为。由于被诉具体行政行为的合法性是一般行政诉讼的主要对象,故与此有关的事实就成为一般行政诉讼的证明对象。具体包括如下三个方面的事实:

1. 实体是否合法的事实

行政机关具有法定职权,但必须在法定职权范围内行使,其作出具体行政行为应当具备行政实体法规定的条件。与具体行政行为合法性相关的实体法事实包括四个方面:被告是否具有行政主体资格、被告是否超越其法定职权、被诉具体行政行为是否具备法定条件、被诉具体行政行为收集的证据是否确实充分。

在上述四个方面的实体法事实中,主要的证明对象应是原告是否实施了被处理行为或者是否实施了符合法定条件的事实。在行政执法程序中,原告是行政相对人,行政机关要作出正确的行政行为,必须准确认定相对人。例如在行政处罚案件中行政机关必须准确认定原告是否是应当遭受处罚的人。在查明相对人是待处理行为的责任主体之后,行政机关应当进一步查明待处理行为本身的情况,如原告实施违反治安管理秩序行为的事实。同时,还应当查明被告作出被诉具体行政行为的目的是否正当的事实。目的是被诉具体行政行为合法性的主观标准,人民法院要查明这个事实,可以从被告的记录和当事人陈述作客观的认定。这些事实都可能成为行政诉讼的证明对象。

2. 具体行政行为的程序是否合法的事实

行政权力的行使应当遵循行政程序法所规定的程序规则,以保护处于弱势地位的相对人。如果行政机关作出具体行政行为时没有履行法定程序义务,属于程序违法。根据《行政诉讼法》第 54 条的规定,人民法院经过审理,查明具体行政行为违反法定程序的,判决撤销或者部分撤销,并可以判决被告重新作出具体行政行为。行政程序法所规定的程序制度主要有回避、调查与取证、听取意见、公开、说明理由、期间、送达等。行政机关在执法过程中是否履行各项程序的事实,就属于证明对象。

3. 是否有法律依据并正确适用法律法规

行政机关作出具体行政行为必须准确认定事实,正确适用法律。对此,《行政诉讼法》第 32 条要求行政机关负有举证责任。该法第 54 条同时规定,适用法律法规错误是撤销判决的理由之一。根据上述规定,人民法院要对行政机关具体行政行为的法律依据及是否正确适用法律法规进行审查,行政机关也要提供证据予以证明,因此,它们属于行政诉讼中的证

明对象。

（二）被诉具体行政行为不合理案件的证明对象

被诉具体行政行为的处理与案件的事实、情节和性质是否相适应。根据《行政诉讼法》第54条的规定,行政处罚显失公正的,人民法院可以判决变更,这是有关审查行政处罚合理性的规定。在此类案件中,人民法院除审查行政处罚的合法性外,还要审查其合理性,因此行政处罚是否合理是这一类案件特有的证明对象。

显失公正是一个主观性较强的概念,需要法官在具体案件中综合各方面的因素作出判断。一般认为显失公正应当以一个普通人的感受作为判断标准,包括相同情况不同对待、不同情况不同对待,以及处罚应与违法行为平衡,不能畸轻、畸重等。

（三）抽象行政行为不合法案件的证明对象

抽象行政行为是指行政机关依法对不特定的人和事件制定具有普遍约束力的行为规则的行为。依行政复议法的有关规定,行政法规和规章以外的抽象行政行为可以成为行政诉讼的审查对象,与其合法性有关的事实也就相应地成为一般行政诉讼的证明对象,具体包括如下方面的事实:(1)作为抽象行政行为主体的行政机关是否享有实施该抽象行政行为的行政职权。(2)制定抽象行政行为的程序是否合法。(3)抽象行政行为的适用范围和效力情况。

二、行政赔偿诉讼案件中的证明对象

行政赔偿是指行政机关及其工作人员在行使行政职权过程中违法侵害公民、法人或其他组织合法权益造成损害的,由国家承担的赔偿责任。在行政侵权赔偿诉讼中,行政赔偿构成要件的事实是主要的证明对象,也是行政赔偿诉讼证明对象区别于一般行政诉讼证明对象之所在。具体包括如下四个方面的事实:

1. 侵权行为是否由作为被告的行政机关及其工作人员实施。对工作人员应当作广义上的理解,不仅包括具有公务员身份的工作人员,而且包括接受行政机关指派或唆使从事实施侵权行为的公民。

2. 侵权行为是否是行政机关及其工作人员在行使行政职权的过程中实施。只有行政机关工作人员的职务行为才属于行政赔偿的范围,如果属于公务员个人行为,则应由公务员个人承担责任。

3. 侵权行为是否给作为原告的受害人造成人身权或者财产权的损害;如果造成了损害,损害的大小如何。这里需要明确的是,原告受到损害的权益应当是合法权益,行政赔偿只限于赔偿合法权益,不包括非法所得等非法利益。同时,损害必须已经实际发生,不包括可预期利益。

4. 侵权行为与损害之间是否具有直接的因果关系。侵权行为是否违法不应成为证明对象,因为行政赔偿诉讼的审理对象是原告提起的行政赔偿请求,确认违法是进入行政赔偿诉讼的先决条件,而非行政赔偿诉讼要解决的问题。在原告单独提出赔偿请求案件中,职务行为的违法性之前已经得到确认,不过,人民法院要查明赔偿义务机关作出处理的情况。在一并提起的行政赔偿诉讼中,具体行政行为的违法性在确认违法或者撤销具体行政行为的诉讼请求中解决。

三、不作为案件中的证明对象

行政机关不履行法定职责,造成了损害就可能会引起该种行政诉讼。不作为包括两种情况:一种是行政机关应当主动履行法定职责而没有履行,如警察巡逻时发现犯罪行为没有制止或及时处理。另一种是原告主动申请被告履行其法定职责,被告没有履行或拖延履行,如公民向工商局申请注册,工商局在法定期限内不予以答复;公民打"110"报警,公安机关接警后不出警。此类案件的证明对象包括两项:

一是被告是否负有履行该项职责的法定义务。不作为违法是以行政机关具有法定义务为前提的,如果行政机关不具有法定职责也就不具有原告诉称的法定义务,行政机关不履行法定义务的诉讼主张也就不成立。

二是被告是否存在应当履行法定职责而没有履行的情形。法院要支持原告的诉求,还必须查明被告是否存在应当履行法定职责而没有履行,或者拖延履行或拒绝履行的情形。如果被告已经履行了职责,则原告的诉请不成立;如果被告没有履行法定职责,人民法院则应当责令被告履行法定职责;如果责令被告履行法定职责没有实际意义,则确认被告不作为违法。

三是原告在不作为案件中曾经提出过申请。根据最高人民法院《行政证据规定》的第4条规定,除两种情况:(1)被告应当依职权主动履行法定职责的,(2)或原告因被告受理申请的登记制度不完备等正当事由不能提供相关证据材料并能够作出合理说明的以外,在起诉被告不作为的案件中,原告应当提供其在行政程序中曾经提出申请的证据材料。被告不作为,应当是发生在原告申请其作为之后,因而原告起诉被告不作为,必须证明自己曾经向被告提出过申请。

四、行政诉讼程序事实

为了保证行政机关正确、合法地行使行政权力,保障相对人利益不受行政机关的非法侵害,行政法律、法规确定了行政机关依法行政的一般程序。行政诉讼中需要证明的诉讼程序事实有的与刑事诉讼、民事诉讼并无区别,如回避的事实、公开审理的事实等。有的则是行政诉讼程序中特有的需要证明的,主要有以下几种:

1. 有关当事人资格的事实。如关于原告是否具有原告资格的事实的证明。在行政诉讼中,只有与被诉具体行政行为有法律上利害关系的公民、法人或其他组织才具有原告资格,才能向人民法院提起行政诉讼。因此,原告是否与被诉具体行政行为具有利害关系需要证明。

2. 有关法院主管和管辖的事实。对于行政诉讼,人民法院只主管法律规定管辖的那一部分行政案件,不属于法律规定主管范围的,法院无权受理。我国行政诉讼法将人民法院主管和不主管的行政案件范围作了列举式规定,如《行政诉讼法》第12条规定,人民法院不受理公民、法人或者其他组织对下列事项提起的诉讼:(1)国防、外交等国家行为;(2)行政法规、规章或者行政机关制定、发布的具有普遍约束力的决定、命令;(3)行政机关对行政机关工作人员的奖惩、任免等决定;(4)法律规定由行政机关最终裁决的具体行政行为。如果诉讼双方对此有争议,则案件是否属于法院管辖范围可能会成为证明对象。行政诉讼的审判管辖也分为级别管辖和地域管辖,需要根据相应的规定确定管辖法院。如《行政诉讼法》第

17 条规定:"行政案件由最初作出具体行政行为的行政机关所在地人民法院管辖。经复议的案件,复议机关改变原具体行政行为的,也可以由复议机关所在地人民法院管辖。"

3. 有关起诉期间的事实。《行政诉讼法》第 39 条规定:"公民、法人或者其他组织直接向人民法院提起诉讼的,应当在知道作出具体行政行为之日起三个月内提出。法律另有规定的除外。"公民、法人或其他组织超过诉讼期间向人民法院提起行政诉讼的,法院不予受理。

4. 有关被告人及其代理人是否在诉讼期间自行向原告和证人收集证据的事实。《行政诉讼法》第 33 条规定:"在诉讼过程中,被告不得自行向原告和证人收集证据。"如果原告诉称被告在诉讼期间自行收集证据,则应当向法庭证明。

五、规范性文件

规范性文件是行政机关作出具体行政行为的法律根据。在因该具体行政行为所引起的诉讼程序中,规范性文件的存在及其适用的合法性,便成了证明对象。行政诉讼中作为证明对象的规范性文件主要包括宪法、法律、行政法规、地方性法规、行政规章、国际条约和其他规范性文件。这是刑事、民事诉讼中不存在而为行政诉讼中所特有的证明对象。

有人认为将法律、法规纳入证明对象的范畴是不科学的。法律法规是具有法律效力的,不能将其作为经查证属实后才能定案的证据事实对待。而且,我国宪法并没有赋予人民法院审查法律法规效力的权力,如将法律法规纳入举证范围,就会形成人民法院对它既要审查又无权审查的自相矛盾的境地。①

在法治国家,通过审查行政机关的具体行政行为的合法性是司法权制约行政权的重要方式,行政机关作出具体行政行为要依据规范性文件,审查具体行政行为的合法性必然要审查被告适用法律法规是否正确的问题,因此,要求被告对其适用根据进行举证是理所当然的事情。将法律法规纳入举证范围,并不意味着对其与其他证据事实同样对待,也不意味着人民法院要审查这些规范性文件的法律效力。具体行政行为要有事实依据,同时也要有合法依据,这是依法行政原则的要求。行政诉讼法如此规定,也有利于促使行政机关依法行使职权。

✸ 思考题

1. 阐述证明对象的概念及特征?
2. 试述我国"三大诉讼"的证明对象?
3. 程序法事实、证据事实是否属于证明对象?
4. 证明对象有哪些分类?
5. 案例讨论

李某家住海林市旧街乡张明村,1991 年 7 月 7 日下午 5 时半至 6 时,宁安县气象局驻海浪镇五良子村气象站打炮点防冰雹,打出了 30 发防冰雹气象炮弹,其中向海林市旧街方

---

① 王如铁、何详:《对完善行政诉讼举证制度的思考与建议》,载《法商研究》1995 年第 1 期。

向打出 6 发。此间,原告丈夫常某因见下雨,自地里回家,行至家门口时,原告等人听见一声惊叫和倒地声,即出来查看,见常某倒在窗前,头部流血,人已昏迷。原告等人以为是被雷击所致,遂将常某送往医院抢救。医院检查结论:常某头颅左顶部有一处 7 厘米裂伤,深至颅骨,创缘不齐,颅骨凹陷,有脑组织溢出,为脑挫伤,开放性颅骨骨折。常某送医院抢救 7 日后死亡。医院进一步诊断为死者不是遭雷击死亡,而是由一硬物以高速冲击造成的。据此,常某的亲属联想到常某受伤当天气象部门打炮,常某的伤可能是炮弹皮下落所致,即在常某倒地现场找到一铁块。经送海浪镇五良子村气象打炮点(距原告所在张明村 8 里)鉴别,打炮点工作人员认定系"三·七"炮弹头部,上有"人雨、17 秒字样"。李某起诉至法院,要求县气象局赔偿损失。

原告诉称:其丈夫常某被被告打的人工降雨炮弹碎片击中而死,以炮弹碎片为据。现死者遗有妻子、子女和父母,请求被告赔偿医药费、丧葬费和子女抚养费、父母赡养费等共计44300 元。

被告辩称:我们当天没打 1983 年以前的炮弹,打炮时间与死者受伤倒地时间相差 10 多分钟。即使是我们打炮,在 8 里之外也伤不着死者。从科学角度计算,高空下落物体应将死者头颅骨击穿,而不是将死者头颅骨砸出凹坑;砸到死者头上的弹片也不会弹出 7 米多远,相隔 6、7 天找到的弹片不会锈蚀到这种程度。因此,死者受伤与打炮无关,我们没有赔偿责任。

问题:本案的证明对象有哪些?

司法考试真题链接

1. 石某杀人后弃尸河中。在法庭审理中,对下列哪些事实不必提出证据证明?(2008年)

A. 被弃尸的河流从案发村镇穿过的事实

B. 刑法关于杀人罪的法律规定

C. 检察机关和石某都没有异议的案件基本事实

D. 石某的精神状态

2. 关于吴某涉嫌故意泄露国家秘密罪,下列哪些选项属于需要运用证据加以证明的事实?(2009 年)

A. 吴某是否为国家机关工作人员

B. 是否存在为吴某所实施的被指控事实

C. 被指控事实是否情节严重

D. 是否具有法定或酌定从重、从轻、减轻及免除处罚的情节

3. 17 周岁的职高学生陈某,于 2000 年 10 月 5 日潜入某单位办公室,窃得手提电话 5部。下列哪些属于刑事诉讼的证明对象?(2004 年)

A. 陈某的年龄　　　　　　　　　B. 陈某盗窃的事实

C. 被盗物品的价值　　　　　　　D. 2000 年国庆节期间放长假的事实

4. 某市人民检察院接到举报后,对张某的受贿行为进行立案侦查,经过侦查和审查起

诉后,发现指控其受贿罪的证据不足。但是该检察院发现张某拥有小别墅一栋、私家宝马车一部、另有近百万元银行存款,犯罪嫌疑很大。如果检察机关要追究张某的刑事责任,对张某提起公诉,需要证明下列哪些事项?(2003 年)

A. 张某是国家机关工作人员

B. 张某是国家工作人员

C. 张某的合法收入数、实际财产数以及二者之间的差距为 30 万元以上

D. 上述 C 项中所指差距部分的来源情况

5. 关于死刑案件的证明对象的表述,下列哪些选项是正确的?(2011 年)

A. 被指控的犯罪事实的发生

B. 被告人实施犯罪的时间、地点、手段、后果以及其他情节

C. 被害人有无过错及过错程度

D. 被告人的近亲属是否协助抓获被告人

第十章　证明责任

【引例一】张某与李某原本是好友,后来反目。张某诉至法院称李某曾借其10000元人民币,要求还本付息。

　　问:如李某辩称与张某之间根本不存在借款关系。请问张某、李某各应承担什么样的证明责任?如李某辩称确实存在借款关系,但早已还清。张某、李某各应承担什么样的证明责任?

第一节　证明责任概述

一、证明责任的概念与内涵

"证明责任乃诉讼的脊梁",该法谚道出了证明责任在诉讼中的重要地位。在我国证明责任通常又称为举证责任,英文为 burden of proof,为证明负担或者义务的意思。理论界对证明责任的概念如何界定,分歧较大。我们认为,证明责任是指诉讼主体为使自己主张的案件事实成立或者有利于自己的主张得到法院裁判的确认,所承担的提供和运用证据支持自己主张以避免不利法律后果的责任。

（一）我国对证明责任概念的认识

我国学界对证明责任概念的认识经历了一个发展与变化的过程,这一过程大致可以分为两个阶段。以下以民事诉讼举证责任概念为例加以说明。

第一阶段,是1982年我国《民事诉讼法(试行)》颁布后出版的一批教科书中对证明责任进行界定的阶段,它反映了当时民诉法学界对举证责任的认识。典型的表述如:"当事人对自己所主张的事实提供证据加以证明的责任。"[①]"在民事诉讼中,当事人对自己提出的主张提供证据加以证明的责任,称为举证责任。"[②]在此阶段认为,举证责任是当事人提供证据的责任,如果不能提供证据证明自己的主张就要败诉。

第二阶段,是大量引进西方举证责任理论,形成了双重意义举证责任阶段。举证责任明确区分为行为意义上的举证责任与结果意义上的举证责任。行为意义上的举证责任是指当事人对其所主张的事实负有提供证据的责任;结果意义上的举证责任是指在事实真伪不明

---

① 柴发邦:《民事诉讼法学》,法律出版社1992年版,第223页。
② 王怀安:《中国民事诉讼法教程》,人民法院出版社1992年版,第154页。

时,主张该事实的当事人所承担的不利诉讼结果。这种不利的诉讼结果既表现为实法上的权利主张得不到人民法院的确认和保护,又通常表现为因败诉而负担诉讼费用。① 另有学者认为在具体运用功能上,英美法系的提供证据责任类似于大陆法系的主观上的举证责任,法定的证明责任则类似于大陆法系的客观的举证责任。② 自 20 世纪 90 年代以来,客观举证责任的概念逐步得到接受。典型的描述为:"证明责任是指事实真伪不明时,法官因不得拒绝裁判而采用的处理案件的方法。"③"证明责任是指事实真伪不明时,法官因不得拒绝裁判而采用的处理,依照预先规定的裁判规范由当事人所承担不利后果的一种负担。"④

上述两个阶段对证明责任的不同认识,其根本性的差异在于,在第一阶段认为,通过当事人的举证,法官对案件事实的评价只有"真"与"伪",即"存在"与"不存在"两种状态,其认识论基础为可知论。而在第二阶段,法官对案件事实的评价与认识除了"真"与"伪"之外,还出现了第三种状态,即所谓的"真伪不明"。那么,在法官的心证没有形成,无法认定当事人主张的事实成立与否,案件事实处于"真伪不明"的情况下,法院应该如何裁判?客观证明责任为此提供了解决的思路与方案,即由负有举证责任的一方当事人承担败诉的风险。这种认识论的基础为不可知论。⑤

(二)域外对证明责任概念的认识

自罗马法以来,人们就将证明责任理解为当事人就自己主张的事实向法院提供证据的责任,"谁主张、谁举证"这一法谚便是这种理解的生动体现。在德国,这种从当事人提供证据的角度解释证明责任的理论被称为"主观的证明责任"论。按照德国学者普维庭的解释:"主观证明责任,是指当事人通过自己的活动对争议事实进行证明的一种责任,其目的是为了避免败诉,因此它才是通常意义上的责任。"⑥至 19 世纪末,德国学者将证明责任与诉讼中事实真伪不明的状态联系起来,将证明责任解释为事实无法确定时一方当事人负担的一种不利的裁判后果。这种从新的角度来理解证明责任的理论被称为"客观证明责任"论。德国学者罗森贝克等认为:"客观证明责任解决的是证据调查失败的后果应当有利于谁或者不利谁的问题。……证明责任规则主要不是对不充分诉讼活动的制裁,而是用于克服最终存在的客观上真伪不明的状态。"⑦客观证明责任说提出以后,在德国很快取得主导性的地位。后来这一理论传至日本,成为日本的通说。在用语上,日本的"举证责任"、"证明责任"、"立证责任"三个用语可以互换。为了避免概念的混乱,近年来日本一般使用"证明责任"这一表述。

在英美证据法学中存在三个相关的概念:证明责任(burden of proof)、举证责任(burden of producing evidence;burden of production;burden of evidence)、说服责任(burden of persuasion)。有的学者认为,证明责任是一个总概念,举证责任和说服责任是其下面的两个

---

① 李浩:《民事证明责任研究》,法律出版社 2003 年版,第 15 页。
② 毕玉谦:《民事证明责任研究》,法律出版社 2007 年版,第 6 页。
③ 陈刚:《证明责任概念辨析》,载《现代法学》1997 年第 2 期。
④ 张卫平:《证明责任概念解析》,载《郑州大学学报(社会科学版)》2000 年第 6 期。
⑤ 季桥龙:《民事举证责任概念研究》,中国政法大学出版社 2011 年版,第 182 页。
⑥ [德]汉斯·普维庭:《现代证明责任问题》,吴越译,法律出版社 2000 年版,第 36 页。
⑦ [德]莱奥·罗森贝克等:《德国民事诉讼法》,李大雪译,中国法制出版社 2007 年版,第 848 页。

分概念。也有学者认为，上述三个概念是相互独立、相互区别的。① 尽管概念如此多义，但大致可以认为，英美法中当事人履行证明责任的结果只有两种状态，以证明标准为界，达到证明标准的就可以认定事实为真，达不到证明标准的就认定事实为伪。因此证明责任在英美法上仍然主要是以主观的举证责任概念在使用。

（三）证明责任的性质

关于证明责任的性质，理论界（主要是民事诉讼法学界）有不同的理解，主要有四种观点：一是权利说，即认为证明责任是当事人的一种权利。在诉讼过程中，当事人为防止败诉，有权提供证据证明其主张事实的真实性，从而维护自己的实体权益。二是义务说，即认为证明责任是当事人应当承担的一项诉讼义务。当事人在诉讼过程中之所以要负证明责任，是因为证明责任是诉讼法上要求当事人履行的诉讼义务；当事人不履行此诉讼义务，便会产生相应的法律责任——败诉后果。三是权利义务说。认为提供证据既是当事人的权利，又是当事人向法院应尽的义务。从当事人进行诉讼活动的角度来看，证明责任是当事人享有的一项权利；从法院审判活动的角度来讲，证明责任则具有义务性质。四是败诉风险说。认为证明责任是一种特殊的法律责任，是在事实真伪不明的情况下，当事人负担的败诉风险。

我们认为，证明责任在本质上是一种义务而非一种权利，因为承担证明责任的当事人，如不承担证明责任就要承担败诉的风险。因此，将证明责任视为一种权利，与权利的属性相悖。风险说本质上就是义务说，因为不承担证明责任就要承担败诉的风险，也就是要承担一定的法律后果。

（四）证明责任的内涵

证明责任包括三个方面的内涵：

1. 证明责任总是与一定的诉讼主张相联系。诉讼主张是审判程序开始的起因，也是诉讼活动开展的重心和归宿，整个诉讼活动的开展都是围绕着当事人的诉讼主张而展开的。当事人的主张不仅是其论证的对象，而且也限定了法院的审理范围。在采取诉因制度的国家，法院不得抛开起诉范围而审理指控以外的人和事，甚至不得变更起诉罪名。此外，提出诉讼主张也就意味着需要证明，而证明责任的范围及其分配也都是根据诉讼主张而确定的。因此，当事人诉讼主张的存在是证明责任产生的前提。

2. 证明责任是提供证据责任与说服责任的统一。所谓提供证据的责任，指双方当事人在诉讼过程中，应当就其主张的事实或者反驳的事实提供证据加以证明，也有学者称这一责任为"利用证据推进的责任"或"形式上的举证责任"。这里的责任是指一种风险负担，并不是所有提出证据的行为都是基于"责任"。如被告人提出证明自己无罪或罪轻的证据就是权利而非责任；职权主义诉讼模式下法官依职权收集证据的责任，是履行审判职责和职权的活动，也并非"提供证据的责任"。说服责任是指当事人应当运用证据证明其主张的事实，使法官形成确信的责任，也被称为"令人信服的责任"。说服责任是证明责任的重要组成部分，不利后果的承担与否以说服责任的实际承担为前提。

3. 证明责任一般要与不利诉讼后果相联系。在诉讼中，如果承担证明责任的一方当事人不能提出足以说服法官确认自己诉讼主张的证据，则需要承担败诉或者其他不利后果的

① ［美］乔恩·R. 华尔兹：《刑事证据大全》，何家弘等译，中国人民公安大学出版社 2004 年第 2 版，第 393 页；薛波：《元照英美法词典》，法律出版社 2003 年版，第 179 页。

责任,这是证明责任的最终表现。这种不利后果一般是在一系列证明之后发生,是在证明责任履行不能的情况下的负担。如在刑事诉讼中,如果控方不能提供确实充分的证据证明被告有罪,使犯罪事实真伪不明,指控的犯罪便不能成立,被告人将被宣告无罪,这对于指控方而言是一种不利后果,因为其指控不成功。

从上述分析可以看出,我国证明责任理论中的提供证据的责任相当于行为责任,说服责任以及不利后果责任相当于结果责任。行为责任是结果责任的前提,结果责任的存在使得证明主体积极履行行为责任。

二、证明责任的功能

(一)作为裁判规范的证明责任

证明责任在诉讼中的主要功能是指引法院在诉讼双方之间分配证明负担。如在民事、行政诉讼中的原告或刑事诉讼中的控方主张要件事实成立,就需要有相应的证据支持。如果其提供的证据不足以证明要件事实,其主张就不能得到法院的支持。证明责任为分配当事人之间的证明负担,指引当事人在诉讼中展开防御与攻击提供了依据,为划分本证与反证、为当事人之间分配主张责任确立了标准。

(二)作为风险分配机制的证明责任

从实体法就事实与法律后果的规定来看,只存在两种模式,事实存在则发生相应的法律后果;事实不存在则法律后果不发生。然而在诉讼过程中,事实的存在与否是需要证明来确定的。完全可能出现诉讼双方均缺乏证据或证据不足以证明事实存在与不存在的情形,即出现案件事实真伪不明。此时法院无法认定案件事实是否存在,但法院不能据此而拒绝裁判,而是必须依据证明责任规则来进行裁判。证明责任这时就发挥了在事实真伪不明的情况下,在当事人之间分配败诉风险的重要功能。如在一般侵权之诉中,如原告的损害与被告的行为之间是否存在因果关系处于真伪不明的状态,此时就应判决由承担证明责任的原告败诉。可见,证明责任具有使裁判正当化的功能。

应该指出的是,在我国的司法实践中,大部分案件事实是确定的。当然,也存在个别案件事实处于"真伪不明"的状态。仅从裁判文书的角度来看,鲜有法官直接、坦率地承认其判决是建立在案件事实真伪不明的基础之上,适用证明责任规则来进行裁判的,因为这样做不符合"以事实为依据"的司法原则。正因为如此,适用证明责任进行判决应当慎重,它至少要符合三个条件:(1)双方当事人对裁判上的要件事实存在着争议;(2)该争议事实需要证明;(3)已经用尽了程序上许可的证明手段,法官在法庭辩论终结后仍然不能就事实的真伪获得心证。

〰〰〰❧〰〰〰

【引例一】 评析:第一种情况,张某需要证明借款关系成立,李某对借款关系成立不承担证明责任。第二种情况,李某须向法院证明其借款还清的事实,否则承担败诉责任。

〰〰〰❧〰〰〰

第二节 刑事诉讼证明责任

【引例二】 某检察院根据群众举报,对王某的贪污行为进行立案侦查。经过侦查和审查起诉后,发现指控王某犯贪污罪的证据不足。但是检察院发现王某拥有住房三套,私家车两辆与存款若干,犯罪嫌疑较大。

　　问:如果检察机关要追究王某的刑事责任,对王某提起公诉,需要承担什么样的证明责任? 王某是否需要承担证明责任?

一、刑事诉讼证明责任概述

　　在刑事诉讼中,证明责任既是一种诉讼法上的证明负担,同时又是对刑法上的犯罪构成进行证明的义务担当。由于无罪推定原则的存在,刑事诉讼证明责任问题往往被简单化处理。通常而言,依据无罪推定原则的要求,控诉方应承担证明责任,被告人不负有证明责任,在控诉方提出的证据未能达到法定证明标准的情况下,法院应该宣布被告人无罪。但在例外的情况下,被告人也需要承担一定的证明责任。

　　(一)国外刑事诉讼证明责任的分配

　　在刑事诉讼中,各国的证明责任分配均遵循一条基本原则,即基于无罪推定原则,证明被告有罪的证明责任始终由控诉方承担。但这并非唯一的标准,各国刑事法律中都有被告人承担证明责任的例外规定。只要"在当事人之间分配一定的利益或不利益时必须提供某种正当化的理由"[1]。要求在控辩双方分配证明责任的正当化理由较多,如英美法系"利益衡量说"在分配证明责任时要求考虑政策、公平、证据距离、盖然性、经验规则、方便等六个要素。日本学者则认为法官依判例形成证明责任分配规范时应考虑的要素包括:"证据的距离"、"依事实性质立证的难易"、"关于事实的存在或不存在的盖然性"、"诚实信用原则"或"禁反言"等等。[2] 依据不同的证据分配原则,各国对被告人的证明责任分配有较大的区别,下面对两大法系国家中被告人承担证明责任的范围进行简单介绍:

　　1. 英美法系国家证明责任的分配

　　英美法系国家是以犯罪构成要件为标准分配证明责任的,英美法系采用的是"犯罪本体要件——责任充足条件"的犯罪构成双层模式。犯罪本体要件包括犯罪行为和犯意两个方面的内容,犯罪本体要件必须由控方承担说服责任。责任充足条件是指被告人没有合法的辩护理由,辩护理由由辩方承担说服责任。当控方证明了被告人的行为符合犯罪本体要件后,如果被告人能说明自己不具有责任能力,或者能说明自己的行为正当合法,不具备政策

---

[1] [日]谷口安平:《程序的正义与诉讼》,王亚新、刘荣军译,中国政法大学出版社 1996 年版,第 249 页。

[2] 卞建林、谭世贵:《证据法学》,中国政法大学出版社 2010 年版,第 440 页。

危害性,或者具有其他可得宽恕的事由便可以不负刑事责任。辩护理由一般分为两类:一类是正当化事由。正当化事由指行为虽然违法,但却值得赞扬和鼓励,包括正当防卫、紧急避险、执行职务、体育竞技等事由。另一类是可宽恕事由。可宽恕事由指基于行为人的特殊原因对行为人不予刑罚处罚的事由,通常包括未成年、精神病、被胁迫、认识错误、警察圈套等事由。这两类事由,一般都由被告方承担证明责任。被告的实体性辩护一般说来分为三大类:"否认"、"正当化事由"和"可宽恕事由"。① 除了前述辩护理由外,被告方还可以作同"否认"辩护。否认是指否定了犯罪构成要素的主张。如果辩护方否定了犯罪构成要素,则控方依然要承担反驳的说服责任。对于辩护理由,由于辩护方没有否定犯罪构成要素,因此由辩方承担说服责任,这是英美法系国家以犯罪构成要件为标准分配证明责任的基本原则。

2. 大陆法系国家证明责任的分配

在德国、日本的刑法理论上,一般以构成要件所具有的"推定机能"作为由被告人对违法阻却事由和责任阻却事由履行提出证据责任的实质理由。"通过承认违法构成要件该当性、责任构成要件该当性分别具有违法推定机能、责任推定机能,得以承认……至少在检察官立证'应罪事实'(违法、责任构成要件该当性)之时,可以认为被告方也负有提出证据的责任。②"在法国,判例主张,由受到追诉的人就其提出的"具有证明效力的事实"或"不可归罪的原因"例如正当防卫、强制、精神错乱等事实负提出证据的举证责任。③

此外,各法治发达国家大多承认某些法律上的推定,当基础事实获得证明后,就可以(或必须)依据法律规定而推定待证事实(推定事实)的存在。如果要反驳推定,被告人就须承担相应的证明责任。例如,在日本、法国、我国台湾地区的刑法中,都存在"诽谤事实为虚构事实"的推定,证明事实并非虚假的责任,由被告人承担。即使在传统上坚定否认被告人需要承担任何证明责任的德国,近年来在证明责任的分配上也出现了一些新变化,并开始通过特别刑法有限承认被告人的证明责任。

(二)刑事诉讼证明责任的特点

第一,刑事诉讼中案件事实真伪不明的现象较民事诉讼与行政诉讼少。这是由于,在刑事诉讼程序中,案件经过了侦查机关的侦查程序、公诉机关的审查起诉程序、人民法院依法受理程序,在证明标准上均有严格的法定标准,达不到标准的案件就不能进入下一个程序,因此在一定程度上减少了案件事实真伪不明现象的出现。

第二,对于出现事实真伪不明的案件,应当首先进行补充侦查。《刑事诉讼法》第140条的规定,对于需要补充侦查的,可以退回公安机关补充侦查,也可以自行侦查。对于补充侦查的案件,应当在1个月内补充侦查完毕。补充侦查以2次为限。当案件进入了审判阶段,检察人员发现提起公诉的案件需要补充侦查的,则可以向法庭提出建议,依据《刑事诉讼法》第165条、第166条的规定,可以延期审理,检察院应当在1个月内补充侦查完毕。

第三,对事实真伪不明的案件作出裁判的依据是"无罪推定"和"疑罪从无"的原则。依

---

① [美]道格拉斯·N.胡萨克:《刑法哲学》,谢望原等译,中国人民公安大学出版社2004年版,第289页。

② [日]西田典之:《日本刑法总论》,刘明祥等译,中国人民大学出版社2007年版,第54页。

③ [法]斯特法尼、勒瓦索、布洛克:《法国刑事诉讼法精义(上册)》,罗结珍译,中国政法大学出版社1999年版,第38页。

据《刑事诉讼法》第162条的规定,证据不足不能认定被告人有罪的,应当作出证据不足、指控的犯罪不能成立的无罪判决。

第四,在刑事诉讼中的证明责任仅仅是诉讼法意义上的不利后果,而不是实体法上的不利后果。在刑事诉讼中,如果证据不足判决无罪,检察机关与自诉人并不需要承担实体上的不利后果。

二、刑事公诉案件的证明责任

(一)检察机关的证明责任

在刑事公诉案件中,检察机关作为控诉方,承担被告人有罪的举证责任。这既是无罪推定原则的必然要求,也是由检察机关的诉讼职能所决定的。同时,在刑事诉讼中被告人不得强迫自证其罪也是各国的惯例。具体而言,在公诉案件中,检察机关承担证明责任的方式如下:(1)提出证明的主张。依《刑事诉讼法》第172条的规定:人民检察院认为犯罪嫌疑人的犯罪事实已经查清,证据确实、充分,依法应当追究刑事责任的,应当作出起诉决定,按照审判管辖的规定,向人民法院提起公诉。为支持公诉,人民检察院还应当派员出席法庭审判。支持公诉的主要方式是提出公诉文书,公诉书中必须对被告人所犯罪行的性质和罪名以及严重程度、具体情节提出明确的主张。(2)提供证据。依据《刑事诉讼法》第172条以及相关司法解释的规定,检察机关应当向人民法院提供案卷材料和证据。(3)说服法庭。在审判过程中,控诉方的一切活动均以说服审判组织(包括独任制与合议庭),使审判组织形成控诉方所主张的内心确信为中心而展开。控诉方不仅要举证,同时还要进行严密的逻辑推理和论证,使证据之间能相互印证并没有矛盾,使自己的诉讼主张得到充分的证明。(4)不利后果的承担。如果控诉方不能证明其对被告的指控罪名,使被告人受到相应的刑事处罚。检察机关要承担相应的证明责任,但这里的证明责任不是实体法意义上的不利后果,而是诉讼法意义上的不利后果,即公诉人指控失败,不能使被告人受到刑事惩罚。

另外,根据新《刑事诉讼法》的相关规定,检察机关还要承担证据合法性的证明责任。《刑事诉讼法》规定,在法庭审理过程中,审判人员认为可能存在采用刑讯逼供等非法方法收集的犯罪嫌疑人、被告人供述和采用暴力、威胁等非法方法收集的证人证言、被害人陈述;收集物证、书证不符合法定程序,可能严重影响司法公正的,人民检察院应当对证据收集的合法性加以证明。对于经过法庭审理,确认或者不能排除存在以非法方法收集证据情形的,对有关证据应当予以排除。

(二)非法证据的证明责任

2010年6月13日,我国颁布了关于证据的两个规定,即《关于办理死刑案件审查判断证据若干问题的规定》和《关于办理刑事案件排除非法证据若干问题的规定》。这两个文件的制定与颁布被认为是我国刑事司法制度改革中的一件大事,是我国刑事诉讼制度进一步民主化、法治化的重要标志,是我国刑事证据制度改革的创新和发展。有关非法证据排除的主要内容也被2012年修改的《刑事诉讼法》所吸收。从而在《刑事诉讼法》及《非法证据排除规定》中第一次明确规定了非法证据排除规则的适用范围、法律后果、启动程序、证明责任、调查程序、证明标准和救济方式。特别是证明责任的明确分配使得非法证据排除程序更具有操作性。

一般认为,由于"证据系非法取得"属于程序法事实,因此应当按照"谁主张谁举证"来分配证明责任。但由于被告人所处的特殊处境,由其承担讯问程序不合法的证明责任不太现实,学术界对于非法自白的证明应当实行证明责任倒置也已形成初步共识。《非法证据排除规定》及新《刑事诉讼法》吸收了这一理论研究成果,要求控方承担证明责任。

《刑事诉讼法》第57条明确规定,在对证据收集的合法性进行法庭调查的过程中,人民检察院应当对证据收集的合法性加以证明。控方在非法证据排除程序中要求承担结果意义上的责任,而被告人则要求承担行为意义上的举证责任。对此,《非法证据排除规定》第6条规定:"被告人及其辩护人提出被告人审判前供述是非法取得的,法庭应当要求其提供涉嫌非法取证的人员、时间、地点、方式、内容等相关线索或者证据。"而《刑事诉讼法》第56条也要求,当事人及其辩护人、诉讼代理人有权申请人民法院对以非法方法收集的证据依法予以排除。申请排除以非法方法收集的证据的,应当提供相关线索或者材料。对于经过法庭审理,确认或者不能排除存在本法第54条规定的以非法方法收集证据情形的,对有关证据应当予以排除。

(三)侦查机关和人民法院不承担证明责任

在刑事诉讼中,侦查机关和人民法院基于其职责,负有收集、审查判断证据,查清刑事案件事实的法定职责。对此,《刑事诉讼法》第50条规定:"审判人员、检察人员、侦查人员必须依照法定程序,收集能够证实犯罪嫌疑人、被告人有罪或者无罪、犯罪情节轻重的各种证据。"第160条规定:"公安机关侦查终结的案件,应当做到犯罪事实清楚,证据确实、充分,并且写出起诉意见书,连同案卷材料、证据一并移送同级人民检察院审查决定。"第191条规定:"法庭审理过程中,合议庭对证据有疑问的,可以宣布休庭,对证据进行调查核实。人民法院调查核实证据,可以进行勘验、检查、查封、扣押、鉴定和查询、冻结。"据此规定,我国传统的证据法学理论认为公、检、法三机关都要承担证明责任。[1] 大陆法系国家基于其职权主义模式,认为警察、检察官和法官为发现案件事实真相,均积极主动调查收集证据,其传统的证明责任理论也认为刑事诉讼中所有国家机关都要承担证明责任。我们认为,侦查机关和人民法院都具有收集证据、查清案件事实的法定职责,但不能把公安机关和人民法院的法定职责理解为证明责任。

从侦查机关来看,首先,其侦查终结向检察机关移送材料并不是向检察机关进行证明,其实质上是辅助检察机关承担证明责任。侦查机关收集证据的全部目的是为了帮助检察机关完成证明责任,根据《刑事诉讼法》第171条的规定,人民检察院审查案件,可以要求公安机关提供法庭审判所必需的证据材料,该规定也说明了侦查机关与检察机关的关系是一种辅助与被辅助的关系,而不是公安机关向检察机关进行证明的关系。其次,检察机关不起诉,也不是公安机关承担证明责任意义上的"不利后果",只是其承担法定职责的表现。此外,证明责任主要是与审判相联系的,侦查机关在我国除了偶尔会作为证人参与诉讼外,一般不参与审判活动。因此,侦查机关不承担证明责任。

从人民法院来看,也不承担证明责任。首先,法院没有自己的独立的诉讼请求,只是对当事人双方进行居中裁判,它如果承担证明责任可能会丧失中立地位。其次,法院庭外调查权是为查清案件事实、审查判断证据服务的,并非承担提出证据的责任,而它自身就是接受证明的主体,也不可能承担提出证据的责任。最后,它不承担证明责任意义上的不利后果。

---

① 陈一云:《证据学》,中国人民大学出版社1991年版,第154页。

即使其他救济程序撤销一审法院判决或发回重审,也仅仅是一种审判监督,而非证明责任制度中的不利后果。

三、自诉案件的证明责任

自诉案件的证明责任由自诉人承担,如自诉人举证不能就要承担败诉的法律后果。根据《刑事诉讼法》第 204 条、第 205 条的规定,自诉人向人民法院提起控诉,必须提供证据。如果自诉人不能证明其主张的犯罪事实,在开庭审理之前,法官应当说服自诉人撤诉,或者裁定驳回其起诉;开庭审理之后,法官应依法判决被告人无罪。根据该规定,自诉人起诉前应当已经收集到一定的有罪证据,否则难以起诉。同时,由于自诉案件不经过侦查机关进行侦查,收集证据的责任往往由自己履行。

同时,自诉案件在法庭上的举证责任也由自诉人承担。自诉案件如果有法定代理人,其举证责任则由法定代理人承担。自诉人可以委托律师或其他人代理自诉,协助自诉人履行举证责任。在法庭审理中,自诉人及其代理人必须出示证据证明被告人有罪。自诉人经两次依法传唤,无正当理由拒不到庭的,或者未经法庭许可中途退庭的,按撤诉处理。此外,法律规定被告人可以在诉讼过程中对自诉人提出反诉,对于反诉的事实主张,被告人负有证明责任。

四、犯罪嫌疑人、被告人的证明责任

在现代刑事诉讼中,一般认为无论是公诉案件还是自诉案件中的犯罪嫌疑人、被告人通常都不需要承担证明责任。在诉讼中,被告方有时也会主动提出证据,一般是为了被告人的利益支持某一辩护主张,这是被告人应当行使的权利而不是履行举证责任的义务。但是,在我国的刑事法律中,也的确存在被告需要承担结果意义上的举证责任的例外情形,主要有以下几种情形:

(一)持有型犯罪的证明责任

持有型犯罪是以行为人持有特定物品或财产的不法状态为基本构成要素的犯罪。通说认为,我国刑法规定的持有型犯罪包括第 128 条第 1 款规定的非法持有枪支、弹药罪,第 172 条规定的持有假币罪,第 282 条第 2 款规定的非法持有国家绝密、机密文件、资料、物品罪,第 348 条规定的非法持有毒品罪,第 352 条规定的非法持有毒品、原植物种子、幼苗罪,第 395 条第 1 款规定的巨额财产来源不明罪,第 130 条规定的非法携带枪支、弹药、管制刀具等危险物品危及公共安全罪与《刑法》第 297 条规定的非法携带武器、管制刀具、爆炸物参加集会游行示威罪。[①]

在上述持有型犯罪的证明责任分配上,控诉方承担下述证明责任:一是行为人属于犯罪的主体范围;二是不法持有物品或财产、支出与正常收入差额巨大的事实状态。关于持有型犯罪的主观罪过证明问题,当前主要存在三种代表性的观点:第一种观点认为持有型犯罪的主观罪过不需要证明。控方只需证明被告实施了持有特定物品或财产的行为即达到了证明要求,完成了对持有型犯罪的认定。至于被告人的主观罪过方面的情况,如是否明知及有无

---

① 当然,也有学者有不同的认识。参见梁根林《责任主义刑法视野中的持有型犯罪》,载《法学评论》2003 年第 4 期。

明知能力,是否预见及有无预见能力,无须考虑。这种观点可称为"无罪过责任",其实质是将犯罪主观要件置于犯罪构成之外。第二种观点认为持有型犯罪的主观罪过需要证明,证明责任在控方。被告人可以提起抗辩而不负有证明责任。在控方证明了被告人持有特定物品或者财产的情况下,被告人对控方的证明可以抗辩。即使刑法规定了被告人具有说明义务,完成说明义务的标志也仅仅是能够使法官对控方有关主观罪过的证明产生合理怀疑为限,并不需要承担相应的证明责任。这种观点可称为"有罪过责任",其实质是将犯罪主观要件的证明责任交由控方承担,辩方的抗辩达到合理怀疑即可。第三种观点认为持有型犯罪的主观罪过需要证明,证明责任由辩方承担。控方证明了被告人持有特定物品或者财产的情况,实际上也就一并证明了被告人具有持有特定物品或者财产的主观罪过,其根本原因在于持有行为与持有犯意之间的高度关联性,因而在持有行为证明与持有犯意证明之间实际上存在着罪过推定。在控方完成持有行为证明的情况下,被告如不能举出确实充分的证据证明其所持有的特定物品或财产具备合法来源或去向,证明其主观并无过错,那么他将承担不利的法律后果,被判有罪。这种观点可称为"罪过推定责任",其实质在于将犯罪主观要件的证明交由辩方来承担。

第一种观点不问罪过即对嫌疑人定罪,显然有可能扩大刑法的打击面,殃及无辜,不符合持有犯的刑事立法本意。第二种观点尽管认为持有型犯罪的主观罪过证明要求有所降低,但是仍然需要控方予以证明。这种观点实际上坚持在持有型犯罪主观罪过的证明问题上,控方应当承担客观证明责任,辩方只需对控方的证明提出合理怀疑即可阻却控方的证明目的,辩方在此并没有客观证明责任。这种观点具有一定的代表性,表面上它既符合刑事诉讼法中无罪推定原则要求控方承担单方、完全的证明责任的要求,也能够部分解释主观罪过在持有型犯罪中为什么需要证明以及怎么进行证明,因而得到不少学者支持。但是这种观点描绘的持有型犯罪中证明责任"分配"及承担的图景,同第一种观点一样,也不符合持有犯的刑事立法本意。如果说第一种观点有可能扩大刑事打击面,那么这种观点则有可能轻纵犯罪。设想如下案例:警察通过线报得知甲携带 500 克毒品将在某时某地与乙进行交易,经过周密布控抓获了正在交接毒品的甲与乙。交货人甲构成贩卖毒品罪没有异议。关键是乙,他辩称自己并不知道送来的"货"是毒品,而甲只知道有人来接货,此前并不认识乙。在没有其他情况印证乙说法的情况下,司法实践中,一般认为证明乙"明知毒品"的证据不足,因而按照持有毒品罪"降格处理",以此来严密毒品犯罪刑事法网。这种做法在司法实践中很常见,也是合理的。绝大多数毒品持有型犯罪都是这样处理的。但是按照第二种观点,乙既不可能构成贩卖毒品罪,也不可能构成持有毒品罪。在这个案例中较为合理的做法是,乙对"明知"的否认如果让法官认为存在有"不知"的可能,也就是对控方主观罪过"明知"证明具有"合理怀疑"的情况下,不能以贩卖毒品罪对乙进行定罪处罚。但是乙要消除法律对其"持有毒品"的不利刑事评价,那么他就必须提供充分的、令人信服的证据来证明他的确不知道交接的货物是毒品。①

综上所述,第三种观点是正确的,应根据犯罪嫌疑人对特定物品或财产具有事实或者法律上的支配关系的证据,在无法认定或证明犯罪嫌疑人具有先行犯罪、续接犯罪、目的犯罪

---

① 张斌:《再论被告人承担客观证明责任——以我国刑法规定的持有型犯罪为例》,载《四川大学学报(哲学社会科学版)》2009 年第 3 期。

的主观罪过的情况下,可以认定持有人对特定物品或者财产具有持有故意的主观罪过。如果嫌疑人能够证明没有持有的故意,那么就不构成持有型犯罪。当然,应该注意的是,要求辩方承担没有持有的故意的证明责任,其证明标准只要达到"排除合理怀疑",并不要求"确实充分"。

（二）奸淫幼女中"明知"、"不知"的证明责任

2003 年 1 月 23 日,最高人民法院发布了《关于行为人明知是不满十四周岁的幼女,双方自愿发生性关系是否构成强奸罪问题的批复》。该批复的主要内容为:"行为人明知不满十四周岁的幼女而与其发生性关系,不论幼女是否自愿,均应依照刑法第二百三十六条第二款的规定,以强奸罪定罪处罚;行为人确实不知对方是不满十四周岁的幼女,双方自愿发生性关系,未造成严重后果,情节显著轻微的,不认为是犯罪。"该批复缘于辽宁省高级人民法院对一个奸淫幼女案件的请示。该案中的被害人徐某,女,1989 年 5 月 2 日出生,案发时 13 岁,身高 1.65 米,体重 60.2 公斤。该女在 2002 年 2 月,以"疯女人"的网名上网与人聊天,随后与人见面,先后与张某等 6 人发生性关系。本案经某区人民检察院向某区人民法院提起公诉。某区人民法院经审理后,对该案中发生性行为的事实确认无误,但对被告人的行为是否构成犯罪存在意见分歧,遂将该案请示到中级人民法院。中级人民法院经审委会讨论,同样存在意见分歧,遂请示到辽宁省高级人民法院。辽宁省高级人民法院在对本案定性没有把握,尤其是考虑到这个事件涉及对《刑法》第 236 条第 2 款规定的正确解释,具有一定的普遍性,就将该案请示到最高人民法院,最终最高人民法院以批复的形式对本案作出了司法解释。

法院在审理该案时存在以下两种意见:第一种意见认为,被告人张某等 6 人构成强奸罪。理由是:被害人徐某案发时未满 14 周岁,而奸淫幼女罪是指与不满 14 周岁的幼女发生性行为的行为。本案主观方面是故意,并且具有奸淫的目的;客观方面表现为与不满 14 周岁的幼女发生了性行为。不管幼女是否同意,也不管行为人用什么方法达到奸淫目的,只要与幼女发生了性行为即构成此罪,上述 6 被告人的行为符合奸淫幼女罪的犯罪构成。第二种意见则认为,被告人张某等 6 人的行为不构成强奸罪。理由是:首先,奸淫幼女罪主要是考虑到不满 14 周岁的儿童对性的认识能力欠缺,为保护儿童的身心健康,所以在强奸罪中单独列出"奸淫不满十四周岁的幼女的,以强奸论,从重处罚"。在本案中,被害人徐某虽未满 14 周岁,但其从网上和其他渠道更多地了解了有关性知识,在其给被告人杜某的信中也说:"爱好:上网、找男人做爱。"等等,说明其心理发育早熟,有别于传统意义上的幼女。其次,被害人与上述 6 被告人均是在网上聊天时相识,被奸淫之前大多是被害人提出要与对方见面,不想回家,想找个地方睡觉。网上聊天时,也是以性爱作为主要内容,想知道性爱是什么,由于早熟及好奇心驱使,使其主动接触异性并勾引异性,导致其与多人发生性行为,且被害人在网上及当着 6 被告人的面均说自己 19 岁,从其体貌特征看貌似成人,被告人不可能知道其是幼女。也就是说在本案中,上述 6 被告人无罪过,不能认为是犯罪。

批复出台以后,引起了非常大的争论。我们认为,根据我国刑法主客观相统一的原则与刑法惩罚犯罪与保障人权的双重机能,不能将"明知"狭义地理解为确知,而应当理解为既包括明知是幼女,也包括应当知道与可能知道是幼女,如果有足够证据证明行为人"确实不知"对方是幼女,且双方自愿发生性关系的,那就不能定罪。"明知"的证明责任应由控方承担。"确实不知"的证明责任则由辩方承担。当然,从司法实践来看,绝大多数奸淫幼女案件都发

生在熟悉的人之间,因此在奸淫幼女的案件中,为"明知"与"不知"问题而发生争议的可能是非常少的,绝大多数案件中知与不知只需要利用生活常识就可以作出判断。

(三)被告人承担证明责任的其他情况

在刑事诉讼中,对于被告方提出抗辩事由及有关程序性事实是否由被告承担,在理论上存在着争议。有观点认为,被告应当对如下事实承担证明责任:(1)被告方提出的阻却违法性及有责性的事实包括精神不正常、不可抗力、意外事件及正当防卫。(2)被告方的某些积极抗辩主张,如不在犯罪现场,没有犯罪时间等。此外,被告方主张被告人的行为系合法授权的行为或者引用法律条文中的但书、例外或豁免进行抗辩时,也要承担证明责任。(3)被告方主张的程序性事实,如证据的可采性、法官及陪审员的回避等。(4)被告独知的事实。并认为被告人承担这些事实的证明责任,主要是基于"刑事政策"、"证明距离"及"诉讼便利"等因素的考虑。① 也有观点认为,在刑事诉讼中,辩护方对以下事项承担推进责任:(1)辩护方对法律明确规定可以推定的事实予以否认的,如已生效裁判认为的事实等;(2)辩护方提出其无刑事责任能力、正当防卫、不可抗力、紧急避险等阻却违法性及有责性的事实;(3)辩护方提出的没有犯罪时间、不在犯罪现场等积极抗辩性的事实;(4)辩护方主张回避理由等程序性事实。② 所谓推进责任显然不应是结果意义上的证明责任,仅能指行为意义上的证明责任,与前面的观点有明显的区别。

我国现行法律对于辩护方提出的抗辩事由,并没有明确规定由谁来承担证明责任,是否由辩护方承担证明责任不能一概而论,应当具体分析。我们认为,辩护方提出其无刑事责任能力、正当防卫、不可抗力、紧急避险等阻却违法性及有责性的事实,只需要承担行为意义上的证明责任,结果意义上的证明责任应当由控方承担。因为这些事实与案件事实密不可分,是案件事实的组成部分,如果侦查机关无法查清,不能通过证据证明,它应当属于案件事实不清,证据不足的情况。同时,相对而言,辩护方的举证能力较弱,但它也要负责提出证据,使抗辩事由形成"争点",否则抗辩事由难以进入争议范围。不过,该类抗辩事由最终证明责任由控方承担。对于辩护方独知的事实,积极抗辩事由如无犯罪时间、不在犯罪现场,程序性事实,则应由辩护方承担证明责任,这主要是基于证明难易及举证公平的角度所作的考虑。如对于辩护方独知的事实,控方很难承担证明责任。如果一定要控方承担证明责任,则很可能因举证不能而放纵犯罪分子。因此,对这些抗辩事由,由辩护方承担比较合理。

【引例二】评析:王某贪污罪证据不足,但可能构成巨额财产来源不明罪。检察机关只需要证明王某的财产明显超出其合法收入。王某则需要证明其收入来源合法,否则即可构成巨额财产来源不明罪。

---

① 卞建林、谭世贵:《证据法学》,中国政法大学出版社 2010 年版,第 454~456 页。
② 陈光中:《证据法学》,法律出版社 2011 年版,第 328 页。

第三节 民事诉讼证明责任

❖━•━•━•━•━•━•━❀❀❀━•━•━•━•━•━•━❖

【引例三】某日,张某发现自己承包的鱼塘里的鱼大量死亡。张某认为鱼的死亡是由附近的辉煌化工厂排污引起的,遂起诉辉煌化工厂要求赔偿。辉煌化工厂辩称,根本没有向张某的鱼塘排污。

问:关于化工厂是否向鱼塘排污的事实,谁应负证明责任?

【引例四】某县供电局安装的高压线电死了李某的牛,李某诉请损害赔偿。在诉讼中,双方就县供电局对李某的牛的死亡是否有过错发生争议。

问:对此争议,谁应负证明责任?

【引例五】某甲喝啤酒,开瓶时发生爆炸,眼睛致残引起诉讼。啤酒瓶生产于 1996 年,爆炸发生于 2001 年。按照国家规定的标准,啤酒瓶使用期为 2 年,厂家超期使用约 3 年。经鉴定,认定"啤酒瓶爆炸是外力作用引起的",但无法说明是正常外力还是非正常外力。

问:此案证明责任如何分配?

━•━•━•━•━•━•━•━•━•━•━•━•━•━•━•━•━

一、关于民事诉讼证明责任分配的学说

人类对证明责任分配的探索由来已久。罗马法上即确立了证明责任分配的两项基本原则:一条是"原告应负举证义务",即原告对其主张的事实,应当首先举证,如举证不能则要承担败诉后果;二是"举证义务存于主张之人,不存于否认之人"。这一原则与"谁主张,谁举证"的拉丁格言一脉相承,是罗马法时期的学者保罗期从"一切推定为否定者利益"的格言中引申出来的。

后来经历了中世纪寺院法的演变之后,确立了原告就其诉讼原因的事实举证、被告就其抗辩事实举证的一般原则,该原则仅在法律上的推定和主张消极事实两种场合才例外地不适用。19 世纪的德国学者一直遵循该原则,直到后来由于例外情形一再增加使其无论是在理论上还是在实务中均失去原有的价值。[①] 随后,学者们就证明责任分配提出了各种不同的学说。虽然各种学说林林总总,但就其主线而言,主要有两条:一条是从待证事实本身的性质着手研究分配证明责任的方法,即待证事实分类说;另一条则是着眼于待证事实在实体法上的效果寻找分配证明责任的方法,即法律要件分类说。就影响而言,法律要件分类说远胜于待证事实分类说。该学说以罗森贝克的学说为代表,长期支配德国和日本的理论界和司法实务部门,而且对我国内地、澳门和台湾地区产生了重大的影响。我国最高人民法院规定合同案件分配证明责任原则时,也借鉴了该学说。下面对两种学说进行简单的介绍:

---

① 骆永家:《民事举证责任论》,台湾商务印书馆 1987 年版,第 70 页。

（一）待证事实分类说

待证事实分类说是根据待证事实的性质和内容来决定证明责任分配的学说，其要义在于将待证事实依照某种标准进行分类之后，明确哪些事实需要由当事人承担证明责任。具体可分为：

1. 消极事实说

该学说将当事人关于事实的主张分为积极主张与消极主张，积极主张是指关于事实存在或已发生的主张，消极主张是事实不存在或未发生的主张。该说认为主张积极事实的人应当承担证明责任，主张消极事实的人则不需要承担证明责任。理由在于，积极事实能够证明且容易被证明，消极事实难以证明且一般不发生某种结果，因此凡主张消极事实的人不负证明责任。

该学说的依据有两点：一是消极事实是指未发生的事实，未发生的事实无从举证；二是从因果关系的角度来看，积极事实会产生某种结果，消极事实不会产生结果。就已发生的民事法律关系而言，除非发生了某种积极事实，无变更或消灭之可能。该学说的合理之处在于，它切合生活经验与常识，消极事实的证明是采用排除可能性的方法，即通过提供大量间接证据来排除未发生某种事实，一般难以证明。

2. 外界事实说

外界事实说乃是根据事物能否从外部加以观察、认识为标准，将待证事实区分为外界事实与内界事实，并以此为基础确定证明责任的分配。所谓外界事实是指那些可以借助人的五官感知到的事实，如物的大小、味道、体积、色彩和运动方式等。内界事实是指人的心理状态，如知与不知、故意与否和善恶与否等。主张外界事实的人应承担证明责任，主张内界事实的人不承担证明责任。[①] 该学说依据当事人举证的难易，免除五官难以体察到的事实的证明责任，具有一定的合理性。但其也有局限性，如外界事实与内界事实之间并无严格的区分标准，从而使得证明责任分配的确定性无从实现。另外，如对某些内界事实，双方当事人均予以主张，证明责任如何分配？

上述两种学说的合理性在于指出了消极事实、内界事实不易证明，因此，为公平故，需要通过推定等方式免除或减轻主张上述两类事实当事人的证明责任。然而，该学说的缺陷同样也是客观存在的。主要有三个方面：第一，积极事实与消极事实的界线比较模糊，当事人可以通过变换陈述方式轻而易举地将积极事实变为消极事实的主张，从而规避本应由其承担的证明责任。第二，消极事实、内界事实也并非绝对不可证明，有时可以通过对间接事实的证明来推知作为主要事实的消极事实、内界事实。如，"不在场"的消极事实，可以通过证明该人在其他地方的事实，根据时间与距离之关系，不可能同时分身之事实，间接证明其不在场。[②] 第三，与实体法的规定相抵触，因为实体法中有时会规定当事人须就消极事实、内界事实负证明责任。如要求被告证明加害行为与损害结果之间不存在因果关系，要求原告证明被告主观上存在恶意等。

（二）法律要件分类说

法律要件分类说是将实体法规定的法律要件事实区分为不同类别后分配证明责任。它

---

① 骆永家：《民事举证责任论》，台湾商务印书馆 1987 年版，第 73 页。

② 陈荣宗：《举证责任分配与民事程序法（第二册）》，台湾三民书局 1984 年版，第 10 页。

与待证事实分类说的根本区别在于不是以事实本身的内容与性质作为分担证明责任的标准,而着眼于事实与实体法的关系,以事实在实体法上引起的不同效果作为分配证明责任的依据。该说认为,在民事诉讼中,当事人处于平等的法律地位,不应该过多地考虑举证的难易,而应适当地分配证明责任,才能实现司法的公正。法律要件分类说以德国学者罗森贝克的规范说与莱昂哈德的完全说为代表。

1. 罗森贝克的规范说

该学说在德国法上具有绝对的支配地位,1900 年,罗森贝克出版了他的代表性著作《证明责任论》,根据日本学者高桥宏志的归纳,其主要内容如下:

第一,实体法规范可以分为四种类型:权利根据规范(又称为权利产生规范、基本规范、请求权规范、主要规范或通常规范),如双方当事人就合同主要条款作出一致意思表示的事实;权利妨碍规范,如未成年人未经法定代理人同意所作出的意思表示无效;权利消灭规范,如关于债务的清偿、提存、免除等;权利排除规范,如时效届满、欺诈、胁迫等。后三者是与作为请求权基础的权利形成规范相对立的,又称为对立规范。在诉讼中,权利形成规范对主张权利的当事人有利,其余三类规范对否认权利的对方当事人有利。

第二,实体法规范的分类可以依据实体法形式上的结构、条文的关系等方面来识别。从权利的产生与变动的时间顺序看,一般而言是权利产生在先,障碍或消灭权利在后;对于几乎在同一时刻发生作用的权利产生规范与权利妨碍规范,可以用原则与例外的关系来说明。

第三,立法应对证明责任进行明确的分配,以此来排除法官的裁量,避免不同法官作出不同的分配。

第四,按证明责任进行判决的必要前提是事实是否存在处于真伪不明的状态,或者说关于争议的要件事实存在无法克服的不确定性。换言之,只有当某一事实以真伪不明而告终时,证明责任才得以发挥作用。正是从这个意义上,"可以说证明责任在心证穷尽之时开始发挥作用"[1]。

以此为依据,罗森贝克提出的分配证明责任的原则是:主张权利存在的当事人,应就存在权利发生的法律要件事实承担证明责任;否认权利存在的当事人,应就存在权利障碍法律要件和权利消灭或权利受制的法律要件事实承担证明责任。

2. 莱昂哈德的完全说

莱昂哈德的完全说也是从实体法律规范上寻找证明责任分配的标准。该学说认为证明责任包含了主观证明责任与客观证明责任两层含义。与规范说不同之处在于,完全说认为引起权利发生的一切法律要件事实都是权利产生所必须的,将它们分为一般要件事实与特别要件事实是错误的。权利规范只包括权利发生规范与权利消灭规范两类,规范说中的权利妨碍规范应归入权利发生规范,权利受制规范应归入权利消灭规范。主张法律效果成立的当事人应就发生该法律效果所必须的一切有关事实负证明责任,对方就该法律效果变化或消灭所必须的一切有关事实负证明责任。[2] 莱昂哈德的完全说将权利妨碍规范归入权利发生规范,从而克服了规范说中存在的权利发生规范与权利妨碍规范难以克服的弱点。

---

① [日]高桥宏志:《民事诉讼法制度与理论的深层分析》,林剑锋译,法律出版社 2003 年版,第 420 页。

② 骆永家:《民事举证责任论》,台湾商务印书馆 1987 年版,第 76 页。

但该学说也有局限,如果在诉讼中要求主张权利的一方当事人对产生权利的所有法律要件事实主张并承担证明责任,诉讼将变得十分复杂,诉讼效率也会降低;并且在诉讼中,原告与被告作为平等的诉讼主体,理应各自承担对等的诉讼义务(包括证明责任),但完全说将负担主要由原告承担,导致其胜诉的可能性大大降低,有悖公正原则。

3. 反规范说

反规范说是在修正或否定法律要件分类说的基础上提出的分配证明责任的新学说。主要包括三种学说:

(1)危险领域说。该说认为,应依据待证事实属于哪一方当事人控制的危险领域为标准来决定证明责任的分配,亦即当事人应当对其所能控制的危险领域中的事实负证明责任。[①]所谓危险领域,是指一方当事人通过事实上或法律上的手段可以控制的生活领域。危险领域说充分注意到了法律要件分类说仅注重形式上的分配方法,不拘泥于法律条文关于权利规定的形式构成,而是把证明的难易和有利于防止损害的发生作为证明责任分配的根据,体现了对实质公正的高度关注。然而,该学说也有不足,如危险领域本身就是一个含义不确定的概念,以此为依据分配证明责任具有很大的不确定性。

(2)盖然性说。德国学者莱讷克和瓦亨道夫所倡导的盖然性说,是对法律要件分类说的彻底否定。该学说认为,应以人们的日常生活经验所统计出来的某要件事实发生的概率为依据来分配证明责任。即某事实发生率高的,主张该事实的当事人不需要承担证明责任,反之则需要承担证明责任。盖然性说是通过对民法中规定的证明责任规范的分析,从实质性的考量入手将证明责任的分配体系化,并把盖然性与证明可能性作为分配证明责任的一般因素。该学说的缺陷在于,盖然性与确定盖然性的标准本身是不确定的,因此难以作为法定的证明责任分配规则。

(3)利益考量说。该学说主要为日本学者石田穰和新堂幸司所主张,认为决定证明责任分配的实质性要素是当事人之间的公平和实体法的立法宗旨。考虑当事人之间的公平应注意以下方面:第一,欲变更现状的当事人应对变更之要件承担证明责任。第二,在证据分布不均衡,进而使权利主张者无法掌握其主张所必需的事实及证据的情况下,让处于更容易使用必要证据方法地位的一方当事人来承担该事实的证明责任较符合公平的理念。第三,让主张例外情况存在的当事人对该事实承担证明责任也符合公平原则。第四,由于证明责任的分配也决定某个法律的适用与否,因此每个法律的立法趣旨也当然地发挥着决定证明责任分配标准的作用。是否希望拓宽权利救济途径的立法趣旨、实体法的解释及政策论,也成为决定证明责任分配的重要因素。[②]

二、我国民事诉讼中证明责任的分配

(一)证明责任分配的原则

在我国民事诉讼领域,"谁主张,谁举证"长期以来被认为是证明责任分配的原则。产生这种认识的根源在于 1982 年颁布的《民事诉讼法(试行)》的规定,该法第 56 条规定了"当事人对自己提出的主张,有责任提供证据",1991 年颁布的《民事诉讼法》第 64 条第 1 款完全

① 肖建华:《民事证据法理念与实践》,法律出版社 2005 年版,第 48 页。
② [日]新堂幸司:《新民事诉讼法》,林剑锋译,法律出版社 2008 年版,第 397、400 页。

继承了试行法第56条的规定。"谁主张,谁举证"看似合理,实则不然。如甲诉乙要其归还借款1万元,乙否认存在借款合同。如依"谁主张,谁举证"的原则,甲须就借款合同成立承担证明责任,乙须就借款合同不存在承担证明责任。当合同是否成立的事实真伪不明时,法院既可判决甲败诉,又可判决乙败诉,显然不合法理与情理。可见,"谁主张,谁举证"不是分配证明责任的一般原则,因为这一规定无法解决证明责任的合理分配问题。此外,任何一种证明责任的分配都不能也不必要求双方当事人就同一事实从正、反两方面承担证明责任,这样做既不公正也不经济。《民诉证据规定》第2条规定:"当事人对自己提出的诉讼请求所依据的事实或者反驳对方诉讼请求所依据的事实有责任提供证据加以证明。没有证据或者证据不足以证明当事人的事实主张的,由负有举证责任的当事人承担不利后果。"这一规定是对《民事诉讼法》第64条内容的具体化。然而,需要特别澄清的是,《民事诉讼法》第64条以及《民诉证据规定》第2条的规定仅仅是关于民事证明责任概念的说明,与证明责任的分配并无直接的关系。

事实上,我国民事诉讼证明责任的分配基本上是以法律要件分类说为理论基础的,主要分配原则可以概括如下:

1. 主张权利或法律关系存在的当事人,只需对产生该权利或法律关系的要件事实承担证明责任,不必对不存在妨碍该权利或法律关系发生的事实负证明责任,存在妨碍该权利或法律关系发生的事实的证明责任由否认权利存在的对方当事人承担。

2. 主张原来存在的权利或法律关系已经或应当变更、消灭的当事人,只需就存在变更或消灭权利或法律关系的事实负证明责任,不需对不存在妨碍权利或法律关系变更或消灭的事实负证明责任,此类证明责任由对方当事人承担。

3. 主张权利受制的当事人,应当对存在排除权利行使的事实承担证明责任。

4. 在缺乏具体规定时,依据公平原则与诚信原则合理分配证明责任。

(二)证明责任分配的体系

1. 依据实体法分配证明责任

证明责任的分配本质上是由实体法决定的,我国民事法律对证明责任的分配有零散的规定。

《民法通则》第126条规定建筑物或者其他设施以及建筑物上的搁置物、悬挂物发生倒塌、脱落、坠落造成他人损害的,它的所有人或者管理人应当承担民事责任,但能够证明自己没有过错的除外。

《著作权法》第52条规定复制品的出版者、制作者不能证明其出版、制作有合法授权的,复制品的发行者或者电影作品或者以类似摄制电影的方法创作的作品、计算机软件、录音录像制品的复制品的出租者不能证明其发行、出租的复制品有合法来源的,应当承担法律责任。

《专利法》第57条规定专利侵权纠纷涉及新产品制造方法的发明专利的,制造同样产品的单位或者个人应当提供其产品制造方法不同于专利方法的证明;涉及实用新型专利的,人民法院或者管理专利工作的部门可以要求专利权人出具由国务院专利行政部门作出的检索报告。

《海商法》第51条规定在责任期间货物发生的灭失或者损坏是由于下列原因之一造成的,承运人不负赔偿责任:(1)船长、船员、引航员或者承运人的其他受雇人在驾驶船舶或者管理船舶中的过失;(2)火灾,但是由于承运人本人的过失所造成的除外;(3)天灾,海上或者其他可航水域的危险或者意外事故;(4)战争或者武装冲突;(5)政府或者主管部门的行为、检疫限制或者司法扣押;(6)罢工、停工或者劳动受到限制;(7)在海上救助或者企图救助人命或者财产;(8)托运人、货物所有人或者他们的代理人的行为;(9)货物的自然特性或者固有缺陷;(10)货物包装不良或者标志欠缺、不清;(11)经谨慎处理仍未发现的船舶潜在缺陷;(12)非由于承运人或者承运人的受雇人、代理人的过失造成的其他原因。承运人依照前款规定免除赔偿责任的,除第(2)项规定的原因外,应当负举证责任。第 52 条规定因运输活动物的固有的特殊风险造成活动物灭失或者损害的,承运人不负赔偿责任。但是,承运人应当证明业已履行托运人关于运输活动物的特别要求,并证明根据实际情况,灭失或者损害是由于此种固有的特殊风险造成的。第 59 条规定经证明,货物的灭失、损坏或者迟延交付是由于承运人的故意或者明知可能造成损失而轻率地作为或者不作为造成的,承运人不得援用本法第 56 条或者第 57 条限制赔偿责任的规定。经证明,货物的灭失、损坏或者迟延交付是由于承运人的受雇人、代理人的故意或者明知可能造成损失而轻率地作为或者不作为造成的,承运人的受雇人或者代理人不得援用本法第 56 条或者第 57 条限制赔偿责任的规定。

《侵权责任法》第 38 条规定无民事行为能力人在幼儿园、学校或者其他教育机构学习、生活期间受到人身损害的,幼儿园、学校或者其他教育机构应当承担责任,但能够证明尽到教育、管理职责的,不承担责任。第 66 条规定因污染环境发生纠纷,污染者应当就法律规定的不承担责任或者减轻责任的情形及其行为与损害之间不存在因果关系承担举证责任。第 70 条规定民用核设施发生核事故造成他人损害的,民用核设施的经营者应当承担侵权责任,但能够证明损害是因战争等情形或者受害人故意造成的,不承担责任。第 71 条规定民用航空器造成他人损害的,民用航空器的经营者应当承担侵权责任,但能够证明损害是因受害人故意造成的,不承担责任。第 72 条规定占有或者使用易燃、易爆、剧毒、放射性等高度危险物造成他人损害的,占有人或者使用人应当承担侵权责任,但能够证明损害是因受害人故意或者不可抗力造成的,不承担责任。被侵权人对损害的发生有重大过失的,可以减轻占有人或者使用人的责任。第 73 条规定从事高空、高压、地下挖掘活动或者使用高速轨道运输工具造成他人损害的,经营者应当承担侵权责任,但能够证明损害是因受害人故意或者不可抗力造成的,不承担责任。被侵权人对损害的发生有过失的,可以减轻经营者的责任。第 75 条规定非法占有高度危险物造成他人损害的,由非法占有人承担侵权责任。所有人、管理人不能证明对防止他人非法占有尽到高度注意义务的,与非法占有人承担连带责任。

2. 依据司法解释分配证明责任

在适用民事法律过程中,最高人民法院作出了大量的司法解释,其中一些司法解释含有分配证明责任的条款。如最高人民法院《关于审理票据纠纷案件若干问题的规定》第 9 条规定:"票据诉讼的举证责任由提出主张的一方当事人承担。……该票据的出票、承兑、交付、背书、转让涉嫌欺诈、偷盗、胁迫、恐吓、暴力等非法行为的,持票人对持票的合法性应当负责举证。"第 10 条规定:"票据债务人依照票据法第十三条的规定,对与其有直接债权债务关系的持票人提出抗辩,人民法院合并审理票据关系和基础关系的,持票人应当提供相应的证据证明已经履行了约定义务。"第 11 条规定:"付款人或者承兑人被人民法院依法宣告破产的,持票人因行使追索权而向人民法院提起诉讼时,应当向受理法院提供人民法院依法作出的宣告破产裁定书或者能够证明付款人或者承兑人破产的其他证据。"最高人民法院《关于适用《中华人民共和国婚姻法》若干问题的解释（一）》第 18 条规定夫妻对婚姻关系存续期间所得的财产约定归各自所有的，夫或妻一方对外所负的债务，第三人知道该约定的，以夫或妻一方所有的财产清偿。"第三人知道该约定的"的证明责任由夫妻一方承担。

最高人民法院的司法解释，是我国民事诉讼法的渊源之一，属于实质意义上的民事诉讼法。当司法解释中对证明责任分配作出规定时，理应根据解释中的规定确定证明责任的承担。

3. 依据法官裁量来分配证明责任

《民诉证据规定》第 7 条规定："在法律没有具体规定，依本规定及其他司法解释无法确定举证责任承担时，人民法院可以根据公平原则和诚实信用原则，综合当事人举证能力等因素确定举证责任的承担。"由于立法不可能穷尽社会生活的方方面面，也不可能为确定证明责任提供完美的方案，不可避免会出现某些案件证明责任的分配缺乏具体规定的情形，此时由法官依据公平原则与诚信原则，综合当事人举证能力等多种因素来合理分配证明责任，既有现实的必要性，又有相对的合理性。可见，法官对证明责任的分配具有一定的自由裁量权。

应该注意的是，法官裁量分配证明责任不能取代法律与司法解释的相关规定，只有在穷尽现有法源之后仍不能确定证明责任分配时方可适用；法官裁量分配证明责任，旨在实现司法的公平与正义，因此必须秉持公平、公正、诚信的理念，尽最大可能来平衡当事人之间、当事人与社会之间的利益。

4. 通过证据契约分配证明责任

证据契约是当事人订立的有关诉讼中确定事实方法的合同。证据契约有狭义与广义之分，前者指自认契约、鉴定契约、证据方法契约等，广义的还包括分配证明责任的契约。分配证明责任的契约一般与合同有关，只要约定是公平的，不会给承担证明责任的一方造成举证上的不合理负担，法院在诉讼中会乐意按照双方当事人事先的安排分配证明责任。同时，只要证据契约合法有效，则可依据该契约来分配证明责任。

三、合同案件与侵权案件的证明责任分配

（一）合同纠纷的证明责任分配

在民事诉讼中，合同案件占有相当大的比例。合同案件中的争议包含多个方面，既有关于合同是否成立的争议，又有合同是否有效的争议；既有合同是否履行的争议，又有合同变更或解除的争议。对此，《合同法》、《民诉证据规定》及《劳动争议调解仲裁法》对相关合同的证明责任分配作了具体的规定。

1. 一般合同纠纷

《合同法》第 68 条规定："应当先履行债务的当事人，有确切证据证明对方有下列情形之一的，可以中止履行：（一）经营状况严重恶化；（二）转移财产、抽逃资金，以逃避债务；（三）丧失商业信誉；（四）有丧失或者可能丧失履行债务能力的其他情形。当事人没有确切证据中止履行的，应当承担违约责任。"第 152 条规定买受人有确切证据证明第三人可能就标的物主张权利的，可以中止支付相应的价款，但出卖人提供适当担保的除外。

《民诉证据规定》第 5 条规定："在合同纠纷案件中，主张合同关系成立并生效的一方当事人对合同订立和生效的事实承担举证责任；主张合同关系变更、解除、终止、撤销的一方当

事人对引起合同关系变动的事实承担举证责任。对合同是否履行发生争议的,由负有履行义务的当事人承担举证责任。对代理权发生争议的,由主张有代理权一方当事人承担举证责任。"由此可见,合同成立的事实,应由主张合同权利存在的当事人承担证明责任;合同权利变更、消灭的事实,应由主张权利存在的对方当事人承担证明责任。如在借贷合同纠纷中,债权人应就借贷合同成立的特别要件事实即借贷合意与金钱交付承担证明责任。

对于上述《民诉证据规定》的证明责任分配,有两点需要注意:

第一,对合同成立的一般要件事实如当事人的行为能力及意思表示是否真实发生争议时的证明责任。当事人具有相应的民事行为能力是作为产生合同权利的事实,由主张合同成立的一方证明还是作为妨碍权利产生的事实,由主张合同无效的一方证明?我们主张把行为能力作为妨碍合同生效的事实,由否认合同权利的一方当事人负主张和证明责任。

第二,合同义务为不作为义务时的证明责任。在合同约定的义务为不作为义务时是否也由债务人负证明责任是值得怀疑的。因为债务人主张已履行合同义务实际上主张的是消极事实,即主张自己并未实施合同禁止的行为,这样的主张通常无法证明。如承担保密义务一方被诉泄密,其作为被告如要求负担履行合同的举证义务是很难的,因为已经履行了保密义务是消极事实存在明显的举证困难。因此,应当由债权人对债务人未履行不作为义务承担证明责任。

2. 劳动争议合同纠纷

《劳动争议调解仲裁法》第 6 条规定:"发生劳动争议,当事人对自己提出的主张,有责任提供证据。与争议事项有关的证据属于用人单位掌握管理的,用人单位应当提供;用人单位不提供的,应当承担不利后果。"《民诉证据规定》第 6 条规定:"在劳动争议纠纷案件中,因用人单位作出开除、除名、辞退、解除劳动合同、减少劳动报酬、计算劳动者工作年限等决定而发生劳动争议的,由用人单位负举证责任。"上述规定对劳动争议案件中的证明责任分配作了明确的规定。

(二)侵权纠纷中的证明责任分配

侵权诉讼是指受害人要求加害人承担侵权民事责任的诉讼。侵权民事责任的构成,必须具备法律规定的一定条件。侵权民事责任有一般侵权责任与特殊侵权责任之分,两者的构成要件不完全相同,证明责任的分配也有所不同。

1. 一般侵权责任。构成一般侵权民事责任必须同时具备四个要件:即损害事实;加害行为;因果关系;行为人有过错。受害人请求赔偿,必须对以上四个要件事实承担证明责任。

2. 特殊侵权责任。特殊侵权责任一般是指无过错责任,个别属于过错推定责任。我国《民法通则》规定的特殊侵权责任绝大多数是无过错责任。对于无过错责任,由于过错不再是责任的构成要件,所以受害人只需对除过错以外的其余三个要件负证明责任。在此类案件中,由于原告承担证明责任存在客观的困难,因此对其证明责任有特殊的规定,即出现了所谓的证明责任倒置。证明责任的倒置是以法律要件分类说为分配证明责任的标准为前提的,是对该学说分配证明责任所获得结果的局部修正。证明责任的倒置表示特定要件事实的证明责任从一方当事人转移到另外一方当事人。我国学术界长期以来,就何谓证明责任倒置及其适用情形存在不同的观点。其实,明确证明责任的分配规则比探讨抽象的证明责任"正置"与"倒置"更有现实意义。

《民诉证据规定》第 4 条对特殊侵权证明责任作了明确的规定:(1)因新产品制造方法发

明专利引起的专利侵权诉讼,由制造同样产品的单位或者个人对其产品制造方法不同于专利方法承担举证责任;(2)高度危险作业致人损害的侵权诉讼,由加害人就受害人故意造成损害的事实承担举证责任;(3)因环境污染引起的损害赔偿诉讼,由加害人就法律规定的免责事由及其行为与损害结果之间不存在因果关系承担举证责任;(4)建筑物或者其他设施以及建筑物上的搁置物、悬挂物发生倒塌、脱落、坠落致人损害的侵权诉讼,由所有人或者管理人对其无过错承担举证责任;(5)饲养动物致人损害的侵权诉讼,由动物饲养人或者管理人就受害人有过错或者第三人有过错承担举证责任;(6)因缺陷产品致人损害的侵权诉讼,由产品的生产者就法律规定的免责事由承担举证责任;(7)因共同危险行为致人损害的侵权诉讼,由实施危险行为的人就其行为与损害结果之间不存在因果关系承担举证责任;(8)因医疗行为引起的侵权诉讼,由医疗机构就医疗行为与损害结果之间不存在因果关系及不存在医疗过错承担举证责任。但需要特别注意的是,根据自 2010 年 7 月 1 日起施行的《侵权责任法》第 54 条的规定:"患者在诊疗活动中受到损害,医疗机构及其医务人员有过错的,由医疗机构承担赔偿责任。"这一规定改变了《民诉证据规定》中关于医疗行为侵权诉讼证明责任的规定,即由原来的由医疗机构证明医疗行为不存在过错改变为由患者对医疗机构存在过错承担证明责任。主要原因在于,《民诉证据规定》的实施使医疗机构在诉讼中处于不利地位,医疗机构为了自保,往往采用保守性与防御性的医疗措施,反而损害了患者的利益。因此,现行立法作了相应的修改。

【引例三】评析:本案由主张存在污染事实的张某承担。

【引例四】评析:这是无过错责任案件,加害方的过错与本案的处理无关,因此双方均不负证明责任。

【引例五】评析:本案属于产品质量引起的侵权诉讼,被告应当承担无过错责任。原告应当证明啤酒厂生产的产品有缺陷,自己受到了损害并与产品缺陷有因果关系。被告欲免除责任必须证明存在免责事由。

第四节 行政诉讼证明责任

【引例六】苏某系某市制药厂的职工,受该厂委托去收购当地农民采挖的麻黄草,收购后苏某雇了个体运输户陈某的汽车,将麻黄草运往所属的制药厂。在运输途中,被该县草原监理所工作人员发现,经检查苏某、陈某并未持有采药许可证及调运、货运的合法批准手续,该县草原监理所遂对苏某作出没收麻黄草并处以麻黄草价款两倍的罚款处罚。在执法过程中,该监理所工作人员认为苏某态度不好,对其进行了殴打。苏某不服,提起行政诉讼要求撤销该行政处罚决定,确认该监理所工作人员的行为违法并对其所造成的人身伤害给予赔偿。

问：

1. 本案中原告、被告各应承担什么样的证明责任？

2. 在诉讼过程中苏某提出县草原监理所处罚对象错误，他受市制药厂的委托，不应对其进行处罚。被告遂向法院申请补充收集与此相关的证据。法院应否准许？

3. 在诉讼过程中，被告提出原告起诉超过了法定起诉期限，此举证责任由谁来承担？

一、行政诉讼证明责任的含义与特征

在 1989 年制定的《行政诉讼法》中，首次使用了"举证责任"一词，由此确定了我国行政诉讼的证明责任制度。行政诉讼中的证明责任主要是指被告行政机关在诉讼中承担的对其作出的具体行政行为的合法性提供证据加以证明并在不能证明其合法性时承受败诉后果的责任。与刑事、民事证明责任相比，行政诉讼证明责任具有如下基本特征：

首先，行政诉讼证明责任与证明责任的分配规则有关。《行政诉讼法》第 32 条明确规定了证明责任主要由被告承担；而刑事诉讼中除自诉案件由自诉人负责举证外，其他刑事案件主要由控诉机关负证明责任；民事诉讼则实行"谁主张，谁举证"，双方当事人对自己主张的事实都负有提供证据的责任，证明责任是对等的。行政诉讼证明责任主要由被告承担完全符合"依法行政"与法治政府的要求，也与行政诉讼的目的保持高度一致。

其次，行政诉讼不同于刑事、民事诉讼，行政机关在行政程序中必须严格遵循依法行政的原则，在作出具体行政行为时不仅要有充分的事实根据，还要有明确的法律根据。因此在案件进入诉讼程序以后，被告承担证明责任的范围不仅包括事实方面的证据，还包括法律方面的证据。

再次，行政机关应承担行为意义上的证明责任，应提供所有行政行为的依据。同时，行政机关提供证据的范围是被诉具体行政行为的全部证据和所依据的规范性文件。一般来说，行政机关执法不会建立在真伪不明的事实基础上，其执法基础是事实清楚，因此其能够提供充分的证据予以证明。

最后，《行诉证据规定》明确了被告不提供或者无正当理由逾期提供证据的法律后果，确立了在案件事实真伪不明时由被告承担不利法律后果的制度，符合证明责任的本质要求。不过，行政机关的败诉后果与民事诉讼中的"不利后果"不同，无论是具体行政行为被撤销、被判重新作出，还是被判履行法定职责和判决变更，都只是诉讼法意义上或行政职权意义上的。

二、行政诉讼被告的证明责任

在行政诉讼中，由被告承担证明责任是行政诉讼证明责任分配的一般原则。《行政诉讼法》第 32 条规定："被告对作出的具体行政行为负有举证责任，应该提供作出该具体行政行为的证据和所依据的规范性文件。"2002 年 10 月 1 日起施行的《最高人民法院关于行政诉讼证据若干问题的规定》（以下简称《行诉证据规定》）第 1 条就规定："根据行政诉讼法第三十二条和第四十三条的规定，被告对作出的具体行政行为负有举证责任，应当在收到起诉状副本之日起十日内,提供据以作出被诉具体行政行为的全部证据和所依据的规范性文件。被告不提供或者无正当理由逾期提供证据的,视为被诉具体行政行为没有相应的证据。"此外,还规定如被告认为原告的起诉超过法定期限的,由被告承担举证责任。可见,我国在行政诉讼中证明责任主要由被告承担的规定是较为明确的。

2011年8月13日起施行的《最高人民法院关于审理政府信息公开行政案件若干问题的规定》第5条对信息不公开行政诉讼案件的证明责任作了如下规定:"被告拒绝向原告提供政府信息的,应当对拒绝的根据以及履行法定告知和说明理由义务的情况举证。因公共利益决定公开涉及商业秘密、个人隐私政府信息的,被告应当对认定公共利益以及不公开可能对公共利益造成重大影响的理由进行举证和说明。被告拒绝更正与原告相关的政府信息记录的,应当对拒绝的理由进行举证和说明。被告能够证明政府信息涉及国家秘密,请求在诉讼中不予提交的,人民法院应当准许。被告主张政府信息不存在,原告能够提供该政府信息系由被告制作或者保存的相关线索的,可以申请人民法院调取证据。被告以政府信息与申请人自身生产、生活、科研等特殊需要无关为由不予提供的,人民法院可以要求原告对特殊需要事由作出说明。原告起诉被告拒绝更正政府信息记录的,应当提供其向被告提出过更正申请以及政府信息与其自身相关且记录不准确的事实根据。"上述司法解释在证明责任的分配上强调了行政机关的证明责任,突出了对行政相对方的倾斜。主要原因在于,公民权利相对于行政权力来说往往处于弱势,特别是在政府信息公开方面,信息占有的不对称尤其突出。因此司法解释在证明责任中突出了对行政相对方的倾斜,以求得实质上的平衡。

在行政诉讼中由被告承担证明责任,是由行政诉讼的目的、性质和特点所决定的。具体而言,主要有三个原因:

1. 由被告负担证明责任符合行政诉讼的目的

根据我国《行政诉讼法》第1条的规定,我国行政诉讼有三个目的:一是保证人民法院正确、及时地审理行政案件;二是保护公民、法人和其他组织的合法权益;三是维护和监督行政机关依法行使职权。只有让被告履行证明责任,才能有效保障三大目的的实现。行政行为是被告作出的,只有它才可能提供证据证明其行为的合法性,才能正确及时地审理行政案件;如果让原告举证,原告一般都无证据可举,那就可能会败诉,原告的合法权益无法通过行政诉讼得到救济;如果被告即使作出行政行为缺乏证据,也无败诉之忧,则法院也难以有效监督和促进行政机关依法行政。因此,为了实现行政诉讼法的三大目的,必须让行政诉讼中的被告承担证明责任。

2. 由被告承担证明责任符合证明责任分配的一般规则

诉讼中证明责任分配的一般规则是当事人应当对有利于自己的法律要件事实承担证明责任,因为只有在要件事实的存在得到证明时,法院才会适用对该当事人有利的法律规范,作出有利于他的裁判。在行政诉讼中,原告虽然是提起诉讼的一方,但他们在诉讼中的主张是被告作出行政行为缺乏事实依据或者法律依据,对行政行为的合法性提出质疑,是否认被告主张的事实,是一种对消极事实的主张。而被告则主张其作出的行政行为是有事实依据和法律依据的,是一种积极主张。如被告主张原告实施了扰乱社会治安的行为,所以给予行政处罚。由于被告主张的是积极事实,按照"谁主张,谁举证"的一般规则,也应当由被告对其主张的事实承担证明责任。

3. 被告承担证明责任符合法律的公平正义原则

公平正义原则是所有法律制度的首要价值,它也具体体现在各种诉讼中。在行政诉讼中,只有把证明责任分配给被告才能体现法律的公平正义。

在行政管理中,行政管理机关占据优势地位,行政管理机关和行政相对人双方的法律地位并不平等。行政主体作为管理一方,依法享有包括调查取证权在内的多种权力,为了取得作出行政行为所需要的事实依据,他们可以向有关单位和个人广泛调查收集证据。对于行政相对人而言,他们没有这样的权力和优势,他们往往并不知道被告为什么要作出这样的具体行政行为,也不了解作出这样行政行为的事实依据和法律依据。如果平等地分配证明责任,或要求原告承担证明责任,则完全是强人所难,会造成原、被告实际的诉讼地位不平等,法律的公平正义无法得到体现。

行政诉讼被告在履行其举证责任时应当遵循如下规则:

1. 被告提交证明其具体行政行为合法性的证据不但包括具体行政行为的证据,而且包括作出具体行政行为的规范性文件。

2. 被告提交的证据必须做到证据确凿。《行政诉讼法》第54条第1款规定:"具体行政行为证据确凿,适用法律、法规正确,符合法定程序的,判决维持。"根据本规定,被告作出具体行政行为,必须在事实方面做到"证据确凿",否则可能被判违法。

3. 被告提交的证据必须是在具体行政行为作出以前收集到的合法证据。根据"先取证后裁决"和"依法行政"的原则,行政机关在作出具体行政行为后不需要也不能够收集任何证据。

4. 被告必须在举证期限内提供全部证据。《行政证据规定》第1条规定,被告对作出的具体行政行为负有举证责任,应当在收到起诉状副本之日起10日内,提供据以作出被诉具体行政行为的全部证据和所依据的规范性文件。但原告或者第三人提出其在行政程序中没有提出的反驳理由或者证据的,经人民法院准许,被告可以在第一审程序中补充相应的证据。

三、行政诉讼原告的证明责任

根据《行政诉讼法》、《行诉解释》以及《行诉证据规定》的规定,原告在行政诉讼中就下列三个方面承担举证责任:

其一,提供符合起诉条件的证据材料。根据《行政诉讼法》第41条的规定,原告提起诉讼应当符合下列条件:(1)原告是认为具体行政行为侵犯其合法权益的公民、法人或者其他组织;(2)有明确的被告;(3)有具体的诉讼请求和事实根据;(4)属于人民法院受案范围和受诉人民法院管辖。

其二,在起诉被告不作为的案件中,原告应当提供其在行政程序中曾经提出申请的证据材料。行政行为分为依申请而作出的行为和依职权而作出的行为,对前者而言,相对人提出申请是行政机关作为的前提条件,只有相对人申请而行政机关不作为才可能构成违法。对于依职权作出的行政行为而言,相对人的申请就非必要条件。

正是基于上述考虑,《行政证据规定》第4条第2款规定:在起诉被告不作为的案件中,原告应当提供其在行政程序中曾经提出申请的证据材料。但有下列情形的除外:(1)被告应当依职权主动履行法定职责的;(2)原告因被告受理申请的登记制度不完备等正当事由不能提供相关证据材料并能够作出合理说明的。即如被告应当主动履行职责而没有履行的,原告无须对是否提出申请的事实承担举证责任。如消防人员对明知发生的火灾而不救援,原告无须对曾经申请过救火的事实承担举证责任。对于第二点例外,是因为在实践中经常出现原告提出了申请却因被告登记制度的不完善而导致举证不能,法院不予立案的情形。也有的法院不顾原先已经提出过申请的事实,而拘泥于原告申请的形式不具备而不予立案。有的学者认为该两项规定不是对起诉条件的一种规定,而是诉讼中举证责任的分担,但在司法实践中,法院是将该两项条件作为起诉条件对待的。此外,如果被告认为原告起诉超过法定期限的,由被告承担举证责任。

其三,原告在行政赔偿案件中的举证责任承担。依据最高法《行诉证据规定》,原告在行政赔偿诉讼中,应当对被诉具体行政行为造成损害的事实提供证据。新修订的《国家赔偿法》第15条第1款规定:"人民法院审理行政赔偿案件,赔偿请求人和赔偿义务机关对自己提出的主张,应当提供证据。"按照此规定,行政机关违法使用武器警械殴打等行为,原告如提出行政赔偿诉讼,要就违法事实的存在以及损害由违法事实造成承担举证责任。但对于公民失去人身自由时所受到的伤害是否由原告承担举证责任,学界一直在呼吁,认为应当由具有举证能力的被告承担。新修订的《国家赔偿法》第15条第2款对此予以了明确:"赔偿义务机关采取行政拘留或者限制人身自由的强制措施期间,被限制人身自由的人死亡或者丧失行为能力的,赔偿义务机关的行为与被限制人身自由的人的死亡或者丧失行为能力是否存在因果关系,赔偿义务机关应当提供证据。"

此外,人民法院有权要求当事人提供证据和补充证据。《行诉证据规定》第9条规定:"根据行政诉讼法第34条第1款的规定,人民法院有权要求当事人提供或者补充证据。对当事人无争议,但涉及国家利益、公共利益或者他人合法权益的事实,人民法院可以责令当事人提供或者补充有关证据。"

❦

【引例六】评析:1. 原告的举证责任:原告承担初步举证责任,证明起诉符合法定条件;证明存在具体的损害;证明自己遭受损害的事实。被告的举证责任:被告对其作出的具体行政行为负举证责任,即被告应当向人民法院提供据以作出被诉具体行政行为的全部证据和所依据的规范性文件。

2. 法院不予采信被告补充收集的证据。

3. 由被告负责举证。

❀ **思考题**

1. 如何理解证明责任?

2. 比较民事诉讼、行政诉讼与刑事诉讼证明责任分配的特点。

3. 案例讨论:

(1)此球与彼球案

1999年1月23日,上海居民顾某某为了给即将出国的同学购买礼物,来到上海工艺美术商厦,看中了"天然黄水晶球"。售货小姐说:"水晶球是天然的,价钱3680元。"经过一番讨价,顾某某最终以2944元买了下来。当时球上只标注了价格与直径,没有重量,店内柜台只有秤金银等首饰的秤,于是售货小姐又将球拿到外面的水果摊称,回来后告诉顾某某球的重量是290克,并表示:"你去鉴定吧,有什么问题找我们。"随后将发票、信誉卡交给了顾某某,信誉卡上写着"假一赔百"。走出商厦,顾某某立即前往珠宝测试鉴定处。结果被告知这根本不是什么天然黄水晶,而是一颗方解石球。鉴定书上写明"球重289.8克、直径58.6mm,方解石"。三个小时后,顾某某拿着检验报告找到售货小姐,小姐表示可以退货,但顾某某要求按信誉卡上"假一赔百"的承诺给予赔偿29.44万元。交涉未果,顾某某将上海工艺美术商厦告到法院,后来又将商品制造商上海宝和公司追加为第二被告。法庭上双方辩论十分激烈,争执的焦点是:顾某某拿去鉴定的球是否就是"宝和公司"生产并在"工艺美术商厦"出售的产品?顾某某必须拿出有力的证据来证明这一点。经过权威部门测试,顾某某手中的球与实际标注的直径相差0.4毫米,重量相差0.2克。因此被告认定该球是被顾某某换过的。

1999年11月3日,一审判决顾某某败诉,并承担了6971元的诉讼费。顾某某不服判决上诉。被告还说顾某某是上海南加水晶研究所的员工,认为这是策划的一场事件,是要搞垮"宝和"的一场不正当竞争。2000年3月24日,二审维持了原判。又一次败诉,令顾某某深感委屈,这段时间里,她到处奔波,已经花费了4万余元。顾某某表示,她一定要把官司打到底。①

问题:请根据证据规则与证据法学理论,结合司法实践,谈谈你对本案的认识。

(2)业主诉请撤销规划委员会的行政许可违法变更案

2004年8月,某市书香花苑小区的业主们意外得知,本该属于该小区配套工程的3号绿地竟被开发商"合法"出卖,原来的绿地也即将成为一座洗浴中心。2004年11月,业主们获悉,该市规划委员会曾于2003年12月作出规划许可,撤销原来的规划许可证,并将3号绿地的用途变来"办公、变电室",后再次变更为"商业、变电室",其变更主要理由为该市园林绿化局出具的"关于书香花苑配套意见书",声称因原设计中绿化配置已超过相关标准,可以酌情减少绿化面积。业主们提起以规划委员会为被告的行政诉讼,认为被告违法变更规划,取消3号绿地,变相地为第三人开发商将上述绿地改造出售并开设洗浴中心创造条件,其行为违法,应予撤销。市规划委员会则认为,该委是按照第三人开发商变更规划的申请,对第三人提交的环保、绿化等有关部门的审核意见进行审查,认为符合城市规划法律法规的规定,因此作出准许变更的规划许可,并未违反法定程序。原规划许可证中核准的3号绿地被取消后,市规划委就原规划方案进行细微的调整,并未对小区居民的利益产生任何不利的影响,所以并不需要进行听证。②

问题:结合本案分析行政诉讼中证明责任的效力。

(3)黄某涉嫌故意杀人案

被告人黄某与被害人曾某长期姘居。2004年12月30日下午,黄某和曾某一起至黄某的暂住处过夜。12月31日下午,曾某以前段时间自己的发廊被公安机关查处和提包被窃

---

① 案件来源:2001年3月18日《文摘报》。

② 案件来源:叶青:《诉讼证据法学:指引、案例与文献》,北京大学出版社2007年版,第141页。

为由向黄某索要人民币 2000 元,黄某因手头拮据,遂于晚 7 时许和曾某一起到黄某的亲戚处借钱。当晚 8 时许,至途中一桥上时,曾某因天冷而发牢骚抱怨,不愿再走,并对黄讲了"死掉好了"、"你有本事把我扔到河里去"等言语,黄某气愤之下便将曾某抱起从桥上扔到河中,致曾某溺水身亡。2005 年 2 月 4 日,曾某的尸体在位于该桥以北的另一码头被发现。2005 年 2 月 18 日,黄某被公安机关抓获归案,经审讯,黄某交代了杀害曾某的犯罪事实。①

问:检察机关指控黄某犯故意杀人罪,应承担什么样的证明责任?

司法考试真题链接

1. 王某承包了 20 亩鱼塘。某日,王某发现鱼塘里的鱼大量死亡,王某认为鱼的死亡是由附近的腾达化工厂排污引起的,遂起诉腾达化工厂请求赔偿。腾达化工厂辩称,根本没有向王某的鱼塘进行排污。关于化工厂是否向鱼塘排污的事实举证责任,下列哪一选项是正确的?(2008 年)

A. 根据"谁主张、谁举证"的原则,应当由主张存在污染事实的王某负举证责任

B. 根据"谁主张、谁举证"的原则,应当由主张自己没有排污行为的腾达化工厂负举证责任

C. 根据"举证责任倒置"的规则,应当由腾达化工厂负举证责任

D. 根据本证与反证的分类,应当由腾达化工厂负举证责任

2. 关于刑事诉讼中的证明责任,下列哪些选项是正确的?(2009 年)

A. 总是与一定的积极诉讼主张相联系,否认一方不负证明责任

B. 总是与一定的不利诉讼后果相联系,受到不利裁判的不一定承担证明责任

C. 是提出证据责任与说服责任的统一,提出证据并非完全履行了证明责任

D. 是专属于控诉方独自承担的责任,具有一定的责任排他性

3. 郭某诉张某财产损害一案,法院进行了庭前调解,张某承认对郭某财产造成损害,但在赔偿数额上双方无法达成协议。关于本案,下列哪一选项是正确的?(2010 年)

A. 张某承认对郭某财产造成损害,已构成自认

B. 张某承认对郭某财产造成损害,可作为对张某不利的证据使用

C. 郭某仍需对张某造成财产损害的事实举证证明

D. 法院无须开庭审理,本案事实清楚可直接作出判决

① 案件来源,叶青:《诉讼证据法学:指引、案例与文献》,北京大学出版社 2007 年版,第 144 页。

第十一章 证明标准

◆━━━━━━━━━━━━━━━━━━◆❧◆━━━━━━━━━━━━━━━━━━◆

【引例一】1994 年 6 月 12 日洛杉矶警方接到报案,在一别墅内发现一男一女两具尸体,女性是房主尼科尔·布朗,美国著名体育明星辛普森的前妻,她的喉管已被割断了。男子是 25 岁的罗纳德·戈尔德曼。法医对尸体解剖后断定:他们是在 12 日晚上 11 时左右被人用利器杀害的。

从谋杀现场分析,警方初步断定是一桩室内情杀案。辛普森被列为头号嫌疑犯。辛普森请了全美最著名的律师组成辩护团为其辩护,有夏皮罗、贝利、德维茨、科克伦·杰尔曼、李昌钰等,起诉方检察官为加斯蒂·克拉克、霍奇曼等人。双方阵容强大,举世瞩目。1994 年 6 月 30 日,开始预审。1995 年 1 月 24 日,正式开庭审理。1995 年 10 月 3 日 10 点,司法官罗伯森女士宣读裁决,宣布辛普森无罪。

1994 年 7 月 27 日和 1995 年 6 月 12 日,两名受害人戈尔德曼和尼科尔的亲属分别向法院提起非法致人死亡要求赔偿的民事诉讼,从而又将辛普森推到民事诉讼的被告席。民事诉讼的气氛非常职业化,诉讼进程更快捷。虽然在此民事案件中,大部分证据只是刑事诉讼时的再现和重复。1997 年 2 月 4 日,民事陪审团终于作出裁决。他们一致认为辛普森对两名受害人之死负有责任,并裁决辛普森赔偿原告方 850 万美金,另外还裁决辛普森向两名受害人家庭各支付 1250 万美金的惩罚性赔偿金共计 3350 万美金。

请问:辛普森一案为什么出现了在刑事诉讼和民事诉讼中两种截然相反的结果?

◆━━━━━━━━━━━━━━━━━━◆❧◆━━━━━━━━━━━━━━━━━━◆

第一节 证明标准概述

一、证明标准的概念

证明标准(standard of proof),又称证明程度、证明要求,是指诉讼主体运用证据证明案件事实所应达到的程度和水平,是案件事实得到证明对证据的质和量所提出的具体要求。简言之,证明标准就是司法证明必须达到的程度和水平。艾里欧特认为,证明标准是:"承担举证责任的当事人举证的分量相对于对方当事人举证分量来说,应当超过多少?"摩菲则认为,证明标准"是指履行举证责任必须达到的范围和程度……是证据必须在事实裁判者头脑中造成确定性或者盖然性的程度,是承担举证责任的当事人在有权赢得诉讼之前使事实裁判者形成确信的标准。从证明责任的履行来看,证明标准是证据质量和证明力的测试仪"①。在日本,证明标准又称证明度,在实际使用中存在双重含义:一是指肯定案件中作为证明对象(待证事实)存在所必需的最低限度的证明程度,二是指需要被证明的事实(待证事实)通过举证和辩论而呈现出来的逼近真实的程度。② 证明对象、证明责任以及证明标准是证明体系中最为重要的内容,三者贯穿了诉讼活动的整个过程。证明对象确定证明范围,可以认为是证明的起点;证明责任通过对证明主体分配及履行举证义务,推动证明过程向前发展;证明标准则是对证明结果的衡量和评价尺度。可以理解为是否到达证明终点的判断。

值得注意的是,证明标准作为一种评价尺度,可操作性越强越好,但作为一种社会科学的标准,它难以如自然科学中的标准一样准确、衡定,具有高度统一性、可度量性。在司法实践的把握中,它始终具有一定的主观性、模糊性和伸缩性。无论是"排除合理怀疑"标准、"内心确信"标准或"高度盖然性"标准,莫不如此。同时,证明标准具有多元性,针对不同的证明对象,具有不同的证明标准。因此,有针对实体事实的严格证明标准,也有针对程序法事实的自由证明标准;有刑事、民事证明标准,也有行政证明标准;有逮捕、起诉的证明标准,也有定罪量刑的证明标准。

证明标准是诉讼证明体系中一个重要的独立范畴,随着证据法学研究的深入,出现了很多与证明标准意思相近但又存在明显区别的概念,很容易产生混淆,这对学术研究和司法实践都将产生非常不利的影响。因此,厘清证明标准与相关概念的关系,对于规范证明体系的范畴以及证据法学的长远发展都有积极的推动作用。

(一)证明标准与证明要求

证明要求,或证明目的,是指司法证明主体追求的目标,是为了得到客观真实而需达到的证明程度,是对主客观证明活动提出的带有理想色彩的要求和任务。其所针对的是客观真实,要求证明事实清楚无疑、证据无限充分确凿,任何人都会得出确信不疑的程度。显然,这是一种对理想的追求。证明标准又称为"证明强度"、"证明尺度",是指司法证明必须达到的程度和水平,是衡量司法证明结果的准则和标尺。一旦证明标准被法律所确定,当证据的证明力达到了标准,待证事实应认为得到了证明,法官就应该认定该事实,以该事实的存在作为裁判的依据。由此可见,司法证明的目的是就行为过程而言的,体现了证明活动的追求和方向,是带有一定理想色彩的目标;司法证明的标准则是就行为结果而言的,是根据一定的价值观念和需要确定的,是法律所认可的具有现实性品格的衡量准则。在具体案件的司法活动中,司法活动的目的不是必须实现的,而司法证明的标准则是必须满足的。

证明标准和证明要求联系密切,证明要求是确立证明标准的基础和依据。证明标准是证明要求的具体化、实然化,但两者之间也存在着明显的区别,并不能把其简单地等同起来。首先,证明要求是一元化的,而证明标准是多元化的。证明要求所针对的永远是客观真实的发现,得出的结果只能是一个:确定唯一的客观真实,这是人们对事实的不懈的追求和期望,是一个一元化的概念。而证明标准是多元化的,在法律体系范围内,三大诉讼法基于诉讼目的和解决的法律关系不同,在证明标准上也不一样,行政诉讼、民事诉讼和刑事诉讼的证明标准存在着明显的区别。而且在一个法律规范中的各个诉讼阶段,不同的诉讼任务对证明

① 卞建林:《刑事证明理论》,中国人民公安大学出版社 2004 年版,第 236 页。
② 王亚新:《社会变革中的民事诉讼》,中国法制出版社 2004 年版,第 293 页。

的标准也存在差异,如在刑事诉讼中,立案、侦查、起诉、审判阶段的证明标准是有所区别的。其次,证明要求和证明标准所追求的价值取向不尽相同。证明要求所追求的是客观真实,其仅仅对客观真实负责,其价值取向也是对客观真实的不懈追求。而证明标准对客观真实的发现,尽管也是其所追求的目的,但不是唯一的价值追求,证明标准要兼顾到法律所保护的其他价值利益,如人权保障、效率价值等等。

(二)证明标准与证明责任

所谓证明责任,通常意义上来说,是指诉讼当事人通过提出证据证明自己主张的有利于自己的事实,避免因待证事实处于真伪不明状态而承担不利诉讼后果。证明责任所要解决的问题是,诉讼中出现的案件事实,应当由谁提供证据加以证明以及在诉讼结束时,如果案件事实仍然处于真伪不明的状态,应当由谁来承担败诉或不利的诉讼后果。

证明责任与证明标准是证据法体系中的两个重要范畴,二者关系密切。在诉讼中,首先要确定哪些事实由谁来承担证明责任,然后才是何种程度下证明责任得以卸除。证明责任回答的是谁负责提供证据,而证明标准回答的是负责提供证据的人需要提供的证据的质和量。假如达不到证明标准要求的最低标准,那么证明责任的承担者就要承担举证不利的后果。证明责任促使当事人、知情人在诉讼中提供证据。若是当事人提供的证据达到法定的要求,裁判者就可以依据证明标准形成内心确信,作出裁决。若是当事人提供的证据达不到证明标准的要求,那么法官就要依据证明责任对举证责任的承担者作出不利的判决。证明标准是在证明责任的基础上产生的概念,证明责任在诉讼过程中演变到某个特定的时间点或状态点,便呈现出了证明标准的诉讼价值。没有真正意义上的证明责任制度,便没有真正意义上的证明标准制度。没有证明标准,证明责任便是毫无内容、毫无目标、毫无约束性的空中楼阁。

二、证明标准的认识论基础

在我国理论界,关于案件事实能够证明到什么程度,或者达到证明标准的事实的性质是或应当是什么。概括起来主要存在两种学说:一种是"客观真实说",一种是"法律真实说"。

(一)客观真实说

从诉讼法的渊源来看,客观真实说源于大陆法系的实体真实。我国的诉讼法以马克思主义认识论为指导,认为主观可以反映客观,客观事实可以被正确认识,从而形成客观真实说。我国的客观真实说是大陆法系实体真实的继承和改造,故在一定的程度上,客观真实说与实体真实说有相通之处。对客观真实说的理解分别从哲学基础与价值取向两个方面展开:首先,客观真实说认为案件事实是可知的。客观真实说以马克思主义可知论为铺垫,认为世界是可知的,诉讼领域中的具体案件事实也是可知的。客观已经发生的案件事实必然在外界留下这样或那样的物品、痕迹,或者为某些人所感知,这就为查明案件的客观事实提供了事实依据。因此,客观真实说要求司法人员在办案时必须忠于事实真相,准确查明案件客观情况。其次,客观真实说与我国主流法治理念的价值取向趋同。我国《刑法》与《刑事诉讼法》均开篇明义"为了惩罚犯罪,保护人民",这显然是伸张实质的公平与正义,而实质的公平与正义则扎根于客观真相之中。法律终究是人的设计,免不了带有价值选择。我国传统、主流的法治理念渗透至证明标准的理论基础中就显现为客观真实。客观真实说体现了实事求是的精神,反映了对实体真实的不懈追求,我国立法与司法长期以此为理论指导,以查明客观真实为刑事诉讼的首要任务,在一定程度上起到了准确惩罚犯罪,不冤害无辜的积极作用。

客观真实说的缺陷也是明显的,并因此遭到了学界的批判。

首先,客观真实说虽然坚持了唯物主义可知论,但却是对唯物主义可知论的僵化理解。我国刑事证明标准追求绝对的真实,而事实上对于已经发生的事件,是不可能完全认识清楚的。因为辩证唯物主义认为,世界是可以认知的,但这种认知是有条件的,是相对的,受主观条件、主观认识能力等诸多因素的制约。马克思主义经典作家对此已做过深刻的揭示:"人的思维是至上的,同时,又不是至上的,它的认识能力是无限的,同时又是有限的。按它的本性、使命、可能和历史的终极目的来说,是至上的、无限的,按其个别实现和每次的实现来说,又不是至上的、无限的。"具体到刑事诉讼中,司法人员对案件的认识都是认识的个别实现,是在具体的个人中的实现,都是不可能无限制无止境地持续进行下去的。客观真实说本身是一个哲学范畴,而刑事诉讼证明却是具体的司法实践,我们不宜用哲学概念直接解决现实问题。两者之间的联系不应是僵化的、机械的,而应是灵活的、辩证的。

其次,客观真实说不符合司法实践。撇开哲学层面上的认识论,就司法实践而言,案件一旦发生,便成为过去,所留下来的种种信息都只是破碎的、残缺的。实践经验显示,即使科技日新月异,一些证据灭失了就无法恢复,总有些事实无法重现。"历史事实不是什么可以被你捡起来抚弄的具体的东西,如一块砖头或一块石头那样;在某种意义上,历史事实是人为的——它是人们从原始材料中选择出来的结果。"①客观真实说其实是对司法机关与司法人员提出了几乎不可能的要求。反过来说,客观真实说若是可以达到的且实践中又坚持客观真实,那么冤假错案就不会发生。然而,事实证明客观真实与冤假错案的存在相互矛盾。归谬法在此处的运用很好地论证了客观真实说完全不符司法实践。

再次,客观真实说无视诉讼程序与诉讼效率。客观真实说在实体与程序之间选择了实体,在真实与效率之间选择了真实。姑且不论客观真实说是否坚持了辩证的可知论,是否符合司法实践,就客观真实说的实现成本而言,代价也是巨大的。追求客观真实说的办案理念很可能牺牲诉讼程序,损害程序公正。对于案件实体事实的过分关注自然会轻视程序公正承载的价值,有时候为了彻查事实真相难免会突破程序的规定与限制。退一步说,即便是所有办案人员都具有高度的法律自觉且刑事诉讼的流程完全依据法定程序,对客观真实说的坚持也会增加诉讼成本,牺牲诉讼效率。即使不运用法律的经济分析的方法,运用常理也可推知客观真实说在刑事诉讼中贯彻无疑会导致高难度的刑事诉讼证明标准。而刑事诉讼证明标准越高,则意味着需要搜集更多的证据,排除更多的可能性与或然性,这样一来,诉讼所需资源与办案时间就会加大与延长,诉讼效率也就会降低。

(二)法律真实说

我国刑事诉讼证明标准的立法是客观真实说一统天下,但在学界,法律真实说则倍受青睐。法律真实说形成于对客观真实说的批判之中,它的提出得益于程序价值论在我国法律界的推崇。我国 80 年代中期以前,工具主义程序观占主流,普遍认为程序法是实体法的工具。90 年代以来,随着法治理念的更新,我国学者陆续提出了一些新的观点。如有学者提出了刑事审判价值多元化的观点,指出刑事审判内在价值即程序本身的公正性。也有学者

---

① [英]汤因比:《汤因比论汤因比》,王少如、沈晓红译,上海三联书店出版社 1997 年版,第 13 页。

提出刑事诉讼构造论,认为在实体真实与法律程序发生冲突时,应该先考虑法律程序而非实体真实。正是在这些新学说新理论的簇拥下,法律真实说应运而生,逐渐显露出来,并与客观真实说相抗衡。

我国的法律真实说最早出现在民事诉讼法学理论中,而疑罪从无在刑事诉讼领域中的确立则是法律真实说在刑事审判中的一次精彩演绎。"疑罪"承认司法实践中不能做到完全的客观真实,诉讼证明中可能出现无法证明的疑点,"从无"则说明在此种真伪不明的情况下,法官在法律上还是得还当事人一个清白。这种处理正是一种法律拟制。我国的法律真实说以樊崇义教授与陈瑞华教授为代表,认为所谓法律真实是指公、检、法机关在刑事诉讼证明的过程中,运用证据对案件事实的认定应当符合刑事实体法和程序法的规定,应当达到从法律上的角度认为是真实的程度。① 法律真实说宣称在法律的王国里没有什么"本来是",也没有什么"绝对是",有的只是有关机关在法律程序所确认的事实。与客观真实说相比,法律真实说坚持了可知论,贯彻了辩证法。此外,法律真实说突出的亮点在于:

其一,法律真实说是诉讼证明标准的实然状态。诉讼都是在法律程序的框架下展开的,刑事诉讼中哪些材料可以作为证据,证据如何收集、提供、审查、判断都是由相关法律规定的,程序的推进也要依据法律设置的步骤依次进行。在这种情况下,再现于法庭上的案件事实早已是经过法律筛选、重塑过的事实,亦谓之法律上承认的事实或法律事实。所以说定案事实是法律真实,是庭审真实,是法定程序产生的真实。

其二,法律真实说是对诉讼价值综合考量后的选择。诉讼证明活动不能等同于纯粹的人类对客观世界的认识活动,诉讼证明承载着法律价值的选择与实现。法律真实说的提出是对诉讼价值重新审视的结果,程序本身蕴含的价值得以彰显。舍弃正当程序而单纯追求客观真相的后果是法律关于保护公民权利的规定都有可能在客观真实说的幌子下被击得粉碎。毕竟诉讼证明不是科学实证,"纵有司法上的协助,亦不能如自然科学方面的寻求资料,容易打破时空的障碍"②。在自然科学的证明中,为了发现某一定律,可以不受时空的限制,甚至可以汇集各国精英,集数代人的努力,直至发现客观真理。而在刑事诉讼中,由于某种原因,根据已有证据无法得出明确的证明结论,但是案件不能无限拖延,犯罪嫌疑人、被告人也不能无限期的处于被调查或羁押状态,所以必须对案件作出处理。相对于视程序为工具的客观真实说,法律真实说在价值选择方面更倾向正当程序、人权保障与诉讼效率。法律真实说是对诉讼价值的综合权衡考量,代表了司法诉讼从实体走向程序,从理想回归到现实,符合诉讼文明发展的方向。

我们认为,一切案件都是发生在过去的事件,法官不可能亲眼看见案件发生的过程和结果。在刑事诉讼过程中,受到主客观条件的限制,要使法官认定的案件事实完全符合客观发生的案件事实,几乎是不可能的。法官只能根据控辩双方在法庭上提交的证据,遵照法律程序,通过合理的推理、判断,认定案件的事实情况。法官认定的事实是在法律程序中确定的事实,是建立在客观证据基础之上确定的事实,在这里,证据是"事",案件事实的真实与否是"是",这正是一个实事求是的过程。同时,诉讼证明是一种法律活动,它不仅要追求证明的真理性,还要追求证明的正当性。尊重法律和法律程序,正是证明活动具有正当性的表现。

---

① 樊崇义:《客观真实管见——兼论刑事诉讼证明标准》,载《中国法学》2000 年第 1 期。
② 李学灯:《证据法比较研究》,台湾五南图书出版有限公司 1992 年版,第 323 页。

某些证据规则的存在,即在客观上限制了真实的发现。此外,证明标准的确定还需要在不同的价值取向之间寻求平衡。因此,司法证明的结果应当是法律真实,法律真实是司法证明活动必须达到的真实;而客观真实则是司法证明的目的,是司法证明活动要追求的事实。任何一个国家的法律都必须为司法活动规定具有现实意义的证明标准。司法证明标准不能是难以实现的客观真实,而应是切实可行的法律真实。据此,用法律真实界定司法证明的标准是比较合适的。它既形象地描述了法官认定的案件事实的性质,又准确地体现了司法证明标准所要求的正当性与合理性。但法律真实只是界定了司法证明标准的性质,并没有具体回答诉讼活动中的证明标准是什么。各国对于司法证明标准的具体表述并不一致,甚至在同一个国家,对于不同种类的诉讼、不同种类的案件、诉讼的不同阶段、不同的证明主体、不同的证明对象的证明标准的表述也存在着差异。

三、证明标准的功能

证明标准对于证据的收集、提供以及审查和判断都有非常重要的意义。在诉讼程序中证明标准发挥着多重功能。

(一)指引功能

证明标准具有指引诉讼行为的功能。证明标准使裁判的可操作性更强。有了证明标准,裁判者就可以按照证明标准的要求去认定争议事实的存在与否。对于当事人而言,明确了证明标准,也就明确了行动的目标,当事人可以依据证明标准对自己行为的法律后果提前作出预测。如果提出实施主张的一方当事人已经提供了一些证据,但是还没有达到使裁判者的心证越过证明标准的程度,那么该方当事人基于利益衡量就会进一步举证。对方当事人为维护其利益,也会根据证明标准来提出证据,进行反驳,努力使裁判者的心证降到真伪不明的状态。正是在证明标准的指引下,双方当事人攻击和防御才更有针对性,诉讼程序也更加充实。

(二)约束功能

证明标准具有约束事实裁判者的功能。事实裁判者对证据证明力的自由评价和判断是相对的,它受到内在和外在多种因素的制约。证明标准其实也是防止事实裁判者滥用权力的一种约束机制。有了证明标准,事实裁判者就不能因为争议事实真伪不明而迟迟不作裁判。证明标准本身是证据证明待证事实程度的一个尺度,如果事实裁判者对争议事实存在与否的内心确信没有超过证明标准,那么裁判者就不能以该事实为基础去作出裁判。在不同的诉讼及诉讼的不同阶段,证明标准都与其他相关制度相互配合,共同发挥着约束事实裁判者的作用。

(三)调节功能

证明标准具有调节诉讼的功能。证明标准是和败诉风险联系在一起的。一般来说,证明标准越高,负有证明责任的一方当事人败诉的风险就越大;相反,证明标准越低,当事人败诉的风险就越小。过高的证明标准会使当事人顾及败诉风险而不敢提起诉讼,过低的证明标准则会诱使当事人滥诉。因此,合理确定证明标准对于调节进入诉讼的案件数量会发挥重要作用。同时,证明标准也与诉讼成本密切相关,较高的证明标准往往要求在诉讼证明中投入更多的时间,消耗更多的人力和物力资源,合理确定证明标准有助于调节诉讼中的投入产出关系。此外,从诉讼结构本身来看,证明标准对于调节当事人和法院之间的作用分担,尤其在加重或减轻证明负担及分配证明责任方面意义重大。

- - - - - ❦ - - - - -

【引例一】 评析：在本章的引例中，该案的刑、民事诉讼结果之所以不同，与刑事诉讼和民事诉讼在证明标准上的差异有着密切的关系。在刑事诉讼中，控方对指控罪行的证明须达到不容任何合理怀疑的程度（beyond any reasonable doubt）。如果控方不能使陪审团全体毫无任何合理怀疑地确信辛普森的确杀了人，那么该案刑事诉讼"无罪裁决"则为必然。而该案民事诉讼则与刑事诉讼在诸多方面又有着显著的区别，这些区别使得"辛普森负有责任"的民事裁决的作出同样具有必然性。刑事诉讼与民事诉讼的证明责任要求不同：在刑事诉讼中，控方必须使陪审团无任何合理怀疑地证明辛普森杀害了尼科尔和戈尔德曼，而在民事诉讼中，辛普森对受害人之死负有责任的民事裁决则是建立在"优势证据"（preponderance of the evidence）的证明责任之上，这意味着原告律师提供的证据只需说服陪审团成员确信辛普森对两名受害人之死负有责任的可能性大于其不负责任的可能性即可。

- - - - - ❦ - - - - -

第二节　刑事证明标准

- - - - - ❦ - - - - -

【引例二】 2004 年 12 月 10 日凌晨 2 点许，某厂值班室红外线报警器报警，保安进入办公楼发现北侧一层的铝合金窗户被打开。逐层检查，发现三楼总经理办公室被撬，物品被翻乱。后来保安在四楼发现犯罪嫌疑人杨某、戴某躲在角落，但两人身边没有赃物和作案工具。经查找，在两名嫌疑人楼顶所处位置下方发现散落的被盗现金和手机。因该厂保安人员缺乏法制意识未及时报案。第二天警察赶至现场时，被盗办公室现场被破坏，无法提取指纹、足迹，现场一把可疑的改锥也被保安人员触摸过，赃物也被保安人员收集起来。两名嫌疑人员拒不承认其实施了盗窃行为。

问：本案中，能否根据现有证据给两名嫌疑人定罪？

- - - - - ❦ - - - - -

一、外国的刑事证明标准

关于刑事诉讼的证明标准，英美法系国家的表述为"排除合理怀疑"，大陆法系国家立法上的表述是"内心确信"。一般认为，两大法系对刑事证明标准的措辞尽管不同，但基本内容是一样的。不过，它们之间也存在一些细微的区别。

（一）英美法系国家的排除合理怀疑标准

在英美法系国家，排除合理怀疑的证明标准最早于 18 世纪通过判例法在英国得以确立，这一标准首先在死刑案件中适用，然后扩大到所有的刑事案件，成为英美法系国家刑事诉讼通用的证明标准。

对于排除合理怀疑的概念，没有统一的说法，按照西方学者所言，它"表面上简单，实际上却是一个复杂、微妙的概念，这一概念对于那些必须向陪审团解释其含义的法官来说尤其困难"，"证明标准是那种容易识别，难以解释，更难以适用的法律概念的一个典型例子"。①大多数法官都拒绝向陪审团给出"合理怀疑"的定义，而将这一证明标准视为不言自明的。正如一位法官所指出的，"对'合理怀疑'一词来说，没有比其自身更清楚明确的定义了"。排除合理怀疑标准中的关键是对"合理"标准的确定，要排除的不是一切怀疑，而是合理怀疑，而所谓"合理的"怀疑是一个理性的人所应持有的怀疑。按照 19 世纪美国一位法官的看法，合理怀疑是指"在一切证据经过全部比较和考虑之后，审理事实的人本于道义和良知，对于所诉的事实，不能信以为真"。一位爱尔兰法官的说法则是："本于一颗赤诚的心，对于全部证据为冷静的观察，发生了理智的了解，不受任何一方的影响，没有偏见，没有恐惧……所谓怀疑，当然是一种可以说出理由的怀疑，而不是无故的质疑。负责对于任何纷纭的人事，都可以发生想象或幻想的怀疑。因此，所谓合理怀疑，必非以下各种怀疑：非任意妄想的怀疑；非过于敏感机巧的怀疑；非仅凭臆测的怀疑；非吹毛求疵、强词夺理的怀疑；非于证言无征的怀疑；非故为被告解脱以逃避刑责的怀疑。如果属于以上各种的怀疑，即非通常有理性的人所为之合理的、公正诚实的怀疑。"②

美国联邦司法中心建议，法官在陪审团退庭评议之前应当就证明标准问题向其作出如下指示："排除合理怀疑的证明是这样的证明，它使你们坚定的确信被告人有罪。在这个世界上，极少有我们所绝对确定地认识的事情，而且在刑事案件中，法律也没有要求证明到排除每一种可能的疑问的程度。基于你们对证据的评议，如果你们坚定地确信被告人犯了被指控的罪，你们必须宣告他有罪；但如果你们认为存在他无罪的现实可能性，你们则必须就这种疑问作出有利于被告人之结论，宣告他无罪。"这个建议得到了联邦最高法院金斯伯格大法官的赞同。

加拿大法院长期以来一直在努力设计一种能够清楚地向陪审团解释什么是排除合理怀疑的证明以及该证明标准如何适用于刑事案件的方法，加拿大最高法院最近以对该证明标准的来源、功能、范围和缺陷的理解为基础，作出了一份向陪审团解释这一问题的示范模式：

1. 该标准不可避免地与无罪推定交织在一起，无罪推定是作为所有刑事审判根基的基本前提，在整个审判过程中，证明责任始终由控诉方承担而不得转移给被告人（被告人进入诉讼程序时被推定为无罪，这种无罪的推定贯穿审判始终，直到控诉方所提交的证据排除合理怀疑地使你相信被告人是有罪的）。

2. 合理怀疑不是指想象的或者轻率的怀疑，也不是指基于同情或偏见的怀疑；它基于推理和常识，这些推理和常识必须合乎逻辑地由证据的存在或不存在而得出。

3. 排除合理怀疑的证明不只是要求证明被告人可能有罪。

4. 合理怀疑不是绝对确定的证明，后者是一种过高的不可能达到的证明要求。同理，也不应将排除合理怀疑的证明单纯地描述为"道德上的确定性"。

5. 虽然"合理怀疑"的表述由日常谈话中经常使用的词语组成，但是它在法律的背景下有着特殊的含义；将法律要求达到的证明标准描述为与陪审员在日常生活中作出某种决定

---

① ［加］阿兰·曼森：《加拿大刑事诉讼中的证明标准》，北京 2002 年刑事证据法国际研讨会论文。

② 李学灯：《证据法比较研究》，台湾五南图书出版有限公司 1992 年版，第 666～667 页。

（即使是最重要的决定）时所采用的标准相同的证明标准是错误的。

6."怀疑"一词不应当以除形容词"合理的"以外的任何方式加以限制；使用像"萦绕于脑际的"怀疑、"重大"怀疑或者"严重"怀疑这样的修饰是容易引起误导的。

7.只有陪审团就"排除合理怀疑"这一表述的含义被给予恰当的、谨慎的指示之后，法官才能告诉他们，如果他们"确定"或者"确信"被告人有罪，他们可以作出有罪裁决。[①]

排除合理怀疑标准的哲学基础是经验主义的认识论，陪审员在刑事审判中审查证据是一个典型的经验运用或利用过程，也是一个归纳法的运用过程。[②] 许多英美学者都强调，排除合理怀疑的表述规定了一个非常高的证明标准，它"是如此接近确定性以致几乎没有什么分别"，但是由于绝对确定是不必要的和不可能达到的，所以无论这一标准如何的高，都不能等于绝对确定。布伦南（Brennan）大法官认为，由于说一个人被推定无罪并不意味着什么，而除非这一声明指出谁应该对罪责问题提出证明以及这种证明应达到什么样的标准，所以排除合理怀疑标准为无罪推定这一刑事司法的基础原则提供了实质性的内容，它是减少定罪裁决事实错误的最重要的工具，在美国刑事程序的架构中发挥着极其重要的作用。

英美法系国家往往也在不同诉讼阶段针对不同的事项适用不同的证明标准，因此，证明标准也显示出多层次性。如美国联邦证据规则，依证明所需的确定性程度不同，对证明标准从高到低设定了几个层次：（1）绝对的确定——由于认识论的限制，认为这一目标无法达到；（2）排除合理怀疑——为刑事案件中有罪认定所必需，也是诉讼证明方面的最高标准；（3）清楚且有说服力的证明——适用于某些民事案件以及某些管辖法院对死刑案件中保释请求的驳回；（4）优势证明——适用于多数民事案件以及刑事诉讼中被告人的肯定性抗辩；（5）合理根据——适用于逮捕令状的签发、无证逮捕、搜查及扣留、控诉书和起诉书的发布、缓刑及假释的撤销，以及对公民逮捕的执行；（6）有理由的相信——适用于"阻截和搜身"；（7）有合理的怀疑——无罪释放被告人的充足理由；（8）怀疑——适用于调查的开始；（9）无线索——不足以采取任何法律行为。[③]

（二）大陆法系国家的内心确信标准

大陆法系国家的刑事诉讼证明标准概括为"内心确信"，即案件事实是否得到证明的衡量标准是裁判者是否形成对待证事实真相的内心确信。所谓内心确信，是指发自内心真诚且理性的信任，它要求法官在听取并审查了案件全部证据后，必须在内心确信被告人已经实施了公诉方所指控的罪行，才能判决被告人有罪。如果心存疑虑，就必须作出无罪判决。简而言之，内心确信要求的就是裁判者在作出有罪判决时不会有良心上的不安。

内心确信是大陆法系国家自由心证证据制度下的主观证明标准，表面看似自由无限，内在却充满实质理性。首先，诉讼证明是现在对过去回溯性的主观认识，既然是主观认识，当然只能形成一种心理状态，即内心确信或不确信。至于过去在客观上到底是怎样，由于时间的不可逆性，我们不得而知。况且诉讼证明的意义也不在于此，法律只是给过去一个"不完全肯定但可接受"的说法。因此，内心确信的证明标准虽是主观标准，却符合人类思维的规律与诉讼的实质意义。其次，内心确信是一种经验判断，而不是裁判者的恣意行为，确信如

[①] 卞建林：《刑事证明理论》，中国人民公安大学出版社 2004 年版，第 239～240 页。

[②] 吴宏耀、魏晓娜：《诉讼证明原理》，法律出版社 2002 年版，第 275～280 页。

[③] 《美国联邦刑事诉讼规则和证据规则》，卞建林译，中国政法大学出版社 1996 年版，第 22 页。

何形成的呢？确信与否都是待证事实与主体经验对比所产生的心理状态，符合过往经验的即形成内心确信，不符合经验的则形成不了这样的确信。并且法律要求的是一个人理性的确信，而理性与否是相对公认的社会经验而言的。所以内心确信证明标准可以说是人类长期生活经验标准，这种不以个人意志为转移的人类长期生活经验即形成了对心证的内部制约。再次，内心确信的证明标准的有效运行并不是依靠法官向陪审团发问"你们真的确信吗？"自由心证制度有相配套的其他法律制度与机制，如非法证据排除制度、陪审制度、证据裁判制度、法官选拔机制等等。正是这些制度与机制的互相配合不仅使得主观证明标准得以有效运行，并且形成了对心证的外部制约。从上述论述可以看出，自由心证制度下的内心确信自由而又不自由。

法国1808年的《重罪审理法典》第一次用立法的形式对内心确信的证明标准作出了明确的规定。自此之后，法国的刑事证明标准基本上沿袭之。现行《法国刑事诉讼法》第353条规定："在重罪法庭休庭前，审判长应责令宣读下列训示，并将内容大写书写成布告，张贴在评议室最显明处：法律并不考虑法官通过何种途径达成内心确信；法律并不要求他们必须追求充分和足够的证据；法律只要求他们心平气和、精神集中，凭自己的诚实和良心，依靠自己的理智，根据有罪证据的辩护理由，形成印象，作出判断。法律只向他们提出一个问题：你是否已形成内心确信？这是他们的职责所在。"

1808年法国《重罪审理法典》所确立的内心确信的证明标准产生了广泛而深远的影响，包括德国、日本、苏联以及现在的俄罗斯等大陆法系国家和地区普遍采用了这一标准。在德国，自由心证原则要求法官根据他个人的自由确信而确定证据，《德国刑事诉讼法》第261条规定，对证据的调查结果，由法庭根据它在审理的全过程中建立起来的内心确信而决定。《日本刑事诉讼法》第318条也规定，证据的证明力由法官自由判断。《俄罗斯刑事诉讼法》第17条要求，法官、陪审员以及检察长、侦查员、调查人员根据自己基于刑事案件中已有全部证据的总和而形成内心确信，同时遵循法律和良知对证据进行评价。可见，自由心证原则为大陆法系各国刑事诉讼法所明确规定。然而，大陆法系国家的证明标准往往也是多元的。这种多元化通常并不是按诉讼性质区分的，而是因证明对象的不同而有区别。

以德国为例，证明标准有三个：信服、释明和表面证明。信服标准适用于法院的实体裁判，释明标准适用于程序裁定，而表面证明标准适用于初步的认定。其中，信服是指法官对当事人主张的案件事实的完全信服。完全信服的基础既不是优势的可能性，也不是绝对的确定性，而是指法官作出裁判时没有合理怀疑程度，需要排除任何合理的可能性。释明是指法官确信当事人主张的事实具有相当的可能性。该标准适用于法律明确规定的情况，主要是程序事项或者主张，例如法官回避、诉讼费援助、诉讼耽误、扣押、临时处置等。释明标准比完全信服标准低，但也要求达到优势可能性的程度；既可以通过举证的方式达到，也可能通过替代宣誓的保证方式达到。而表面证明标准则比较复杂，其具体适用因民事诉讼和刑事诉讼而异。

（三）比较与分析

不管是"排除合理怀疑"还是"内心确信"，他们的证明标准实质上都是信念上的确信，并且这种确信是出于良知或者是真诚地形成的，是合理的和理性的。但是这种标准并不是完全主观和任意的，他们也都要求据以形成确信的证据基础。不管是英美法系的"排除合理怀疑"还是大陆法系的"内心确信"，都是就案件的整体情况来说的，对证明标准不应当仅限于整体性的研究,更应当注重对不同的证明对象的证明标准的研究。尽管它们在内容上是相同的,但在表达方式上有所不同。内心确信的措辞是从正面来表达证明标准的含义的,而排除合理怀疑是从反面来表达证明标准含义的;内心确信的表达方式更为强调证明标准的主观方面,而排除合理怀疑的表达方式则更为注意主观方面和客观方面的平衡。因为从正面和主观方面不容易把握这种标准,所以,排除合理怀疑的表达方式相对显得更为可取,同时也因为这种表达方式更为接近事实认定的实际过程,所以越来越得到人们的认可。

总结以上观点,笔者认为,两大法系对刑事证明标准的同一性体现在以下四个方面:第一,两大法系的刑事证明标准均未要求达到绝对确定的程度;第二,两大法系均将刑事证明标准设定在一个相对的高度,或为排除合理怀疑,或为证据足以使人内心确信;第三,无论是"排除合理怀疑"还是"内心确信",都包含着法官和陪审团的主观因素;第四,"排除合理怀疑"的证明标准,是排除否定的评价方法,"内心确信"就意味着排除合理怀疑,两者在实质上是一致的。

二、我国的刑事证明标准

证明标准有广义和狭义之分,广义上的证明标准,是指我国刑事诉讼证明标准是一个多层次的证明标准,不同的诉讼环节,有不同的证明标准。主要包括:立案的证明标准、逮捕的证明标准、起诉的证明标准、侦查终结的证明标准、提起公诉的证明标准、有罪判决的证明标准。狭义的证明标准仅指有罪判决的证明标准,持狭义标准的观点认为侦查和起诉中的证明只是一种自向证明,在这种证明中,证明主体不承担证明责任,不是真正意义上的诉讼证明,因而也不存在诉讼意义上的证明标准。我们拟从广义的角度介绍我国刑事证明标准。

(一)立案证明标准

我国《刑事诉讼法》第 110 条规定:人民法院、人民检察院或者公安机关对于报案、控告、举报和自首的材料,应当按照管辖范围,迅速进行审查,认为有犯罪事实需要追究刑事责任的时候,应当立案;认为没有犯罪事实,或者犯罪事实显著轻微,不需要追究刑事责任的时候,不予立案。

在各种证明标准中,立案作为诉讼的第一个环节,其证明标准最低。从刑事诉讼法的规定来看,我国立案的证明标准包括两个实质性的条件:一是事实条件,即有证据证明有犯罪事实发生。该条件要求只要证明有犯罪事实发生即可,无须证明犯罪事实如何发生、犯罪事实发生经过以及谁制造了犯罪事实。因为立案只是刑事诉讼的起始阶段,是侦查的启动环节,对于具体犯罪事实的查明属于侦查阶段的任务。二是法律条件,即需要追究刑事责任。根据我国《刑事诉讼法》的规定,仅有犯罪事实是不能立案的,还要查明是否需要追究刑事责任,因为在某些法定的情况下,发生了犯罪事实也不需要追究刑事责任。根据《刑事诉讼法》第 15 条的规定,主要有六种情形:(1)情节显著轻微、危害不大,不认为是犯罪的;(2)犯罪已过追诉时效期限的;(3)经特赦令免除刑罚的;(4)依照刑法告诉才处理的犯罪,没有告诉或者撤回告诉的;(5)犯罪嫌疑人、被告人死亡的;(6)其他法律规定免予追究刑事责任的。同时,需要注意的是,该标准具有一定的主观性,法律规定"认为有犯罪事实需要追究刑事责任的时候",其中的"认为"一词显然是具有较强主观性的。

(二)逮捕的证明标准

我国《刑事诉讼法》第 79 条规定:"对有证据证明有犯罪事实,可能判处徒刑以上刑罚的犯罪嫌疑人、被告人,采取取保候审尚不足以防止发生下列社会危险性的,应当予以逮捕:(1)可能实施新的犯罪的;(2)有危害国家安全、公共安全或者社会秩序的现实危险的;(3)可能毁灭、伪造证据,干扰证人作证或者串供的;(4)可能对被害人、举报人、控告人实施打击报复的;(5)企图自杀或者逃跑的。对有证据证明有犯罪事实,可能判处十年有期徒刑以上刑罚的,或者有证据证明有犯罪事实,可能判处徒刑以上刑罚,曾经故意犯罪或者身份不明的,应当予以逮捕。被取保候审、监视居住的犯罪嫌疑人、被告人违反取保候审、监视居住规定,情节严重的,可以予以逮捕。"从该规定可以看出,逮捕被分为两种情形,即应当逮捕和可以逮捕,也称为法定逮捕和酌定逮捕,无论哪种逮捕,都应当符合逮捕的基本条件。

逮捕的证明标准是由三个条件组成的:(1)证据条件,即要有证据证明有犯罪事实发生。《刑诉规则(试行)》第139条规定,有证据证明有犯罪事实是指同时具备下列情形:①有证据证明发生了犯罪事实;②有证据证明该犯罪事实是犯罪嫌疑人实施的;③证明犯罪嫌疑人实施犯罪行为的证据已经查证属实的。而犯罪事实既可以是单一犯罪行为的事实,也可以是数个犯罪行为中任何一个犯罪行为的事实。(2)徒刑条件,即可能判处徒刑以上的刑罚,如果只是可能判处管制、拘役等刑罚,则不属于逮捕的对象。(3)社会危险性条件,即通过取保候审也不足以防止发生特定的社会危险性的,应当逮捕。为此,《刑事诉讼法》第79条专门列举了五种造成社会危险性的情况。不过值得注意的是,《刑事诉讼法》第79条还规定了三种特殊情况:即"可能判处十年有期徒刑以上刑罚的"、"曾经故意犯罪的"、"身份不明的"等,这三种情形无须社会危险性条件也应当逮捕,当然,我们也可以把这三种情形理解为具有特别的社会危险而直接判定应当逮捕。根据上述条件来看,逮捕证明标准高于立案标准,但也不要求达到"犯罪事实清楚,证据确实充分"的证明程度。

(三)提起公诉的证明标准

我国《刑事诉讼法》第172条规定:人民检察院认为犯罪嫌疑人的犯罪事实已经查清,证据确实、充分,依法应当追究刑事责任的,应当作出起诉决定。2012年10月16日通过的《刑诉规则(试行)》第61条第2款规定:"人民检察院在提起公诉指控犯罪时,应当提出确实、充分的证据,并运用证据加以证明。"第63条第1款规定:"人民检察院侦查终结或者提起公诉的案件,证据应当确实、充分。"由这些规定可知,起诉的证明标准是"犯罪事实清楚,证据确实、充分"。

仅从法律条文上看,起诉的证明标准与法院给被告人的定罪标准是相同的,但二者还是有所区别的:首先,这里的"犯罪事实清楚,证据确实、充分"是检察院单方面的认定。虽然法律要求检察院客观公正,但在司法实践中,检察院的追诉职能使其不可避免地带有单方性和倾向性。法院的定罪标准则需要诉讼双方举证、质证,并通过法院审查判断最后认定案件事实,达到"事实清楚,证据确实、充分"。其次,从理论上讲,起诉的标准也应当低于定罪标准。起诉并不直接导致被告人的权利被剥夺,是否对被告施以刑罚由法院决定。法院是诉讼中的最后一道防线,即使相同的证明要求,也应当作最严格的把握。在实践中也确实显示了起诉标准低于定罪标准,否则,很难解释司法实践中起诉不成功的现象。最后,法律在事实清楚的要求前面加上了"人民检察院认为"的主观限制词,这样使其要求有别于定罪标准中的"犯罪事实清楚,证据确实、充分"。这也说明了,我国刑事证明标准是有层次性的。

(四)有罪判决的证明标准

1. 案件事实清楚,证据确实、充分

2012年3月14日通过的新《刑事诉讼法》第195条规定:在被告人最后陈述后,审判长宣布休庭,合议庭进行评议,根据已经查明的事实、证据和有关的法律规定,分别作出以下判决:(1)案件事实清楚,证据确实、充分,依据法律认定被告人有罪的,应当作出有罪判决;(2)依据法律认定被告人无罪的,应当作出无罪判决;(3)证据不足,不能认定被告人有罪的,应当作出证据不足、指控的犯罪不能成立的无罪判决。新《刑事诉讼法》与1996年《刑事诉讼法》对我国有罪判决的证明标准的规定是一脉相承的,并没有发生根本性的变化,其共同的法律表述为"案件事实清楚,证据确实、充分"。另外,相关法律解释中对"案件事实清楚,证据确实、充分"这一证明标准也有体现。2012年11月5日通过的《刑诉法解释》第64条第2款规定:"认定被告人有罪和对被告人从重处罚,应当适用证据确实、充分的证明标准。"由此可见,"案件事实清楚,证据确实、充分"的证明标准已经在我国法律中得到确立和完善。

一些学者认为,"案件事实清楚,证据确实、充分"的证明标准只是总体性的政策要求,并不具有规范意义,只是空洞的概念,缺乏统一、具体的操作性规定;而且,侦查终结、提起公诉和作出有罪判决等不同阶段均适用这一标准,不符合司法实践规律。而学界和司法实践中则尽量对该证明标准作出具有可操作性的解读。一般认为,案件事实清楚,证据确实、充分可以作如下理解:(1)据以定案的证据均已查证属实。这是指作为定案根据的每一个证据都具有证据的本质属性,即客观性、关联性和合法性。(2)案件事实均有必要的证据予以证明。这是指司法机关所认定的对解决争议有意义的事实均有证据作为根据,没有证据证明的事实不得认定。(3)证据之间、证据与案件事实之间的矛盾得到合理排除。办案中收集到的证据可能与其他证据或案件事实有矛盾,这时,必须进一步补充证据,有根据地排除矛盾,查明事实真相;否则,不得认定有关的事实。(4)对案件事实的证明结论是唯一的,排除了其他的可能性。(5)运用证据进行的推理符合逻辑和经验。以上五点必须同时具备,才能认为是达到了案件事实清楚,证据确实、充分的证明标准。

具体而言,在对"案件事实清楚"这一证明标准的把握上,首先必须清楚何谓"案件事实"。案件事实是已经发生的事情,对于已经发生的案件要通过证据查实全部细节事实基本不可能,因此,并不要求对案件有关的所有细节事实都有证据证明。因此,这里所讲的"案件事实"是指那些关乎定罪量刑的事实,包括犯罪构成要件事实及影响刑罚裁量的事实。所谓"案件事实清楚",就是指与定罪量刑相关的事实与情节已经查明。尽管新《刑事诉讼法》并没有明确"案件事实"的具体范围,但我国相关行政规章或者司法解释中已明确列举了"案件事实"的相关范围。公安部《办理刑事案件程序规定》第65条规定:"需要查明的案件事实包括:(1)犯罪行为是否存在;(2)实施犯罪行为的时间、地点、手段、后果以及其他情节;(3)犯罪行为是否为犯罪嫌疑人实施;(4)犯罪嫌疑人的身份;(5)犯罪嫌疑人实施犯罪行为的动机、目的;(6)犯罪嫌疑人的责任以及与其他同案人的关系;(7)犯罪嫌疑人有无法定从重、从轻、减轻处罚以及免除处罚的情节;(8)其他与案件有关的事实。"《行诉解释》第64条第1款规定:"应当运用证据证明的案件事实包括:(1)被告人、被害人的身份;(2)被指控的犯罪是否存在;(3)被指控的犯罪是否为被告人所实施;(4)被告人有无刑事责任能力,有无罪过,实施犯罪的动机、目的;(5)实施犯罪的时间、地点、手段、后果以及案件起因等;(6)被告人在共同犯罪中的地位、作用;(7)被告人有无从重、从轻、减轻、免除处罚情节;(8)有关附带民事诉讼、涉案财物处理的事实;(9)有关管辖、回避、延期审理等的程序事实;(10)与定罪量刑有关的其他事实。"可见,上述所列举的案件事实均涉及定罪量刑的事实,而这些规定就为对"案件事实"的理解提供了法律依据,增加了该证明标准在实践中运用的可操作性。

在对"证据确实、充分"这一证明标准的理解上,2010 年 5 月,《办理死刑案件证据规定》本着对死刑案件采取最高最严格的证明标准的要求,在总结实践经验基础上进一步细化了该证明标准。该规定第 5 条规定:"办理死刑案件,对被告人犯罪事实的认定,必须达到证据确实、充分。""证据确实、充分是指:(1)定罪量刑的事实都有证据证明;(2)每一个定案的证据均已经法定程序查证属实;(3)证据与证据之间、证据与案件事实之间不存在矛盾或者矛盾得以合理排除;(4)共同犯罪案件中,被告人的地位、作用均已查清;(5)根据证据认定案件事实的过程符合逻辑和经验规则,由证据得出的结论为唯一结论。"由此可见,"证据确实、充分"就是要求运用确实的证据构成一个完整的证据链,对犯罪事实的证明达到唯一性的程度。这里的"结论唯一"是指对主要犯罪事实即被告人实施了犯罪行为以及据以判处死刑的关键情节的证明达到唯一的程度。"唯一"意味着没有其他可能性,只有这样才能保证案件特别是死刑案件不会发生冤案、错案。当然,在证据审查时,是否达到"唯一性"需要法官的心证。"唯一性"并不意味着所有的案件细节都是唯一的,每个案件都有很多情节,即使犯罪嫌疑人的回忆也不一定客观。因此只要重要的、关键性的、涉及定罪和量刑的事实达到"唯一"即可。至于死刑案件和非死刑案件是否都适用这一证明标准的问题则不明确。新《刑事诉讼法》在总结"证据两规定"的基础上,在其第 52 条第 2 款规定:"证据确实、充分,应当符合以下条件:(1)定罪量刑的事实都有证据证明;(2)据以定案的证据均经法定程序查证属实;(3)综合全案证据,对所认定事实已排除合理怀疑。"另外,在相关行政规章或者司法解释中也有相同的规定。可见,新《刑事诉讼法》和相关司法解释在对"证据确实、充分"的规定上是一致的,均需要符合三个条件,即满足证据量的要求即"充分"、证据质的要求即"确实"和排除合理怀疑。

此外,联合国《关于保护死刑犯权利的保障措施》,对死刑案件的证明标准作了特别规定。该文件第 4 条规定:"只有在对被告的罪行根据明确和令人信服的证据而对事实没有其他解释余地的情况下,才能判处死刑。"有观点认为,这里提的"对事实没有其他解释余地"的标准高于排除合理怀疑,与排除其他可能性的含义是一致的,即要达到 100% 认定被告人实施了犯罪行为。[①] 我们认为,联合国关于死刑的标准与我国《办理死刑案件证据规定》中规定的死刑标准是一致的,是我国各种证明标准中最高的标准。

2. 基本事实清楚,基本证据确实、充分

2001 年 4 月 13 日,最高人民法院在《关于贯彻全国社会治安工作会议的通知》中强调,要在证明标准问题上实行"两个基本"原则,即案件审判要保证基本事实清楚,基本证据扎实。早在此前,彭真同学在"全国五大城市治安座谈会"上指出:"只要有确实的基本的证据,基本的情节清楚,就可以判。"这个标准在理论上和实务上通常被称为"两个基本"即基本事实清楚,基本证据确实充分。最高人民检察院副检察长张穹在 2001 年发表的《关于"严打"整治斗争中的法律适用问题》一文中,提出要全面理解和适用"两个基本"原则时说:"'基本事实清楚、认定事实、基本证据确凿'是实践中办理刑事案件的证明要求,适用'两个基本'认定案件,必须达到确定无疑的程度,必须排除其他的可能性,保证对被告人定罪量刑的正

---

① 陈光中:《证据法学》,法律出版社 2011 年版,第 359 页。

确。"①所谓"基本事实"是由刑法规定的,包括具体犯罪构成要件的事实和罪行轻重的事实;"基本证据"就是对上诉基本事实起决定性证明作用的证据。从这个意义上讲,"两个基本"应该是对我国刑事有罪判决的法定证明标准的合理解释和行动指南:它至少面对了这样一个现实,即在诉讼实践中,至少对于相当数量的案件来说,司法人员不可能查明案件的全部细节,也不可能收集到案件的所有证据。但从目前的官方文件上来看,这个标准似乎只适用于特定时期的特定案件,即"严打"时期的某些特殊案件。

在司法实践中,对于案件事实的证明,应当按照上述理解予以适用,但是对于司法实践中的一些提法和做法,这里有必要进行分析。

有一种观点认为,基本事实清楚,基本证据确实、充分等同于事实基本清楚,证据基本确实、充分。这种说法是不准确的。我们应当明确,基本事实清楚,基本证据确实、充分并不等同于事实基本清楚,证据基本确实、充分。因为诉讼必须对于基本的事实,实际上也就是实体法规定的要件事实作出清楚的证明,但是,事实基本清楚,证据基本确实、充分则是对于案件事实本身大大降低了证明的标准和要求。两者是性质不同的事实认定标准,不可同日而语。

还有一种观点认为,证据充分,就是证据越多越好。这也是不准确的。案内证据再多,如果不符合上述案件事实清楚,证据确实、充分的五点理解,则不能认为达到了证明标准。相反,如果符合上述标准,三五个证据也能定案。另外,证据确实、充分也不意味着必须对所有的证据都要收集,收集的证据只要能满足以上五个要求即可。不一定要事无巨细,统统收集。这不但是不必要的,而且还会浪费人力、物力,降低诉讼效率。我们知道,证据确实、充分不但是对证据的量的方面的要求,更重要的是对证据总体上质的要求。

❧❧❧❧❧❧❧❧❀❧❧❧❧❧❧❧❧❧

【引例二】 评析:本案缺乏犯罪事实的直接证据,两名嫌犯拒不认罪,缺乏相关的痕迹鉴定。本案间接证据只能证明财物被盗,无法证明是两嫌疑人所盗。本案证据没有达到"事实清楚,证据确实充分"的证明标准,不能定罪。

❧❧❧❧❧❧❧❧❀❧❧❧❧❧❧❧❧❧

第三节 民事证明标准

一、外国的民事证明标准

(一)英美法系国家的盖然性优势证据标准

在英美法系国家的证据法上,占优势的盖然性是一致公认的民事诉讼证明标准。所谓占优势的盖然性(preponderance of probability),是指一方当事人证据的证明力及其证明的案件事实比另一方当事人更具有可能性,相应的诉讼主张成立的理由更为充分。占优势的盖然性具体表现为一方当事人证明的案件事实和诉讼主张的可能性与另一方当事人之间存

---

① 张穹:《关于"严打"整治斗争中的法律适用问题》,载《检察日报》2001 年 7 月 3 日。

在着一定的差额,因此又称为差别的盖然性标准(balance of probability)。由于案件事实的可能性和诉讼主张的成立程度取决于当事人提出证据的力量(证明力),占优势的盖然性标准又称为占优势的证据标准(preponderance of evidence)①或者证据优势标准。英国学者摩菲认为,如果将证据的证明力比喻为砝码,当事人的证明活动是否占优势要看双方当事人各自添加了多少砝码。如果原告提出的证据的分量是50%,而被告提出的证据的分量是49%,那么,原告胜诉,法官应当作出有利于原告的裁决;如果情况相反,或者原告和被告提出的证据的分量相同,被告胜诉,法官应该作出有利于被告的裁决。② 丹宁勋爵认为,差别的盖然性这一标准已经比较好地解决了。它必须是一个合理程度的盖然性,但是没有刑事案件所要求的程度高。如果证据出于这种状况,裁判者可以说:"我认为这更有可能(more probable than not)举证责任即可解除;但是,如果两种可能性是相等的,举证责任就没有解除。"③可以看出"盖然性"、"占优势"或者"差别"是说明该标准的关键所在。

关于盖然性,我国证据学者认为是指"有可能而不是必然的一种性质,或者说为一种可能的状态"④。从英文来看,盖然性(probability)一词同时具有可能性、真实性两种意思。布莱克认为,所谓盖然性是指:"可能性(likelihood),是真实性或者真实的表象(appearance of reality or truth),是假定的合理的理由,是貌似真实,是符合情理;是一种诉讼主张或者设想成为真实的可能性,或者来自于与理性或者经验的一致性,或者来源于更强的证据或理由;是在支持一个诉讼主张的证据比反对该诉讼主张的证据更多时产生的一种条件(condition)或者状态(state)。"

关于"占优势"(preponderance)和"差别"(balance),布莱克认为,"占优势"一词不是证据的分量(weight)问题,而是分量的多少和超重多少的问题。"在出现争议时,每一方的证据都有分量,但是陪审团不能因此仅仅根据证据的分量作出有利于承担举证责任一方当事人的认定,除非该方当事人的证据在一定的程度上超出了对方当事人证据的分量。……证据的优势不能仅仅以证人的数量认定,而应当根据所有的证据中更有分量的证据认定。这并不必然意味着证人的数量更多。了解的机会、拥有的信息,作证时的言行举止都是认定证人争议分量的根据。"⑤"在民事诉讼中裁判者在对应当证明的案件事实问题形成有确信的认定结论时,必须被合理地说服(reasonable satisfied)。是否确信取决于作出判断的全部案件情况,其中包括认定结论后果的严重性。"⑥按照美国模范证据法典起草委员会主席摩根(Morgan)的解释,盖然性占优势证明标准意味着"凡于特定事实之存在有说服负担之当事人,必须以证据之优势确立其存在。法官通常解说所谓证据之优势与证人之多寡或证据之

① Henry Campbell Black,*Black's Law Dictionary*,5th ed.,West Publishing Co.,p.1064. 布莱克认为,占优势的证据是指:"比反证更为有力或者可信的证据。也就是证据证明事实成立比不成立更有可能。……从民事诉讼证明责任来看,占优势的证据是指具有更大分量的证据,或者更为可靠可信的证据;是与理由和真实性最符合的证据。"

② Peter Murphy,*A Practical Approach to Evidence*,4th ed.,Blackstone Press Ltd.,1992,p.105.

③ Bater v. Bater(1950),2All. E. R 458 at 459.

④ 白绿铉:《美国民事诉讼法》,经济日报出版社1996年版,第116页。

⑤ Henry Campbell Black,*Black's Law Dictionary*,5th ed.,West Publishing Co.,p.1604.

⑥ Smith v. Smith and Steadman(1952),2 S. C. R 312,at pp.331~332. 引文是主审法官对差别的盖然性的解释。

数量无关,证据之优势乃在其使人信服的力量。有时并建议陪审团,其心如秤,对双方当事人之证据分置于其左右之秤盘,并从而权衡何者具有较大之重量"①。因此,优势证据不是一项数量标准,而是一项质量标准,反映了证据的可信度和说服力。

另外,在英美国家,对于部分特殊的争议要求的证明标准较高,不限于盖然性优势证据而是要求达到清晰和有说服力的(clear and convincing)证明标准,它介于盖然性优势证据和排除合理怀疑标准之间,要求证据的质量比通常的民事案件中的更高并且更具有说服力。例如,有关订立遗嘱的合同是否合法的争议,决定某人是否应当被送往精神病院或父母监护权是否应当终止的民事程序等,要求证明的程度更高。英国的丹宁勋爵在1951年的判决中指出:"诚然,英国法上刑事案件要求比民事案件有更高的标准。但必须指出两者都不是绝对的标准。刑事案件中的控诉人必须证明毫无合理程度的怀疑,但在这项标准的内部可能有不同程度的证明。民事法庭考虑诈欺指控时,当然比考虑过失是否成立要求更高程度的盖然性"②,从而指出了证明标准的可变性和灵活性。

(二)大陆法系国家的高度盖然性标准

大陆法系各国的民事诉讼证明标准普遍要高于英美法系国家的规定,要求达到高度盖然性的程度。所谓高度盖然性(the high degree of probability),它不同于自然科学的证明,而是要求通常人们日常生活中不怀疑并达到作为其行动基础的程度。《英国大百科全书》认为,"在普通法国家,民事案件仅要求占优势的盖然性……在大陆法系国家中,则要求排除合理怀疑的盖然性"。法国学者也多数认为,法院对于民事案件所裁判的事实问题不必达到绝对真实的程度,而只是要具备某种盖然性就已满足充分条件。③ 德国著名学者普维庭将50％以上的盖然性值粗略地分为三大类:(1)按照这种分类,一项事实主张可以是相对可能很大,即赞成比反对多。(2)一项事实主张也可以具备非常可能的盖然性,即一个理性的人不再怀疑或者看起来其他的可能性都被排除了。(3)一项事实主张也可能具备显然的可能性,即主张事实是如此明显,按照人们的一般常识是不会有疑问的。他将这三者依次称为:相对占优势的盖然性(盖然性占优势),非常可能的盖然性(较高程度的盖然性),"明显"的盖然性。④ 普维庭认为较高程度的盖然性是民事诉讼的证明标准。日本学者中岛弘道也把法官的心证强度分为四级:第一级为微弱的心证;第二级为盖然的心证;第三级为盖然的确实心证;第四级为必然的确实心证。他认为,微弱的心证是不完全的心证,基于该心证,不能作出肯定待证事实判断;盖然的心证为大概的心证,在没有反证的限度内,可以作出事实好像如此的判断;基于盖然性的确实心证,可以推断事实存在;而基于必然的确实心证,则可以作出事实必然如此的判断。他还认为,当裁判官的心证为微弱心证时,应当否定待证事实,这在刑事裁判与民事裁判中是共同的。但当心证为盖然心证时,刑事裁判与民事裁判的结果不同,刑事裁判应否定待证事实,民事裁判则应肯定待证事实。⑤ 这种观点其实也是将较高

---

① [美]摩根:《证据法之基本问题》,李学灯译,世界书局1982年版,第48页。

② 沈达明:《英美证据法》,中信出版社1996年版,第42页。

③ Peter E. Herzog、Martha Weser,*Civil Procedure in France*,Martinus Nijhoff. ,The Hague,Nether lands, 1967,p. 310.

④ [德]汉斯·普维庭:《现代证明责任问题》,吴越译,法律出版社2000年版,第111页。

⑤ 牟军:《民事证明标准论纲》,载《法商研究》2002年第4期。

程度的盖然性作为民事诉讼的证明标准的原则性规定。

在大陆法系国家之所以实行高度盖然性标准,主要是由于在职权主义模式下当事人的对抗不是很激烈,"法官对事实的认定并非是为安全着眼于双方当事人通过证据来加以攻击与防御,从而使一方以优势的明显效果导致事实自动暴露出来,而主要由法官对各种证据的调查、庭审活动的开展所直接形成的一种心证,当这种心证在内心深处达到相当高度时,便促使法官对某一案件事实的认定"①。

在德国,具体法律条文中对不同的盖然性采用了不同的用语,如"高度盖然性"、"对真相的心证"、"如此高的盖然性,以至于理性的人都不怀疑"等,《德国民事诉讼法》第 286 条规定了原则性的证明标准,即当法官获得了很高的盖然性,他可以视其为真实,然后在《民事诉讼法》的其他条款和其他实体法中又分别对该原则性证明标准作了相应的修改,予以降低或者提高。

在日本,全盘吸收了德国的高度盖然性标准,实践中的证明是由一个著名的判决确立的,日本最高法院在 1975 年(昭和五十年)2 月 24 日对于一个医疗事故案件的判决中写道:"诉讼上因果关系的举证不属于'不容半点怀疑'的自然科学上的证明,而是按照经验法则并综合斟酌所有证据,该判定必须能够使一般人毫无疑虑地抱以真实性的确信,而且只要达到该程度即可。"②

(三)比较与分析

从性质上看,大陆法系各国的高度盖然性标准与英美法系的盖然性占优势标准没有实质性的差异,由于大陆法系国家采取自由心证制度,法官对证据的判断享有广泛的自由裁量权,当"心证"达到深信不疑或者排除任何合理怀疑的程度,便形成确信。同时由于大陆法系国家证据规则不发达,没有体系完整、逻辑严谨的证据规则约束,自由判断证据所形成的内心确信被认为是一种理性状态。高度盖然性标准与盖然性占优势标准都不苛求客观真实的发现,盖然性占优势在逻辑上包含了高度盖然性标准,它们都比刑事案件的证明标准要低。

当然,最近在德国和日本的学术界,基于对诉讼效率的追求和特定案件过高标准的非现实性,都出现了降低高度盖然性证明标准的讨论和趋向,许多学者论证要降低高度盖然性证明标准而回归英美法系国家的盖然性优势证据标准,这在一定程度上也体现了两大法系相互融合的趋势。③

二、我国的民事证明标准

关于民事诉讼证明标准,我国的相关立法没有直接明确的规定,而是分散在民事诉讼法和有关的司法解释中。我国《民事诉讼法》第 153 条规定:"人民法院审理案件,其中一部分

① 刘春善、毕玉谦、邓旭:《诉讼证据规则研究》,中国法制出版社 2000 年版,第 631 页。

② 该判决的主要案情是:一个因患化脓性髓膜炎入住东大医院接受治疗的婴儿,在实施一种通过腰椎穿刺采集骨髓,并注入盘尼西林的手术 15 至 20 分钟后突然呕吐、痉挛,右半身部分麻木,并造成性格、智能、运动障碍,家长以此提出要求医院赔偿。在这一事件中,被告方主张婴儿的症状及后来产生的障碍是化脓性髓膜炎所致,并非由该手术造成的。张卫平:《外国民事证据制度研究》,清华大学出版社 2003 年版,第 447 页。

③ 对于德国和日本降低盖然性标准的讨论,参见张卫平:《外国民事证据制度研究》,清华大学出版社 2003 年版,第 440～449 页。

事实已经清楚,可以就该部分先行判决。"第157条规定:"基层人民法院和它派出的法庭审理事实清楚、权利义务关系明确、争议不大的简单的民事案件,适用本章规定。"第170条规定:"第二审人民法院对上诉案件,经过审理,按照下列情形,分别处理:(一)原判决、裁定认定事实清楚,适用法律正确的,以判决、裁定方式驳回上诉,维持原判决、裁定;……(三)原判决认定基本事实不清的,裁定撤销原判决,发回原审人民法院重审,或者查清事实后改判;……"根据以上法律规定和长期的民事司法实践,我国民事诉讼奉行"事实清楚,证据确实充分"的证明标准。

多年以来,我国民事诉讼证明标准与刑事诉讼证明标准一样,都是以事实清楚、证据确实充分为标准的"客观真实说"作为证明标准的理论基础。这种学说认为:民事诉讼的证明必须达到客观真实的程度,法院在认定案件事实时,要达到"案件事实、情节清楚,证据确实充分"的程度。"客观真实说"以马克思主义辩证唯物主义认识论作为理论基础,认为实践是检验真理的唯一标准。代表观点是:我国诉讼中的证明任务是查明案件的客观真实或案件的真实情况;查明案件的客观真实是十分必要的,也是完全可能的。[①] "客观真实说"举出了四点主要理由作为依据:第一,马克思主义认识论认为,存在是第一位的,意识是第二位的,存在决定意识;人类具有认识客观世界的能力,能够通过调查研究认识案件的客观真实。第二,客观上已经发生的案件事实,必然在外界留下这样或那样的物品、痕迹,或者为某些人所感知,为查明案件客观真实提出了事实根据。第三,作为组织保证,我国有党的坚定领导,有广大具有社会主义觉悟的群众的支持,更有一支政治思想觉悟高、有较丰富经验的、掌握一定科学技术的司法队伍。第四,诉讼法的制定、颁布和完善为查明案件的客观真实提供了法律依据。诚然,我国将民事诉讼案件事实的证明标准确定为"事实清楚,证据确实充分"的出发点是好的,而且这种证明标准也是很高、很严格的,但设定得是否科学、合理则需要进一步探讨。

随着审判方式的改革、诉讼观念的变化等,人们开始对传统的一元化证明标准提出质疑。虽然观点不尽相同,但是对于民事诉讼的证明标准应当低于刑事诉讼的证明标准的提法,理论界的认识比较一致。但是,究竟应当如何表述呢?理论和实践也在不断探索。

2001年,最高人民法院颁布了《关于民事诉讼证据的若干规定》。这一司法解释在法律真实观的影响下改变了等同于刑事诉讼的民事诉讼证明标准。该规定第73条规定:"双方当事人对同一事实分别举出相反的证据,但都没有足够的依据否定对方证据的,人民法院应当结合案件情况,判断一方提供证据的证明力是否明显大于另一方提供证据的证明力,并对证明力较大的证据予以确认。因证据的证明力无法判断导致争议事实难以认定的,人民法院应当依据举证责任分配的规则作出裁判。"该条规定突破了《民事诉讼法》关于证明标准的规定,突破了传统意义上的客观真实。但是,对于该条存在不同的理解。有的学者认为,这表明我国确立了优势证据的民事诉讼证明标准;有的学者认为,该规定表明我国确立了高度盖然性的民事诉讼证明标准。实务部门有观点认为:"该条规定实质上确立了民事诉讼高度盖然性的证明标准,也就是将盖然性占优势的认识手段运用于民事审判,在证据对待证事实的证明无法达到确实充分的情况下,如果一方当事人提出的证据已经证明该事实发生具有高度的盖然性,人民法院即可对该事实予以确认。之所以作出这样的规定,是因为在待证事实真伪不明而又缺少进一步证据的情况下,认定盖然性高的事实发生,较认定盖然性低的事

---

① 陈一云:《证据学》,中国政法大学出版社2000年版,第114页。

实发生,更接近于真实。"①

我们认为,该规定在探索民事诉讼证明标准的重构上迈出了重要的一步,规定了不同于刑事诉讼证明标准的民事诉讼证明标准。但是,这离构建完善的民事诉讼证明标准还有很大的距离,亦存在一些缺陷。

第一,该规定并没有明确案件证明总体应达到的程度,只是对特定证据的取舍进行了规定。该规定不同于典型的大陆法系或英美法系的民事诉讼证明标准,未能科学界定证明案件事实所应达到的程度;即未采用典型的"盖然性规则",又未采用客观化的证明标准,其含义仅仅是一方当事人所提供的证据在法官的内心深处所呈现的可能性明显大于另一方当事人所提供证据所能够支持的可能性。

第二,规定不够周延。该规定针对双方同时举证,彼此无法否认对方证据时,比较证据的证明力,看哪一方"明显大于"对方。司法实践中大量的案件,由于原告负举证责任,被告有时并没有举证或者无法举证,不存在比较双方证据证明力这一情况,也就无法适用这一证明标准。

第三,未能确立多层次的证明标准。一个科学而完善的证明标准体系,应当是一般证明标准和特别证明标准相结合的体系。这也是两大法系国家证明标准共同的特点,我国也应建立相应的体系。"高度盖然性"证明标准只适用于一般民事案件中一般事实的证明,而不适用于所有的案件及所有的事实,对于一些特殊的或特定的案件事实应当根据法律规定或诉讼的需要提高或降低证明标准。

三、我国民事证明标准与刑事证明标准的比较分析

根据西方国家自由心证证据制度的要求,在证明标准上,盖然性证明是两大诉讼的共同要求,但盖然性证明要求民事诉讼以证据优势为标准,要求刑事诉讼以"排除一切合理怀疑"为标准,或曰盖然性超过合理怀疑。显然,民事诉讼的证明标准是低于刑事诉讼的。但是,在我国,由于受客观真实理论和大陆法系证据标准一元化的影响,我国传统证据法学和诉讼法学一致认为,我国立法上对民事诉讼和刑事诉讼提出了一模一样的证明标准,即必须达到"事实清楚,证据确实、充分"的程度。

但是,近年来,随着法学理论研究的发展,人们日益认识到,虽然民事诉讼与刑事诉讼都属于诉讼活动,但是由于民事诉讼解决的是平等主体之间的民事权利与义务纠纷,而刑事诉讼所要解决的问题是被告人是否构成犯罪以及该如何处罚,这不仅关系到该公民的最重要人身权利、财产权利、社会权利乃至政治权利,还关系到社会法益、国家法益。因此,民事诉讼的证明标准与刑事诉讼理应有所区别,以适用不同的证明标准。例如,有学者主张,民事诉讼中应当稍低于刑事诉讼的证明标准,即采用高度盖然性的证明标准。即如果全案证据显示某一待证事实的存在的可能性明显大于其不存在的可能性,使法官相信其很可能存在,尽管还不能完全排除其相反的可能性,也应当允许法官根据优势证据认定这一事实。②2002年,我国民事诉讼立法以司法解释的方式肯定了民事诉讼中的证明标准为"高度盖然

---

① 最高人民法院民事审判第一庭:《民事诉讼证据司法解释的理解与适用》,中国法制出版社2002年版,第353页。

② 李浩:《差别证明要求与优势证据证明要求》,载《法学研究》1995年第5期。

性",由此,我国开始了民刑分离的二元化证明标准体系。同西方国家一样,我国民事诉讼和刑事诉讼证明标准的差异主要在于对证明程度的要求不同,民事诉讼要求的程度低于刑事诉讼的要求。具体而言,在刑事诉讼中,为了达到刑法所规定的犯罪构成的实体要件,必须采用严格证明的方法,仅仅证明了被告或嫌疑人可能实施了某种犯罪是不够的,要认定被告人有罪或者无罪,就必须进一步得出唯一的结论,证据的运用要达到排除一切可能的标准,所以称之为"排他性证明"。民事诉讼则不然,在民事诉讼中,如果全案证据显示某一民事法律关系之存在的可能性,明显大于其不存在的可能性,虽然还没有完全排除其他可能,但是在没有其他证据的情况下,法官也可以根据现有证据,认定这一事实。

之所以对民事诉讼与刑事诉讼要适用不同的证明标准,原因主要有以下几个方面:首先,刑事诉讼与民事诉讼的任务不同。刑事诉讼的任务是认定被追诉人刑事责任问题,直接关系到罪与非罪的问题;而民事诉讼针对的却是平等主体之间的民事权利义务纠纷。其次,民事实体法与程序法大量采用形式真实的标准,推定与法律拟制在诉讼证明过程中发挥着重要作用,因而优势证据证明标准与形式真实标准具有内在统一性。再次,在刑事诉讼中,侦查机关、检察机关和人民法院都负有全面收集能够证明被追诉人有罪、无罪和罪重、罪轻的全部证据的职责,法律赋予有关机关相应的法律手段和必要的装备;而在民事诉讼中,双方当事人处于平等的诉讼地位,其证明手段、能力以及职业水平都受到诸多因素的限制。因此,民事诉讼中的事实更容易陷入真伪不明的情况,高度盖然性的证明标准更加符合民事诉讼中事实认定的客观实际。最后,刑事诉讼与民事诉讼的责任方式不同。刑事责任是以道义为基础的公法责任,以惩罚为主,当事人一般没有选择惩罚方式的权利。而民事责任是以功利为基础的私法责任,责任方式主要是经济补偿,当事人可以自行协商解决,即使出现错误也可以依靠执行回转程序进行补救。民事责任方式的严厉性要低于刑事责任方式,即使把责任错误地施加于当事人,付出的代价一般也小于刑事责任。所以,不必要求达到刑事诉讼那样高的证明标准即可要求当事人承担民事责任。

第四节　行政诉讼证明标准

【引例三】浙江杭州杭秀公司是有自主出口能力的纺织印染企业,由于其一个重要出口国尼日利亚禁止进口纺织品,在尼日利亚客户的要求下,并为了扩大出口增加创汇,该公司在 2003 年到 2004 年间采取出口货物报送后修改提单品名的方式来规避尼日利亚的贸易禁令,其以纺织品名义出口报关并申请出口退税,在报关后即把品名全部改为尼日利亚允许进口的门类名称,如"公文包,小五金等"。2004 年被当地国税局发现,称其报关后改品名的目的是为骗取国家出口退税,并以改品名为唯一依据而要求其补缴税款 1000 多万元,并处巨额罚款。杭秀公司不服,并向法院提起了税务行政诉讼。

问:税务局只有一个证据,能否证明原告存在骗取国家出口退税的行为? 该案件应该适用什么样的证明标准?

一、外国的行政诉讼证明标准

(一)英美法系国家的行政诉讼证明标准

与大陆法系国家不同,英美法系国家没有明文的行政诉讼制度,相应地也就没有明文的行政诉讼证明标准。在英美法系国家,立法机关制定的法律是否符合宪法、行政机关的行为是否符合宪法及法律,通常由普通法院适用一般的诉讼程序审查,称为司法审查制度。由此,在对行政机关具体行政行为是否违法的审查上,司法审查制度与行政诉讼制度具有共通性。探讨司法审查中的证明标准问题,不能忽视司法审查的作用特点,即"司法审查只能监督行政机关行使权力,不能代替行政机关行使权力"[①]。这就揭示了英美法系国家在司法审查过程中,对事实问题和法律问题适用不同证明标准的原因,法官在法律问题上最有发言权,法院对法律问题审查的范围和决定的权力比较大,可以用法院对法律问题的结论代替行政机关的法律结论。对事实问题,行政机关是专家,法院一般尊重行政机关的决定,不能用法院的意见代替行政机关的意见。下面以美国和英国为例进行说明。

1. 美国的行政诉讼证明标准

美国的司法审查对待不同案件有不同的审查标准,也就是说案件性质是影响审查标准的重要因素,但还有一个普遍适用的原则,即区分事实问题和法律问题,对它们适用不同的审查标准。

首先,在事实问题的审查上,《联邦行政程序法》根据事实问题性质的不同、行政机关权力大小的不同、缺乏事实根据严重程度的不同,确立了三个不同的审查标准:实质性的证据标准;专横、任性、滥用自由裁量权标准;法院重新审理标准。[②] (1)实质性证据标准实际起源于普通诉讼中上级法院对下级法院关于事实问题的审查标准,它表现出法院对行政机关权限的尊重以及对行政事实裁定的慎重。对于"实质性"的理解,《联邦行政程序法》作出了两种规定:一是将它等同于民事诉讼中的"证据优势标准",二是将它等同于证据的合理性。此外,该标准主要适用于审查依照正式程序裁决所作出的决定的事实问题,不排除其他法律的特殊规定。(2)专横、任性、滥用自由裁量权标准主要适用于审查依照非正式程序裁决所作出的决定的事实问题,是运用最广泛的证明标准。该标准从性质上讲,也是一项合理性标准,只是比实质性证据标准在程度上稍严格了一些,根据美国法院的实践经验以及与实质性证据标准在审查基础上的趋同,专横、任性、滥用自由裁量权标准已渐渐失去存在的意义,从而与实质性证据标准合二为一。(3)法院重新审理标准是与前两项标准完全不同的一项,是司法审查原则的例外,因为法院完全可以以自己对事实问题的裁定代替行政机关的裁定。重新审理主要适用于以下三种情况:一是行政机关的行为属于司法性质的裁判,而行政机关对事实裁定的程序不适当;二是在非司法性行为的执法程序中,出现行政程序中没有遇到的问题;三是法律规定的情形。[③] 但是,联邦行政程序法并没有对该标准作出明确的规定,而且十分晦涩模糊,导致实践中存在各种理解。

其次,在法律问题的审查上,主要由两个方面构成:法律的解释和法律的适用,其区别是

---

① 王名扬:《美国行政法(下)》,中国法制出版社 2005 年版,第 563 页。
② 王名扬:《美国行政法(下)》,中国法制出版社 2005 年版,第 676 页。
③ 王名扬:《美国行政法(下)》,中国法制出版社 2005 年版,第 689 页。

"法律的适用是在法律的解释和事实的裁定的基础上才发生的,和单纯的法律解释不同"①。(1)对法律解释的审查,传统理论认为法院可以作出独立的解释,即对行政机关所作出的法律解释进行全面审查,其审查程度是"正确"而非"合理";同时又从法律规定和现实需要出发,对行政机关的解释予以必要的重视。这一矛盾关系导致美国最高法院的判例前后不一,也激发出立法界和司法界对此问题的不同看法。总之,美国法院在对法律解释的审查上留有充分的自由裁量权,只是对"合理"的意义有不同理解罢了。(2)对法律适用的审查,其实就是对法律和事实混合问题的审查,由于法律问题在此只具有个别意义,而事实问题居于主要地位,因此法院对法律适用的审查是有限的,基本适用对事实问题的审查标准。但是,对于行政机关依照非正式程序作出的决定、行政机关前后有所反复的决定、行政机关之间不能形成共同意见的决定以及涉及管辖权事实的案件,法院可以不适用前述合理性标准。

2. 英国的行政诉讼证明标准

英国在司法审查上主要适用"越权无效"原则,该原则缘于英国的传统及法律特性,英国的行政法直接来源于法治下的宪法原理、议会主权和司法独立,因此英国行政法学可以视为宪法学的一个分支。在法治、议会主权和独立的司法权等一些基本的宪法原则之上,英国行政法派生出了对行政进行司法控制的总原则,即越权原则,"几乎所有法庭审判都建立在这一原则上"②。

根据该原则,"法院在没有制定法授权的情况下,对行政机关的管辖权,旨在后者行使权力超越法定范围时才发生"③。可见,在英国的政体下,越权原则最大限度地尊重了行政机关的权限。这一原则基本上类同于美国的实质性审查标准,即除非行政机关的证据严重不足或判断极不合理,法院大都尊重行政机关的判断。

另外,根据英国的判例,越权原则主要包括以下几种情况:一是程序上的越权,指在自然正义原则之外,行政机关必须严格遵守一些制定法明确规定的行使职权的程序,否则即构成程序越权;二是不正常授权(不适当委托),指行政机关自行转授或委托权力的行为,如果不符合议会授权时明示或暗示的不得再转授或委托权力的规定,即构成越权;三是违反管辖条件,即行政机关如果在法定条件不具备或条件不符合时行使职权,就构成实体越权;四是不合理,这里不合理是相对于不合法而言的,行政机关实施某种行为,如不符合议会授权时所暗含的对行政机关合理行为的要求,则也构成一种实体越权;五是不相关的考虑,指行政机关实施行为时,考虑了与相应行为无关的事实,并以之作为行为的根据,则违反了议会授权时明示或暗示的条件,构成越权;六是不当动机,指行政机关实施行为不是为了实现议会授权的目的,则动机不当,构成越权;七是违反自然正义,自然正义是英国法治的基本原则,即不做自己的法官、不在事先未通知和听取相对人申辩意见的情况下作出对相对人不利的决定,违反这一原则也构成程序越权。可以看出,英国的越权原则是有层次性的,它除了具有类似于美国的实质性证明标准外,还涵盖了更严格的标准,如"重新审理标准"等。

(二)大陆法系国家的行政诉讼证明标准

大陆法系国家的证明标准是与法官心证紧密相连的,它强调法官在诉讼过程中的主导

---

① 王名扬:《美国行政法(下)》,中国法制出版社 2005 年版,第 696 页。
② [英]威廉·韦德:《行政法》,楚建译,中国大百科全书出版社 1997 年版,第 9 页。
③ 王名扬:《英国行政法》,中国政法大学出版社 1987 年版,第 150 页。

作用,即通过对事实问题和法律问题进行全面审查,主动依职权发现案件的事实真相。大陆法系国家的立法及判例没有对证明标准进行明确的界定,但相继对"自由心证"作出了详尽的阐述,学理界的通说亦认为,证明标准是作为法官心证的客观化尺度而内含在自由心证原则之中的。根据大陆法系的证明标准理论,行政诉讼证明标准应适用高度盖然性标准。下面以德国和法国为例进行说明。

1. 德国的行政诉讼证明标准

德国的行政诉讼证明标准分为一般标准和特殊标准两种情形。一般标准即排除合理怀疑的高度盖然性标准;在法律有特别规定或行政法院有明确解释的特殊情形下则适用较一般标准为低的特殊标准。

首先,德国行政诉讼证明的一般标准:排除合理怀疑的高度盖然性标准。从字面上看,该标准类似于德国的民事诉讼证明标准但又高于民事诉讼证明标准,其定语中加入了"排除合理怀疑"这一公认的刑事诉讼证明标准的特征。德国的民事诉讼也是以高度盖然性标准为一般标准的,在特殊情形下,通过立法的方式对一般标准进行修正,包括提高和降低。对高度盖然性的理解,主要有四种学说[1],因为盖然性本来就是一个弹性较大的标准,所以在限定范围内对其有不同程度的理解都是可以接受的,尤其在诉讼实践中,案情具体而复杂,需要适用这种充满灵活性的标准。

其次,德国行政诉讼证明的特殊标准是比排除合理怀疑的高度盖然性标准稍低的标准,一般情况下,德国行政诉讼证明标准基于两种情形被降低,以满足实体法上所追求的目的:一种是法律(包括诉讼法和实体法)明文规定降低,另一种是法院通过解释予以降低。通过立法形式降低高度盖然性标准的主要包括:财务法院法、行政法院法、联邦照顾法、社会法典总则等。通过司法解释形式降低高度盖然性标准主要适用于陷入证明困境的案件。所谓证明困境,是指因待证事实本身的特性,使得证明该事实的存在与否存在极大困难。[2] 证明困境是客观存在的事实,它表明了法官在审理案件时的难度,立法毕竟不能充分预测实践中将会出现的各种可能性,由司法解释来掌握证明标准的尺度,有利于案件得到公正、及时的解决。

2. 法国的行政诉讼证明标准

法国的行政诉讼证明标准与行政诉讼种类有着密切的关联性,针对不同类型的行政诉讼适用不同的证明标准。法国的行政诉讼一般分为四种:一是完全管辖之诉,在此类诉讼中行政法院对行政行为的审查是全面的;二是越权之诉,此类诉讼针对的主要是行政机关单方面的法律行为,即主要是书面的行政决定;三是解释和审查行政决定的意义和合法性之诉,此类诉讼只确定行政行为的含义和合法性;四是处罚之诉,此类诉讼类似于刑事诉讼程序,行政法官具有处罚权。

相应的其证明标准分为三种:第一,最低程度的审查,即满足最低程度要求的"内心确信",类似于优势证明标准。具体审查内容包括:作出行政处理决定的行政机关的权限是否

---

[1] 这四种学说包括:几近于确实的盖然性;高度盖然性;实际生活可使用之确信度;虽然无法完全排除怀疑,但是在理性、客观评价事实之观察方法下可以推翻去除此怀疑的确实程度。马怀德:《行政诉讼原理》,法律出版社 2003 年版,第 305 页。

[2] 马怀德:《行政诉讼原理》,法律出版社 2003 年版,第 306 页。

存在,权力是否正当行使,法律依据是否正确适用,是否依据法律程序等。第二,一般审查程度,即达到较高程度要求的"内心确信",类似于高度盖然性证明标准。法院除审查行政处理决定的合法性外,关于事实问题,法院还要审查行政机关对事实的性质判断是否合法。第三,严格审查程度,即要达到最高程度要求的"内心确信",类似于排除合理怀疑的证明标准。在此类诉讼中,法院不仅审查行政处理决定的合法性,也审查其妥当性,这种情况是用于涉及公民重大利益或法律有规定的情况。

(三)比较与分析

从以上的介绍中我们会发现,关于行政诉讼的证明标准问题,不同的国家既有不同的规定也有类似甚至相同的规定,而且不同的因素在逐步减少。两大法系行政诉讼证明标准最大的相同之处在于行政诉讼证明标准的多元化和层次性。例如,在美国有实质性证明标准;专横、任性、滥用自由裁量权标准和法院重新审理标准;在德国有排除合理怀疑的高度盖然性标准以及较之降低的标准。行政诉讼证明标准的多元化和层次性是由行政争议的多样性和广泛性决定的。

两大法系行政诉讼证明标准的不同之处在于行政诉讼证明标准的高低以及层次划分的依据不同,总体而言,大陆法系的行政诉讼证明标准比较高。这主要是因为两个方面的原因:一是两大法系的行政诉讼模式不同。大陆法系的职权主义诉讼模式强调法官在事实判断中的主导作用,法官不仅负责对案件事实进行调查,还要根据自己的良心与理智对证据作出判断,形成内心确信。这与英美法系的当事人主义诉讼模式构成显著差别,大陆法系的法官比英美法系的法官承担了更多的审判任务,揭发案件事实真相的重担落在了法官肩上,因此适用较高的证明标准成为现实所需,否则法院代表公正的权威可能首先会受到社会公众的质疑。二是诉讼性质不同。大陆法系有明确的公私法划分,行政诉讼属于公法上的争议,德国的弗里德赫尔穆·胡芬教授即明确指出:"行政诉讼法以普通行政法所定义的行政概念为前提,但其真正的关键点却不是'行政',而是非宪法性质的公法争议——只要这种争议未被划归其他法律途径"[①],这一关键点给行政诉讼打上了深刻的"国家特权"的烙印。从维护人民民主权利、构建法治国家的角度出发,行政诉讼有必要树立严格的证明标准,从而对行使"国家特权"的行政机关进行合法、合理的约束。这就是大陆法系的行政诉讼证明标准与刑事诉讼证明标准相近的原因,与之相反,不区分公私法的英美法系则采用了与民事诉讼相近的司法审查标准。

二、我国行政诉讼中的证明标准

我国现行政诉讼法中没有关于证明标准的明确条款,只能从相关的法律条文中推导出相应的立法本意,《行政诉讼法》第 54 条规定:"人民法院经过审理,根据不同情况,分别作出以下判断:(1)具体行政行为证据确凿,适用法律、法规正确,符合法定程序的,判决维持……"第 61 条规定:"人民法院审理上诉案件,按照下列情形分别处理:(1)原判决认定事实清楚,适用法律、法规正确的,判决驳回上诉,维持原判……(3)原判决认定事实不清,证据不足,或者由于违反法定程序可能影响案件正确判决的,裁定撤销原判,发回原审人民法院重审,也可以查清事实后改判。"由此可见,《行政诉讼法》的立法本意是案件需要证实到"案件事实清

---

① [德]弗里德赫尔穆·胡芬:《行政诉讼法》,莫光华译,法律出版社 2003 年版,第 1 页。

楚,证据确凿(实)、充分"的程度,即证明标准是"案件事实清楚,证据确凿(实)、充分"。这与我国关于刑事诉讼证明标准和民事诉讼证明标准的立法规定并无不同。但是,如果依法理进行分析,与民事诉讼证明标准、刑事诉讼证明标准相比,行政诉讼证明标准是具有自身特点的:

1. 行政诉讼证明标准具有灵活性。行政诉讼证明标准与行政案件的具体性质和严重程度成比例关系,因说服责任和推进责任而异。案件越重大复杂,证明标准应当越高;说服责任的证明标准要高于推进责任的证明标准。行政诉讼证明标准的灵活性表明,证明标准应当因行政案件实体、程序和举证责任的不同而不同,问题越严重和复杂,就越要细心审查,在对案件真实情况形成确信之前所需要的有证明力的证据就越多。我国法律将行政案件的证明标准一律确定为案件事实清楚,证据确凿(实)、充分,既不符合行政执法的实际需要,也不符合法律规定,应当进行调整。

2. 行政诉讼证明标准具有中间性。在民事诉讼中当事人的权利义务是对等的,一般采用优势证明标准;而刑事诉讼当事人之间的权利义务的不等程度最高,一般采用排除合理怀疑的证明标准;行政诉讼当事人的权利义务不等程度介于两者之间,行政诉讼证明标准居于中间地带,这就是行政诉讼证明标准的中间性。

3. 行政诉讼证明标准具有审查性。有关被诉具体行政行为的证明标准,既是被告履行说服责任的证明标准,也是人民法院审查被诉具有行政行为合法性或合理性的证明标准。同一证明标准,对被告来说是证明标准,对人民法院来说主要是审查的标准,这是行政诉讼证明标准区别于刑事诉讼和民事诉讼的一个特点,是由行政诉讼本身的司法审查性决定的。

基于上述行政诉讼证明标准的特点及其与刑事、民事诉讼证明标准的不同,在我国行政诉讼证明标准的重构中亦应当根据案件类型和具体情况的不同而确立多元化的证明标准。据此,我国有学者建议以案件事实清楚、证据确实充分为一般证明标准;在少数例外案件中,适用占优势的盖然性标准。[①] 也有学者认为应当依据具体行政行为的性质为标准,对于不利处分的具体行政行为提起的行政诉讼案件适用排除合理怀疑标准;对授益性行政行为提起行政诉讼的案件适用实质性证据标准。[②] 也有学者建议依据行政行为对行政相对人的影响程度予以划分,在一般行政诉讼案件中,实行优势证据标准;在对行政相对人的人身权、财产权产生重要影响的案件中适用排除合理怀疑标准;在行政机关的紧急处置行为的案件中适用具备合理怀疑或者合理根据标准;在原告起诉是否符合条件适用表面真实标准。[③]

【引例三】评析:本案中,税务局只有一个证据,无法证明原告存在骗取国家出口退税的行为,也达不到具体行政行为应当证据确凿的标准。

---

① 高家伟:《行政诉讼证据的理论与实践》,工商出版社 1998 年版,第 206 页、第 216 页。

② 马怀德、刘东亮:《行政诉讼证据问题研究》,载《证据学论坛(第 4 卷)》,中国检察出版社 2002 年版,第 221 页。

③ 吕立秋:《行政诉讼举证责任》,中国政法大学出版社 2001 年版,第 132~134 页。

❋ 思考题

1. 简述证明标准的内涵。

2. 简要分析证明标准与证明目的的区别。

3. 排除合理怀疑与内心确认的证明标准有什么区别?

4. 试论述英美法系盖然性占优势与大陆法系高度盖然性标准的关系。

5. 案例讨论:

原告余某与被告汪某等受雇于被告程某。2007 年 9 月 9 日,被告汪某与被告程某在房间里商议工资,原告余某与被告汪某某、董某等在外面忽然听见房间里有打架的声音,于是 3 人冲进房间,被告汪某某、董某帮忙被告汪某,原告见状上去拖劝。在劝架中,原告右臂被砸伤,后经诊断为左桡骨粉碎性骨折,经司法鉴定,原告伤势构成伤残 9 级,花去医疗费共计 5588.56 元。

原告受伤后向公安机关报案,但公安机关无法查明原告伤情究竟是何人造成。原告向法院提起刑事自诉,但因原告无法提供证据证明其伤情具体为何人所致,因此法院驳回了原告诉请。

原告提起民事诉讼,要求 4 被告连带赔偿原告损失。法院经审理认为,4 被告间的互殴行为直接造成了原告的受损事实,而 4 被告中没有一个被告提出证据证明其行为对原告没有造成损害,故 4 被告的行为构成了共同危险行为,应连带赔偿原告损失,依法判决由 4 被告连带赔偿原告医疗等各项损失共计 25338.04 元。

问:同一案件,为何原告在刑事诉讼中难以胜诉,而在民事诉讼中能够胜诉?

❁❃❁ 司法考试真题链接

案例分析题(2010 年)

案情:

张某——某国企副总经理

石某——某投资管理有限公司董事长

杨某——张某的朋友

姜某——石某公司出纳

石某请张某帮助融资,允诺事成后给张某好处,被张某拒绝。石某请出杨某帮忙说服张某,允诺事成后各给张某、杨某 400 万股的股份。后经杨某多次撮合,2006 年 3 月 6 日,张某指令下属分公司将 5000 万元打入石某公司账户,用于股权收购项目。2006 年 5 月 10 日,杨某因石某允诺的 400 万股未兑现,遂将石某诉至法院,并提交了张某出具的书面证明作为重要证据,证明石某曾有给杨某股份的允诺。石某因此对张某大为不满,即向某区检察院揭发了张某收受贿赂的行为。检察院立案侦查,查得证据及事实如下:

——石某称:2006 年 3 月 14 日,在张某办公室将 15 万元现金交给张某。同年 4 月 17 日,在杨某的催促下,让姜某与杨某一起给张某送去 40 万元。因担心杨某私吞,特别告诉姜某一定与杨某同到张某处(石某讲述了张某办公室桌椅、沙发等的摆放情况)。

——姜某称:取出 40 万元后与杨某约好见面时间和地点,但杨某称堵车迟到很久。自己因有重要事情需要处理,就将钱交杨某送与张某。

——杨某称:确曾介绍张某与石某认识,并积极撮合张某为石某融资。与姜某见面时因堵车迟到,姜某将钱交给他后匆匆离开。他随后在自己车上将钱交给张某,张某拿出 10 万元给他,说是辛苦费(案发后,杨某将 10 万元交检察院)。

——张某称:帮助石某公司融资,是受杨某所托(检察院共对张某讯问 6 次,每次都否认收受过任何贿赂)。

据石某公司日记账、记账凭证、银行对账单等记载,2006 年 3 月 6 日张某公司的下属分公司将 5000 万元打入石某公司账户。同年 3 月 14 日和 4 月 17 日,分别有 15 万元和 40 万元现金被提出。

问题:依据有关法律、司法解释规定和刑事证明理论,运用本案现有证据,分析能否认定张某构成受贿罪,请说明理由。

第十二章 证明方法

❦❦❦❦❦❦❦❦❦❦❦❦

【引例一】 甲在租赁经营某县冷冻厂期间,乙经常来该厂购冰块。2010 年 7 月 12 日,乙出具一张欠条给甲,内容为:"欠冰钱 1.800 元整。"诉讼中,原告甲认为,欠条上的"1.800 元"系"1,800 元"的误写,实际上是指被告乙欠其冰款 1800 元。被告乙则认为,欠条上的"1.800 元"意思是 1.8 元,而非 1800 元。

请问:该案如何处理?

【引例二】 某银行与某水泥厂签订了借款合同,某总公司(水泥厂的上级单位)、某钢铁厂先后为借款合同提供了担保。合同签订后,银行如约提供了贷款,但合同到期后,水泥厂和担保人未能履行还款义务。银行以钢铁厂为被告向某法院起诉,要求钢铁厂偿还贷款。在诉讼过程中,总公司要求参加诉讼而未获批准。法院经查得知并认定,水泥厂为扩建工程项目,与银行签订了借款合同。在钢铁厂为借款提供担保之前,某银行已接受了总公司为借款提供的有效担保(担保函称:"我公司所属水泥厂扩建工程项目使用贷款 2200 万元,我公司同意为该项贷款提供担保,如企业不能按期还贷款,由我公司负责归还。")。同时,钢铁厂是应银行、水泥厂的请求和政府领导指令,为完成履行借款所需担保手续的形式要件而提供的担保,其并非真实意义上的担保。贷款人银行实质上是基于对保证人总公司的担保而发放了贷款。且借款人、贷款人均明知且认可钢铁厂提供担保只是完成履行借款所需担保手续的形式要件而无意让钢铁厂承担担保责任。因此,认定该担保条款无效,判决驳回银行对钢铁厂的诉讼请求。

此后,银行以保证合同为由,以总公司为被告向某中级人民法院提起诉讼,要求总公司偿还贷款。诉讼过程中,总公司提出异议,认为担保合同无效,因为担保函加盖的是"总公司财务部"的印章(总公司没有该印鉴),不是总公司的法人印章。且担保函仅是一个模糊不清的复印件,没有原件。法院认为,虽然被告对担保提出异议,但担保这一事实已经为法院生效判决所认定,根据《最高人民法院关于民事诉讼证据的若干规定》(以下简称《民诉证据规定》)第 9 条的规定,对担保事实予以认定,判决总公司承担还款责任。

请问:"已经为法院生效判决所认定担保这一事实"的性质与效力如何?

❦❦❦❦❦❦❦❦❦❦❦❦

第一节 证明方法概述

一、证明方法的概念

证明方法,指证明主体在司法活动中运用证据证明案件事实的方式或手段。它是法律职业共同体在长期实践和研究中逐步形成的各种事实认定方法,包括逻辑、认知、经验、实验和科技等方法。证明方法经历了一个从蒙昧到开化,再到科学的过程。根据现有的资料,学界把这个过程大致分为"神证"、"人证"、"物证——科学证据"这样三个阶段。证明方法不同于证据方法,证据方法是指认定事实的人或物等客观对象。就其存在形式,证据方法包括人证和物证,人证包括证人、当事人本人、鉴定人等;物证包括书证、物品、痕迹、场所、气味和光线等。

证明方法运用的主体是特定的。在司法证明中,证明方法运用的主体是特定的,主要有侦查人员、公诉人员、审判人员以及诉讼案件的当事人及其代理人。不同的证明主体所运用的证明方法也有所不同,如,只有审判人员才能使用司法认知的方法,其他证明主体无权使用。证明方法的运用目的在于审查判断证据,准确认定案件事实。无论证明主体是谁,证明方法都是用来确定证据是否具有证明能力并判断证明力大小的。在此基础上,证明主体还运用各种证明方法来确定案件事实。

证明方法具有以下几个特征:

第一,证明方法具有多样性。在证明中可以运用多种方法证明案件事实,包括综合法、分析法、反证法、归纳法和类比法等各种逻辑方法,同时还可以运用经验法则、推定和司法认知等方法对案件事实加以证明。这主要是针对不同的案件事实和证据,应用不同的证明方法。如对自然规律、众所周知的事实,就可以采用司法认知的方法。这些证明方法,有些是法律明确规定的,如推定与司法认知,有些则不需要法律明确规定,如逻辑推理方法、经验法则。

第二,证明方法的使用具有对抗性。除了侦查人员和审判人员在使用证明方法之外,其他诉讼参与人如起诉人员、被告人以及当事人在诉讼中处于对抗地位,双方相互博弈,都力图使用证据驳斥对方观点,证明己方诉讼主张成立。因此,诉讼证明中证明方法的使用具有强烈的对抗性。

第三,证明方法的使用具有时空性。由于受诉讼程序的制约,证明方法的使用只限于在法定的时空内进行。诉讼法一般对诉讼时效都进行了明确的规定,证明方法的使用只能在法定的期间内进行,超出了法定的期间证明方法就失去了用武之地。同时,证明方法也在特定的空间内进行,如在审理期间,当事人就只能在法庭上使用证明方法,在法庭之外的使用就不具有法律意义了。

二、证明方法的分类及意义

(一)证明方法的种类

根据不同的标准,可以把证明方法作多种分类。

1. 以证明方法所使用的主要证据为标准,可以分为"神证法"、"人证法"和"物证法"

"神证法"是指以神证为主的证明方法,即在证明中以神灵的意志或超自然的力量作为定案根据。这种证明方法往往让当事人接受某种肉体折磨或精神上的考验,并伴有特定的仪式来查明案件事实。一般来说,接受折磨或考验的人都是被指控者,而这种折磨或考验通常都在由牧师或神父等神职人员主持弥撒或祈祷等宗教仪式的过程中完成。这种证明方法一般又分为神誓和神判,神誓是指以向神起誓的方式保证自己陈述的真实性;神判则指根据当事人或证人接受肉体折磨的结果所显示的神灵意志认定案件事实真相的证明方法。

"人证法"指以人证为主的证明方法,即以言辞证据为主来认定案件事实。"人证法"是对"神证法"的代替。随着人类认识能力的日益加强,人类对自身的能力、价值和地位也越来越重视,自然在审判中对人的言辞也更为倚重。在这种证明方法中,口供成为证据之王,国家允许使用刑讯逼供。

"物证法"是以物证作为主要证据的证明方法,即以物证作为主要证据来认定案件事实。由于言辞证据本身具有无法避免的缺陷如多变性、虚假性等原因,也由于人权观念的兴起,无罪推定原则、不得强迫自证其罪原则和沉默权等一系列保障被追诉人权利的刑事诉讼原则和制度的确立,审判中对物证的依赖程度越来越高。"人证法"被"物证法"所取代,而"物证法"中更为重视物证技术、证据科学的发展。我国在证据法中也应当逐步确立以物证为中心的证据法体系,审判中要逐步确立以"物证法"作为主要的证明方法。

2. 以证明方法所使用的手段为标准,证明方法可以分为逻辑法、经验法、实验法、科技方法

逻辑方法是指运用思维推理的方法来证明案件事实的方法。在诉讼证明中运用逻辑来审查判断证据、认定案件事实是法定的证明方式之一。这种逻辑方法主要包括归纳法和演绎法、分析法和综合法、反证法和排除法等。经验方法是指公安司法人员以及其他证明主体以在司法实践中和日常生活中积累的知识和技能来认定案件事实的方法。所谓实验方法指运用模拟演示的方法验证特定事实发生的可能性、条件或者过程。科技方法则是指在诉讼证明中运用高科技手段来证明案件事实的方法。

3. 以是否直接使用证据进行证明,证明方法可以分为证据证明法和直接确认法

这是根据证明媒介的不同,从制度层面对证明方法所作的分类。证据证明法是指在司法活动中对未知案件事实,运用有关证据认定案件事实的方法。这一种基础性的证明方法,也是司法实践中大量采用的证明方法。直接确认法是指不需要直接采用证据而是通过逻辑或经验等认定事实的方法,也称为非证据证明法或免证法。直接确认法主要包括推定、司法认知和自认等方法,这些方法的使用一般以法律规定为前提,在证明方法中处于辅助与补充的地位。相比而言,证据证明法涉及的证明规则较多,既要考虑其证据资格、证明力等实体性证据规则,同时也涉及取证、举证、质证和认证等程序性规则。而直接确认法则直接由法律予以规定,能高效直接地认定案件事实。我国三大诉讼法虽然没有直接规定直接确认法,在相关的司法解释中,对推定、司法认知和自认都予以了明确的规定。

(二)证明方法的意义

1. 证明方法是准确认定事实的重要手段

首先,证明方法有助于检验收集证据的成效。采取适当的证明方法,有助于发现已收集证据所存在的问题。如果对收集的证据真实性还有疑问,或者发现收集的证据不够全面,则

可以进一步补充收集证据,以保障事实认定的准确性。其次,恰当的证明方法有助于迅速、准确确定证据的证据能力和证明力。证据的证据能力和证明力是事实认定的基础,好的证明方法有助于发现证据是否具有证据资格,有效甄别证据的合法性。同时,通过运用综合分析等各种证明方法,也有助于确定证据的证明力。再次,证明方法的适当采取,有助于完成证明任务。离开了恰当的证明方法,对证据的分析鉴别就无法顺利进行,对案件事实的认定就不可能,从而证明任务就无法完成。

2. 证明方法是连接证据与案件事实的桥梁

在案件事实认定之前,证明主体所收集的证据都是孤立的,都只是一些证据材料,只有运用恰当的证明方法,才能把这些证据有机组合起来,共同反映一个完整的案件事实。没有好的证明方法,就不可能通过一堆证据材料来呈现完整清晰的案件事实,证明方法是证据与事实之间的桥梁。

3. 证明方法是证明主体履行证明责任能力的体现

在诉讼中,证明主体需要运用恰当的证明方法来论证自己的诉讼主张,支持自己的诉讼请求。同样的证据材料运用的证明方法不同,可能会得出不同的结论。证明主体运用自己掌握的各种证据材料,选择恰当的证明方法,可以有效地证明自己的主张,更好地使自己的诉讼请求得到支持。因此,证明方法的运用也体现了证明主体的证明能力。

第二节　逻辑方法

一、逻辑方法概述

逻辑是人的一种抽象思维,是人通过概念、判断、推理、论证来理解和区分客观世界的思维过程。逻辑是科学的思维方法,它与形象思维不同,是用科学的抽象概念、范畴揭示事物的本质,表达认识现实的结果。逻辑思维是一种确定的,而不是模棱两可的;是前后一贯的,而不是自相矛盾的;是有条理、有根据的思维。同时,它也是一门工具性质的科学,人们在研究思维的逻辑形式的过程中概括出许多规则和规律。

从逻辑的角度来分析,证明既是一个辩证逻辑的过程,也是一个逻辑推理的过程。逻辑是以推理形式作为主要研究对象的,而推理可以分为演绎推理和归纳推理,逻辑推理也就相应的分为演绎逻辑和归纳逻辑。通常所说的形式逻辑,是以演绎逻辑及其规律为研究对象的科学。正确运用逻辑对司法证明具有重要的意义,它可以确保证明推理的规范性、可预测性、有效性和正确性。从宏观的角度来看,逻辑法则与司法证明的各个基本要素有着密切的关系:诉审关系中审判对象的明确和证明对象的界定与同一律相关,具体证明过程中证据矛盾的排除与不矛盾律密切相关,证明责任分配的基础理论与排中律的作用密切相关,而证明标准又与论证的充足理由原则紧密相关。从微观的角度来看,逻辑法则为证据的关联性、直接证据与间接证据的分类、证据和证明对象推论关系的解释提供了逻辑合理性依据和用于具体解析的逻辑方法,在对司法证明过程予以精密化的过程中,表现出了一种对逻辑法则相对确定性、稳定性的基本诉求。[①]

在证明时,只有遵守逻辑的推理规则才能保证法官的思维不发生错误,不出现混乱,才能正确认定案件事实。在强调正确运用逻辑的同时,也要看到逻辑的局限性。因为逻辑只注意思维形式而不涉及思维的具体内容,它只是抽象出作为人的正确思维方式中应有的基本规律,它不保证运用逻辑规律的具体内容是否正确,它的概念、判断中的"真假"仅具有一般意义,具体到某一证据本身是否真假,这与逻辑无关,逻辑在诉讼中只限于解决特定阶段、特定条件下的思维问题,在诉讼过程中还应注意到辩证思维问题,绝不能用逻辑取代辩证逻辑,用单一化的思维认定案件事实。

二、逻辑方法的运用

(一)逻辑方法运用的基本要求

运用逻辑方法应当注意概念的明确性、判断的恰当性和推理的合理性。

1. 概念的明确性。概念是构成判断推理的基本要素,概念不明确,判断就会不恰当,推理也就不可能合乎逻辑,思维必然混乱。审查判断证据必然涉及对证据事实、案件事实、犯罪、程序等概念的正确理解和运用。因此,适用逻辑应当保持概念的明确性。明确概念可以从内涵和外延两个角度进行。内涵是指一个概念所概括的思维对象本质特有的属性的总和。也是指概念所反映的特定种类事物的共同属性,是衡量某个事物是否是概念所指对象的标准。外延是概念适用的范围,是指一个概念所概括的思维对象的数量或者范围。也可以说是概念所指的事物的具体的种类和表现形式。明确的概念使人们知道事物的主要特征和具体种类,从而为归纳和演绎、反证和排除提供必要的前提。

2. 判断的恰当性。判断是断定事物情况,或是对事物有所肯定或否定的一种思维方式。判断在证明时同样具有重要意义。对证据本身客观性、相关性、合法性的认定,及对案件事实的认识都需要正确作出判断。证据不恰当、不准确,就无法真实地反映案件真实情况,就会发生错误,造成不能准确地认定案件事实。

3. 推理的合理性。推理是指由一个或几个已知判断推导出另一个新判断的思维形式。推理可分为演绎推理、归纳推理和类比推理,其中的演绎推理是最常用的一种推理形式,它在司法实践中具有极为重要的意义,演绎推理是通过由一般到特殊的推理过程完成的。根据一般性知识,推出关于特殊性的知识,其结论具有必然性,只要前提真实,推理形式正确,结论必然真实。因此,判断证据必然严格遵守演绎推理规则,否则结论是错误的。

(二)逻辑规律的具体适用

逻辑基本规律有同一规律、矛盾规律、排中律。这三条规律是思维正确的必然条件,遵守它虽然不能保证思维完全正确,但违反它则必然发生错误。因此,证明应当遵守这三大规律。

1. 同一律。同一律要求人们使用概念、判断保持自身的同一,不能偷换概念、偷换论题,也不能前后矛盾或模棱两可。公式是:"甲是甲"或"甲等于甲"。遵守同一律就是思维保持同一性,违反同一律就会导致结论错误。如对于"某人可能是凶手"这个命题,在同一思维中,就不能变成"某人是凶手"。

---

① 李树真:《司法证明中的逻辑法则与经验法则》,中国政法大学 2009 年博士论文。

在诉讼中,诉讼参与人面对的是已经发生的事实,诉讼主体要通过证据来认识和认定案件事实。只有遵循同一律,从客观性、关联性与合法性上对各种证据进行合乎逻辑的甄别和取舍,才能准确地识别真实的证据。虚假的证据必然因为违背逻辑而露出破绽,而真实证据则是同一的,排他的。遵循同一律就可以识破、辨别进而彻底排除伪证,从而达致对案件真相的认识。

在逻辑学上,违反同一律对概念的要求,所犯的逻辑错误是混淆概念或偷换概念;违反同一律对命题的要求,所犯的逻辑错误是转移论题或偷换论题。这种错误在诉讼实践中也经常体现出来。如张某在归还借高某 14000 元欠款时,写了一张借条,"张某借高某人民币14000 元,今还欠款 4000 元。"关于借条中的"还"字就因具有多重理解而引起歧义。又如:一个警察正在讯问小偷:"你为什么要行窃,做这么可耻的事情?"小偷:"那展销广告上不是写着了吗?'不可放过大好机会!'"警察:"狡辩。你这么做,难道没有为你的妻子儿女想一想?"小偷:"怎么不想呢?可展销的只有男士用品啊!"①这就是偷换论题,违反同一律。

2. 矛盾律。遵守矛盾律,可使思维有条理,避免自相矛盾。在同一思维过程中任何一个思想都不能既反映某事物又不反映某事物,一个事物不能与它的对立面同时为真,否则自相矛盾。如我们不能说一个罪犯是一个无辜的罪犯,不能说一个犯罪嫌疑人既是成年人,又是未成年人等。

在证据的审查判断中,司法人员应善于运用矛盾发现证据在逻辑上的矛盾。如果案件证据材料之间自相矛盾,则不能定案。运用矛盾律还有助于揭穿证据自身存在的矛盾,比如犯罪分子为逃避罪责总要编造事实,一会儿说他没到过现场,一会儿又说当时他在现场没见过被害人,这就使他们陷入自相矛盾的境地,利用矛盾律,就可以揭穿其谎言。

3. 排中律。排中律是思维明确性的规律,排中律以客观事物情况的真假有确定性为前提,违反排中律的错误是对两个相互矛盾的判断持"两不可"的态度,因此,反映在思想中的是非是确定的。任何一个思想或者反映某类事物或者不反映该类事物,两个相互矛盾的思想不能同时假而必有一真。如在讨论案件中,有人说:"不能说某甲是有罪的,但也不能说某甲就没有罪。"或者讯问犯罪嫌疑人时,问:"你愿意揭发你的犯罪同伙的罪行吗?"这些例子都因模棱两可而违反了排中律。

排中律在证明中同样有着重要的作用。排中律对确定证据的效力,排除证据中的矛盾,对认定被告人有罪还是无罪,对民事、行政诉讼的原被告哪一方举证有理都起着广泛的作用。在证明时,面对证据中的矛盾,根据排中律的要求,态度应当明确,不能模棱两可。特别是刑事案件中,对证据的证明力难以判断,出现"疑罪"案件,现有证据不能排除被告人无罪,但依照证明规则证据之间又无法形成认定其有罪的统一完整的证明体系时,应按无罪处理,这也是排中律的体现。

(三)逻辑的应用方法

1. 归纳和演绎。归纳是从个别事实推出一般结论的思维方法。归纳的前提是关于个别事实或现象的判断,而结论是关于该类事物或现象的普遍性判断。按照归纳法所概括的对象是否完全,归纳又分为完全归纳和不完全归纳。演绎是从一般原理、原则引导出个别结论的思维方法。演绎法的主要形式是三段论法。三段论法就是从两个判断(其中的一个一

① 徐海燕:《刑事法律与诉讼中的逻辑问题与运用》,中国人民公安大学出版社 2003 年版,第 384 页。

定是全称判断)得出第三个判断的一种推理方法。在司法证明中,一般对案件事实的认定中,经常运用到归纳法。如侦查人员经过各种方法收集证据,掌握案件信息,然后对其进行分析研究,并得出一般结论。同时,侦查人员也可以根据归纳得出的一般性结论或一般规律,分析同类案件中的某一具体案件,得出关于这一具体案件的个别结论。侦查人员正是通过不断的归纳与演绎,对案件事实的认识不断深化与发展,从而获得事实真相。

2. 分析和综合。分析是指把对象的整体分解为各个部分、要素、环节、阶段,分别加以考察的思维方法。综合是指在思维中把对象的各个方面、要素、环节、阶段有机地结合成整体的思维方法。辩证逻辑把分析与综合看作是认识过程中相互联系着的两个方面,并把它们作为一种统一的思维方法。人们就是借助于这一方法揭示事物的本质和内在联系,从而获得关于事物多样性统一的具体知识的。分析与综合的辩证关系主要表现在:它们相互依存、互为前提,相互渗透、相互包含和交叉,相互转化。人们认识事物从现象到本质、从不太深刻的本质到更为深刻的本质的过程就表现为分析——综合——再分析——再综合这样相互转化的前进运动。就认识的程度来说,分析与综合在后一层次上的重复总比前一层次要深刻得多。分析与综合的这种辩证关系是辩证思维的特点,也是辩证逻辑方法的表现形式。

司法人员在审查判断证据、认定案件事实的过程,也是不断运用分析与综合的过程,司法人员对案件事实的认识正是在"分析——综合——再分析——再综合"的循环往复中不断深化,并得出正确的结论。

3. 反证和排除。反证法是指通过肯定反证事实来否定与之相反的待证事实的证明方法。用反证法证题时,如果欲证明的命题的反面情况只有一种,那么只要将这种情况驳倒了就可以,这种反证法又叫"归谬法";如果结论的反面情况有多种,那么必须将所有的反面情况一一驳倒,才能推断原结论成立,这种证法又叫"穷举法"。反证法的适用范围有限,只能用来认定个别证据和案件事实。如,不能仅仅通过反证法来确定犯罪嫌疑人。

排除法是指把待证事实同其他可能的事实放在一起,通过证明其他可能事实的错误来确认待证事实成立的方法。在案件事实存在着多种可能性时,就可以使用排除法,把其他可能性都排除掉,从而确认事实真相。在有众多可能性的情况下,需要排除所有的可能性,否则就会无法获得准确的判断。不过,即使无法排除所有的可能性,如果能排除多种可能性,在司法实践中也有重要作用,如侦查机关在确定犯罪嫌疑对象时,可以使用排除法有效的缩小侦查范围。

第三节 经验方法

一、经验方法的含义

所谓经验方法,是指人们从生活经验中归纳获得的关于事物因果关系或属性状态的方法或知识。这里的"方法"是指一种通过人们的经验归纳的规律或定理,表示某种或某类事物的运动规则。即当一定条件得到满足时,人们可以期待发生或不发生某种结果的规律。经验方法包括从一般的生活常识,到关于一定职业、艺术、交易、技术或科学的为人们所共知的方法。作为诉讼认识前提和依据的经验方法具有以下特点:

第一,经验方法具有客观多样性。经验方法以客观事物为其认识对象,而客观事物是无限多样的,这决定了经验方法的多样性。同时,由于人们只有通过社会实践才能获得经验认识,实践的多样性也决定了经验方法种类和数量的多样性,使之以时间、地域、条件及认识主体能力之不同而显现出无限多样的特点。

第二,经验方法具有抽象性特点。经验方法是人们通过反复归纳总结出来的知识,在表现形式上已经脱离具体事物而具有不同程度的抽象性特点。"天下乌鸦一般黑"这一经验命题就是人们通过对无数只乌鸦观察并归纳总结后得到的结论。这一结论超越每一只具体的乌鸦,聚集所有乌鸦之共性,已经上升为一般性、普遍性的知识。经验方法的抽象性特征,是其能够进入诉讼,成为法官认定案件事实或评价证据依据的一个重要原因。

第三,经验方法具有盖然性特征。诉讼中的经验方法本质上是人们的经验认识,就认识的最终来源而言,所有经验认识均来自对实践经验的归纳总结,而归纳不能得出必然结论,因为我们从个别推导出一般时,我们实际上做了两个大的跳跃:从观察到的事例跳到了未观察的事例,从过去、现在跳到了未来。而这两个跳跃都没有逻辑上的保证,因为适用于有限的不一定适用于无限,并且可能与过去和现在完全不同。因此,在诉讼中经验方法的内容只能是人们通过长期实践积累并反复检验的,或多或少存在一定程度的盖然性的认识。经验方法不具有完全的确实性,诉讼中也并不要求经验方法具有绝对的或终极的真理性,但是为了保证诉讼认识的正确性,诉讼中运用经验方法时仍要求具有较高的盖然性,对于盖然性程度低,明显属于个别的、主观的经验方法,在诉讼中不能采纳为认识依据。

第四,经验方法具有规则性特征。经验方法的规则性是指诉讼认识中应遵循经验方法,不得作出与经验相违背的判断。这种规则性并不是以法律条文为载体规范诉讼认识,而是以其事实内容约束人们的认识,构成法官评价证据、认定案件事实及进行推理时的事实准据。经验方法的规则性建立在以下几个基础之上:一是客观性。经验方法的客观性特征决定其同时具有规则性特征,诉讼认识中不得违背作为反映客观事实的认识。二是普遍抽象性。抽象性特征决定了同一经验方法可以重复运用于不同的具体诉讼,成为不同诉讼所共同遵循的规范。三是公认性。经验方法的内容为特定地域的公众所熟知并被普遍接受。除非有充分理由,公众对经验方法的态度决定了诉讼认识中不得明显违背这种经验方法。正因为经验方法具有规则性特征,因此诉讼中亦可能将其作为准法规对待,对违反经验方法认识事实或适用法律时,可以按照违法处理,对其予以纠正。

经验方法虽是人们各个个体的经验所得,但又不是个体经验,而是由各个个体经验抽象的结果,既存在于个体经验之中,又超越其个体经验。通过单个个体的反复体验,最终上升为超越个体的对事物规律性的普遍认识,上升为一种社会常识,为一般人所理解和知晓。从这一角度讲,所谓"公理"也属于经验方法,没有必要加以证明,由法官依职权主动采纳,所以无须成为证明对象。至于极具个性化的经验,如个人经验等,并非经验方法,应当成为证明对象。当然,为获得或验证相关经验方法,法官可以采用任何合适的途径或方式。比如,向一般民众调查;查阅相关经验资料;对专门性的经验方法,向专业人士咨询,请专家讲解等。但是,这种调查方式无须遵循法定的正式的证明程序。

在生活用语中,对具体事实与经验方法是不加区分的。但是,与具体事实相比,经验方法具有抽象性。比如,"水往低处流",生活用语中将其看作为"事实",但实际上是一条"经验方法"。再如,"人都会死的",这是一条"经验方法",而"甲已经死了",则是具体"事实"。在法律和诉讼领域,区分具体事实和经验方法,具有重要意义。

首先,适用法律、查明事实、判断证据均需频繁运用经验方法。经验方法是以一种知识或者方法而存在,成为三段论的大前提,具体案件事实则为小前提,从而以小前提的事实适用于大前提的经验方法而推导出结论。

其次,经验方法是人类正常的生活规律或自然方法,虽未成为法律规范,但因其具有高度的盖然性和广泛的普遍性,而为人们所重视。在诸多国家和地区,经验方法与自然法相似,被视为广义法律的一种。因此,在这些国家和地区,法院判决违背经验方法的,被视为违背法律,作为提起第三审的理由。

最后,法官在运用经验方法得出相关结论方面是自由的,不受制于当事人的意志或看法。比如,在交通事故引起的诉讼中,法官根据被告所喝酒量及其精神状态,依据经验方法得出其已喝醉酒的结论。法官应否运用相关经验方法并得出已喝酒的结论,不受制于当事人不同的看法或陈述。

二、经验方法的种类

1.依经验方法在诉讼中是否需要证明为标准,分为一般经验方法和特别经验方法

一般经验方法是人们从日常社会生活或者法律生活中所体验、感知的经验认识,其形成需通过长期的经验积累并逐渐感知,其内容为一般人所熟悉。如,醉酒会影响驾驶员控制车辆安全行驶的能力;70岁的老人通常在精力上或体力上不及20岁的青年人等。由于一般经验方法经过了长期的反复验证,代表着一种类型事物发展的通常趋势或规律,且是以事实的盖然性为内容的,由此而形成的规则,其本身自无证明的必要。因此,一般经验方法可不作为利用其他证据加以证明的对象,法官可依据一般经验直接认定事实或适用法律。特别经验方法属于一种专门知识,它是基于特别知识或经验所获得的认识,具有较强的理论性和客观性,通常不为一般人所熟悉。由于特别经验方法属于一种专门知识,因此在诉讼中一般不得径行作为认定事实的基础,而必须适用较为严格的证明程序,由其他证据加以证明或采取其他相应的证明方式如交付专家鉴定等,并为当事人提供质疑的机会。因此,就经验方法在与待证事实之间的关系上是否具有直接适用功能的价值而论,在证据证明上,经验方法常指一般经验方法。

2.根据经验方法对法官拘束力的大小,分为一般有效的经验方法与非一般有效的经验方法

一般有效的经验方法对法官有较强的拘束力,这类经验方法尤其是自然科学上已经证实的经验方法,原则上具有拘束法官的效力。换言之,当事实建立在科学已经证实的知识之上时,法官不得再"自由"心证;依照某个学科专业知识公认的方法而得出的事实认定,纵使法官个人未必相信,也应将其采为裁判基础。例如,依照血型测试"排除"的生父关系,法官便不得为相反的认定。非一般有效的经验方法在规范上本来就不具有拘束自由心证的效力,诉讼中法官必须仔细审视具体个案的事实、情节等各种因素,才能参照该等经验方法透露出来的"高度或然性",判断事实真伪。总之,如果不是一般有效的经验方法,法官就不能理所当然地加以援引;如果法官想要采信某个非一般有效的经验方法,应该予以论证,说明法官为什么认为该经验方法"可以"作为导出结论的基础。

3.根据经验方法盖然性程度的高低进行分类,分为生活规律、经验基本原则、简单的经

验方法和纯粹的偏见

按照德国学者普维庭的区分,经验方法根据其盖然性程度分为四种情况:(1)生活规律。生活规律是在数学上可以证明的,或者符合逻辑的,或者不可能有例外的经验,其表达形式为"如果——总是"。这些规律符合人类的认知,没有这些认知规律,法官不可能形成心证。如自然规律,思维规律,每个人的指纹、血型、DNA 与人的联系等等。(2)经验基本原则。经验基本原则不排除例外的情形,但它必须具备高度的盖然性,其表达形式为"如果——则大多数情况下是"。该规则必须有共同的基础和可验证性,甚至如果有必要,可以经得起科学的检验。按照其特征,如果依据生活经验它具备高度的证明力,一般没有必要在具体情况下用科学数据验证。例如,跨越铁路道口已放下的护栏而被列车撞击致伤,可认为是受害人的过错;医生在手术时把镊子、丝线或者药棉遗留在伤口内,可认定为医生的责任。(3)简单的经验方法。简单的经验规则的表达形式为"如果——则有时是",它以较低的盖然性为标志,不能独立地帮助法官形成完全的心证,只是在法官没有形成完全的心证时起一种辅助作用,法官还要从其他各种证据、证明手段的综合联系中求得心证。在这种场合中,对方当事人完全可能提出简单的经验规则的反证来质疑,一旦质疑成立,原来的证明就可能被动摇,简单的经验规则便不被采纳。例如,高速公路紧急停车道上停了一辆汽车,有时是汽车出现故障,有时则是司机由于身体方面的原因而停车。(4)纯粹的偏见。纯粹的偏见以"如果——则关系不成立"为表达形式,该规则不具备盖然性,在法官形成心证的过程中无任何价值。按照普维庭的意见,上述四类经验规则中,只有前三类才能作为诉讼认识中的经验方法运用于诉讼证明。

此外,有学者将经验方法分为五大类:第一类:自然方法或自然规律;第二类:逻辑(推理)方法;第三类:道德方法、商业交易习惯;第四类:日常生活经验方法;第五类:专门科学领域中的方法。第一类经验方法因为是以科学方法和手段反复验证所得到的规律性认识,这些方法反映的是事物的客观规律。第二类主要是关于人们思维的方法,如逻辑中的排中律、矛盾律、充足理由律等。逻辑方法与其他日常生活经验方法相比具有绝对意义上的可靠性和妥当性。第三类主要是历史形成的,在某个领域内人们所普遍遵守的行为规范。其特点并非反映人们对某类事物知识性的认识,而是一种通过积淀形成的习惯。第四类是日常生活经验方法。即人们在日常生活中通过个体经验形成了一种为一般人所认识或理解的关于某种事物和现象的认识,但这些认识并非通过科学的方法和手段进行严格的验证。第五类是专门领域中的经验方法。这些经验方法的存在往往需要当事人主张和证明。区分这五类经验方法的意义在于便于人们在诉讼中正确地把握不同经验方法在认定事实和证据方面的不同作用。

三、经验方法的适用与救济

正确或合理地运用经验方法实际上包含两个方面:其一是如何保证对经验方法的判断符合人们的普遍认识方法;其二,如何防止法官擅断。这两个方面又是相互联系的。防止法官擅断与法官的道德素质有关,要求法官必须要有司法职业诚信,如果不能做到这一点,那么根本就谈不上正确、合理地运用经验方法。在保证法官的职业道德素质的基本前提下,要解决的是如何使得法官对经验方法的认识符合作为经验方法所具备的基本要求,保证法官能够正确、合理地运用经验方法。

1.加强法官业务素质的培养,提升法官在运用经验方法方面的素质。通过对实务中运用经验方法判例的研讨和积累,不断增进法官对经验方法的正确认识;并通过判例的指引使得法官对经验方法形成相对统一的认识,以保证经验方法的合理性和防止其主观随意性。

2.将经验方法类型化。经验方法虽然无以数计,但案件之间毕竟存在共性和相似性,在事实认定方面也会涉及相同的经验方法,如果能够将反复应用的、相同的经验方法类型化,并要求法官予以适用,也可以减少运用经验方法的主观随意性,对事实认定的客观化具有一定的意义。类型化的意义更重要的是程序正当化,即在相同情形下的事实认定也是相同的。但应当承认这种类型化的作用依然是非常有限的,将经验方法类型化的做法与经验方法的多样性和差异性的特性是背离的。

3.对于双方有争议的经验方法,应当通过辩论程序加以明确,通过辩论由双方充分陈述是否应作为经验方法加以运用,防止经验方法适用的突袭性。

4.法官在对事实认定适用经验方法时,应当尽量公开和透明,充分予以说明。给予当事人对该经验方法的适用提出异议的机会,对当事人提出的异议,应当予以说明。

5.对于专业领域中的经验方法尽量通过鉴定制度加以解决,而不是由法官直接适用经验方法。因为法官毕竟不是相应专业领域的专门人才,鉴定作为一种证据方法,主要解决诉讼中某些涉及专门问题的事实认定。从本质上看,鉴定也是利用经验方法即人们所掌握的专业知识来实现对专门问题的事实认定的,只不过这种经验方法的运用不是直接由法官进行,而是由具有相应专门知识的专业人员进行,以保证其可靠性。

违反或错误适用经验方法时,可以通过上诉予以救济,这在大陆法系的学界和实务界均已得到认可。在控诉审中,违反或错误适用经验方法涉及事实认定的问题,因此,控诉审法院在查明确有违反或错误适用经验方法的,可以废弃原判决。对于通过控诉审予以救济,学界和实务界争论不多。有争论或讨论比较多的主要是在上告审即法律审程序中当原审裁判违反或错误适用经验方法的法律救济问题。

在大陆法系国家(地区),如日本、德国、韩国和我国台湾地区,对于违反经验方法的直接法律后果可以将其成为上告的理由。日本民事诉讼法并没有直接规定当违反或错误适用经验方法可提起上告,而是理解为属于违反《民事诉讼法》第394条的规定,即违背法令或者第395条规定的不具备理由或理由不成立。违反经验方法或错误适用经验方法即为违反自由心证原则,因此违反或错误适用经验方法也就被视为违反法令。在德国,违反(忽视或者明显错误地评判)经验方法时,也被认为属于违反自由心证原则,即违反《德国民事诉讼法》第286条,成为上告的理由。我国台湾地区的民事诉讼法虽然没有明确规定违反或错误适用经验方法可以作为控诉和上告的理由,但实务中和学理上均认为可以将此作为具体的理由。

❧❦❧

【引例一】 评析:按一般常理,被告作为原告经常购货的老客户,为欠1.8元立欠据显然不符合情理;且按照会计记账习惯,1.800元应当理解为1800元;《民诉证据规定》第9条规定,根据日常生活经验法则,能推定出的另一事实,当事人无须举证证明,对方当事人有相反证足以推翻的除外。本案的处理即是根据经验法则的具体运用。

第四节 推定

一、推定概述

（一）推定的含义

证据法中的推定（presumption），是根据法律规定或经验方法，从已知的前提事实推断出未知的结果存在，并允许对方当事人举证推翻的一种证明规则。其中，作为推论前提的是已知事实，一般称之为"基础事实"或"前提事实"；依据推定所得的结果事实，一般称之为"结论事实"或"推定事实"；作为沟通基础事实与结论事实之桥梁的推论关系，既可以是法律规则也可以是经验规则。证据意义上的推定，与假定、法律拟制、举证责任倒置有相似之处，也有明显的区别。

1. 推定与拟制

推定近似于拟制，但不同于拟制。所谓拟制是立法者根据客观需要，将甲事实等同于乙事实，并赋予其与乙事实同等的法律效果。在立法上，拟制通常借助"视为"这一术语来表达。例如，《民法通则》第 15 条规定，公民居住地与住所不一致的，经常居住地视为住所。《合同法》第 15 条规定，商业广告的内容符合要约规定的，视为要约。

拟制与推定存在着以下区别：

第一，属于不同的立法技术。拟制是一种法律上的等价技术，通过它，两种截然不同的事物具有同等的法律价值。而推定建立的仅仅是一种由此及彼的推论关系，根据这种推论关系，尽管两种彼此不同的事实可以产生相同的法律效果，但是两种事实却并不因此具有等同的性质。例如，在亲子推定中，尽管可以根据"婚姻期间受孕"这一事实，推论出"夫为生父"这一事实。但是，"婚姻期间受孕"与"夫为生父"却仍然是两个具有彼此截然不同的事实。

第二，法律效力不同。拟制具有绝对的法律效力，不允许通过相反的证据加以反驳、推翻。而对于依据推定所得出的结论事实，可以提出相反证据加以反驳、推翻。此外，拟制不影响举证责任的分配，而推定则与举证责任分配有着密切的联系。

2. 推定与假定

推定不同于假定。所谓假定，指的是对过去没有、现在也不存在的某种事实进行猜测的一种思维形式。假定是一种不需要任何前提条件的假设，属于思维的范畴，因而不具有任何法律效力，法院应当绝对避免借助假定处理案件。可见，假定由于是主观意志的产物，它的作用也无须加以限制。推定则是认定事实的特殊方法，一旦被采用后即产生一定的法律效果，因而它的范围和适用条件均需受到限制。推定只有经反证才能被推翻，假定只有经证实才能被肯定。推定无须证明其真，假定无须证明其假；推定只能适用于法院的事实认定上，而在侦查阶段则常常使用假定。

3. 推定与举证责任倒置

法律推定可以表现为诉讼上的举证责任倒置，但它与举证责任倒置又有所不同：从形式上看，前者为证明责任的实体分配，为实体法所规范；后者是证明责任的程序分配，为诉讼法所规范,并且在出现时间上后者在先。从实质上看,推定不同于举证责任倒置之处是实体法上的推定是可以推翻的,只要当事人提出相反的证据就可加以驳倒;举证责任倒置系一种程序法上的技术,它改变了实体法上举证责任的分配,这种责任分配是法律明确规定的,不允许推翻。

(二)推定的特征

推定是证据法中的重要制度,它对于实现诉讼公正,提高诉讼效率和解决证明中的困难,都具有不可替代的作用,推定具有如下特点:

1. 推定作为一种思维形式,是三段论推理的逻辑结构。比如,特定案件中使用"失踪达一定期限的人被推定为死亡"的推定,其逻辑结构为:

失踪达一定期限(M)——死亡(P)

特定案件中的人(S)——失踪达一定期限(M)

特定案件中的人(S)——死亡(P)

这里小前提的判断代表基础事实 A,结论代表推定的事实 B,A、B 两个事实之间的共存关系是根据大前提的判断推导出来的。而大前提的判断只反映了事实之间的常态联系,是不周延的。这种判断常有例外发生。如在少数情况下,失踪达一定期限的人也可能活着而并没有死亡。由于推定的事实并未由证据来证明,并且基础事实和推定事实之间虽然存在着高度盖然性但是并非一定是必然的关系,所以允许对方当事人举证推翻推定的事实。对方当事人:(1)可就基础事实提出反证;(2)可对推定事实提出反证;(3)举证基础事实和推定事实并不存在因果关系、逻辑关系或法律上的联系。若对方当事人已提出充分反证,主张推定事实的当事人则要对该推定事实负举证责任。

2. 推定表示两个事实之间的关系。推定一般都涉及两个事实,已知的前提事实(基础事实)和未知的结果事实(推定事实)。推定中前提事实的真伪决定着推定事实的真伪,因此,在二者的关系中,前提事实至关重要。前提事实作为已知事实,在诉讼中已经成立,一般包括以下几种事实:(1)法院认知的事实;(2)当事人无争议的事实;(3)基于证据认定的事实;(4)当事人约定的事实。

3. 推定是由基础事实来推定结果事实,所以,推定本身并非证据,而是一种证明方法。推定事实往往是直接支持或推翻原告诉讼请求的要件事实,为主要证明对象。"通过运用证据而得出结论与通过推定而得出结论这两种手段之间的区别仅仅是一种程度上的区别",所以,法谚云"强力的推定是完全的证明"。推定的根据在于:(1)基础事实与推定事实之间存在着因果关系、逻辑关系或法律联系,因此推定的结果与事实真相之间往往具有高度的盖然性;(2)推定事实常常难以证明,而基础事实却比较容易证明,当事人通过对基础事实的证明而达到对推定事实的证明,从而不仅方便了证明,也促进了诉讼进程。(3)推定有时能够解决案件事实无法证明的困境,比如互有继承关系的数人同时死亡时,法律按照辈分或年龄顺序推定死亡次序。

(三)推定的意义

推定是以基础事实与待证事实之间存在逻辑关系为基础的,推定法则是对这种关系的规范化。推定在准确认定事实方面以及有效达到诉讼目的方面意义重大。

1. 推定可以减轻事实证明的困难,提高诉讼效率。推定用来解决诉讼中出现的对某些事实难以或无法证明的问题,减轻事实主张者的证明难度,方便证明,并可推进诉讼进程。

比如,对是否是婚生子女的事实,在亲子鉴定技术不存在或不发达的时代,很难或无法证明,那么利用合理的推定可以得到证明。利用推定迅速认定案件事实,有利于提高诉讼效率。

2. 法律推定可以合理分配证明责任。双方当事人在诉讼中所引起的争议,有些是因为一方当事人不愿意提供自己独知的事实或证据而引起的。此时,根本公平原则,就应当由独知事实或证据方予以证明。如在侵权纠纷中有关新产品制造方法的发明专利问题,专利法就推定制造同样产品的单位或个人使用了原告的专利方法,需要由被告就自己的产品制造方法负举证责任。

3. 推定有利于贯彻社会政策。证据法中的有些推定,除了考虑方便证明、促进诉讼之外,还有其他的缘由。比如,婚生子女的推定,还考虑到维持家庭关系稳定等社会政策。再如,一方当事人持有证据无正当理由拒不提供的,如果对方当事人主张该证据不利于证据持有人,可以推定该主张成立,此项推定还考虑到当事人有遵守诚实信用原则的义务。

推定虽然有其必要性和科学性,但我们同时也要注意到其消极性,即通过推定确定的事实,其真实程度具有一定的盖然性。正因为其局限性,我们在制定和运用推定规则时应当注意两个方面的问题:

其一,无论法律推定还是事实推定,都应尽量允许反驳,特别是司法实践中的事实推定,更应全部进行允许的反驳。其二,不可滥用推定。立法上对因果关系概然率不高的事实,不宜规定推定条款。司法实践中一般只遵循立法中既有的推定规定,无规定的推定的运用要非常慎重,只有非常必要的情况下才能使用。即使允许使用推定,也要尽可能地查证。

(四)推定的规则

法院适用推定应当遵守其程序规则,否则构成当事人上诉或再审的理由。推定的程序规则,主要有:

1. 在证据裁判原则之下,"(运用证据)证明胜于推定",所以,只有在无证据证明案件事实,或者运用证据证明将显著不便或过于浪费时,才能运用推定来确认事实。

2. 主张推定事实的当事人,虽然无须直接证明推定事实,但必须证明前提事实。若未证明前提事实,则推定事实亦未得到证明。

3. 应当保障当事人的程序参与权,即当事人有权表达意见,特别是保障对方当事人提供反证的机会。对方当事人可以通过以下方式推翻推定:对前提事实提出反证、对推定事实提出反证、证明前提事实与推定事实不存在因果关系或逻辑关系。

4. 只有前提事实的真实性或无争议性得到确认后或者不存在其他更有力的真实事实与推定事实相冲突,对方当事人又没有提供充足反证的,"只要没有反证,推定便有效力",才能采用推定事实。

在同一诉讼中,两个或数个推定之间若发生冲突,如何解决呢?美国1999年《统一证据规则》第302条中规定,适用基于分量更重的政策考量作出的推定,若它们是基于同等分量的政策考量则不适用任何推定。

二、法律推定和事实推定

法律推定和事实推定是推定的两个重要分类。《民诉证据规定》第9条规定:根据法律规定或者已知事实和日常生活经验法则能推定出的另一事实,当事人无须举证。这一规定就包括了法律推定和事实推定。

（一）法律推定

法律推定是法律明文规定的推定，是指根据法律的规定，从某一事实而推断出另一事实存在（或不存在）的一种证据规则。如《合同法》第 78 条规定："当事人对合同变更的内容约定不明确的，推定为未变更。"又如最高人民法院《关于贯彻执行〈中华人民共和国继承法〉若干问题的意见》第 2 条规定："相互有继承关系的几个人在同一事件中死亡，如不能确定死亡先后时间的，推定没有继承人的人先死亡。死亡人各自都有继承人的，如几个死亡人辈分不同，推定长辈先死亡；几个死亡人辈分相同，推定同时死亡，彼此不发生继承，由他们各自的继承人分别继承。"至于前提事实或是根据证据所认定，或是根据方法所认定（如司法认知等）。

法律推定的成立条件主要有：一是要确认前提事实。作为推断根据的前提事实，必须得到证明，如果负有举证责任的当事人没有提供证据或提供的证据不足以证明前提事实，推定方法就无法适用。前提事实一旦得到证明，法院就会依照法律规定作出存在推定事实的结论。二是适用法律推定须以无反证推翻为条件。法律上推定的事实，必须是能够以相反证据推翻的事实。不能以反证推翻的推定，非为法律推定。当推定事实因前提事实的确认而被推定存在后，否认推定事实的一方要推翻该推定事实，就必须对不存在该推定事实负举证责任。如依有关法律规定，夫妻关系存续期间所生子女，视为婚生子女，一方当事人要否定这一事实，必须提出充分证据证明夫妻于子女出生前已分居，且无往来，从而使推定事实是否存在陷入真伪不明的状态。在此情况下，就不能再适用推定方法认定该子女为婚生。

法律推定，如遇时代或社会已有重大变迁或人类知识的进步，原有的推定可能有所变迁，法官在适用和解释时，应当予以适当注意。如关于婚生子女的推定，这一推定在科技不发达的时期，人们无法科学判断子女是否为婚生或亲生，只得作出如此推定的规定，以利于法官作出判决。如今，科技发达了，人们可以通过亲子鉴定技术识别子女是否为婚生或亲生，从而关于婚生子女推定的合理性和可适用性就受到了质疑和限制。

在法律推定的分类问题上需要注意以下几个方面：

1. 有关事实的法律推定和有关权利的法律推定。有关事实的法律推定，是指法律规定以某一事实的存在为基础，推断待证事实存在的推定。比如，上文所述的婚生子女的推定、死亡次序的推定等。有关权利的法律推定，是指法律就某权利或法律关系于现在是否存在加以推定。例如，各共有人的应有部分不明的，推定其为均等。有关权利的法律推定并非证据方法，证据法中的法律推定是以待证的案件事实而并非以实体权利为推定的对象。

2. 不可反驳的推定与可反驳的推定。这是英美法系国家在法律推定上的分类。不可反驳的推定，就是法律对推定的事实不允许当事人直接予以反驳。如对古文书的推定，30 年间由正当保管人保管且无任何涂改的文书，推定为合法作成的真实的文书。可反驳的推定，就是法律对推定的事实提出证据加以反驳，换句话说，这种推定成立的前提条件，必须是没有其他证据能够推翻推定的事实。如对所有权的推定，占有动产或不动产的人，推定为财产的合法所有人。不可反驳的推定与可反驳的推定，在大陆法系称为绝对推定与相对推定。我国多数学者对不可反驳的推定持否定态度。"大陆法上的通说已不承认所谓绝对推定的独立存在，而将其划归拟制的范畴。由此看来，传统准据法理论关于不可反驳的推定与可反驳的推定的划分，已成了历史陈迹。"

3. 直接推定与推论推定。当法律不依赖于任何前提事实就假定某一事实存在时，这种推定即为直接推定。如民事法律中的"过错推定"。《民法通则》第126条规定："建筑物或者其他设施以及建筑物上的搁置物、悬挂物发生倒塌、脱落、坠落造成他人损害的,它的所有人或者管理人应当承担民事责任,但能够证明自己没有过错的除外。"直接推定的作用在于确定推定事实不存在的举证责任由何方当事人承担,因此,直接推定在本质上并非根据一事实与另一事实的逻辑关系作出的结论,而是以推定形式表现出来的确定举证责任由谁负担的实体法规范。

推论推定是法律推定中最典型的、最标准的推定,是依据法律从已知事实推论未知事实、从前提事实推论推定事实的推定。大陆法系学者称之为"真正的法律上推定"。如失踪达一定期限的人被推定为死亡,夫妻关系存续期间出生的子女推定为婚生子女等。这种推定,可以减轻主张推定事实的一方当事人的举证责任,并且可以将举证责任从一方转移给另一方。

(二)事实推定

事实推定是由法院依据经验方法和逻辑规则,从已知的基础事实推断出推定事实的一种证据规则。如根据被告在诉讼中销毁或隐匿证据这一事实,推断出该证据必定于其不利。可由多个前提事实推论出一个结果事实,但是若一个前提事实推断出数个结果事实时,则不得适用推定。法院适用事实推定,事实上是运用经验方法和逻辑规则来认定案件事实的。事实推定的内容繁多,例如,以书面损害他人名誉的,推定有损害的故意;使用凶器致人死亡的,推定有杀人的故意;依据履行契约的事实,可以推定存在契约关系等。

事实推定必须合乎经验方法和逻辑规则。事实推定的结果必须是合理的、准确的、强有力的、始终一致的。若法官悖于经验方法、逻辑规则和诚实信用原则进行事实推定,则视为违背法律,成为上诉或再审的理由。在事实推定中,有一种特别的推定是显而易见的推定,英美法系称为"不证自明"或"事实本身足堪证明",大陆法系称为"表见证明"、"大致的推定"。这种推定是以具有更高盖然性的经验方法为基础,依发生事实的本身(如医生手术后把手术刀留在病人体内)直接推定加害人存在过错,即"表见于外部的行为,揭示内部的秘密","由结果推测故意"。对于表见证明,对方当事人可以提出抗辩或反证。

对于法院在表见证明中的失误,比如应当采用表见证明却未采用、不应采用表见证明却采用,应当作为上诉或再审的理由。有些国家将此种失误作为法院判决违背经验方法和法律的情形,构成提起第三审的理由。

事实推定的适用,必须同时具备下列条件:

1. 必须无法直接证明待证事实的存在,因此只能借助间接事实推断待证事实,这是事实推定的必要条件。反之,若能够凭借直接证据加以证明,则无适用事实推定的必要。因此,事实推定与间接事实密切关联。

2. 前提是必须已经得到法律上的确认,这是事实推定的前提条件。所谓前提事实得到确认,是指下列情形之一:(1)众所周知的事实;(2)法院于职务上所知悉的事实;(3)判决所确认的事实;(4)经公证证明的事实;(5)诉讼上自认的事实;(6)仲裁裁决所确认的事实;(7)已由证据认定的事实。

3. 前提事实与推定事实之间须有必然的联系。这种联系或互为因果,或互为主从,或互为排斥,或互为包容。除此之外,都不能成为必然联系。这是事实推定的逻辑条件,也是最为关键的条件。

4. 许可对方当事人提出反证,并以反证的成立与否确认推定的成立与否。这是事实推定的生效条件。如果说法律推定尚有不得推翻之说,则任何事实推定都是可反驳的推定。对方当事人既可以就前提事实提出反证,也可以就推定事实提出反证,其反证程度仅需使反证对象处于真伪不明状态为已足,而不因反证对象的不同有所区别。

(三)法律推定与事实推定的关系

法律推定和事实推定均需遵循推定的一般原理。以法律规定为推论依据的,属法律推定。以经验方法为推论依据的,属事实推定。事实推定若为立法所接受,则成为法律推定。法律推定实质上是事实推定的法律化,即真实的盖然性较高且较为典型的事实推定往往成为法律推定。

有无法律明文规定,是区别事实推定和法律推定的明显标志。法院根据经验规则适用事实推定。当具备某项法律推定的要件时,法官就可以直接运用该项法律推定。法律推定以其法律的明确性和可预见性,具有指引当事人举证的引导功能,而事实推定则主要表现为法官认定事实过程中的内在思维过程,其目的是为实现个案公正而对举证责任分配进行适当的调整。

有的国家(如日本等)法律要求,对于法律推定的反证,应当达到使法官确信推定事实不存在的证明标准,而对于事实推定的反证,仅需达到使法官产生怀疑的证明程度。在英美法上,对于法律推定的适用是强行性的,一经当事人主张并证明基础事实,法官即有义务适用推定,从而确认相应的结论事实。而是否适用事实推定则取决于法官的自由裁量,法官有权根据案件的具体情况对是否适用推定作出判断和选择。所以,与法律推定相比,事实推定是一种较弱的推定。

三、对实体事实的推定和对程序事实的推定

推定还可以从实体与程序事实的角度分为对实体事实的推定和对程序事实的推定。对实体事实的推定,是指对能够引起实体法律关系产生、变更和消灭,涉及诉讼参与人实体性权利义务分配的事实的推定。如能力推定、年龄推定、意思推定、过错推定等,这些推定散见于《刑法》《民法通则》以及其他刑事、民事法律中。对程序事实的推定是指对能够引起程序法律关系产生、变更和消灭,并引发程序法上的权利义务分配的事实的推定,包括对证据事实的推定和其他程序事实的推定。

(一)对实体事实的推定

1. 能力推定

能力推定是指在前提事实确定的条件下推定某人具有某种法律上的能力的一种推定。如《刑法》第17条第2款规定:"已满十四周岁不满十六周岁的人,犯故意杀人、故意伤害致人重伤或者死亡、强奸、抢劫、贩卖毒品、放火、爆炸、投毒罪的,应当负刑事责任。"该规定实质上是推定行为人具有刑事责任能力,这是不可反驳的推定。《继承法》第22条规定:"无行为能力人或者限制行为能力人所立的遗嘱无效。"该规定实质上是推定无行为能力人或限制行为能力人无立遗嘱的能力。

2. 主观推定

主观推定是指前提条件的具备,推定某人存在某种主观上的意愿或认知。关于主观推定,我国的法律及相关的司法解释都有相应的规定,如《民法通则》第66条规定,本人知道他

人以本人名义实施民事行为而不作否认表示的,视为同意。《专利法》第37条规定,专利局认为发明专利申请与该法不相符合的,有权要求申请人在指定期间内陈述意见或进行修改,逾期无正当理由不答复的,该申请即被视为撤回。最高人民法院《关于贯彻执行〈中华人民共和国民法通则〉若干问题的意见(试行)》第66条规定:"一方当事人向对方当事人提出民事权利的要求,对方未用语言或者文字明确表示意见,但其行为表明已接受的,可以认定为默示。不作为的默示只有在法律有规定或者当事人双方有约定的情况下,才可以视为意思表示。"《民诉证据规定》第8条第2款规定:"对一方当事人陈述的事实,另一方当事人既未表示承认也未否认,经审判人员充分说明并询问后,其仍不明确表示肯定或者否定的,视为对该项事实的承认。"这些规定都是推定行为主观上存在某种意愿。

最高人民法院、最高人民检察院、公安部于2007年12月在《办理毒品犯罪案件适用法律若干问题的意见》第2条中规定,走私、贩卖、运输、非法持有毒品主观故意中的"明知",是指行为人知道或者应当知道所实施的行为是走私、贩卖、运输、非法持有毒品行为。具有下列情形之一,并且犯罪嫌疑人、被告人不能作出合理解释的,可以认定其"应当知道",但有证据证明确属被蒙骗的除外:(1)执法人员在口岸、机场、车站、港口和其他检查站检查时,要求行为人申报为他人携带的物品和其他疑似毒品物,并告知其法律责任,而行为人未如实申报,在其所携带的物品内查获毒品的;(2)以伪报、藏匿、伪装等蒙蔽手段逃避海关、边防等检查,在其携带、运输、邮寄的物品中查获毒品的;(3)执法人员检查时,有逃跑、丢弃携带物品或逃避、抗拒检查等行为,在其携带或丢弃的物品中查获毒品的;(4)体内藏匿毒品的;(5)为获取不同寻常的高额或不等值的报酬而携带、运输毒品的;(6)采用高度隐蔽的方式携带、运输毒品的;(7)采用高度隐蔽的方式交接毒品,明显违背合法物品惯常交接方式的;(8)其他有证据足以证明行为人应当知道的。这种推定则是根据前提事实推定行为人主观上存在某种认知。

3. 过错推定

过错推定指在一定条件下推定某人主观上存在过错。如《刑法》第186条规定,国家工作人员违反国家保密法规,泄露国家重要机密,推定行为人有过错。《侵权责任法》第6条规定,根据法律规定推定行为人有过错,行为人不能证明自己没有过错的,应当承担侵权责任。在《侵权责任法》中规定的过错推定责任的范围主要有这样几种情况:(1)校方对于无行为能力学生的校园事故责任。该法第38条规定无民事行为能力人在幼儿园、学校或者其他教育机构学习、生活期间受到人身损害的,幼儿园、学校或者其他教育机构应当承担责任,但能够证明尽到教育、管理职责的,不承担责任。(2)物件致人损害责任。第85条规定建筑物、构筑物或者其他设施及其搁置物、悬挂物发生脱落、坠落造成他人损害,所有人、管理人或者使用人不能证明自己没有过错的,应当承担侵权责任;第88条、第90条规定堆放物倒塌造成他人损害,堆放人不能证明自己没有过错的,应当承担侵权责任;因林木折断造成他人损害,林木的所有人或者管理人不能证明自己没有过错的,应当承担侵权责任;第91条规定在公共场所或者道路上挖坑,修缮安装地下设施等,没有设置明显标志和采取安全措施造成他人损害的,施工人应当承担侵权责任。窨井等地下设施造成他人损害,管理人不能证明尽到管理职责的,应当承担侵权责任。(3)动物园的饲养动物责任。第81条规定动物园的动物造成他人损害的,动物园应当承担侵权责任,但能够证明尽到管理职责的,不承担责任。(4)医疗事故责任。第58条规定患者有损害,因下列情形之一的,推定医疗机构有过错:违反法律、行政法规、规章以及其他有关诊疗规范的规定；隐匿或者拒绝提供与纠纷有关的病历资料；伪造、篡改或者销毁病历资料。

4. 其他实体事实的推定

除了上述的推定以外，还有其他实体事实的推定，如无罪推定，推定每一个人在法院定罪之前都是无罪的；关于精神状态的推定，在没有被法定程序鉴定之前推定犯罪嫌疑人都是精神正常的；关于年龄的推定，即推定一个人身份证上的年龄是其真实年龄；有关行政部门登记或发给的证书确认的事实推定为真实。这些推定都是相对的推定，属于可反驳的推定。

（二）对程序事实的推定

1. 证据事实的推定

证据事实的推定即指对某一证据，如果其符合一定的条件，可以推定该证据的真伪。如《民事诉讼法》第 69 条规定："经过法定程序公证证明的法律行为、法律事实和文书，人民法院应当作为认定事实的根据。但有相反证据足以推翻公证证明的除外。"即经过公证的证据一般都推定其为真实的证据。《民诉证据规定》第 75 条规定："有证据证明一方当事人持有证据无正当理由拒不提供，如果对方当事人主张该证据的内容不利于证据持有人，可以推定该主张成立。"该规定也属于可反驳的证据事实推定。

2. 其他程序事实的推定

其他程序事实的推定指除了证据事实的推定以外，也可以根据某种条件进行的推定。如《刑事诉讼法》第 105 条规定："收件人本人或者代收人拒绝接收或者拒绝签名、盖章的时候，送达人可以邀请他的邻居或者其他见证人到场，说明情况，把文件留在他的住处，在送达证上记明拒绝的事由、送达的日期，由送达人签名，即认为已经送达。"即根据该规定推定该文书内容受送达人已经获悉。《民事诉讼法》第 86 条也有类似的规定。

四、推定与举证责任的分配

举证责任分配是诉讼证明的核心问题之一。在具体案件中，举证责任的分配方式直接影响着当事人的败诉风险及其大小。因此，推定对于举证责任分配的影响直接关系到诉讼双方当事人在诉讼证明中的地位及权利义务。

1. 对于主张适用推定的当事人而言，推定实质意义上减轻了他的举证责任。适用推定必须以基础事实得以证明为前提条件，因此，推定本身并不是免除了主张推定一方当事人的举证责任，而仅仅是减轻了其举证责任。例如，在亲子推定中，女方仍然负有证明"谁是生父"的举证责任，尽管证明"婚姻期间受孕"相对于"谁是生父"要容易得多。推定本身意味着向一方当事人的政策性倾斜，即通过设置一种更容易得到证明的证明对象，取代原本较难证明的证明对象。对于主张使用推定的当事人而言，推定的存在，实质上意味着一种证明对象的变换，一种由较难证明的证明对象向更容易证明的证明对象变换。

2. 对于对方当事人而言，推定意味着举证责任的转移。按照举证责任分配的一般原则，主张适用特定法律规范的当事人，应就该法律规范所需的要件事实承担相应的举证责任。但是，这一分配原则因推定的介入而产生了实质性变化：在推定作用下，关于该要件事实的举证责任最终将转换到反对结论事实的当事人身上（即发生了举证责任倒置）。仍以亲子关系推定为例，按照举证责任分配的一般原则，如果原告方主张"夫为生父"，那么她应就此承担举证责任，但是在亲子推定的帮助下，原告方通过证明"婚姻期间受孕"这一事实，即可达到卸除对"夫为生父"这一事实的举证责任。由于前一事实比较容易证明,所以原本应当由原告方负担举证责任的"夫为生父",事实上变成了被告方应当就"夫非生父"负有举证责任。

在具体案件中,举证责任的转移是以对方当事人对结论事实提出异议为前提的。在时序上,推定的适用分为两个明显不同的阶段:通过推定确立结论事实的阶段;通过反证推翻结论事实的阶段。对对方当事人而言,只有在后一阶段,他才负有对结论事实的举证责任。因此,在实质意义上,其举证责任是以主张推定一方当事人证明了基础事实为前提的。

第五节 司法认知

一、司法认知的概念

司法认知,亦称审判上知悉(judicial notice),是法院在审判过程中依当事人申请或依职权,对某些特定的事实直接予以确认,而无须当事人对此类事实予以举证证明的一种诉讼证明方式。法官对一定事实无须当事人举证即确认其真实性,及时排除当事人无合理根据的争议,以确保审理高效有序顺利地进行。司法认知的事实,主要有众所周知的事实、法院依职责所知悉的事实、公证的事实等。

(一)司法认知的特征

1.司法认知的主体是法院。司法认知是法院的诉讼行为,是法院行使审判权的一种方式。一方面,作为审判机关,法院有权就众所周知的事实或职务上知悉的事实直接予以认定;另一方面,司法认识具有直接的法律效力,直接影响案件的处理结果,因而,司法认知专属于人民法院。在诉讼活动中,法院既可以依职权进行司法认知,当事人也可以申请法院对特定的事实进行司法认知,不过是否采用的决定权属于法院。

2.司法认知的客体是特定的事实。司法认知的客体具有两个特征:一是真实性,二是无争议性。真实性是指事实明显或者显著,无须进一步证明即可予以认定。无争议性是指当事人不能提出合理的争议。所谓"特定"的事实,就是指符合司法认知客体的两个特征的事实。司法认知的客体的范围是有限的,仅针对明显的事实或者当事人不能提出合理怀疑的事实。从比较法的角度来看,司法认知的事实基本上由法律明文规定,否则法院可能随意扩大司法认知的事实范围。

3.司法认知具有可反驳性。司法认知在诉讼过程中进行,是一个动态的过程。法院在依申请或依职权作出司法认知后,应给予对方反驳的机会。在当事人提出反驳或者反证,或者法院自己发现了新的事实时,法院必须重新进行审查,然后作出认定,否则,不能作为判案的依据。司法认知仅仅免除了主张司法认知事实的当事人的举证责任,对此,对方当事人可以提出充足的反证,推翻司法认知的事实。

4.司法认知是一种便捷的诉讼证明方式。对司法认知的事实,当事人无须举证,法院也无须作证据调查。司法认知实际上免除了法院的调查和审查判断义务,省略了当事人举证和质辩的过程,具有简便性。例如,不可能有 2 月 30 日,这是一个明显的事实,法院无须调查,直接认定这一事实即可。

（二）司法认知与免证事实

免证事实是指当事人无须举证的事实，司法认知与免证事实存在着如下差异：

1. 性质不同。司法认知是一种旨在提供诉讼效率的事实认定方法，而免证事实是指排除在证明对象之外的、免除当事人举证责任的事实。二者一为事实认定的方法，一为事实本身，性质不同。

2. 行使或针对的主体不同。司法认知的主体是人民法院，是人民法院依法行使审判权的行为。法院依职权或应当事人的申请就某些事实直接予以确认，能够有效调控诉讼的进程，防止当事人滥用诉讼中的权利，造成诉讼的迟延。可以看出，司法认知制度是以法院为视角的，而免证事实针对的是当事人，强调的是就某些特定事实免除当事人提出证据的责任，将某些特定事实排除出证明的对象，是以当事人为视角的。

3. 司法认知的范围与免证事实并不完全一致。司法认知的范围与免证事实大致相同，但并非完全一致。例如，在刑事诉讼中，法律规定被告人无自证其罪的责任，对被告人供述的事实，免除其举证责任，但并不意味着法院就可以采用司法认知直接予以认定。显然，法院还必须结合其他相关证据进行综合性的审查判断。

4. 运作状态不同。司法认知是一个动态的过程，体现了法院对显著真实的事实及双方当事人不能、不会争议的事实的动态的认定过程。而免证事实处于相对静止的状态，仅仅是对无须当事人举证事实的静态描述。

5. 体现的关系不同。司法认知行为审判法院及双方当事人的行为，体现的是法院及双方当事人之间的三面关系。而免证事实通常不涉及法院及对方当事人的行为，仅仅体现一方当事人的一面关系。

（三）司法认知的分类

1. 以启动司法认知的不同主体作为标准，司法认知可以分为依职权的司法认知和依申请的司法认知。依职权的司法认知是指法院主动采取的司法认知，而依申请的司法认知是指法院根据当事人的申请采取的司法认知。这种分类的意义在于说明，当事人享有申请法院采取司法认知的权利，但是当事人的申请对法院没有约束力。当事人提出申请后，法院有权决定是否采取司法认知。

2. 以司法认知的不同客体作为标准，司法认知可以分为对案件事实的司法认知和对证据事实的司法认知。对案件事实的司法认知是指法院对法定的实施要件所采取的司法认知，而对证据事实的司法认知是指法院对证据的事实采取的司法认知。经过司法认知的证据事实可以直接作为定案的根据，而经过司法认知的案件事实，可以直接作为当事人主张成立的事实予以认定。

3. 以司法认知的不同外在形式作为标准，司法认知可以分为书面司法认知和口头司法认知。书面司法认知是指以书面裁定方式直接认定某一案件事实。口头司法认知是指法院在审理过程中以口头裁定方式直接认定案件事实。从司法认知的便捷性来看，司法认知以口头认知为原则，以书面认知为例外。法院以口头裁定采取司法认知的，应当载明于笔录。

4. 判决事实的司法认知、立法事实的司法认知与法律的司法认知。这是美国学者华尔兹对司法认知所作的分类。判决事实的司法认知是指法院对判决事实所采取的司法认知。法院可以自己决定对判决事实采用司法认知，而不管律师是否提出请求。但如果当事人提出司法认知的请求并提供了相应的材料，在给对方当事人听证的前提下，法院必须采用司法认知。立法事实的司法认知是指在法官造法的条件下,法院可以对判例法采用司法认知的形式予以确认。在美国,对法律的司法认知包括对国内法、州法的司法认知,基本上不对其他国家法律采用司法认知。

此外,司法认知还可以分为强制司法认知与任意司法认知。所谓强制司法认知,是指不论当事人是否申请,法院必须实行司法认知。它适用于无可争议的事实、法律和法规、语言和法律用语等。所谓任意司法认知,是指在某些情况下,必须经当事人申请,法院才能采用的司法认知。

二、司法认知的范围

司法认知的事实或范围应当遵循法律明定原则。许多国家和地区在其诉讼法典或证据法典中规定司法认知的事实和规则。比如,《德国民事诉讼法》第291条规定:"于法院已经显著的事实,不需要证据。"《日本民事诉讼法》第179条规定:"于当事人在法院自认的事实及显著的事实,无须证明。"《美国联邦证据规则》第201条规定了"关于裁判事实的认知"(即司法认知)。再如,我国澳门地区《民事诉讼法》第434条规定:"一、明显事实无须陈述及证明;众所周知之事实视为明显事实。二、法院履行其职务时知悉之事实无须陈述;法院采纳该等事实时,应将该等事实之文件附入卷宗。"我国《民事诉讼法》第67条、《公证法》第36条、《民诉意见》第75条及《民诉证据规定》第8条、第9条、第13条等规定,下列事实无须当事人举证证明:众所周知的事实、推定的事实、预决的事实、公证的事实、当事人诉讼上自认的事实。我国学界有将以上事实均纳入司法认知的事实。但是,司法认知、推定、诉讼上自认等均具有各自的规范内容、法律特征,必须遵循各自的程序规则,所以不能将推定(事实)、诉讼上自认(事实)纳入司法认知(事实)的范畴,而应当分别规定和讨论。

我们认为,司法认知的事实主要包括:众所周知的事实、自然规律及定律、法院依职务所知悉的事实、公证的事实。因为采用这些事实均具有司法认知的特征,均须遵循相同的程序规则。

(一)众所周知的事实

众所周知的事实,大体上是指为一定地域内的一般人或大多数人所知晓的事实。此类事实,因众所周知而保障其真实性,所以成为免证事实。众所周知的事实多指具体的事实,其范围包括自然规律及定理、历史事件、法定节日、新闻事件、国界省界、日常生活知识和生活经验等等。某件事实是否为众所周知往往因时间地域而异。众所周知的事实,存续时间有长有短,地域范围有大有小。有些是长久为众所知,有些则存续短暂;有些在一省、一国乃至世界范围内为众所知,有些仅在一县等较小的地域内为该地域的众人所知(如地方性事件、地方习惯等);有些为全社会所普遍知悉,有些则为某些或者某个领域内众人周知(如行业性事件、行业习惯或惯例等)。众所周知的事实无须证明,是一条古老的方法。法谚云,"明显事实无须证明","法律不要求证明对法庭显而易见的事实"。为各国诉讼法所认可。如《德国民事诉讼法》第291条规定:"于法院已经显著的事实,不需要举证。"

众所周知的事实应符合两个条件:(1)为一定地域内的一般人或大多数人知晓,而不是指每一个人都知道;(2)能够通过便捷的途径而无须诉讼证明就可获知或查实。构成众所周知事实的最低标准是,在受诉法院管辖区内为大多数人所知晓。如,"中国人民大学东门前有个当代商城",这一事实对海淀区甚至北京市居民来说,是众所周知的事实,而对其他地区的居民很难说是众所周知的事实。假如,海淀区法院受理一起侵权案件,"中国人民大学东门前有个当代商城"构成本案事实的一部分,那么此事实在案件中无须证明。

对于某项众所周知的事实,若仅是法官不知(特殊的地方性、行业性的周知事实),只能认为可由当事人提供适当的知识,或辅助法院取得必要的知识,从而加以认知,而不是必须由当事人负举证责任。上例中,当事人可以向法官提供北京市地图,法官查看地图可确知此事是真实的。众所周知的事实,一般通过民意测验、查阅资料等方式就能立即查明或容易查明的事实,若需遵循法定的正式的证明程序,则为证明对象而不是众所周知的事实。

众所周知的事实在诉讼法理论上属于司法认知的范围,其效力是免除主张众所周知事实的当事人的证明责任,法院应当依当事人的请求直接认定该事实存在。众所周知的事实,即使与当事人自认、证人证言、专家意见发生冲突时,法官必须维持众所周知的效力,而排斥其他证据。然而,我国司法解释将众所周知的事实作为相对免证事实,允许当事人提出反证推翻之。

(二)自然科学定律

自然规律与定理具有科学性,其真实性已经过科学的验证。其中有些还具有公知性,成为众所周知的事实的一部分,所以不必证明。如万有引力定律、能量守恒与转换定律等。对那些不具有共知性的,由于其已经过实践的反复检验,其科学性已被确认,所以同样不必证明。但是,对某事实是否为自然规律或科学定理,允许当事人提出质疑。对于确为自然规律和科学定理的事实,不允许当事人以相反证据加以推翻。

但是,科学定理很多,审判人员未必尽知。此时主张的一方当事人就应当解释,告诉审判人员可以从何处入手进行认知。法官在必要时,也可以向相关领域的专家进行咨询。法院对认知的事实必须向当事人指明,并且在认知前为当事人提供反驳的机会。

(三)法院依职责或职务所知悉的事实

法院依职责或职务所知悉的事实,在许多国家或地区通常作为免证事实。法院依职责或职务所知悉的事实,是指法官在执行其职务或履行其职责所知道的事实。比如,法官本人参加审判案件所知的判决内容、法官所属法院的破产宣告和失踪宣告等。法院因依法履行其职责或者执行其职务所知道的事实,既包括在本案中所知的,又包括在其他民事诉讼、行政诉讼或刑事诉讼中所知的,也可因办理非诉讼事务所知的。但是,这类事实不包括法官在职务之外所获知的案件事实和私人经验,若法官在法庭上陈述或者提供这类事实的,则为证人。

与法院职责相关的事项,还包括国家机关公报的事实。法官作为国家公务人员,理应知悉国家机关公报的事实。国家机关公报的事实多为国家机关处理的重大或典型事项,经过严格审查并公之于众,其真实性较高,对此,法院应当知悉。对于法院依职责或职务所知悉的事实,则要求合议庭半数以上的法官知悉这类事实。对于这类事实,法院不要求当事人举证,可以不等当事人要求而将之作为裁判资料。对于这类事实,无须当事人证明,而直接作为裁判事实。但是,法院在采用此类事实前,应当允许当事人进行争辩或提出反证。当事人认为这种事实不真实的,可以提出反证。如果当事人提出的反证成立,人民法院不得采取司法认知;已经采取司法认知的,应当撤销。旨在防止法官恣意裁判和保证事实真实。

预决的事实,即人民法院依普通程序作出的判决中认定的事实。《民诉意见》第 75 条、《民诉证据规定》第 9 条规定,生效的人民法院裁判文书确认的事实,当事人无须举证证明。就这些规定来看,在民事诉讼中,有关法院依其职责或者职务所知悉的事实包括生效的人民法院裁判文书确认的事实。当然,我们认为,司法认知除了对生效的民事裁判文书所确定的事实可以认知以外,对生效的刑事裁判所确定的事实、生效行政裁判所确定的事实、生效仲裁裁决所确定的事实,都可以予以司法认知。

（四）公证的事实

公证是指公证机构根据自然人、法人或者其他组织的申请,依照法定程序对民事法律行为、有法律意义的事实和文书的真实性、合法性予以证明的活动。所谓公证的事实,是指经过法定程序公证证明的法律行为、法律事实和文书等。公证的事实经过法定公证程序,其真实性和合法性已经得到证明,在诉讼中,法院可直接予以认定。《民事诉讼法》第 67 条规定:"经过法定程序公证证明的法律行为、法律事实和文书,人民法院应当作为认定事实的根据。但有相反证据足以推翻公证证明的除外。"《公证法》第 36 条规定:"经公证的民事法律行为、有法律意义的事实和文书,应当作为认定事实的根据,但有相反证据足以推翻该项公证的除外。"《民诉证据规定》第 9 条中规定,"已为有效公证文书所证明的事实",提出该事实的当事人无须举证证明。经公证的民事法律行为、有法律意义的事实和文书,根据以上法律和司法解释的规定,包括两种情形:

1. 公证的证据。公证的证据无须经过法庭质证程序,只要法院确认其为真正的公证的证据,就应当予以采纳。通常情况下,公证的证据的证明力大于未公证的证据的证明力。

2. 公证的事实。公证的事实的真实性已经得到证明,所以提出公证事实的当事人只需要向法院提交合法有效的公证书即可,无须负担证明责任。有条规则是"文书推定为真正",在各国广泛适用。如《德国民事诉讼法》第 437 条第 1 款规定:"从形式到内容两方面都可以认为是由官署或具有公信权限的人所制作的证书,推定其本身是真实的";《奥地利民事诉讼法》第 310 条第 1 款规定:"在形式和内容上被认为系公文书的文书,其真实性以文书自身推定"。对公证事实,若对方当事人提出了充足的反证,则成为证明对象。因此,有学者认为公证的事实属于法律推定的事实。

法院对公证事实采用司法认知,必须保障对方当事人提供反证推翻公证事实的机会;同时必须进行必要的调查,即调查是否为真正的公证文书,调查方式是向公证处查实。除了上述事实属于司法认知的对象外,法院还可以对自然规律及定理进行司法认知。自然规律及定理,如太阳从东方升起、日落后天色就会黑暗下来、四季更替、农作物栽种的一般时令、勾股定理、万有引力定律、阿基米德定律等,其具有科学性,其真实性已经科学证明。自然规律和定理与众所周知的事实不同,有些自然规律和定理已经被普通的公众所知晓,而有些只有从事特定领域的专业人员才知晓。对自然规律与定理的理解和审查,法院可以询问专家。但不管是否具有公知性,自然规律及定理在诉讼中都免予证明。自然规律及定理的效力是:当事人主张自然规律及定理时,免除当事人的举证责任,法院应当依当事人的请求或依职权直接认定该事实的存在;自然规律及定理具有绝对的效力,不允许当事人提出反证予以推翻。如果与当事人自认、证人证言、专家意见不一致时,法官应当认定自然规律及定理的效力,而排斥其他证据。

三、司法认知的规则与效力

（一）司法认知的规则

人民法院在采取司法认知时,应当遵守的程序规则主要有:

1. 采用司法认知之前,法院应当进行必要的调查。调查方式有调查民意、咨询专家、查阅资料等。法院进行调查的范围不受当事人请求的限制,可以考虑或者驳回任何一方或者双方当事人提出的意见,也可以仅以现有的或者当事人提供的材料为根据。不过,司法认知的调查要比待定事实的证明更简易些,无须通过证据调查来认定事实。

2. 采用司法认知前,应当保障当事人的程序参与权,当事人有权对是否采用司法认知表达意见,特别是要保障对方当事人提出反证的机会。

3. 司法认知可以由法院依职权主动进行,也可应申请采取。对于法定的司法认知范围内的事实,人民法院应当依职权采取司法认知。同时,当事人也有权申请采取司法认知。当事人提出申请的,是否能通过司法认知径行认定事实,应由人民法院根据具体情况作出决定。

4. 在保障当事人程序参与权和进行必要调查的基础上,在对方当事人没有提出(补足)反证之后,法院才能采用司法认知的事实。

5. 司法认知应当采取裁定的方式。裁定可以是书面的,也可以是口头的。口头裁定必须记明笔录。无论是书面裁定还是口头裁定,法院必须指明司法认知的事实,以及采取司法认知的根据和理由。法院采用司法认知应当遵守其程序规则,否则构成上诉或再审的理由。

(二)司法认知的法律效力

司法认知的法律效力,是指司法认知所产生的法律效果。司法认知能够产生以下两个方面的法律效力:

1. 对当事人的效力。经司法认知的事实,当事人无须举证。司法认知对当事人而言具有免除当事人举证责任的法律效力。不论是待证的主要事实,或是用以证明主要事实的证据事实,均可因司法认知而免于举证。如另一方当事人提出有合理根据的异议,则需承担反证的责任,向认知的法院提供有关信息。如当事人提出的异议属于有争议的事实,则排除在司法认知的范围之外,转入举证责任分配的领域。

2. 对人民法院的效力。司法认知的事实若无反证或者新的事实出现,法院可以将其直接作为裁判的基础。因此,司法认知对法院的效力表现在两个方面:一方面,司法认知的过程免除了法院的查证责任;另一方面,司法认知的结果对法院具有法律约束力。为保证认知行为的严肃性,法院应当以裁定的方式作出司法认知。同时,为保障当事人的诉讼权利,法院对司法认知的事实必须进行相当深入的阐明,并且在司法认知前为当事人提供反驳的机会。

【引例二】评析:生效判决所认定的担保事实属于法院预决的事实,根据《民诉意见》第75条、《民诉证据规定》第9条的规定,生效的人民法院裁判文书确认的事实,当事人无须举证证明,它属于司法认知的范围。

❀ 思考题

1. 简述证明的方法。

2. 简述推定与举证责任的分配。

3. 简述法律推定与事实推定的概念、影响及两者的不同之处。

4. 简述司法认知的概念、特征和功能。

5. 简述我国司法认知对象的范围。

6. 简述司法认知活动的规则。

司法考试真题链接

1. 石某杀人后弃尸河中。在法庭审理中,对下列哪些事实不必提出证据证明?(2008年)

A. 被弃尸的河流从案发村镇穿过的事实

B. 刑法关于杀人罪的法律规定

C. 检察机关和石某都没有异议的案件基本事实

D. 石某的精神状态

2. 甲、乙两家曾因宅基地纠纷诉至法院,尽管有法院生效裁判,但甲、乙两家关于宅基地的争议未得到根本解决。一日,甲、乙因各自车辆谁先过桥引发争执继而扭打,甲拿起车上的柴刀砍中乙颈部,乙当场死亡。对此,下列哪一选项是不需要用证据证明的免证事实?(2010年)

A. 甲的身份状况

B. 甲用柴刀砍乙颈部的时间、地点、手段、后果

C. 甲用柴刀砍乙颈部时精神失常

D. 法院就甲、乙两家宅基地纠纷所作出的裁判事项

第十三章 证据的运用

【引例一】 甘肃彭清贩毒案——缉毒警察滥用诱惑侦查

2001年兰州市公安局西固区分局禁毒大队副大队长赵明瑞为了完成缉毒任务,要求马进孝帮他"经营"毒品案子,并许诺每克毒品的奖金为20块钱。7月初,马进孝找到了坐台小姐彭清(化名)。马进孝以1万元的报酬诱惑她运送2公斤毒品,并介绍彭与假扮要货的西安大老板(实际是赵明瑞和其部下倪兴刚)认识,让他们以后直接见面交货。马进孝回到东乡县老家,找到同村村民马宏宝,让他"加工"2公斤毒品。7月20日,马进孝电话与赵明瑞商定由彭清"交货"的具体时间、地点。2001年7月21日早上,在兰临公路65公里处,当彭清交货给赵、倪时人赃俱获。

2001年12月19日,也就是彭清被关进看守所的第5个月,兰州市中级人民法院以贩毒罪一审判处彭清死刑,缓期2年执行。甘肃省高级人民法院进行死刑复核时发现了疑点,将彭清案发回重审。2003年6月5日,兰州市中级人民法院另组合议庭,重审了彭案。2004年6月9日,兰州市中级人民法院对此案作出判决,判决彭清无罪。

2004年8月11日,兰州市七里河区法院以滥用职权罪判处制造彭清贩毒假案的警察赵明瑞有期徒刑3年,缓刑3年,以滥用职权罪判处倪兴刚有期徒刑2年,缓刑2年。

请简单分析本案中的诱惑侦查手段的使用。

【引例二】 离奇取证方法——再强奸一次

2003年6月4日、5日,湖北省鄂州市杨叶镇38岁的村民马燕(化名),连续两次遭到不明身份男子的性攻击。6月6日上午,她将此事告诉自己的一个异性好朋友。在该朋友的建议下,当晚,两人来到鄂州市公安局鄂城分局杨叶水陆派出所报案。派出所的领导在了解了基本情况后,大胆预测歹徒在6月6日晚,也就是马燕报案几个小时后,还会再次作案,于是决定当晚在马燕家实施守候抓捕。派出所布置了一个大胆的抓捕方案:他们让马燕等歹徒实施强奸后再发出信号,此时实施守候抓捕的民警再抓获歹徒。派出所说,这样做是为了收集证据。当日歹徒果然再次来到马燕家,手持尖刀,卸掉灯泡后,从容实施强奸。此过程,民警隐蔽得相当好,没有发出声音。马燕发出了暗号——咳嗽声,民警冲了进去,但因为惊动歹徒,歹徒立即裸身从后门逃跑。"我们一直追到天亮,都没有追到",一位民警这样告诉记者。抓捕行动最后竟然失败了。

请问:此案的取证方法是否妥当?

第一节 取证

现代诉讼遵循证据裁判原则,案件事实的真相是运用证据加以证明的,因此证据是整个诉讼程序启动和运行的基础,取证则是查明案件事实的第一个环节。取证即证据的收集,是指为了证明自己的诉讼主张或查明特定事实,国家专门机关、律师、一般公民、法人或其他组织通过一定的手段和方法按照法定程序获取证据的行为。

一、取证的主体

取证主体,是指根据诉讼法的规定,依法有权向有关人员或部门收集证据的个人或机关。从三大诉讼法的规定来看,有权取证的主体主要包括以下几个:

1. 侦查机关、检察机关

侦查机关和检察机关是我国刑事诉讼中主要的取证主体,《刑事诉讼法》明确授权侦查机关和检察机关为法定的取证主体。因此,收集证据既是侦查机关和检察机关的法定职权,同时也是它们的法定义务。侦查机关在我国包括公安机关、人民检察院、国家安全机关、监狱以及海关走私侦查部门等部门。《刑事诉讼法》第52条规定:"人民法院、人民检察院和公安机关有权向有关单位和个人收集、调取证据。有关单位和个人应当如实提供证据。"另外,《刑事诉讼法》第4条规定:"国家安全机关依照法律规定,办理危害国家安全的案件,行使与公安机关相同的职权。"第290条规定:"军队保卫部门对军队内部发生的案件行使侦查权。对罪犯在监狱内发生的案件由监狱进行侦查。军队保卫部门、监狱办理刑事案件,适用本法的有关规定。"根据这些规定,国家安全机关、军队保卫部门和监狱管理机关在侦查案件的过程中享有与公安机关同等的收集证据的权利。检察机关及其工作人员除了对自侦案件享有收集证据的权利外,对其他侦查机关侦查的案件,根据《刑事诉讼法》的规定,检察机关及其工作人员在审查起诉以及法院审判阶段也可以进行补充侦查,收集证据。

在民事和行政诉讼中,检察机关是法律监督机关,负有对法院审判活动实施监督的职责,有权通过提起抗诉实施法律监督,为履行诉讼监督职责,检察机关也可以收集必要的证据。

2. 人民法院

人民法院作为裁判机关,具有中立性和独立性,不承担证明责任,它只对争议问题进行调查取证,在三大诉讼活动中,法院都有调查取证的职权。

在刑事诉讼中,根据《刑事诉讼法》第52条的规定,审判人员必须依照法定程序,收集能够证实犯罪嫌疑人、被告人有罪或者无罪、犯罪情节轻重的各种证据。法院调取证据的情形根据其是否主动进行,可以分为两种情况:

一是依职权主动调取。即法院在审判案件的过程中,如果发现疑问可以主动调查证据。我国《刑事诉讼法》第191条对此有明确的规定:"法庭审理过程中,合议庭对证据有疑问的,可以宣布休庭,对证据进行调查核实。人民法院调查核实证据,可以进行勘验、检查、扣押、鉴定和查询、冻结。"审判人员在收集证据时应当依照法定程序收集。人民法院依照《刑事诉讼法》第191条的规定调查核实证据,必要时,可以通知检察人员、辩护人、自诉人及其法定代理人到场。上述人员未到场的,应当记录在案。人民法院调查核实证据时,发现对定罪量刑有重大影响的新的证据材料的,应当告知检察人员、辩护人、自诉人及其法定代理人。必要时,也可以直接提取,并及时通知检察人员、辩护人、自诉人及其法定代理人查阅、摘抄、复制。

二是依申请调取。即在案件审理过程中,法院根据案件当事人及其辩护人或代理人的申请而调取相关的证据。《刑事诉讼法》第192条规定,法庭审理过程中,当事人和辩护人、诉讼代理人有权申请通知新的证人到庭,调取新的物证,申请重新鉴定或者勘验。公诉人、当事人和辩护人、诉讼代理人可以申请法庭通知有专门知识的人出庭,就鉴定人作出的鉴定意见提出意见。法庭对于上述申请,应当作出是否同意的决定。

《刑诉法解释》在第49条到第52条中专门对辩护律师申请调查取证作了详细的规定。(1)辩护律师申请向被害人及其近亲属、被害人提供的证人收集与本案有关的材料,人民法院认为确有必要的,应当签发准许调查书。(2)辩护律师向证人或者有关单位、个人收集、调取与本案有关的证据材料,因证人或者有关单位、个人不同意,申请人民法院收集、调取,或者申请通知证人出庭作证,人民法院认为确有必要的,应当同意。(3)辩护律师直接申请人民法院向证人或者有关单位、个人收集、调取证据材料,人民法院认为确有收集、调取必要,且不宜或者不能由辩护律师收集、调取的,应当同意。人民法院收集、调取证据材料时,辩护律师可以在场。人民法院向有关单位收集、调取的书面证据材料,必须由提供人签名,并加盖单位印章;向个人收集、调取的书面证据材料,必须由提供人签名。人民法院对有关单位、个人提供的证据材料,应当出具收据,写明证据材料的名称、收到的时间、件数、页数以及是否为原件等,由书记员或者审判人员签名。收集、调取证据材料后,应当及时通知辩护律师查阅、摘抄、复制,并告知人民检察院。

辩护律师的申请应当以书面形式提出,并说明理由。对辩护律师的申请,人民法院应当在5日内作出是否准许、同意的决定,并通知申请人;决定不准许、不同意的,应当说明理由。

在民事诉讼中,民事诉讼法赋予了法院比较宽泛的调查取证权。《民事诉讼法》第64条规定:"当事人及其诉讼代理人因客观原因不能自行收集的证据,或者人民法院认为审理案件需要的证据,人民法院应当调查收集。"这种过宽的调查取证权,给法院带来了沉重的负担,也与现代诉讼的理念相冲突,它影响了司法权的消极性和中立性,不利于当事双方的平等对抗。因此,自《民事诉讼法》颁布以来,有关部门一直在总结实践经验,致力于这方面的改革。1998年6月,最高人民法院颁布了《民事经济审判方式改革规定》,该规定的第3条第1款明确了人民法院调查收集证据的范围:(1)当事人及其诉讼代理人因客观原因不能自行收集并已提出调取证据的申请和该证据线索的;(2)应当由人民法院勘验或者委托鉴定的;(3)当事人双方提出的影响查明案件主要事实的证据材料相互矛盾,经过庭审质证无法认定其效力的;(4)人民法院认为需要自行调查收集的其他证据。只有这几种情况,人民法院才会调取证据。同时还规定,上述证据经人民法院调查,未能收集到的,仍由负有举证责任的当事人承担举证不能的后果,从而减轻了法院的取证负担。

2001年颁布的《民诉证据规定》进一步限制了人民法院调查收集证据的权利,明确了"以当事人为主,法院为辅"的证据收集模式,法院调取证据也分为法院主动调取和依申请调取两种情况。法院主动调查收集证据的权利,根据《民诉证据规定》第15条的规定,主要包括:涉及可能有损国家利益、社会公共利益或者他人合法权益的事实;涉及依职权追加当事人、中止诉讼、终结诉讼、回避等与实体争议无关的程序事项。经当事人及其诉讼代理人申请法院调查证据的权利,根据《民诉证据规定》第 17 条的规定,要求符合下列条件:(1)申请调查收集的证据属于国家有关部门保存并须人民法院依职权调取的档案材料;(2)涉及国家秘密、商业秘密、个人隐私的材料;(3)当事人及其诉讼代理人确因客观原因不能自行收集的其他材料。当事人及其诉讼代理人申请人民法院调查收集证据的,应当提交书面申请。申请书应当载明被调查人的姓名或者单位名称、住所地等基本情况、所要调查收集的证据的内容、需要由人民法院调查收集证据的原因及其要证明的事实,并且不得迟于举证期限届满前 7 日提出。人民法院对当事人及其诉讼代理人的申请不予准许的,应当向当事人或其诉讼代理人送达通知书。当事人及其诉讼代理人可以在收到通知书的次日起 3 日内向受理申请的人民法院书面申请复议一次。人民法院应当在收到复议申请之日起 5 日内作出答复。

在行政诉讼中,法院同样可以依职权调取和依申请调取证据。《行政诉讼法》第 34 条规定:"人民法院有权要求当事人提供或者补充证据。人民法院有权向有关行政机关以及其他组织、公民调取证据。"《行诉证据规定》对依职权调取和依原告和第三人申请调取作了具体的规定。第 22 条规定,有两种情形人民法院有权向有关行政机关以及其他组织、公民调取证据:(1)涉及国家利益、公共利益或者他人合法权益的事实认定的;(2)涉及依职权追加当事人、中止诉讼、终结诉讼、回避等程序性事项的。该法第 23 条规定:原告或者第三人不能自行收集,但能够提供确切线索的,可以申请人民法院调取下列证据材料:(1)由国家有关部门保存而须由人民法院调取的证据材料;(2)涉及国家秘密、商业秘密、个人隐私的证据材料;(3)确因客观原因不能自行收集的其他证据材料。这几种情况下调取证据,主要是为了解决当事人不能收集证据的困难,法院不能代替当事人举证。同时,人民法院不得为证明被诉具体行政行为的合法性,调取被告在作出具体行政行为时未收集的证据。人民法院对当事人调取证据的申请,经审查符合调取证据条件的,应当及时决定调取;不符合调取证据条件的,应当向当事人或者其诉讼代理人送达通知书,说明不准许调取的理由。当事人及其诉讼代理人可以在收到通知书之日起 3 日内向受理申请的人民法院书面申请复议一次。人民法院应当在收到复议申请之日起 5 日内作出答复。人民法院根据当事人的申请,经调取未能取得相应证据的,应当告知申请人并说明原因。

人民法院需要调取的证据在异地的,可以书面委托证据所在地人民法院调取。受托人民法院应当在收到委托书后,按照委托要求及时完成调取证据工作,送交委托人民法院。受托人民法院不能完成委托内容的,应当告知委托的人民法院并说明原因。

从上述相关的规定可以看出,人民法院在三大诉讼中都有权收集证据,其收集证据的权限有几个特点:(1)有限性,法院收集证据的范围、方法与其他机关相比特别是侦查机关和检察机关相比较是有限的;(2)被动性,法院在诉讼中一般不会主动收集证据,要么依申请,要么是遇到查明事实有疑问才收集证据;(3)裁量性,即法院是否收集证据,法官具有一定的裁量权。

3. 行政执法机关

行政执法机关在行政执法中是最重要的取证主体,但在行政诉讼中,行政执法机关作为被告方承担举证责任,法律禁止其在行政诉讼中收集证据以证明其被诉具体行政行为的合法性,其收集证据的权力受到严格的限制。《行政诉讼法》第 33 条规定"在诉讼过程中,行政机关不得自行向原告和证人收集证据",即行政机关向法院提交的证据必须是在行政程序中收集的证据。行政执法的基本原则应是"先取证,后决定",亦即行政执法机关在作出具体行政行为之前,应当先取证。特别是在作出行政处罚时,应当先取证,后处罚,绝不允许先处罚,然后根据处罚的结果去收集证据。当进入行政诉讼后,具体行政行为已经完毕,其合法性应在作出行政行为之前已经有充分、确实的证据加以证明,因此不允许在事后进行补充收集证据。在行政诉讼中,作为被告的行政执法机关其代理人律师也不能自行向原告和证人收集证据。因为根据委托代理原理,只有委托人具有的权利才能授权给被委托人,委托人没有收集证据的权利,自然不能授权代理人行使该权利。

行政诉讼中被告不能收集证据是一个原则,但在特定的情况下,行政执法机关可以作为取证主体收集证据。《行政诉讼法》第34条第1款规定:"人民法院有权要求当事人提供或者补充证据。"当事人自然也包括被告。但该条规定没有对被告提供或补充证据的条件作出具体的说明,导致实践中有些法院错误地理解为允许被告无限制地补充证据。最高人民法院又在《行诉解释》第28条以及《行诉证据规定》第1条、第2条中对被告可以补充证据的情形专门作了解释,规定只有两种情况才能补充证据:一是被告在作出具体行政行为时已收集证据,但因不可抗力等正当事由不能提供的;二是原告或者第三人在诉讼过程中,提出了其在被告实施行政行为过程中没有提出反驳理由或者证据的。

在刑事诉讼中,行政执法机关并不具有侦查权,因此,一般情况下行政执法机关不可能成为刑事诉讼中的取证主体。但随着新《刑事诉讼法》的颁布,行政执法机关在特定的情形下也可能成为取证主体。《刑事诉讼法》第52条第2款规定,行政机关在行政执法和查办案件过程中收集的物证、书证、视听资料、电子数据等证据材料,在刑事诉讼中可以作为证据使用。亦即在刑事诉讼中如果使用了行政执法机关收集的证据,此时收集证据的行政执法机关可视为取证主体。

4. 律师、当事人

律师在诉讼中也享有收集证据的权利。《律师法》第33条、第34条和第35条明确赋予了律师调查取证的权利及方式。律师参加刑事诉讼从犯罪嫌疑人被侦查机关第一次讯问或者采取强制措施之日起,受委托的律师凭律师执业证书、律师事务所证明和委托书或者法律援助公函,有权会见犯罪嫌疑人、被告人并了解有关案件情况。从审查起诉之日起,有权查阅、摘抄和复制与案件有关的诉讼文书及案卷材料。受委托的律师自案件被人民法院受理之日起,有权查阅、摘抄和复制与案件有关的所有材料。受委托的律师根据案情的需要,可以申请人民检察院、人民法院收集、调取证据或者申请人民法院通知证人出庭作证。律师自行调查取证的,凭律师执业证书和律师事务所证明,可以向有关单位或者个人调查与承办法律事务有关的情况。

在三大诉讼法中,对律师收集证据也作了相应的规定。《刑事诉讼法》第41条规定:"辩护律师经证人或者其他有关单位和个人同意,可以向他们收集与本案有关的材料,也可以申请人民检察院、人民法院收集、调取证据,或者申请人民法院通知证人出庭作证。""辩护律师经人民检察院或者人民法院许可,并且经被害人或者其近亲属、被害人提供的证人同意,可以向他们收集与本案有关的材料。"《民事诉讼法》第61条规定:"代理诉讼的律师和其他诉讼代理人有权调查收集证据,可以查阅本案有关材料。查阅本案有关材料的范围和办法由最高人民法院规定。"《行政诉讼法》第30条规定:"代理诉讼的律师,可以依照规定查阅本案材料,可以向有关组织和公民调查、收集证据。"从上述规定可以看出,律师可以向当事人收集证据,也可以向其他公民或单位收集证据。但由于律师没有强制取证权,因此必要时可以申请检察院或法院收集证据。

当事人与案件的结果有密切的利害关系,因此,当然地具有收集证据的权利以维护自己的合法权益。当事人不仅可以自己收集证据,也可以委托律师代为收集证据。在不同的诉讼中,当事人的取证能力、方法和权限是有区别的。在刑事诉讼中,证据的调查收集主要由侦查机关和检察机关来收集,因此当事人收集证据的愿望并不强烈,法律对当事人收集证据的限制相对较少。不过,在自诉案件中,需要当事人自己收集证据。在民事诉讼中,当事人收集证据的积极性显然更高些,特别是承担举证责任一方,如果不积极收集证据就有败诉的风险,因此他们会通过各种途径收集证据,但现行法律及相关司法解释对其收集证据的合法性要求更高。在行政诉讼中,被告不能在诉讼中收集证据,原告则要收集证据以证明自己达到了起诉条件。

二、取证的方法

取证的方法有多种,可以根据不同的标准进行分类。以是否由法律明确规定为标准可以分为法律明确规定的方法和法律没有明文规定的取证方法。前者包括调取、询问、讯问、搜查扣押、勘验、检查、鉴定、实验、辨认、诱惑取证、监听、强制采样等方法,后者包括司法实践中经常运用的秘搜秘取、秘密录音录像等方法。以取证是否使用强制力,可以分为强制性取证方法和任意取证方法。强制取证方法指由具有法定职权的机关强制收集证据的行为,包括调取、讯问、搜查扣押、检查等方法;任意取证指不需要使用强制力就可以取证的方法,如询问、辨认、录音录像等方法,一般当事人及代理人只能使用任意取证的方法收集证据。

（一）一般的取证方法

1. 讯问

讯问指办案人员依照法定程序以言词方式,就案件事实和其他与案件有关的问题向犯罪嫌疑人或被告人进行审查和诘问的一种收集证据的活动。讯问是刑事案件中必不可少的证据收集措施和方法,其对象只能是刑事案件中的犯罪嫌疑人或被告人。讯问所收集的证据,既包括犯罪嫌疑人或被告人的有罪供述,也包括他们的无罪辩解。讯问要遵守法定程序,按照《刑事诉讼法》的规定,讯问的主要规定有:

（1）讯问的时间和地点。对被拘留或被逮捕的犯罪嫌疑人,讯问必须在拘留、逮捕后的24小时内进行,并且要在看守所或公安机关、检察机关的工作场所进行讯问。对于不需要逮捕、拘留的犯罪嫌疑人,可以传唤到犯罪嫌疑人所在市、县内的指定地点或者到他的住处进行讯问,但应当出示人民检察院或者公安机关的证明文件。

（2）讯问的人员及人数。根据《刑事诉讼法》第91条规定:"讯问犯罪嫌疑人必须由人民检察院或者公安机关的侦查人员进行。讯问的时候,侦查人员不得少于二人。"在审查起诉阶段,讯问犯罪嫌疑人由检察人员进行。在审判阶段,讯问被告人则由合议庭或独任审判庭进行。

（3）讯问的步骤与方法。第一次讯问,应当问明犯罪嫌疑人的个人基本情况,包括姓名、别名、曾用名、出生年月日、户籍所在地、暂住地、籍贯、出生地、民族、职业、文化程度、家庭情况、社会经历、是否受过刑事处罚或者行政处理等。《刑事诉讼法》第118条规定:"侦查人员在讯问犯罪嫌疑人的时候,应当首先讯问犯罪嫌疑人是否有犯罪行为,让他陈述有罪的情节或者无罪的辩解,然后向他提出问题。"处于侦查阶段的犯罪嫌疑人是否有罪尚不能确实,不能先入为主,只能让其客观自然的陈述。在其陈述完毕后,才就其不清楚、不全面或矛盾之处进行讯问。同时,该条还规定:"犯罪嫌疑人对侦查人员的提问,应当如实回答。但是对与本案无关的问题,有拒绝回答的权利。侦查人员在讯问犯罪嫌疑人的时候,应当告知犯罪嫌疑人如实供述自己罪行可以从宽处理的法律规定。"

(4)讯问未成年人或聋、哑犯罪嫌疑人的特殊要求。讯问未成年的犯罪嫌疑人,应当针对未成年人的身心特点,采取不同于成年人的方式。如应当通知未成年犯罪嫌疑人、被告人的法定代理人到场。无法通知、法定代理人不能到场或者法定代理人是共犯的,也可以通知未成年犯罪嫌疑人、被告人的其他成年亲属,所在学校、单位、居住地基层组织或者未成年人保护组织的代表到场,并将有关情况记录在案。到场的法定代理人可以代为行使未成年犯罪嫌疑人、被告人的诉讼权利。到场的法定代理人或者其他人员认为办案人员在讯问、审判中侵犯未成年人合法权益的,可以提出意见。讯问女性未成年犯罪嫌疑人,应当有女工作人员在场。讯问未成年犯罪嫌疑人应当采取适合未成年人的方式,耐心细致地听取其供述或者辩解,认真审核、查证与案件有关的证据和线索,并针对其思想顾虑、恐惧心理、抵触情绪进行疏导和教育。讯问聋、哑的犯罪嫌疑人,应当有通晓聋、哑手势的人参加,并且将这种情况在笔录中记明。

询问未成年被害人、证人与上述要求相同。

(5)讯问犯罪嫌疑人的禁止性规定。《刑事诉讼法》第50条规定,审判人员、检察人员、侦查人员必须依照法定程序,收集能够证实犯罪嫌疑人、被告人有罪或者无罪、犯罪情节轻重的各种证据。严禁刑讯逼供和以威胁、引诱、欺骗以及其他非法的方法收集证据,不得强迫任何人证实自己有罪。根据《非法证据排除规定》第1条和第2条的规定,采用刑讯逼供等非法手段取得的犯罪嫌疑人、被告人供述属于非法言词证据,应当予以排除,不能作为定案的根据。《刑事诉讼法》第54条也规定,采用刑讯逼供等非法方法收集的犯罪嫌疑人、被告人供述和采用暴力、威胁等非法方法收集的证人证言、被害人陈述,应当予以排除。

(6)讯问笔录的制作。讯问笔录完成后,应当交犯罪嫌疑人核对,对于没有阅读能力的,应当向他宣读。如果记载有遗漏或者差错,犯罪嫌疑人可以提出补充或者改正。犯罪嫌疑人承认笔录没有错误后,应当签名或者盖章。侦查人员也应当在笔录上签名。犯罪嫌疑人请求自行书写供述的,应当准许。必要的时候,侦查人员也可以要求犯罪嫌疑人亲笔书写供词。在必要时,讯问犯罪嫌疑人也可以录音、录像,或允许律师在场等。对于对未成年犯罪嫌疑人的讯问,讯问笔录还应当交给到场的法定代理人或者其他人员阅读或者向他宣读。

2. 询问证人、被害人

询问证人和被害人,是指有权收集证据的主体依照法定程序以言词方式向证人和被害人调查了解案件情况的一种收集证据方法。根据《刑事诉讼法》的规定,询问证人应当遵守下列程序:

(1)询问的地点和人数。对于询问证人的地点,以方便证人、尊重证人的意愿为主。《刑事诉讼法》第122条规定:"侦查人员询问证人,可以在现场进行,也可以到证人所在单位、住处或者证人提出的地点进行,在必要的时候,可以通知证人到人民检察院或者公安机关提供证言。在现场询问证人,应当出示工作证件,到证人所在单位、住处或者证人提出的地点询问证人,应当出示人民检察院或者公安机关的证明文件。"询问证人的人数一般不得少于2

人。

(2)询问证人应当个别进行。《刑事诉讼法》第122条第2款规定:"询问证人应当个别进行。"同一案件如果有几个证人时,不能让几个证人同一时间在同一地点以开座谈会的方式接受询问。个别询问证人,主要是为了解除证人的顾虑,并防止证人之间相互影响,有利于证人客观独立地陈述证言,保障证言的真实性。

(3)询问证人的步骤与方法。首先,应当询问证人的基本情况以及与当事人之间的关系,这对证人证言真实性的判断有参考作用。其次,应当告知证人作证的权利和义务。《刑事诉讼法》第123条规定:"询问证人,应当告知他应当如实地提供证据、证言和有意作伪证或者隐匿罪证要负的法律责任。"让证人就其所知道的案件情况作出全面客观的陈述。同时,也应告诉他应享有的各种诉讼权利,侦查机关有义务保障证人及其近亲属的安全。

(4)询问证人的禁止性规定。严禁以威胁、引诱、欺骗以及其他非法的方法收集证人证言。根据《非法证据排除规定》第1条和第2条的规定,采用暴力、威胁等非法手段取得的证人证言,属于非法言词证据,应当予以排除,不能作为定案的根据。《刑事诉讼法》第54条也作了类似的规定,采用暴力、威胁等非法方法收集的证人证言、被害人陈述,应当予以排除。

(5)询问笔录的制作。讯问笔录应当交证人核对,对于没有阅读能力的,应当向他宣读。如果记载有遗漏或者差错,证人可以提出补充或者改正。证人承认笔录没有错误后,应当签名或者盖章。询问人员也应当在笔录上签名。证人请求自行书写证词的,应当准许。必要的时候,询问人员也可以要求证人亲笔书写证词。

根据《刑事诉讼法》第125条的规定,询问证人的规定也适用于被害人。辩护人也有询问证人、被害人的权利,但《刑事诉讼法》对其询问程序却没有明确的规定,前述程序是办案机关的询问程序。我们认为,辩护人询问证人、被害人的程序可参照前述规定。

3. 搜查、扣押

搜查是指侦查人员为了收集证据、查获犯罪嫌疑人依法对犯罪嫌疑人以及可能隐藏犯罪嫌疑人或罪证的人的身体、物品、住处和其他有关地方进行搜寻、检查的行为。搜查既包括犯罪嫌疑人,也包括其他可能隐藏犯罪证据的人员;既可以搜查人身,也可以搜查犯罪嫌疑人的住处、物品或者其他有关场所。搜查既可以是为了查找证据,也可以是为了查找犯罪嫌疑人。扣押是办案人员强行提取、扣留和封存与案件有关的物品、文件的行为,扣押是为了收集和保全证据。搜查和扣押应当遵守下列程序:

(1)搜查和扣押须由侦查部门的负责人批准,侦查机关执行搜查,参与扣押的人员不得少于2人。进行搜查,除了在紧急情况下以外,必须向被搜查人或者他的家属出示搜查证。公安部《办理刑事案件程序规定》第219条规定,在执行拘留、逮捕的时候,遇有下列紧急情况之一的,不用搜查证也可以进行搜查:可能随身携带凶器的;可能隐藏爆炸、剧毒等危险物品的;可能隐匿、毁弃、转移犯罪证据的;可能隐匿其他犯罪嫌疑人的;其他突然发生的紧急情况。

(2)在搜查时,应当有被搜查人或者他的家属、邻居或者其他见证人在场;搜查时,应当就搜查的情况写成笔录,并由侦查人员和被搜查人或者他的家属、邻居或者其他见证人签名或者盖章。侦查机关可以要求有关单位和个人交出可以证明犯罪嫌疑人有罪或者无罪的物证、书证、视听资料等证据。遇到阻碍搜查的,侦查人员可以强制搜查。进行搜查的人员,应当遵守纪律,服从指挥,文明执法,不得无故损坏搜查现场的物品,不得擅自扩大搜查对象和范围。搜查妇女的身体,应当由女工作人员进行。

对于查获的重要书证、物证、视听资料、电子数据及其放置、存储地点应当拍照,并且用文字说明有关情况,必要的时候可以录像。

(3)在侦查活动中发现的可用以证明犯罪嫌疑人有罪或者无罪的各种财物、文件,应当查封、扣押;但与案件无关的财物、文件,不得查封、扣押。持有人拒绝交出应当查封、扣押的财物、文件的,侦查机关可以强制查封、扣押。对于扣押的物品和文件,应当会同在场的见证人和被扣押物品持有人查点清楚,当场开列清单一式两份,由侦查人员、见证人和持有人签名或者盖章,一份交给持有人,另一份附卷备查。扣押邮件和电报的时候,必须经公安机关或者人民检察院批准。通知邮电部门或者网络服务单位将有关的邮件、电报或者电子邮件检交扣押。对于可以作为证据使用的录音、录像带、电子数据存储介质,应当记明案由、对象、内容、录取、复制的时间、地点、规格、类别、应用长度、文件格式及长度等,妥为保管,并制作清单,随案移送。

4. 勘验、检查

勘验、检查是指侦查人员对与犯罪有关的场所、物品、尸体、人身等进行查看、了解和检验,以发现、收集和固定犯罪活动所遗留下来的各种痕迹和物品的一种取证方法。勘验的主体限于执法人员,必要时可以聘请或指派具有专门知识的人进行,律师无权进行勘验。勘验、检查要邀请与案件没有利害关系的人见证。对死因不明的尸体,公安机关在解剖时,应通知家属到场。检察机关有权要求侦查机关复验、复查。勘验是发现和提取各种物证的重要方法,同时,勘验笔录本身也是一种证据。检查只限与人身体状况有关的案件中使用,检查对象一般为活人的身体,所以又称为人身检查。对犯罪嫌疑人可以强制检查,但不得对被害人强制进行身体检查;检查妇女的身体,只能由女工作人员或医师进行。人身检查笔录是主要的证据形式。

5. 鉴定

鉴定是鉴定人接受委托或聘请、指派,运用自己的专门知识或技能,对某些专门性问题进行分析、判断后作出结论性意见的活动。通过鉴定可以揭示证据的特性,印证证据的真伪,其结论本身也是独立的证据种类。鉴定包括刑事技术鉴定、法医学鉴定、司法精神病学鉴定、司法会计鉴定等。《刑事诉讼法》第146条规定:"侦查机关应当将用作证据的鉴定意见告知犯罪嫌疑人、被害人。如果犯罪嫌疑人、被害人提出申请,可以补充鉴定或者重新鉴定。"第192条规定,法庭审理过程中,当事人和辩护人、诉讼代理人有权申请重新鉴定或者勘验。是否同意,则由法庭决定。

6. 侦查实验

实验是侦查机关模拟再现犯罪现场、犯罪过程或者案件发生过程的专门活动。实验多用于刑事侦查中,所以又称为侦查实验。《刑事诉讼法》第133条规定:"为了查明案情,在必要的时候,经公安机关负责人批准,可以进行侦查实验。侦查实验,禁止一切足以造成危险、侮辱人格或者有伤风化的行为。"在必要时,检察机关经检察长批准也可以进行侦查实验。实验也可以用于非刑事案件,主要是用来还原案件过程,查明事故原因,或验证当事人、证人的陈述。实验结果可以作为证据使用,实验笔录是实验的主要证据形式。

7. 辨认

辨认是指在侦查人员主持下,要求当事人或证人在若干类似的物品、文件、尸体、场所或人员中进行辨别或确认的一种诉讼活动。辨认结论及其相关的证言和笔录都可以作为案件中的证据。我国《刑事诉讼法》并未规定辨认的程序和要求。公安部《公安机关办理刑事案件程序规定》和《刑诉规则》对辨认程序和要求作了规定。

对犯罪嫌疑人进行辨认,应当经办案部门负责人批准。辨认应当在侦查人员的主持下进行。组织辨认前,应当向辨认人详细询问辨认对象的具体特征,避免辨认人见到辨认对象。同时,还应当告知辨认人有意作假辨认应负的法律责任。几名辨认人对同一辨认对象进行辨认时,应当由辨认人个别进行。必要的时候,可以有见证人在场。辨认时,应当将辨认对象混杂在其他对象中,不得给辨认人任何暗示。公安部要求辨认犯罪嫌疑人时,被辨认的人数不得少于 7 人;对犯罪嫌疑人照片进行辨认的,不得少于 10 人的照片。检察院要求受辨认人的人数不得少于 5 人,照片不得少于 5 张。对犯罪嫌疑人的辨认,辨认人不愿意公开进行时,可以在不暴露辨认人的情况下进行,侦查人员应当为其保守秘密。辨认的经过和结果,应当制作《辨认笔录》,由侦查人员签名,辨认人、见证人签字或者盖章。

8. 调取

取证实际上包括了形成证据和调取证据两种情况。形成证据指证据不是现成的,需要取证主体去发现和制作,前述讯问、询问、搜查、勘验、检查、鉴定、实验、辨认等取证方法,都属于形成证据的方法。调取证据指取证主体利用职权直接提取现成的证据,主要指法律赋予检察院、法院的证据调取权,这也是一种重要的证据收集方法。在刑事诉讼中,律师或当事人对难以取得的证据可以申请检察院和法院调取证据,检察院和法院可以根据情况决定是否调取。在民事、行政诉讼中,主要是由法院行使证据调取权。

司法机关人员凭司法机关的证明文件,向有关单位和个人调取能够证明犯罪嫌疑人有罪或者无罪以及犯罪情节轻重的证据材料,并且可以根据需要拍照、录像、复印和复制。调取物证应当调取原物。原物不便搬运、保存,或者依法应当返还被害人,或者因保密工作需要不能调取原物的,可以将原物封存,并拍照、录像。对原物拍照或者录像应当足以反映原物的外形、内容。调取书证、视听资料应当调取原件。取得原件确有困难或者因保密需要不能调取原件的,可以调取副本或者复制件。调取书证、视听资料的副本、复制件和物证的照片、录像的,应当书面记明不能调取原件、原物的原因,制作过程和原件、原物存放地点,并由制作人员和原书证、视听资料、物证持有人签名或者盖章。

9. 录音录像

录音录像是视听资料的主要收集方法。录音录像就是用一定的设备将事件发生过程中产生的音响或活动影像记录下来。作为证据的录音资料既可以产生于案件发生过程中,也可以发生在诉讼过程中,如在诉讼过程中录制当事人与案件有关的陈述。

10. 公证

严格来讲,公证并不是一种取证方法,而是证据保全的方法或加强证据证明力的方法。如证人因故不能出庭作证,就可以采取由公证机关对证人证言进行公证的方法进行保全;或某些资料不能提供原件,可采用公证方法证明其真实性;某些事实的发生,难以由当事人自证其真实,可以通过公证强化其证明力。对此,《民事诉讼法》第 69 条明确规定,经过法定程序公证证明的法律事实和文书,人民法院应当作为认定事实的根据,但有相反证据足以推翻公证证明的除外。《民诉证据规定》第 77 条第 2 款还规定,物证、档案、鉴定结论、勘验笔录或者经过公证、登记的书证,其证明力一般大于其他书证、视听资料和证人证言。

（二）几种特殊的取证方法

1. 诱惑取证

诱惑取证指取证主体掩盖自己真实的目的，针对取证对象采取诱导性的言行，引诱取证对象实施某种行为的取证方法。这种取证方法在刑事、民事和行政诉讼实践中都存在，但目前只有《刑事诉讼法》作了原则性的规定，其第151条规定，为了查明案情，在必要的时候，经公安机关负责人决定，可以由有关人员隐匿其身份实施侦查。但是，不得诱使他人犯罪，不得采用可能危害公共安全或者发生重大人身危险的方法。对诱惑取证目前主要由《行诉证据规定》、《民诉证据规定》以及"证据两规定"和其他司法文件的相关规定来加以规范。

在刑事犯罪侦查理论中，诱惑侦查分为三种情形：一是机会提供型，即侦查对象本身就有犯罪意图，侦查机关只是给犯罪对象提供一个实施犯罪的机会；二是犯意引诱型，指侦查对象本没有犯罪意图，是在侦查人员的引诱下才实施犯罪行为的情形；三是程度引诱型，即侦查对象只有轻微的违法犯罪行为，但在侦查人员的引诱下实施了严重的犯罪行为，并可能受到更为严厉的处罚的情形。如毒品犯罪中的数量引诱就属于这种情形。司法实践中，诱惑侦查常用于毒品犯罪、假币犯罪等无被害人的犯罪侦查中，诱惑的目的有两个：一是诱惑取证，一是诱惑捕人。

对诱惑行为如何定性以及诱惑侦查获取的证据能否使用，理论上都还存在争议，法律上也没有明确的规定。最高人民法院曾在2000年颁布的《全国法院审理毒品犯罪案件工作座谈会纪要》中对此有所规定："在审判实践中应当注意的是，有时存在被使用的特情未严格遵守有关规定，在介入侦破案件中有对他人进行实施毒品犯罪的犯意引诱和数量引诱的情况。'犯意引诱'是指行为人本没有实施毒品犯罪的主观意图，而是在特情诱惑和促成下形成犯意，进而实施毒品犯罪。对具有这种情况的被告人，应当从轻处罚，无论毒品犯罪数量多大，都不应判处死刑立即执行。'数量引诱'是指行为人本来只有实施数量较小的毒品犯罪的故意，在特情的引诱下实施了数量较大甚至达到可判处死刑数量的毒品犯罪。对具有此种情况的被告人，应当从轻处罚，即使超过判处死刑的毒品数量标准，一般也不应判处死刑立即执行。"我们认为，诱惑侦查中的"机会提供"和"数量引诱"可以附条件的允许，"犯意引诱"应当禁止，因为《刑事诉讼法》明确规定不得诱使他人犯罪，这里的诱使他人犯罪，我们理解为犯意引诱，可知通过犯意引诱来取证是被法律所明确禁止的。同时，"犯意引诱"与国家侦查机关打击犯罪的基本宗旨相违背，有制造犯罪之嫌，侦查机关应是消灭犯罪，而不是制造犯罪。

在民事诉讼中，一些当事人及其代理律师也经常采用诱惑的方法取证，又称"陷阱取证"。在民事纠纷中，诱惑取证多出现在侵犯知识产权等当事人难以取证的案件中。关于民事诉讼中的诱惑取证的合法性，我国《民事诉讼法》也没有明确的规定，但最高人民法院2002年4月施行的《关于民事诉讼证据的若干规定》第68条规定："以侵害他人合法权益或者违反法律禁止性规定的方法取得的证据，不能作为认定案件事实的依据。"2002年10月颁布的《关于审理著作权民事纠纷案件适用法律若干问题的解释》第8条第1款规定："当事人自行或者委托他人以定购、现场交易等方式购买侵权复制品而取得的实物、发票等，可以作为证据。"该规定进一步明确了诱惑取证在侵犯知识产权案件中使用的合法性。我们认为，如果民事诉讼中诱惑取证没有侵犯他人合法权益，也没有违反法律的禁止性规定，那么该取证行为具有合法性，其证据也是可以采用的。在司法实践的判例中，最高人民法院也持这种观点①。

在行政诉讼中,行政执法机关有时也会采用诱惑取证的方法,又称"钓鱼式执法"。行政执法机关采取诱惑取证的方法的合法性判断与刑事、民事中的诱惑取证有所不同。在《行诉证据规定》第 57 条中明确规定下列证据材料不能作为定案依据:"严重违反法定程序收集的证据材料;以偷拍、偷录、窃听等手段获取侵害他人合法权益的证据材料;以利诱、欺诈、胁迫、暴力等不正当手段获取的证据材料……"诱惑取证显然存在欺诈性质,从此规定可以推导出诱惑取证在行政执法中是不正当的,其取得的证据也不能作为支持行政执法机关实施具体行政行为合法的依据。这里对诱惑取证的限制显然比刑事、民事证据的相关规定要严格一些。

2. 监听取证

监听取证是指侦查机关通过秘密窃听录制犯罪嫌疑人以及与之有密切联系的人的言词信息的一种取证方法。监听目前在各国司法实践中都广泛使用,特别是在侦查严重刑事犯罪如有组织犯罪以及恐怖犯罪时,经常使用监听手段取证。

目前,许多国家都针对监听取证进行立法以规范之。有的国家专门立法规范监听,如英国制定了《通讯截获法》、日本制定了《关于犯罪侦查中监听通讯的法律》;有的国家直接在刑事诉讼法中专章规定,如德国于 1968 年修正《刑事诉讼法》时增加了关于"监视电信通讯"的规定;意大利于 1988 年通过的新《刑事诉讼法》专节规定了"谈话或通讯窃听";俄罗斯于 2001 年新通过的《俄罗斯联邦刑事诉讼法典》在第 186 条也规定了"谈话的窃听和录音"。此外,《联合国反腐败公约》第 50 条第 1 款规定:"为有效地打击腐败,各缔约国均应当在其本国法律制度基本原则许可的范围内并根据本国法律规定的条件在其力所能及的情况下采取必要的措施,允许其主管机关在其领域内酌情使用控制下交付和在其认为适当时使用诸如电子或者其他监视形式和特工行动等其他特殊侦查手段,并允许法庭采信由这些手段产生的证据。"《联合国打击跨国有组织犯罪公约》第 20 条第 1 款也作了类似的规定。

我国在《刑事诉讼法》中明确规定在特定的犯罪侦查中可以采取技术侦查措施,明确赋予了侦查机关使用监听手段取证的权力。第 148 条规定,公安机关在立案后,对于危害国家安全犯罪、恐怖活动犯罪、黑社会性质的组织犯罪、重大毒品犯罪或者其他严重危害社会的

---

① 北大方正集团公司怀疑北京高术天力科技有限公司、北京高术科技公司(以下两家公司合称高术公司)有制售其软件的嫌疑。自 2001 年 6 月起,北大方正委派下属公司职员以普通用户的身份会同北京市国信公证处公证人员到高术公司进行公证取证。北大方正职员先以个人名义多次和高术公司员工联系商谈购买照排机及安装方正 RIP 等软件相关事宜,并与高术公司签订了相关合同,分两次向其支付货款共394250 元(占货款总额的 95%),高术公司为上述款项出具了收据,让员工为北大方正的员工进行了照排机的安装、调试工作,并在主机中安装了盗版方正软件,留下装有盗版软件的光盘及加密狗等。在获取有关证据后,2001 年 8 月 23 日,北大方正将有盗版行为的高术公司告上了法庭,索赔 300 余万元。2001 年12 月 21 日,北京市第一中级人民法院经审理后认为,原告采用的"陷阱取证"方式并未被法律所禁止,法院予以认可,判决被告赔偿原告经济损失 100 万余元。被告不服,上诉至北京市高级人民法院。2002 年 7 月15 日,北京市高级人民法院作出终审判决,认为原告采取"陷阱取证"方式违背诚实信用原则,因此撤销一审判决,北大方正最终只获赔 13 万元经济损失费(一套软件的价格)和 1 万元公证费。方正公司向最高人民法院提起再审,最高人民法院认为方正公司诱惑取证的目的具有正当性,并且没有侵犯他人合法权益和社会公共利益,于 2006 年 8 月作出判决,认定方正公司的取证方法合法有效,所获得的证据可以作为定案根据。

犯罪案件,根据侦查犯罪的需要,经过严格的批准手续,可以采取技术侦查措施。人民检察院在立案后,对于重大的贪污、贿赂犯罪案件以及利用职权实施的严重侵犯公民人身权利的重大犯罪案件,根据侦查犯罪的需要,经过严格的批准手续,可以采取技术侦查措施,按照规定交有关机关执行。除了侦破犯罪可以采取技术侦查手段外,追捕被通缉或者批准、决定逮捕的在逃的犯罪嫌疑人、被告人,经过批准,也可以采取追捕所必需的技术侦查措施。

《办理死刑案件证据规定》第 35 条中规定:"侦查机关依照有关规定采用特殊侦查措施所收集的物证、书证及其他证据材料,经法庭查证属实,可以作为定案的根据。"《刑事诉讼法》第 152 条还规定,采取侦查措施收集的材料在刑事诉讼中可以作为证据使用。如果使用该证据可能危及有关人员的人身安全,或者可能产生其他严重后果的,应当采取不暴露有关人员身份、技术方法等保护措施,必要的时候,可以由审判人员在庭外对证据进行核实。根据上述规定,可知我国目前允许侦查机关使用监听手段取证,其证据具有合法性。

3. 人体采样

人体采样是指从采样对象身体上收集样本或标本以作为鉴定材料进行鉴定的一种取证方法。人体采样的范围一般包括:血液、唾液、精液、尿液、粪便及体内其他分泌物、头发、阴毛、指甲及指甲内提取的化验标本、牙齿印模、指纹、掌纹、足纹、唇纹以及身体任何其他部位类似的印记等。人体采样既可以经当事人同意而采集,也可以强制采取。强制采取主要是在刑事诉讼中为了侦查犯罪的需要,强制对犯罪嫌疑人的身体进行采样,一般不允许对证人及被害人进行强制采样。由于强制采样强行侵犯了采样对象的人身自由及人身完整权,因此,它属于一种强制性的侦查手段,法律应对其进行严格的规范。美国、英国等法治国家对强制采样都立法许可该行为,但同时进行了严格的限制。目前我国司法实践中强制采样经常使用,《刑事诉讼法》第 130 条规定,为了确定被害人、犯罪嫌疑人的某些特征、伤害情况或者生理状态,可以对人身进行检查,可以提取指纹信息,采集血液、尿液等生物样本。犯罪嫌疑人如果拒绝检查,侦查人员认为必要的时候,可以强制检查。检查妇女的身体,应当由女工作人员或者医师进行。从而立法明确规定其作为一种强制性侦查手段的合法性。

人体采样在民事诉讼中也会涉及,如在确定身份关系时就会涉及人体采样的问题。在民事诉讼中如果当事人一方对另一方强制采样是非法的,人体采样只能是基于自愿,如果具有法定的举证责任又拒绝人体采样,则可能承担举证不能的后果。《民诉证据规定》第 25 条第 2 款规定:"对需要鉴定的事项负有举证责任的当事人,在人民法院指定的期限内无正当理由不提出鉴定申请或者不预交鉴定费用或者拒不提供相关材料,致使对案件争议的事实无法通过鉴定结论予以认定的,应当对该事实承担举证不能的法律后果。"2011 年 7 月最高人民法院审判委员会第 1525 次会议通过的《〈中华人民共和国婚姻法〉若干问题的解释(三)》中的第 2 条规定:"夫妻一方向人民法院起诉请求确认亲子关系不存在,并已提供必要证据予以证明,另一方没有相反证据又拒绝做亲子鉴定的,人民法院可以推定请求确认亲子关系不存在一方的主张成立。当事人一方起诉请求确认亲子关系,并提供必要证据予以证明,另一方没有相反证据又拒绝做亲子鉴定的,人民法院可以推定请求确认亲子关系一方的主张成立。"

三、取证的原则

(一)合法性原则

我国刑事、民事和行政诉讼法都对证据的收集规定了法定的主体、程序和方法,证据收集必须遵守这些法律规定,做到合法取证,这是取证的首要原则也是基本要求。我国《刑事诉讼法》第 50 条规定:"审判人员、检察人员、侦查人员必须依照法定程序,收集能够证实犯罪嫌疑人、被告人有罪或者无罪、犯罪情节轻重的各种证据。"同时,各诉讼法对相应的取证程序也作了相应的规定,如《刑事诉讼法》对如何讯问犯罪嫌疑人、询问证人、被害人、勘验、检查、搜查、扣押书证物证、鉴定等取证行为都规定了具体的程序;《民事诉讼法》第 6 章则对鉴定程序、勘验的程序都作了具体的规定,人民法院勘验物证或现场要出示人民法院的证件,并邀请当地基层组织或者当事人所在单位派人参加。当事人或者当事人的成年家属应当到场,拒不到场的,不影响勘验的进行。勘验人应当将勘验情况和结果制作笔录,由勘验人、当事人和被邀参加人签名或者盖章。《民诉证据规定》、《行诉证据规定》以及"证据两规定"都要求当事人及其代理人不得违法取证。对于严重违法取证的行为,不仅会带来诉讼上的不利后果,如果构成犯罪的还可能被追究刑事责任。

(二)全面客观原则

全面原则是指在证据的收集过程中,要对能够证明案件事实的所有相关材料都进行收集。既要收集有利于当事人的材料,又要收集不利于当事人的材料;既要收集肯定案件事实的材料,同时也要收集否定案件事实的材料。客观原则要求证据收集要从客观事实出发去收集客观存在的证据材料,不能用主观臆想代替客观事实,也不能只按主观需要去收集证据,更不能弄虚作假伪造证据,歪曲事实真相。无论是刑事、民事还是行政诉讼案件,只有全面客观地收集证据才能全面准确的弄清案件事实,为正确处理案件奠定好事实基础。为此,要求在收集证据时,对实物证据如书证、物证、视听资料等要尽量保持原状,保存原物;勘验检查笔录要尽可能忠实于现场;证人证言、当事人陈述则要如实记录,不能引导、欺骗或误导,更不能对其采用威胁、暴力手段取证。只有遵循全面客观的原则,才不会片面取证,虚假取证,事实的认定才可能具有准确性。当然,全面客观原则在具体的诉讼中可能对不同的取证主体有不同的要求。对侦查人员、检察人员和审判人员而言,由于他们承担着客观义务,因此在证据收集中必须遵循该项原则,对有利于或不利于被告人的材料,对影响定罪或量刑的材料等都要收集。对于律师而言,由于其辩护职责决定了其只需要收集有利于被告的证据,对于不利于被告的证据则可以不予收集。同样,民事诉讼中的当事人,基于处分原则,也可以只收集有利于自己的证据。

(三)深入细致原则

深入细致地收集证据是取证的基本要求。证据的收集是为了还原事实,在实践中,除了极少数情况下可以在案件发生的同时收集证据以外,大多数情况下对证据的收集都是在案件事实发生后进行的,有的案件发生时间甚至较长。因此,对证据的收集特别是对重大疑难案件证据的收集,取证人员要面对纷繁复杂的人、事、物,从中寻找有价值的线索,如果不深入到实践中,就很难获得有效的证据。深入就是要求取证人员深入案件现场,深入到案件发生的相关人员中去,深入到证据可能存在的相关场所中去。细致就是要求取证人员对案发现场每一个细小痕迹、脚印、指纹都要小心提取,防止遗漏;对每一个证人,每一个可疑的人都要关注,以免错过任何有价值的证据。在刑事案件中,犯罪嫌疑人为了逃避刑事责任,往往会破坏现场,转移或销毁证据,甚至伪造证据,误导办案人员。而且随着时间的推移、自然条件的变化,犯罪现场往往会发生变化,相关证人甚至当事人的记忆也可能变得模糊不清,这在民事、行政诉讼中也是常见的现象。因此,这就要求取证人员要学会从蛛丝马迹中寻找证据,并能辨伪存真,不为假象所迷惑。通过深入细致的取证工作,把证据收集得扎实全面。

(四)及时性原则

及时性原则是指案件一旦发生后,相关人员就应该迅速奔赴现场,调查收集证据,以免错过收集证据的最佳时机。及时性原则在刑事诉讼中的要求更为迫切,因为刑事犯罪的现场取证的时效性很强,案发现场的许多证据会随着时间的流逝而消失,如现场脚印、指纹、血迹乃至唾液、毛发,或搏斗的痕迹,都会因为下雨等自然原因或人群走动、故意破坏等原因而导致证据消失。而证人可能因不及时取证而走散难以寻找,被害人则可能因不及时取证而死亡,进而导致相关证据难以取得。民事、行政诉讼中的证据同样需要及时收集,如有些实物证据可能会自然灭失、变质或被转移,有些证人和当事人之间可能会相互影响甚至相互串通,如果及时取证,这些现象就可能会减少,因此在民事、行政诉讼中也需要及时取证。及时取证不仅使取证更为容易,同时也使取得的证据更为可靠。司法实践证明,很多疑难案件不能及时侦破,许多民事、行政案件不能合理裁决,从而导致事实难以查清,实体公正难以实现。因此,在收集证据过程中要主动,迅速及时是非常必要的。

四、证据保全

证据保全是指在证据可能灭失或者以后难以取得的情况下,采取措施对证据加以固定和保护的行为。根据诉讼领域的不同,证据保全可以分为刑事诉讼证据保全、民事诉讼证据保全和行政诉讼证据保全。

(一)刑事诉讼证据保全

刑事证据保全是指在刑事诉讼中对刑事证据的固定和保护。很多国家的刑事诉讼法中都对证据保全作了规定,如日本《刑事诉讼法》第179条第1款规定:"被告人、嫌疑人或者辩护人,在不预先保全证据将会使该证据的使用发生困难时,以在第一次公审期日前为限,可以请求法官作出扣押、搜查、勘验、询问证人或者鉴定的处分。"《德国刑事诉讼法典》第111条第b项规定:"有重要根据可以估计命令追缴、收缴的前提条件已经成立时,可以实施第110条c项的扣押对物品予以保全。"后面还专门规定了为保全而扣押、保全价值补偿等内容。《法国刑事诉讼法典》第54条规定:"司法警官应当扣押易于灭失的证据和一切有助于查明真相的物品。"美国《联邦刑事诉讼规则》第15条对证据保全也作了详尽的规定,包括何时采证、通知采证、支付费用、如何采证、使用、对保全证据提出异议、不妨碍协议保全证据7个方面。我国台湾地区"刑事诉讼法"第219条从申请证据保全的程序、证据保全的处理、受理申请保全证据的机关等8个方面对证据保全作了详细的规定,如"告诉人、犯罪嫌疑人、被告人、辩护人、诉讼代理人于侦查中除有妨害证据保全之虞者外,对于其申请保全之证据得于实施保全证据时在场。保全证据之日时及处所应通知前项得在场之人。但有急迫情形致不能及时通知或犯罪嫌疑人、被告人受拘禁中者不在此限。"《韩国刑事诉讼法》第184条也规定了保全证据的请求及其程序:"检事、被告人、嫌疑人或辩护人,在有不预先保全证据就难以使用该证据的情况时,即或是第一次公审日期之前,也可以向判事请求进行扣押、搜查、勘验、询问证人或鉴定。"

从上述各国及地区的规定可以看出,证据保全的相关内容主要是规定申请证据保全的主体、对象、范围和程序。由于控告方是国家侦查机关或起诉机关,他们具有强大的取证能力,不存在证据保全的问题,证据保全申请一般都是由被追诉一方提出。而证据申请主要是向法院提出,一般不会向侦查机关提出。证据保全的范围则限于证据可能灭失或今后难以取得的情况。目前,我国《刑事诉讼法》对证据保全没有规定,但司法实践中一些证据被侦查机关所忽视的现象并不少见,有些证据还是查明案件事实的关键证据,如果不及时提取保全容易导致冤假错案。因此在我国《刑事诉讼法》中应当赋予被追诉一方申请证据保全的权利,不仅是平衡控辩双方力量的需要,也有利于查清案件事实,实现实体公正。

(二)民事诉讼证据保全

民事诉讼证据保全,指证据在民事诉讼中可能灭失或者以后难以取得的情况下,人民法院或其他有权采取保全措施的机关,根据当事人及其诉讼代理人的申请或者依职权主动采取一定措施对证据加以固定或保护的调查取证措施。我国《民事诉讼法》、《海事诉讼特别程序法》和《民诉证据规定》等法律、司法解释对证据保全都有相应的规定。如《民事诉讼法》第81条规定:"在证据可能灭失或者以后难以取得的情况下,当事人可以在诉讼过程中向人民法院申请保全证据,人民法院也可以主动采取保全措施。因情况紧急,在证据可能灭失或者以后难以取得的情况下,利害关系人可以在提起诉讼或者申请仲裁前向证据所在地、被申请人住所地或者对案件有管辖权的人民法院申请保全证据。"《民诉证据规定》第23条规定:"当事人依据《民事诉讼法》第74条的规定向人民法院申请保全证据,不得迟于举证期限届满前7日。当事人申请保全证据的,人民法院可以要求其提供相应的担保。"《海事诉讼特别程序法》还专门规定了海事证据保全的条件,其第67条规定:"采取海事证据保全,应当具备下列条件:请求人是海事请求的当事人;请求保全的证据对该海事请求具有证明作用;被请求人是与请求保全的证据有关的人;情况紧急,不立即采取证据保全就会使该海事请求的证据灭失或者难以取得。"民事诉讼中的证据保全分为两种类型,即诉前证据保全和诉讼中的证据保全。

诉前证据保全指在起诉之前,利害关系人申请人民法院以外的其他有权采取保全措施的机关对可能灭失或者以后难以取得的证据予以提取、保存或者封存的制度。由于没有进入诉讼程序,因此一般只能向行政机关或公证机关提出保全申请,如《公证法》第25条规定,公证机关有权保全证据。但涉及一些特殊的纠纷时,也可以向法院申请,如《商标法》第58条规定,商标侵权纠纷,商标注册人或者利害关系人可以在起诉前向人民法院申请;《著作权法》第50条规定,著作权纠纷,由著作权人或者与著作权有关的权利人在起诉前向人民法院申请。

诉讼中的证据保全是指在诉讼进行中,证据有可能灭失或以后难以取得的情况下,法院采取的固定和保护证据的制度。诉讼中是指案件受理后判决生效前这一段时间。采取证据保全的措施由法院作出,法院一般是依当事人的申请作出,也可以在必要的时候自己主动采取证据保全措施。根据《民诉证据规定》第24条的规定:"人民法院进行证据保全可以根据具体情况,采取查封、扣押、拍照、录音、录像、复制、鉴定、勘验、制作笔录等方法。"人民法院进行证据保全,可以要求当事人或者诉讼代理人到场。证据保全的材料,人民法院应当附卷保管。

（三）行政诉讼证据保全

民事诉讼证据保全，指证据在民事诉讼中可能灭失或者以后难以取得的情况下，人民法院或其他有权采取保全措施的机关，根据当事人及其诉讼代理人的申请或者依职权主动采取一定措施对证据加以固定或保护的调查取证措施。对行政诉讼中的证据保全，《行政诉讼法》第 36 条明确规定："在证据可能灭失或者以后难以取得的情况下，诉讼参加人可以向人民法院申请保全证据，人民法院也可以主动采取保全措施。"

由上诉规定可知，行政诉讼中的证据保全与民事诉讼中的证据保全内容基本相同，主要体现在这样几个方面：

1. 证据保全的适用前提相同，即保全的证据要能证明案件中的待证事实，并且证据有灭失或以后难以取得的可能性。

2. 申请证据保全当事人的范围相同。民事诉讼法和行政诉讼法都规定诉讼参加人均可以向人民法院申请证据保全。诉讼参加人包括原告、被告、第三人、诉讼代理人。诉讼代理人又包括法定代理人、委托代理人和指定代理人。

3. 证据保全的类型相同。按启动方式的不同，都可划分为依申请的证据保全和依职权的证据保全。依照证据保全发生的时间不同，都可将证据保全划分为诉中证据保全和诉前证据保全。民事诉讼法和行政诉讼法均未对诉前证据保全作出规定，在最高人民法院关于行政和民事证据的规定中均规定为："法律、司法解释规定诉前证据保全的，依照其规定办理。"

4. 申请证据保全的担保相同。最高人民法院关于民事诉讼证据和行政诉讼证据的规定中都规定："当事人申请保全证据的，人民法院可以要求其提供相应的担保。"关于此项规定要注意两点：一是当事人提供担保并不是申请证据保全的必要条件，是否需要当事人提供担保，由人民法院根据案件的具体情况决定；二是人民法院要求当事人提供的担保是与其证据保全申请相应的担保。提供证据保全申请相应的担保，取决于采取的保全证据的方式、方法和被保全证据的类型。如申请采取录制、拍摄或者勘验、鉴定等方法保全证据的，其提供担保的数额应相应于采取该方法可能给被保全人造成的损失。

5. 证据保全的具体措施及相关程序相同。《民诉证据规定》和《行诉证据规定》的规定都是："人民法院进行证据保全，可以根据具体情况，采取查封、扣押、拍照、录音、录像、复制、鉴定、勘验、制作询问笔录等保全措施。""人民法院进行证据保全，可以要求当事人或者诉讼代理人到场。"根据该条第 1 款的规定，法院可以采取九种保全证据的措施，但并不一定局限于这些措施，改变物证位置、强制保管等同样是审判实践中经常用的保全证据的措施。我们认为，只要能够达到防止证据灭失或者及时保全证据的目的，并且不损害他人合法权益的措施，均可以作为保全证据的措施。当事人或者其诉讼代理人拒不到场的，不影响人民法院采取证据保全措施。

行政诉讼中的证据保全与民事诉讼中证据保全也有不同之处，主要体现在申请证据保全的期限、形式和内容上。

民事诉讼中申请证据保全的期限"不得迟于举证期限届满前 7 日"。而行政诉讼中申请证据保全的期限"应当在举证期限届满前以书面形式提出"。民事诉讼和行政诉讼中申请证据保全的期间都是与其申请法院调查取证的期间相一致的。

在申请证据保全的形式和内容上，民事诉讼法没有具体的规定。行政诉讼证据规定为：

"应当以书面形式提出,并说明证据名称和地点、保全的内容和范围、申请保全的理由等事项。"书面形式一般是指以申请书、信函和电文等以有形载体展现内容的形式。规定以书面形式申请,可以规范申请行为。

————————————————————————————————

【引例一】 评析:这是警察滥用诱惑侦查手段收集证据的典型案例。马进孝在侦查人员的指使下,使本没有犯罪意图的彭清运送毒品。彭的行为始终在侦查人员的控制下,客观上不可能发生社会危害性,仅以彭有主观罪过定罪违背了《刑法》规定的主、客观相统一的归罪要求,因此,彭清无罪。警察赵明瑞、倪兴刚滥用职权,使无罪之人受有罪追究,也受到了刑罚制裁。

【引例二】 评析:根据《刑事诉讼法》、《人民警察法》、《公安机关办理刑事案件程序规定》,公安机关在刑事案件办理过程中的任务是保护公民的人身权利、财产权利以及其他合法权利。就本案而言,马燕的权利被置于危险境地,并再次被侵害。歹徒带刀,还可能伤害孩子。这种取证方法不但不合理,而且与公安机关承担的职责相违背。

————————————————————————————————

第二节 举证

一、举证概述

举证指诉讼双方在审判或证据交换过程中向法庭提供证据证明其主张的案件事实的活动。它既包括开庭前向法庭提交证据材料的行为,也包括庭审中向法庭举证的各种方式,如讯问被告人、询问被害人、证人、鉴定人,宣读书面证言、被害人陈述以及鉴定结论,向法庭出示有关物证、书证,播放视听资料等。

举证的主体是各方当事人及其法定代理人、委托代理人以及监护人等,刑事诉讼中的公诉案件也包括公诉人。法官不是举证主体,虽然法官在特定条件下在三大诉讼中都有调查收集证据的权利,但这些证据不宜由法官在法庭上出示。因为证据总会对一方当事人有利,由法官出示容易影响法官的中立性,也不便于双方质证。对法庭主持调查收集的证据,我们认为宜由该证据有利于其中一方的当事人完成举证。

举证客体是对举证一方有利的证据。但在刑事诉讼中,作为公诉方的检察机关不仅要向法庭举出可以证明被告人有罪、罪重的证据,对有利于被告的证据如无罪证据、有利于减轻被告罪责的证据也要向法庭举证。《刑事诉讼法》规定检察人员、侦查人员必须依照法定程序,收集能够证实犯罪嫌疑人、被告人有罪或者无罪、犯罪情节轻重的各种证据。既然收集了无罪和罪轻的证据,自然也应当向法庭提出,这与侦查机关和检察机关所承担的客观义务的要求是一致的。

举证活动具有以下几个特点:

1. 举证是证明活动的重要环节。证明主体调查收集证据,其目的是向法院或法庭提出证据,以论证自己的诉讼主张或阐明案件事实。因此,调查收集证据是证明活动的第一步,当调查收集证据结束后就要向法庭提交证据,诉讼活动才能继续顺利进行。否则证明主体所收集的证据就没有任何意义,诉讼也无法向前推进,其诉讼请求自然也无从实现。

2. 举证是法庭审理的前提和基础。我国刑事诉讼法规定,人民法院受理案件要对提起的公诉案件进行审查,对有明确的指控犯罪事实并且附有证据目录、证人名单和主要证据复印件或照片的,才决定开庭审判;对于自诉案件,认为案件事实清楚,有足够证据的才应当开庭审判。而《民事诉讼法》第108条第3款规定,起诉必须"有具体的诉讼请求和事实、理由",第110条规定,起诉状应当记明诉讼请求和所根据的事实与理由以及证据和证据来源,证人姓名和住所。《民诉证据规定》第1条规定:"原告向人民法院起诉或者被告提出反诉,应当附有符合起诉条件的相应的证据材料。"否则,人民法院可以裁定不予受理,法庭也就不可能开庭审理。

3. 举证必须符合法律规定。举证主体进行举证,必须符合法律规定的时间、地点,以法律规定的方式,向法定的机关或人员,主要是向法院的立案庭、合议庭、独任庭或申告庭及其工作人员提交符合法律规定内容的证据,其举证行为才有效,否则其提交的证据可能不会被法庭采纳。

二、举证方式

举证的方式,通常有两种,即庭前举证和当庭举证。庭前举证是指当事人在法院还没有开庭之前就将相关的证据提交给法庭,以供法庭审查及双方当事人证据交换之用。当庭举证是指证明主体将证据在法庭上予以展示以供对方质证及法庭审查之用。

庭前举证又包括随案移送和随案提交两种情况。随案移送一般是指人民检察院在提起公诉案件时,将有关证据移送给法院。我国《刑事诉讼法》第172条规定,人民检察院认为犯罪嫌疑人的犯罪事实已经查清,证据确实、充分,依法应当追究刑事责任的,应当作出起诉决定。并将案卷材料、证据移送人民法院。随案提交主要是指刑事自诉案件中的自诉人、民事案件中原告向人民法院提起诉讼时,应在提出起诉状的同时提交有关证据。人民法院在审查立案时要求其提出补充证据的,还应当补交。庭前举证是主要的举证方式,无论是在刑事诉讼、民事诉讼还是行政诉讼中,主要的证据都要在庭前举证中完成。要求庭前举证是方便对方当事人做诉讼准备,防止一方当事人在开庭审理中突然出示证据,搞证据突袭,从而引起不必要的诉讼中断,浪费司法资源。

当庭举证也包括两种情况:一是允许当事人向法庭补充提交在庭前举证中遗漏的证据。《刑事诉讼法》对举证时效没有规定,因此,在法庭审理过程中允许随时提出新的证据;《民事诉讼法》及《民诉证据规定》规定了举证期限,因此只允许提交新证据;《行诉证据规定》也规定了举证期限,因此一般也不允许当庭举证,除非有正当事由并经法庭允许,原告才可以当庭举证。二是指将全部证据向法庭展示并接受对方当事人质证。根据证据形式的不同,其展示的方式也有所不同。如果是有诉讼参与人亲自到庭的言词证据,则通过法庭上的讯问、询问或发问的方式予以展示。如果相关的证人、鉴定人、当事人无法到现场的,经法官允许,可以以书面陈述和笔录等方式举证。如果对书面陈述或笔录有疑问,法官应当传唤书面陈述和笔录制作人出庭说明情况;如果是物证、书证则需要现场展示原件、原物,如果确实无法展示原件的,经法庭许可,可以以复制物的方式举证。如果对内容有争议或疑问,法官应传唤复制物制作人或提取人出庭说明有关情况;如果是视听资料则要当庭播放,如果对视听资料的真实性有疑问,则应当允许进行鉴定。对一些电子数据还可以考虑现场举证,即直接在庭审时上网调取,并当庭质证。

三、举证时限

举证时限是指法律规定的当事人提交证据的时间限度,负有举证责任的当事人超过最后期限举证就可能承担相应后果的一种制度。《刑事诉讼法》及有关司法解释中都没有规定举证时限,刑事诉讼中奉行的是证据随时提出主义,其背后的理念是坚持实事求是,追求客观事实,实现有错必纠。

在民事诉讼和行政诉讼中,相关法律法规及司法解释都规定了相应的举证时限,同时还规定了逾越举证时限的后果。完善的举证时限制度有其积极意义,它有利于防止一方当事人实施证据突袭,实现平等对抗。也有利于缩短诉讼周期,提高诉讼效率,避免不必要的耗费司法资源。

(一)民事诉讼中的举证时限

在《民事诉讼法》中并没有规定举证时限,为适应审判方式改革的需要,强化当事人的证据意识,最高人民法院在《民诉证据规定》里面对举证时限作了具体的规定。

1. 举证时限的确定

根据《民诉证据规定》第 33 条的规定,确定举证期限有两种方式:一是由双方当事人协商,一是由法院指定。

举证期限可以由当事人协商一致,双方当事人协商期限后,要经人民法院认可。

法院也可以指定期限,人民法院应当在送达案件受理通知书和应诉通知书的同时向当事人送达举证通知书。举证通知书应当载明举证责任的分配原则与要求、可以向人民法院申请调查取证的情形、人民法院根据案件情况指定的举证期限以及逾期提供证据的法律后果。"由人民法院指定举证期限的,指定的期限不得少于 30 日,自当事人收到案件受理通知书和应诉通知书的次日起计算。"

但是,在一些特定情况下,可以少于 30 天。按照《最高人民法院关于适用〈关于民事诉讼证据的若干规定〉中有关举证时限规定的通知》的规定,人民法院在征得双方当事人同意后,指定举证期限可以少于 30 天。前述规定的举证期限届满后,针对某一特定事实或特定证据或者基于特定原因,人民法院可以根据案件的具体情况,酌情指定当事人提供证据或者反证的期限,该期限不受"不得少于 30 天"的限制。如在第二审人民法院审理中,当事人申请提供新的证据的,人民法院指定的举证期限,不受"不得少于 30 天"的限制。

举证时限自当事人收到案件受理通知书和应诉通知书的次日起计算。适用简易程序审理的案件,人民法院指定的举证期限不受《民诉证据规定》第 33 条第 3 款规定的限制,可以少于 30 天。简易程序转为普通程序审理,人民法院指定的举证期限少于 30 天的,人民法院应当为当事人补足不少于 30 天的举证期限。但在征得当事人同意后,人民法院指定的举证期限可以少于 30 天。人民法院依照《民诉证据规定》第 15 条调查收集的证据在庭审中出示后,当事人要求提供相反证据的,人民法院可以酌情确定相应的举证期限。

2. 举证时限的延长与重新指定

举证时限的延长,是指当事人由于客观原因无法在举证时限届满前提交证据,向法院申请延长举证时限的行为。《民事诉讼法》第 65 条规定:当事人在法院确定的期限内提供证据确有困难的,可以向人民法院申请延长期限,人民法院根据当事人的申请适当延长。一般情况下,举证时限一旦确定,当事人及法院就不得随意变更,允许延长举证时限只是一种变通性规定。当事人申请延长举证时限必须在举证期限届满前向法院提出,逾期法院将不予受理。当事人在延长的举证期限内提交证据材料仍有困难的,可以再次提出延期申请,是否准许由人民法院决定。为平等保护双方当事人的诉讼权利,人民法院准许延长的举证时限适用于其他当事人。人民法院在追加当事人或者有独立请求权的第三人参加诉讼的情况下,应当依照《民诉证据规定》第33条第3款的规定,为新参加诉讼的当事人指定举证期限。在新指定的举证期限内,对于已经参加诉讼的其他当事人仍有举证的权利,其他当事人相当于取得了更长的举证期限。

举证时限的重新指定,是指法院指定举证期限后,因出现了特殊情形,法院为当事人重新指定举证期限。与举证时限延长不同,举证时限的重新指定一般是发生在第一次指定的举证期限届满之后。重新指定举证期限主要有以下几种情况:

(1)增加、变更诉讼请求以及提出反诉时可以重新指定。当事人在一审举证期限内增加、变更诉讼请求或者提出反诉,或者人民法院依照《民诉证据规定》第35条的规定告知当事人可以变更诉讼请求后,当事人变更诉讼请求的,人民法院应当根据案件的具体情况重新指定举证期限。

(2)当事人提出管辖权异议后的重新指定。按照《最高人民法院关于适用〈关于民事诉讼证据的若干规定〉中有关举证时限规定的通知》第3条的规定,当事人在一审答辩期内提出管辖权异议的,人民法院应当在驳回当事人管辖权异议的裁定生效后,依照《证据规定》第33条第3款的规定,重新指定不少于30日的举证期限。但在征得当事人同意后,人民法院可以指定少于30日的举证期限。

(3)关于发回重审案件举证期限问题。发回重审的案件,第一审人民法院在重新审理时,可以结合案件的具体情况和发回重审的原因等情况,酌情确定举证期限。如果案件是因违反法定程序被发回重审的,人民法院在征求当事人的意见后,可以不再指定举证期限或者酌情指定举证期限。但案件因遗漏当事人被发回重审的,按照本通知第5条处理。如果案件是因认定事实不清、证据不足发回重审的,人民法院可以要求当事人协商确定举证期限,或者酌情指定举证期限。上述举证期限不受"不得少于30日"的限制。

3. 逾期举证的后果

为了督促当事人在约定或指定的举证期限内举证,以规范举证行为,推进诉讼顺利进行,《民诉证据规定》对逾期举证规定了如下的法律后果。

(1)证据失权。当事人应当在举证期限内向人民法院提交证据材料,当事人在举证期限内不提交的,视为放弃举证权利。《民诉证据规定》第43条还规定,当事人举证期限届满后提供的证据不是新的证据的,人民法院不予采纳。这应当是对逾期举证最严厉的制裁。

(2)不组织质证。《民诉证据规定》第34条第2款规定,对于当事人逾期提交的证据材料,人民法院审理时不组织质证。但对方当事人同意质证的除外。

(3)承担经济赔偿责任。由于当事人的原因未能在指定期限内举证,致使案件在二审或者再审期间因提出新的证据被人民法院发回重审或者改判的,原审裁判不属于错误裁判案件。一方当事人请求提出新的证据的,另一方当事人负担由此增加的差旅、误工、证人出庭作证、诉讼等合理费用以及由此扩大的直接损失,人民法院应予支持。

（4）限制当事人增加、变更诉讼请求和被告反诉。当事人增加、变更诉讼请求或者提起反诉的,应当在举证期限届满前提出。在举证期限届满后提出的,法院不予受理。同时,根据最高法《民诉证据规定》,对人民法院而言,由于当事人的原因未能在指定期限举证,致使案件在二审或者再审期间提出新的证据被人民法院发回重审或者改判的,原审裁判不属于错误裁判案件。

从上面的规定可以看出,逾期举证的后果是很严重的,当事人完全可能因为逾期举证而导致败诉。但从我国的实际情况来看,司法实践中律师的诉讼代理尚不普遍充分,有的当事人对自身的程序利益认识还比较模糊,一些相关的配套制度,包括当事人调查收集证据制度、证人伪证制裁制度、法官阐明义务制度等还不完善,对当事人处以严厉制裁的条件还不成熟。因此,《民事诉讼法》此次新增有关逾期举证后果的规定则相对宽松。其第 65 条规定了两种后果:

（1）当事人逾期提供证据的,人民法院应当责令其说明理由。如该证据是在举证期限届满后才发现的。经人民法院审查,如果理由成立,对当事人提供的逾期证据应当予以采纳。

（2）拒不说明理由或者理由不成立的,人民法院根据不同情形可以不予采纳该证据,或者采纳该证据但予以训诫、罚款。不同情形包括该证据在该民事案件中的作用、当事人主观恶意的大小、逾期提供证据造成的损害等,人民法院应当充分考虑案件整体情况后作出合理决定。

4. 逾期举证的例外——允许提出"新证据"

由于举证时限的限制,一般不允许逾期举证,但完全禁止逾期举证也显得过于严苛,法律又允许当事人在举证期限届满后提出新证据。《民事诉讼法》第 139 条规定:"当事人在法庭上可以提出新的证据。"第 200 条还规定,有新的证据,足以推翻原判决、裁定的,人民法院应当再审。对于什么是新证据,在实践中争论较大,为此,《民事证据规定》对什么是新证据专门作了规定。

（1）一审程序中的新证据。当事人在一审举证期限届满后新发现的证据属于新证据,所谓新发现既包括当事人在举证期间届满后,才知道该证据存在,也包括在举证时限届满后新产生的证据。当事人确因客观原因无法在举证期限内提供,经人民法院准许,在延长的期限内仍无法提供的证据也属于新证据。当事人在一审程序中提供新的证据的,应当在一审开庭前或者开庭审理时提出。

（2）二审程序中的新证据。包括一审庭审结束后新发现的证据,即当事人在一审结束后才知道该证据的存在,或在举证时限届满后新产生的证据。也包括当事人在一审举证期限届满前申请人民法院调查取证未获准许,二审法院经审查认为应当准许并依当事人申请调取的证据。当事人在二审程序中提供新的证据的,应当在二审开庭前或者开庭审理时提出;二审不需要开庭审理的,应当在人民法院指定的期限内提出。

（3）再审程序中的新证据。当事人在申请再审时提出的,符合《民事诉讼法》第 200 条第 1 款第 1 项规定的"新的证据",是指原审庭审结束后新发现的证据。当事人在再审程序中提供新的证据的,应当在申请再审时提出。

（4）视为"新证据"。指在某些特殊情况下,当事人没有在举证期限届满前提出的证据,并且该证据也不属于《民诉证据规定》中的新证据,但基于某种特殊考虑,将该证据视为新证据对待。根据《民诉证据规定》第 43 条第 2 款的规定,当事人经人民法院准许延期举证,但因客观原因未能在准许的期限内提供,且不审理该证据可能导致裁判明显不公的,其提供的证据可视为新的证据。

按照《最高人民法院关于适用〈关于民事诉讼证据的若干规定〉中有关举证时限规定的通知》第 10 条的规定,人民法院对于"新的证据",应当依照《证据规定》第 41 条、第 42 条、第 43 条、第 44 条的规定,结合以下因素综合认定:

(1)证据是否在举证期限或者《民诉证据规定》第 41 条、第 44 条规定的其他期限内已经客观存在;

(2)当事人未在举证期限或者司法解释规定的其他期限内提供证据,是否存在故意或者重大过失的情形。

当事人举证期限届满后提供的证据不是新的证据的,人民法院不予采纳。一方当事人提出新的证据的,人民法院应当通知对方当事人在合理期限内提出意见或者举证。

(二)行政诉讼中的举证时限

最高人民法院在《行诉证据规定》里面对行政诉讼中原告和被告都设定了举证时限,只是他们具有不同的举证时限。

1. 被告的举证时限。根据最高人民法院《行诉证据规定》第 1 条的规定:"根据行政诉讼法第三十二条和第四十三条的规定,被告对作出的具体行政行为负有举证责任,应当在收到起诉状副本之日起十日内,提供据以作出被诉具体行政行为的全部证据和所依据的规范性文件。被告不提供或者无正当理由逾期提供证据的,视为被诉具体行政行为没有相应的证据。"由此规定可以看出,对被告的举证时限比较短,只有 10 天。而且相当严格,逾期即视为没有证据,这种严格的规定与行政诉讼的特点紧密相关。行政执法要求先取证后裁决,因此在行政诉讼之前行政执法机关已经完成了取证任务,作为被告的行政执法机关只需要将已经取得的证据提交法庭,所以无须较长的举证时间。

被告因不可抗力或者客观上不能控制的其他正当事由,不能在前款规定的期限内提供证据的,应当在收到起诉状副本之日起 10 日内向人民法院提出延期提供证据的书面申请。人民法院准许延期提供的,被告应当在正当事由消除后 10 日内提供证据。逾期提供的,视为被诉具体行政行为没有相应的证据。

2. 原告的举证时限。《行政诉讼法》第 32 条规定了由被告对作出的具体行政行为的合法性承担举证责任,但并不意味着原告在行政诉讼中不承担举证责任。根据最高人民法院《行诉证据规定》的要求,原告应当提供证据证明其起诉符合起诉条件。如《行诉证据规定》第 5 条规定:"在行政赔偿诉讼中,原告应当对被诉具体行政行为造成损害的事实提供证据。"此外,原告为了说服法官作出有利于自己的判决,也会积极举证以赢得诉讼。因此,对原告的举证时限也应加以规范,以达到平等对待。最高人民法院在《行诉证据规定》第 7 条中规定了原告在行政诉讼中的举证期限:原告或者第三人应当在开庭审理前或者人民法院指定的交换证据之日提供证据。因正当事由申请延期提供证据的,经人民法院准许,可以在法庭调查中提供。逾期提供证据的,视为放弃举证权利。原告或者第三人在第一审程序中无正当事由未提供而在第二审程序中提供的证据,人民法院不予接纳。

对于举证期限,人民法院应当履行告知义务。根据《行诉证据规定》第 8 条的规定:人民法院向当事人送达受理案件通知书或者应诉通知书时,应当告知其举证范围、举证期限和逾期提供证据的法律后果,并告知因正当事由不能按期提供证据时应当提出延期提供证据的申请。

四、证据交换

证据交换是指在法庭开庭审理之前,诉讼双方当事人将己方出庭使用的证据与对方当事人出庭使用的证据相互交换的行为。设置证据交换制度的目的是为了让双方在诉讼前做好充分的准备,在法庭上讲事实,摆证据,以理服人,并以此避免证据突袭,节约诉讼资源。许多国家都规定了证据交换制度,一些国家甚至规定没有进行证据交换的证据不允许在法庭上使用。目前,我国对证据交换制度也有一些相应的规定,不过,在刑事诉讼、民事诉讼和行政诉讼中的证据交换有所不同。

(一)刑事诉讼中的证据交换

我国刑事诉讼中的证据交换有这样几个特点:

1. 没有正式的证据交换程序

一些国家将证据开示作为一个法定的程序,法律规定了开示的程序、范围、时间以及相应的后果。如美国在其 1983 年修订的美国《联邦刑事诉讼规则》就专门对证据开示的内容作了相关规定,1994 年美国法律协会还专门修订了《刑事证据开示规则》,规定了开示范围。我国无论是《刑事诉讼法》还是相关的司法解释都没有规定专门的证据交换程序,既没有公诉方与被告方自行交换证据的程序,也没有在法官的主持下由诉讼双方进行证据交换的程序。目前,我国一些地方法院制定的证据规定中规定了专门的证据交换制度。如北京市高级人民法院《关于办理各类案件有关证据问题的规定(试行)》第 107 条规定:"适用普通程序审理的案件,法院一般应在开庭前组织当事人进行证据交换。"《刑事诉讼法》设置了庭前会议制度,最高人民法院《刑诉法解释》第 184 条规定,庭前会议可就是否提供新的证据了解情况,听取意见,双方有新证据可以在庭前会议中交换,让对方知悉,当然这也不是专门的证据交换程序。

"第一百八十四条 召开庭前会议,审判人员可以就下列问题向控辩双方了解情况,听取意见:

(一)是否对案件管辖有异议;

(二)是否申请有关人员回避;

(三)是否申请调取在侦查、审查起诉期间公安机关、人民检察院收集但未随案移送的证明被告人无罪或者罪轻的证据材料;

(四)是否提供新的证据。"

2. 控方证据向被告方全面开示,被告方向控方作有限的开示

多数国家在制定证据交换制度时,都是双向开示,既规定了控方向辩护方开示,也规定了辩护方在一定范围内向控方开示,但以控方开示为主,辩护方开示为辅。控方一般要开示其掌握的全部证据,辩护方则仅限于准备在法庭上使用的证据并且是对被告人有利的证据。

我国在《刑事诉讼法》和《律师法》中都规定了控方的证据要向被告方进行全面开示,被告方获得控方证据主要是通过律师的阅卷实现的。《刑事诉讼法》第 38 条规定:"辩护律师自人民检察院对案件审查起诉之日起,可以查阅、摘抄、复制本案的案卷材料。其他辩护人经人民法院、人民检察院许可,也可以查阅、摘抄、复制上述材料。"《律师法》第 34 条规定:"受委托的律师自案件审查起诉之日起,有权查阅、摘抄和复制与案件有关的诉讼文书及案

卷材料。受委托的律师自案件被人民法院受理之日起,有权查阅、摘抄和复制与案件有关的所有材料。"由此可知,法律要求控方应当向辩护展示全部的证据材料,而不是有限的或只是证明有罪的证据材料。

根据《刑事诉讼法》的规定,辩护方如果掌握特定的证据也需要向控方进行展示。《刑事诉讼法》第 40 条规定:"辩护人收集的有关犯罪嫌疑人不在犯罪现场、未达到刑事责任年龄、属于依法不负刑事责任的精神病人的证据,应当及时告知公安机关、人民检察院。"亦即对上述三种证据,辩护律师如果掌握应当及时向控方开示。这种开示的范围显然是有限的,而不是全面开示。

3. 缺乏违反证据交换的法律后果

我国《刑事诉讼法》没有规定专门的证据交换制度,更没有规定控辩方隐瞒证据的制裁后果。如果控方不向辩护方开示无罪和罪轻的证据,或辩护律师不及时告知公安机关、人民检察院有关犯罪嫌疑人不在犯罪现场、未达到刑事责任年龄、属于依法不负刑事责任的精神病人的证据,都不会承担任何法律后果。

(二)民事诉讼中的证据交换

根据相关的司法解释,我国民事证据交换制度主要对以下几个方面作了规定:

1. 证据交换的启动方式

根据最高人民法院的《民诉证据规定》,我国民事证据交换的启动有两种方式:一是经当事人申请的交换。经当事人申请,人民法院可以组织当事人在开庭审理前交换证据。对于何种案件可以申请交换,这里没有明确的规定,亦即任何案件都可以申请交换。二是法院依职权组织双方当事人进行证据交换。根据《民诉证据规定》第 37 条第 2 款的规定,人民法院对于证据较多或者复杂疑难的案件,应当组织当事人在答辩期届满后、开庭审理前交换证据。

2. 证据交换的时间

根据最高人民法院的《民诉证据规定》第 38 条的规定,交换证据的时间可以由当事人协商一致并经人民法院认可,也可以由人民法院指定。人民法院组织当事人交换证据的,交换证据之日举证期限届满。当事人申请延期举证经人民法院准许的,证据交换日相应顺延。

3. 证据交换的范围

在实行民事证据交换的国家通常坚持以证据开示为原则,不开示为例外。对于证据开示的案件范围,最高人民法院的《民事诉讼证据规定》只要当事人申请,法院均可组织开示,对于证据较多或复杂疑难案件都应当组织开示。显然,对于证据开示的案件范围是比较宽泛的。但对于哪些证据应当开示,我国相关法律法规并没有明确的规定,是否应当全部交换,在实践中则由法官裁量处理。实践中争议较大的是当事人的陈述是否应当纳入庭前证据交换,某些职业特权是否应当予以一定程序的保护等等。有一些国家对证据开示范围有明确的要求,如美国根据其《联邦民事诉讼规则》第 26 条的规定,对任何不属于保密特权范围而与诉讼标的相关的事项都可以进行开示。同时,法院在一定情形下可以根据职权对开示进行限制。这些情形包括:(1)不正当地重复开示,或者以更为简单和经济的方法能够获得该证据或情报时;(2)请求开示一方当事人在诉讼活动中有机会获得该情报时;(3)与开示的必要性、纠纷的程度、当事人能力以及争点的重要性相比,如果开示将需要耗费太多费用以及增加当事人不必要的负担时等等。①

4. 证据交换的内容

（1）出示以及交换证据材料。在审判人员的主持下，民事诉讼中双方当事人分别向对方出示自己的证据材料并进行交换。（2）查阅、审核对方的证据材料。对不具备客观性、相关性以及合法性的证据材料，在双方当事人的确认下，可予以排除。如果一方对另一方的证据材料有疑问，可要求对方提供证据予以说明或证明，也可以申请法院调查或司法鉴定。（3）固定证据，明确争点。在证据交换的过程中，审判人员对当事人无异议的事实、证据应当记录在卷；对有异议的证据，按照需要证明的事实分类记录在卷，并记载异议的理由。通过证据交换，确定双方当事人争议的主要问题。（4）确定自认。如一方对另一方提供的不利于自己的证据明确表示没有异议的，法院记录在案并在开庭时不再质证；如一方对另一方的全部诉讼主张及证据均无异议，法院则可以径行判决，无须再行开庭审理。（5）促进当事人和解。在证据材料全部出示完毕且法律责任基本明确的基础上，审判人员应当进行调解，以促成当事人之间的和解。如能达成和解，审判人员应当及时制作调解书予以确认。

5. 证据交换的次数

证据交换的次数，是指在一个诉讼程序中，当事人之间可以就证据进行多少次交换。按照最高人民法院《民诉证据规定》的规定，我国对民事诉讼中证据交换的次数是有限制的。除重大、疑难和案情特别复杂的案件，人民法院认为确有必要再次进行证据交换的除外，一般不得超过两次。但在民事诉讼中，对于当事人收到对方交换的证据后提出反驳并提出新证据的，人民法院应当通知当事人在指定的时间进行交换。

（三）行政诉讼中的证据交换

最高人民法院在《行政诉讼证据规定》中对行政诉讼中的证据交换只作了简单的规定，第 21 条规定："对于案情比较复杂或者证据数量较多的案件，人民法院可以组织当事人在开庭前向对方出示或者交换证据，并将交换证据的情况记录在卷。"仅仅规定了法院依职权进行开示这一种方式，并且在是否启动开示程序的问题上，法院拥有一定的自由裁量权，即对于案情比较复杂或者证据数量较多的案件，人民法院可以组织当事人在开庭前向对方出示或交换证据。

第三节　质证

质证是指在法庭审理过程中，双方当事人在法官的主持下，采用询问、辨认、质疑、辩驳、核实等方式对证据的效力进行质辩的诉讼活动。我国刑事诉讼、民事诉讼和行政诉讼都要求在庭审中对证据进行质证。《民事诉讼法》第 68 条规定："证据应当在法庭上出示，并由当事人互相质证。"《刑事诉讼法》第 59 条规定，证人证言必须在法庭上经过公诉人、被害人和被告人、辩护人双方质证并且查实以后，才能作为定案的根据。最高人民法院《刑诉法解释》第 63 条也规定，证据未经当庭出示、辨认、质证等法庭调查程序查证属实，不得作为定案的

---

① ［美］杰弗里·C.哈泽德、米歇尔·塔鲁伊：《美国民事诉讼法导论》，张茂译，中国政法大学出版社 1998 年版，第 119 页。

根据,但法律和本解释另有规定的除外。《行诉证据规定》第35条规定:"证据应当在法庭上出示,并经庭审质证。未经庭审质证的证据,不能作为定案的依据。"质证是证据裁判原则的要求,也是保障诉讼当事人权利的重要程序,同时它也是正确认定案件事实的前提。

一、质证的主体

质证主体是指有权在质证程序中向法庭出示证据,并对在法庭上出示的证据提出质疑、反驳的人。具体而言,刑事诉讼中的质证主体包括检察官、辩护律师、被告人、被害人、附带民事诉讼原告、被告及其法定代理人。在实践中,由于被害人与检察官是同向质证,因此,在刑事审判中被害人比较少质证,而主要是由检察官进行质证。在刑事附带民事诉讼中,被害人或其诉讼代理人则质证较多。在民事、行政诉讼中,质证的主体包括原告、被告、第三人及其代理律师。第三人参与诉讼往往与原告或被告一方存在利益竞合关系,故第三人的质证活动与原告、被告有重合。因此,实践中,诉辩双方才是在审判中进行质证的主要人员。

法官是否是质证主体,学界有不同的看法。有观点认为法官是质证主体,因为法官作为事实的认定者有责任保证质证的正确性和有效性,且对质证失误造成的错案也应承担相应的法律责任;其质证的动因在于法律赋予其审判的职责;实践中法官在庭审时对证人进行质询,对证据进行审核,就是在行使质证权。我们认为法官不应是质证主体,法官参与质证,势必影响其中立性,难以保障公正性。法官有权询问证人、调查证据是在当事人相互质证的基础之上进行的,它虽然是职权性的调查,但本质上是一种补充性的核查,不能代替当事人双方的质证。因此,法官只是审查证据的主体,是认证的主体,而不是质证的主体。

此外,诉讼法及有关司法解释中规定的专家辅助人员也是质证主体。专家辅助人是指在诉讼过程中,由当事人或其法定代理人聘请的帮助其审查判断案件中的某些技术性证据材料、指导或参与技术证据质证的专门人员。《刑事诉讼法》第192条第2款规定:"公诉人、当事人和辩护人、诉讼代理人可以申请法庭通知有专门知识的人出庭,就鉴定人作出的鉴定意见提出意见。"最高人民法院《民诉证据规定》第61条规定:"当事人可以向人民法院申请由一至两名具有专门知识的人员出庭就案件的专门性问题进行说明。人民法院准许其申请的,有关费用由提出申请的当事人负担。审判人员和当事人可以对出庭的具有专门知识的人员进行询问。经人民法院准许,可以由当事人各自申请的具有专门知识的人员就有关案件中的问题进行对质。具有专门知识的人员可以对鉴定人进行询问。"最高人民法院《行诉证据规定》第48条规定也有类似的规定。据此规定可以看出,专家辅助人就专门性问题进行说明时,是质证对象,而当他询问鉴定人,并对鉴定意见提出质疑时,就是质证主体。

二、质证的客体

质证客体又称质证对象,即在审判中由一方提出并由另一方进行质疑或质问的证据。一般而言,质证的对象包括诉讼法规定的各种证据。质证的对象包括双方当事人之间有争议的证据材料和人民法院调查收集的证据材料。

并非所有的证据都需要质证,有几种情况下的证据材料可以不进行质证:

(1)如当事人逾期举证的证据,除非属于应当采纳的"新证据",人民法院就不应当组织质证,但对方当事人同意质证的除外。

(2)人民法院依职权调查收集的证据材料不质证。最高人民法院《民诉证据规定》第51

条第 2 款规定,人民法院依照职权调查收集的证据应当在庭审出示,听取当事人意见,并可就调查收集该证据的情况予以说明。但人民法院依当事人申请调查收集的证据材料则应当进行质证。

(3)当事人承认的事实及证据无须质证。最高人民法院《民诉证据规定》第 39 条规定:"在证据交换的过程中,审判人员对当事人无异议的事实、证据应当记录在卷;对有异议的证据,按照需要证明的事实分类记录在卷,并记载异议的理由。通过证据交换,确定双方当事人争议的主要问题。"第 47 条第 2 款规定:"当事人在证据交换过程中认可并记录在卷的证据,经审判人员在庭审中说明后,可以作为认定案件事实的依据。"

三、质证的程序

(一)刑事诉讼的质证程序

根据《刑事诉讼法》及最高人民法院《刑诉法解释》的规定,刑事诉讼的质证程序大致可以分为两种程序进行:

一是按诉讼控辩双方的顺序分别质证,即首先由控方出示全部证据,由辩方进行质证;然后由辩方出示证据,控方进行质证。

二是以证据种类为标准,控辩双方分别出示并质证,实践中也多采取这种质证程序。以证据种类为序进行质证的具体程序如下:

1. 被告人、被害人陈述。公诉人在法庭上宣读起诉书后,被告人、被害人可以就起诉书指控的犯罪进行陈述,公诉人可以讯问被告人。被害人及其诉讼代理人经审判长准许,可以就公诉人讯问的情况进行补充性发问;附带民事诉讼的原告人及其法定代理人或者诉讼代理人经审判长准许,可以就附带民事诉讼部分的事实向被告人发问;经审判长准许,被告人的辩护人及法定代理人或者诉讼代理人可以在控诉一方就某一具体问题讯问完毕后向被告人发问。合议庭认为必要时,可以传唤共同被告人同时到庭对质。控辩双方经审判长准许,可以向被害人、附带民事诉讼原告人发问。审判人员认为有必要时,可以向被告人、被害人及附带民事诉讼原告人、被告人讯问或者发问。

2. 证人、鉴定人、有专门知识的人作证。在被告人、被害人陈述完毕以后,法庭就传唤证人、鉴定人作证。公诉人、当事人和辩护人、诉讼代理人经审判长许可,可以对证人、鉴定人发问。审判长认为发问的内容与案件无关的时候,应当制止。审判人员也可以询问证人、鉴定人和有专门知识的人。对未到庭的证人的证言笔录、鉴定人的鉴定结论则应当庭宣读。证人出庭作证,审判人员应当告知他要如实地提供证言和有意作伪证或者隐匿罪证要负的法律责任。

3. 物证、书证的出示。证人作证完毕,公诉人、辩护人应当向法庭出示物证、书证,让当事人辨认,勘验笔录和其他作为证据的文书,应当当庭宣读。审判人员应当听取公诉人、当事人和辩护人、诉讼代理人的意见。

4. 申请新的证据。法庭审理过程中,当事人和辩护人、诉讼代理人有权申请通知新的证人到庭,调取新的物证,申请重新鉴定或者勘验。法庭对于上述申请,应当作出是否同意的决定。此外,法庭审理过程中,合议庭对证据有疑问的,可以宣布休庭,对证据进行调查核实。人民法院调查核实证据,可以进行勘验、检查、扣押、鉴定和查询、冻结。

（二）民事、行政诉讼的质证程序

行政诉讼质证程序与民事诉讼质证程序大致相同。最高人民法院《民诉证据规定》第51条对质证程序作了规定："质证按下列顺序进行：（一）原告出示证据，被告、第三人与原告进行质证；（二）被告出示证据，原告、第三人与被告进行质证；（三）第三人出示证据，原告、被告与第三人进行质证。"按照该规定，民事诉讼的质证程序分为三个环节：

1. 出示证据。出示证据是指承担举证责任的当事人将证据展示给法官和对方当事人的诉讼活动。出示的证据应当是在举证期限内进行过证据交换的证据，既包括当事人提供的证据，也包括人民法院收集的证据。当事人出示的书证、物证应当是原件或原物。证人证言和鉴定结论则应当坚持证人、鉴定人亲自出庭作证的原则，只有在符合法定条件的前提下，才能出示书面证言或仅仅提供鉴定结论。证人确有困难不能出庭时，经法庭许可，也可以使用视频资料替代证人、鉴定人出庭作证。

2. 辨认证据。一方当事人出示证据以后，另一方当事人进行辨认。辨认的目的是确认证据是否经过交换，经过交换的证据才能进一步质证，没有经过交换则要申请法院确认是否属于"新证据"，如不属于新证据，则有权选择不予质证。然后确定对该证据是否有异议，如有异议则允许进一步质疑。

3. 质疑或反驳。当事人辨认后，对有异议的证据可以在证据的合法性、相关性和客观性方面提出质疑。对于一方当事人提出质疑的意见应当允许另一方当事人进行反驳。质疑和反驳可以多次反复，但每一次的质疑和反驳的理由或根据应当不同，没有新的理由则应当停止质疑与反驳。

质证可以采取多种方法进行，既可以一证一质，逐个证据进行，也可以将多个证据综合起来进行质证。

四、质证的内容

质证的内容是指质证主体对证据材料进行质证时所涉及的范围。一般对证据材料要被法庭采纳必须具备证据能力和证明力，因此双方当事人在法庭上进行质证的主要内容也是围绕着证据能力和证明力这两个方面进行的。

具体而言，证据能力主要通过证据的合法性和相关性来加以体现，证明力除与证据材料的客观性、相关性有关外，与证据的科学性以及作证主体的身份、精神状态、记忆能力与表达能力等都有一定的关系。因此，法庭上的质证就是围绕着证据属性及证明力的有无、大小等相关内容进行质证。最高人民法院制定的《民诉证据规定》第50条、《行诉证据规定》第39条对此作了内容相同的规定，即当事人应当围绕证据的关联性、合法性和真实性，针对证据有无证明效力以及证明效力大小，进行质证。

五、质证的要求

（一）出示证据要有相关性并避免不必要的重复

双方当事人出示的证据材料应当与案件具有一定的相关性并且要避免不必要的重复，否则会拖延诉讼，浪费司法资源，对于没有相关性的证据审判长可以禁止出示。最高人民法院颁布的《刑诉法解释》第139条规定："控辩双方要求证人出庭作证，向法庭出示物证、书证、视听资料等证据，应当向审判长说明拟证明的事实，审判长同意的，即传唤证人或者准许出示证据;审判长认为与案件无关或者明显重复、不必要的证据,可以不予准许。"

(二)对同案被告人分别讯问,对证人、鉴定人、有专门知识的人应当分别质证

为避免证人、鉴定人之间的证词相互影响,对证人、鉴定人的质证也应当分别进行。在刑事诉讼、民事诉讼和行政诉讼中都应遵守这个要求,相关的司法解释分别作了规定。最高人民法院《刑诉法解释》第216条规定,向证人、鉴定人、有专门知识的人发问应当分别进行。证人、鉴定人、有专门知识的人经控辩双方发问或者审判人员询问后,审判长应当告知其退庭。证人、鉴定人、有专门知识的人不得旁听对本案的审理。最高人民法院《民诉证据规定》第58条规定:"审判人员和当事人可以对证人进行询问。证人不得旁听法庭审理;询问证人时,其他证人不得在场。人民法院认为有必要的,可以让证人进行对质。"最高人民法院《行诉证据规定》第45条第2款规定:"出庭作证的证人不得旁听案件的审理。法庭询问证人时,其他证人不得在场,但组织证人对质的除外。"

在刑事诉讼中,不仅对证人、鉴定人应当个别进行质证,对共同犯罪的被告人的讯问也要分别进行。最高人民法院《刑诉法解释》第199条规定,讯问同案审理的被告人,应当分别进行。必要时,可以传唤同案被告人等到庭对质。

(三)质证方式正当及质证内容相关

质证方式正当是指对证据提出质疑的一方当事人要尊重出庭作证的人,不得使用不正当的发问方式,如采用威胁性、诱导性或欺骗性的发问方式。质证内容相关是指质疑证据的一方当事人提出的质疑内容应当与案件事实相关,不能提出与案件事实无关的问题。

最高人民法院《刑诉法解释》第213条规定:"向证人发问应当遵循以下规则:(一)发问的内容应当与本案事实有关;(二)不得以诱导方式发问;(三)不得威胁证人;(四)不得损害证人的人格尊严。"前款规定适用于对被告人、被害人、附带民事诉讼当事人、鉴定人、有专门知识的人的讯问、发问。审判长对于控辩双方讯问、发问被告人、被害人和附带民事诉讼原告人、被告人、证人以及鉴定人的内容与本案无关或者讯问、发问的方式不当的,应当制止。对于控辩双方认为对方讯问或者发问的内容与本案无关或者讯问、发问的方式不当并提出异议的,审判长应当判明情况予以支持或者驳回。

《民诉证据规定》第60条规定,经法庭许可,当事人可以向证人、鉴定人、勘验人发问。询问证人、鉴定人、勘验人不得使用威胁、侮辱及不适当引导证人的言语和方式。《行诉证据规定》第39条规定:"当事人及其代理人相互发问,或者向证人、鉴定人、勘验人发问时,发问的内容应当与案件事实有关联,不得采用引诱、威胁、侮辱等语言或者方式。"法庭在质证过程中,对与案件没有关联的证据材料,应予排除并说明理由。法庭在质证过程中,准许当事人补充证据的,对补充的证据仍应进行质证。法庭对经过庭审质证的证据,除确有必要外,一般不再进行质证。

(四)部分证据限制公开质证

在庭审质证程序中,部分证据由于涉及国家秘密、个人隐私等问题,不适宜进行公开质证,法庭对这类证据的质证形式会进行限制。在刑事诉讼中,如果案件涉及国家秘密、个人隐私或未成年人的案件,不公开审理。对于当事人提出申请的确属涉及商业秘密的案件,法庭应当决定不公开审理。由于不公开审理,此类案件的全部证据都不会得到公开质证。在民事诉讼、行政诉讼中则对部分证据材料进行公开质证进行了限制。《民事诉讼法》第66条规定,对涉及国家秘密、商业秘密和个人隐私的证据应当保密,需要在法庭出示的,不得在公

开开庭时出示。《行诉证据规定》第37条也规定,在涉及国家秘密、商业秘密和个人隐私或者法律规定的其他应当保密的证据时,不得在开庭时公开质证。

第四节　认证

【引例三】张军诉王刚故意伤害赔偿诉讼中,张军女儿出庭作证:是王刚用木棍将张军打伤的。庭审中,王刚的代理律师提出,张军女儿与张军是父女关系,为保司法公正,其女儿不能出庭作证,并请法院驳回张军的诉讼请求。

问:王刚代理律师的要求是否合理,张军女儿能否出庭作证?

一、认证的概念

认证即对证据的审查判断,是指审判人员在当事人双方质证、辩论后,对庭审中出示的证据材料的证据能力和证明力进行分析判断,进而对全案证据进行综合分析判断,对案件事实作出认定结论的诉讼活动。

认证是诉讼过程的重要阶段,也是审判活动的核心程序。在取证、举证、质证和认证这四个环节中,认证是最关键的环节。前面三个环节是认证的前提和基础,是为认证服务的,前三个环节效果如何要通过认证体现出来。认证则是取证、举证和质证的目的和最后的归宿,也是整个司法证明活动的终点。

二、认证的分类

（一）单一认证和综合认证

单一认证和综合认证,这是以认证证据的数量为标准所作的分类。单一认证就是指法官每次仅对一个证据进行认证,亦即一证一认。最高人民法院《民诉证据规定》第65条对单一认证作了相关的规定:"审判人员对单一证据可以从下列方面进行审核认定:（一）证据是否原件,原物复印件、复制品与原件、原物是否相符;（二）证据与本案事实是否相关;（三）证据的形式、来源是否符合法律规定;（四）证据的内容是否真实;（五）证人或者提供证据的人,与当事人有无利害关系。"综合认证是指法官一次对多个证据进行认证,包括对一组证据的认证和全案证据的综合认证。最高人民法院《民诉证据规定》第66条规定:"审判人员对案件的全部证据,应当从各证据与案件事实的关联程度、各证据之间的联系等方面进行综合审查判断。"最高人民法院《行诉证据规定》第54条也对单一认证和综合认证作了规定:"法庭应当对经过庭审质证的证据和无须质证的证据进行逐一审查和对全部证据综合审查,遵循法官职业道德,运用逻辑推理和生活经验,进行全面、客观和公正的分析判断,确定证据材料与案件事实之间的证明关系,排除不具有关联性的证据材料,准确认定案件事实。"一般对证据能力适合单一认证,对证明力则适合综合认证。

（二）当庭认证与庭后认证

当庭认证与庭后认证，这是以认证的时间和地点为标准所作的分类。当庭认证是指在庭审过程中，主持审判的法官对于一方诉讼当事人举出并经过对方质证的证据，在法庭上当即作出的认证。庭后认证指主持审判的法官对于诉讼当事人举出并经过质证的证据，在庭审之后再进行的认证。一般而言，当庭认证只能是针对证据能力的认定，并且对法官的审查判断能力有更高的要求，而庭后认证既可以针对证据能力，也可以针对证明力进行认证。

（三）证据能力认证与证明力认证

证据能力认证与证明力认证，这是从认证内容的角度所作的划分。证据能力的认证是指法官经过审查判断证据是否具有证据资格的认证活动。证明力的认证是指法官对证据对案件事实的证明价值和作用的认证活动。对证据能力的认证要从证据的真实性、关联性和合法性的角度进行判断，证据只有具备真实性、相关性和合法性才具有证据资格。对证据的证明力判断，则要求遵循最佳证据规则和补强证据规则。

三、刑事诉讼证据的认证

在《刑事诉讼法》及相关司法解释中，对刑事证据的审查判断都有规定，特别是在 2010 年 5 月，最高人民法院、最高人民检察院、公安部、国家安全部、司法部联合颁布了《办理死刑案件证据规定》，并在《印发〈关于办理死刑案件审查判断证据若干问题的规定〉和〈关于办理刑事案件排除非法证据若干问题的规定〉的通知》中明确指出："办理其他刑事案件，参照《关于办理死刑案件审查判断证据若干问题的规定》执行。"据此，本教材拟以该规定为基础，阐述如何审查判断各种证据。

（一）物证、书证的审查判断

1. 从物证、书证的表现形式进行审查。据以定案的物证、书证应当是原物、原件。因此要审查物证是否是原物，书证是否是原件。只有在原物不便搬运、不易保存或者依法应当由有关部门保管、处理或者依法应当返还时，才可以拍摄或者制作足以反映原物外形或者内容的照片、录像或者复制品。只有在取得原件确有困难时，才可以使用副本或者复制件。如果非原物、原件，就审查物证的照片、录像或者复制品及书证的副本、复制件与原物、原件是否相符。原物的照片、录像或者复制品，能否反映原物的外形和特征，书证内容是否有更改或更改的迹象。

2. 从物证、书证的获取程序进行审查。主要审查收集的程序、方式是否符合法律及有关规定；经勘验、检查、搜查提取、扣押的物证、书证，是否附有相关笔录或者清单；笔录或者清单是否有侦查人员、物品持有人、见证人签名，没有物品持有人签名的，是否注明原因；对物品的特征、数量、质量、名称等注明是否清楚。审查物证、书证是否经过辨认以及必要的鉴定程序；物证的照片、录像或者复制品和书证的副本、复制件是否由两人以上制作，有无制作人关于制作过程及原件、原物存放于何处的文字说明及签名。

3. 从物证、书证的保管或鉴定方面进行审查。主要是审查保管及鉴定过程中，物证、书证是否受破坏或改变。

4. 从物证、书证与案件事实的相关性方面进行审查。对现场遗留与犯罪有关的具备检验鉴定条件的血迹、指纹、毛发、体液等生物物证、痕迹、物品，是否通过 DNA 鉴定、指纹鉴定等鉴定方式与被告人或者被害人的相应生物检材、生物特征、物品等作同一认定。

5. 从物证、书证的获取的全面性方面来进行审查。主要审查与案件事实有关联的物证、书证是否全面收集。

对于物证、书证主要是从上述几个方面进行审查的,如出现下列情况,则可判断其不能作为定案的根据:

1. 原物的照片、录像或者复制品,不能反映原物的外形和特征的,不能作为定案的根据。书证有更改或者更改迹象不能作出合理解释的,书证的副本、复制件不能反映书证原件及其内容的,不能作为定案的根据。

2. 经勘验、检查、搜查提取、扣押的物证、书证,未附有勘验、检查笔录,搜查笔录,提取笔录,扣押清单,不能证明物证、书证来源的,不能作为定案的根据。

3. 对物证、书证的来源及收集过程有疑问,不能作出合理解释的,该物证、书证不能作为定案的根据。

(二)证人证言的审查判断

对证人证言应当着重审查以下内容:

1. 从证言是否为证人亲历的角度进行审查。证人证言注重亲历性,即要求证人要直接感知案件事实的发生。如不属于直接感知的证言,则要求查明其证言的来源,是主观猜测,还是从他人处听来的。如是从其他人处听来的,其他人又是从哪里听来的,总之,要把证言来源的整个链条查清。

2. 从证人的作证能力方面进行审查。审查证人作证的证言与其年龄、认知水平是否相当;审查证人记忆能力和表达能力是否会影响其作证的真实性;审查证人生理上和精神上的状态是否影响作证。

3. 从证人与案件的利害关系进行审查。主要审查证人与案件当事人、案件处理结果有无利害关系。一般而言,证人与案件当事人有亲友关系,倾向于提供有利于当事人的证言,没有利害关系的证人作证则更为客观一些。

4. 从证言获得的程序方面进行审查。审查证言的取得程序、方式是否符合法律及有关规定;有无使用暴力、威胁、引诱、欺骗以及其他非法手段取证的情形;有无违反询问证人应当个别进行的规定;笔录是否经证人核对确认并签名(盖章)、捺指印;询问未成年证人,是否通知了其法定代理人到场,其法定代理人是否在场等。

5. 从证言与其他证据之间的关系进行审查。主要审查证人证言之间以及与其他证据之间能否相互印证,有无矛盾。

针对证人证言上述内容的审查,可以根据情况对证人证言作出如下判断:

1. 缺乏真实性保障的证言不能采用。处于明显醉酒、麻醉品中毒或者精神药物麻醉状态,以致不能正确表达的证人所提供的证言,不能作为定案的根据。证人的猜测性、评论性、推断性的证言,不能作为证据使用,但根据一般生活经验判断符合事实的除外。对应当出庭作证经依法通知不出庭作证的证人,其书面证言经质证无法确认的,不能作为定案的根据,主要包括两种情况:(1)人民检察院、被告人及其辩护人对证人证言有异议,该证人证言对定罪量刑有重大影响的;(2)人民法院认为其他应当出庭作证的。对未出庭作证证人的书面证言,应当听取出庭检察人员、被告人及其辩护人的意见,并结合其他证据综合判断。

2. 缺乏合法性保障的证言不能采用。如以暴力、威胁等非法手段取得的证人证言,不能作为定案的根据。不符合法定取证程序的证人证言不能采用,包括三个方面:(1)询问证人没有个别进行而取得的证言;(2)没有经证人核对确认并签名(盖章)、捺指印的书面证言;(3)询问聋哑人或者不通晓当地通用语言、文字的少数民族人员、外国人,应当提供翻译而未提供的。

3. 对矛盾证言的判断。一是未出庭作证证人的书面证言出现矛盾,不能排除矛盾且无证据印证的,不能作为定案的根据。二是证人在法庭上的证言与其庭前证言相互矛盾,如果证人当庭能够对其翻证作出合理解释,并有相关证据印证的,应当采信庭审证言。

4. 证人证言的收集程序和方式有下列瑕疵,通过有关办案人员的补正或者作出合理解释的,可以采用:(1)没有填写询问人、记录人、法定代理人姓名或者询问的起止时间、地点的;(2)询问证人的地点不符合规定的;(3)询问笔录没有记录告知证人应当如实提供证言和有意作伪证或者隐匿罪证要负法律责任内容的;(4)询问笔录反映出在同一时间段内,同一询问人员询问不同证人的。

对被害人陈述的审查与认定适用前述关于证人证言的审查判断规则。

（三）被告人供述和辩解的审查判断

对被告人的供述和辩解主要从以下几个方面进行审查:

1. 审查获取被告人供述和辩解的方法是否合法。被告人的供述有无以刑讯逼供等非法手段获取的情形,必要时可以调取被告人进出看守所的健康检查记录、笔录,提取讯问笔录、原始的讯问过程录音、录像或者其他证据,通知讯问时其他在场人员或者其他证人出庭作证,仍不能排除刑讯逼供嫌疑的,还可以通知讯问人员出庭作证,对该供述取得的合法性予以证明。

2. 审查获取讯问笔录的程序是否合法。主要审查讯问的时间、地点、讯问人的身份等是否符合法律及有关规定,讯问被告人的侦查人员是否不少于两人,讯问被告人是否个别进行等。讯问笔录的制作、修改是否符合法律及有关规定,讯问笔录是否注明讯问的起止时间和讯问地点,首次讯问时是否告知被告人申请回避、聘请律师等诉讼权利,被告人是否核对确认并签名(盖章)、捺指印,是否有不少于两人的讯问人签名等。讯问聋哑人、少数民族人员、外国人时是否提供了通晓聋、哑手势的人员或者翻译人员,讯问未成年同案犯时,是否通知了其法定代理人到场,其法定代理人是否在场。

3. 审查被告人供述与辩解是否真实、全面。被告人的供述是否前后一致,有无反复以及出现反复的原因;被告人的所有供述和辩解是否均已收集入卷;应当入卷的供述和辩解没有入卷的,是否出具了相关说明。

4. 审查被告人的供述和辩解存在的矛盾。被告人的辩解内容是否符合案情和常理,有无矛盾。被告人的供述和辩解与同案犯的供述和辩解以及其他证据能否相互印证,有无矛盾。

针对被告人的供述和辩解的审查,可以根据情况对被告人的供述和辩解作出如下判断:

1. 采用刑讯逼供等非法手段取得的被告人供述,不能作为定案的根据。

2. 具有下列情形之一的被告人供述,不能作为定案的根据:(1)讯问笔录没有经被告人核对确认并签名(盖章)、捺指印的;(2)讯问聋哑人、不通晓当地通用语言、文字的人员时,应当提供通晓聋、哑手势的人员或者翻译人员而未提供的。

3. 讯问笔录有下列瑕疵,通过有关办案人员的补正或者作出合理解释的,可以采用:(1)笔录填写的讯问时间、讯问人、记录人、法定代理人等有误或者存在矛盾的;(2)讯问人没有签名的;(3)首次讯问笔录没有记录告知被讯问人诉讼权利内容的。

4. 对出现矛盾证据的判断。对被告人供述和辩解的审查,应当结合控辩双方提供的所有证据以及被告人本人的全部供述和辩解进行。被告人庭前供述一致,庭审中翻供,但被告人不能合理说明翻供理由或者其辩解与全案证据相矛盾,而庭前供述与其他证据能够相互印证的,可以采信被告人庭前供述。被告人庭前供述和辩解出现反复,但庭审中供认的,且庭审中的供述与其他证据能够印证的,可以采信庭审中的供述;被告人庭前供述和辩解出现反复,庭审中不供认,且无其他证据与庭前供述印证的,不能采信庭前供述。

(四)对鉴定意见的审查判断

鉴定意见作为证据,主要从以下几个方面进行审查:

1. 对鉴定主体的审查。鉴定机构和鉴定人是否具有合法的资质,我国司法鉴定对鉴定专家及机构采取严格的准入制度,没有取得鉴定资格的鉴定机构和鉴定人所做的鉴定结论不具有法律效力。同时,鉴定人也属于法定回避对象,因此要审查鉴定人是否存在应当回避而未回避的情形。

2. 对鉴定材料的审查。主要审查鉴定材料的来源、取得、保管、送检是否符合法律及有关规定,与相关提取笔录、扣押物品清单等记载的内容是否相符,检材是否充足、可靠。

3. 对鉴定程序、方法的审查。主要审查鉴定程序是否符合法律及有关规定以及鉴定的程序、方法、分析过程是否符合本专业的检验鉴定规程和技术方法要求。

4. 对鉴定意见的形式审查。主要审查鉴定意见的形式要件是否完备,是否注明提起鉴定的事由、鉴定委托人、鉴定机构、鉴定要求、鉴定过程、检验方法、鉴定文书的日期等相关内容,是否由鉴定机构加盖鉴定专用章并由鉴定人签名盖章。

5. 对鉴定意见的内容进行审查。主要审查鉴定意见是否明确,鉴定意见与案件待证事实有无关联。鉴定意见与其他证据之间是否有矛盾,鉴定意见与检验笔录及相关照片是否有矛盾。鉴定意见是否依法及时告知相关人员,当事人对鉴定意见是否有异议。对鉴定意见有疑问的,人民法院应当依法通知鉴定人出庭作证或者由其出具相关说明,可以依法补充鉴定或者重新鉴定。

对鉴定意见的证据能力及证明力可以作以下几个方面的判断:

1. 不具备法定主体资格的机构和鉴定人所作的鉴定不能作为定案根据。鉴定机构不具备法定的资格和条件,或者鉴定事项超出本鉴定机构项目范围或者鉴定能力的;鉴定人不具备法定的资格和条件、鉴定人不具有相关专业技术或者职称、鉴定人违反回避规定的,所作出的鉴定结论都不能作为定案的根据。

2. 无法保障结论真实性的鉴定意见都不得作为定案的根据。主要包括鉴定程序、方法有错误的;鉴定对象与送检材料、样本不一致的;送检材料、样本来源不明或者确实被污染且不具备鉴定条件的;违反有关鉴定特定标准的;鉴定文书缺少签名、盖章的等等。

3. 鉴定意见与案件事实没有相关性的也不能采用。

(五)对勘验、检查笔录的审查判断

对勘验、检查笔录应当着重审查以下内容:

1. 对勘验、检查合法性进行审查。主要审查勘验、检查是否依法进行,如勘验、检查笔录的制作主体是否是公安司法人员;有无见证人在场;检查妇女的身体是否是女工作人员或医师;笔录的制作是否符合法律及有关规定的要求,勘验、检查人员和见证人是否签名或者盖章等。

2. 对勘验、检查笔录的内容是否全面、详细、准确、规范进行审查。主要审查笔录是否准确记录了提起勘验、检查的事由,勘验、检查的时间、地点,在场人员、现场方位、周围环境等情况;是否准确记载了现场、物品、人身、尸体等的位置、特征等详细情况以及勘验、检查、搜查的过程;文字记载与实物或者绘图、录像、照片是否相符;固定证据的形式、方法是否科学、规范;现场、物品、痕迹等是否被破坏或者伪造,是否是原始现场;人身特征、伤害情况、生理状况有无伪装或者变化等。

3. 对勘验、检查笔录与其他证据是否存在矛盾进行审查。要对勘验、检查笔录中记载的情况与被告人供述、被害人陈述、鉴定意见等其他证据能否印证,有无矛盾进行审查。也要对补充进行勘验、检查的,前后勘验、检查的情况是否有矛盾,是否说明了再次勘验、检查的缘由进行审查。

对勘验、检查笔录证据能力及证明力的判断:

1. 勘验、检查笔录存在明显不符合法律及有关规定的情形,并且不能作出合理解释或者说明的,不能作为证据使用。

2. 对于有瑕疵的勘验、检查笔录,能否采信,不能一概而论,应当综合审查认定。如勘验、检查笔录存在勘验、检查没有见证人的,勘验、检查人员和见证人没有签名、盖章的,勘验、检查人员违反回避规定的等情形,应当结合案件其他证据,审查其真实性和关联性。

(六)视听资料

对视听资料应当着重审查以下内容:

1. 审查视听资料的来源。主要审查视听资料的来源是否合法,视听资料制作过程中当事人有无受到威胁、引诱等违反法律及有关规定的情形。

2. 审查视听资料的形式要件是否具备。主要审查视听资料是否载明制作人或者持有人的身份,制作的时间、地点和条件以及制作方法。

3. 审查视听资料内容的真实性。即审查视听资料内容和制作过程是否真实,有无经过剪辑、增加、删改、编辑等伪造、变造情形;视听资料是否为原件,有无复制及复制份数;调取的视听资料是复制件的,是否附有无法调取原件的原因、制作过程和原件存放地点的说明,是否有制作人和原视听资料持有人签名或者盖章。

4. 审查视听资料内容与案件事实有无关联性。

具有下列情形之一的视听资料,不能作为定案的根据:

1. 视听资料经审查或者鉴定无法确定真伪的。

2. 对视听资料的制作和取得的时间、地点、方式等有异议,不能作出合理解释或者提供必要证明的。

(七)对电子数据的审查判断

对于电子邮件、电子数据交换、网上聊天记录、网络博客、手机短信、电子签名、域名等电子数据,应当主要审查以下内容:

1. 从电子数据的形式上审查。审查该电子数据存储磁盘、存储光盘等可移动存储介质是否与打印件一并提交;是否载明该电子数据形成的时间、地点、对象、制作人、制作过程及设备情况等。

2. 从电子数据的内容上审查。审查电子数据内容是否真实,有无剪裁、拼凑、篡改、添加等伪造、变造情形;审查该电子数据与案件事实有无关联性。对电子数据有疑问的,应当进行鉴定。

3. 审查电子数据的合法性。审查制作、储存、传递、获得、收集、出示等程序和环节是否合法,取证人、制作人、持有人、见证人等是否签名或者盖章等。

(八)对辨认笔录的审查判断

1. 对侦查机关组织的辨认,审查是否存在下列情形,如存在下列情形之一而又不能确定其真实性的,辨认结果不能作为定案的根据:辨认不是在侦查人员主持下进行的;辨认前使辨认人见到辨认对象的;辨认人的辨认活动没有个别进行的;辨认对象没有混杂在具有类似特征的其他对象中,或者供辨认的对象数量不符合规定的;尸体、场所等特定辨认对象除外。辨认中给辨认人明显暗示或者明显有指认嫌疑的。

2. 有下列情形之一的,通过有关办案人员的补正或者作出合理解释的,辨认结果可以作为证据使用:主持辨认的侦查人员少于两人的;没有向辨认人详细询问辨认对象的具体特征的;对辨认经过和结果没有制作专门的规范的辨认笔录,或者辨认笔录没有侦查人员、辨认人、见证人的签名或者盖章的;辨认记录过于简单,只有结果没有过程的;案卷中只有辨认笔录,没有被辨认对象的照片、录像等资料,无法获悉辨认的真实情况的。

四、民事、行政诉讼证据认证

(一)一般认证要求

对证据进行认证,一般要求全面、客观地审查,并运用逻辑法则和经验法则对证据的客观性、相关性和合法性进行判断,只有经审判人员认证并采信的证据才能作为定案的根据。《民事诉讼法》确立了人民法院应当依照法定程序,全面地、客观地审查核实证据的原则。最高人民法院《民诉证据规则》第64条也就民事诉讼证据的认证作了一般性的要求和规定:"审判人员应当依照法定程序全面、客观地审核证据,依据法律的规定,遵循法官职业道德,运用逻辑推理和日常生活经验,对证据有无证明力和证明力大小独立进行判断,并公开判断的理由和结果。"最高人民法院《行诉证据规定》第54条也作了类似的规定。

(二)单一证据认证规则

一个案件涉及的证据可能较多,但无论如何,都需要审判人员对每一个证据进行审查判断,这是全案事实认定的基础。对单一证据的认定也主要是围绕着证据的真实性、相关性和合法性来加以审查判断的。对单一证据可以从下面几个方面进行审查:

1. 证据与本案事实是否相关。当事人为达成调解协议或者和解的目的作出妥协所涉及的对案件事实的认可,不得在其后的诉讼中作为对其不利的证据。这是基于提倡和解和协商解决纠纷的公共政策的考虑,一般不认为这种对事实的承认或作出的某种承诺与案件事实具有相关性,因而排除其作为证据使用的可能。

2. 证据的形式、来源是否符合法律规定。根据《民诉证据规定》的规定,以侵害他人合法权益或者违反法律禁止性规定的方法取得的证据,不能作为认定案件事实的依据。根据《行诉证据规定》第55条的规定,行政诉讼证据从以下方面审查证据的合法性:证据是否符合法定形式;证据的取得是否符合法律、法规、司法解释和规章的要求;是否有影响证据效力的其他违法情形。

3. 证据的内容是否真实。《行诉证据规定》第56条规定,行政诉讼证据的真实性认证主要从以下几个方面进行审查:证据形成的原因;发现证据时的客观环境;证据是否为原件、原物,复制件、复制品与原件、原物是否相符;提供证据的人或者证人与当事人是否具有利害关系;影响证据真实性的其他因素。对于难以认证的证据,还要综合多种因素进行考虑。如人民法院认定证人证言,就要通过对证人的智力状况、品德、知识、经验、法律意识和专业技能等多种因素的综合分析作出判断。

对单一证据的判断,《行诉证据规定》第 57 条规定下列证据材料不能作为定案依据:

(1)严重违反法定程序收集的证据材料;(2)以偷拍、偷录、窃听等手段获取侵害他人合法权益的证据材料;(3)以利诱、欺诈、胁迫、暴力等不正当手段获取的证据材料;(4)当事人无正当事由超出举证期限提供的证据材料;(5)在中华人民共和国领域以外或者在中华人民共和国香港特别行政区、澳门特别行政区和台湾地区形成的未办理法定证明手续的证据材料;(6)当事人无正当理由拒不提供原件、原物,又无其他证据印证,且对方当事人不予认可的证据的复制件或者复制品;(7)被当事人或者他人进行技术处理而无法辨明真伪的证据材料;(8)不能正确表达意志的证人提供的证言。

此外,行政诉讼中还有自身特有的证据认定规则,根据《行诉证据规定》第 60 条和第 61 条的规定,以下几种证据不能作为认定被诉具体行政行为合法的依据:

其一,被告及其诉讼代理人在作出具体行政行为后或者在诉讼程序中自行收集的证据。被告在起诉后或诉讼中不能取证是行政诉讼中特有的取证规则,是"先取证、后处罚"原则的基本要求,因此违背这个要求的证据也不能使用。

其二,被告在行政程序中非法剥夺公民、法人或者其他组织依法享有的陈述、申辩或者听证权利所采用的证据。行政机关在作出不利于相对人的决定时,应当满足相对人的陈述权、申辩权和听证权,剥夺这些权利而采用的证据,不能为法庭采纳。

其三,原告或者第三人在诉讼程序中提供的、被告在行政程序中未作为具体行政行为依据的证据。

其四,复议机关在复议程序中收集和补充的证据,或者作出原具体行政行为的行政机关在复议程序中未向复议机关提交的证据,不能作为人民法院认定原具体行政行为合法的依据。此条规定也是"先取证、后处罚"原则的要求。

其五,被告在行政程序中依照法定程序要求原告提供证据,原告应当依法提供而拒不提供,在诉讼程序中提供的证据,人民法院一般不予采纳。行政权力属于国家权力,在行政管理过程中,如果法律明确规定相对人的协助义务而相对人不予履行,就得承担相应的法律后果。

(三)数个证据的认证规则

最高人民法院《民诉证据规定》第 66 条规定:"审判人员对案件的全部证据,应当从各证据与案件事实的关联程度、各证据之间的联系等方面进行综合审查判断。"对于两个或多个内容相互矛盾的证据,根据情形,其证明力可以作以下判断:

1. 双方当事人对同一事实分别举出相反的证据,但都没有足够的依据否定对方证据的,人民法院应当结合案件情况,判断一方提供证据的证明力是否明显大于另一方提供证据的证明力,并对证明力较大的证据予以确认。因证据的证明力无法判断导致争议事实难以认定的,人民法院应当依据举证责任分配的规则作出裁判。

2. 数个证据对同一事实的证明力,可以根据以下情况认定:(1)国家机关、社会团体依职权制作的公文书证的证明力一般大于其他书证;(2)物证、档案、鉴定结论、勘验笔录或者经过公证、登记的书证,其证明力一般大于其他书证、视听资料和证人证言;(3)原始证据的证明力一般大于传来证据;(4)直接证据的证明力一般大于间接证据;(5)证人提供的对与其有亲属或者其他密切关系的当事人有利的证言,其证明力一般小于其他证人证言。

3. 对单个证据不认定案件事实需要补强。《民诉证据规定》第 69 条规定,下列证据不能单独作为认定案件事实的依据:(1)未成年人所作的与其年龄和智力状况不相当的证言;(2)与一方当事人或者其代理人有利害关系的证人出具的证言;(3)存有疑点的视听资料;(4)无法与原件、原物核对的复印件、复制品;(5)无正当理由未出庭作证的证人证言。

【引例三】 评析:王刚代理律师的要求是错误的,根据法律的规定,任何知道案件情况的人都有义务出庭作证。但基于证人与当事人的父女关系,不能单凭张军女儿的证言就认定王刚伤害张军。

✺ 思考题

1. 取证的方法有哪些?
2. 质证的基本要求是什么?
3. 分析三大诉讼中举证期限的设置。
4. 证据的认定应注意哪些问题?

案例学习:不同讯问方式可能产生不同的效果

在讯问阶段,侦查人员与之论辩的对象是犯罪嫌疑人,是在秘密状态下、没有裁判者在场的情况下进行的;论辩的方式是问答式。例如侦查人员在讯问一起抢劫案时,论辩的方式不同,得出了完全不同的结果。

问:你抢了人家手表没有?

答:没有抢,是拿的。

问:是怎样拿的?

答:是从她手上拿的。

问:人家是死人,你要拿就拿得到?

答:沉默。

问:说话呀,不要装死。

答:是拿的嘛。

问:是拿的? 你再去拿一块给我看。

答:拿不到,你们缴的那块手表是拿的。

问:还讲是拿的,你是不是想吃花生米(指枪毙,笔者注)? 哼! 说呀。

答:我又不想吃花生米,那就算我抢的吧。

上述辩论,侦查人员失败了,失败的原因是,侦查围绕犯罪嫌疑人"拿"的"辩解"展开攻势,所以问话的结果是山穷水尽,并暴露了逼供的嫌疑。

同样是该案,另一种问话,就很成功。

问:这手表你认识吗?

答:认识,是派出所从我口袋里搜出的。

问:这手表怎么会到你口袋里?

答:是我从那个女的手上拿的。

问:怎样拿的?

答:从那个女的手上拉下来的。

问:这手表带怎么断了?

答:是我用力拉断的。

问:那女的让你拉?

答:我用左手箍住那女的头,才把她手表抢下的。

这段问话的成功在于利用手表带断了的事实真相,击中要害,迫使犯罪嫌疑人供述由"拿"——"拉"——"用力拉"——"箍住头抢"。侦查人员由固定事实,证明了犯罪行为人的性质,使一起抢劫犯罪的供述依法成立。

对这一案件,被告人起诉后,被告人委托的律师在会见被告人时也有一段问话。

问:起诉书指控你犯抢劫罪,你有什么意见?

答:我是拿的,不是抢的。

问:检察院审查起诉时,你承认箍住被害人头抢的,这是事实吗?

答:箍头是箍了,箍头是想开个玩笑。

问:你认识她?

答:不认识。

问:不认识,还开玩笑?

答:想引开她注意力,好拿她手表。

问:那你拿她的手表时,打了她没有? 威胁她没有?

答:没有,绝对没有,她一低头,我就趁机把她的手表拿过来了。

律师的问话,使被告人的行为性质成了抢夺。

司法考试真题链接

1.关于证据的审查判断,下列哪一说法是正确的? (2011 年)

A. 被害人有生理缺陷,对案件事实的认知和表达存在一定困难,故其陈述在任何情况下都不得采信

B. 与被告人有利害冲突的证人提供的对被告人不利的证言,在任何情况下都不得采信

C. 公安机关制作的放火案的勘验、检查笔录没有见证人签名,一律不得采信

D. 搜查获得的杀人案凶器,未附搜查笔录,不能证明该凶器来源,一律不得采信

2.具有特定情形的下列哪些证据不能作为定案的根据? (2011 年)

A. 视听资料的制作时间、地点存有异议,不能作出合理解释,也没有提供必要证明的

B. 在做 DNA 检测时送检材料与比对样本属于同一个来源的

C. 证人在犯罪现场听到被告人喊"给他点厉害瞧瞧"的陈述

D. 犯罪嫌疑人拒绝签名、盖章而由侦查人员在笔录上注明情况的讯问笔录

3. 关于证人证言的收集程序和方式存在瑕疵,经补正或者作出合理解释后,可以作为证据使用的情形,下列哪一选项是正确的?(2012 年)

A. 询问证人时没有个别进行的

B. 询问笔录反映出在同一时间内,同一询问人员询问不同证人的

C. 询问聋哑人时应当提供翻译而未提供的

D. 没有经证人核对确认并签名(盖章)、捺指印的

4. 关于询问被害人,下列选项正确的是:(2012 年)

A. 侦查人员可以在现场进行询问

B. 侦查人员可以在指定的地点进行询问

C. 侦查人员可以通知被害人到侦查机关接受询问

D. 询问笔录应当交被害人核对,如记载有遗漏或者差错,被害人可以提出补充或者改正

5. 关于查封、扣押措施,下列选项正确的是:(2012 年)

A. 查封、扣押犯罪嫌疑人与案件有关的各种财物、文件只能在勘验、搜查中实施

B. 根据侦查犯罪的需要,可以依照规定扣押犯罪嫌疑人的存款、汇款、债券、股票、基金份额等财产

C. 侦查人员认为需要扣押犯罪嫌疑人的邮件、电报的时候,可通知邮电机关将有关的邮件、电报检交扣押

D. 对于查封、扣押的财物、文件、邮件、电报,经查明确实与案件无关的,应当在 3 日以内解除查封、扣押,予以退还

图书在版编目(CIP)数据

证据法学/李明主编. —厦门:厦门大学出版社,2014.1
高校法学"十二五"规划教材系列
ISBN 978-7-5615-4921-6

Ⅰ.①证… Ⅱ.①李… Ⅲ.①证据-法律-中国-高等学校-教材 Ⅳ.①D925.013

中国版本图书馆 CIP 数据核字(2014)第 009808 号

厦门大学出版社出版发行

(地址:厦门市软件园二期望海路 39 号 邮编:361008)

http://www.xmupress.com

xmup @ xmupress.com

厦门市金凯龙印刷有限公司印刷

2014 年 1 月第 1 版 2014 年 1 月第 1 次印刷

开本:787×1092 1/16 印张:22.75 插页:2

字数:548 千字 印数:1~3 000 册

定价:37.00 元

本书如有印装质量问题请直接寄承印厂调换